Os Historiadores
CLÁSSICOS DA HISTÓRIA DO BRASIL

Dados Internacionais de Catalogação na Publicação (CIP)
(Câmara Brasileira do Livro, SP, Brasil)

Os historiadores : clássicos da história do
    Brasil, vol. 4 : dos primeiros relatos a José
Honório Rodrigues / Maurício Parada, Henrique Estrada Rodrigues (orgs.). –
Petrópolis, RJ : Vozes ; Rio de Janeiro : Editora
PUC, 2018.

Vários autores.
Bibliografia
ISBN 978-85-326-5645-2

1. História 2. Historiadores I. Parada, Maurício. II. Rodrigues, Henrique Estrada.

17-08707   CDD-907

Índices para catálogo sistemático:
1. História dos clássicos da história   907

Maurício Parada
Henrique Estrada Rodrigues
(orgs.)

Os Historiadores
CLÁSSICOS DA HISTÓRIA DO BRASIL

Vol. 4
Dos primeiros relatos a José Honório Rodrigues

Petrópolis

© 2018, Editora Vozes Ltda.
Rua Frei Luís, 100
25689-900 Petrópolis, RJ
www.vozes.com.br
Brasil

Todos os direitos reservados. Nenhuma parte desta obra poderá ser reproduzida ou transmitida por qualquer forma e/ou quaisquer meios (eletrônico ou mecânico, incluindo fotocópia e gravação) ou arquivada em qualquer sistema ou banco de dados sem permissão escrita da editora.

CONSELHO EDITORIAL

Diretor
Gilberto Gonçalves Garcia

Editores
Aline dos Santos Carneiro
Edrian Josué Pasini
Marilac Loraine Oleniki
Welder Lancieri Marchini

Conselheiros
Francisco Morás
Ludovico Garmus
Teobaldo Heidemann
Volney J. Berkenbrock

Secretário executivo
João Batista Kreuch

Editora PUC-Rio
Rua Marquês de S. Vicente, 225
Projeto Comunicar – Casa Editora /
Agência Gávea
22451-900 Rio de Janeiro, RJ
Tel.: (21) 3527-1838/1760
edpucrio@puc-rio.br
www.puc-rio.br/editorapucrio

Reitor
Pe. Josafá Carlos de Siqueira, S.J.

Vice-reitor
Pe. Francisco Ivern Simó, S.J.

Vice-reitor para Assuntos Acadêmicos
Prof. José Ricardo Bergmann

Vice-reitor para Assuntos Administrativos
Prof. Luiz Carlos Scavarda do Carmo

Vice-reitor para Assuntos Comunitários
Prof. Augusto Luiz Duarte Lopes Sampaio

Vice-reitor para Assuntos de Desenvolvimento
Prof. Sergio Bruni

Decanos
Prof. Júlio Cesar Valladão Diniz (CTCH)
Prof. Luiz Roberto A. Cunha (CCS)
Prof. Luiz Alencar da Silva Mello (CTC)
Prof. Hilton Augusto Koch (CCBM)

Conselho Gestor Editora PUC-Rio
Augusto Sampaio, Fernando Sá, Hilton Augusto Koch, José Ricardo Bergmann, Júlio César Valladão Diniz, Luiz Alencar da Silva Mello, Luiz Roberto A. Cunha, Miguel Pereira e Sergio Bruni.

Editoração: Maria da Conceição B. de Sousa
Diagramação: Mania de criar
Revisão gráfica: Nilton Braz da Rocha / Fernando Sergio Olivetti da Rocha
Capa: Felipe Souza | Aspectos

ISBN 978-85-326-5645-2 (Vozes)

ISBN 978-85-8006-199-4 (PUC-Rio)

Editado conforme o novo acordo ortográfico.

Este livro foi composto e impresso pela Editora Vozes Ltda.

Sumário

Apresentação, 7
    Maurício Parada e Henrique Estrada Rodrigues

1 Primeiros relatos, 9
    Flávia Florentino Varella

2 Francisco Adolfo de Varnhagen (1816-1878), 47
    Lucia Maria Paschoal Guimarães

3 João Francisco Lisboa (1812-1863), 66
    Rodrigo Turin

4 Joaquim Nabuco (1849-1910), 83
    Ricardo Salles

5 Capistrano de Abreu (1853-1927), 108
    Rebeca Gontijo

6 Oliveira Vianna (1883-1951), 139
    Maria Stella Bresciani

7 Oliveira Lima (1867-1928), 162
    Teresa Malatian

8 Manuel Bomfim (1868-1932), 180
    Maria Emilia Prado

9 Afonso d'Escragnolle Taunay (1876-1958), 198
    Karina Anhezini

10 Luís da Câmara Cascudo (1898-1986), 219
    Luiza Larangeira da Silva Mello

11 Octávio Tarquínio de Sousa (1889-1959), 234
Márcia de Almeida Gonçalves

12 Gilberto Freyre (1900-1987), 251
Daniel Pinha

13 Serafim Leite (1890-1969), 275
Eunicia Barros Fernandes

14 Sérgio Buarque de Holanda (1902-1982), 298
Thiago Lima Nicodemo

15 Caio Prado Jr. (1907-1990), 318
Lidiane Soares Rodrigues

16 Nelson Werneck Sodré (1911-1999), 345
Ana Paula Goulart Ribeiro e Maurício Parada

17 José Honório Rodrigues (1913-1987), 359
Andre de Lemos Freixo

Apresentação

Maurício Parada*
Henrique Estrada Rodrigues**

Os historiadores – Clássicos da História, agora em seu quarto volume: *do Brasil*, começou algum tempo atrás com Heródoto em seu primeiro capítulo, e agora se encerra, neste quarto volume, com o brasileiro José Honório Rodrigues. Se começamos com os gregos, não foi porque se reconheceu na Grécia antiga a invenção da história e da escritura. Outras civilizações já teriam recorrido a escribas para suas cronologias, genealogias, revelações ou registros de memórias. Começou-se assim porque, como lembram Momigliano, Hartog e tantos outros, os gregos teriam inventado, precisamente, a figura do "historiador", ao menos a figura que interessa a esta coleção, aquela que deriva sua "autoridade" não apenas da inscrição de um nome próprio – "eis o resultado da pesquisa de Heródoto..." –, mas também de uma atitude crítica diante dos acontecimentos e dos modos de elaboração da escrita.

Mas isso ainda é dizer pouco. Pois entre gregos e brasileiros, entre diferentes nomes, épocas e perspectivas críticas, esta coleção que agora se encerra partiu do pressuposto de que essa figura – a do "historiador" – nunca poderia ser plenamente definida ou estabilizada, como se ela própria não tivesse sua historicidade, composta por diferentes figurações. É certo que entre Heródoto e José Honório Rodrigues esperamos que o leitor reconheça traços comuns, pontos de encontro que nos permitem abrigar tantos autores numa mesma constelação historiográfica. Mas também esperamos que os ensaios dessa coleção sejam capazes de incitar a curiosidade por diferentes formas de pensamento e de tradições de pesquisa, e a fazer dessa curiosidade o ponto de partida para novos e inesperados olhares sobre a figura do "historiador". De resto, pensamos que tal curiosidade já atravessara a obra de tantos que, não sendo propriamente "historiadores", deram contribuições fundamentais para se pensar as diferentes configurações da escrita da história e de seus autores. Não por menos, pensadores como Vico (vol. 1), Croce (vol. 2) e Ricoeur (vol. 3), entre outros, também comparecem nessa coleção.

---

* Doutor em História Social pela Universidade Federal do Rio de Janeiro (UFRJ). Professor-adjunto do Departamento de História da Pontifícia Universidade Católica do Rio de Janeiro (PUC-Rio).

** Doutor em Filosofia pela Universidade de São Paulo (USP). Professor do Departamento de História da Pontifícia Universidade Católica do Rio de Janeiro (PUC-Rio).

Se o Brasil chegou tarde nessa coletânea de ensaios – apenas em seu quarto e último volume – é porque, por suposto, também chegamos bem tarde a uma história há muito iniciada. E chegamos de forma acelerada, desejosos, desde os primeiros anos de nossa vida independente (e mesmo antes), de dotar o Brasil de uma história própria e singular, bem como de emular métodos consagrados de pesquisa e narração. A rigor, dos "primeiros relatos" (com participação decisiva, aliás, de autores estrangeiros) a José Honório Rodrigues, de eruditos e literatos do século XIX aos professores universitários do século XX, coube-nos inventar, em poucas décadas, não apenas uma história nacional, mas também uma historiografia (não apenas sobre o Brasil) e uma figura de autoridade chamada historiador "brasileiro". Mas que figura seria esta? Como contar a sua história? Ou esta categoria, como o próprio Brasil de certo poema de Drummond, já não estaria cansada, querendo "repousar de nossos terríveis carinhos"? Este volume, como os demais desta coleção, foi concebido não com propósitos de repouso, mas com o objetivo de expor, explicar e discutir as nuances e complexidades da historiografia brasileira mediante ensaios críticos sobre diferentes historiadores, escritos em linguagem clara e acessível, mas ao mesmo tempo precisa e rigorosa.

Embora variações pessoais sejam próprias de um livro composto por diferentes especialistas, sugerimos que os textos levassem em conta pontos em comum: 1) O historiador e seu tempo; 2) Percursos e influências; 3) Conceitos-chave; 4) Notas e bibliografias do e sobre o autor. Com essa estrutura, muitos autores que ficaram de fora desta coletânea (é preciso dizer que toda antologia é incompleta?) terminaram ganhando relevo e relevância a partir da teia de relações construídas com os historiadores aqui analisados. Além disso, essa estrutura também foi concebida para atender três públicos qualificados: 1) Professores e alunos universitários, às voltas com disciplinas e exigências de pesquisa que demandam obras de referência atualizadas sobre a historiografia; 2) Além do público universitário, existe o professor das escolas públicas e privadas que não dispõe de um auxílio pontual e consistente para a montagem de suas aulas; 3) Também consideramos os fascinados e diletantes consumidores da informação histórica que têm se revelado um público numeroso, como se pode notar a partir do sucesso de "romances históricos", "biografias" e obras de divulgação que habitam cada dia com mais frequência a lista dos *best-sellers* ou de publicações periódicas de alta qualidade dedicadas à história.

Gostaríamos de registrar, enfim, que este projeto seria impossível sem o engajamento dos diversos autores/especialistas que, com entusiasmo e competência, dispuseram-se a enfrentar este desafio. A todos nosso sincero agradecimento.

1
Primeiros relatos

Flávia Florentino Varella ★

1 As primeiras *Histórias*

Está claro atualmente que estudar apenas as obras produzidas por luso-brasileiros para entender a variedade e multiplicidade dos projetos historiográficos em jogo nas primeiras décadas do século XIX é insuficiente enquanto proposta analítica para uma história da historiografia brasileira[1]. Na medida em que surgem novos trabalhos que nos permitem vislumbrar mais elementos para compor esse grande cenário de disputa sobre a escrita da história, somos lembrados como autores estrangeiros um pouco esquecidos, notadamente ingleses e franceses, que foram ao lado dos luso-brasileiros construtores do que atualmente chamamos de historiografia brasileira. Uma rápida pesquisa nas teses e dissertações defendidas nas últimas décadas torna patente a centralidade que o Instituto Histórico e Geográfico Brasileiro (IHGB), fundado em 1838, obteve quando a tarefa foi investigar a historiografia oitocentista. Tamanho destaque pode ser visto como legado da construção de uma agenda própria de investigação da história da historiografia ocorrida nas décadas de 1970 e 1980. Sob o viés da teoria marxista da história, o IHGB foi encarado como o espaço em que os intelectuais oitocentistas construíam ideologicamente o passado nacional. Nessas investigações, o problema da construção de uma identidade nacional ganhava centralidade, sendo compreendido como resultado em uma ideologia nacional, produzida dentro do IHGB, para dar coesão à realidade brasileira marcada pela divisão de classe e de raça[2].

Quando se pensa em primeiros relatos sobre o Brasil, no horizonte do século XIX, não devemos, portanto, analisar exclusivamente as propostas vinculadas ao IHGB, não obstante a sua importância e centralidade serem indiscutíveis. Neste capítulo proponho dar maior visibilidade à historiografia joanina (1808-1821) que, em matéria de narrativas históricas,

---

★ Doutora em História pela Universidade Federal do Rio Grande do Sul (UFRGS). Professora-adjunta da Universidade Federal de Santa Catarina (UFSC).

contou tanto com a pena de escritores estrangeiros quanto nacionais. Porém, no intuito de tornar viável a sistematização dessas informações e salientar a característica das macronarrativas que estavam se formando sobre o Brasil, optei por restringir o material a um tipo específico de narrativa histórica: a História. Os historiadores aqui apresentados não apenas escreveram durante o período joanino, mas também intitularam suas obras de História do Brasil. Falar sobre histórias do Brasil publicadas no período joanino é, portanto, tratar de escritores estrangeiros tendo em vista que a primeira obra desse gênero publicada por um luso-brasileiro foi a *História dos principais sucessos políticos do Império do Brasil* do Visconde de Cairu, em 1825.

No período compreendido entre 1808 e 1821 foram publicadas quatro histórias do Brasil, três de autores ingleses e uma de um francês. A primeira delas foi publicada, em 1809, pelo quase desconhecido médico Andrew Grant sob o título *History of Brazil, comprising a geographical account of that country, together with a narrative of the most remarkable events which have occurred there since its discovery; a description of the manners, customs, religion etc. of the natives and colonists; interspersed with remarks on the nature of its soil, climate, productions and foreign and internal commerce, to which are subjoined cautions to new settlers for the preservation of health*. A segunda história, mais conhecida do público em geral, foi a de Robert Southey (1774-1843), publicada em três volumes respectivamente em 1810, 1817 e 1819, que estampava o conciso e austero título de *History of Brazil*. Em 1815, apareceu a *Histoire du Brésil: depuis sa découverte en 1500 jusqu'en 1810* do controverso Alphonse de Beauchamp (1767-1832). A última história publicada nesse período foi a de James Henderson (1782/1783-1848) chamada *A history of the Brazil, comprising its geography, commerce, colonization, aboriginal inhabitants, &c. &c. &c.* (1821). Dessas quatro histórias, duas tiveram traduções para o português, a de Beauchamp, em 1817, e a de Southey, em 1862, e duas, a de Grant e Henderson, permanecem sem tradução. Apesar de nunca ter tido uma tradução para o português completa da obra de Henderson, foi publicada a parte do capítulo 17, dedicado à Província de Pernambuco, pela Editora Massangana, da Fundação Joaquim Nabuco, sob o título *O Recife: quatro séculos de sua paisagem*, em 1992[3].

2 A *História* prática de Andrew Grant

Sem sombra de dúvidas a vinda da Família Real e a abertura dos portos brasileiros às nações amigas foram dois aspectos que, quando não juntos, contribuíram fortemente para a escrita dessas histórias joaninas sobre o Brasil, pois aumentaram o interesse, muitas vezes comercial, por essa região. A transferência da Família Real para o Brasil era uma mudança que poderia ser bastante lucrativa principalmente para a Grã-Bretanha, tendo em vista seu interesse no fim dos monopólios portugueses, assim como na abertura de novas vias comerciais[4]. Um dos reflexos dessas medidas foi a publicação de obras que buscassem atualizar o público leitor britânico sobre o Brasil. Esse parece ter sido o caso da *History of Brazil* (1809) de Andrew Grant, que estava em sintonia com as preocupações britânicas, apresentando ao seu leitor várias informações técnicas e comerciais, que englobavam inclusive a salubridade climática da região[5]. Desde a administração do Marquês de Pombal, a vinda da Corte portuguesa para o Brasil já era cogitada, mas com a sua efetivação tornava-se urgente a investigação do efeito que isso produziria no comércio e nas manufaturas da Grã-Bretanha[6]. Essa mudança de perspectiva justificava, a seu ver, a escrita de seu livro, um relato sucinto de uma das mais interessantes colônias no Novo Mundo. Como conseguir informações acuradas sobre os produtos e o comércio do Brasil sempre foi muito difícil. Grant esperava que seu livro pudesse ser de grande auxílio àqueles que buscavam esse tipo de informação[7]. O público imaginado da *History*, de Grant, é explicitamente delimitado logo na dedicatória de sua obra, onde a oferta aos comerciantes da Grã-Bretanha com negócios no Brasil[8]. Essa história foi escrita tendo como horizonte o leitor em geral e, mais especificamente, as pessoas envolvidas nas atividades comerciais especulativas[9].

Existem pouquíssimas informações biográficas sobre o médico Andrew Grant além do fato de ter escrito a primeira obra em língua inglesa intitulada *História do Brasil* e que essa teve uma edição francesa, com adendos, publicada em São Petersburgo em 1811, e uma edição alemã de 1814[10]. A edição francesa continha, além da tradução do livro de Grant, um pequeno conjunto de notas corretivas feitas por Rodrigo Navarro de Andrade, encarregado dos negócios de Portugal na Rússia[11], e a transcrição do *Tratado de amizade, comércio e navegação* assinado pela coroa portuguesa e britânica, em 1810. A tradução alemã incorporou os elementos adicionados na francesa, sendo provavelmente uma tradução dela. Um anúncio de publicação da *History of Brazil* estampado na seção de obras recentemente publicadas ou no prelo do periódico *The Cabinet: or, Monthly Report of Polite Literature* sugere que Grant tinha estado na América do Sul não muito tempo antes de 1809[12]. Em uma resenha do livro de Grant publicada no *O Patriota*, de setembro e novembro de 1813, pelo médico e botânico Manuel Arruda da Câmara[13] também existe a sugestão de que Grant esteve no Brasil. O título da matéria "Exame de algumas passagens de um moderno viajante ao Brasil, e refutação de seus erros mais grosseiros, por um brasileiro" e algumas partes da matéria colocam em evidência que seria uma história escrita por um viajante, que teria imprimido suas viagens com um título equivocado[14]. Não é possível afirmar se essa tática de Câmara de chamá-lo de viajante tinha como intuito diminuir o trabalho de Grant, catalogando-o em um gênero narrativo mais baixo do que a história, ou se de fato essa foi sua impressão de leitura. O fato é que há uma tentativa constante de desacreditar o livro sob a alegação de que é uma simples cópia traduzida da obra do Abade Raynal. O Exame critica, antes de tudo, a rapidez e generalização que Grant trata dos assuntos do Brasil e dos brasileiros, apontando diversas generalizações relacionadas aos costumes e comportamentos dos brasileiros, assim como erros contidos nas informações geográficas e descritivas[15]. Contudo, como o anônimo resenhista do periódico *Eclectic Review* notou, em 1809, não obstante os anúncios de publicação da obra indicarem que o autor tenha residido no Brasil, quando se lê o livro percebe-se que o próprio autor não afirma isso. Além do mais, ao invés do leitor deparar-se com observações feitas *in loco* lhe é apresentado apenas uma compilação de trabalhos de Thomas Lindley, Coutinho, Sir George Staunton, Abade Raynal, Jean de Lery e Johan Nieuhof[16]. Nenhuma informação biográfica de Grant, no entanto, aparece nessa ou em outras resenhas da *History of Brazil*.

Essa ausência quase que total de informações sobre Grant nos leva a cogitar que talvez essa *History of Brazil* tenha sido publicada sob um pseudônimo, porém não existe nenhum vestígio que possa comprovar tal hipótese[17]. A prática do pseudônimo e do anonimato, bastante difundida na Grã-Bretanha em outros gêneros literários, não obteve muito espaço nas obras de história. Essa era uma estratégia recorrente para chamar a atenção do disputado público leitor. São inúmeras as obras publicadas durante o século XIX de forma anônima ou pseudônima, que instigavam os leitores à descoberta da história secreta que iria revelar a autoria. Esse enigma da descoberta poderia durar umas poucas semanas ou meses, mas também poderia desenrolar-se por anos, colocando o livro em constante evidência. A publicação de livros nesses parâmetros gerou tanta curiosidade que foi lançado o *Dicionário da Literatura Anônima e Pseudônima da Grã-Bretanha*, editado pelo bibliotecário Samuel Halkett e pelo Reverendo John Laing e publicado entre 1882 e 1888. Nesse livro, os motivos para não admitir a autoria giravam entre certa timidez, medo das consequências advindas do conhecimento da autoria do livro ou mesmo vergonha. Contudo, não era apenas isso, essa estratégia era também um jogo, uma espécie de charada colocada aos leitores. Muitas vezes a última coisa que um autor anônimo queria era permanecer não identificado. Autores que usaram o anonimato e o pseudônimo constantemente esperavam ter suas identidades adivinhadas[18]. Não obstante Grant poder ter lançado desse artifício, o fato é que sua vida e interesses permanecem como uma incógnita aos pesquisadores da história da historiografia.

A *History of Brazil* de Grant contém 12 capítulos que abordam desde a chegada dos portugueses ao Brasil até a vinda da Família Real, recorte cronológico que servirá como base para a maioria das futuras histórias joaninas. O término dessas histórias com a vinda da Corte tende a sinalizar um novo tempo que se inicia, um futuro promissor para esse território que se vê livre de boa parte das limitações impostas por Portugal. De forma geral, 1808 organiza restrospectivamente a macronarrativa brasileira dentro de uma história nacional. Por outro lado, a vinda da Família Real contribuiu para o aumento da sensação de aceleração do tempo histórico, para a tomada de consciência das especificidades dessa parte do Império Português e, consequentemente, para a possibilidade efetiva da escrita de histórias nacionais brasileiras[19]. Além disso, por ser a primeira publicação em língua inglesa totalmente dedicada à história do Brasil, Grant teria inaugurado um horizonte narrativo com, pelo menos, quatro tópicos, para as publicações seguintes:

> 1) toma os episódios de forte presença estrangeira (franceses, holandeses e judeus) como momentos de ruptura com os hábitos pouco industriosos oriundos dos povos ibéricos; 2) é fortemente crítico em relação ao modo como a Coroa portuguesa administrava os seus territórios no além-mar; 3) destaca o efeito

benéfico da atuação de jesuítas na colonização; 4) e, finalmente, destaca a transmigração da Corte portuguesa, em 1808, como um evento que inaugurava uma nova fase na vida do país[20].

O livro de Grant traz um vasto apanhado histórico e geográfico de diversas regiões brasileiras, porém ainda sem qualquer desenvolvimento argumentativo-narrativo estrutural. De forma geral, a narrativa é bastante fluida e sem muitos detalhes, um livro certamente de leitura rápida e agradável para aquele que desejava saber o essencial sobre o Brasil, principalmente aquele que cogitava estabelecer algum contato mais direto, seja ele comercial ou migratório. Não era um livro para especialistas, estava mais de acordo com o perfil de um comerciante que pensava em estabelecer-se nessas terras ou mesmo de um curioso da história brasileira que tinha pouco tempo para gastar em grandes fólios. Essa história é uma primeira tentativa de ordenar as informações sobre o passado brasileiro, ainda que de forma incipiente. Grant não se limitou a narrar os principais eventos da história do Brasil, apresentando igualmente uma tentativa de compreensão e avaliação da presença portuguesa nesse território[21].

Além dos 12 capítulos, a *History of Brazil* traz também um apêndice com orientações médicas que visavam preservar a saúde dos europeus que porventura emigrassem para o Brasil, reforçando, assim, seu caráter prático. Grant apresenta pequenas e rápidas dicas de sobrevivência que objetivavam diminuir a influência e fatalidade das doenças que poderiam ocorrer no Brasil ou em outros climas tropicais. O emigrante que buscasse seguir esses conselhos, baseados na experiência e na observação, teria maiores chances de escapar de doenças que frequentemente eram fatais por falta de precaução. Grant aconselhava, portanto, o uso moderado do vinho e uma dieta centrada em frutas e legumes, como a dos nativos, para escapar das febres e de inúmeras outras doenças tão comuns[22].

A descoberta do Brasil é abordada muito rapidamente nessa obra, estando o foco principal do livro na realização de um panorama das características de cada localidade e de seus habitantes, apresentando elementos de utilidade imediata para o emigrante. Grande parte do início do livro acaba sendo reservada para tópicos como a fertilidade do solo, o cultivo da mandioca, os tipos de frutas, de árvores e animais existentes com forte ênfase nos odores, nas cores e no sabor de cada coisa. Grant apresenta os animais perigosos, as carnes suculentas, as árvores cheirosas e os animais coloridos. Ele também opta por enfatizar a tomada holandesa do Nordeste e sua retirada, onde três capítulos são dedicados a isso. Uma descrição das capitanias também é apresentada seguida do relato das maneiras dos habitantes, comércio, manufaturas e estabelecimentos militares. Em suma, a *History* de Grant mescla elementos geográficos, históricos, descrições dos costumes e das maneiras, como alimentação e vestimentas, além de apontamentos de interesse comercial como solo, clima e produtos nativos.

A ampliação nos gêneros históricos ocorrida no século XVIII no que se refere ao interesse por um discurso sobre o social, que abarcaria tanto o jogo das paixões e sentimentos na mente de cada indivíduo quanto as dimensões materiais da vida da humanidade, é um horizonte que não podemos descartar para entender a variedade do gênero história. Os historiadores, de forma geral, tiveram que enfrentar significativos desafios advindos da ampliação do objeto histórico que além da tradicional representação da ação por meio da história política, poderia, e muitas vezes deveria, abarcar a experiência das mulheres, das nações ditas rudes, das artes, da história da literatura etc.[23]

A constante reafirmação dos valores comerciais de uma sociedade polida contribuiu fortemente para a constante inquirição da condição da mulher nas diversas sociedades. O tema se tornou clássico seja na investigação da forma como a mulher indígena era tratada nas diversas tribos seja como as mulheres portuguesas ou luso-brasileiras inseriam-se na sociedade colonial. A negligência acentuada do sexo feminino, argumentava Grant, era um elemento marcante do caráter brasileiro[24]. As mulheres baianas, por exemplo, viviam em um estado de ignorância e sujeição que dificultava o cultivo dos prazeres sociais na Bahia. Não podiam passear pelas ruas livremente, deveriam ser conduzidas em cadeiras ou cabrioles; era difícil vê-las mesmo em suas próprias casas, pois ficavam restritas à convivência dos amigos mais íntimos da família. Esse desprezo para com o sexo feminino, Grant deixava claro, não era adotado por todos. Entre as pessoas mais esclarecidas o confinamento feminino não era tão rigoroso, porém "mesmo a adesão parcial a esse costume é uma grande privação de alegria àqueles acostumados às maneiras refinadas da sociedade civilizada"[25]. Uma nação comercial e polida como a Grã-Bretanha demandava uma história que respondesse às suas necessidades. Dessa forma, podemos entender não apenas a manutenção de elementos bastante tradicionais – como o relato e centralidade da guerra contra os holandeses no Nordeste –, mas também a figuração de outros não tão óbvios assim – como a descrição dos costumes dos habitantes e do interesse pela condição da mulher – como uma constante em diversas obras de história oitocentistas, inclusive a de Grant.

A avaliação negativa de diversos aspectos da herança portuguesa, feita pela historiografia britânica, era baseada na centralidade do comércio como fator de expansão cultural e catalisador do refinamento das paixões, dado por meio do contato com as pessoas e coisas[26]. A importância do comércio como horizonte civilizador das nações há muitos anos vem sendo posta como um tópico fundamental da historiografia britânica oitocentista[27]. Nesse sentido, Grant salientava que, por terem mais contato com estrangeiros, os habitantes do Rio de Janeiro tinham adquirido uma urbanidade muito maior do que a vista em outras localidades. Por causa da longa distância de algumas viagens era comum que navios britânicos parassem no porto do Rio antes de prosseguirem para a Austrália ou para as Índias Orientais e isso facilitava o contato dos cariocas com estrangeiros e refinava as suas maneiras[28]. Quando a restauração da paz fosse feita na Europa, Grant previa que o Brasil se separaria de Portugal e que, sem esse empecilho, uma maior procura pelas manufaturas europeias deveria acontecer como consequência de sua prosperidade, e, finalmente, produziria os efeitos mais benéficos nos interesses comerciais deste país[29]. A associação entre comércio, manufaturas e refinamento social foi uma das bases fundamentais do discurso a favor da intervenção inglesa no Brasil, que evidenciava a falta de aptidão portuguesa para a empreitada colonizadora.

Além disso, a audiência imaginada por Grant contribuía para um tipo de deslocamento narrativo que valorizava a ecleticidade na medida em que demandava informações de tipo comercial, contribuindo para a descentralização da política. O aprendizado tradicional da história, advindo da esfera pública/política, e focado no ensinamento de comportamentos ideais tornou-se algo relativamente difícil de ser sustentado durante o século XVIII como legitimador da prática historiográfica[30]. A ampliação cada vez maior do público leitor de história advinda da nova dinâmica da literatura enquanto mercadoria[31] contribuiu para a inserção de uma nova narrativa comercial, em sentido amplo, como tópico do gênero.

A aplicação de práticas de escrita distante dos preceitos que se consolidavam como marcadores importantes do gênero, como a nota de rodapé, é outro indício de que o público-alvo de Grant estava distante do clássico erudito. Sua *History of Brazil* apresenta raríssimas notas de rodapé e indicações precisas de onde as informações foram retiradas. O livro está mais de acordo com a prática do resumo aliada à compilação do que da análise. Vista como auxiliar na sustentação dos argumentos enquanto provas evidenciais, a nota de rodapé – de preferência longa e minuciosa – tornou-se, ao longo do século XVIII, parte indispensável do trabalho do historiador[32]. Não obstante a tendência de historiadores de formação clássica a considerá-la como uma interrupção indesejada e inadequada do fluxo narrativo, pois diminuía a força do argumento, distraía o leitor e, muitas vezes, figurou como um excesso de erudição pedante[33], em finais do século XVIII o cenário já é outro. Junto com a consolidação do conceito moderno de história, o chamado aparato de erudição e a própria crítica documental foram ganhando mais espaço entre os deveres de um bom historiador.

Além da resenha sem nenhum entusiasmo publicada no *Eclectic Review*, que inclusive saiu na seção Geografia e Topografia ao invés de na de História, o livro de Grant foi resenhado no periódico *Monthly Review*, em 1811[34]. As quase três páginas de avaliação trazem um brevíssimo apontamento dos capítulos com um extrato considerável – algo como 1/3 da resenha – sobre a boa disposição dos indígenas para com os portugueses. No final, o resenhista conclui:

> [...] percebemos que este volume pode ser apenas considerado como uma compilação; e de fato as citações a escritores anteriores parecem reforçar essa percepção, embora não sejam suficientemente frequentes e numerosas, enquanto referências de autoridade, para serem inteiramente satisfatórias ao folhear uma história assim escrita[35].

Se, por um lado, o livro de Grant era claramente uma compilação, pois se utilizava de materiais fornecidos em outras obras, por outro, não era possível afirmar que seria uma boa compilação, pois não apresentava as autoridades que havia consultado de forma satisfatória. Restava ao resenhista alertar os seus leitores que "uma obra muito maior sobre este assunto, da pena do Sr. Southey, em breve requererá nossa atenção"[36].

3 Robert Southey: a *História* é compilação pormenorizada do passado

De fato, o primeiro volume da *History of Brazil* de Southey tinha sido lançado no ano anterior, 1810, a publicação da resenha tardia do livro de Grant. Southey há algum tempo vem sendo apontado como o autor da primeira história filosófica do Brasil, entendida enquanto uma macronarrativa autônoma à história de Portugal[37]. Os três volumes da *History of Brazil*, escritos em inglês, foram publicados pelo homem de letras nos anos de 1810, 1817 e 1819, em Londres, e abarcam um longo período dessa história, que vai da chegada dos portugueses ao território que hoje conhecemos como Brasil até a transferência da Corte, em 1808. Portanto, o recorte feito por Southey da história brasileira é idêntico ao proposto por Grant e que também será seguido por outros historiadores. Composta de 44 capítulos, essa história também conta com um mapa cartográfico do Brasil e traz uma lista de palavras em português, espanhol ou outra língua estrangeira traduzidas para o inglês; uma tabela de conversão de pesos, medidas e moeda; e um index.

Diferentemente de Grant, sobre Southey existe um conjunto de informações bastante extensas[38], que vão desde as suas cartas até os mais diversos livros que escreveu. Southey nasceu na cidade de Bristol, Inglaterra, no ano de 1774, e veio a falecer em 1843, em Keswick, acometido por Alzheimer ou algum outro tipo de doença degenerativa[39]. Ao longo da vida, Southey teve os mais vastos interesses literários, escreveu diversas obras poéticas e histórias, além de numerosas obras de outros gêneros. Escreveu também uma vasta quantidade de material publicado, principalmente resenhas de livros, nos periódicos *Monthly Magazine*, entre 1796-1800, *Critical Review*, entre 1798-1799 e 1801-1806, *Annual Review*, entre 1802-1808, *Athenaeum, a Magazine of Literary and Miscellaneous Information*, entre 1807-1809, *Quarterly Review*, entre 1809-1839, *Edinburgh Annual Register*, entre 1810-1813, *The Foreign Quarterly Review*, em 1827, e *Foreign Review*, entre 1828 e 1830[40]. Além da *History of Brazil*, Southey publicou a *History of the Peninsular War* em dois volumes, em 1823 e 1827, e deixou inacabada a *History of Portugal*. Figura proeminente no cenário intelectual de sua época, Southey ficou mais conhecido no Brasil pela sua *History of Brazil*, que inclusive teve uma tardia tradução, feita por Luiz Joaquim de Oliveira e Castro (1826-1888), com notas do Cônego Joaquim Caetano Fernandes Pinheiro (1825-1876), publicada em 1862. A tradução levou 20 anos para esgotar a altíssima tiragem de 1.000 exemplares[41].

Dentro do Instituto Histórico e Geográfico Brasileiro, do qual Southey era sócio honorário desde 1840[42], foi publicada, em 1846, tradução de parte da *History of Brazil*. Era, na verdade, um pequeno extrato que versava exclusivamente sobre a Inconfidência Mineira. Sabe-se que a tradução do trecho foi empreendida pelo sócio do Instituto José de Rezende Costa (1765-1841), que a ofereceu para avaliação e publicação na *Revista do Instituto Histórico e Geográfico Brasileiro*. Alegando impossibilidade de escrita de suas memórias sobre a Inconfidência, Costa apresentou ao Instituto a tradução da obra de Southey acrescida de algumas notas. A tradução levou seis anos para ser publicada, provavelmente porque a Comissão responsável não acreditava "no fato de que o enforcamento de Tiradentes ocorrera em meio a uma autêntica festa popular, promovida pelas autoridades coloniais, onde se cantou até o *Te deum laudamos*"[43].

Além dessa tradução, mesmo que parcial, da *History of Brazil*, existiram mais dois projetos que, ao que tudo indica, nunca foram publicados e constituíam-se igualmente de traduções fragmentadas dos três volumes. A primeira iniciativa parece ter sido a de Henry Koster (1793-1820), iniciada quando morava em Itamaracá, em 1814. Koster propôs realizar a tradução do primeiro volume do livro de Southey para um padre português com quem mantinha amizade. Porém, em meados de 1815, a tradução já era pensada para ser publicada em Lisboa e contou, inclusive, com consultas pessoais à coleção de Southey em Keswick[44]. Não se sabe, no entanto, o motivo do projeto não ter sido levado adiante. Além dessa tradução de Koster, Manoel José Pires da Silva Pontes, membro do IHGB, deixou para o Instituto, quando da sua morte, vários papéis, inclusive uma tradução da *History of Brazil*, com notas e comentários[45]. Afirmava-se que "é trabalho diverso do que escreveu depois o Dr. Luiz Joaquim de Oliveira e Castro"[46], e, com isso, é provável que seja tradução de algumas partes da *History of Brazil* feitas por Pontes em 1845[47].

A *History of Brazil* de Southey teve como base materiais reunidos pelo seu tio, o reverendo Herbert Hill, que morou em Portugal durante muitos anos, e outros documentos que conseguiu por intermédio de diversas pessoas e pesquisas em arquivos. Por insistente convite de Hill, Southey fez sua primeira viagem a Portugal em 1795, quando teve contato mais próximo com a cultura ibérica e com a grande coleção de livros e manuscritos de seu tio. Pouco antes de sua segunda viagem a Portugal, em 1800, Southey pensava em escrever uma *History of Portugal*, utilizando de sua estadia para recolher materiais importantes[48]. Foi no decorrer dessa viagem que o projeto de escrever a história do Brasil começou a ser delineado[49]. Em 1804, revelava que estava planejando a escrita da *History of Brazil* como parte da história do Império Português, a qual seria dividida em 10 ou 12 volumes. O primeiro conjunto versaria sobre a parte europeia, consistindo na história de Portugal, em três volumes; o segundo conjunto seria sobre a história do Império Português na Ásia, com dois ou três volumes; o terceiro sobre a história literária da Espanha e de Portugal, em dois volumes. Somariam a essas partes uma história do Brasil, dos jesuítas no Japão, assim como uma história do monacato, todos esses três tópicos teriam um volume cada[50].

Contudo, apenas em finais de 1806 o projeto de escrita da história brasileira ganhou prioridade de composição em relação às outras partes da história do Império Português. A ideia inicial era publicar a *History of Brazil* por último, mas a perspectiva de remoção da Família Real e as constantes perguntas feitas sobre o Brasil em Lisboa impulsionaram Hill a pôr à disposição de Southey materiais inéditos que havia recolhido ao longo de quase 25 anos. Hill acreditava que Southey poderia escrever essa história, assim como o governo inglês necessitava ser notificado, e provavelmente pensava que esse poderia servir de patrocinador ao trabalho de seu sobrinho. Contudo, Lorde Grenville, então primeiro-ministro do

Reino Unido, não tinha interesse imediato nas informações sobre o Brasil, alegando que lhe interessava mais a outra parte da América do Sul. Os documentos que chegaram até Southey, por intermédio de seu tio, diziam respeito ao estado do interior do Brasil, mostrando todos os detalhes sobre as minas auríferas brasileiras e pondo em evidência a necessidade de colocá-las fora do alcance do poderio francês.

Assim foi iniciada a *History of Brazil*, com o intuito de publicitar a documentação sobre o interior do Brasil reunida por Herbert Hill, a ser publicada em dois volumes in-quarto, com ilustrações dos hábitos locais retiradas de viajantes e um mapa[51]. Ao menos durante 1807, Southey pensou em intitular sua obra de *Brazil & Paraguay* já que a história do Rio da Prata e de seus afluentes estava tão entrelaçada à história do Brasil, principalmente no que dizia respeito às Reduções Guaranis, que deveriam ser narradas conjuntamente para evitar interrupções explicativas de assuntos que não haviam sido expressos. Como acabou preponderando o título *History of Brazil*, inseriu um Prefácio justificando a presença de material que, à primeira vista, poderia parecer incongruente ao leitor[52].

Em 1810, quando a primeira parte da *History of Brazil* estava sendo impressa, Southey ainda enxergava esse livro como integrante de um todo mais grandioso e, de fato, parece sempre ter tido esse projeto em mente[53]. Depois de terminar essa obra, Southey seguiria à escrita da história de Portugal, do Império Português na Ásia e de um volume suplementar sobre as possessões africanas. Por fim, ainda almejava escrever uma história das ordens monásticas. Nesse momento uma parte do projeto é reconfigurada novamente, apesar de Southey ainda manter o desejo de escrever a história do Império Português. O plano de escrever a história do Império Português não foi realizado por Southey que, após o término da *History of Brazil*, parece não ter tido tempo suficiente entre as diversas ocupações literárias para finalizar o que seria o grande projeto de sua vida.

A *History of Brazil*, claramente voltada ao público britânico, teve uma tiragem modesta de 750 cópias por volume. Para ter uma base de comparação, o grande sucesso de vendas de Southey, a aclamada biografia *Life of Nelson* (1813), em seu ano de lançamento vendeu 3.500 cópias e contou, posteriormente, com dezenas de reedições[54]. Não foi, portanto, pela demanda maior do que a tiragem que houve uma segunda edição do primeiro volume da obra, mas porque Longman, seu editor, pretendia fazer caixas com os três volumes para dar vazão às 170 cópias que restavam, em 1820, dos segundo e terceiro volumes. Com isso, foi impressa apenas quantidade suficiente do primeiro volume para compor as caixas. Como era de se esperar, Southey pediu para fazer algumas melhoras no texto, inserindo informações retiradas de obras que até então não tinha tido a oportunidade de consultar[55]. Isso gerou um aumento da segunda edição do primeiro volume em relação à primeira edição em cerca de 100 páginas e foi a partir dele que a única tradução para o português da obra foi feita.

Essa baixa tiragem é um forte indício, corroborado por outros elementos, do tipo de livro almejado por Southey. Certamente a *History of Brazil* foi construída tendo como base projeções muito diferentes das de Grant. Enquanto o último pretendia que seu livro servisse para auxiliar comerciantes britânicos ou interessados em relações mais estreitas com o Brasil, a obra de Southey estava mais para um livro de referência, uma espécie de manual confeccionado para o amante da história brasileira. Southey justificava o objetivo de sua obra não de forma a servir de instrução para o grande público, mas para ser uma obra de referência para a posteridade[56]. Descrevia sintomaticamente o seu trabalho de compor a *History of Brazil* como o de um escritor de anais. Julgava que essa obra "à qual *muito trabalho, assim como escrupulosa pesquisa*, tem sido aplicado, como jamais foi ou será dado quando se trata de *compilação histórica*"[57]. As obras historiográficas de Southey, inclusive a *History of Brazil*, eram entendidas como um legado para as futuras gerações, escrito com cuidadosa minúcia de modo a não deixar que nada de importante escapasse e acabasse se perdendo com o passar do tempo. Em 1819, quando saiu o último volume da *History of Brazil*, Southey escrevia que estava próximo "do fim do trabalho mais longo e mais árduo" de toda a sua vida e para o qual havia dedicado 10 longos anos. Naquele momento, acreditava que "nenhuma história jamais foi antes *compilada*, com tal diligência infatigável, a partir de documentos dispersos"[58].

Anteriormente já salientamos a repercussão, mesmo que modesta, que a *History of Brazil* de Andrew Grant teve nos periódicos britânicos *Eclectic Review* e *Monthly Review*. Pela notável inserção de Southey não apenas na vida literária britânica como também enquanto escritor de vários periódicos, não surpreende que seu livro tenha tido uma acolhida consideravelmente maior do que o de Grant. Localizei sete avaliações críticas do primeiro volume da *History of Brazil*, que estamparam os periódicos britânicos *Quarterly Review* (1810), *Eclectic Review* (1810), *Critical Review* (1811), *Monthly Magazine* (1811), *Gentleman Magazine* (1811) e as retardatárias resenhas publicadas no *Annual Register* (1812) e *Monthly Review* (1812). As contribuições, como de praxe, foram publicadas anonimamente e sabe-se a autoria apenas das resenhas do *Quarterly Review*, escrita por Reginald Heber, e do *Monthly Review*, escrita por Joseph Lowe[59]. Sete resenhas do segundo volume da obra foram identificadas: *Critical Review* (1817), *European Magazine* (1817), *Literary Gazette* (1817), *Gentleman Magazine* (1817), *British Critic* (1818), *Monthly Review* (1818) e *Quarterly Review* (1818), dentre as quais apenas é possível afirmar que Heber continuou resenhando o livro para o *Quarterly*[60]. Do terceiro volume existem três resenhas, publicadas no *Literary Gazette* (1819), *Literary Chronicle* (1819) e *Monthly Review* (1823)[61].

O mercado editorial britânico se desenvolveu de forma bastante peculiar quando comparado a outros grandes centros de circulação cultural. Tanto na França quanto na Alemanha, os periódicos tiveram uma relevância menor no debate intelectual, sendo sobrepujados pelas instituições de ensino. A centralidade que eles tiveram na vida cultural oitocentista britânica pode, por exemplo, ser comparada à obtida pelas academias na França e pelas universidades na Alemanha[62]. Devido ao seu papel central na esfera político-literária britânica e à alta vendagem de alguns deles, como o *Quarterly Review*, esses periódicos tornaram-se lugares de publicação dos livros recém-lançados e de debates calorosos.

Em finais do século XVIII, com a inserção regular de resenhas de livros em seus números, houve uma mudança significativa no perfil dos periódicos britânicos. Assim, a partir de 1765 os números do *Gentleman Magazine* estampavam listas de novidades literárias com pequenas resenhas de alguns livros selecionados. Os primeiros textos publicados eram empreendimentos notadamente comerciais, encomendados por livreiros, editores ou distribuidores de livros. O público-alvo dessas resenhas era o leitor não habitual, que, ao ter contato com um resumo das obras recentemente publicadas, poderia ficar instigado a lê-las em uma biblioteca pública ou mesmo adquiri-las[63]. As tiragens iniciais desses periódicos era consideravelmente modesta se comparadas às somas astronômicas, para a época, dos seus sucessores *Edinburgh Review* e *Quarterly Review*. O *Monthly Review*, por exemplo, começou, em 1749, com uma tiragem de 1.000 exemplares, que mais que triplicaram por volta de 1776[64]. Esse primeiro formato de resenha inserida dentro de um jornalismo de tipo literário pode ser visto, por exemplo, nas resenhas muito curtas da *History of Brazil* publicadas na *Monthly Magazine* (1811), *Gentleman Magazine* (1811, 1817) e *European Magazine* (1817), que praticamente só apresentam ao leitor um pequeno resumo incompleto da obra, normalmente abordando apenas as primeiras páginas do livro. Estão mais para um informe de lançamento do que para uma avaliação mais crítica e embasada em outras leituras que será o mote de outros periódicos.

Tal perfil de periódico, que trazia muitas vezes no lugar de notas de lançamento ensaios bastante longos e eruditos, começou a ganhar força no início do século XIX com um grande crescimento e especialização desses periódicos literários. Inaugurando essa nova linha editorial esteve o *Edinburgh Review*, lançado em 10 de outubro de 1802, seguido, em fevereiro de 1809, pelo seu grande rival *Quarterly Review*. Periódicos desse gênero visavam distinguir-se dentro do mercado editorial pela qualidade e extensão das resenhas publicadas e por terem independência em relação aos livreiros, o que garantia aos editores certa liberdade na escolha das obras que ganhariam destaque nas edições[65]. Nas primeiras décadas do século XIX, o *Edinburgh Review*[66] e o *Quarterly Review*[67] eram os periódicos britânicos mais importantes, existindo, ao menos, mais outros 70 periódicos entre 1802 e 1824, que contavam com resenhas de obras literárias em suas edições[68]. Entre 1812 e 1814, as vendas de ambos superaram 12 mil cópias anuais, com o *Quarterly* um pouco à frente[69].

As resenhas oitocentistas publicadas sobre a *History of Brazil* oferecem uma oportunidade não apenas de descoberta, mesmo que parcial, dos problemas e debates em relação à composição de histórias, mas como os leitores receberam e avaliaram a obra de Southey. Elas se localizam em uma junção que nos permite ponderar tanto a forma quanto o conteúdo da obra, mesmo que em uma análise não muito profunda, e são peças privilegiadas ao trazerem suas impressões intuitivas de leitura sobre o estilo e os componentes da narrativa histórica[70]. As resenhas britânicas sobre a *History of Brazil* são praticamente unânimes quanto à minúcia das informações e a ausência de panoramas na obra. De fato, o projeto inicial de Southey – talvez por estar em um patamar exclusivamente teórico – propunha a escrita de apenas um volume, que acabou sendo estendido para três volumes com não menos de 600 páginas cada um[71]. Deve-se levar em conta que, mesmo após a publicação do primeiro volume, Southey não tinha um plano narrativo claro tendo em vista que pretendia terminar a obra no segundo volume[72]. Quanto maior o número de documentos e informações reunidos, mais longa ficava a *History of Brazil*, que seguia seu fluxo sem qualquer eixo regulador externo.

Esses resenhistas também revelam a escrita southeyana como tendo um *estilo da antiguidade*, caracterizado pela familiaridade com cronistas e escritores antigos, que, por situarem-se em anterioridade temporal, não escreviam de acordo com o gosto narrativo oitocentista. O emprego de vocábulos extemporâneos, assim como a falta de generalizações e panoramas, são apontados como sintomas desse estilo narrativo. Todos os resenhistas, em maior ou menor grau, indicavam que a *History of Brazil* continha muitos detalhes e informações descritos com minuciosidade. A resenha publicada no *Annual Register*, por exemplo, adotou um caráter bastante favorável à obra, inserindo vários extratos selecionados da *History of Brazil*, mas sem uma avaliação muito densa dos temas. Ao elogiar o livro, o resenhista afirmava que "no restante deste volume, o Sr. Southey detalha, *com muita minúcia*, a invasão do Brasil pelos holandeses"[73] ou que mudava o foco da narrativa "para dar *detalhes minuciosos e altamente interessantes* sobre a descoberta do Rio da Prata"[74]. O resenhista do *Critical Review* também notou, quase com as mesmas palavras e sem grande alarde, o estilo descritivo minucioso de Southey ao enfatizar que "o restante deste volume é, em sua maior parte, ocupado por uma exposição *bastante detalhada* da invasão holandesa em 1623"[75].

Se os resenhistas do *Annual Register* e do *Critical Review* não encararam a narrativa minuciosa articulada por Southey de maneira negativa, o mesmo não pode ser dito de outros críticos. O resenhista do *Eclectic Review* estava bem menos inclinado a apreciar a *History of Brazil*, principalmente por considerar a colonização espanhola como objeto por excelência quando se tratava dos descobrimentos no Novo Mundo. Diagnosticava que "as façanhas dos aventureiros, que são aqui registradas, e os incidentes relacionados a eles, de modo algum mereciam uma *delineação tão precisa e minuciosa*, como o Sr. S. julgou apropriado fornecer"[76]. Em sua opinião, Southey não deveria ter desperdiçado tanto trabalho – e tantas páginas – em um assunto secundário, mas, de qualquer forma, não havia escrito "um livro maçante ou inútil", sendo prova suficiente de seu gênio ter "sido capaz de conduzir tão completamente a atenção do seu leitor através de tal *série de detalhes sem importância e monótonos*"[77]. Inferia também que a *History of Brazil* continha "*uma variedade de informações curiosas e importantes*", inclusive desconhecidas, sobre os jesuítas e que foram "*detalhadas* pelo Sr. Southey, embora uma melhor exposição, sobre o todo, pudesse ter sido fornecida sem muita dificuldade"[78]. O resenhista exemplificava a sua opinião, argumentando que

> [...] em meio a *todos os detalhes*, por exemplo, que dizem respeito às tribos selvagens que abundam na obra, *nenhuma assistência é fornecida ao leitor no sentido de generalizar o fenômeno da vida selvagem; raramente algum auxílio que trace as causas das peculiaridades entre tribos diferentes*, que sua narrativa faz menção; nenhuma

tentativa de *ilustrar os períodos iniciais da raça humana* é feita, visto que são exibidas nessas circunstâncias desfavoráveis[79].

Uma narrativa que comunicava detalhadamente os costumes e maneiras das tribos papanazes, tobaiares e outras dezenas não interessava ao leitor britânico se não viesse acoplada à generalização da vida selvagem e da explicação da diversidade dos costumes. A expectativa de leitura gerada por obras de história em leitores como o do *Ecletic* parece tender para uma preferência para livros mais em sintonia com a história filosófica, muito em voga no século XVIII. Essa forma literária apresentava um assunto ampliado para muito além da tradicional história política e a certeza de que escrever história em seu mais alto nível significava ser capaz de descrever a ligação subjacente aos diferentes aspectos do passado[80]. Acredito que, esperando uma obra mais próxima desse modelo, o resenhista do *Ecletic* afirmava que "longas declarações e explicações" poderiam *"ser mais instrutivas e também mais interessantes que muitas repetições de detalhes que dizem respeito a tribos particulares"*. O resenhista avaliava que teria sido de grande utilidade aos leitores se Southey tivesse "extraído reflexões compreensivas" sobre o assunto "brevemente expressado"[81]. O critério de Southey ao escrever história era perceptível, havia juntado várias informações, utilizado de fontes autênticas e não havia deixado de mencionar nada de interesse para a história do Brasil. Contudo, não poderia dizer que Southey havia sido "dotado com as qualidades mais importantes de um grande historiador", pois *"as perspectivas compreensivas do grande filósofo não parecem predominar em sua mente"*. Obviamente Southey era altamente qualificado para tornar-se um grande historiador, "mas com suas boas intenções, com sua indústria e seus talentos para a composição, poderíamos desejar que *sua profundidade e originalidade de pensamento* fossem ainda mais evidentes"[82].

As colocações de Joseph Lowe sobre a *History of Brazil* foram ainda mais agudas, realçando a dicotomia entre uma história panorâmica e outra minuciosa. Chamou-lhe a atenção "a forma peculiar do Sr. Southey de escrever história" que buscava *"utilizar poucas reflexões genéricas* e relatar com *escrupulosa precisão e minuciosidade* o surgimento dos eventos destacados, observando geralmente a ordem do acontecimento"[83]. Além disso, "os comentários que ele se permite fazer são apenas aqueles que surgem do assunto da narrativa; *um percurso que é muito diferente do feito pelos escritores que concentram um conjunto de fatos para a ilustração de uma doutrina previamente definida*"[84]. Lowe caracterizou a forma de escrever história de Southey como avessa a generalizações, repleta de detalhes e com raro apelo analítico. Southey havia pecado ao não ter selecionado e organizado sua narrativa de forma a produzir um sentido claro à história narrada, gerando um excesso de informação desnecessária. O resultado era que os leitores da *History of Brazil* acabavam não sabendo o que fazer ou como interpretar tantos dados apresentados sem nenhum sentido intrínseco. Fora "que o *Sr. Southey realmente adentrou excessivamente em detalhes no que diz respeito ao gosto da geração atual*, a qual espera algo que seja mais que uma sucessão de objetos e acontecimentos, descritos com clareza e especificidade, mas não trazidos em um conjunto capaz de produzir um efeito por combinação"[85].

Alguns contemporâneos de Southey esperavam uma narrativa panorâmica e generalizante da sociedade, que apresentasse uma síntese do Brasil e não apenas um conjunto infinito de informações sobre esse território e suas diversas tribos indígenas. Seus leitores não eram, como ele, especializados no assunto para saber como interpretar tantas informações e se interessar pelas particularidades dessa história, mas pessoas que buscavam, através da leitura da obra, obter um conhecimento sistematizado – e rápido – sobre o Brasil. Buscavam também encontrar uma filosofia da história, entendida tipicamente como a história da sociedade humana em uma perspectiva cosmopolita, elucidando as leis gerais do desenvolvimento histórico comuns a todas as sociedades, escrita em grande escala e com pouca necessidade de detalhes[86].

Na opinião de alguns de seus resenhistas, Southey apresentava uma historiografia que em nada era condizente com as expectativas da época, que preferia ser informada por meio de generalizações dos fenômenos históricos realizados a fim de instruir o leitor sobre um determinado tópico[87]. Por outro lado, sua renomada fama literária gerou grandes expectativas sobre a realização narrativa de seu livro e alguns de seus resenhistas viram essas expectativas totalmente frustradas quando leram e reconheceram nessa história um conjunto minucioso de informações sem nenhum fio condutor e sem um estilo que elevasse a obra ao patamar que lhe estava reservado. Por mais correta que tenha sido as informações dadas por Southey, a forma como concebeu e realizou a sua história distanciava-se bastante do gosto dos seus possíveis leitores da década de 1810. Lowe, por exemplo, teria aprovado seu esforço caso ele tivesse visto com mais frequência na *History of Brazil* "uma espécie desses pontos de vista gerais" comuns aos historiadores contemporâneos[88]. Em sua opinião, o plano narrativo de Southey distanciava-se radicalmente dos escritores que adotavam uma perspectiva compreensiva da história ao apresentar "fatos com quase nenhuma reflexão intercalada"[89].

Southey parece não ter feito por completo a fusão entre o antiquariato e a narrativa histórica acarretando no descompasso narrativo entre sua obra e o gosto ou expectativa dos leitores de história britânicos dos anos de 1810[90]. E talvez o próprio Southey concordasse com as críticas recebidas. Sua narrativa tendia, devido às suas inclinações eruditas, a longas descrições e a um amplo conjunto de informações que não obtiveram, por uma escolha deliberada, um fio condutor organizado e aparente[91]. Lembremos as palavras de Southey ao terminar a escrita dos três volumes da *History of Brazil*: "nenhuma história jamais foi antes *compilada*, com tal diligência infatigável, a partir de documentos dispersos"[92]. Contudo, enquanto muitos dos resenhistas achavam que estavam apontando algo negativo em sua obra, Southey acreditava que esse era o ponto forte dela. O tom de reprimenda sobre a prática da compilação foi o mote da breve resenha do segundo volume da *History of Brazil* publicada no *Literary Gazette*, em 1817. O resenhista é enfático: "devemos, portanto, nos sentir inclinados, por tudo isso, a chamar essa obra de uma *compilação ao invés de uma história*". Não obstante ser uma compilação bastante agradável e útil, o resenhista não pôde negar que "de fato, pensamos, que ele [Southey] estende-se com *excessiva minúcia nos detalhes*; porém, considerando a sua obra, como nós consideramos, mais *as bases para uma história futura* do que uma história em si, não devemos discutir com ele a esse respeito"[93]. A associação entre compilação e detalhes é algo recorrente, acoplada à crítica da falta de um fio condutor narrativo e uma perspectiva mais panorâmica da história, podendo ser lida como um descompasso entre os resenhistas e Southey em relação ao que caracterizava a dignidade da história. Estamos diante de, ao menos, dois horizontes discursivos bastante diferentes. Enquanto Southey baseava a dignidade de sua história na reunião antiquária de informações, os resenhistas preferiam acreditar, como leitores formados no século XVIII, que a validade da história estava, na verdade, na generalização filosófica[94]. Assim, devido à ausência daquele "olhar que conecta e penetra", Southey havia realizado "mais o trabalho de um cronista" do que o de historiador[95].

4 Alphonse de Beauchamp: plagiário ou pesquisador?

Não obstante, se a organização do material feita por Southey parecia a alguns leitores uma espécie de crônica, ou seja, uma compilação, e ainda por cima cheia de detalhes maçantes, crítica muito mais profunda e incisiva teve a *Histoire du Brésil* de Alphonse de Beauchamp, publicada em Paris. O interesse francês pelo território do Brasil esteve bastante nítido seja quando pensamos na tentativa de criação da França Antártica, no século XVI, no Rio de Janeiro, que teve como um de seus resultados literários a *Histoire d'un voyage fait en la terre du Brésil* (1580), de Jean de Léry, seja no estabelecimento da França Equatorial a leste da foz do Rio Amazonas, no século XVII[96]. Contudo, a primeira história do Brasil escrita por um francês veio à luz em 1815 pela pena de Alphonse de Beauchamp.

Beauchamp nasceu em Mônaco, em 1767, e morreu em Paris, em 1832. Sabe-se que em 1784 entrou como subtenente no regimento da marinha da Sardenha. Por lá permaneceu até 1792 quando, com o início da guerra com a República Francesa, se recusou a lutar por uma causa que considerava injusta. Em decorrência disso foi preso por vários meses. Depois de ser libertado, mudou-se para Paris, onde obteve uma colocação no governo. Com a queda de Robespierre, Beauchamp foi transferido para o gabinete do ministro da polícia, ficando encarregado da superintendência da imprensa. Os materiais que pôde reunir por causa desse emprego foram utilizados na *Histoire de la guerre de la Vendée et des Chouans* (1806), sua obra mais popular. Contudo, o livro desagradou autoridades e sua terceira edição foi retirada de circulação. Além disso, Beauchamp foi demitido de seu posto e, em 1809, foi obrigado a sair de Paris. Nessa ocasião mudou-se para Reims. Em 1811, obteve permissão para voltar e novamente recebeu uma nomeação do governo, que teve que renunciar com a Restauração. Após isso recebeu uma pequena pensão, que foi estendida à sua viúva após a sua morte[97].

Beauchamp escreveu extensivamente em jornais e revistas, além de publicar inúmeros trabalhos biográficos e históricos[98]. Dentre eles estão: *Histoire des campagnes du maréchal de*

Suwarow (1802), *Le faux Dauphin* (1803), *Histoire de la conquête et des revolutions du Pérou* (1808), *Biographie des jeunes gens, ou Vies des grands hommes* (1813), *Vie politique, militaire et privee du general Moreau* (1814), *Catastrophe de Murat, ou Récit de la dernière révolution de Naples* (1815), *Histoire du Brésil* (1815), *Histoire des campagnes de 1814, et de la Restauration de la Monarchie Française, avec justificatives* (1815), *Histoire des campagnes de 1814 et 1815* (1816-1817), *Histoire de la guerre d'Espagne et du Portugal, 1807-1813* (1819), *Histoire de la Guerre de la Vendée* (1820), *Vie de Louis XVIII* (1821), *De la Révolution d'Espagne et de sa crise actuelle* (1820), *Vie d'Ali Pacha* (1822), *De la Révolution d'Espagne et de son Dix-Août* (1822), *Vie de Jules César* (1823), *L'Indépendance de l'Empire du Bresil* (1824), *Collection de memoires relatifs aux révolutions d'Espagne* (1824), *Mémoires secrètes et inédites pour servir à l'histoire contemporaine* (1825). Certamente tratava-se de um escritor bastante ativo.

A *Histoire* de Beauchamp, lançada in-oitavo, constitui-se de três volumes, divididos em 45 livros, espécies de capítulos, e com um mapa e duas gravuras. Apesar de, assim como o livro de Southey, também ter sido impresso em três volumes, devido ao tamanho da página essa história é sensivelmente menor. A publicação in-oitavo, ao invés de in-quarto, também indica que esse livro, assim como o de Grant, fora pensado enquanto uma obra de divulgação e tinha como alvo um público leitor mais amplo. Os livros in-quarto eram livros grandes, mais para serem consultados no conforto de uma biblioteca, destinados a leitores abastados e eruditos, pois eram consideravelmente mais caros que os formatos menores[99]. Na visão de Beauchamp, sua *Histoire* viria completar a lacuna de uma história geral e completa do Brasil. No livro primeiro da obra, o autor faz uma síntese da história de Portugal desde 1139 até os Descobrimentos e, depois, aborda de perto a história do Brasil terminando, como de praxe, com a vinda da Família Real e suas implicações para esse território. Chamava a sua atenção que, até aquele momento, existiam apenas informações esparsas e inexatas sobre o Brasil: "em lugar de um corpo de História, só se possuíam viagens, e fragmentos históricos"[100].

Beauchamp, que já era conhecido do público francês não somente pela *Histoire de la guerre de la Vendée et des Chouans*, mas igualmente pela sua fama de plagiário, esteve envolvido em uma das maiores controvérsias literárias no que diz respeito à escrita da história brasileira em inícios do século XIX. Foi acusado de plagiário, plagiário da *History of Brazil* de Southey. A *Histoire* de Beauchamp contém alguns capítulos muito semelhantes e alguns eventos são apresentados na mesma sequência do primeiro volume da obra de Southey. Entretanto, a *Histoire* de Beauchamp é notadamente uma obra muito mais resumida do que a de Southey, não incorporando as longas descrições feitas por Southey, em especial no que diz respeito às características e hábitos dos diversos grupos indígenas[101]. Como já ressaltava o resenhista da *Monthly Review*, quando publicou a avaliação da *Histoire* em 1818, Beauchamp teria traduzido o primeiro volume da *History of Brazil* de Southey, que compõe o primeiro e o segundo volumes de sua história, e omitido de seus leitores que, na verdade, apresentava uma tradução ao invés de uma obra inédita. Além disso, teria feito forte uso das *Viagens ao interior do Brasil* de John Mawe no terceiro volume da *Histoire*. O resenhista é contundente, até o livro 31 o material apresentado é tradução ou resumo do texto de Southey, exceto pelo primeiro livro, que trata de Portugal, incluído no intuito de disfarçar o plágio cometido por Beauchamp[102].

Questões relacionadas ao direito autoral ainda não abarcavam todo tipo de cópia nessa época, o que levou o plágio, entendido enquanto um crime literário, ganhar as páginas dos círculos literários ao invés do jurídico. O rótulo de plagiário foi possível devido à rejeição por parte dos críticos de Beauchamp de alguns parâmetros de escrita da história, notadamente herdeiros da tradição clássica antiga, empregados em sua narrativa, como a ausência de fontes e referências principalmente em notas de rodapé. Beauchamp não citou por descuido ou esquecimento, mas de forma voluntária; fez isso baseado em parâmetros distintos de autoridade, que o levaram a ser constantemente acusado de plagiário em diversas de suas obras[103]. Beauchamp não se considerava um erudito e pensava que seria charlatanismo de sua parte inserir notas, citações e comentários em seu texto. Preferia seguir os historiadores antigos, e muitos modernos, em uma narrativa que misturava os diversos autores na composição de algo novo. Para isso o aparato de erudição não tinha nada a contribuir[104].

Não obstante a aparente boa-fé de Beauchamp, qualquer um que desejasse escrever história nas primeiras décadas do século XIX era impelido a citar de forma precisa as informações retiradas de obras alheias; de outra forma seria considerado um plagiário. Entre os séculos XVII e XVIII, o conceito de plágio passou por algumas mudanças fundamentais. No século XVII a palavra plágio não continha significado pejorativo ligado à cópia de pesquisa de terceiros, sendo indicativa de imitação. Grande parte do que era produzido até então poderia ser considerado como imitação na medida em que existiam os lugares comuns, revisitados constantemente, que serviam de inspiração aos autores. Mas, no início do século XVIII, a semântica de plágio foi descolada da de imitação e surgiu reformulada como "a ação de retirar de um autor (particularmente moderno e nacional, o que agravaria o delito) os trechos de uma obra de invenção, uma ideia nova e ainda pouco conhecida e traços de um ou vários pensamentos"[105]. Essa foi, por diversas vezes, a acusação que assombrou Beauchamp.

Em 1815, logo após a publicação da *Histoire du Bresil*, Southey informava aos seus amigos que havia adquirido os três volumes dessa obra em Bruxelas e, como não era difícil de prever, por causa da fama de plagiário de Beauchamp, tratava-se de um roubo intelectual. Exceto o capítulo introdutório, todo o resto consistia em tradução de sua história, inclusive as referências e fontes haviam sido retiradas da *History of Brazil*. Southey acreditava que a história de Beauchamp facilmente cairia em descrédito, pois se tratava claramente de uma composição não original[106]. Inclusive cogitou a hipótese de escrever uma carta ao jornal *Courier* expondo o plágio, mas acabou desistindo da ideia e contentou-se com a réplica publicada no prefácio do segundo volume da *History of Brazil*[107].

Beauchamp consideraria essa acusação de plágio de Southey como infundada, já que entendia como plagiário "aquele que se apropria de um texto ou de parte dele, sem fazer menção ao autor"[108]. Ele certamente havia, nas primeiras páginas de sua história, mencionado a consulta à obra de Southey. Contudo, a compilação realizada não poderia ser justificada com esse simples gesto, pois a escrita da história nas primeiras décadas do século XIX estava diretamente ligada à originalidade e às técnicas de verificação da informação. Beauchamp acreditava firmemente que suas histórias não eram plágios, pois, além de sinalizar o material utilizado, seu estilo de escrita estava inscrito nelas. Em suma, "a convivência (não pacífica) entre a demanda por uma história crítica – baseada em uma pesquisa rigorosa, que exigiu do historiador o levantamento de provas históricas mais eficazes para comprovar sua narrativa – e antigas formas baseadas na eloquência e na maneira como os antigos escreviam história, ocasionou esse tipo de querela"[109]. Para muitos não era mais suficiente, e nem desejado, a publicação de histórias sem as interrupções causadas pelas notas de rodapé, mas, sim, da crítica e refinamento do que já havia sido escrito.

A *Histoire du Brésil*, junto com a *History of Brazil*, de Southey, foram as únicas histórias joaninas que tiveram tradução para o português. Ao contrário da obra de Southey, a de Beauchamp teve um rápido projeto de tradução, que durou de 1817 até 1826, com a publicação na cidade de Lisboa, e que inclusive envolveu a continuação cronológica da obra. O tipógrafo Desidério Marques Leão, junto com Pedro José Figueiredo, responsável pelas anotações e correções, e Pedro Ciryaco da Silva, um dos tradutores, iniciaram a empreitada de tradução da obra, sob o financiamento do governo português, e publicaram a *História do Brasil*, em 11 volumes. Os seis primeiros volumes são a tradução da história de Beauchamp, com anotações que visavam à correção de algumas informações. Os outros cinco volumes continuam a *Histoire* do seu fim até a atualidade, prática não incomum na época. Esse esforço de tradução estava relacionado às medidas para colocar em prática o projeto de regeneração portuguesa. Marques Leão considerava que Beauchamp havia presenteado "os Portugueses, e o mundo culto com uma história sem contradição original, e a primeira até aquele tempo mais bem coordenada, e interessante particularmente aos Portugueses". A história do Brasil interessava aos portugueses na medida em que se mostrava como a história da regeneração de Portugal[110].

5 A *História* "corográfica" de James Henderson

A última história do Brasil publicada dentro do período joanino foi escrita por James Henderson e também esteve envolvida em uma acusação de plágio. Figura ainda pouco conhecida, assim como Grant, nasceu provavelmente em Cumberland ou Westmorland, Inglaterra. Sua jornada para o Brasil, mais especificamente para o Rio de Janeiro, começou em 11 de março de 1819 na expectativa de obter de Henry Chamberlain, representante britânico, um posto na administração pública. Não conseguindo a posição, Henderson decidiu ficar e aprender mais sobre o Brasil. Em 1821, após seu retorno à Inglaterra, publicou

A history of the Brazil, comprising its geography, commerce, colonization, aboriginal inhabitants (1821). No ano seguinte, lançava *A series of observations... on the expediency of Great Britain entering into commercial regulations with the South American States, accompanied by brief commercial notices of the five republics* e o *An address to the South Americans and Mexicans ... with a cursory review of some important events and traits of patriotism which have distinguished their respective revolutions*. Neste último livro consta que também foi publicada uma versão dele em espanhol para a qual é atribuído o título *Representación a los Americanos del Sud y Mexicanos, para dissuadirles de que concedan ventajas commerciales á otras naciones, en perjuicio de Inglaterra, por causa de su retardo en reconocer su independencia... con un examen rápido de varios acontecimientos importantes, y rasgos patrióticos que han distinguido sus respectivas revoluciones*[111]. Ainda em 1822, publicou o *A series of observations submitted to the Right Honourable Thomas Wallace, M.P., vice president of the Board of Trade: on the expediency of Great Britain entering into commercial regulations with the South American states, accompanied by brief commercial notices of the five republics*. Em 1823, Henderson assumiu o cargo de cônsul geral em Bogotá[112], mesmo ano em que lançou o *Observations on the great commercial benefits that will result from the warehousing-bill, particularly as regards the free transit of Foreign Linens, Silks & Woollens*. Além desses livros, publicou também *Suggestions Relative to the Consular System* e *State and prospects of Spain*. Por volta de 1836, Henderson renunciou ao cargo de cônsul geral e posteriormente acabou por se instalar em Madri. Em 1842 publicou *A Review of the Commercial Code and Tariffs of Spain, with reference to their Influence on the general interests, credit, and finances of that country*. Faleceu nesta cidade em 18 de setembro de 1848[113].

As 522 páginas de *A History of the Brazil* foram publicadas pela renomada casa editorial Longmans, Hurst, Rees, Orme and Brow às expensas de Henderson, com 26 capítulos e ilustrada com 27 desenhos e dois mapas, um do Brasil e outro da comarca de Sabará. O mapa de Sabará foi um presente de Bernardo José da Gama, feito durante seu governo como ouvidor dessa Comarca. Henderson apresentava em sua obra uma cópia exata do mapa feito por Gama, que mostrava os locais onde poderiam ser encontrados diamantes[114]. Esta história, vendida a 3l, 13s. 6d[115], inicia, como as demais, com a chegada dos europeus no Brasil, porém tem uma divisão muito mais focada nas províncias. Do capítulo III ao XXV são abordados, em cada um, uma província diferente, exceto a do Rio de Janeiro, local de residência de Henderson, que conta excepcionalmente com dois capítulos, o III e o IV. O último capítulo consiste nas observações conclusivas do autor seguidas de um apêndice.

Na dedicatória datada de Londres, agosto de 1821, Henderson esclarece que o objetivo de sua obra era "comunicar novas informações sobre uma parte da América do Sul, que mais do que nunca interessa aos mundos comercial, político e científico"[116]. Contudo, o que se observa é uma grande cópia da *Corografia Brasílica* de Aires de Casal. A história de Henderson é quase que totalmente uma tradução da *Corografia Brasílica*, inclusive a ordem em que as províncias são apresentadas é praticamente a mesma, exceto pela do Rio de Janeiro, que no livro de Henderson é a primeira a ser abordada. De fato, muitos trechos são traduções, não ditas, da *Corografia*, inclusive muitas notas e citações de autores são retiradas de Casal. Províncias como Rio Grande do Sul, Paraná, Uruguai, Santa Catarina, São Paulo, Mato Grosso, Goiás, Espírito Santo, entre outras, não contêm uma linha sequer além do que já havia sido escrito na *Corografia*. Exceto por alguns trechos inseridos aqui e ali nas províncias da Bahia, Minas Gerais, Pernambuco e outras, a parte original de *A History of the Brazil* encontra-se fundamentalmente nas observações advindas de sua estadia ou de coisas que ouviu dizer, principalmente, no e sobre o Rio de Janeiro. A parte dedicada a essa província é sensivelmente menor no livro de Casal, contando com 24 páginas, enquanto que no livro de Henderson são 78. Em suma, *A History of the Brazil* é uma tradução da *Corografia Brasílica*, exceto pelas partes que contam ao leitor a experiência de Henderson quando viajou e viveu no Brasil, além de algumas informações que considerava de particular interesse aos comerciantes britânicos. Inclusive a parte final do livro, o apêndice, chamado Zoologia e Fitologia, é retirado do livro de Casal.

No "Notice to the reader" Henderson explica ao seu leitor que "a assistência amigável que recebi de muitas pessoas na América do Sul, bem como de alguns governadores e ex-governadores de províncias, forneceu uma parte dos materiais autênticos da Obra"[117]. De fato, o mapa de Sabará assim como outras informações referenciadas ilustram perfeitamente essa explicação de Henderson. Porém, quando chega a hora de falar sobre a *Corografia Brasílica* não dá o devido crédito a Casal:

> Minha primeira intenção era manter-me firme na escrita de um relato geográfico e comercial do país, mas, como a recente publicação do Padre Manoel Aires de Casal (na qual ele esteve muitos anos envolvido), me forneceu não apenas informação abundante sobre o primeiro assunto, mas também sobre a sua história, civil e natural, eu julguei que não seria inaceitável para o leitor britânico ler o relato resumido de cada província, desde a sua primeira colonização, combinado com a sua geografia, seus produtos, comércio, & c[118].

Acrescentava ainda que Casal, por causa de sua posição eclesiástica, tinha tido acesso a informações completas e autênticas através da consulta de documentos oficiais, diários de sertanistas e de sua própria investigação pessoal aliada ao relato de outras pessoas. Portanto, Henderson apresentava ao seu leitor informações corretas e imparciais[119]. Assim, não fica exatamente claro que as informações contidas em *A History of the Brazil* são, na verdade, em sua grande parte, traduções da *Corografia* de Casal. Porém, Henderson mostra grande preocupação em legitimar a sua escolha da *Corografia* como livro base e, inclusive, usa como argumento de autoridade o fato de o livro ter servido igualmente para a composição do último volume da *History of Brazil* de Southey[120]. Sem sombra de dúvidas Southey já não poderia ser descartado por qualquer um que abordasse a história do Brasil, pois ele já havia se tornado uma referência não apenas em assuntos relativos a Portugal, mas também ao Brasil. Também no "Notice to the reader", Henderson apontava que "sobre a história deste país, no entanto, o trabalho do Sr. Southey é completo, e honra tanto o talento desse *gentleman* quanto a sua incansável pesquisa"[121]. Assim, em alguns momentos, como quando Henderson aborda a grande polêmica sobre quem teria, de fato, descoberto o Brasil, apresenta diversas hipóteses e informações, fazendo uma discussão bibliográfica sobre o tema. Essa parte sobre ter sido Vicente Yáñez Pinzón o descobridor do Brasil parece ter sido retirada, mas não copiada, do primeiro volume da *History of Brazil*, de Southey.

Por outro lado, Southey já conhecia o livro de Henderson antes de seu lançamento em 1821. Em 26 de julho de 1820, escrevia para seu editor, Longman, o mesmo que publicou *A History of the Brazil*, as seguintes palavras:

> Esta proposta de obra do Sr. James Henderson é o livro que eu mencionei para você quando estive pela última vez em Paternoster Row. O autor diz, em seu projeto, que "pouco conhecimento autêntico (sobre o Brasil) tem sido publicado até agora, e os relatos que temos de sua descoberta, colonização, divisões, governo, produtos, são vagos e frequentemente contraditórios". Ele, portanto, promete "uma história genuína e satisfatoriamente autêntica a partir de documentos originais"[122].

Esse plano da obra escrito por Henderson, ao que parece, deve ter sido algum tipo de carta de subscrição ou coisa do gênero, já que a *A History of the Brazil* foi publicada a expensas do autor e Southey parece não ter tido contato com o manuscrito[123]. Southey se mostrava indignado com essas palavras de Henderson, pois elas ou indicavam que sabia muito pouco sobre o Brasil, já que demonstrava desconhecer sua *History of Brazil*, ou que era simplesmente mais um plagiário de sua obra.

Em carta ao seu tio Herbert Hill, datada de 8 de dezembro de 1821, Southey manifesta o seu interesse em resenhar o livro de Henderson para publicação no *Quarterly Review*, mas talvez a pouca originalidade da composição e mesmo a ausência de plágio de sua história, tenha-o desanimado de fazer isso:

> Talvez você tenha ouvido de uma história do Brasil escrita por James Henderson. Ele achou apropriado enviar-me o livro. É um relato, e não uma história, do país, composto quase inteiramente de Casal e dos escritos do "Patriota", junto com uma pouca informação que ele conseguiu no país durante uma curta estadia por lá. [...] Ele é um homem deste país, sem qualquer educação. O livro, porém, é digno de sua indústria, e não é indigno de forma nenhuma. [...] Talvez eu torne-o o tema de um artigo no "Quarterly Review"[124].

Leitura muito parecida da obra foi feita pelo resenhista do *Monthly Review*, que afirmava:

> [...] este [livro] é mais uma geografia do que uma história do Brasil. Ele tem pouco em comum seja em forma ou conteúdo com o valioso trabalho do Sr. Southey, que tem um título semelhante, mas muito em comum com As viagens de Koster [...] e com as Notas de Luccock sobre o Rio de Janeiro [...]; e, na verdade, condensa em um volume grande parte das informações contidas nesses dois trabalhos geográficos[125].

Igualmente salientava que o livro de Henderson continha muitas informações do livro do Padre Manuel Aires de Casal[126]. Em suma, desde o seu lançamento *A History of the Brazil* já era tida como uma obra de tradução e, como nota Southey, mais parecida com um relato (de viagem) do que com uma história. E, de fato, antes de iniciar o capítulo I, está escrito "an historical, geographical, and commercial account [relato] of the Brazil" como se fosse outro título da obra. A história de Henderson seria, portanto, uma mescla de descrição topográfica, característica principal da *Corografia Brasílica*, com observações advindas de sua estadia no Brasil, principalmente no Rio de Janeiro. Grande parte do conteúdo inédito disponibilizado por Henderson está nos capítulos III e IV, no qual trata da província do Rio de Janeiro, e no primeiro capítulo, que é dedicado a narrar em breves 11 páginas a sua viagem da Inglaterra para o Rio de Janeiro.

Não é novidade a ligação de *A History of the Brazil*, de Henderson, a um relato de viagem[127]. É importante destacar a força que elementos característicos desse gênero de escrita tiveram nas obras de história. É notório o grande impacto que as variedades discursivas apresentadas pelos relatos de viagem tiveram em obras de ficção, como *Viagens de Gulliver* e *Robison Crusoé*[128]. Não é estranho, portanto, que as obras históricas tivessem que responder ao interesse dos leitores pelo tipo de descrição encontrada nesses relatos. Certos conteúdos e mesmo a forma de apresentá-los tiveram grande ajuda das narrativas de viagem para serem consolidados como foco de interesse dos leitores de história. Os relatos de viagem auxiliavam na construção das temáticas de interesse, ao despertar a curiosidade do leitor para certos assuntos, e também serviam de material para as obras de síntese posteriores. Muitas narrativas seiscentistas de viagem definiram uma estrutura para a imaginação europeia, empregada pela maioria dos escritores subsequentes, em que figuravam a vasta e intricada natureza da terra e dos rios, a presença alusiva de povos nativos – enigmáticos quando não hostis, que desafiavam a morte por meio de flechas envenenadas ou festas canibais – e a atração por descobertas maravilhosas, quer dos impérios nativos de mulheres, das ligações fluviais insuspeitas, cidades de ouro ou maravilhas da natureza[129].

Esse é um horizonte importante para compreender, mesmo que parcialmente, a possibilidade de fusão, que acontece em *A History of the Brazil*, de Henderson, entre relato de viagem e história, entre dois gêneros literários distintos, mas que poderiam ser mesclados no intuito de produzir um livro de ampla divulgação. Durante o século XVIII é notória a incorporação de uma gama de atividades sociais que iam além dos limites da historiografia tradicional, que concentrava-se não apenas na esfera pública e/ou política, mas também na ação. Há, portanto, um deslocamento da narrativa histórica da ação para a experiência em que o leitor, enquanto consumidor, buscava livros que o permitissem entender o social e o sentimental ao mesmo tempo em que eliminasse a distância histórica entre o que ele lia e ele mesmo. O leitor buscava a experiência que os homens tiveram no passado, ou seja, a própria experiência da história. Representar a ação (política) não era mais suficiente, o historiador deveria igualmente representar a experiência[130]. Nada mais condizente com esse anseio que a narrativa de viagem, que quando mesclada ao gênero história produz um efeito capaz de proporcionar essa experiência aos seus leitores.

O público-alvo de Henderson parece ter sido o mesmo de Grant, na medida em que suas obras constantemente se referem a um leitor comercial imaginado:

> O leitor comum pode não ficar particularmente interessado na parte desta publicação que detalha as cidades e os seus produtos e na qual a monotonia é inevitável, não obstante elas serão valiosas como referência para o comerciante e muitas outras pessoas, já que, com o evidente crescente comércio deste belo país, já recebendo anualmente três milhões de manufaturas britânicas, cada um desses lugares irá progressivamente tornar-se cada vez mais importante[131].

Portanto, ao longo de sua obra, Henderson não apenas insere elementos típicos do relato de viagem, mas também outros que têm como o foco principal as possibilidades comerciais com o Brasil, principalmente informações envolvendo açúcar, tabaco e algodão. Henderson apresenta, inclusive, tabelas de exportações desses itens[132]. Acrescenta informação que interessam particularmente a quem pretende morar no Brasil, que perpassam o preço de compra de terras e formas de se arrendar[133]. Há também um pequeno comentário sobre imigração inglesa, escocesa e irlandesa na Paraíba e suas possíveis vantagens comerciais e possibilidades de comércio[134]. É importante lembrar que o tema do comércio não estava ligado apenas à importação ou exportação de itens agrícolas ou manufaturados, mas era constantemente relacionado com a própria possibilidade de existência de uma sociedade polida e civilizada.

Desde finais do século XVIII, o vocabulário do humanismo comercial surgiu como horizonte explicativo do grau de desenvolvimento civilizacional das nações. Tal linguagem foi construída por meio da necessidade de compatibilizar *virtude* e *comércio*, sem que isso levasse fatalmente à corrupção do cidadão, que deveria ao mesmo tempo ser autônomo e prover sua autonomia por meio do comércio. O cidadão passa então a "ser definido não por suas ações e virtudes, mas por seus direitos às coisas e sobre as coisas"[135]. Por meio do comércio, seria possível promover a expansão cultural e o refinamento das maneiras, já que essa atividade intensificaria o contato dos homens com as pessoas e as coisas produzidas. Dentro desse horizonte de preocupação comercial, a colonização portuguesa foi constantemente lida por autores britânicos como gerando a impossibilidade de desenvolvimento de uma sociedade comercial no Brasil. Ao invés de Portugal estimular o desenvolvimento das sociabilidades modernas em sua colônia, teria realizado uma colonização baseada na inveja dos progressos brasileiros. Assim lamentava Henderson que: "se esta melhor e mais rica região da América tivesse calhado de ser repartida pelos ingleses, franceses ou holandeses, teria sem dúvida nenhuma assumido um aspecto muito diferente em comparação com o seu estado atual"[136]. A diferença entre a prosperidade vista nos Estados Unidos e no Brasil, onde o primeiro tinha, inclusive, sido colonizado posteriormente e possuía um solo bastante inferior em relação ao segundo, era, na visão de Henderson, uma prova da diferença entre as duas propostas colonizadoras. Essa diferença:

> [...] poderia ser atribuída principalmente ao gênio oposto de governo e religião dos ingleses e portugueses; o temperamento livre e sábio dos primeiros

> dá todas as facilidades para o talento e a indústria de todo tipo, enquanto que a natureza ignorante e opressora dos últimos, especialmente em relação às restrições comerciais [...] opera como uma paralisia em relação à iniciativa agrícola, comercial e científica, e a todas as atividades benéficas da mente[137].

Na perspectiva desses ingleses, os portugueses e seus descendentes brasileiros não formavam uma sociedade comercial em vários aspectos. Como vimos, Grant já salientava esse aspecto da sociedade luso-brasileira quando falava sobre a falta de preocupação com a educação feminina e, de fato, a temática do comércio aliada ao refinamento das maneiras, do comportar-se em sociedade, parece ter sido constantemente reivindicada pela historiografia britânica sobre o Brasil. Em 1836, por exemplo, vemos a mesma proposição estampada na *History of Brazil* de John Armitage: "mantido pelo trabalho dos escravos, habitando um clima onde as produções da terra são quase espontâneas, *privado do estímulo e das ciências que a livre comunicação com as nações estrangeiras teria ministrado*, era pela maior parte um *povo indolente e apático*"[138]. A expansão comercial seria uma das formas pelas quais a sociabilidade, gerada pela maximização do contato entre pessoas e coisas de diferentes partes do mundo, poderia ser adquirida pelos luso-brasileiros.

Henderson igualmente detém-se na descrição da falta de sociabilidade das mulheres portuguesas e brasileiras, que não foram introduzidas à sociabilidade moderna das conversações filosóficas, da dança, enfim, do viver em sociedade:

> Aqui [em Salvador], como em todas as partes do Brasil, as mulheres são muito confinadas nas casas, e não fazem exercício ao ar livre; seus hábitos domésticos são desleixados e indolentes; [...] Seria, no entanto, mesquinho incluir todas nesta descrição, já que há muitas mulheres finas, que se fossem mais bem familiarizadas com as graças e os refinamentos do belo sexo, seriam ornamentos para qualquer círculo social, tendo naturalmente muita vivacidade e sagacidade, se devidamente dirigidas e livres das amarras do ciúme com que são rodeadas[139].

A contraposição entre o modelo britânico, não só de colonização, mas de sociedade, que a historiografia inglesa normalmente apresenta como comercial e dinâmica, em contraposição à portuguesa, atrasada e estagnada, é um dos grandes tópicos que perpassam boa parte das histórias do Brasil escritas em inglês no início do século XIX.

6 Consideração final: as *Histórias* e seus leitores

Não resta dúvida de que do ponto de vista da escrita de uma história imbuída de uma filosofia da história, entendida enquanto elemento aglutinador do passado, 1808 é o evento que possibilita o real entendimento e orientação do processo histórico brasileiro. Após a vinda da Corte para o Brasil

> [...] não era possível mais limitar o interesse e os auditórios, era necessário disputar as narrativas. [...] Mas diferentemente das histórias dinásticas do Antigo Regime, esses discursos não tinham sua legitimidade garantida pelo aval real ou de academias restritas, eles precisavam disputar legitimidade em espaços cada vez mais plurais[140].

A forma híbrida que o conhecimento histórico apresentava-se no período joanino, em obras que mesclavam vários subgêneros como as memórias, coreografias, os relatos de viagem etc. não era apenas um traço da historiografia portuguesa continuado no século XIX pelos luso-brasileiros[141]. Nenhum dos autores joaninos estrangeiros que escreveram uma história do Brasil estavam restritos a qualquer modelo institucional que aparasse e formatasse o conteúdo e a forma de suas obras. Alguns, como Robert Southey, afirmavam a sua autoridade estampando na folha de rosto a lista de institutos e academias dos quais era membro, mas isso estava muito longe de qualquer interferência mais direta. O que encontramos, portanto, são histórias com características bastante distintas conforme a situação, proposta e talento de seu autor, porém, mais importante que os modelos institucionais que as suportavam, parece ter sido o público leitor alvo dessas histórias. No processo de escrita e arranjo do material, esse ser imaginário aparece constantemente guiando os historiadores.

Os livros de Grant, Beauchamp e Henderson parecem estar relacionados a um regime de autonomia intelectual "compilatório, que atende a demanda social por sínteses pragmáticas, ligando-se mais profundamente ao mercado editorial e ao mundo emergente de um leitor não especializado. Antes de tudo um projeto comercial voltado para o florescente mercado do livro". Southey representaria, em parte, outro regime de autonomia, que no Brasil se fortalece com o IHGB, "impondo com ele um padrão disciplinar fundado na especialização, despolitização (entendida como não partidarismo) e um maior controle interno, dos considerados pares, da atividade do historiador"[142]. A *History of Brazil* de Southey destaca-se, nesse cenário, como a história que, de fato, permaneceu enquanto obra que deveria ser consultada por qualquer um que desejasse escrever sobre a história brasileira devido ao seu trabalho meticuloso de reunião de fontes documentais.

Notas

[1] Para uma análise das diversas perspectivas que a história da historiografia vem tomando desde a década de 1980 e suas implicações teóricas e práticas, cf. FILHO, J.C.E. Gramsci, Rüsen e a busca por uma "historiografia integral" do Oitocentos brasileiro. *Revista de Teoria da História*, ano 6, n. 11, 2014.

[2] ARAUJO, V.L. O século XIX no contexto da redemocratização brasileira: a escrita da história oitocentista, balanço e desafios. In: ARAUJO, V. L. & OLIVEIRA, M.G. (orgs.). *Disputas pelo passado*: história e historiadores no Império do Brasil. Ouro Preto: Universidade Federal de Ouro Preto, 2012, s.p.

[3] Disponível para download em http://www.fundaj.gov.br/geral/sob_a_sombra_dos_coqueiros.pdf

[4] SLEMIAN, A. & PIMENTA, J.P.G. *A Corte e o mundo*: uma história do ano em que a família real portuguesa chegou ao Brasil. São Paulo: Alameda, 2008, p. 47-48.

[5] RIEDINGER, E.A. The development of Brazilian studies in France. *História, ciência, saúde* – Manguinhos, vol. 8, n. 2, 2001, p. 439-440.

[6] GRANT, A. *History of Brazil*. Londres: H. Colburn, 1809, p. 291-292.

[7] Ibid., s.p.

[8] Ibid., s.p.

[9] Ibid., s.p.

[10] LIMA, L.M. *O Brasil na historiografia inglesa dos anos joaninos*. Franca, 2012, 164 p. Faculdade de Ciências Humanas e Sociais/Universidade Estadual Paulista "Júlio de Mesquita Filho", 2012, p. 100 [Tese de doutorado]. • RIEDINGER, E. Op. cit., p. 439-440.

[11] GRANT, A. *Histoire du Brésil*: contenant un précis des événemens les plus remarquables... São Petesburgo: Pluchart, 1811, p. 286.

[12] *The Cabinet*: Or, Monthly Report of Polite Literature, vol. 4, jul.-dez./1808, p. 360. No original: "recently returned from South America".

[13] FONSECA, M.R.G.F. "A natureza concedeu a cada país ou a cada clima seus privilégios exclusivos": a natureza brasileira na obra de Manuel Arruda da Câmara. *Boletim do Museu Paraense Emílio Goeldi* – Ciências Humanas, vol. 5, n. 2, 2010, p. 243. Belém.

[14] *O Patriota*, n. 3, set./1813, p. 69.

[15] Ibid., p. 68-78.

[16] *The Eclectic Review*, vol. V, parte II, jul.-dez./1809, p. 676.

[17] Não existe a entrada "Andrew Grant" no *A Dictionary of Literary Pseudonyms in the English Language*, de T.J. Carty.

[18] MULLAN, J. *Anonymity*: A Secret History of English Literature. Princeton: Princeton University Press, 2007.

[19] ARAUJO, V.L. & PIMENTA, J.P.G. História. *Ler História*, vol. 55, 2008, p. 83-96. Lisboa.

[20] LIMA, L.M. Op. cit., p. 115-116.

[21] Ibid., p. 104 e 110.

[22] GRANT, A. Op. cit., p. 297-299.

[23] PHILLIPS, M.S. Introduction. In: *Society and Sentiment*: Genres of Historical Writing in Britain 1740-1820. Princeton: Princeton University Press, 2000a, p. 3-30.

[24] GRANT, A. Op. cit., p. 248.

[25] Ibid., p. 237. No original: "even a partial adherence to this custom is a great deprivation of enjoyment to those accustomed to the refined manners of civilized society".

[26] POCOCK, J. Virtudes, direitos e maneiras. In: *Linguagens do ideário político*. São Paulo: Edusp, 2003. • VARELLA, F.F. O comércio civiliza, Portugal oprime a *História do Brasil* de John Armitage e a linguagem do humanismo comercial. In: *Varia Historia*, vol. 29, n. 50, 2013, p. 477-490.

[27] DIAS, M.O.S. *O fardo do homem branco*: Southey, historiador do Brasil. São Paulo: Companhia Editora Nacional, 1974, p. 4-5. • LIMA, L.M.. Op. cit., p. 130.

[28] GRANT, A. Op. cit., p. 229.

[29] Ibid., p. 293-294.

[30] KOSELLECK, R. *Historia Magistra Vitae*: sobre a dissolução do *topos* na história moderna em movimento. In: *Futuro Passado*: contribuição à semântica dos tempos históricos. Rio de Janeiro: PUC-Rio/Contraponto, 2006, p. 41-60. • ASSIS, A. Por que se escrevia a história? – Sobre a justificação da

historiografia no mundo ocidental pré-moderno. In: SALOMON, M. (org.). *História, verdade e tempo*. Chapecó: Argos, 2011.

[31] HABERMAS, J. Estruturas sociais da esfera pública. In: *Mudança estrutural na esfera pública*. São Paulo: Unesp, 2015, p. 135-183.

[32] MOMIGLIANO, A. História antiga e o antiquário. *Anos 90*, vol. 21, n. 39, 2014, p. 19-76. Porto Alegre.

[33] SWEET, R. *Antiquaries*: the Discovery of the Past in Eighteenth-century Britain. Londres: Hambledon, 2004, p. 13.

[34] Todas as resenhas eram publicadas anonimamente no *Monthly Review*, contudo existe um catálogo de resenhistas realizado no século XX, que não obtive acesso. Cf. NANGLE, B.C. *The Monthly Review* – Second Series, 1790-1815. Oxford: Clarendon Press, 1955.

[35] *Monthly Review*, vol. 64, 1811, p. 54. No original: "we apprehend that his volume can be considered only as a compilation; and indeed his quotations from preceding writers seem to covince this circumstance, though they are not sufficiently frequent and numerous, as references to authorities, to be entirely satisfactory in perusing a history so constructed".

[36] Ibid. No original: "a much larger work on this subject, from the pen of Mr. Southey, will speedily require our notice".

[37] ARAUJO, V.L. & PIMENTA, J.P.G. Op. cit., p. 89.

[38] Cf., p. ex., a mais recente (e excelente) biografia de Southey: SPECK, W.A. *Robert Southey*: Entire Man of Letters. New Haven/Londres: Yale University Press, 2006.

[39] Ibid., p. 51.

[40] Para uma listagem quase que exaustiva das publicações de Southey em periódicos, cf. o Apêndice II da minha tese de doutorado: VARELLA, F.F. *Reunindo o passado*: contextos discursivos e linguagens historiográficas na *History of Brazil* de Robert Southey. Porto Alegre: Universidade Federal do Rio Grande do Sul, 2015, 323 p. [Tese de doutorado].

[41] HALLEWELL, L. *O livro no Brasil*: sua história. São Paulo: Edusp, 2005, p. 220.

[42] IHGB. 34ª sessão em 7 de março de 1840. In: *Revista do Instituto Histórico e Geográfico Brasileiro*. Tomo 2. 3. ed., 1916 [1840], p. 153.

[43] GUIMARÃES, L.M.P. Debaixo da imediata proteção de Sua Majestade Imperial: o Instituto Histórico e Geográfico Brasileiro (1838-1889). In: *Revista do Instituto Histórico e Geográfico Brasileiro*, vol. 388, 1995, p. 515.

[44] Carta a John May, 22/08/1814 [Disponível em http://www.rc.umd.edu/editions/southey_letters/Part_Four/HTML/letterEEd.26.2473.html#back11 – Acesso em 08/10/2016]. • Carta a John Rickman, 16/10/1814 [Disponível em http://www.rc.umd.edu/editions/southey_letters/Part_Four/HTML/letterEEd.26.2488.html#back4 – Acesso em 08/10/2016]. • Carta a John Rickman, 17/07/1815 [Disponível em http://www.rc.umd.edu/editions/southey_letters/Part_Four/HTML/letterEEd.26.2636.html#back7 – Acesso em 08/10/2016].

[45] PORTO-ALEGRE, M.A. Discurso do orador Manoel de Araujo Porto-Alegre. In: *Revista do Instituto Histórico e Geográfico Brasileiro*, t. 15, 1852, p. 523.

[46] BLAKE, A.V.A.S. *Dicionário Bibliográfico Brasileiro*, vol. 6, 1970, p. 141-142. Conselho Federal da Cultura.

[47] Carta a Januário da Cunha Barbosa, Sumidouro de Mariana, 21/12/1845. Arquivo do IHGB. Lata 177, doc. 29.

[48] "Eu mencionei ao meu tio o desejo de escrever a História de Portugal. Ele gosta da ideia, mas acha que não posso fazê-lo aqui, e que isso requer muito tempo. Possivelmente eu serei conduzido para Lis-

boa e, assim, uma objeção será removida". No original: "I had mentioned to my Uncle a wish to write the History of Portugal he likes the idea, but thinks I cannot do it here, & that it requires too much time. Possibly I may be driven to Lisbon & so one objection removed". Carta de Robert Southey para John May, 29/11/-01/12/1799 [Disponível em http://www.rc.umd.edu/editions/southey_letters/Part_Two/HTML/letterEEd.26.458.html#back6 – Acesso em 08/10/2016].

[49] HUMPHREYS, R.A. *Robert Southey and his History of Brazil*. Londres: Hispanic and Luso-Brazilian Council, 1978, p. 6. Southey esteve apenas duas vezes em Portugal. Seu interesse em retornar ao país foi impossibilitado pelas guerras napoleônicas. Southey parece ter tentado, inclusive, uma nomeação para cônsul ou secretário da embaixada britânica em Lisboa. Cf. MACAULAY, R. Southey em Portugal. In: *Revista do Instituto Histórico e Geográfico Brasileiro*, vol. 194, 1947, p. 118.

[50] SOUTHEY, C.C. (ed.). *Life and correspondence of Robert Southey*. Nova York: Harper & Brothers, 1855, p. 183 [Carta a Thomas Southey, Keswick, 12/09/1804].

[51] Carta a Charles Watkin Williams Wynn, 15/12/1806 [Disponível em www.rc.umd.edu/editions/southey_letters/Part_Three/HTML/letterEEd.26.1243.html#2 – Acesso em 31/03/2014]. • Carta a Charles Danvers, 28/12/1806 [Disponível em www.rc.umd.edu/editions/southey_letters/Part_Three/HTML/letterEEd.26.1250.html#back2 – Acesso em 31/03/2014]. • Carta a John May, 29/12/1806 [Disponível em www.rc.umd.edu/editions/southey_letters/Part_Three/HTML/letterEEd.26.1252.html#3 – Acesso em 31/03/2014]. • Carta a Mary Barker, 04/02/1807 [Disponível em www.rc.umd.edu/editions/southey_letters/Part_Three/HTML/letterEEd.26.1273.html – Acesso em 31/03/2014].

[52] Carta a Thomas Southey, 25/02/1807 [Disponível em www.rc.umd.edu/editions/southey_letters/Part_Three/HTML/letterEEd.26.1280.html#4 – Acesso em 08/10/2016]. • Carta a John Rickman, 03/03/1807 [Disponível em www.rc.umd.edu/editions/southey_letters/Part_Three/HTML/letterEEd.26.1281.html#13 – Acesso em 08/10/2016]. • Carta a William Taylor, 13/04/1807 [Disponível em www.rc.umd.edu/editions/southey_letters/Part_Three/HTML/letterEEd.26.1307.html#back15 – Acesso em 08/10/2016]. • Carta a John Rickman, 09/05/1807 [Disponível em www.rc.umd.edu/editions/southey_letters/Part_Three/HTML/letterEEd.26.1319.html#back9 – Acesso em 08/10/2016]. • Carta a Herbert Hill, 31/08/1809 [Disponível em www.rc.umd.edu/editions/southey_letters/Part_Three/HTML/letterEEd.26.1673.html#back9 – Acesso em 08/10/2016].

[53] Joaquim de Sousa Leão informa que, em 1804, Southey já tinha escrito três volumes *in quarto*, de 500 páginas cada um, da *History of Portugal* e que, em 1805, dava essa obra como praticamente terminada. Cf. LEÃO, J.S. Robert Southey. In: *Revista do Instituto Histórico e Geográfico Brasileiro*, vol. 178, 1943, p. 16.

[54] ST. CLAIR, W. *The Reading Nation in the Romantic Period*. Cambridge: Cambridge University Press, 2007, p. 218, 555, 557.

[55] WARTER, J.W. (ed.). *Selections from the Letters of Robert Southey*. Vol. 3. Londres: Longman/Brown/Green/Longmans, 1856a, p. 181. • WARTER, J.W. (ed.). *Selections from the Letters of Robert Southey*. Vol. 4. Londres: Longman/Brown/Green/Longmans, 1856b, p. 301. • Carta ao Reverendo Herbert Hill. Keswick, 18/02/1820. • Carta ao Sr. Bray, Tavistock. Keswick, 08/09/1832.

[56] Para um aprofundamento dessa questão, cf. VARELLA, F.F. Reviver ou reunir o passado? – Um novo enquadramento da proposta historiográfica de Robert Southey. *História Unisinos*, vol. 18, 2014, p. 589-600.

[57] HOLLAND, J. & EVERETT, J. *Memoirs of the life and writings of James Montgomery*. Vol. II. Londres: Longman/Brown/Green/Longmans, 1855, p. 334 – grifos meus. • Carta a James Montgomery. Keswick, 26/03/1812. No original: "upon which *as much labour and scrupulous research* has been bestowed as ever was or will be given to *historical compilation*".

[58] KNIGHT, W. *Memorials of Coleorton*. Vol. 2. Edimburgo: Davis Douglas, 1887, p. 186 – grifo meu. • Carta a Sir George Beaumont. Keswick, 08/02/1819. No original: "of a long and most arduous labour" [...] "I believe no History was ever before *compiled* with such unwearable diligence from scattered documents".

⁵⁹ Autorias indicadas, respectivamente, em http://www.rc.umd.edu/reference/qr/index/08.html • CUTMORE, J. (ed.). *Contributors to The Quarterly Review*: a History, 1809-1825. Londres: Pickering & Chatto, 2008, p. 131. • MADDEN, L. (ed.). *Robert Southey*: the critical heritage. Londres: Routledge, 2002.

⁶⁰ Autoria indicada em CUTMORE, J. (ed.). Op. cit., p. 149.

⁶¹ Todas essas resenhas, exceto a publicada no *The European Magazine and London Review* (1817), foram previamente localizadas por HAYDEN, J.O. *The Romantic Reviewers, 1802-1824*. Londres: Routledge/Kegan Paul, 1969, p. 294.

⁶² BUTLER, M. Culture's medium: the role of the Review. In: CURRAN, S. (ed.). *The Cambridge Companion to British Romanticism*. 2. ed. Cambridge: Cambridge University Press, 2010, p. 130.

⁶³ Ibid., p. 129-130.

⁶⁴ Ibid., p. 132.

⁶⁵ HAYDEN, J.O. Op. cit., p. 9-11.

⁶⁶ Para uma descrição detalhada do foco do *Edinburg Review*, ou seja, que tipo de livros e em que assunto resenhava, cf. BUTLER, M. Op. cit., p. 138-140. Hayden traça uma breve história da fundação do *Edinburgh* em HAYDEN, J.O. Op. cit., p. 8-9.

⁶⁷ Para uma breve história da fundação do *Quarterly Review*, cf. HAYDEN, J.O. Op. cit., p. 22-27. Para uma mais detalhada, que inclui detalhes sobre a fundação e anos iniciais do periódico, cf. CUTMORE, J. (ed.). Op. cit.

⁶⁸ ST. CLAIR, W. Op. cit., p. 573. • HAYDEN, J.O. Op. cit., p. 1.

⁶⁹ BUTLER, M. Op. cit., p. 144. É possível consultar um quadro detalhado da vendagem dos números 1 a 60 do *Quarterly* em CUTMORE, J. (ed.). Op. cit., p. 185-188.

⁷⁰ HAYES, C.W. Edward Gibbon: Linguistics, Syntax, and Style. In: *College Composition and Communication*, vol. 19, n. 3, 1968, p. 204-210.

⁷¹ SOUTHEY, C.C. (ed.). Op. cit., p. 183. • Carta a Thomas Southey. Keswick, 12/09/1804.

⁷² No original: "A second volume will compleat the history of Brazil". • Carta a John Murray, 26/05/1810 [Disponível em http://www.rc.umd.edu/editions/southey_letters/Part_Four/HTML/letter EEd.26.1779.html#back8 – Acesso em 08/10/2016].

⁷³ *The Annual Register*, or a view of the history, politics, and literature for the year 1810. 2. ed. p. 747 – grifos meus.

⁷⁴ Ibid., p. 743 – grifos meus. No original: "In the remainder of this volume Mr. Southey details, with *much minuteness*, the invasion of Brazil by the Dutch [...] in order to give *minute and highly interesting details* of the discovery of the river Plata".

⁷⁵ *The Critical Review*, or annals of literature, vol. 21, 1811, p. 41. No original: "the remainder of this volume is for the most part taken up by an account, *very much in detail*, of the Dutch invasion in 1623".

⁷⁶ *The Eclectic Review*, vol. 6, p. 2, 1810, p. 789 – grifos meus. No original: "the exploits of the adventurers, which are here recorded, and the incidentes connected with them by no means merited *so accurate and minute a delineation*, as Mr. S. has thought proper to furnish".

⁷⁷ Ibid., p. 789 – grifos meus. No original: "a dull or useless book [...] he has been able so completely to carry his reader's attention through such a *train of unimportant and monotonous details*".

⁷⁸ Ibid., p. 798-799 – grifos meus. No original: "*a variety of curious and important particulars [...] detailed* by Mr. Southey; though a better account, upon the whole, might have been supplied without much difficulty".

⁷⁹ MADDEN, L. (ed.). Op. cit., p. 149-150 – grifos meus. No original: "Amidst *all the details*, for example, respecting tribes of savages with which the work abounds, *no assistance is offered to the reader in*

generalizing the phaenomena of savage life; scarcely any in tracing the causes of the peculiarities among different tribes, of which his narrative makes mention; no attempt is made to *illustrate the springs of human nature*, as exhibited in those unfavourable circumstances".

[80] PHILLIPS, M.S. Op. cit., 2000a, p. 16-17.

[81] MADDEN, L. (ed.). Op. cit., p. 149-150 – grifos meus. No original: "lengthened statements and explanations", *"they would have been more instructive and more interesting, too, than so much repetition of the details respecting the particular tribes"*, "comprehensive reflections drawn", "shortly expressed".

[82] Ibid., p. 149 – grifos meus. No original: "was endowed with the most important qualities of a great historian", *"the comprehensive views of the great philosopher do not appear to predominate in his mind"*, "but with his good intentions, with his industry, and his talent for composition, we could wish that *his depth and originality of thinking* were still more conspicuous".

[83] Ibid., p. 151 – grifos meus. No original: "Mr. Southey's peculiar manner of writing history […] His plan is to be *sparing of general reflections*, and to relate with scrupulous accuracy and minuteness the occurrence of detached events, observing generally the order of their date".

[84] Ibid., p. 151 – grifos meus. No original: "The remarks which he permits himself to make are only those which arise out of the subject of the narrative; *a course which is very different from that of the writers who concentrate a body of facts for the illustration of a previously-conceived doctrine*".

[85] Ibid., p. 151 – grifos meus. No original: "Without entering into any general discussion of the best mode of writing history, we must say that *Mr. Southey has gone greatly too far into particular detail for the taste of the present generation*: which expects something more than a succession of objects and occurrences, clearly and specifically described, but not brought together so as to produce effect by combination".

[86] SWEET, R. Op. cit., p. 4.

[87] Southey era consciente de que a *History of Brazil* não teria grande popularidade, mas tinha como sua missão escrevê-la. "But I am far from regretting that so much time and labour has been bestowed upon a subject for which few English readers (such as readers are now) can be expected to feel much interest. No other person could have brought the same industry abs the same advantages to the task". Cf. LEÃO, J.S. Op. cit., p. 56.

[88] LOWE, J. History of Brazil, by Robert Southey. Part the First, 4to, p. 660. In: *The Monthly Review or Literary Journal*, vol. 69, 1812, p. 347. No original: "a specimen of those general views".

[89] Ibid., p. 346. No original: "facts with scarcely any reflections interspersed".

[90] MOMIGLIANO, A. Gibbon's contributions to historical method. In: *Historia*, vol. 2, 1954, p. 450-463.

[91] Lílian Martins de Lima chegou à mesma conclusão ao analisar a resenha da *History of Brazil*. Cf. LIMA, L.M. Op. cit., p. 136.

[92] KNIGHT, W. Op. cit., p. 186 – grifo meu. Carta ao Sir George Beaumont. Keswick, 08/02/1819. No original: "of a long and most arduous labour" […] I believe no History was ever before *compiled* with such unweariable diligence from scattered documents".

[93] *Literary Gazette*, 26/04/1817, p. 213. No original: "we should, therefore, feel inclined, upon the whole, to call this work a compilation rather than a history". "Indeed, we think, he goes rather too minutely into detail; though, considering his work, as we do, rather a foundation for future history, than a history itself, we shall not quarrel with him on this score".

[94] PHILLIPS, M.S. Historical distance and the historiography of eighteenth-century Britain. In: COLLINI, S.; WHATMORE, R. & YOUNG, B. (eds.). *History, Religion, and Culture*: British Intellectual History 1750-1950. Cambridge: Cambridge University Press, 2000b, p. 36.

[95] HEBER, R. History of Brazil, by Robert Southey. Vol. II, 4to, p. 718. In: *Quarterly review*, vol. 18, n. 35, 1818, p. 128. No original: "of that connecting and pervading glance", "the work of a chronicler".

⁹⁶ RIEDINGER, E.A. Op. cit., p. 440-441.

⁹⁷ MEDEIROS, B.F. *Plagiário, à maneira de todos os historiadores*. Jundiaí: Paco, 2012, p. 15. • CHISHOLM, H. (Ed.). Beauchamp, Alphonse de. In: *Encyclopædia Britannica*. 11. ed. Cambridge: Cambridge University Press, 1911 [Disponível em https://en.wikisource.org/wiki/1911_Encyclop%C3%A6dia_Britannica/Beauchamp,_Alphonse_de – Acesso em 08/10/2016.

⁹⁸ CHISHOLM, H. (ed.). Op. cit.

⁹⁹ SHER, R.B. *The Enlightenment and the Book*. Chicago: University of Chicago Press, 2006, p. 46.

¹⁰⁰ BEAUCHAMP, A. *História do Brasil*: desde seu descobrimento em 1500 até 1810. Vol. 1. Lisboa: J.F.M. de Campos, 1817, p. XIV [vertida de francês e acrescentada de muitas notas do tradutor].

¹⁰¹ JINZENJI, M.Y. & GALVÃO, A.M.O. História do Brasil para o "belo sexo": apropriações do olhar estrangeiro para leitoras do século XIX. In: *Revista Brasileira de História*, vol. 30, n. 59, 2010, p. 124.

¹⁰² *Monthly review*, vol. 85, 1818, p. 461.

¹⁰³ MEDEIROS, B.F. Op. cit., p. 120-121.

¹⁰⁴ BEAUCHAMP, A. Op. cit., p. XIX-XX.

¹⁰⁵ MEDEIROS, B.F. Op. cit., p. 117.

¹⁰⁶ Carta a Grosvenor Charles Bedford. Bruxelas, 03/10/1815 [Disponível em https://www.rc.umd.edu/editions/southey_letters/Part_Four/HTML/letterEEd.26.2659.html]. • Carta a John May, 06/10/1815 [Disponível em https://www.rc.umd.edu/editions/southey_letters/Part_Four/HTML/letterEEd.26.2660.html]. • Carta a William Taylor, 12/03/1817 [Disponível em https://www.rc.umd.edu/editions/southey_letters/Part_Five/HTML/letterEEd.26.2938.html#5].

¹⁰⁷ Carta a Charles Watkin Williams Wynn, 15/12/1815 [Disponível em https://www.rc.umd.edu/editions/southey_letters/Part_Four/HTML/letterEEd.26.2682.html#back13]. • Carta a Grosvenor Charles Bedford, 19/12/1815 [Disponível em https://www.rc.umd.edu/editions/southey_letters/Part_Four/HTML/letterEEd.26.2685.html]. • Carta a Richard Heber, 09/01/1816 [Disponível em https://www.rc.umd.edu/editions/southey_letters/Part_Five/HTML/letterEEd.26.2696.html#back18].

¹⁰⁸ BEAUCHAMP, apud MEDEIROS, B.F. Op. cit., p. 126.

¹⁰⁹ MEDEIROS, B.F. Op. cit., p. 144.

¹¹⁰ Ibid., p. 63-64.

¹¹¹ GOODWIN, G. Henderson, James. In: *Dictionary of National Biography*, vol. 25. 1885-1900 [Disponível em https://en.wikisource.org/wiki/Henderson,_James_(DNB00)].

¹¹² LIMA, L.M. Op. cit., p. 100-104.

¹¹³ GOODWIN, G. Op. cit.

¹¹⁴ HENDERSON, J. *A History of the Brazil*. Londres: Longman/Hurst/Rees/Orme/Brown, 1821, p. 276-277.

¹¹⁵ *The European Magazine and London Review*, vol. 80, 1821, p. 279.

¹¹⁶ HENDERSON, J. Op. cit., p. IV. No original: "communicate new information respecting a portion of South Amercia, now more than ever interesting to the comercial, political, and scientific worlds".

¹¹⁷ Ibid., p. V-VI. No original: "the friendly assistance I experienced from many persons in South America, as well as from some governors and ex-governors of provinces, has furnished a portion of the authentic materials of the Work".

¹¹⁸ Ibid., p. VI. No original: "My first intention in undertaking it was to have adhered to a geographical and commercial account of the country, but as the recent publication of Padre Manoel Ayres de

Cazal (in producing which he had been many years engaged), furnishing me, not only with copious information upon the first subject, but also upon its history, civil and natural, I conceived that it would not be unacceptable to the British reader to give an abridged account of each province, from their first colonization, combined with their geography, productions, commerce, &c".

[119] Ibid., p. VI.

[120] Ibid., p. VI-VII.

[121] Ibid., p. VI. No original: "Upon the history of this country, however, the work of Mr. Southey is complete, and does as much honour to the talent of that gentleman as to his unwearied research".

[122] Carta para Messrs. Longman & Co. Keswick, 26/07/1820. • WARTER, J.W. (ed.). Op. cit., 1856a, p. 201. Apesar de Lílian Martins de Lima (LIMA, L.M. Op. cit., p. 111) afirmar que "Certa vez, o diplomata expressou o desejo de que sua obra fosse resenhada por Southey" logo antes de citar essa mesma carta, não consegui achar nenhum indício de que isso tenha sido feito. Talvez a consulta à carta de Longman para Southey pudesse dar mais detalhes sobre essa conversa. No original: "This proposed work of Mr. James Henderson is the book which I mentioned to you when I was last in Paternoster Row. The author says, in his proposals, that 'little authentic intelligence (concerning Brazil) has hitherto been published, and the accounts we have of its discovery, colonization, divisions, government, productions, are vague, and frequently contradictory'. He therefore promises to give 'a genuine and well authenticated history from original documents'. Now, if when he wrote these proposals he knew nothing of my work, it is plain that he must have known little of what has been written concerning Brazil, and lived little with persons who take any interest concerning its history".

[123] Carta para Messrs. Longman & Co. Keswick, 26/07/1820. • WARTER, J.W. (ed.). Op. cit., 1856a, p. 202. Isso parece ficar claro quando Southey afirma: "it can do so no more than an abridgment would do, which any man has a right to make (as the law stands), I have no doubt this will prove to be in the whole historical part".

[124] Carta a Herbert Hill. Keswick, 08/12/1821. • WARTER, J.W. (ed.). Op. cit., 1856a, p. 288. No original: "You may have heard of a history of Brazil by James Henderson. He has thought proper to send me the book. It is an account, and not a history, of the country, made up almost wholly from Cazal and the papers in the 'Patriotic', with what little information he picked up in the country during a short stay there. [...] He is a man of this country, without any education. The book however is creditable to his industry, and not discreditable in any point of view. [...] I shall perhaps make it the subject of a paper in the 'Quarterly Review'".

[125] *The Monthly Review*, Or, Literary Journal, vol. 100, 1823, p. 256. No original: "This is rather a geography than a history of Brazil. It has little resemblance of either form or matter to the valuable work of Mr. Southey, which bears a similar title, but much in common with Koster's Travels [...], and with Luccock's Notes on Rio de Janeiro [...]; and, indeed, it compresses into one volume a large portion of the information contained in those two geographical works".

[126] Ibid., p. 257.

[127] LIMA, L.M. Op. cit., p. 104.

[128] YOUNGS, T. *The Cambridge Introduction to Travel Writing*. Cambridge: Cambridge University Press, 2013, p. 38.

[129] WHITEHEAD, N.L. South America/Amazonia: the forest of marvels. In: HULME, P. & YOUNGS, T. (eds.). *The Cambridge Companion to Travel Writing*. Cambridge: Cambridge University Press, 2010, p. 127.

[130] PHILLIPS, M.S. Op. cit., 2000a, p. 3-30.

[131] HENDERSON, J. Op. cit., p. VII. No original: "The general reader may not be peculiarly interested with that portion of this publication which details the towns and their productions, and in which monotony is unavoidable, although they will be valuable as references for the merchant and many others, as, with the evidently growing commerce of this fine country, already taking off annually

three million of British manufactures, each of those places will progressively become more and more importante".

[132] Para a tabela de exportação de São Luís do Maranhão, cf. HENDERSON, J. Op. cit., p. 446. • Para a de Salvador, cf. HENDERSON, J. Op. cit., p. 345.

[133] Ibid., p. 71.

[134] Ibid., p. 399-400.

[135] POCOCK, J. Op. cit., p. 91.

[136] HENDERSON, J. Op. cit., p. 23. No original: "Had this best and richest region of America fallen to the share of the English, French, or Dutch, it would no doubt have assumed a very different appearance, compared with its actual state".

[137] Ibid., p. 23. No original: "may be mainly attributed to the very opposite genius of the governments and religion under the English and Portuguese; the free and wise character of the former giving every facility to talent and industry of all descriptions, while the ignorant and oppressive nature of the latter, especially in relation to the commercial restrictions [...] operating as a paralysis on agricultural, commercial, and scientific enterprise, and upon all the beneficial pursuits of the mind".

[138] ARMITAGE, J. *História do Brasil*: desde o período da chegada da família de Bragança, em 1808, até a abdicação de D. Pedro I, em 1831, compilada à vista dos documentos públicos e outras fontes originais formando uma continuação da História do Brasil de Southey. Belo Horizonte/São Paulo: Itatiaia/Edusp, 1981, p. 30 – grifos meus.

[139] HENDERSON, J. Op. cit., p. 346. No original: "Here, as in all parts of the Brazil, the females are much confined to the houses, and do not take free and open exercise; their domestic habits are slovenly and indolent; [...] It would, however, be illiberal to include the whole in this description, as there are many fine women, and if better acquainted with the graces and the refinements of the fair sex, would be ornaments to any circle of society, having naturally much sprightliness and wit, if properly directed, and freed from the shackles of jealousy with which they are surrounded".

[140] ARAUJO, V.L. Historiografia, nação e os regimes de autonomia na vida letrada no Império do Brasil. In: *Varia Historia*, vol. 31, n. 56, mai.-ago/2015, p. 365-400, esp. p. 373. Belo Horizonte.

[141] ARAUJO, V.L. Formas de ler e aprender com a História no Brasil Joanino. In: *Acervo*, vol. 22, n. 1, jan.-jun./2009, p. 85-98, esp. p. 87-88. Rio de Janeiro.

[142] ARAUJO, V.L. Historiografia... Op. cit., p. 395.

Referências

ARAUJO, V.L. Historiografia, nação e os regimes de autonomia na vida letrada no Império do Brasil. In: *Varia Historia*, vol. 31, n. 56, mai.-ago./2015, p. 365-400. Belo Horizonte.

_____. O século XIX no contexto da redemocratização brasileira: a escrita da história oitocentista, balanço e desafios. In: ARAUJO, V.L. & OLIVEIRA, M.G. (orgs.). *Disputas pelo passado*: história e historiadores no Império do Brasil. Ouro Preto: Universidade Federal de Ouro Preto, 2012.

_____. Formas de ler e aprender com a História no Brasil Joanino. In: *Acervo*, vol. 22, n. 1, jan.-jun./2009, p. 85-98. Rio de Janeiro.

ARAUJO, V.L. & PIMENTA, J.P.G. História. In: *Ler História*, vol. 55, 2008, p. 83-96. Lisboa.

ARMITAGE, J. *História do Brasil*: desde o período da chegada da família de Bragança, em 1808, até a abdicação de D. Pedro I, em 1831, compilada à vista dos documentos públicos e outras fontes originais formando uma continuação da História do Brasil de Southey. Belo Horizonte/São Paulo: Itatiaia/Edusp, 1981.

ASSIS, A. Por que se escrevia a história? – Sobre a justificação da historiografia no mundo ocidental pré-moderno. In: SALOMON, M. (org.). *História, verdade e tempo*. Chapecó: Argos, 2011.

BEAUCHAMP, A. *História do Brasil*: desde seu descobrimento em 1500 até 1810, vertida de francês, e acrescentada de muitas notas do tradutor. Vol. 1. Lisboa: J.F.M. de Campos, 1817.

BLAKE, A.V.A.S. *Dicionário Bibliográfico Brasileiro*. Vol. 6. Conselho Federal da Cultura, 1970.

BUTLER, M. Culture's medium: the role of the review. In: CURRAN, S. (ed.). *The Cambridge Companion to British Romanticism*. 2. ed. Cambridge: Cambridge University Press, 2010.

Carta a Januário da Cunha Barbosa. Sumidouro de Mariana, 21/12/1845. In: *Arquivo do IHGB*. Lata 177, doc. 29.

CHISHOLM, H. (ed.). Beauchamp, Alphonse. In: *Encyclopædia Britannica*. 11. ed. Cambridge: Cambridge University Press, 1911.

CUTMORE, J. (ed.). *Contributors to The Quarterly Review*: a History, 1809-1825. Londres: Pickering & Chatto, 2008.

DIAS, M.O.S. *O fardo do homem branco*: Southey, historiador do Brasil. São Paulo: Companhia Editora Nacional, 1974.

FILHO, J.C.E. Gramsci, Rüsen e a busca por uma "historiografia integral" do Oitocentos brasileiro. In: *Revista de Teoria da História*, ano 6, n. 11, 2014.

FONSECA, M.R.G.F. "A natureza concedeu a cada país ou a cada clima seus privilégios exclusivos": a natureza brasileira na obra de Manuel Arruda da Câmara. In: *Boletim do Museu Paraense Emílio Goeldi* – Ciências Humanas, vol. 5, n. 2, 2010, p. 243-251. Belém.

GOODWIN, G. Henderson, James. In: *Dictionary of National Biography*, vol. 25, 1885-1900.

GRANT, A. *Histoire du Brésil*: contenant un précis des événemens les plus remarquables... São Petesburgo: Pluchart, 1811.

_____. *History of Brazil*. Londres: H. Colburn, 1809.

GUIMARÃES, L.M.P. Debaixo da imediata proteção de Sua Majestade Imperial: o Instituto Histórico e Geográfico Brasileiro (1838-1889). In: *Revista do Instituto Histórico e Geográfico Brasileiro*, vol. 388, 1995.

HABERMAS, J. Estruturas sociais da esfera Pública. In: *Mudança estrutural na esfera pública*. São Paulo/Unesp, 2015, p. 135-183.

HALLEWELL, L. *O livro no Brasil*: sua história. São Paulo: Edusp, 2005.

HAYDEN, J.O. *The Romantic Reviewers, 1802-1824*. Londres: Routledge/Kegan Paul, 1969.

HAYES, C.W. Edward Gibbon: Linguistics, Syntax, and Style. *College Composition and Communication*, vol. 19, n. 3, 1968, p. 204-210.

HEBER, R. History of Brazil, by Robert Southey. V. II, 4to, p. 718. In: *Quarterly Review*, vol. 18, n. 35, 1818, p. 99-128.

HENDERSON, J. *A History of the Brazil*. Londres: Longman/Hurst/Rees/Orme/Brown, 1821.

HOLLAND, J. & EVERETT, J. *Memoirs of the life and writings of James Montgomery*. Vol. II. Londres: Longman/Brown/Green/Longmans, 1855.

HUMPHREYS, R.A. *Robert Southey and his History of Brazil*. Londres: Hispanic and Luso-Brazilian Council, 1978.

IHGB, 34ª sessão/ 07/03/1840. In: *Revista do Instituto Histórico e Geográfico Brasileiro*, t. 2, 1840 [3. ed., 1916].

JINZENJI, M.Y. & GALVÃO, A.M.O. História do Brasil para o "belo sexo": apropriações do olhar estrangeiro para leitoras do século XIX. In: *Revista Brasileira de História*, vol. 30, n. 59, 2010.

KNIGHT, W. *Memorials of Coleorton*. Vol. 2. Edimbugo: Davis Douglas, 1887.

KOSELLECK, R. *Historia Magistra Vitae*: sobre a dissolução do *topos* na história moderna em movimento. In: *Futuro Passado*: contribuição à semântica dos tempos históricos. Rio de Janeiro: PUC-Rio/Contraponto, 2006, p. 41-60.

LEÃO, J.S. Robert Southey. In: *Revista do Instituto Histórico e Geográfico Brasileiro*, vol. 178, 1943.

LIMA, L.M. *O Brasil na historiografia inglesa dos anos joaninos*. Franca: Faculdade de Ciências Humanas e Sociais: Universidade Estadual Paulista "Júlio de Mesquita Filho", 2012, 164 p. [Tese de doutorado].

LOWE, J. History of Brazil, by Robert Southey. Part the First, 4to, p. 660. In: *The Monthly Review or Literary Journal*, vol. 69, 1812, p. 337-352.

MACAULAY, R. Southey em Portugal. In: *Revista do Instituto Histórico e Geográfico Brasileiro*, vol. 194, 1947.

MADDEN, L. (ed.). *Robert Southey*: the critical heritage. Londres: Routledge, 2002.

MEDEIROS, B.F. *Plagiário, à maneira de todos os historiadores*. Jundiaí: Paco, 2012.

MOMIGLIANO, A. História antiga e o antiquário. In: *Anos 90*. Porto Alegre, vol. 21, n. 39, 2014, p. 19-76. Porto Alegre.

_____. Gibbon's contributions to historical method. In: *Historia*, vol. 2, 1954, p. 450-463.

MULLAN, J. *Anonymity: A Secret History of English Literature*. Princeton: Princeton University Press, 2007.

NANGLE, B.C. *The Monthly Review* – Second Series, 1790-1815. Oxford: Clarendon Press, 1955.

O Patriota, n. 3, set./1813.

PHILLIPS, M.S. Introduction. In: *Society and Sentiment*: Genres of Historical Writing in Britain 1740-1820. Princeton: Princeton University Press, 2000a, p. 3-30.

_____. Historical distance and the historiography of eighteenth-century Britain. In: COLLINI, S.; WHATMORE, R. & YOUNG, B. (eds.). *History, Religion, and Culture*: British Intellectual History 1750-1950. Cambridge: Cambridge University Press, 2000b.

POCOCK, J. Virtudes, direitos e maneiras. In: *Linguagens do ideário político*. São Paulo: Edusp, 2003.

PORTO-ALEGRE, M.A. Discurso do orador Manoel de Araujo Porto-Alegre. *Revista do Instituto Histórico e Geográfico Brasileiro*, t. 15, 1852.

RIEDINGER, E.A. The development of Brazilian studies in France. *História, ciência, saúde* – Manguinhos, vol. 8, n. 2, 2001.

SHER, R.B. *The Enlightenment and the Book*. Chicago: University of Chicago Press, 2006.

SLEMIAN, A. & PIMENTA, J.P.G. *A Corte e o mundo*: uma história do ano em que a família real portuguesa chegou ao Brasil. São Paulo: Alameda, 2008.

SOUTHEY, C.C. (ed.). *Life and correspondence of Robert Southey*. Nova York: Harper & Brothers, 1855.

SPECK, W.A. *Robert Southey*: Entire Man of Letters. New Haven/Londres: Yale University Press, 2006.

ST. CLAIR, W. *The Reading Nation in the Romantic Period*. Cambridge: Cambridge University Press, 2007.

SWEET, R. *Antiquaries*: the Discovery of the Past in Eighteenth-century Britain. Londres/Londres: Hambledon, 2004.

The Annual Register, or a view of the history, politics, and literature for the year 1810. 2. ed., p. 738-748.

The Cabinet, or Monthly Report of Polite Literature, vol. 4, jul.-dez./1808.

The Critical Review, or annals of literature, vol. 21, 1811, p. 27-43.

The Eclectic Review, vol. 6, part 2, 1810, p. 788-800.

_____ vol. 5, part 2, 1809.

The Literary Gazette, 26/04/1817.

The Monthly Review, or Literary Journal, vol. 100, 1823, p. 256-264.

_____ vol. 85, 1818.

_____ vol. 64, 1811, p. 52-54.

VARELLA, F.F. *Reunindo o passado*: contextos discursivos e linguagens historiográficas na *History of Brazil* de Robert Southey. Porto Alegre: Instituto de Filosofia e Ciências Humanas, Universidade Federal do Rio Grande do Sul, 2015, 323 p. [Tese de doutorado].

_____. Reviver ou reunir o passado? – Um novo enquadramento da proposta historiográfica de Robert Southey. In: *História Unisinos*, vol. 18, 2014, p. 589-600.

_____. O comércio civiliza, Portugal oprime *a História do Brasil* de John Armitage e a linguagem do humanismo comercial. In: *Varia Historia*, vol. 29, n. 50, 2013, p. 477-490.

WARTER, J.W. (ed.). *Selections from the Letters of Robert Southey*. Vol. 3. Londres: Longman/Brown/Green/Longmans, 1856a.

_____. *Selections from the Letters of Robert Southey*. Vol. 4. Londres: Longman/Brown/Green/Longmans, 1856b.

WHITEHEAD, N.L. South America/Amazonia: the forest of marvels. In: HULME, P. & YOUNGS, T. (eds.). *The Cambridge Companion to Travel Writing*. Cambridge: Cambridge University Press, 2010.

YOUNGS, T. *The Cambridge Introduction to Travel Writing*. Cambridge: Cambridge University Press, 2013.

2
Francisco Adolfo de Varnhagen (1816-1878)

*Lucia Maria Paschoal Guimarães**

1 Varnhagen e seu tempo

"Ninguém pode graduar-se em História do Brasil sem ter lido Varnhagen", assegurava José Honório Rodrigues, cerca de meio século atrás[1]. O prognóstico, ao que parece, não se cumpriu. Hoje em dia, à exceção dos especialistas, pouco se conhece a respeito do papel pioneiro que Varnhagen desempenhou para a compreensão da escrita da história no e do Brasil oitocentista.

Francisco Adolfo de Varnhagen nasceu em 17 de fevereiro de 1816, em Sorocaba, São Paulo, filho do engenheiro alemão Coronel Friedrich Ludwig Wilhelm Varnhagen e de Maria Flávia de Sá Magalhães, de nacionalidade portuguesa. O pai viera para o Brasil em 1809, contratado pelo príncipe regente D. João, para iniciar os trabalhos da Real Fábrica de Ferro de São João de Ipanema, onde permaneceria até 1821, quando voltou para a Europa e fixou-se com a família em Portugal.

Francisco Adolfo completou seus estudos no Real Colégio Militar da Luz (Lisboa) e foi admitido na Academia da Marinha. Engajado no 2º Batalhão de Artilharia, sob as ordens do Marquês de Sá Bandeira, aderiu à causa do Ex-imperador Pedro I na disputa pela coroa de Portugal com o Príncipe D. Miguel. Com o fim da guerra civil em Portugal (1832-1834), ingressou na Academia de Fortificações e concluiu o curso de engenheiro militar. Aos 24 anos, decidiu licenciar-se do exército português e viajar para a pátria de nascimento, com o propósito de requerer a nacionalidade brasileira. Após ser reconhecido súdito do Império (1841), foi nomeado adido de 1ª classe à representação diplomática em Lisboa, recebendo, em seguida, a patente de tenente do Imperial Corpo de Engenheiros.

---

* Doutora em História Social pela Universidade de São Paulo (USP). Professora-titular da Universidade do Estado do Rio de Janeiro (Uerj).

Em 1846 foi removido para a Espanha, encarregado de recolher documentos no arquivo de Simancas, sobretudo mapas antigos, relacionados com as questões dos limites do Brasil. Concluída a missão, foi chamado pelo Ministério dos Negócios Estrangeiros a fim de apresentar subsídios históricos e geográficos aos estudos que a chancelaria realizava para estabelecer as linhas fronteiriças do Império com as repúblicas hispano-americanas. O tempo de permanência no Rio de Janeiro seria breve. Transferido novamente para servir na legação brasileira em Madri (1852-1858), estendeu suas investigações aos arquivos de Amsterdam, Paris, Florença e Roma. Por sinal, data dessa temporada na Europa o lançamento daquela que seria considerada a sua obra maior, a *História geral do Brasil* (Madri, 1854-1857). Promovido ao posto de ministro residente, assumiu as funções de agente da chancelaria imperial em diversos países da América do Sul (1859-1867), sendo que na sua passagem pelo Chile contraiu matrimônio com D. Carmen Ovalle y Vicuña, da sociedade local. Em 1868 foi designado para servir na capital do Império Austro-húngaro, onde recepcionou o Imperador Pedro II, na primeira viagem do monarca à Europa (1871), e colaborou na montagem do pavilhão do Brasil, no âmbito da Terceira Exposição Internacional, realizada em Viena (1873).

Viajante incansável, um "andarilho", por assim dizer[2], Varnhagen circulou com desenvoltura pelos maiores centros culturais da Europa e do Novo Mundo. Fez parte de importantes associações científicas estrangeiras, como a Academia de Ciências de Munique, a Sociedade de Geografia de Paris, o Instituto Histórico e Geográfico do Rio da Prata, a Academia de Ciências de São Petersburgo e a Academia Real de Ciências de Lisboa. Representou o governo brasileiro em diversos encontros acadêmicos internacionais, como, por exemplo, os congressos de Estatística de São Petersburgo (1872) e de Budapeste (1876). Soube compatibilizar os deveres da carreira diplomática com o ofício de historiador. Para ele, os lazeres e o *glamour* da chancelaria pareciam secundários. A diplomacia foi antes um meio eficiente para se dedicar aos estudos históricos, pois lhe propiciou o prazer de compulsar arquivos, descobrir manuscritos originais, além frequentar bibliotecas e museus. Diga-se de passagem, ele inaugurou uma operosa linhagem de historiadores-diplomatas, a qual se acrescentariam os nomes de Joaquim Nabuco, do Barão de Rio Branco, de Oliveira Lima, de Macedo Soares e, nos dias atuais, de Evaldo Cabral de Mello e de Alberto da Costa e Silva.

Mas o historiador-diplomata não se dedicou apenas aos tempos pretéritos. Preocupava-se com o presente e o futuro. Preparou numerosos pareceres, relatórios e informes para o governo imperial, sobretudo no que diz respeito às negociações de limites do Brasil com as repúblicas hispano-americanas e as Guianas. Costumava afirmar que os políticos da corte precisavam estar atentos às demandas nacionais e perder o mau hábito de traduzir leis e citar a Inglaterra e de macaquear os Estados Unidos. Escreveu e publicou o *Memorial orgânico* (1849-1850)[3], obra que se assemelha a um projeto de Estado[4]. Adepto da monarquia constitucional e representativa, Varnhagen faz um inventário metódico dos principais problemas que afetavam a modernização do país a partir de perspectivas geopolíticas e econômicas, atendo-se também a aspectos sociais, em particular às questões da escravidão, dos indígenas e da imigração[5]. O diagnóstico serve de mote à proposição de um conjunto de medidas políticas e administrativas de grande alcance, cujo objetivo era fortalecer o Império. Entre elas estavam incluídas o fim imediato do tráfico negreiro e a abolição gradual dos escravos; a substituição do braço africano pelo dos "índios bravos", num sistema semelhante ao da "encomenda"[6]: os integrantes da guarda nacional seriam autorizados a realizar expedições para apresá-los, permanecendo responsáveis pela sua tutela durante 15 anos e encarregando-se da sua educação em troca do trabalho compulsório[7]; o estímulo à vinda de colonos europeus, com garantias individuais e direitos civis semelhantes aos concedidos para os nacionais[8]. Propôs, também, uma nova divisão territorial das províncias e a mudança da capital do Império para o interior, mais precisamente para o Planalto Central. Como complemento ao *Memorial*, Varnhagen ofereceu à Câmara dos Deputados, em 1856, o projeto de uma lei adicional à Lei de Terras (1850), no qual arbitrava o estabelecimento do imposto territorial e a montagem de um cadastro imobiliário rural, bem como a concessão de incentivos à imigração e à colonização de terras devolutas.

Membro do Conselho do Imperador, Grande do Império, Comendador da Ordem da Rosa, Cavaleiro da Ordem de Cristo, Francisco Adolfo foi agraciado com a Grã-cruz das Ordens de Santo Estanislau, da Rússia; da Coroa de Ferro, da Áustria; de Isabel a Católica e de Carlos II, da Espanha. Como prova de reconhecimento aos seus méritos, D. Pedro II concedeu-lhe o título de Barão de Porto Seguro, em 1872. Dois anos mais tarde o elevou a Visconde, com honras de grandeza.

Em 1876, já sexagenário, licenciou-se do cargo que ocupava em Viena e empreendeu uma última viagem ao Brasil. Desta feita, com recursos próprios, realizou uma penosa excursão a cavalo até a Província de Goiás, passando por São Paulo, Minas Gerais e Bahia, com o objetivo de identificar qual seria o melhor sítio para abrigar a nova capital do país. Convém assinalar que a ideia de transferir a sede do governo para o interior já havia sido aventada por Hipólito da Costa e por José Bonifácio. Contudo, Varnhagen aperfeiçoou-a com indicações e argumentos mais precisos. Os conhecimentos acumulados no estudo de antigos mapas do período colonial o levaram a inferir que o espaço ideal para abrigar a futura capital localizava-se entre três grandes vales – o do Amazonas, o do Prata e do São Francisco, nos chapadões do Planalto de Goiás, vizinhos ao triângulo formado pelas lagoas Formosa, Feia e Mestre d'Armas: "É nessa paragem bastante central e elevada, de onde partem tantas veias e artérias que vão circular por todo o corpo do Estado, que imaginamos estar o seu verdadeiro coração; é aí que julgamos dever fixar-se a sede do governo"[9]. Na volta ao Império Austro-húngaro, o Visconde de Porto de Seguro redigiu um opúsculo de 32 páginas, intitulado "A questão da capital: marítima ou interior"[10], no qual reuniu todas as informações coletadas e argumentos que reforçavam os seus pontos de vista. A publicação do livreto foi o "canto do cisne" de Varnhagen. A viagem ao Planalto Central, através de antigas estradas e trilhas abertas pelos bandeirantes, o deixara bastante debilitado, comprometendo-lhe definitivamente a saúde. Faleceu em Viena, a 26 de junho de 1878. Sepultado no Chile, por exigência da esposa, um século mais tarde seus despojos seriam trasladados para Sorocaba, onde hoje se encontram, atendendo à sua vontade expressa em testamento.

2 Percursos e interlocutores

Varnhagen cumpriu, como se pôde observar, um percurso intelectual diverso do dos jovens da elite brasileira de sua geração, predominantemente integrada por bacharéis. Ex-combatente do movimento cartista e engenheiro militar de profissão, interessava-se pelo estudo da poesia medieval portuguesa. Frequentava os salões literários de Lisboa, onde fez amizade com o historiador Alexandre Herculano e o Cardeal D. Francisco de São Luís, conhecido como Cardeal Saraiva. A interlocução com ambos lhe facilitou o acesso aos arquivos da Torre do Tombo. Ali, recebeu noções básicas de paleografia e diplomática, familiarizou-se com a organização dos acervos e conheceu os depósitos de fontes manuscritas, descortinando um tesouro praticamente intocado, que explorou como ninguém, conforme assinalou Capistrano de Abreu. Entre os seus primeiros achados, destaca-se a revelação da identidade do autor (Gabriel Soares de Sousa) do manuscrito *Roteiro do Brasil*, a principal descrição dos domínios portugueses na América no século XVI, que anotou e publicou com o título de *Notícia do Brasil*[10]. Outra descoberta relevante sobre os primórdios da Terra de Santa Cruz foi a do *Diário de Navegação*, de Pero Lopes de Sousa[11]. Desvendou, ainda, o mistério que envolvia os restos mortais de Pedro Álvares Cabral, ao encontrar o seu túmulo na Igreja da Graça, em Santarém (1838).

O sucesso dessas investigações repercutiu nas duas margens do Atlântico. Em Portugal, Varnhagen foi aceito na Academia Real das Ciências de Lisboa[12]. Nessa mesma época, aproximou-se de Joaquim Heliodoro da Cunha Rivara, o erudito diretor da Biblioteca de Évora, que viria a tornar-se um dos seus amigos mais próximos[13]. Além disso, passou a escrever regularmente em jornais literários, ao lado de consagradas figuras da intelectualidade lisboeta. Publicou artigos, resenhas e ensaios em *O Panorama*, um dos principais órgãos do Romantismo português e no semanário *Revista Universal Lisbonense* (1841-1843), dirigido, na sua primeira fase, por Antônio Feliciano de Castilho.

No Brasil, recebeu o reconhecimento do Instituto Histórico e Geográfico Brasileiro (IHGB), que o elegeu sócio correspondente em 1840. A partir de então, começou a corresponder-se com o Cônego Januário da Cunha Barbosa, secretário perpétuo daquela sociedade letrada. Por seu intermédio, ofertava ao Instituto publicações, informações e cópias de manuscritos raros, que geralmente eram lidos e comentados nas sessões semanais. Tornou-se, também, colaborador assíduo da *Revista Trimensal do IHGB*.

Em 1841, quando da sua vinda à capital do Império para requerer a nacionalidade brasileira, frequentou as sessões do IHGB, onde se tornou mais próximo de Januário e conviveu com outras notabilidades do Movimento da Independência, entre as quais coletou depoimentos sobre episódios que, mais tarde, utilizou na *História da Independência do Brasil*, antecipando-se, por assim dizer, ao que futuramente seriam consideradas práticas de história oral. Entre outros vultos, Varnhagen reporta-se aos diálogos que manteve com os marqueses de Paranaguá, de Valença, de Resende, de Monte Alegre e de Sapucaí, e também o Senador Vergueiro, o Brigadeiro Rafael Tobias de Aguiar, além do seu confrade no IHGB, Januário da Cunha Barbosa[14]. Antes de regressar a Portugal, realizou uma excursão pelo interior de São Paulo até os campos de Guarapuava, passando por Sorocaba, sua terra natal. No trajeto juntou-se a alguns tropeiros que, a certa altura da *estrada real*, sacaram suas armas, pressentindo uma possível emboscada. Segundo consta, o grupo vinha sendo tocaiado por "índios Bugres", que costumavam assaltar viajantes e fazendeiros naquelas matas virgens[15]. A esperada investida não se consumou. No entanto, a ameaça de ataque dos gentios deixou sequelas: se antes, tal como outros românticos da sua geração, flertara com as ideias de Rousseau[16], a experiência nos campos de Guarapuava quebrou o seu encanto pelo bom selvagem. Doravante Francisco Adolfo passaria a expressar forte desapreço pelos povos indígenas, embora continuasse a se dedicar aos estudos etnográficos.

Por aquela mesma época, um acontecimento inesperado no Instituto Histórico viria alterar definitivamente a história de vida do futuro visconde. Criado em 1838, o IHGB havia tomado a iniciativa de desenvolver um programa de investigação nos arquivos europeus, com financiamento do governo, cujo objetivo era examinar, coletar e extrair cópias de documentos e diplomas que pudessem interessar à escrita da história pátria, assim como subsidiar as negociações para a fixação das fronteiras do Império recém-independente. O primeiro pesquisador comissionado, o diplomata José Maria do Amaral, não conseguiu, porém, desincumbir-se daquelas tarefas, por desconhecimento das técnicas de arquivística. Para substituí-lo, o titular da legação brasileira em Lisboa, conselheiro Antônio de Menezes de Vasconcelos Drumond, indicou o nome do jovem talentoso, de comprovada experiência no manuseio dos papéis da Torre do Tombo, e que desejava abraçar a carreira diplomática: Francisco Adolfo de Varnhagen[17]. Explica-se, assim, a sua passagem do exército português para o brasileiro e o seu ingresso nos quadros da burocracia imperial.

Varnhagen soube aproveitar a oportunidade que lhe foi oferecida: esmerou-se para levar a cabo a missão, expandindo a pesquisa documental a outros acervos da Península Ibérica. Ao mesmo tempo, procurou ampliar as suas redes de sociabilidade, para além da intelectualidade luso-brasileira, aproximando-se de figuras do porte do naturalista alemão Karl Philippe von Martius e do bibliotecário francês Ferdinand Denis, os dois mais conceituados brasilianistas da época, além de iniciar correspondência com Alexander von Humboldt, nome consagrado da ciência, por quem nutria grande admiração.

Durante sua estadia no Rio de Janeiro, em 1851, o sorocabano tornou-se primeiro-secretário do IHGB. Diligente e erudito, organizou os acervos bibliográfico e documental da instituição. Além disso, conquistou a simpatia de Pedro II, o patrono do Instituto, o que lhe possibilitou pleitear postos, condecorações e honrarias. O monarca, segundo seus biógrafos, tornou-se seu protetor e interlocutor assíduo[18].

Os sucessivos deslocamentos da carreira diplomática propiciaram a Varnhagen não apenas o acesso privilegiado a arquivos e bibliotecas, mas também estabelecer novas interlocuções, com figuras cujos interesses de estudos convergiam com os seus. No período em que representou o Império nas repúblicas sul-americanas, por exemplo, o futuro Visconde de Porto Seguro transitou por diversos espaços acadêmicos, convivendo com intelectuais de nomeada, como o uruguaio Andrés Lamas e o historiador chileno Diego Barros Arana, com quem viria a compartilhar informações sobre localizações de fontes, bibliografias e questões correlatas[19].

É bem verdade que seus diálogos historiográficos nem sempre transcorriam de maneira cordial. Ele travou memoráveis discussões, a começar pelo litígio com o autor do *Compêndio de História do Brasil*, José Inácio de Abreu e Lima, que qualificou de "plagiário difamador que se intitula general"[20]. Da sua pena afiada tampouco escaparam autores estrangeiros, como o geógrafo francês Armand D'Avezac[21] e o escritor português Teófilo Braga[22]. Vaidoso, na arena acadêmica o futuro visconde costumava deixar de lado a proverbial cortesia de diplomata. Convertia-se em polemista intransigente, que dificilmente absorvia qualquer apreciação crítica. Não é demais lembrar os debates que ele sustentou com o Cônego Fernandes Pinheiro, com João Francisco Lisboa e principalmente com Gonçalves de Magalhães, em virtude das censuras que os três lhe fizeram devido ao tratamento pouco generoso que dispensara aos índios na *História geral do Brasil*. Na réplica aos letrados, Varnhagen os desqualificou, chamando-os de "românticos", "filotapuias" e "historiadores de índios". De qualquer modo, não vem ao caso, no momento, retomar a célebre polêmica de Varnhagen com Gonçalves de Magalhães, autor do poema épico "A Confederação dos Tamoios". Até porque o Imperador D. Pedro II parecia estimular a disputa entre os dois letrados, pois nobilitou Gonçalves de Magalhães com o título de Barão e, depois, de Visconde do Araguaia, a propósito do seu indianismo, enquanto concedeu a Varnhagen, como já referido, a mercê de Barão e, mais tarde, de Visconde de Porto Seguro, em alusão ao primeiro ponto do litoral brasileiro alcançado pelos portugueses[23].

Francisco Adolfo de Varnhagen deixou volumosa e variada bibliografia, composta por dezenas de títulos, entre livros, opúsculos, artigos e memórias, abrangendo estudos históricos, literários, etnográficos, filológicos, políticos e de administração pública[24]. Dentre suas publicações mais conhecidas, além da *História geral do Brasil*, há que se destacar o *Florilégio da poesia brasileira* (1850-1853), a *História das lutas com os holandeses* (1871) e o livro póstumo *História da Independência do Brasil*, concluído em 1875, mas que permaneceu inédito até 1916, quando os originais foram descobertos por acaso, em meio aos papéis do arquivo do Barão do Rio Branco. Os dois últimos títulos constituem desdobramentos da *História geral do Brasil*.

3 Conceitos-chave

Varnhagen foi um historiador predominantemente empírico, o que não significa que lhe faltasse fundamentação teórica. Identificar os principais conceitos por ele emitidos nem sempre é tarefa fácil. Em primeiro lugar, porque ele não tece grandes reflexões sobre a natureza do conhecimento histórico. Tampouco externa afinidades teórico-metodológicas. Vez por outra, reporta-se a algum autor como argumento de autoridade, tal como faz em relação ao geógrafo e naturalista Alexander von Humboldt, em algumas notas de rodapé na *História geral do Brasil*.

A par disso, suas contribuições mais importantes passaram por revisões, efetuadas por ele em vida e depois pelos comentadores que anotaram as reedições após a sua morte. Veja-se o caso da *História geral do Brasil*, publicada em dois tomos (1854 e 1857), cujo título original, aliás, é *História geral do Brasil – Isto é, do descobrimento, colonização, legislação, desenvolvimento, e da declaração da independência e do império, escrita em presença de muitos documentos inéditos recolhidos nos arquivos do Brasil, de Portugal, da Espanha e da Holanda*[25]. Na 1ª edição, na folha de rosto, o autor identifica-se apenas como "um sócio do Instituto Histórico do Brasil, natural de Sorocaba". Já na sua 2ª edição, por ele revista e lançada em 1877, o livro registra nominalmente a autoria – Visconde de Porto Seguro. Além disso, traz outras reformulações substantivas. O recorte cronológico da versão original foi alterado e suprimida a parte que abordava a Independência do Brasil. Esta mudança afetou a denominação da obra, que passou a se chamar *História geral do Brasil antes da sua separação e independência de Portugal*[26], ao invés do extenso título com que aparece na edição inaugural. Na revisão, o texto também sofreu diversos cortes, redistribuíram-se as seções e a sequência dos conteúdos, dando uma nova organização ao livro, tal como a conhecemos hoje.

De toda sorte, na extensa bibliografia assinada por Varnhagen é possível identificar algumas asserções indicativas das suas preferências teóricas. Uma pista pontual encontra-se na resenha da tradução francesa do livro *História de Portugal*, escrito por Heinrich Schæfer, que o sorocabano preparou para a *Revista Universal Lisbonense*, em 1841. Na sua avaliação, o mérito da obra de Schæfer residia justamente no fato de o autor: "[...] ser um alemão, que escreve a história como hoje não podia deixar de escrevê-la um alemão [...], o Sr. Schæfer estuda profundamente os fatos, e narra-os com fidelidade, citando as fontes, e desassombrado de preocupações [...]"[27].

Varnhagen demonstrava sintonia com as principais recomendações expressas por Wilhelm von Humboldt (1767-1835), na conhecida conferência *Sobre a tarefa do historiador* (1821). De acordo com Humboldt, "para aproximar-se da verdade histórica dois caminhos devem ser [...] percorridos: Primeiramente, tem-se a fundamentação crítica, exata e imparcial dos acontecimentos; em um segundo momento há de se articular os resultados da pesquisa e intuir o que não fora alcançado no primeiro"[28].

Ideias semelhantes são expostas nas páginas iniciais da 1ª edição da *História geral do Brasil*. Trata-se de um texto pouco conhecido, pois foi suprimido pelo autor na 2ª edição do livro. Por conseguinte, também não consta nas edições integrais subsequentes, revistas e anotadas por Capistrano de Abreu e Rodolfo Garcia, que são as mais lidas atualmente[29]. No fragmento aludido há uma passagem denominada "Duas palavras sobre esta obra", em que o futuro visconde, estrategicamente, inicia um diálogo com o leitor, a propósito de esclarecê-lo sobre o método empregado na pesquisa e a função do historiador:

> [...] Começamos por coligir notas e documentos; trabalho [...] indispensável para se apurar a verdade em muitos fatos. [...] Assim pare de ler [este livro] [...] quem não aprecia como primeiro dote do historiador a fria imparcialidade no exame da verdade.

Entretanto, logo adiante, fixa os limites da sua profissão de fé:

> [...] Narraremos os sucessos, [...] e alguma que outra vez [...], tomaremos a nosso encargo fazer aquelas ponderações a que fomos *levados por íntimas convicções;* pois triste do historiador que as não tem relativamente ao seu país, ou, tendo-as, não ousa apresentá-las, *quando exemplos do passado ajudam a indicar conveniências do futuro* (grifos são meus)[30].

Varnhagen não informa quais eram as suas "íntimas convicções" acerca do seu país, pois já as havia externado no *Memorial orgânico*. Entretanto, registra a intenção de escrever uma história pragmática, como haviam sugerido, aliás, o Cônego Januário da Cunha Barbosa, na cerimônia de inauguração do Instituto Histórico[31]. E depois Karl Fredrich Philipp von Martius, na conhecida monografia "Como se deve escrever a história do Brasil", laureada pelo IHGB, em 1843, ao advertir que:

> [...] a história é uma mestra, não somente do futuro, como também do presente. [...] Nunca esqueça, pois, o historiador do Brasil, que para prestar um verdadeiro serviço à sua pátria deverá escrever como autor monárquico-constitucional, como unitário no mais puro sentido da palavra[32].

Naquela altura, o que poderia significar para um historiador do Brasil "prestar um verdadeiro serviço à sua pátria"? A resposta a esta indagação nos remete aos primeiros tempos do Instituto Histórico, onde, como já se referiu, Varnhagen ingressou em 1840. De acordo com seus estatutos, cabia ao Instituto: "coligir, metodizar, publicar ou arquivar os documentos necessários para a história e a geografia do Império do Brasil; [...]"[33]. Mas o pensar a história se entrelaçava com o debate em torno da questão da memória nacional. Recém-saído da condição de colônia, o Império que se instaurou nos antigos domínios portugueses da América, em 1822, necessitava fixar as suas origens, de maneira a dotá-lo de um passado único e coerente que o legitimasse.

No âmbito do Instituto Histórico, a construção da memória nacional constituiria um longo e seletivo empreendimento, no qual se procurou pinçar, no "repertório" das experiências pretéritas, os esclarecimentos que pudessem auxiliar na definição do presente. Ora, isso implicava concorrer para a preservação da integridade territorial e o fortalecimento do projeto político da monarquia, que se assentava em bases ainda frágeis, devido à falta de unidade das províncias e da vacância do trono, que perdurava desde a abdicação do primeiro imperador, em 1831, e todos os percalços daí decorrentes.

Assim, o Estado monárquico começaria a "inventar suas tradições". Converteu-se no herdeiro e sucessor do Império Português – legado que se sustentava não apenas por compartilhar o idioma de Camões, mas sobretudo pela presença de um representante da Casa de Bragança no Trono brasileiro[34]. Subjacente a essa ideia, forjou-se a noção de que a passagem do estatuto de colônia para o de país independente foi um processo natural, sem traumas ou rupturas – aspecto singular com que se buscava distinguir o processo de formação do Estado brasileiro, em contraste com as experiências republicanas conturbadas dos seus vizinhos no continente americano. O Império do Cruzeiro do Sul sobressaía-se, assim, como uma espécie de ilha de ordem e tranquilidade, em meio aos "furores democráticos", que haviam fracionado a América Espanhola[35].

A essa memória nacional, cujos fundamentos se definiram nos primeiros anos de atuação do IHGB, deveria corresponder uma determinada história. Mas quem poderia desincumbir-se da tarefa? Sem dúvida, não haveria de ser um estrangeiro. O encargo deveria ser confiado a um intérprete qualificado: um autor nacional, partidário do regime monárquico-constitucional e devotado ao "serviço da pátria". É neste ponto que se juntam os fios da meada. De um lado, o programa do Instituto e o plano historiográfico proposto por Von Martius. De outro, Francisco Adolfo de Varnhagen, jovem ambicioso, pesquisador erudito, conhecedor dos cânones da heurística e da crítica documental, e que já havia levantado a "memória de papel" do Império. Restava apenas pôr em marcha a "operação historiográfica"[36]. Ele a iniciou nos primeiros meses de 1844, segundo o registro de Clado Ribeiro Lessa, seu principal biógrafo[37]. A escrita da *História geral*, por conseguinte, ocorreu concomitante ao alvorecer do segundo reinado, quando o Estado monárquico pelejava para alcançar a estabilidade política, em um contexto institucional ainda convulsionado pelo rescaldo das rebeliões do período regencial, de tendências federalistas ou de cunho separatista, como é o caso da Revolução Farroupilha, que se estendeu de 1835 até 1845.

De fato: no correr da obra, Varnhagen se mostra convencido de que a sua missão era contribuir para a consolidação da monarquia. Mas não só. Acredita na força dos ensinamentos do passado para iluminar a resolução de problemas do presente. Diga-se de passagem, anos mais tarde, ele voltaria a manifestar esta convicção, no início da guerra contra o Paraguai. Escreveu a *História das lutas com os holandeses no Brasil*, livro em que amplia e aprofunda as análises sobre o tema na *História geral*, com o propósito de convencer seus compatriotas a perseverar no combate ao inimigo, narrando-lhes "[...] o exemplo de outra [guerra] mais antiga, em que o próprio Brasil, ainda tão insignificante colônia, havia lutado, durante 24 anos, sem descanso e por fim vencido, contra uma das nações mais guerreiras da Europa, naquele tempo"[38].

Varnhagen combina pragmatismo com uma concepção de história que se apoia na premissa de que as ações humanas espelham as intenções de quem as pratica e que cabe ao historiador compreender tais desígnios. No seu ponto de vista, somente assim é possível construir uma narrativa lógica e coerente. Opera, portanto, com uma concepção de tempo linear e diacrônica, em que os eventos se sucedem em ordem cronológica.

Do ponto de vista interpretativo, a *História geral do Brasil* segue as orientações do programa do Instituto e do plano historiográfico concebido por Von Martius. A história do Brasil se apresenta como continuação da história da antiga metrópole. A formulação encontra-se delineada com clareza nas páginas de abertura do livro, em sua versão primitiva, depois eliminada nas edições seguintes, conforme já se assinalou. A narrativa principia com a defesa dos direitos prévios de Portugal sobre as terras localizadas na parte sul do continente americano. Partindo dessa premissa, Varnhagen define em largos traços as proposições que pretende abordar:

> [...] Como e quando se inteirou Portugal da existência do legado, a que com poucos anos de antecipação dera herdeiro o tratado testamentário de Tordesilhas, como descuidou a princípio, e o beneficiou e aproveitou depois; e finalmente como, através de muitas vicissitudes (incluindo acometimentos, guerras por parte de gentes das quatro nações, que, além de Portugal, mais se ocuparam de colônias do século XVI para cá, isto é, Espanha, França, Inglaterra e Holanda) veio a surgir na extensão de território que o mesmo legado abarcava, um novo Império a figurar no Orbe entre as nações civilizadas, regido por uma das primeiras dinastias do nosso tempo[39].

A transcrição é longa, porém muito ilustrativa. A ordenação dos assuntos no extenso resumo mereceu críticas de comentadores, que reclamaram a ausência de unidades temáticas no livro. José Honório Rodrigues chegaria a afirmar que o seu "grande tema é a obra da colonização portuguesa no Brasil"[40]. O enredo cronológico, acima reproduzido, todavia admite outra chave de leitura: a de que o tema central de Varnhagen é a formação do Estado brasileiro. O plano original da *História geral do Brasil* corresponde às etapas do processo histórico porque passaram os domínios portugueses no Atlântico Sul até se converterem em um "novo Império". Por esta linha de raciocínio compreende-se o cuidado dispensado por Varnhagen ao exame da conquista e expansão do território da colônia para além dos limites de Tordesilhas, seguidas de longo e minucioso estudo sobre a defesa e a preservação da sua integridade. Daí a ênfase com que os fatos políticos são abordados pelo autor, relativamente isolados das forças econômicas e sociais.

Aliás, a preocupação com a unidade nacional perpassa toda a *História geral*, cujo conteúdo não faz qualquer alusão às diferenças de uma região do Brasil para outra, ou a tipos regionais. E Varnhagen vai mais além: combate o provincialismo, veementemente, ao se debruçar sobre temas do início do século XIX, como por exemplo a Revolução Pernambucana de 1817, acontecimento que, na sua opinião, vinha sendo transformado em "um mito heroico de patriotismo, não brasileiro, mas provincial, sem fundamento algum"[41].

A noção de processo histórico também seria empregada para explicar outros episódios da história pátria, em particular aqueles que se reportam à independência. No entender do futuro visconde, tal processo se havia iniciado com o desembarque da corte portuguesa nos seus territórios americanos e o ato fundador foi a abertura dos portos, que pôs fim ao estatuto colonial. Dessa forma, ele conclui que: "[...] o Brasil não deveu a D. Pedro a sua emancipação, que essa consumada estava desde 1808, e era impossível retroceder: deveu-lhe, porém, a sua integridade e deveu-lhe a monarquia [...]"[42].

Construída a genealogia do Estado, faltava definir as suas raízes étnico-culturais. A questão se mostrava complexa à medida que Varnhagen não compartilhava da tradição indianista, criada por ocasião da independência, que outorgava aos Tupis e não aos portugueses a base da nacionalidade. Por outro lado, de acordo com o já mencionado projeto historiográfico de Von Martius, caberia ao historiador brasileiro demonstrar a missão específica que, no futuro, estaria reservada ao jovem Império como nação, ou seja, de revelar para o mundo: "[...] como no desenvolvimento do Brasil se acham estabelecidas as condições para o aperfeiçoamento de três raças humanas que neste país são colocadas uma ao lado da outra, de uma maneira desconhecida na história antiga, e que devem servir-se mutuamente de meio e de fim"[43]. Martius apontava, portanto, para o devir da nação, enxergando a fusão das três raças como algo a ser alcançado *a posteriori*, consoante a perspectiva de uma história filosófica, de inspiração nitidamente hegeliana[44].

O pragmatismo de Varnhagen provavelmente o desviou dos desígnios de uma história filosófica: ele optou por tomar o caminho inverso do que fora sugerido pelo naturalista alemão. Projetou no passado a gênese da identidade nacional. Elegeu como marco fundador da nacionalidade as lutas para a expulsão dos holandeses do Brasil, dadas as condições em que foram travadas, com o reduzido auxílio das autoridades metropolitanas. Para Varnhagen, os combates pela reconquista adquirem uma dimensão inigualável: constituíram a primeira manifestação da vontade nacional, expressa pela determinação das três raças formadoras da população brasileira, representadas, simbolicamente, pelas figuras do índio Poti (Felipe Camarão), do negro Henrique Dias e do branco André Vidal de Negreiros.

Lançada em Madri, entre 1854 e 1857, com o patrocínio de D. Pedro II, a *História geral do Brasil* mereceu calorosos elogios de Alexander von Humboldt, de Von Martius e de Ferdinand Denis, entre outras notabilidades europeias[45]. No Brasil a obra seria recebida com reservas, contrariando as expectativas do seu autor. Vozes nacionalistas se levantaram contra o sorocabano, acusando-o de estrangeiro, com o argumento de que ele iniciara o livro privilegiando a história de Portugal, ao invés de valorizar a história brasileira. No âmbito do Instituto Histórico, onde na época prevalecia uma versão romântica das origens da nacionalidade de cariz indianista, diversos sócios repudiaram a forma de desprezo com que o autor se referia aos gentios[46]. Varnhagen reagiu, acusando-os de "brasileirismo caboclo"[47].

A recepção pouco favorável do livro-monumento, por certo, feriu fundo os brios de Varnhagen. Por quase três décadas ele se dedicou a rever a *História geral*. Tanto assim que na sua 2ª edição (1877), da qual já se falou, a narrativa é precedida pela descrição geográfica da "TERRA DO BRASIL", seguida do estudo da população nativa. Só à frente o visconde retoma o seu tema central: a formação do Estado brasileiro. Porém, deixa a análise inconclusa, pois nesta versão ele suprime as seções relativas ao processo da Independência, limitando-se a examinar o reinado americano de D. João VI, a quem reconhece como o verdadeiro fundador do Império do Brasil[48]. Em que pese o esforço do autor para responder aos seus críticos, a nova configuração da *História geral*, lamentavelmente, afetou a sua coerência interna.

Apesar das reformulações introduzidas por Varnhagen, das suas tentativas de explicar e – por que não dizer? – amenizar a sua postura em relação aos índios, tanto o autor quanto o livro-monumento amargaram a indiferença do IHGB durante um bom tempo. A reabilitação de ambos só começaria mais tarde, após a morte do Visconde de Porto Seguro, em 1878, com o necrológio que lhe dedicou Capistrano de Abreu, nas páginas do *Jornal do Commercio*. Capistrano não o poupou de críticas, ao assinalar que ele "[...] não primava pelo espírito compreensivo e simpático, que, imbuindo o historiador dos sentimentos e situações que atravessa – o torna contemporâneo e confidente dos homens e dos acontecimentos"[49]. No entanto, reconheceu-lhe as virtudes intelectuais e as qualidades de pesquisador incansável, a ponto de dizer: "Grande exemplo a seguir e a venerar. [...] Um grande combatente, que jamais abandonou o campo"[50].

Na ótica dos comentadores, a *História geral do Brasil*, tal como se apresenta na 2ª edição, em que se sobressai a temática da colonização, seria superada por Capistrano, nos seus *Capítulos de História colonial*. Os estudiosos, todavia, em particular os mais antigos, não levam em conta o constante diálogo que Capistrano de Abreu manteve com a obra de Varnhagen[51]. De qualquer modo, se o autor cearense foi consagrado pela crítica como o "historiador do povo"[52], Varnhagen, indubitavelmente, foi o historiador do Estado. Neste sentido, as obras de ambos se complementam, ainda que suas perspectivas sejam distintas.

A matriz explicativa produzida por Varnhagen perdeu sua importância na segunda metade do século passado, contestada por análises de ascendência marxista e pelas orientações emanadas do movimento de *Annales* e da *Nouvelle Histoire*. Para os primeiros, Varnhagen legitimou ideologicamente os setores conservadores da sociedade brasileira, contribuindo para a consolidação da classe dominante[53]. No segundo caso, sua obra, centrada em fatos políticos, correspondia ao paradigma negativo da *história événementielle* contra o qual se insurgira Lucien Febvre e depois Fernand Braudel[54]. Neste contexto historiográfico, na ótica dos novos pesquisadores, sobretudo aqueles oriundos do meio universitário, o Visconde de Porto Seguro tornou-se um fantasma que deveria ser exorcizado da historiografia brasileira.

4 Considerações finais

Por que ler Varnhagen hoje, se há quem diga que é um autor superado? A resposta parece óbvia: desconhecer a importância do Visconde de Porto Seguro na história da história do e no Brasil oitocentista seria o mesmo que confrontar a memória da própria disciplina[55]. É inquestionável que ele foi o maior historiador de sua época. A contribuição de Varnhagen se impõe pela erudição, pelos fatos que revelou, pelas fontes documentais que descobriu, pela publicação de testemunhos inéditos, enfim, pelo seu enorme esforço e determinação de conceber a história pátria. Sua obra máxima foi, sem dúvida, a *História geral do Brasil [...]*, trabalho de fôlego, que contrastava com a incipiente produção histórica nacional da época, na maioria das vezes restrita a compilações de autores estrangeiros. Porém, não se perder de vista que o projeto historiográfico, desenvolvido pelo historiador sorocabano, mais do que reconstituir o passado do Império, dando-lhe unidade e coerência, buscava concorrer para a preservação da sua integridade territorial e o fortalecimento das instituições monárquicas.

O Visconde de Porto Seguro, porém, deve ser lido em sua própria historicidade, ou seja, à luz das suas experiências passadas e dos seus horizontes de expectativa[56]. As vivências da juventude, conforme acentua Raquel Glezer, no período compreendido entre 1834 e 1842, ano em que teve reconhecida a sua nacionalidade brasileira, espelham uma trajetória pessoal de vida política conturbada até o limite da guerra civil, de tal forma que a partir daí ele se inclinaria sempre pelo par estabilidade e conservadorismo em todas as circunstâncias. Segundo Glezer, sua escolha foi "[...] trágica para um jovem liberal que arriscara a vida por suas ideias"[57]. Mas... nem tanto nem tampouco. Pode parecer estranho, em pleno século XXI, que um indivíduo de formação liberal não partilhasse do ideário republicano ou mesmo que defendesse de maneira tão intransigente o regime imperial. O visconde foi um homem do seu tempo. Tanto ele quanto a sua obra refletem uma visão de mundo datada, em que se projetam valores, aspirações, estereótipos e até preconceitos. Ora, os anos oitocentos foram arraigadamente monárquicos, sobretudo no Velho Mundo, onde Varnhagen passou a maior parte da sua vida. Não por acaso, ele se mostra convicto de que a monarquia constitucional e representativa constituía a melhor forma de governo, para o recém-instaurado Estado brasileiro aprimorar suas instituições, tornando-se, enfim, capaz de ingressar no "Orbe das nações civilizadas".

Ler a obra de Varnhagen hoje também requer alguns cuidados, seja o leitor um diletante ou um graduando de História. Em primeiro lugar, implica deixar de lado os rótulos que a própria historiografia lhe impôs: "historiador das elites, conservador e oficialista"[58], "reacionário bragantino"[59], "cultor e apologista da lei, da ordem, da religião e da autoridade"[60]. E, até mesmo, esquecer o juízo correto, que lhe fez Capistrano de Abreu, ao afirmar: "A falta de espírito plástico e simpático – eis o maior defeito do Visconde de Porto Seguro"[61].

Por outro lado, essa leitura exige ainda certo esforço intelectual, pois como bem notou Capistrano, "[...] a *História geral* é um dos livros mais ariscos e mais fugidios [...] há sempre [...] um quê, que escapa, que resiste, [...] mas que é preciso procurar para achar"[62].

Talvez, um caminho interessante a percorrer, e mais pedagógico, seja privilegiar a leitura do livro-monumento na sua edição de lançamento, atualmente disponível em meio digital. Até porque somente ali é possível identificar o projeto historiográfico de Francisco Adolfo de Varnhagen em toda a sua plenitude.

Notas

[1] Cf. RODRIGUES, J.H. Varnhagen, mestre da *História geral do Brasil*. In: *Revista do IHGB*, 275, abr.-jun/1957: 171. Rio de Janeiro.

[2] Cf. CEZAR. T. "Varnhagen em movimento: breve antologia de uma existência". In: *Topoi*, vol. 8, 2007, p. 159-207. Rio de Janeiro.

[3] O Memorial Orgânico foi publicado em duas partes em Madri (1849-1850). No Brasil, publicou-se apenas a primeira parte, em 1851. Cf. VARNHAGEN. F.A. "Memorial Orgânico". In: *Guanabara – Revista mensal, artística, científica e literária*, out.-nov./1851, p. 356-370, 384-402. Rio de Janeiro: Tipografia de Paula Brito. • Neste trabalho, usamos a versão integral preparada por Arno Wehling, publicada em GUIMARÃES, L.M.P. & GLEZER, R. (coords.). *Varnhagen no caleidoscópio*. Rio de Janeiro: Fundação Miguel de Cervantes, 2013, p. 202-316.

[4] Cf. WEHLING, A. "O conservadorismo reformador de um liberal: Varnhagen, publicista e pensador". In: GUIMARÃES, L.M.P. & GLEZER, R. (coords.). *Varnhagen no caleidoscópio*. Op. cit., p. 160-199.

[5] VARNHAGEN, F.A. "Memorial Orgânico". Op. cit., p. 300-304.

[6] Sobre as ideias de Varnhagen para incorporar os índios à sociedade imperial, cf. "Civilização dos índios por tutela". Ibid., p. 304-308.

[7] As propostas de Varnhagen em relação à civilização do gentio foram veementemente contestadas pelo escritor Manuel Antônio de Almeida. Cf. ALMEIDA, M.A. *Civilização dos indígenas – Duas palavras ao autor do Memorial Orgânico* [Disponível em https://acervodagraphia.wordpress.com/category/manuel-antonio-de-almeida/ – Acesso em mar./2016].

[8] Cf. WEHLING, A. *Estado, história e memória*: Varnhagen e a construção da identidade nacional. Rio de Janeiro: Nova Fronteira, 1999, p. 98-99.

[9] VARNHAGEN, F.A. *A questão da capital*: marítima ou no interior? Viena: Impressão do Filho de Carlos Gerold, 1877. No livreto, Varnhagen sugere também que o governo imperial começasse a fazer convergir, para o sítio que havia determinado no planalto central, as estradas de ferro de D. Pedro II (depois Central do Brasil) e da Companhia Mogiana. Delineava, assim, o caminho que de fato haveria de ser seguido, 90 anos mais tarde, pela ferrovia para Brasília.

[10] VARNHAGEN, F.A. *Reflexões críticas sobre o escrito do século XVI impresso com o título de Notícias do Brasil* – Coleção de Notas para a História e Geografia Ultramarinas. Vol. II. Lisboa: Tipografia da Academia, 1839.

[11] SOUSA, P.L. *Diário da navegação* da Armada que foi à Terra do Brasil – em 1530. Lisboa: Tipografia da Sociedade Propagadora dos Conhecimentos Úteis, 1839.

[12] A aceitação de Varnhagen na Academia das Ciências de Lisboa deveu-se ao parecer elogioso, emitido por D. Francisco de São Luiz a respeito da *Notícia do Brasil*. Cf. RIBEIRO, R.R. *O Brasil inventado pelo Visconde de Porto Seguro* – Francisco Adolfo de Varnhagen, o Instituto Histórico e Geográfico Brasileiro e a ideia de Brasil-Colônia no Brasil Império: 1838-1860. Cuiabá: Entrelinhas, 2015, p. 171.

[13] Sobre as relações entre Varnhagen e Joaquim Heliodoro de Rivara, cf. GLEZER, R. Amicíssimo. In: GUIMARÃES, L.M.P. & GLEZER, R. (coords.). *Varnhagen no caleidoscópio*. Rio de Janeiro: Fundação Miguel de Cervantes, 2013, p. 26-54.

[14] Cf. VARNHAGEN, F.A. *História geral do Brasil...* Tomo II. 2. ed. Madri: Imprensa de J. del Rio, 1857, p. 1.200.

[15] Cf. VARNHAGEN, F.A. "A picada do mato virgem (Fragmento d'uma viagem ao sertão)". In: *O Panorama*, n. 219, 10/07/1841, p. 221-223.

[16] Cf. VARNHAGEN, F.A. *O descobrimento do Brasil, crônica do fim do décimo quinto século*. Rio de Janeiro: Tipografia Imprensa de J. Vileneuve, 1840.

[17] GUIMARÃES, L.M.P. *Debaixo da imediata proteção imperial* – Instituto Histórico e Geográfico Brasileiro (1838-1889). 2. ed. São Paulo: Annablume, 2011, p. 90-91.

[18] Cf. LESSA, C.R., apud VARNHAGEN, F.A. *Correspondência ativa* – Coligida e anotada por Clado Ribeiro Lessa. Rio de Janeiro: INL, 1961, p. 10.

[19] Sobre o intercâmbio intelectual de Varnhagen com Diego Barros Arana, cf. NEVES, L.M.B.P. & NEVES, G.P. "Um bibliófilo liberal nas repúblicas do Pacífico". In: GUIMARÃES, L.M.P. & GLEZER, R. (coords.). *Varnhagen no caleidoscópio*. Op. cit., p. 55-108.

[20] VARNHAGEN, F.A. *Réplica apologética de um escritor caluniado e juízo final de um plagiário difamador que se intitula general*. Madri: D. Dominguez, 1846.

[21] D'AVEZAC, A. "Sur l'histoire du Brésil – Examen critique d'une nouvelle Histoire Générale du Brésil". In: *Bulletin de la Société de Géographie*, ago.-set./1857, p. 89-356. Paris: Chez Arthur-Bertrand. Sobre a réplica de Varnhagen, cf. VARNHAGEN. F.A. "Examen de quelques points de l'histoire géographique du Brésil" – Extrait du *Bulletin de la Société de Geographie*", mar.-abr./1858. Paris: Imprimerie de L. Martinet, 1858.

[22] Sobre a polêmica com Teófilo Braga, cf. VARNHAGEN, F.A. *Teófilo Braga e os antigos romanceiros de trovadores*. Viena: Imprensa do Filho de Carlos Gerold, 1872. Cf. tb. "O Sr. Varnhagen e alguns críticos portugueses". In: *O Novo Mundo*, 23/05/1874, p. 143. Nova York.

[23] Cf. GUIMARÃES, L.M.P. Francisco Adolfo de Varnhagen – História geral do Brasil. In: MOTA, L.D. (dir.). *Introdução ao Brasil 2*: Um banquete no trópico. 3. ed. São Paulo: Senac, 2011, p. 95.

[24] Cf. HORCH, H. *Francisco Adolfo de Varnhagen, subsídios para uma bibliografia*. São Paulo: Editoras Unidas, 1982.

[25] Cf. VARNHAGEN, F.A. *História geral do Brasil* – Isto é, do descobrimento, colonização, legislação, desenvolvimento, e da declaração da independência e do império, escrita em presença de muitos documentos inéditos recolhidos nos arquivos do Brasil, de Portugal, da Espanha e da Holanda. Tomo I. Madri: Imp. V. Dominguez, 1854. Cf. tb. VARNHAGEN, F.A. *História geral do Brasil...* Tomo II. Madri: Imprensa de J. del Rio, 1857.

[26] Cf. VARNHAGEN, F.A. *História geral do Brasil antes da sua independência e separação de Portugal*. 2. ed. Tomos I e II. Rio de Janeiro: H. Laemmert, 1878. No presente trabalho utilizamos a 1ª e a 2ª edições.

[27] VARNHAGEN, F.A. Biblioteca Portuguesa – Crônica do descobrimento e conquista da Guiné. In: *Revista Universal Lisbonense*, n. 2, out./1841, p. 23-25.

[28] Cf. VON HUMBOLDT, W. "Sobre a tarefa do historiador" [Apresentação Pedro Caldas]. In: MARTINS, E.R. (org.). *História pensada*: teoria e método na historiografia europeia do século XIX. São Paulo: Contexto, 2010, p. 84.

[29] A 3ª edição do tomo 1, datada de 1906, revista por Capistrano de Abreu, corresponde apenas à terça parte da obra original, devido a um incêndio na oficina impressora. As reedições integrais foram revistas e anotadas por Rodolfo Garcia (1929, 1949 e 1956), que também incorporou ao texto as notas de Capistrano e do próprio Varnhagen.

[30] VARNHAGEN, F.A. "Duas palavras sobre esta obra". In: *História geral do Brasil*. Tomo I. Op. cit., p. 10-11.

[31] O cônego se reporta à tradicional frase de Cícero: *A história é a testemunha dos tempos, a luz da verdade e a escola da vida*. Cf. BARBOSA, J.C. "Discurso no ato de estatuir-se o Instituto Histórico e Geográfico Brasileiro". In: GUIMARÃES, M.L.S. *Livro de fontes da historiografia brasileira*. Rio de Janeiro: Eduerj, 2010, p. 22.

[32] Cf. MARTIUS, K.F.P. "Como se deve escrever a história do Brasil. Ibid., p. 85-86.

[33] IHGB. Estatutos. In: *R. IHGB*, 1: 18, 1839.

[34] Cf. GUIMARÃES, L.M.P. *Debaixo da imediata proteção imperial*. Op. cit., p. 75-77.

[35] Cf. GUIMARÃES, M.L.S. "Nação e civilização nos trópicos – O Instituto Histórico e Geográfico Brasileiro e o projeto de uma história nacional". In: *Estudos Históricos*, 1, 1988, p. 5-27. Rio de Janeiro.

[36] Sobre o conceito de operação historiográfica, cf. DE CERTEAU, M. *A escrita da história*. 2. ed. Rio de Janeiro: Forense-Universitária, 1982, p. 65-119.

[37] Cf. LESSA, C.R. "Vida e obra de Varnhagen". In: *Revista do IHGB*, 223, abr.-jun./1994, p. 138.

[38] Cf. VARNHAGEN, F.A. Prefácio. In: *História das lutas com os holandeses no Brasil desde 1624 até 1654* (1871). 2. ed. Rio de Janeiro: Biblioteca do Exército, 2002, p. 12.

[39] VARNHAGEN, F.A. Duas palavras sobre esta obra. In: *História geral do Brasil*. Tomo I. Op. cit., p. 10-11.

[40] RODRIGUES, J.H. Varnhagen, mestre da *História geral do Brasil*. Op. cit. p. 175.

[41] VARNHAGEN, F.A. *História geral do Brasil...* Tomo II. Op. cit. p. 374.

[42] Ibid., p. 313.

[43] MARTIUS, K.F.P. *Como se deve escrever a história do Brasil*. Op. cit., p. 66.

[44] Cf. HEGEL, G.W.F. Os três métodos de escrever a história. In: *A razão na História*. São Paulo: Moraes, 1990, p. 51-52 [Trad. de Beatriz Sidou].

[45] VARNHAGEN, F.A. *Post Scriptum*. In: *História geral do Brasil...* Tomo II. Op. cit., s.p.

[46] No vol. da *História geral do Brasil*, 1ª edição, publicado em 1857, Varnhagen responde aos críticos da corrente indianista. Cf. VARNHAGEN, F.A. *Discurso preliminar* – Os índios perante a nacionalidade brasileira. Ibid., p. XV-XXVIII.

[47] VARNHAGEN, F.A Carta de [...] ao Imperador D. Pedro II, datada de Madri, 24/09/1856. In: VARNHAGEN. *Correspondência ativa*. Op. cit. p. 235.

[48] VARNHAGEN, F.A. *História geral do Brasil...* Tomo II. 2. ed. Op. cit. p. 1.092.

[49] ABREU, J.C. Necrológio de Francisco Adolfo de Varnhagen, Visconde de Porto Seguro. In: *Ensaios e estudos* – 1ª série, nota preliminar de José Honório Rodrigues. Brasília/Rio de Janeiro: INL/Civilização Brasileira, 1975, p. 89.

[50] Ibid., p. 86 e 91.

[51] Sobre o diálogo entre Capistrano de Abreu e a obra de Varnhagen, cf. OLIVEIRA, M.G. *Crítica, método e escrita da história em Capistrano de Abreu*. Rio de Janeiro: FGV, 2013.

[52] RODRIGUES, J.H.R. *História da história do Brasil* – Historiografia nacional; a historiografia conservadora. São Paulo/Brasília: Companhia Editora Nacional/INL, 1978, p. 13.

[53] Cf. ODÁLIA, N. Introdução. In: *Varnhagen*. São Paulo: Ática, p. 14-15.

[54] Cf. WEHLING, A. *Estado, história e memória*: Varnhagen e a construção da identidade nacional. Op. cit., p. 218.

[55] Sobre a noção de memória disciplinar, cf. GUIMARÃES, M.L.S. A disputa pelo passado na cultura histórica oitocentista no Brasil. In: CARVALHO, J.M. (org.). *Nação e cidadania no Império*: novos horizontes. Rio de Janeiro: Civilização Brasileira, 2007, p. 15.

[56] Cf. KOSELLECK, R. *Futuro passado*: contribuição à semântica dos tempos históricos. Rio de Janeiro: Contraponto/PUC-Rio, 2006, p. 21-39 [Trad. do original alemão: Wilma Patrícia Mass, Carlos Almeida Pereira. Rev. da trad.: Cesar Benjamin].

[57] Cf. GLEZER, R. Op. cit. p. 53.

[58] Cf. RODRIGUES, J.H. Varnhagen, mestre da *História geral do Brasil*. Op. cit., p. 187-192.

[59] Cf. BONFIM, M. *O Brasil na história*: deturpação das tradições, deturpação política. Rio de Janeiro: Francisco Alves, 1930, p. 122-125.

[60] Cf. ODÁLIA, N. Introdução. Op. cit., p. 23.

[61] Cf. ABREU, J.C. Necrológio de Francisco Adolfo de Varnhagen. Op. cit, p. 89.

[62] Cf. ABREU, J.C. Sobre o Visconde de Porto Seguro. Ibid., p. 139.

Referências

Textos de Varnhagen

VARNHAGEN, F.A. Memorial Orgânico. In: GUIMARÃES, L.M.P. & GLEZER, R. (coords.). *Varnhagen no caleidoscópio*. Rio de Janeiro: Fundação Miguel de Cervantes, 2013.

_____. Correspondência ativa – Coligida e anotada por Clado Ribeiro Lessa. Rio de Janeiro: INL, 1961.

_____. Como se deve entender a nacionalidade na História do Brasil (1852). In: *Anuário do Museu Imperial*, vol. 9, 1948, p. 229.336. Petrópolis: Ministério da Educação e Saúde.

_____. *História geral do Brasil antes da sua separação e independência de Portugal*. Tomos I e II. 2. ed. Rio de Janeiro: H. Laemmert, 1878.

_____. *A questão da capital*: marítima ou no interior? Viena: Imp. do Filho de Carlos Gerold, 1877.

_____. O Sr. Varnhagen e alguns críticos portugueses. In: *O Novo Mundo*, 23, mai./1874, p. 143. Nova York.

_____. *Teófilo Braga e os antigos romanceiros de trovadores*. Viena: Imprensa do Filho de Carlos Gerold, 1872.

_____. Examen de quelques points de l'histoire géographique du Brésil – Extrait du *Bulletin de la Société de Geographie*, mar.-abr./1858. Paris: Imprimerie de L. Martinet.

_____. *História geral do Brasil* – Isto é, do descobrimento, colonização, legislação, desenvolvimento, e da declaração da independência e do império, escrita em presença de muitos documentos inéditos recolhidos nos arquivos do Brasil, de Portugal, da Espanha e da Holanda [Tomo I: Madri: Imp. V. Dominguez, 1854. • Tomo II: Madri: Imprensa de J. del Rio, 1857].

_____. *Réplica apologética de um escritor caluniado e juízo final de um plagiário difamador que se intitula general*. Madri: D. Dominguez, 1846.

_____. Biblioteca Portuguesa – Crônica do descobrimento e conquista da Guiné. In: *Revista Universal Lisbonense*, n. 2, out./1841, p. 23-25.

Bibliografia geral

ABREU, J.C. *Ensaios e estudos* – 1ª série, nota preliminar de José Honório Rodrigues. Brasília/Rio de Janeiro: INL/Civilização Brasileira, 1975.

ALMEIDA, M.A. Civilização dos indígenas – Duas palavras ao autor do Memorial Orgânico. In: *Correio Mercantil*, 13/12/1851. Rio de Janeiro [Disponível em https://acervodagraphia.wordpress.com/category/manuel-antonio-de-almeida/ – Acesso em mar./2016].

AMED, F. Ser historiador no Brasil – João Capistrano de Abreu e a anotação de a *História geral do Brasil* de Francisco Adolfo de Varnhagen. In: NEVES, L.M.B.P. et al. (orgs.). *Estudos de historiografia brasileira*. Rio de Janeiro: FGV, 2011, p. 125-150.

CERTEAU, M. *A escrita da história*. 2. ed. Rio de Janeiro: Forense-Universitária, 1982.

CEZAR, T. Varnhagen em movimento: breve antologia de uma existência. In: *Topoi*, vol. 8, 2007, p. 159-207. Rio de Janeiro.

_____. Em nome do pai, mas não do patriarca – Ensaios sobre os limites da imparcialidade na obra de Varnhagen. In: *História*, 24 (2), 2005, p. 207-240. São Paulo.

D'AVEZAC, A. Sur l'histoire du Brésil – Examen critique d'une nouvelle Histoire Générale du Brésil. In: *Bulletin de la Société de Géographie*, ago-set./1857, p. 89-356. Paris: Chez Arthus-Bertrand.

FLEIUSS, M. *Páginas de história*. Rio de Janeiro: Imprensa Nacional, 1924.

GLEZER, R. Amicíssimo. In: GUIMARÃES, L.M.P. & GLEZER, R. (coords.). *Varnhagen no caleidoscópio*. Rio de Janeiro: Fundação Miguel de Cervantes, 2013, p. 26-54.

GUIMARÃES, L.M.P. *Debaixo da imediata proteção imperial* – Instituto Histórico e Geográfico Brasileiro (1838-1889). 2. ed. São Paulo: Annablume, 2011.

GUIMARÃES, L.M.P. & GLEZER, R. (orgs.). *Varnhagen no caleidoscópio*. Rio de Janeiro: Fundação Miguel de Cervantes, 2013.

GUIMARÃES, M.L.S. *Livro de fontes da historiografia brasileira*. Rio de Janeiro: Eduerj, 2010.

_____. A disputa pelo passado na cultura histórica oitocentista no Brasil. In: CARVALHO, J.M. (org.). *Nação e cidadania no Império*: novos horizontes. Rio de Janeiro: Civilização Brasileira, 2007, p. 93-122.

_____. Nação e civilização nos trópicos: o Instituto Histórico e Geográfico Brasileiro e o projeto de uma história nacional. In: *Estudos Históricos*, 1, 1988, p. 5-27. Rio de Janeiro.

HORCH, H. *Francisco Adolfo de Varnhagen, subsídios para uma bibliografia*. São Paulo: Editoras Unidas, 1982.

LACOMBE, A.J. As ideias políticas de Varnhagen. In: *Revista do IHGB*, 275, abr.-jun./1957, p. 135-154. Rio de Janeiro.

LESSA, C.R. Vida e obra de Varnhagen. In: *Revista do IHGB*, 223, abr.-jun/1954, p. 82-297; 224, jul.-set./1954, p. 109-315; 225, out.-dez./1954, p. 120-294; 226, jan.-mar./1955, p. 3-168; 227, abr.-jun/1955, p. 85-236. Rio de Janeiro.

MARTINS, E.R. (org.). *História pensada*: teoria e método na historiografia europeia do século XIX. São Paulo: Contexto, 2010.

NEVES, L.M.B.P. & NEVES, G.P. Um bibliófilo liberal nas repúblicas do Pacífico. In: GUIMARÃES, L.M.P. & GLEZER, R. (coords.). *Varnhagen no caleidoscópio*. Rio de Janeiro: Fundação Miguel de Cervantes, 2013, p. 55-108.

ODÁLIA, N. *As formas do mesmo* – Ensaios sobre o pensamento historiográfico de Varnhagen e Oliveira Vianna. São Paulo: Unesp, 1997.

_____. Introdução. In: VARNHAGEN, F.A. [Visconde de Porto Seguro]. *Varnhagen*: história. São Paulo: Ática, 1979, p. 7-34 [Org. de Nilo Odália].

OLIVEIRA, M.G. *Crítica, método e escrita da história em Capistrano de Abreu*. Rio de Janeiro: FGV, 2013.

RIBEIRO, R.R. *O Brasil inventado pelo Visconde de Porto Seguro* – Francisco Adolfo de Varnhagen, o Instituto Histórico e Geográfico Brasileiro e a ideia de Brasil-Colônia no Brasil Império: 1838-1860. Cuiabá: Entrelinhas, 2015.

RODRIGUES, J.H. [1952]. A pesquisa histórica no Brasil. 3. ed. [acrescida de posfácio]. São Paulo: Companhia Editora Nacional, 1978 [Introdução de Varnhagen].

_____. *História da história do Brasil* – Historiografia nacional; a historiografia conservadora. São Paulo/Brasília: Companhia Editora Nacional/INL, 1978.

_____. Varnhagen, mestre da *História geral do Brasil*. In: *Revista do IHGB*, 275 abr.-jun./1957, p. 170-200. Rio de Janeiro.

WEHLING, A. O conservadorismo reformador de um liberal: Varnhagen, publicista e pensador. In: GUIMARÃES, L.M.P. & GLEZER, R. (coords.). *Varnhagen no caleidoscópio*. Rio de Janeiro: Fundação Miguel de Cervantes, 2013, p. 160-199.

_____. *Estado, história e memória*: Varnhagen e a construção da identidade nacional. Rio de Janeiro: Nova Fronteira, 1999.

3
João Francisco Lisboa (1812-1863)

*Rodrigo Turin**

1 Historiador e sua época

João Francisco Lisboa (1812-1863) faz parte da geração que precisou enfrentar a tarefa de elaborar tanto uma narrativa histórica para um Brasil recém-independente como os protocolos disciplinares para a realização dessa narrativa. Dito isto, é importante matizar a própria noção de geração, no que ela pode sugerir de unidade e homogeneidade. Afinal, se havia um rol de problemas mais ou menos comuns colocado a seus contemporâneos, os modos de elaborar e enfrentar esses problemas variaram consideravelmente. Na medida em que novos conteúdos de experiências sociais e políticas eram vivenciados, tornava-se urgente encontrar as formas mais adequadas e eficazes de lidar com eles, tornando-os inteligíveis: as profundas mudanças na organização política, com seu sistema representativo; as acirradas disputas políticas da década de 1830, durante o período regencial; o aumento da produção e circulação de impressos; a criação de novas instituições letradas e educacionais; os conflitos envolvendo a unificação de identidades fragmentadas; a dependência problemática do sistema escravista; a ocupação e o mapeamento de um vasto território com suas populações nativas; estas são apenas algumas das experiências que se colocavam àqueles indivíduos.

Se essas experiências se mostravam em sua novidade, e mesmo em uma aceleração cada vez maior, os meios institucionais e as linguagens através das quais eram mediadas e vivenciadas apresentavam-se igualmente como formas a serem buscadas, elaboradas e disputadas. Entre as décadas de 1830 e 1850, intervalo no qual Lisboa produziu a maior parte de seus escritos, o Brasil passou da fase de forte instabilidade social e semântica do período regencial ao processo de centralização e estabilização capitaneado pelo Projeto Saquarema[1]. Nesse intervalo de três décadas é possível identificar, igualmente, o estabelecimento de algumas

---

* Doutor em História pela Universidade Federal do Rio de Janeiro (UFRJ). Professor da Universidade Federal do Estado do Rio de Janeiro (Unirio). Este texto contou com o apoio do CNPq.

fronteiras discursivas que iriam definir os protocolos discursivos por meio dos quais a nação poderia ser pensada, como é o caso da própria historiografia, que encontraria no IHGB a sua grande instituição organizadora[2].

Como muitos de seus contemporâneos, João Francisco Lisboa experimentou essas mudanças atuando em diferentes espaços: no cenário político, como deputado; na imprensa, como jornalista e editor; como letrado, atuando em arquivos e produzindo escritos históricos. Em todas essas esferas, Lisboa foi afetado pelas rápidas mudanças, assim como interagiu com elas, disputando seus rumos: seja com o seu alijamento da experiência política provincial; seja na exploração das linguagens que caracterizariam a atuação jornalística e historiográfica – algo que se manifesta nos diferentes estilos e protocolos que organizaram seus textos.

Inserido no grupo dos liberais exaltados, Lisboa atua desde cedo na imprensa, publicando jornais como *O Brasileiro*, *Farol Maranhense*, *Ecos do Norte* e *Crônica Maranhense*. Graças a essa atuação, ganha destaque no Partido Liberal, sendo eleito para a Assembleia Provincial do Maranhão entre os anos de 1834-1837 e de 1838-1841, durante os quais também ocupou o cargo de secretário do governo (1835-1838). Em 1840, em meio aos rearranjos no cenário político ocasionados com a renúncia de Feijó e com a Balaiada, da qual é acusado de ter ligação, Lisboa enfrenta a experiência do alijamento político, tendo seu nome sido preterido na lista de deputados em favor de um membro da tradicional família Jansen. Tentaria voltar à política em 1848, mas novamente não encontrando os meios necessários para se sustentar em meio às disputas locais, logo a abandona de vez, dedicando-se a partir de então à atividade letrada[3].

Com essa experiência de ser preterido do jogo político em nome das alianças entre as famílias tradicionais que dominavam a província, Lisboa foi cada vez mais se distanciando do jogo político-partidário. Esse (relativo) distanciamento se expressou em acirradas críticas, que seriam publicadas no seu *Jornal de Timon*, contra as formas de alianças entre os grupos provinciais e suas relações com o governo central, sempre visando à reprodução do poder nas províncias sob as vestes de um sistema representativo. Como bem destacou Janotti, autora do melhor estudo que ainda temos sobre Lisboa:

> Enquanto na *Crônica* [*Maranhense*] Lisboa encontra-se diretamente ligado ao Partido Liberal e luta para que o seu grupo tenha um lugar importante na administração política local (para isso combate constantemente a facção preponderante conservadora da província), o mesmo não se dá no *Jornal de Timon*, onde, dentro da sua construção teórica, a crítica se estende a vários grupos políticos que não se apresentam mais como duas facções organizadas em posições diferentes, mas sim em múltiplos subgrupos que pretendem unicamente usufruir benefícios pessoais[4].

Essa experiência de alijamento, assim como as denúncias de Lisboa, indicam o quanto aquele Projeto Saquarema precisou, para reproduzir-se, estabelecer uma constante negociação com as elites locais das províncias. As prerrogativas vindas da corte precisavam ser mediadas pelas disputas e alianças locais, constituindo um delicado e tenso equilíbrio. Escrevendo da perspectiva dessa realidade local, distante da corte, sem a vantagem familiar dos herdeiros ou de um forte apadrinhamento, Lisboa vai tecer a sua *persona* narrativa nas décadas de 1840 e 1850, sob o falso pseudônimo de Timon – referência tanto ao Timon, o Misantropo, como também, provavelmente, à versão francesa encarnada pelo Visconde de Cormenin em suas sátiras. Esta *persona* narrativa, assumida por Lisboa, seria caracterizada pela acidez e agudeza crítica, em tom satírico, de sua visão da história nacional[5]. Nesse sentido, é significativo em que medida ele, quase à maneira de um Gattopardo de Lampedusa, acusa o modo como as mudanças políticas ocorridas no Brasil nas primeiras décadas do século XIX teriam se realizado em nome da continuidade do antigo sistema:

> Dir-se-ia que o novo sistema de liberdade e independência, suscitado para corrigir e extirpar os abusos do antigo despotismo e escravidão, fez-se cúmplice obsequioso deles, e lhes deu grande e solene entrada na sociedade atual, no meio dos aplausos dos comícios e assembleias, e à grande luz fúnebre da imprensa e publicidade[6].

A sua crítica incide no formato do sistema representativo da monarquia constitucional, cujas premissas formais, signos de uma modernidade, não funcionariam naquelas regiões remotas, onde o sistema partidário era vampirizado pelas lógicas grupais das elites tradicionais. Frente a isso, Lisboa toma a posição que apenas o poder central poderia gerar algum efeito político efetivo, freando as paixões e os interesses dos que governavam aquelas regiões:

> A esses partidos, pois, como fonte e origem de todo mal, senão única, a principal, cumpre declarar e fazer guerra incessante e a todo o transe, até sua completa extirpação do solo que esterilizam e desdouram. Que significam essas eternas mascaradas e fantasmagorias de política plagiada servilmente, em pobres províncias de segunda e terceira ordem? Se as necessidades do sistema que a nação adotou exigem experiências e ensaios nos grandes teatros e centros de população, sejam eles dispensados, ou pelo menos consideravelmente reduzidos nos pontos de menor importância[7].

> Mas para que arranque e extinga o mal tão inveterado, para que se alcance tamanho bem, é mister que o impulso parta não já de gabinetes efêmeros, contraditórios e oscilantes, senão do próprio chefe de Estado, que, sendo possível, deve não só reinar e governar, como administrar, e descer aos mais minuciosos pormenores do governo dessas províncias[8].

As noções de "experiência" e "ensaio", usadas para designar a forma do sistema representativo implementada no país, apontam para a consciência que Lisboa possuía da novidade dessas experiências e, com isso, para o lento e difícil processo de conformação dessa forma política com as realidades históricas locais[9]. Não por acaso, o maior foco de reflexão em seus escritos publicados no *Jornal de Timon* gira em torno das diferentes experiências político-partidárias na história ocidental, dos antigos aos modernos, tornando a história uma espécie de laboratório da política. Nessas reflexões publicadas no *Jornal de Timon*, entre 1852 e 1853, no mesmo movimento em que ataca as elites regionais com seu tom satírico, Lisboa irá desenvolver um estilo historiográfico no qual convergia estudo do passado e reflexão política, analisando de que modo em diferentes sociedades foram equilibrados os vetores da "autoridade" e da "liberdade". Já nos escritos posteriores, quando investiria em estabelecer contatos na corte, acabando por substituir Gonçalves Dias em missão de coleta de arquivos no Conselho Ultramarino, João Francisco Lisboa desenvolveria um estilo bastante distinto, marcado tanto por um maior investimento erudito no uso de documentação histórica como pela sobriedade e elegância de sua narrativa[10].

Desse modo, da atuação jornalística e partidária da década de 1830 à atuação nos arquivos portugueses, passando pela crítica e reflexões políticas da primeira fase do *Jornal de Timon*, João Francisco Lisboa teve sua obra fortemente marcada pelas vicissitudes políticas que afetaram o Brasil entre as décadas de 1830 e 1850. Por isso a dificuldade de tratar seus escritos como um todo homogêneo, querendo tirar dali alguma forma de sistema fechado e coerente. Antes, elas são conformadas diretamente por um elemento marcadamente performativo, incidindo, ao mesmo tempo, em suas escolhas temáticas e opções formais, caracterizando não apenas sua relação com os contextos políticos, mas também com os debates e com as linguagens historiográficas contemporâneos.

2 Percursos e diálogos

Pensar a história da historiografia na primeira metade do século XIX implica enfrentar o problema da delimitação de seu próprio objeto, uma vez que as fronteiras discursivas e disciplinares não se apresentavam claramente delineadas. Classificar João Francisco Lisboa como "historiador", e seus textos como "historiográficos", pode resultar em uma conformação de sua atuação a partir de protocolos disciplinares alheios a ela, constituindo uma problemática memória disciplinar[11]. A pluralidade do gênero histórico, herdado de tradições distintas, é uma característica do ambiente letrado vivido por Lisboa, e a lenta conformação disciplinar que se processa a partir de instituições como o IHGB estava longe de garantir uma unidade discursiva estável. A própria figura do historiador se desenharia a partir de outras imagens, como a do publicista, do naturalista e do poeta[12]. Letrados como Justiniano José da Rocha, Joaquim Manoel de Macedo, Joaquim Machado de Oliveira, entre outros contemporâneos de Lisboa, transitavam por espaços distintos e, apesar de terem escrito obras históricas (de compêndios a memórias e biografias), estavam longe de se identificar prioritariamente como "historiadores". Esta era apenas uma das vozes que poderiam assumir; assumia-se a voz do historiador mais do que se era historiador.

Essa pluralidade de gêneros e a indefinição de uma unidade disciplinar claramente delineada para a história naquele momento não deixavam de se inserir, contudo, em um marcado processo de transformações conceituais. Como apontado por Valdei Lopes de Araujo a partir da análise de autores como José Bonifácio e Gonçalves de Magalhães, a década de 1830 representa um momento de forte inflexão, no qual percebe-se uma acelerada historicização de conceitos fundamentais da experiência política e cultural brasileira[13]. Cada vez menos o arsenal conceitual herdado da ilustração ibérica dava conta de abarcar e projetar as novas experiências vividas no pós-independência.

A identificação dessa transformação nos conceitos, no entanto, não pode ser vista de modo monolítico, muito menos isenta de uma série de disputas. A relação entre continuidades e rupturas, em suas tensões temporais, são sempre negociadas e disputadas no encontro entre as disposições dos indivíduos e as condições sociolinguísticas nas quais se inserem[14]. Havia no IHGB, como mostrou Manoel Salgado Guimarães, uma série de disputas acerca do passado, expressando-se em propostas distintas sobre o melhor modo de escrever a história nacional. Os textos programáticos que os sócios produzem nas duas primeiras décadas do Instituto são, nesse sentido, bastante reveladores[15]. Não apenas a nação era um problema a ser resolvido, mas também a escrita de sua história. Atentar para os critérios que as presidiam e os efeitos que tiveram na produção dos letrados é uma condição fundamental para compreender a complexidade da cultura histórica que se constituiu em meados do Oitocentos.

As pesquisas realizadas a partir da década de 1990 acerca da historiografia brasileira vêm possibilitando, justamente, uma melhor compreensão dessa complexidade. Não apenas o IHGB deixou de ser visto como uma instituição homogênea que simplesmente daria uma expressão historiográfica legitimadora para o Estado imperial, como também se ampliou o leque de autores, instituições e temas abordados. Começamos a ter uma visão mais clara, por exemplo, de como os diferentes gêneros históricos funcionavam dentro do IHGB e em que medida as suas especificidades formais e funcionais condicionavam os modos de elaborar a historicidade. Escrever uma biografia, uma memória ou mesmo se aventurar na composição de uma história geral ou filosófica implicava assumir disposições e protocolos distintos, não sendo mais possível interrogar esses textos a partir de um modelo implícito qualquer. Nesse sentido, apontar uma "imaturidade histórica do pensamento brasileiro"[16], ao tratar desses autores, julgando-os a partir de uma suposta maturidade disciplinar, implica desconsiderar a espessura própria de seus textos, cujas formas e efeitos devem ser, antes, cuidadosamente reconstituídos.

Como já foi dito, não é possível entender a obra de João Francisco Lisboa sem levar em consideração essa diversidade de gêneros e as tópicas que organizavam o debate acerca da escrita da história nacional. Questões acerca da melhor periodização, que sentido dar à colonização portuguesa, qual o lugar dos indígenas na história nacional, como tratar os documentos, quais os objetos que uma história filosófica deveria abarcar, todas elas se fazem presentes em seus textos. Em seus apontamentos para servirem à história do Maranhão, por exemplo, é possível identificar como Lisboa aciona uma série de princípios para a escrita da história a partir do confronto com os cronistas coloniais. A sua crítica aos *Annaes* de Berredo é estruturada a partir de uma oposição entre a "crônica" e a "história filosófica", tal como passam a ser entendidas naquele momento. Berredo, segundo Lisboa, busca adotar um estilo pomposo e nobre, quando seu objeto demandaria um estilo mais seco e objetivo, em conformidade com os princípios de verossimilhança de uma nova sensibilidade histórica. A divisão dos capítulos em Berredo, igualmente, é criticada por remeter ao modelo da epopeia, distante do que demandaria uma narrativa histórica ciosa de compreender o processo de formação da sociedade colonial. Se a história nacional mantinha alguma dimensão épica, ela deveria encontrar uma forma mais adequada de expressão. Para a compreensão correta da história, por fim, ao invés de focar no grande objeto que caracterizava a tradição historiográfica "clássica", a guerra, Lisboa afirma a necessidade de tematizar os objetos próprios de uma história filosófica, quais sejam: agricultura, comércio, população, costumes[17].

Nesse sentido, Lisboa compartilha as mesmas preocupações que então ocupavam os sócios do IHGB, e sua crítica a Berredo bem poderia ser comparada à escolha que o Instituto fez da dissertação de Von Martius em detrimento daquela de Wallenstein, ainda presa aos modelos dos cronistas[18]. Escrever a história da nação implicava, portanto, esse trabalho de crítica e confronto com os textos coloniais, que deixavam de ser modelos para se tornarem, propriamente, "fontes" históricas. Importante ressaltar, no entanto, que nesse processo de configuração de novos protocolos para a escrita da história, esses letrados não deixariam de acionar determinados modelos antigos[19]. Assim, se Lisboa rebaixa a escrita de Berredo em função de seu estilo e da ausência de uma perspectiva crítica e filosófica, ele não deixa de apoiar-se em autoridades clássicas, como Tácito, tanto no que diz respeito ao estilo conciso como na focalização e legitimação de uma história voltada à pintura dos costumes políticos.

Outra característica do seu modo de entendimento da escrita da história que é possível retirar dessa crítica aos cronistas diz respeito à atualização do gênero "memória" em função de uma concepção filosófica de história. Ou seja, enquanto as memórias, antes, poderiam ter uma autonomia, na medida em que de objetos particulares poderiam oferecer lições universais, agora elas passavam a ser entendidas como estágios preliminares, que possibilitariam a escrita futura de uma história geral. O estabelecimento de fatos e a narrativa da história das províncias, tal como também os sócios do IHGB não cansavam de reiterar, tornava-se uma condição necessária para a escrita de uma futura história geral do Brasil. Vale ressaltar, inclusive, que o IHGB jamais produziu tal história, assim como recusou dar a chancela oficial que Varnhagen desejava para sua *História geral*. Junto aos programas, que definiam as linhas mestras dessa história futura, tal como enunciados por autores como Januário da Cunha Barbosa e Raimundo da Cunha Mattos, a *Revista do IHGB* privilegiava justamente a publicação de documentos e de memórias, cuja produção era solicitada aos sócios de todas as províncias. Estes, por sua vez, não deixavam de ver na produção dessas memórias e no envio de documentos à corte um modo tanto de ascensão e reconhecimento como de acúmulo de capital simbólico em suas disputas nas províncias[20]. Por mais que Lisboa não tenha enviado sua memória sobre a Província do Maranhão para ser publicada na *Revista do IHGB*, ele não deixava de compartilhar essa concepção filosófica da história, na qual as partes devem se submeter à unidade compreensiva do todo: "É nossa opinião que das pequenas províncias de um Estado não é mister escrever um corpo completo de história; bastam simples e modestas memórias, que sirvam depois ao trabalho complexo que compreenda o todo"[21].

Outro tópico que permeia seus escritos diz respeito à questão indígena, tema sensível politicamente e bastante discutido no IHGB. Desde o final da década de 1830 se estruturou um debate em torno do lugar do indígena na história do Brasil, se o processo de colonização foi positivo ou negativo para sua civilização e, por fim, que futuro eles teriam na sociedade brasileira[22]. Essa pauta de debate convergiu para um cenário no qual, grosso modo, estavam os partidários da catequização, ocupados com a defesa da ideia de decadência dos povos indígenas, e os que a negavam, como Varnhagen, argumentando a incapacidade dos povos "selvagens" de sair de seu estado de natureza[23]. Se Lisboa posicionou-se, em seus primeiros escritos, a favor da colonização portuguesa e cético quanto à possibilidade de civilização dos indígenas, tornou-se posteriormente um dos maiores acusadores da violência histórica contra aquelas populações, protagonizando uma célebre querela com o autor da *História geral do Brasil*.

Desde a década de 1840, Varnhagen defendia a tese de que os indígenas não haviam possuído uma civilização anterior, assim como não poderiam vir a ser inseridos no projeto civilizacional do império. Ao contrário, teriam sempre permanecido e estariam condenados a permanecer, segundo ele, em um perene estado de natureza. Em seu *Memorial orgânico* (1849) e na *História geral do Brasil* (1854-1857), acusava os escritores românticos de idealizarem a condição indígena e, com isso, ignorar os reais perigos que a presença daquelas populações representava para o Brasil. A partir de suas pesquisas etnográficas e filológicas, o historiador era taxativo em suas conclusões:

> [...] os índios não eram donos do Brasil, nem lhes é aplicável como selvagens o nome de brasileiros: não podiam civilizar-se sem a presença da força, da qual não se abusou tanto como se assoalha; e finalmente de modo algum podem ser eles tomados por nossos guias no presente e no passado em sentimentos de patriotismo ou em representação da nacionalidade[24].

Contra esse posicionamento de Varnhagen, Lisboa publica no *Jornal de Timon* uma longa nota na qual revisa sua antiga opinião acerca dos indígenas, tecendo uma série de considerações históricas e morais a respeito da interpretação do autor da *História geral*. É a partir da autoridade dos protocolos disciplinares, então em formulação, que Lisboa sustenta sua argumentação. Se Varnhagen, em seu *Memorial*, havia narrado o seu encontro pessoal com a "barbárie" indígena como momento de revelação do real perigo dessas populações, Lisboa recorre à autoridade da documentação "inédita" do passado colonial como fonte de uma verdade histórica cujos efeitos morais e políticos o levam a revisar seu posicionamento:

> Pois bem, é justamente acerca da ocasião e intensidade dos abusos e dos seus resultados que as nossas ideias de então se acham hoje consideravelmente mo-

dificadas. Um estudo mais aprofundado da matéria, e o exame sobretudo dos documentos oficiais, isto é, da correspondência havida entre os governos da metrópole e das colônias, pela maior parte inédita e pouco conhecida, nos habilita hoje para proferirmos um novo julgamento, em que a condenação dos invasores é inevitável[25].

O estudo criterioso de documentos inéditos, portanto, permitia a Lisboa asseverar fatos históricos que comprovavam os atos de violência que marcaram a colonização portuguesa. Do mesmo modo, tal estudo levava Lisboa a se colocar ao lado daqueles letrados que viam as sociedades indígenas mais pelo prisma da decadência, em parte provocada pelos próprios portugueses, do que condenados a uma selvageria constante. A querela, no entanto, não se restringia apenas à definição de questões de fato, mas também a princípios morais que deveriam guiar (ou vetar) o trabalho do historiador. Tão ou mais importante que definir a singularidade dos fatos, havia um certo reconhecimento de que a escrita da história também se inseria como um ato moral, cujas implicações não poderiam ser desprezadas. No caso da crítica à Varnhagen, esse princípio se expressa na deslegitimação de uma concepção da violência de Estado como fator de civilização, cara ao autor da *História geral*. Para Lisboa, fazendo uso de uma tópica liberal, o elogio a esse tipo de forma política não apenas associaria equivocadamente "civilização" e "violência", como acabaria por expor todos os cidadãos à sua mesma lógica: "Se quereis a guerra e a escravidão para converter e civilizar o selvagem, haveis dentro em pouco de admitir também, de bom ou mau grado, o emprego da força, do ferro e do fogo para cultivar o espírito e regular a consciência do homem civilizado"[26]. Revelava-se, desse modo, a estreita relação entre escrita da história e projetos políticos, entre narrar o passado e projetar o futuro.

Assim, questões de fato e princípios morais traçavam o perfil dessa(s) figura(s) do "historiador" que então se configurava(m). Estas querelas indicam o quanto a relação entre história e moral estavam vinculadas para aqueles letrados, e de que modo os protocolos disciplinares e a figura do historiador (os valores morais e epistêmicos que lhe definiam) eram disputados. Para Lisboa, particularmente, seu liberalismo manifestava-se nessa concepção da história tanto como um laboratório da política, como já dito, quanto uma forma de reflexão (e ação) moral. O seu alijamento da política partidária, portanto, não significou ao final seu afastamento de uma certa política da história:

> Mas a história, a filosofia e o senso moral da humanidade devem condenar e repelir esses egoísmos covardes – sofismas grosseiros – que disfarçando, e anistiando até os crimes históricos, nos excitam a gozar tranquilos dos seus proveitos; e provocando-nos a imitá-los, fundam complacentemente a felicidade do presente e do futuro nas calamidades do passado [...][27].

3 Conceitos-chave

Essa preocupação moral nos escritos de João Francisco Lisboa foi plenamente identificada pela sua fortuna crítica, desde seus primeiros comentadores até os mais recentes. José Veríssimo, por exemplo, salientava que essa era a sua "verdadeira feição", sendo seu interesse pela história, acima de tudo, o de tirar lições morais para o presente:

> Mesmo como historiador o preocupam sobretudo os aspectos morais. Ele recorda os acontecimentos do passado com o mesmo sentimento de análise e reflexão com que acompanha os contemporâneos. A história não lhe interessa somente pelo seu lado dramático, pitoresco, ou emocional, mas principalmente talvez como um subsídio precioso para o estudo do homem e da sociedade. Sente-se que ela é para ele um compêndio de lições morais, incluindo nesta designação as políticas[28].

Mais recentemente, José Murilo de Carvalho também apontou o fato de que *Timon* deveria "ser enquadrado no velho estilo dos reformadores moralistas", já que, apesar de seu ceticismo e ironia, "acreditava na capacidade de reforma dos costumes pela ação do próprio homem"[29]. Esta apreciação da obra de Lisboa, por mais consensual e evidente que seja, não deixa de se apresentar como um problema ao seu leitor. Afinal, como já havia advertido Janotti, impossível "seria negar a Lisboa o papel de moralista, mas criticável não constatar as formas diferentes em que o desempenhou"[30]. No entanto, ao invés de encarar seu moralismo como uma "limitação" da historiografia da época, convém tentar compreender de que modo Lisboa lidava com o problema, comum a seus contemporâneos, de pensar a utilidade da história em uma conjuntura marcada pela experiência da aceleração, onde as mudanças sociais e políticas pareciam cada vez mais tornar o passado algo distante. Vejamos, portanto, como ele elabora esse problema e de que modo sua escrita do passado encaminha alguma forma de solução:

> É sobretudo pelo seu culto que a história se chamou mestra da vida. Bem que, contra um axioma mais pretensioso do que verdadeiro, as diversas fases da existência do gênero humano se reproduzam a espaços, geradas e reconduzidas constantemente pelas mesmas paixões, as circunstâncias todavia variam e se disfarçam por tal modo sob os acidentes externos dos fatos, que escapam de ordinário à observação mais perspicaz, e tornam a lição erudita do passado inteiramente inútil como precaução para o presente e para o futuro. O ensino da história resulta portanto, mas é da infusão dos sentimentos de justiça e de moral, da aprovação e louvor constante do bem, da condenação inexorável do mal. Radicando-se profundamente nos ânimos, e perpetuando-se de uma a outra geração, estas noções servem a prevenir, e tornam difícil, se não impossível, o regresso aos erros e crimes do passado[31].

Nesta passagem, inserida justamente na querela acerca do lugar dos indígenas na história brasileira – portanto, onde a questão moral da história se colocava em primeiro plano –, Lisboa explicita a função que a história possui em orientar o homem ao bem agir. O que chama a atenção, contudo, é que esse caráter pedagógico define-se antes de tudo pela negativa. Os tempos mudam, as circunstâncias variam, tornando as lições eruditas do passado inúteis. Como pode, então, o historiador ensinar algo, infundir sentimentos de justiça e de moral a partir da narrativa do passado? Ao contrário de uma tradição retórica, na qual a *historia magistra* se definia pela chave da emulação de ações ou valores tendo por base o pressuposto de uma certa recorrência de eventos semelhantes, Lisboa reconhece que as experiências trazidas pelo tempo (ou abertas por ele) não podem mais ser simplesmente colocadas ao lado das antigas, tornando o recurso do paralelo mais problemático. O que não significa o seu descarte[32]. A chave para a atualização do papel pedagógico da história se encontra, parece-me, no modo como Lisboa tenta pensar mudança e continuidade não como polos opostos, que se repelem, mas como partes intrínsecas da experiência histórica. Não é possível pensar uma sem pressupor a outra.

Para ele, as diferentes circunstâncias, "as diversas fases da existência do gênero humano", são geradas e reconduzidas pelas mesmas paixões. A continuidade, nesse sentido, não é concebida em termos de conteúdo, de recorrência de fatos semelhantes, mas como forma, ou ainda como força, potência que, permanecendo idêntica, não deixa de gerar a diferença. A mesma ideia ele expressa no prólogo ao primeiro número do *Jornal de Timon*:

> Desde a origem do mundo, o bem e o mal, em luta incessante e permanente, pleiteiam o seu domínio. Sem dúvida, os dois princípios opostos, inerentes à natureza do homem, andam sempre com ele de companhia; mas segundo as resistências e obstáculos, o favor e indulgência que encontram, ora prepondera o mal, ora o bem, revelando-se sob aspectos diferentes, e sofrendo variadas modificações, conforme os tempos e os lugares, as sociedades em massa ou os indivíduos isolados sobre quem atuam.
> A história do gênero humano é a confirmação plena desta verdade[33].

A possibilidade de "infundir sentimentos de justiça e de moral" implica, portanto, saber identificar, por trás dos acontecimentos, a presença e a atuação dessas forças eternas, desses princípios imutáveis que geram as mudanças históricas. Esta é a diferença, já tratada acima, entre a antiga história como crônica de fatos e a história filosófica ou pragmática. Narrar a história passa a exigir do historiador a competência de não apenas estabelecer os fatos via erudição crítica, mas encontrar as forças que lhe dão sentido. Só assim a história pode vir a ser útil ao presente. Mais do que oferecer exemplos morais, cabe ao historiador habilitar o leitor a adquirir uma percepção moral, que o possibilite lidar com as diferentes experiências históricas em suas novidades. Essa mesma concepção de mudança e continuidade, de universal e singularidade, se apresenta em outros autores à época. Para citar apenas um exemplo, mas famoso pelos seus efeitos historiográficos, Justiniano José da Rocha assim inicia seu panfleto *Ação, reação, transação*:

> O estudo da história nos patenteia uma verdade, igualmente pela razão e pela ciência do político demonstrada. Na luta eterna da autoridade com a liberdade, há períodos de ação; períodos de reação, por fim, períodos de transição em que se realiza o progresso do espírito humano e se firma a conquista da civilização[34].

A utilidade da história, portanto, passa a ser reinscrita a partir de sua transformação em uma forma de ciência da moral e, por conseguinte, do político. Os fatos do passado devem ser inseridos e lidos a partir de determinados princípios universais, que possibilitam suas manifestações e, ao mesmo tempo, são por eles revelados. É esta forma de saber que promove a habilidade para uma aprendizagem indireta com o passado, afinando no sujeito uma espécie de razão prática, prudencial. Valores como o "bem" e o "mal", ou princípios de ordem política, como a "liberdade" e a "autoridade", não podem mais ser descolados de suas manifestações históricas, processuais. Ao mesmo tempo, contudo, os processos históricos, em suas singularidades, não podem ser entendidos sem aquelas universalidades. Nesse sentido, os princípios da autoridade e da liberdade, que regem as organizações políticas, não são bons ou ruins em si mesmos, mas dependem das configurações nas quais se inserem e se manifestam.

As análises que Lisboa realiza das experiências políticas da Antiguidade clássica, da Europa e da colônia convergem a partir dessa preocupação central, dessa forma de ler a história. Mais especificamente, interessa a ele, tal como a Justiniano, investigar os modos através dos quais os princípios da autoridade e da liberdade se manifestaram na forma de partidos e eleições para, assim, deliberar acerca das circunstâncias nacionais contemporâneas. Novamente, a postulação de um princípio universal qualquer da política como bom ou mal em si mesmos não tem serventia aqui, já que o desafio é justamente encontrar esse delicado ponto de equilíbrio histórico entre o contingente e o universal. O posicionamento em relação à questão da representação social, do sistema partidário, central naquele horizonte como emblema maior do princípio de liberdade, dependeria essencialmente dos vícios e virtudes da população e, portanto, de sua formação histórica. Entre gregos e maranhenses, todo seu percurso narrativo tem por finalidade a resolução desse problema.

Lisboa faz uso de um estilo pitoresco, de narração de cenas e costumes, para ilustrar a variedade dos vícios e virtudes, inerentes à natureza humana, que se fizeram presentes desde as primeiras experiências políticas e o modo como afetaram a organização das sociedades. Daí o recurso recorrente ao paralelo, pois a narrativa das histórias da Antiguidade clássica e europeia tem por função, justamente, promover aproximações e distanciamentos, fazendo ver ao leitor as constantes e as diferenças que permitem ajuizar as circunstâncias nacionais. Desse modo, afirma Lisboa:

> [...] o leitor há de encontrar nos ditos, rasgos, ações e personagens de Atenas, Esparta e Roma, matéria para sisudas reflexões, e picantes aplicações; e comparando uns e outros tempos, vendo a pasmosa semelhança com que os fatos se reproduzem, depois do intervalo de uns poucos séculos, talvez venha a concluir que este velho mundo, na sua última decrepitude, torna aos sestros e desmandos da primeira infância e mocidade[35].

Importante salientar que Lisboa não deixa de reconhecer as diferenças entre esses dois períodos; para ele, como já foi dito, a história é feita de processos, o tempo é produtor de mudanças. O que está em questão, em sua proposição, é justamente como, por processos distintos, dos antigos e dos nacionais, semelhanças podem voltar a ocorrer. No caso, como os vícios que corromperam ou inviabilizaram as instituições de Grécia e Roma são em parte as mesmas que, no Brasil, tornam impraticáveis as aplicações puramente formais de representação política a realidades que não as comportam. Apesar de suas histórias distintas, a equação entre vícios/virtudes e organização política, nos diversos momentos em que produzem equilíbrio ou desequilíbrio nas sociedades, é o que permite ajuizar a realidade nacional. Essa leitura histórica, portanto, vincula-se diretamente àquele diagnóstico, já tratado acima, da dificuldade de implementar o sistema partidário em províncias onde dominam as relações pessoais, familiares, e os seus vícios inerentes, como avareza, vingança e corrupção. Daí a necessidade, para aquele momento histórico nacional, de prevalecer o princípio de autoridade, representado pelo governo central, em detrimento do princípio de liberdade, manifestado pelo sistema partidário – sem que esse diagnóstico significasse uma valorização de qualquer um desses princípios em si mesmos. O liberalismo nutrido por Lisboa, portanto, não pode ser desvinculado do diagnóstico acerca de suas condições de possibilidade histórica.

Toda sua narrativa da experiência dos antigos é permeada por inserções do seu presente "moderno", chamando o leitor a avaliar as semelhanças entre uns e outros. Ao tratar da aliança entre César e Pompeu, por exemplo, na qual o segundo casa com a filha do primeiro, Lisboa não deixa de piscar ao leitor, lembrando como o emprego "dessa máquina política nada tem de moderno"[36]. Do mesmo modo, a descrição de como as cidades gregas fragmentadas e em luta constante apenas promoveram disputas egoístas entre grupos, impossibilitando a estabilização de uma organização política, não deixa de remeter o leitor à sua realidade contemporânea, preparando-o para as descrições do sistema partidário provincial. Ao tratar do sistema eleitoral de Esparta, por exemplo, Lisboa ressalta como

> [...] já naquelas remotas e ditosas eras se manipulava a matéria com bastante discrição e inteligência, as condições de elegibilidade e incapacidade definidas; as candidaturas, o passeio eleitoral, o modo de votar, como de apurar os votos, a sequestração dos escrutinadores como a do júri atual, os cânticos, aplausos e banquetes de honra do candidato triunfante, as precauções políticas contra o cacete, deveriam sem dúvida prender a atenção dos modernos licurgos [...][37].

Seus leitores não teriam nenhuma dificuldade em ver nessas cenas antigas a pintura dos nacionais, até porque descrições acerca das manipulações eleitorais, dos banquetes e dos cacetes são feitas em profusão nos capítulos onde ele descreve o sistema partidário do Maranhão. Vale lembrar aqui, novamente, o diagnóstico feito por Lisboa de que as formas políticas de representação que então se implementavam no Brasil não passavam ainda de "ensaios", e que cabia, portanto, a um governo centralizado e forte frear as paixões que imperavam nas províncias, vampirizando o sistema partidário. Sem a formação de cidadãos virtuosos, a implementação do sistema partidário poderia se tornar mais um veneno do que um remédio. O problema era, justamente, que as populações das províncias, formadas em um sistema colonial marcado pela cobiça e corrupção, acumularam mais vícios que virtudes. No Brasil independente tudo estava ainda por corrigir e se criar, sendo um equívoco querer acelerar a história. Por isso a ideia de uma espécie de recomeço, de retorno "aos sestros e desmandos da primeira infância e mocidade", revelado e exemplificado pelas aproximações com a Antiguidade clássica. Enfrentando aqueles mesmos vícios e paixões que governam a natureza humana, seus contemporâneos estariam, tal como novos antigos, ensaiando as formas políticas mais apropriadas à sua história. Uma Antiguidade clássica, necessário dizer, cuja autoridade também não deixava de ser corroída pelo próprio efeito do paralelo e da ironia. Ao final, nessa perspectiva irônica e, ao mesmo tempo, melancólica, valeria a fórmula gotheniana: "que cada um seja grego à sua maneira": "Será talvez oportuno explorar então alguns pontos da história antiga e moderna deste povo, pequeno e obscuro sim, se o comparamos com tantos outros, porém o maior, e o mais celebrado que pode haver, para um grego nascido e criado nas históricas margens do soberbo Itapucuru"[38].

4 Considerações finais

Tanto na Antiguidade como no Brasil, o que inviabilizava o bom funcionamento do sistema eleitoral era a desproporção entre vícios e virtudes que caracterizava suas populações. Para Lisboa, o processo histórico nacional foi marcado por uma colonização nociva, com "leis confusas, incompletas, contraditórias, opressivas", na qual os funcionários e governadores preenchiam o tempo com "manejos e intrigas políticas e particulares" e cujos cidadãos organizavam-se a partir de "poderes rivais e relutantes, inúteis para a fiscalização e o equilíbrio, admiráveis para os conflitos, os tumultos e as revoltas"[39]. Se tivemos experiências positivas, como a revolta de Beckman, os aspectos nocivos de nossa formação foram muito mais determinantes na configuração de nossa formação política e social. Mesmo as mudanças promovidas após a independência serviram mais para garantir a continuidade daquele sistema do que para promover o surgimento de uma nova sociedade. A implementação de formas políticas representativas, via sistema eleitoral, não podia encontrar as condições de possibilidade para seu pleno funcionamento. Vivendo a experiência de alijamento político, em meio às negociações entre as famílias locais, Lisboa investiu boa parte de sua produção letrada para refletir acerca das razões históricas desse estado de coisas. Ao narrar como os vícios e as virtudes promoveram o equilíbrio ou o desequilíbrio de instituições políticas em diferentes sociedades, intentava aguçar uma forma de raciocínio e ajuizamento sobre a realidade política nacional. Sua escrita da história, portanto, inseria-se como uma forma de reflexão moral, estabelecendo uma série de pontes entre o passado e o presente. Nesse movimento entre as constantes universais de uma natureza humana e as suas configurações históricas, não deixava de visar a formação de uma forma de prudência, alicerçada tanto em uma habilidade de ler a história como também de realizá-la da melhor forma possível:

Timon termina aqui esta pequena galeria, não simplesmente de contemporâneos, senão de personagens verdadeiramente históricas, e já do domínio do passado; e lisonjeia-se de que o estudo destes tipos ou modelos possam os presentes e os vindouros tirar lições proveitosas para as suas relações políticas e para a prática dos negócios em geral[40].

Notas

[1] MOREL, M. *As transformações dos espaços públicos* – Imprensa, atores políticos e sociabilidades na Cidade Imperial (1820-1840). São Paulo: Hucitec, 2005. • BASILE, M. O laboratório da nação: a era regencial (1831-1840). In: GRINBERG, K. & SALLES, R. (orgs.). *O Brasil Imperial*. Vol. II: 1831-1870. Rio de Janeiro: Civilização Brasileira, 2009. • MATOS, I. *O Tempo Saquarema*. São Paulo: Hucitec, 2004.

[2] PALTI, E. *La nación como problema* – Los historiadores y la "cuestión nacional". Buenos Aires: Fondo de Cultura Económica, 2003. • GUIMARÃES, M.S. A disputa pelo passado na cultura histórica oitocentista no Brasil. In: CARVALHO, J.M. (org.). *Nação e cidadania no Império*: novos horizontes. Rio de Janeiro: Civilização Brasileira, 2007.

[3] LEAL, A.H. Notícia acerca da vida e obras de João Francisco Lisboa. In: LISBOA, J.F. *Obras*, Vol. I, São Luís, 1864. • JANOTTI, M.L.M. *João Francisco Lisboa*: jornalista e historiador. São Paulo: Ática, 1977.

[4] JANOTTI, M.L.M. *João Francisco Lisboa*: jornalista e historiador. Op. cit., p. 95.

[5] "As constantes solicitações de emprego eram mediadas pela influência política e, no que diz respeito aos empregos provinciais e municipais, os deputados dispunham de ampla margem para favorecer apadrinhados, maior até mesmo que o próprio presidente da província. Este acabava obrigado a se submeter às relações clientelistas controladas pela elite regional". Cf. DOLHNIKOFF, M. Elites regionais e a construção do Estado nacional. In: JANCSÓ, I. (org.). *Brasil*: formação do Estado e da nação. São Paulo: Hucitec, 2003, p. 456.

[6] LISBOA, J.F. Partidos e eleições no Maranhão. In: *Crônica política do Império*. Rio de Janeiro: Francisco Alves, 1984, p. 195.

[7] Ibid., p. 201.

[8] Ibid., p. 203.

[9] CARVALHO, J.M. Lisboa e Timon: o drama dos liberais do império. In: LISBOA, J.F. *Jornal de Timon*. São Paulo: Cia. das Letras, 1995.

[10] LISBOA, J.F. Vida do Padre Antonio Vieira. In: *Obras*. Vol. IV. São Luís, 1865.

[11] TURIN, R. História da historiografia e memória disciplinar: reflexões sobre um gênero. In: *História da Historiografia*, n. 13, dez./2013. Ouro Preto.

[12] TURIN, R. Uma nobre, útil e difícil empresa: *ethos* do historiador oitocentista. In: *História da Historiografia*, n. 2, mar./2009. Ouro Preto.

[13] ARAUJO, V.L. *A experiência do tempo* – Conceitos e narrativas na formação nacional brasileira (1813-1845). São Paulo: Hucitec, 2008.

[14] LORENZ, C. & BEVERNAGE, B. Negotiating the borders between present, past and future. In: *Breaking up time* – Negotiating the borders between present, past and future. Gottingen: Vandenhoeck & Ruprecht, 2013.

[15] GUIMARÃES, M.S. A disputa pelo passado na cultura histórica oitocentista no Brasil. Op. cit.

[16] JANOTTI, M.L. *João Francisco Lisboa*: jornalista e historiador. Op. cit., p. 153.

[17] LISBOA, J.F. Apontamentos, notícias e observações para servirem à história do Maranhão. In: *Obras*. Vol. II. São Luís, 1865, p. 11.

[18] O parecer pode ser consultado em GUIMARÃES, M.S. *Livro de fontes de historiografia brasileira*. Rio de Janeiro: Eduerj, 2010.

[19] PAYEN, P. A constituição da história como ciência no século XIX e seus modelos antigos: fim de uma ilusão ou futuro de uma herança? *História da Historiografia*, n. 6, mar./2011. Ouro Preto.

[20] GOMES, S.A.R. *Descentralização e pragmatismo*: condições sociais de produção das memórias históricas de Antonio Vieira dos Santos (Morretes e Paranaguá, décadas de 1840-1850). Universidade Federal do Paraná, 2012 [Dissertação de mestrado].

[21] LISBOA, J.F. Apontamentos, notícias e observações para servirem à história do Maranhão. Op. cit., p. 24.

[22] KODAMA, K. *Os índios e o Império do Brasil*: a etnografia do IHGB entre as décadas de 1840 e 1860. São Paulo: Fiocruz/Edusp, 2009.

[23] TURIN, R. *Tessituras do tempo*: discurso etnográfico e historicidade no Brasil oitocentista. Rio de Janeiro: Eduerj, 2013.

[24] VARNHAGEN, F.A. *História geral do Brasil*. Tomo II. Madri, 1854, p. XXVIII. Cf. CEZAR, T. Anciens, modernes et sauvages, et l'écriture de l'histoire au Brésil au XIXe siècle – Le cas de l'origine des Tupis. In: *Anabases*, vol. 8, 2008. Toulouse.

[25] LISBOA, J.F. A escravidão e Varnhagen. In: *Crônica política do Império*. Op. cit., p. 233.

[26] LISBOA, J.F., p. 241. Cf. WEHLING, A. *Estado, história, memória*: Varnhagen e a construção da identidade nacional. Rio de Janeiro: Nova Fronteira, 1999.

[27] LISBOA, J.F. A escravidão e Varnhagen. Op. cit., p. 252-253.

[28] VERÍSSIMO, J. João Lisboa, moralista e político. In: *Estudos de literatura brasileira*. São Paulo: Itatiaia, 1997, p. 112.

[29] CARVALHO, J.M. *Lisboa e Timon*: o drama dos liberais do império. Op. cit., p. 19.

[30] JANOTTI, M.L. *João Francisco Lisboa*: jornalista e historiador. Op. cit, p. 42.

[31] LISBOA, J.F. *A escravidão e Varnhagen*. Op. cit., p. 272.

[32] Lisboa fez largo uso do paralelo, não apenas de forma difusa em seus escritos, como também no "Paralelo das invasões francesa e holandesa" e no "Paralelo entre os costumes dos índios e dos antigos germanos da Europa". In: LISBOA, J.F. *Obras*. Vol. II, op. cit.

[33] LISBOA, J.F. *Obras*. Vol. I, Op. cit., p. 5.

[34] ROCHA, J. Ação, reação, transação. In: JÚNIOR, R.M. (org). *Três panfletários do Segundo Reinado*. Rio de Janeiro: Academia Brasileira de Letras, 2009, p. 159.

[35] LISBOA, J.F. *Obras*. Vol. I, Op. cit., p. 8.

[36] Ibid., p. 64.

[37] Ibid., p. 22.

[38] Ibid., p. 10.

[39] LISBOA, J.F. *Obras*. Vol. III. São Luís, 1865, p. 172.

[40] LISBOA, J.F. Partidos e eleições no Maranhão. Op. cit., p. 104.

Referências

Textos de João Francisco Lisboa

LISBOA, J.F. *Jornal de Timon*. São Paulo: Cia. das Letras, 1995.

_____. *Crônica política do Império*. Rio de Janeiro: Francisco Alves, 1984.

_____. *Obras*. Vol. II. São Luís, 1865.

_____. *Obras*. Vol. III, São Luís, 1865.

_____. *Obras*. Vol. IV, São Luís, 1865.

_____. *Obras*. Vol. I, São Luís, 1864.

Bibliografia geral

ARAUJO, V.L. *A experiência do tempo* – Conceitos e narrativas na formação nacional brasileira (1813-1845). São Paulo: Hucitec, 2008.

BASILE, M. O laboratório da nação: a era regencial (1831-1840). In: GRINBERG, K. & SALLES, R. (orgs.). *O Brasil Imperial*. Vol. II: 1831-1870. Rio de Janeiro: Civilização Brasileira, 2009.

CARVALHO, J.M. Lisboa e Timon: o drama dos liberais do império. In: LISBOA, J.F. *Jornal de Timon*. São Paulo: Cia. das Letras, 1995.

CEZAR, T. Anciens, modernes et sauvages, et l'écriture de l'histoire au Brésil au XIXe siècle – Le cas de l'origine des Tupis. In: *Anabases*, vol. 8, 2008. Toulouse.

DOLHNIKOFF, M. Elites regionais e a construção do Estado nacional. In: JANCSÓ, I. (org.). *Brasil*: formação do Estado e da nação. São Paulo: Hucitec, 2003.

GOMES, S.A.R. *Descentralização e pragmatismo*: condições sociais de produção das memórias históricas de Antonio Vieira dos Santos (Morretes e Paranaguá, décadas de 1840-1850). Universidade Federal do Paraná, 2012 [Dissertação de mestrado].

GUIMARÃES, M.S. *Livro de fontes de historiografia brasileira*. Rio de Janeiro: Eduerj, 2010.

_____. A disputa pelo passado na cultura histórica oitocentista no Brasil. In: CARVALHO, J.M. (org.). *Nação e cidadania no Império*: novos horizontes. Rio de Janeiro: Civilização Brasileira, 2007.

JANOTTI, M.L.M. *João Francisco Lisboa*: jornalista e historiador. São Paulo: Ática, 1977.

KODAMA, K. *Os índios e o Império do Brasil*: a etnografia do IHGB entre as décadas de 1840 e 1860. São Paulo: Fiocruz/Edusp, 2009.

LEAL, A.H. Notícia acerca da vida e obras de João Francisco Lisboa. In: LISBOA, J.F. *Obras*. Vol. I. São Luís, 1864.

LORENZ, C. & BEVERNAGE, B. Negotiating the borders between present, past and future. In: *Breaking up time* – Negotiating the borders between present, past and future. Gottingen: Vandenhoeck & Ruprecht, 2013.

MATOS, I. *O Tempo Saquarema*. São Paulo: Hucitec, 2004.

MOREL, M. *As transformações dos espaços públicos* – Imprensa, atores políticos e sociabilidades na Cidade Imperial (1820-1840). São Paulo: Hucitec, 2005.

PALTI, E. *La nación como problema* – Los historiadores y la "cuestión nacional". Buenos Aires: Fondo de Cultura Económica, 2003.

PAYEN, P. A constituição da história como ciência no século XIX e seus modelos antigos: fim de uma ilusão ou futuro de uma herança? In: *História da Historiografia*, n. 6, mar./2011. Ouro Preto.

ROCHA, J. Ação, reação, transação. In: JÚNIOR, R.M. (org.). *Três panfletários do Segundo Reinado*. Rio de Janeiro: Academia Brasileira de Letras, 2009.

TURIN, R. História da historiografia e memória disciplinar: reflexões sobre um gênero. *História da Historiografia*, n. 13, dez./2013. Ouro Preto.

_____. *Tessituras do tempo*: discurso etnográfico e historicidade no Brasil oitocentista. Rio de Janeiro: Eduerj, 2013.

_____. Uma nobre, útil e difícil empresa: *ethos* do historiador oitocentista. In: *História da Historiografia*, n. 2, mar./2009. Ouro Preto.

VARNHAGEN, F.A. *História geral do Brasil*. Tomo II. Madri, 1854.

VERÍSSIMO, J. João Lisboa, moralista e político. In: *Estudos de literatura brasileira*. São Paulo: Itatiaia, 1997.

WEHLING, A. *Estado, história, memória*: Varnhagen e a construção da identidade nacional. Rio de Janeiro: Nova Fronteira, 1999.

4
Joaquim Nabuco (1849-1910)

*Ricardo Salles**

Um estadista do Império – Nabuco de Araújo: sua vida, suas opiniões, sua época, publicado em três volumes entre 1897 e 1899, como seu subtítulo indica, narra a trajetória, política e intelectual, do senador e conselheiro de Estado José Tomás Nabuco de Araújo (1813-1878), pai do autor, Joaquim Nabuco[1]. A obra é um clássico da literatura política e historiográfica brasileira, e como tal tem sido tratada por intelectuais e políticos que a utilizam como modelo para a ação ou para a reflexão histórico-política.

O livro, no entanto, ao menos nos últimos 30 anos, não é tão utilizado por historiadores acadêmicos enquanto uma referência para a história política do Segundo Reinado. Nesse campo, o autor, Joaquim Nabuco, sobressai mais do que sua obra historiográfica como um personagem político e intelectual, como líder abolicionista da última década do Império, como escritor e intelectual, monarquista e em ostracismo, na conturbada década de 1890, e, finalmente, como intelectual consagrado e diplomata da República consolidada, até sua morte em 1910. Dois fatores contribuem para que o Nabuco personagem histórico tenha maior notoriedade do que sua obra historiográfica. Em primeiro lugar, *Um estadista do Império* é marcado por uma narrativa factual, entrecortada por discursos exemplares proferidos por seus personagens, grandes estadistas do Segundo Reinado, e repleta de aforismos sacados pelo autor sobre a história e a política. Nesse sentido, pode-se dizer que seu estilo segue, em larga medida, o modelo de *Historia magistra vitae*[2], o que o torna um tanto fora dos padrões atuais da literatura histórica. Em segundo lugar, na mesma época em que redigia *Um estadista do Império*, Nabuco trabalhava apontamentos, inicialmente publicados na imprensa, que resultaram na publicação, pouco depois, de sua autobiografia, *Minha formação*, em 1900. Essa obra expõe um modelo e um estilo de pensamento, atuação e autorreflexão intelectuais que exercem, sobre aqueles que se dedicam a pensar nossa história intelectual, muito maior atração que *Um estadista do Império*.

Independente das interpretações que se dê ao Nabuco de *Minha formação* – e são muitas –, todas tendem, de forma mais ou menos explícita, quando se dedicam a essa relação, a ver

---

* Professor da Escola de História da Universidade Federal do Estado do Rio de Janeiro (Unirio).

nesse autorretrato de Nabuco a chave de leitura para *Um estadista do Império*[3]. Sem me contrapor completamente a esse caminho, até porque as duas obras foram redigidas ao mesmo tempo, argumentarei em favor da possibilidade inversa de ver nas reflexões de Nabuco sobre a vida de seu pai e a época do Segundo Reinado, em contraposição à sua própria vida e ao quadro político e social da primeira década republicana, uma chave fecunda de leitura para *Minha formação*. E, mais ainda, uma chave de leitura para a tradição e interpretações do Brasil, dos anos de 1930 a 1950, que informaram a própria produção historiográfica posterior.

Ideia, projeto e realização

A ideia de escrever uma biografia do pai ocorreu a Nabuco logo após seu falecimento, em 1878. Além da admiração e do amor filial que devotava à figura paterna, o papel do senador merecia destaque na vida política da nação, apesar de nunca ter galgado o posto de presidente do Conselho de Ministros. Mesmo assim, Nabuco de Araújo ocupara pastas ministeriais em alguns desses conselhos e, a partir da década de 1860, ganhara maior notoriedade. A ideia, entretanto, adormeceu diante de sua eleição como deputado no mesmo ano e seu engajamento subsequente com a campanha abolicionista. Mesmo não tendo sido reeleito, seu engajamento na campanha abolicionista permaneceu. Todas suas energias, atividades e escritos, até a vitória da Abolição, em 1888, continuaram voltados para a causa. Mesmo assim, ainda que a ideia não tenha ido adiante, no começo de 1884, voltou a pensar na realização da biografia do pai. Em 13 de março, anotou em seu diário: "Livros em branco: biográfico (meu pai); autobiográfico"[4]. Trata-se de uma passagem instigante. Dez anos antes de ter, de fato, trabalhado concomitantemente na biografia do pai e no material que resultaria na publicação de sua autobiografia de 1900, Nabuco já interligava, ao menos em uma página de seu diário, esses "projetos". E aqui já é possível falar em "projetos", uma vez que duas ideias fortes, a biografia do pai e sua própria autobiografia, aparecem lado a lado, pensados como empreendimentos literários na forma de livros. As aspas ficam por conta do fato de que esses "projetos", na ocasião, não foram adiante. Mas não deixa de ser importante notar que o par biografia paterna/autobiografia já existia no espírito de Nabuco em 1883.

As obras que poderiam ter vindo à luz na década de 1880 certamente seriam distintas daquelas que foram publicadas posteriormente. Quanto à sua autobiografia, isso é evidente. Ficariam de fora de sua história, não apenas como acontecimentos a serem narrados, mas como carga psicológica do vivido, os anos de ouro da campanha abolicionista, a Abolição, a Proclamação da República e a guerra civil da Revolução Federalista e da Revolta da Armada. Ficariam de fora ainda a interrupção de sua carreira política, a militância intelectual de "monarquista platônico" dos anos de 1890, sua projeção intelectual, expressa no papel de destaque que teve na fundação da Academia Brasileira de Letras, em 1897, seu casamento, o nascimento dos filhos, sua reconversão ao catolicismo[5].

Diferente seria também a biografia paterna, ainda que não pelos fatos e pelo material bruto dos documentos que seriam tratados, que já estavam dados. A começar pelo título, qual sentido faria a designação um tanto redundante de *um estadista do Império* com a monarquia ainda em vigor? As próprias noções de estadista e de monarquia (império), centrais na composição narrativa de *Um estadista do Império*, referindo-se uma época histórica passada e clássica, não poderiam ter sido articuladas como tais sem os acontecimentos que se sucederam na década de 1890, acima arrolados, e sem considerar o impacto que produziram na mente de Joaquim Nabuco[6].

O Nabuco que retomou e se lançou na realização do projeto de escrever a biografia paterna não apenas era um homem mais velho, mas era um homem derrotado. Os primeiros quatro anos do regime republicano, marcados pelos golpes de Estado – da própria Proclamação e da tentativa de Deodoro de manietar o Congresso –, por revoltas militares, pela guerra civil da Revolução Federalista e a Revolta da Armada, pelo estado de sítio e pelas perseguições aos opositores do regime, especialmente os monarquistas, ativos ou "platônicos", como ele, interromperam, abruptamente, sua trajetória política ascendente. O casamento com Evelina Torres Soares Ribeiro, de tradicional família de proprietários rurais de Maricá, no Rio de Janeiro, em 1889, e sua reconversão ao catolicismo, se foram bálsamos que aliviavam a dor, estavam longe de curar a ferida[7]. Sua situação financeira também não ia bem. A viagem a Londres, cidade que mais o atraía e na qual mais se sentia à vontade na Europa, com o intuito de se estabelecer definitivamente lá, era uma tentativa de iniciar uma nova vida profissional. Além de se distanciar da situação de perseguição e desesperança com o presente republicano do país. Em fevereiro do ano anterior, anotou em seu diário:

> "Nós estamos atravessando uma crise", diz-se no Brasil. Engano! Estamos no redemoinho republicano da América. Somos um cadáver girando no sorvedouro da anarquia. Em tal estado devemos abandonar a sociedade ao seu destino, ou fundar uma nova pátria no estrangeiro, os que têm filhos? Se nada pode salvar a nação, é preciso lutar para elevar socialmente a minoria, a parte moral da sociedade[8].

Nessa passagem, depois da República, que ele já via, nesse momento, como um destino inevitável e, ao menos no curto prazo, sombrio, para o Brasil, percebemos o estado de espírito que presidirá a realização de *Um estadista do Império*. Cabia preservar, diante da situação de decadência republicana do presente, uma minoria moral a que estaria reduzida a civilização construída ao longo período monárquico. Adiante, a anotação do diário prosseguia:

> Temos pois que ficar brasileiros, vendo o Brasil tornar-se uma Venezuela, um México, uma Argentina, um Chile; propriedade do déspota do dia [...]. Mas por isso mesmo que foi nosso destino nascer nesse período, nos séculos futuros a América Latina há de ser civilizada ou não ser latina; o nosso dever consiste em manter na minoria o nível moral superior ao político, dissociar o desenvolvimento moral da incurável estagnação política (a estagnação na voragem)[9].

É possível perceber aqui uma concepção que Marco Antonio Pamplona designou como "arielismo", a partir do ensaio do escritor uruguaio José Enrique Rodó, *Ariel*, publicado em 1900, comum a outros representantes das elites intelectuais latino-americanas, inclusive Nabuco. De acordo com Pamplona, nesse momento o ideário liberal deixara de cumprir qualquer função de desmonte das antigas estruturas coloniais e passara a cumprir uma função de unificação das elites conservadoras e adaptação da ordem e das hierarquias sociais às mudanças que se davam na sociedade. Isso teria levado ao desenvolvimento de uma certa "aristocracia do espírito", dotada de idealismo e escrutínio individual, baseados nas capacidades morais, intelectuais e espirituais sempre aprimoradas, característicos da cultura latina em oposição à cultura norte-americana que exercia, cada vez mais, um certo fascínio sobre as sociedades latino-americanas. Tal deveria ser o guia de conduta pessoal e política adequado à realidade de nosso subcontinente. O progresso material norte-americano e sua contrapartida democrática eram vistos com desconfiança, principalmente se irrefletidamente trasladados para a realidade social latino-americana, marcada pela ausência generalizada da boa educação, o que resultava em que estes ideais democráticos trouxessem mais prejuízos do que benefícios para a sociedade. Somente um longo processo de educação que transformasse a realidade social permitiria que os ideais democráticos pudessem ter completo trânsito na realidade latino-americana[10].

Tal estado de espírito só se agudizou conforme a situação política se deteriorava. Em outubro de 1893, com a eclosão da Revolta da Armada na Baía de Guanabara e o prosseguimento da Revolução Federalista no Sul, que já vinha desde fevereiro daquele ano, já de volta ao país, diante de seu insucesso profissional em Londres, escreveu no diário: "Tudo isso fadiga, aborrece, desprende o homem do seu país. Cada vez me convenço mais de que a civilização no Brasil acabou com a monarquia"[11]. Em 29 do mesmo mês, considerava a opção de fuga diante da possibilidade iminente de prisão pelo governo de Floriano Peixoto. Recusou, temendo que o fato viesse a comprometer a sorte de sua família[12].

No dia seguinte, assinalou, pela primeira vez no diário, que estava empenhado em catalogar o arquivo do pai[13]. As anotações de catalogação do arquivo prosseguem sendo registradas no diário. Então, 23 de dezembro, uma única anotação: "Vida de meu pai. Discurso de 1853 e o seu quadro"[14]. O discurso é o famoso "Ponte de Ouro", proferido por seu pai em 5 de julho de 1853, que pregava a conciliação política entre conservadores, então no poder e em cujas fileiras militava Nabuco de Araújo, e liberais em nome do que hoje poderíamos chamar de governabilidade e dos interesses maiores da monarquia e do Império, antecipava a formação do ministério de 6 de setembro daquele ano, conhecido como "ministério da conciliação", que é o ponto alto da narrativa[15]. O trabalho de elaboração do livro prosseguiu nos anos seguintes em meio a uma intensa atividade na imprensa, onde publicava artigos defendendo a monarquia e denunciando a forte repressão levada a cabo pelo governo de Floriano Peixoto. Entre abril e julho de 1896 publicou uma série de artigos autobiográficos em *O Commercio de São Paulo*, que seriam republicados mais tarde na *Revista Brazileira*, de

1898 e 1899, e, finalmente, sairiam com o livro *Minha formação*, de 1900. Em maio de 1897, assinou o "contrato com a Casa Garnier para a publicação da *Vida de meu pai*", entregando, no mesmo dia, o primeiro volume[16]. Em junho recomeçou o trabalho no segundo volume, concluído em outubro[17]. O terceiro volume viria à luz em 1899.

Na política, ao longo de 1895 e no começo de 1896, Nabuco desenvolveu intensa atividade intelectual através de uma série de artigos na imprensa e pela redação de um manifesto monarquista. No entanto, cada vez mais, Nabuco afastava-se das principais lideranças políticas do movimento, que via como puros restauracionistas, o que considerava impossível, ou indesejável. Em 22 de março de 1896 tomava a decisão de afastar-se da política. "Não posso associar-me. Não tenho com quem"[18]. A decisão, como logo ficaria claro, era uma decisão de afastar-se da política monarquista militante. O movimento de Nabuco, incluindo sua atividade literária, que ganhava destaque em relação à política, preparava sua volta à "alta política" – expressão utilizada por seu pai na defesa da reforma que resultaria na lei de 28 de setembro de 1871, a famosa Lei do "Ventre Livre". E isso poderia ser feito mesmo na República, em nome da nação.

Resumindo a sequência de acontecimentos, temos: 1893, início do trabalho na história da vida do pai e de sua época; 1893-1895, auge da guerra civil e das perseguições políticas, período vivido por Nabuco como de desesperança na sorte da civilização no país; início de 1896, militância intelectual em defesa da monarquia e desavenças com as lideranças políticas do movimento; março de 1896, decisão de afastar-se da política; abril-julho de 1896, artigos autobiográficos que viriam a se tornar o núcleo de *Minha formação*; 1897, recomeço do trabalho nos volumes 2 e 3 da vida do pai; 1898-1899, publicação de *Um estadista do Império*; 1899, volta à "alta política" na diplomacia republicana.

O enredo de *Um estadista do Império*

Um estadista do Império está dividido em oito livros que narram uma história linear, na maior parte das vezes de natureza parlamentar, marcada pela sucessão de gabinetes e pelos grandes acontecimentos da história do Segundo Reinado. Os títulos dos oito livros deixam isso claro: Livro 1, *Até o Ministério Paraná (1813-1853)*; Livro 2, *O Ministério Paraná (1853-1857)*; Livro 3, *Os Gabinetes Financeiros (1857-1861)*, *A Liga (1861-1864)*, *Primeiros Gabinetes Progressistas (1864-1865)*; Livro 4, *O Gabinete Olinda (1865-1866)*; Livro 5, *Queda dos Progressistas (1866-1868)*, *Começo da Situação Conservadora (1868-1872)*; Livro 6, *Problemas de Após Guerra, Retraimento Gradual de Nabuco (1872-1877)*; Livro 7, *Nabuco Jurisconsulto*; Livro 8, *Conclusão*. Com exceção dos dois últimos Livros, que tratam de temas gerais, uma apreciação da contribuição de Nabuco de Araújo como jurisconsulto e a conclusão da obra, os demais estão balizados cronologicamente pela vida do biografado, delimitados por datas que se iniciam com o nascimento de Nabuco de Araújo, em 1813, e sua morte, em 1877.

Entretanto, apenas o Livro 6 traz uma referência explícita ao personagem central, seu retraimento, e não contém em seu título qualquer marco da história parlamentar. Os demais dizem respeito à sucessão de gabinetes do Segundo Reinado, às questões mais importantes consideradas em pauta nesta política parlamentar e à alternância dos dois grandes partidos imperiais no governo. Igualmente, os capítulos são, em sua grande maioria, intitulados a partir dos sucessivos gabinetes imperiais.

Os temas centrais de *Um estadista do Império* são a revolução, a conciliação e arte do bom governo, exercitada por uma minoria de estadistas que, sob a liderança de D. Pedro II, foram capazes de edificar a nação, apesar das condições adversas em que atuaram. Trata-se de uma história modelar da vida de seu pai e de sua época histórica em que sobressaem a estabilidade e a paz políticas no Império, obtidas através do regime parlamentar monárquico. A monarquia fora responsável pela unidade nacional do país, superando os mais graves problemas que a nação herdara do tempo colonial, resolvendo a questão da escravidão, construindo a unidade territorial e um regime político estável e tão livre quanto possível nas circunstâncias brasileiras. Nessa história do funcionamento do regime monárquico parlamentar, a sucessão dos gabinetes é entrecortada por capítulos com referências às diferentes sessões da Câmara, do Senado e do Conselho de Estado. Determinados episódios com os quais os estadistas, o imperador, os gabinetes tiveram que se deparar são ressaltados: a Revolução Praieira, a extinção do tráfico internacional de escravos africanos, a Guerra do Paraguai, os projetos, discussões e aprovação da Lei do Ventre Livre, os conflitos diplomáticos com a Argentina, que se seguiram ao término da Guerra do Paraguai, e a questão religiosa, estes dois últimos já na fase final e de crescente reclusão da vida do Senador Nabuco de Araújo[19].

A política retratada em *Um estadista do Império* é a da arte do bom governo dos homens e das circunstâncias. Essa arte que requeria o conhecimento da natureza humana, de suas paixões, fraquezas, vícios, virtudes, no conhecimento prático das circunstâncias em que ela é exercida, e não em teorias e sistemas abstratos. Seu objetivo era o progresso com equilíbrio, a liberdade com ordem. Nesse sentido, a narrativa é pontuada de discursos, peças de oratória dos grandes estadistas, de onde se podem extrair suas ideias sobre os temas que requeriam sua atenção, mas também suas lições e máximas para a posteridade. Os temas tratados nesses momentos são os clássicos da política: tirania e liberdade; ditadura e democracia; reforma e ordem; liberalismo e conservadorismo; intransigência e conciliação; tirocínio, capacidade de antecipação e estreiteza de horizontes. Os exemplos para a política não se restringem aos discursos dos personagens. Os fatos narrados são, a todo momento, pretextos para a introdução de máximas e aforismos no texto.

A revolução

Quando Joaquim Nabuco começou a escrever o livro, em fins de 1893, em sua avaliação, a revolução e caos republicano, representados pela guerra civil, ameaçavam não só sua existência, mas também a própria unidade nacional. Não por acaso, é o tema da revolução, como ameaça e fenômeno político inevitável, principalmente em solo americano, que abre a narrativa de *Um estadista do Império*. As revoluções do período regencial haviam ameaçado a unidade nacional. Somente a reafirmação do regime monárquico salvara a nação. É já clássica a citação, que vem logo no início do livro e que marcaria profundamente a historiografia subsequente do Império:

> Se a maioridade não resguardasse a nação como um parapeito, ela ter-se-ia despenhado no abismo. A unidade nacional, que se rasgara em 1835 pela ponta do Rio Grande do Sul, ter-se-ia feito em pedaços. [...] Já nesse tempo se falava em completarmos a uniformidade política da América, em extirpar "a planta exótica"[20].

A grande experiência de revolução analisada em *Um estadista do Império* é a Praieira de Pernambuco, em 1848. Na avaliação de Nabuco, se ela prosseguisse, teria sido republicana e separatista[21]. Os movimentos democráticos, particularmente fortes naquela província, eram presa de uma "mistura de impulsos democráticos e de instintos palacianos tão comuns em nossa raça"[22]. Seja como for, as revoluções geravam invariavelmente uma tragédia, principalmente para os liberais, ou ao menos para os liberais que, naquela altura, eram combatidos por seu pai, então nas hostes conservadoras. "A fatalidade das revoluções é que sem os exaltados não é possível fazê-las, e com eles é impossível governar"[23].

O impulso democrático e revolucionário iria acender-se novamente a partir da crise de 1868. Desta vez com consequências nefastas e inevitáveis que conduziram o país, e não apenas para os liberais, no "rumo da anarquia"[24], que culminaria no 15 de novembro de 1889 e no caos que lhe seguira. Era o fim de uma era em que a ação dos grandes estadistas havia sido capaz de exercer a arte do bom governo, mesmo nas condições adversas do novo continente, que, por fim, pareciam ter finalmente se imposto.

O bom governo

A derrota da Praia em 1848, no lugar de abrir um período de ódio dos vencidos, criara as condições para que o jogo político imperial se estabilizasse. Ali se iniciava a "Grande Era Brasileira", que se consolidaria com a conciliação de 1853.

A trajetória individual de Nabuco de Araújo ilustrava perfeitamente os impasses e os aperfeiçoamentos, dependentes em larga medida da atuação dos grandes estadistas, do regime parlamentar monárquico. O regime e o homem haviam se formado num mesmo processo histórico.

Após a maioridade, os partidos começam a fixar-se, "as considerações locais e pessoais" perdiam importância "[...] era preciso que cada partido se justificasse perante o país no Parlamento, se recomendasse à coroa no governo; tudo isso importava a valorização das aptidões políticas incontestáveis, das capacidades reconhecidas por todo o Império"[25].

Abria-se o espaço para a atuação dos grandes estadistas. Aos poucos, iriam se desenhando as qualidades do regime parlamentar do Segundo Reinado. As qualidades de estadista de Nabuco de Araújo haviam se forjando neste ambiente.

> As qualidades do político estavam já bem definidas no jovem orador: a sagacidade, a penetração, o desprendimento de questões e interesses pessoais, a apresentação de pontos de vista novos e mais elevados, de distinções que parecem meticulosas, mas que depois se reconhecem reais, e que ficam incorporadas à linguagem e ao sistema político: já então ele contribui para o aperfeiçoamento do sistema parlamentar, introduz no mecanismo constitucional molas novas, ideias que transformam[26].

O regime parlamentar, apropriado para a sociedade brasileira, imatura e incapaz do *self-government*, aos poucos se formava pela ação dos homens das diferentes gerações, particularmente de Nabuco de Araújo. A incapacidade para o *self-government* do povo brasileiro é uma fórmula utilizada por Nabuco na conclusão de *Um estadista do Império* para descrever a impossibilidade dos partidos no país, a exemplo dos partidos ingleses, basearem-se em correntes de opinião que emanassem da sociedade. A fórmula já havia sido utilizada pelo Visconde do Uruguai em seu *Ensaio* sobre o *direito administrativo*, de 1862, para justificar a tutela centralizadora exercida pelo governo imperial sobre a sociedade. Tal tutela, emanada de uma administração centralizada, seria necessária para assegurar a estabilidade do regime parlamentar e as liberdades civis em uma sociedade em que a tradição de autogoverno local não estava presente, ao contrário do que havia acontecido na Inglaterra e nos Estados Unidos. Esta centralização seria mesmo a condição de se ir introduzindo aos poucos os elementos do *self-government* na vida local brasileira. Nabuco conhecia o *Ensaio*, que é citado já no primeiro volume de *Um estadista do Império*[27]. A razão dessa incapacidade, durante a campanha abolicionista, Nabuco a buscara na escravidão e, portanto, passível de reforma, agora aparecia quase como uma condição atávica da nação. O desfecho da Abolição precipitara o fim do regime monárquico e não seu aperfeiçoamento. Esse regime que, ainda nas vésperas do 15 de novembro, não chegara "à perfeita maturidade"[28], dependia desta ação dos grandes estadistas, em especial da figura do imperador.

A geração de Nabuco, diferentemente daquela de seu pai, fora incapaz de realizar a reforma dentro da ordem. Essa era a sua tragédia pessoal e também a tragédia da nação.

Prosseguindo no enredo de *Um estadista do Império*, a situação conservadora, de 1848 a 1853, fora responsável por um dos momentos máximos de progresso e força do Segundo Reinado: dera início à grande reforma da sociedade brasileira com a abolição efetiva do tráfico internacional de escravos; resolvera finalmente as questões com Rosas na Argentina, resultando na queda do caudilho; surgiram as primeiras estradas de ferro e a navegação a vapor no Amazonas; inaugurara a iluminação a gás na corte; estabilizara as finanças.

A conciliação

Não obstante estas realizações, o grande ministério do reinado seria o que se seguiu, sob a chefia do visconde, logo marquês, do Paraná (1853-1856). Em 6 de setembro de 1853, um novo ministério era organizado por Paraná. Seria este Ministério, que duraria até 1857 e do qual Nabuco de Araújo fazia parte na pasta da Justiça, que realizaria a política de conciliação. Sua principal obra seria

> [...] antes moral do que material, o traço predominante de sua política é a conciliação, o congraçamento, o arrefecimento das paixões que produziam as guerras civis; a sua ambição é fazer uma eleição livre, na ordem administrativa firmar o princípio do direito em todas as relações sociais [...][29].

Com efeito, era intento de Paraná "[...] fazer uma eleição livre, submeter a conciliação ao voto do país e demonstrar praticamente as vantagens dessa política pelos seus resultados, isto é, pela reunião em 1857 de uma câmara em que todos reconhecessem a livre-escolha do eleitorado"[30].

Em contraste com o anterior, sua obra foi política, a conciliação. Sua importância, na percepção de Nabuco, pode ser aquilatada pelo espaço que ocupa em *Um estadista do Império*, todo o Livro 2 lhe é dedicado. A conciliação comandada por Paraná agrupara, sob a direção dos primeiros, conservadores e liberais de vistas largas e que almejavam o aperfeiçoamento do sistema. Esta obra, da qual Nabuco de Araújo fora um dos artífices, é um dos momentos de ápice da história política narrada em *Um estadista do Império*.

Nesse período, de predomínio da transação, para usar a fórmula de Justiniano da Rocha em *Ação, reação, transação* e que Nabuco considerava a chave para a compreensão do Império[31], passam para primeiro plano alguns dos grandes estadistas do Segundo Reinado: o próprio Paraná, prematuramente falecido, Eusébio de Queirós, Caxias, Paranhos, Furtado, São Vicente e Nabuco de Araújo. A conciliação consistia em uma política, sob direção conservadora, que apostava na diminuição, se não na dissolução, das diferenças e oposições partidárias em nome do aperfeiçoamento de um sistema parlamentar, que, contudo, não contava com partidos efetivamente representativos de ideias e forças sociais de natureza distinta; sendo esta ausência de verdadeiros partidos o principal desafio que se colocava para o imperador e os grandes estadistas do Segundo Reinado no sentido da manutenção de um regime parlamentar estável.

Nabuco de Araújo estivera presente na formação do Gabinete da Conciliação. Em 1853, debelada a Revolução Praieira, derrotado Rosas e extinto o tráfico internacional de escravos, todo um período de turbulência interna e de conflitos externos, no Rio da Prata e com a Inglaterra, parecia uma página virada na história do Império. A situação conservadora, marcada ainda pelo embate com a Praia, permanecia aferrada ao poder e predisposta a tratar a ferro e fogo a oposição liberal. Uma nova geração de políticos, que despontara em 1840, uma geração tipicamente do Segundo Reinado[32], contudo, ocupava maior espaço na Câmara em contraposição aos políticos, cuja experiência se desenvolvera largamente durante o Primeiro Reinado ou durante o período regencial. Essa nova geração, é certo, contava em suas fileiras com políticos que haviam participado ativamente do epílogo praieiro dos tempos de instabilidade política, sendo Nabuco de Araújo e Honório Hermeto Carneiro Leão dois exemplos expressivos nesse sentido. Entretanto, sua percepção era a de que se abria um novo momento na história política do país. As antigas paixões já não faziam sentido. As antigas oposições, de alguma maneira ainda cristalizadas no governo e na atitude de algumas lideranças conservadoras, já não contribuíam para a estabilidade política e o aperfeiçoamento do regime; não condiziam com o apaziguamento efetivo dos ânimos, com o momento de triunfo no Prata, esvaziamento relativo das tensões com a Inglaterra e com a conjuntura favorável à expansão econômica[33].

Em uma postura que Joaquim Nabuco repetidamente valorizaria como qualidade política essencial no pai e nos grandes estadistas, Nabuco de Araújo, deputado conservador por Pernambuco, tomava uma atitude independente em relação ao governo. As fórmulas políticas deveriam ser sacrificadas em nome das questões de fundo[34]. E essas questões de fundo eram de duas ordens. Em primeiro lugar, uma questão de princípio segundo a qual a política deveria estar sempre a serviço de uma noção mais ampla, definida e ética de justiça. A política existia para realizar a justiça, para garantir o direito e o cumprimento das leis que exprimiam esta justiça e direito. A justiça e o direito, por sua vez, não podiam ser entendidos em sua abstração, mas em sua substância histórica, isto é, em constante diálogo, sempre em posição de prioridade, com as condições reais da sociedade. Desta forma, a política seria sempre a política de governo, da autoridade, ainda que regida por um parâmetro ético. Em segundo lugar, e como decorrência desta noção de justiça, a outra questão de fundo era a de que a política devia buscar a condução, o diálogo e não a imposição. De acordo com Joaquim Nabuco, para seu pai, "o princípio da autoridade não pode viver somente de força material"[35].

Embasado nesta postura e percebendo as exigências de conciliação dos espíritos que a nova situação abrira como melhor opção para assegurar a estabilidade política da monarquia, após a pacificação dos ânimos em Pernambuco, Nabuco de Araújo deslocou-se para a oposição ao ministério, que permanecia numa posição de intransigência e exclusivismo conservador. Em 6 de julho ele pronunciava talvez o que seu filho tenha considerado seu melhor discurso parlamentar, conhecido como a Ponte de Ouro, cujo teor tem destaque em *Um estadista do Império* como uma espécie de símbolo da política de conciliação que viria ser conduzida no gabinete seguinte por Paraná.

O discurso dizia respeito à situação específica de Pernambuco, mas o alvo era o Ministério conservador. A política do Ministério em Pernambuco desagradava à bancada conservadora daquela província, que se sentia desprestigiada. Nabuco de Araújo colocava-se numa posição especial, até certo ponto equidistante do Ministério, a quem continuava declinando lealdade, dos conservadores de sua província e dos liberais. Sua mensagem era a de que os novos tempos exigiam uma política fundada numa magistratura e eleições mais livres e independentes e num governo que também se afastasse dos interesses particulares do grupo no poder. Um governo que promovesse uma conciliação sem diluição do papel dos partidos. Neste momento, este governo deveria ser conservador. Ele justificava a conciliação como política de governo e não como diluição das identidades partidárias porque, neste caso, dizia que

> [...] postas em comum as ideias conservadoras e as exageradas, estas hão de absorver aquelas; [...] as ideias exageradas têm por si o entusiasmo, as ideias conservadoras somente a reflexão; o entusiasmo é do maior número, a reflexão é de poucos; aquelas seduzem e coagem, estas somente convencem[36].

A conciliação entre os partidos dar-se-ia pelo ódio e às expensas da ordem pública e do princípio da autoridade. E se algum tipo de tendência à conciliação estava presente nos espíritos, o governo "[...] não se deve deixar surpreender e dirigir pelos acontecimentos, mas deve ir à frente deles e dirigi-los"[37]. Nesta situação, a conciliação dirigida pelo governo aparecia como um corolário de uma

> [...] política conservadora (que) não é um sentimento que tenha somente o alcance da ocasião e que deve desaparecer com a crise que o motivou. [...] A política conservadora parece-me que é um princípio, princípio complexo que supõe outros princípios e os compromissos a que estamos obrigados aos olhos do país; não é só um princípio do presente, mas é também do futuro; não se refere somente à defesa, mas também à reorganização [...]

O conservadorismo era mais que uma atitude defensiva; era uma direção. Seu agente social, mais do que qualquer dos partidos, deveria ser o Estado. Entretanto, esta apreciação não significava a adesão do senador a uma política de truculência estatal. A manutenção da ordem não deveria ser somente uma preocupação imediata e fruto do uso da força.

> Não basta que a ordem pública esteja restabelecida materialmente, é preciso que desapareça o receio de que ela alguma vez seja comprometida. Não basta que as instituições estejam salvas do perigo que correram, é preciso que sejam desenvolvidas pelas leis essenciais à sua existência, e firmadas pela reforma daquelas que lhe são prejudiciais e incongruentes.

Concluía analisando a situação do país e estabelecendo uma curiosa distinção entre segurança e seguridade: "Senhores, há segurança no país, todavia não vejo seguridade, e segurança e seguridade não são a mesma coisa; a segurança é relativamente à atualidade, é material; a seguridade é do futuro, é moral, é a ausência de receios"[38].

Apesar da morte prematura de Paraná, em setembro de 1856, inviabilizando a continuidade do Ministério, as eleições que se seguiram foram as mais livres até então, ainda que não tivessem alcançado o resultado planejado. De acordo com Nabuco, contudo, somente em 1881, com as eleições comandadas por Saraiva, resultado semelhante, até mesmo superior, seria novamente alcançado[39]. O Ministério teria, assim, realizado, mesmo que não completamente, a política fundada na independência da magistratura e em eleições mais livres, que fora apregoada por Nabuco de Araújo. Seria desejo de Paraná realizar o aperfeiçoamento institucional do regime, aquele que permitisse a ampliação de sua seguridade e não apenas de sua segurança, para usar a fórmula de Nabuco de Araújo. Este objetivo, o do constante aperfeiçoamento do sistema representativo, por ele identificado com a monarquia, seria, segundo Nabuco quando analisa a política monárquica de seu pai, na conclusão de *Um estadista*, a busca de toda sua vida. Para ele, a tarefa era delicada e implicava exatamente conduzir as reformas necessárias sem comprometer o edifício frágil do governo, que seria uma "torre altíssima e desconjuntada sobre o mais flutuante dos solos". Para o senador, e para seu filho também, em nosso país o governo era tudo, e o espírito de partido obliterava a sanção moral na sociedade e a responsabilidade era ilusória. Este fato colocava o Brasil "[...] sobre um vulcão e erram os homens de Estado que, em vez de dirigirem o progresso, querem resistir-lhe com ideias obsoletas e sem significação nesta época", escrevia Nabuco de Araújo em 1859 a seu amigo Boa Vista. Esta percepção profunda e o fato de que cada vez menos via no Partido Conservador capacidade, energia e tirocínio para realizá-la vão, aos poucos, afastá-lo de seu núcleo dirigente e levá-lo a uma posição de crescente independência[40].

No momento, contudo, o fato era que, devido à morte de Paraná e a condições que independiam da vontade dos homens, a conciliação proposta pelo Ministério restara inconclusa. No entanto, a conciliação enquanto tema e meta última da política dos grandes estadistas é o ponto central da narrativa histórica de *Um estadista do Império*. Ela é a chave para pensar a grande obra do Segundo Reinado: liberdade em um país incapaz do *self-government*, ao mesmo tempo em que era garantida a manutenção da ordem sem crises ou ameaças de tirania e arruaças; condução de reformas que aperfeiçoassem, dentro da ordem, a sociedade e a política; e esta entendida como atividade de uma elite de grandes estadistas. Sua tarefa era assegurar a estabilidade do regime parlamentar num país em que não estavam dadas as mesmas condições sociais que haviam permitido o sucesso do regime parlamentar inglês, modelo tanto para Nabuco como para seu pai. Guardadas determinadas peculiaridades, os estadistas, sob a liderança de D. Pedro II, haviam assegurado um regime parlamentar no Segundo Reinado comparável aos similares europeus. Na conclusão de *Um estadista*, quando faz um apanhado geral do Segundo Reinado, assim comentava Nabuco o papel dos estadistas ministros.

> Eles não eram assim ministros do rei, criaturas do Paço; eram ministros do Parlamento, como os da França no reinado de Luís Felipe, e não como os da Inglaterra no reinado de Vitória. O imperador podia despedi-los, como o eleitorado despede os partidos no Reino Unido, mas, salvo essa diferença, de não haver um poder eleitoral capaz de sustentar os seus representantes no caso de apelo ao país, o mandato ministerial era o mesmo[41].

Aqui, pela impossibilidade de existirem verdadeiras eleições livres, os ministros dependiam mais da vontade do imperador do que dos resultados eleitorais, invariavelmente manipulados pelos governos. "Não era culpa do imperador a falta de eleições livres." A culpa era dos partidos[42]. Estes, por sua vez, refletiam a realidade social em que prevaleciam os interesses menores, o localismo. As eleições livres e diretas eram uma impossibilidade nas condições da sociedade brasileira.

A Guerra do Paraguai e a reforma do Ventre Livre

A conciliação realizada pelo Ministério Paraná, e para seguir o desenrolar linear da história de *Um estadista do Império*, mesmo incompleta, dotara o regime parlamentar de estabilidade. Esta estabilidade seria suficiente para o Império enfrentar seu próximo desafio, o da Guerra do Paraguai. Esta se constitui em outro grande assunto do livro, ao qual estão dedicados o final do Livro 3, o Livro 4 e grande parte do Livro 5. A guerra aparece como um grande teste para o governo imperial e seus estadistas em um duplo sentido. Em primeiro lugar por sua magnitude e dificuldades extremas que apresentou enquanto conflito de grandes proporções. Mais ainda, a vitória final do Império e sua atitude em relação ao vencido Paraguai, de acordo com a perspectiva de Nabuco, mostraram o altruísmo e o desinteresse da política externa imperial na América do Sul. Esta seria mais um índice do grau alcançado de civilização política monárquica em contraposição à barbárie republicana preponderante no restante do subcontinente.

Em segundo lugar, a irrupção inesperada da guerra postergou, mas não inviabilizou, a continuidade do desmonte do edifício escravista que o regime promovia desde a abolição efetiva do tráfico internacional de escravos. A guerra interrompeu o processo de discussão no Conselho de Estado e da implementação do que viria a ser o segundo grande golpe contra o cativeiro no Brasil: a Lei do Ventre Livre.

As discussões travadas sobre o assunto no Conselho de Estado e retratadas por Nabuco são um exemplo primoroso da posição de seu pai e de sua política de antecipação e condução das reformas que se mostravam inadiáveis e necessárias para a manutenção da ordem e do equilíbrio do regime parlamentar. Já então membro do Conselho de Estado e desgarrado das fileiras conservadoras, a figura de Nabuco de Araújo aparece, de acordo com seu filho, como o grande estadista que via como inevitável, principalmente diante do quadro internacional desfavorável provocado pela Guerra do Paraguai e pela derrota dos estados confederados escravistas na guerra civil americana, a necessidade de resolver, dentro da ordem, paulatinamente e sem grandes abalos, a questão servil. Na ocasião, sua posição preconizando a reforma enfrentava a oposição intransigente de Olinda, frontalmente oposto a qualquer iniciativa que abalasse a escravidão, e de Rio Branco, que não via motivos para tratar do assunto e temia as consequências da abertura de um debate sobre a questão. Nabuco de Araújo era favorável a uma política que obedecesse à orientação de antecipação e condução de reformas. "Impedir a torrente é impossível; dirigi-la para que não se torne fatal é de alta política." As posições de Nabuco de Araújo terminaram por preponderar e, pouco depois de terminadas as hostilidades, o próprio Visconde do Rio Branco conduziria a reforma.

A guerra resultou finalmente no episódio que desencadearia a lenta crise da monarquia e de seu sistema representativo. Em meados de 1868, o conflito encontrava-se num impasse. Os aliados, já então contando com mais de 2/3 de tropas brasileiras em suas fileiras, ainda não haviam derrotado os paraguaios e tampouco conseguido tomar a Fortaleza de Humaitá, diante da qual estavam detidos por mais de dois anos. Em fins de 1866, em face ao impasse militar, Caxias, veterano general e político conservador, fora chamado para comandar as forças brasileiras pelo Ministério liberal de Zacarias de Góes. Até o começo de 1868, as relações entre o general conservador e o Ministério mantiveram-se em termos aceitáveis. No início de fevereiro, argumentando que estava sendo injustamente atacado por jornais ligados ao Ministério, Caxias pediu demissão. Zacarias, em nome do esforço de guerra, colocou também seu cargo à disposição. A questão foi para debate no Conselho de Estado. Inicialmente, o Conselho buscou a contemporização; depois, em face da insistência do imperador em recolocar a questão como marcada por opções excludentes, optou pela escolha do general (segundo Nabuco, fortemente influenciado pelo voto de seu pai, favorável à permanência do general). Entretanto, o impasse permaneceu aberto, contudo com o Ministério em posição cada vez mais fraca. Em 16 de julho, Zacarias não aceitou a escolha pelo imperador de Sales Torres para o Senado, e foi demitido. Para compor o novo Ministério, contrariando a tradição, foram chamados os conservadores, minoritários na Câmara. Estava aberta a crise. Esta era semelhante à de 1842, quando fato similar havia acontecido, mas nas circunstâncias diferentes em que o sistema parlamentar ainda não havia se estabilizado.

A crise de 1868 e a retomada da onda democrática

Na crise de 1868, o imperador foi considerado por muitos como tendo abusado de suas prerrogativas relativas ao Poder Moderador.

O episódio do 16 de julho pode ser considerado como momento-chave da narrativa de *Um estadista do Império*. Esta crise, para Nabuco, possuía raízes mais profundas, mas também dependeu em seu desfecho da ação dos estadistas. As primeiras, as raízes mais profundas, ligavam-se aos limites do nosso sistema parlamentar, em que não havia eleições livres. Nesse quadro, o poder do imperador de demitir o gabinete, se, na maior parte da história de seu longo reinado, foi a garantia da alternância dos partidos no poder, em determinadas situações não conseguia esconder as frágeis bases do sistema e revestia-se quase que de um caráter ditatorial. Em última instância, tudo dependia da vontade do imperador.

Do ponto de vista da ação dos estadistas, a crise de 1868 marcou o momento em que se deu novamente a montante da maré democrática. Seguindo a fórmula de Justiniano José da Rocha para a compreensão do Primeiro Reinado e do período regencial, Nabuco considerava, assim como seu pai, que, a partir de 1868, abrira-se um novo período de predomínio da "ação", após o período de "transação", que se estendera de 1853 até aquele momento[43].

> Desde 1868 a reação no governo era dominada pela ação democrática no país e esta devia, servindo-se, alternadamente, dos dois partidos, abrir uma época de

reforma, de agitação, de revolução, que não havia mais de chegar à transação, e, sim, à dissolução do regime[44].

Os indícios desta situação encontravam-se no predomínio nos dois partidos de lideranças menos maleáveis: umas, as conservadoras, menos voltadas para as grandes reformas que os novos tempos exigiam, ainda que todas as reformas que se seguiram a este momento, a do Ventre Livre e a Abolição, a exceção sendo a reforma eleitoral de Saraiva, tenham sido promulgadas por governos conservadores; outras, as liberais, dominadas pelo espírito de partido, incapazes de conduzir as reformas, canalizar a maré democrática e conter o republicanismo. O estilo desagregador de liderança de Zacarias, ao qual será dedicada atenção na próxima seção, é o exemplo claro desta incapacidade liberal. O impulso das ruas, do povo, viria a ser crescentemente o grande incentivador das reformas, de resto insuficientes para satisfazer as novas demandas sociais. A Lei de 21 de setembro (do Ventre Livre) e o Ministério Rio Branco foram os últimos momentos em que o regime, sob liderança conservadora, mostrou alguma capacidade de condução dos acontecimentos e antecipação política.

A demissão do Ministério consumara a ruptura de Nabuco de Araújo com os conservadores e sua aproximação com os liberais. Esta aproximação era uma profissão de fé liberal no sentido profundo e um compromisso com a manutenção do sistema através de reformas. Este é o sentido do programa do Centro Liberal, que se formou sob sua inspiração e a de Zacarias de Góes: reforma eleitoral, reforma judiciária, fim do recrutamento, emancipação dos escravos. A mensagem era clara: reforma ou revolução. Contudo, faltava o espírito de conciliação. Assim, os liberais tradicionais, ligados a Zacarias de Góes, recusaram-se a apoiar o Ministério Rio Branco quando da lei de 21 de setembro. A posição de Nabuco de Araújo era outra, e pregava o apoio ao Gabinete. Desta maneira, ele nunca deixaria de ser também um estranho às hostes liberais. Nelas, além da estreiteza de Zacarias, começava a aparecer o fermento democrático e republicano que terminaria por tudo levar. O personagem que expressava esta transformação era Silveira Martins, que Nabuco comparava a Gambetta. Diante deste quadro crescentemente conturbado, contudo os estadistas mantinham a calma e consideravam que poderiam salvar a monarquia ante a montante da ideia republicana[45]. Enganavam-se.

A partir daí, a figura do Senador Nabuco de Araújo deixa lentamente o cenário político, até sua morte em 1877. Seu dilema era o dilema do regime: como conduzir uma nova conciliação. Conciliação que, quase que forçosamente, ante o vigor da maré democrática, só poderia ter sucesso sob uma condução liberal decidida e com um claro sentido de direção para o futuro. Era fato, como notou Nabuco, que qualquer dos dois partidos poderia servir aos desígnios de reforma e de aperfeiçoamento do sistema do imperador. Estas, contudo, foram sempre obra do Partido Conservador[46]. O Partido Liberal nunca demonstrou a mesma aptidão. Este foi o drama do último período da "Grande Era Brasileira", e, com ele, o final do drama individual de Nabuco de Araújo e o início daquele de seu filho, um dos expoentes, mesmo que parcialmente a contragosto, da maré democrática que tudo levaria.

O novo impulso revolucionário e republicano das últimas décadas do Império guardava uma diferença importante em relação aos anteriores.

> Pela primeira vez, com efeito, em 1870 a ideia republicana figura na luta dos partidos políticos. As tentativas em nome dessa ideia, feitas no Império desde a Constituição, não tinham consequência; eram, quando muito, apenas um perigo de conflito, de perturbação parcial da ordem, não afetavam os espíritos [...][47].

Agora, ela se fortalecia no interior do Partido Liberal, ameaçando acarretar em sua desagregação, afetando as instituições e comprometendo as condições de realização do bom governo numa sociedade imatura. Um novo personagem, encarnado por Silveira Martins, "[...] o que em política se chama povo, isto é, as pequenas parcelas de povo que se ocupam de política"[48], aparecia. O próprio Silveira Martins seria, mais tarde, uma de suas vítimas quando quis conter a vaga revolucionária. Passaria de "ídolo" e "autócrata" de "tudo que tinha aspiração republicana, que sentia a emoção, a vibração democrática"[49] para objeto de seu ódio. Mas então era chegada a República e a era dos grandes estadistas parecia ter passado, ainda que seu exemplo permanecesse útil.

Um dos principais resultados de *Um estadista do Império* é construir, através de lições práticas extraídas da edificação política que resultara na "Grande Era Brasileira", o modelo do que deveria ser um estadista. Somando-se às máximas e aforismos sobre as paixões e tendências políticas gerais e sobre a natureza e psicologia humanas, a construção deste modelo se beneficiou dos retratos concretos dos diversos estadistas, personagens principais do quadro mais amplo da "época histórica clássica" da vida do país. Além de Nabuco de Araújo e de D. Pedro II, desfilam nas páginas de *Um estadista*, com maior destaque, os conservadores Duque de Caxias, Barão de Cotegipe, Visconde de Itaboraí, Marquês de Paraná, Eusébio de Queirós, Visconde de Rio Branco, Marquês de São Vicente. Em sua grande maioria, esses estadistas foram presidentes do Conselho em pelo menos uma ocasião no longo Segundo Reinado. Em menor número, estão presentes também os liberais Francisco José Furtado, Zacarias de Góes e Vasconcelos e o Marquês de Olinda. Todos presidentes do Conselho. Como personagens secundários, pode-se citar ainda o Visconde Abaeté, Francisco Otaviano, os viscondes de Inhomirim, Jequitinhonha, Sinimbu, Sousa Franco e Uruguai, Bernardo Pereira de Vasconcelos e Teófilo Ottoni.

Dos conservadores, o destaque cabe, além de Paraná, a Rio Branco, que Nabuco considerava talvez o mais completo estadista do Segundo Reinado. Ele foi o que mereceu a maior confiança do imperador[50], sendo "[...] a mais lúcida consciência monárquica que teve o reinado"[51]. Seus grandes momentos haviam sido aqueles em que a estabilidade reinava no império, durante o Ministério Paraná e logo após o triunfo sobre o Paraguai. Ele não tinha a característica necessária para os períodos de turbulência, que poderia ser encontrada em Feijó, Eusébio de Queirós e no próprio Paraná[52].

O perfil do estadista

É o retrato de Nabuco de Araújo que permite a maior aproximação com o modelo de estadista que se pode depreender da narrativa. Segundo Nabuco, seu espírito era conservador, ainda que fosse organicamente um liberal. A liberdade era para ele um fim da política, um resultado a ser almejado, um bem a ser preservado, um princípio. O conservadorismo era o método adequado e mais eficaz para realizar estes objetivos diante das condições impostas pela realidade. Lidar com o mundo real, buscar soluções práticas, transacionar, estes seriam os primeiros elementos de sabedoria conservadora na condução da política[53]. Um conservador esclarecido, não um reacionário, menos por adesão partidária, até porque terminou a vida vinculado ao Partido Liberal, e mais por seu entendimento da política. Para ele, o governo era a manutenção da ordem, política e social. E a ordem era a condição da liberdade. A liberdade sem ordem e sem governo era o mal a ser evitado e terminaria por gerar a tirania, portanto acarretando o fim da própria liberdade. Por sua vez, a ordem e o governo só poderiam manter-se se assegurassem e expandissem a liberdade. O verdadeiro espírito conservador deveria governar mais pelo convencimento e menos pela força. Esta, por si só, não se sustentava por muito tempo, nem mesmo era desejada. A conciliação entre liberdade e ordem era seu traço característico.

> O seu espírito possuía a faculdade hoje rara de sentir simultaneamente a grandeza, a beleza, da ordem e da liberdade e não de uma delas somente ou de cada vez, mas a ordem que fascinava a sua imaginação de jurista era a ordem do direito, a que resultava do assentimento e não da compressão. Por isso era organicamente um liberal, mesmo quando dava todo seu apoio ao princípio da autoridade [...][54].

Seu "liberalismo orgânico" manifestava-se mesmo quando estava do lado dos conservadores, quando a sociedade "[...] ainda prestava ouvido à sedução de 1831, à utopia de engrandecer-se, de desenvolver-se em todos os sentidos, sem um governo forte"[55]. Ou seja, talvez nessas situações, quando circunstancialmente conservador, é que se revelava melhor seu liberalismo orgânico.

Para ele, a tarefa era conservar através da reforma e não através da oposição intransigente às mudanças, fossem elas quais fossem, viessem de onde viessem. Seu entendimento da reforma era oposto à revolução: "[...] pela sua parte, reformar foi sempre elevar e não rebaixar, aterrar e não minar, substituir e não destruir"[56]. Errariam "sobre um vulcão" aqueles que, no lugar de "dirigirem o progresso", se aferrassem a "ideias obsoletas e sem significação nessa época". O princípio da autoridade que assegurasse a liberdade era tão mais difícil de se afirmar em um país em que o indiferentismo da opinião embaixo e onipotência do governo em cima pareciam se complementar[57], tornando todo edifício muito frágil. Em ambos os casos, tratava-se de não se deixar dominar pelo interesse e pelo espírito de partido. A identificação deveria ser com os interesses mais amplos da nação. A alta política – a expressão era do próprio Nabuco de Araújo – não decorria dos princípios doutrinários abstratos.

Visão, antecipação, realismo, maleabilidade, conciliação eram as condições da ordem e da liberdade duradouras. A melhor maneira de ser fiel aos princípios era conseguir que eles se operacionalizassem na prática e nas situações concretas, sem nunca se renderem aos interesses particulares, individuais ou de partido, identificando-se com os interesses maiores do país. Este é o sentido da fórmula que Nabuco se utilizou para definir seu pai como um "idealista prático"[58].

Mesmo em sua faceta de jurisconsulto, aquela que, de acordo com Nabuco, mais expressava as convicções e o espírito público de seu pai, Nabuco de Araújo não se deixava levar pelos princípios abstratos. Comparando as propostas esboçadas por seu pai para o novo Código Civil com as de Teixeira de Freitas, considerava que estas refletiam uma adesão inflexível, e abstrata, a princípios de direito, que, sem mediações com a realidade, pouco contribuiriam para o melhoramento da sociedade. Para Nabuco de Araújo, a questão era outra. Tratava-se exatamente de conciliar "[...] o progresso econômico com a tradição moral; a feição livre de uma era industrial, como é a moderna, com o espírito de perpetuidade das velhas fundações civis, o que se pode chamar, em oposição à *nova escravidão* de Herbert Spencer, a liberdade antiga"[59]. Portanto, mesmo os resultados mais nefastos do progresso, a "nova escravidão", não deveriam abater os ânimos dos verdadeiros estadistas. Estes não deveriam esconder-se no reacionarismo sem futuro ou no doutrinarismo abstrato.

A semelhança com o momento que Nabuco vivia na segunda metade da primeira década republicana não poderia ser maior. Aos poucos, tanto o estado de espírito de Nabuco quanto a situação do país, com a posse de Prudente de Morais e, para o bem ou para o mal, o encerramento da guerra civil, foram mudando. Do ponto de vista pessoal, ele readquirira um certo prestígio como homem de letras, o que vai lhe valer o cargo de secretário na recém-criada Academia Brasileira de Letras, em 1898. O país, por sua vez, aos poucos conciliava-se, ao menos no que diz respeito às suas elites, com a minoria que resguardava a parte moral da nação. O estadista deveria sempre opor-se a qualquer abuso de poder, a qualquer autoridade fundada somente na força. Como, por exemplo, o governo de Floriano Peixoto. Isso mesmo quando a sociedade estivesse entregue às tentações utópicas de prescindir de um governo forte, ou, como nesse mesmo período, entregue à anarquia das ruas e da agitação jacobina. Essas características encontravam-se, total ou parcialmente, presentes em todos os grandes estadistas do Segundo Reinado.

Entre os estadistas do Segundo Reinado havia uma notável exceção, Zacarias de Góes, que se mostrara incapaz de conduzir uma nova conciliação sob direção liberal, na década de 1860, o que certamente havia sido o desejo de Nabuco de Araújo. Seu perfil funciona na narrativa de *Um estadista do Império* como um contraperfil, uma confirmação pelo exemplo negativo de qual deveria ser o perfil do verdadeiro estadista. Zacarias tinha um estilo ferino, vituperador, mordaz, que buscava demolir os adversários. No parlamento e mesmo no governo, sua postura era do articulista que buscava a crítica dos maiores aos menores detalhes da atuação dos políticos. A dedicação sistemática à crítica dava-lhe prazer, era-lhe intrínseca e constante. Transcendia considerações políticas quanto à situação, necessidades de alianças, objetivos imediatos. Atingia adversários e aliados quase que da mesma forma. Zacarias era um eterno opositor, ainda quando no governo. Comportava-se como se fizesse oposição a seus opositores. Lenta e sutilmente, num crescendo, o retrato que Nabuco traça vai deslizando para a crítica. "Neste papel, ele aplica por vezes a mais cruciante tortura a homens de altíssimo pundonor e correção, e isto sem consciência talvez do sofrimento que suas reticências, seus sorrisos glaciais, suas concessões graciosas lhes causavam"[60]. Nesse omento, ele extrai a máxima sobre política.

> O gosto da dissecação em política é um dos mais perigosos de satisfazer sem reserva. O anatomista facilmente esquece que tem debaixo do escalpelo as fibras e os nervos mais delicados de um corpo vivo, ao qual a honra veda a confissão da dor, e entrega-se ao prazer de retalhá-lo[61].

Zacarias tinha esse gosto, "sentia o gozo, como que profissional, de revolver as vísceras para procurar o tumor oculto"[62]. Como demonstrara no episódio da demissão ou não de Caxias durante a Guerra do Paraguai, seu espírito era antes de tudo partidário. Mesmo que, inicialmente, tivesse demonstrado certa grandeza, colocando o cargo à disposição do imperador em nome dos interesses maiores da nação na condução da guerra, em seguida, diante da escolha imperial de Sales Torres para o Senado, deixara-se mover pelo instinto partidário. Diante da Lei do Ventre Livre, promovida pelo Gabinete Conservador de Rio Branco, pouco depois, deixara-se mais uma vez levar pelos preconceitos partidários, negando apoio à reforma.

Conclusão

Além da leitura direta, *Um estadista do Império* expandiu sua influência na sociologia e na historiografia brasileiras do século XX através da obra de Oliveira Viana, autor que marcou profundamente as gerações subsequentes de intérpretes do Brasil – Gilberto Freyre, Sérgio Buarque de Holanda, Nestor Duarte, Nelson Werneck Sodré, Victor Nunes Leal, Guerreiro Ramos, Raymundo Faoro e até mesmo Caio Prado Jr.[63] Em *O ocaso do Império*, de 1925, por exemplo, ele se utilizava explicitamente de *Um estadista do Império* para traçar o perfil de Zacarias de Góes.

> Zacarias era o que se chamava então, com certa ênfase, um "homem de partido". Hoje, quando já não existem partidos, ele seria apenas o que costumamos chamar, no sentido vulgar da expressão, um "político", diferindo dos demais políticos nisto: que estes fazem "política" em pequeno estilo, e afirmando, e Zacarias fazia "política" em grande estilo, e negando. No fundo, por mais que fosse a sua cultura, por mais longo e frequente o seu trato com os grandes problemas nacionais, Zacarias nunca conseguiu libertar-se inteiramente da sua primitiva mentalidade de homem de clã e via sempre tudo, mesmo as ideias mais sérias e altas, através do ângulo estreito do espírito de partido[64].

Um estadista do Império já fizera sua presença em *Populações meridionais do Brasil*, de 1918, juntamente com *Minha formação* e *O abolicionismo*, obras até mais citadas. Mas a ideia forte da ausência das condições do *self-government* no Brasil é uma chave explicativa forte no livro. É em *Instituições políticas brasileiras*, de 1949, onde a expressão aparece ao menos 20 vezes[65].

Um estadista do Império é uma obra-chave que estabelece um marco de leitura do período do Segundo Reinado que foi fundamental para a permanência da nostalgia do império em uma sociedade que, mesmo abolida a escravidão, permaneceu excludente. De acordo com essa nostalgia, o Segundo Reinado teria atingido um nível de grandeza nacional ainda inigualado na história republicana do país. Essa operação intelectual, que teve grande força na reacomodação dos grupos dominantes no pós-Abolição, nutria-se da força hegemônica da civilização imperial, organicamente derivada da escravidão, ainda que esse fato fosse mascarado por essa mesma operação intelectual. A república brasileira construiu-se como uma sociedade em que havia mais ausência da escravidão do que propriamente destruição da obra da escravidão. Obra essa que continuou presente na grande propriedade rural, na cidadania formal e informalmente restritiva, no racismo velado, no poder discricionário dos poderosos locais e do Estado sobre a maioria da população. Assegurada a paz republicana e consolidado o novo regime, o que já foi atingido entre 1895, com o fim da Revolução Federalista, e a presidência de Campos Salles (1898-1902), historiadores, políticos, intelectuais, até pelo menos 1930, utilizaram uma certa valorização nostálgica do império como uma espécie de reserva moral que, direta ou indiretamente, acabava por reforçar a ordem republicana excludente[66].

Notas

[1] *Um estadista do Império* – Nabuco de Araújo: sua vida, suas opiniões. 3 vols. Rio de Janeiro/Paris: Garnier, 1897-1899. Utilizo aqui a 3ª edição, de 1948, que integra suas *Obras completas* (*Obras completas de Joaquim Nabuco*. 14 vols. São Paulo: Instituto Progresso Editorial, 1948. *Um estadista do Império* ocupa quatro volumes dessa edição. As citações serão indicadas pelo volume do livro, e não das obras em geral, seguida pelo número da página.

[2] SALLES, R. *Joaquim Nabuco* – Um pensador do Império. Rio de Janeiro: Topbooks, 2002, p. 217ss., 254ss.

[3] As comemorações dos 150 anos do nascimento de Nabuco, em 1999, e dos 100 anos de sua morte, em 2010, suscitaram um renovado interesse por sua figura e sua obra. Foram inúmeras as publicações a seu respeito. A maior parte delas deu destaque à *Minha formação*, mas nem todas. Cf., p. ex., em relação à atenção dada a *Um estadista do Império*, como seria natural, o posfácio de Evaldo Cabral de Mello à 5ª edição da obra, em dois volumes, feita pela Editora Topbooks, em 1997. • Seu texto, Joaquim Nabuco, no n. 140 da *Revista Tempo Brasileiro*, de 2000. • Em parte o texto de Marco Aurélio Nogueira: "De tensões, dialéticas e antinomias: o encontro de Nabuco com a política", no mesmo número. • Luiz Felipe Alencastro: "Um estadista do Império". In: MOTA, L.D. (org.). *Introdução ao Brasil*: um banquete nos trópicos. Vol. 1. São Paulo: Senac, 2001. • MARSON, I.A. *Política, história e método em Joaquim Nabuco*: tessituras da revolução e da escravidão. Uberlândia: UFU/CNPQ, 2008. Como exemplos de textos com uma ênfase maior em *Minha formação*, cf. Maria Alice Rezende de Carvalho ("Nabuco e

a política") e Ítalo Moriconi ("Interfaces da formação"), ambos na mesma revista. • MELLO, L.L.S. "O bom filho a casa torna: formação humanista europeia e sentimento pátrio em Joaquim Nabuco e Henry James". In: *Sociologia e Antropologia*, n. 5, jun./2013, p. 271-293. • PRADO, M.E. "O cavaleiro andante dos princípios e das reformas: Joaquim Nabuco e a política". In: *O Estado como vocação*: ideias e práticas políticas no Brasil oitocentista. Rio de Janeiro: Access, 1999. Com foco principal em *Minha formação*, cf. ARAÚJO, R.B. "Através do espelho: subjetividade em *Minha formação*, de Joaquim Nabuco". In: *Revista Brasileira de Ciências Sociais*, n. 56, out./2004, p. 5-12. • "O linho e a seda – Notas sobre o catolicismo de tradição inglesa em *Minha formação*, de Joaquim Nabuco". In: *Revista da USP*, n. 38, set.-nov./2009, p. 8-13. • MORICONI, I. "Um estadista sensitivo: a noção de formação e o papel literário em *Minha formação*, de Joaquim Nabuco". In: *Revista Brasileira de Ciências Sociais*, n. 46, 2001, p. 161-172. • MARTINS, A.J. *O traço todo da vida* – Subjetividade e narrativa em *Minha formação*, de Joaquim Nabuco. Niterói: Programa de Pós-graduação em História, 2016 [Dissertação de mestrado]. *Minha formação*, também como seria natural, recebe grande destaque na biografia de Nabuco em ALONSO, A. *Joaquim Nabuco*. São Paulo: Companhia das Letras, 2007. Já *Um estadista do Império* mereceu destaque em SALLES, R. *Joaquim Nabuco* – Um pensador do Império. Op. cit.. • COSTA, M.C. *Joaquim Nabuco, entre a política e a história*. São Paulo: Annablume, 2003 [orig., tese de doutorado, Departamento de História, USP, 1992). • OLIVEIRA, C.H.L.S. "Herdeiros e vítimas da "conciliação": política e história em Joaquim Nabuco". In: *Estudos Avançados*, n. 65, 2009.

[4] *Joaquim Nabuco* – Diários. 2 vols. Rio de Janeiro: Bem-te-vi, s.d., v. 1, 263 [Prefácio e notas de Evaldo Cabral de Mello].

[5] O retrato de Nabuco como um "monarquista platônico" está em VIANA FILHO, L. *Três estadistas*: Rui, Nabuco e Rio Branco. Rio de Janeiro: José Olympio, 1981, p. 597-599.

[6] Desenvolvi a ideia de que *Um estadista do Império* traça um retrato do Segundo Reinado e, por tabela, da monarquia brasileira como uma época histórica clássica em *Joaquim Nabuco* – Um pensador do Império. Op. cit., de onde extraio as considerações que seguem.

[7] Sua reconversão católica se deu em Londres, onde a família se encontrava em 1892. Cf. a respeito a anotação do diário de 28 de maio daquele ano. In: *Diários*. Op. cit. Vol. 2, p. 44.

[8] Nota de 28/02/1891. In: Ibid., p. 34-35.

[9] Ibid., p. 35.

[10] PAMPLONA, M.A. "Una perspectiva 'arielista' entre los hombres públicos brasileños de fin de siglo: EU en los escritos de Joaquim Nabuco y Oliveira Lima". In: WEISS, V. & ARGÜELO, A.R. (orgs.). *Estados Unidos desde América Latina*. México: Instituto de Investigaciones Dr. José Maria Luis Mora, 1995, p. 183-184 e 186-187. • SALLES, R. *Joaquim Nabuco* – Um pensador do Império. Op. cit., p. 293-294.

[11] Anotação de 17/10/1893. In: *Diários*. Vol. 2, p. 68.

[12] Anotação de 29/10/1893. In: Ibid., p. 78-79.

[13] Anotação de 30/10/1893. In: Ibid., p. 79.

[14] *Diários*. Vol. 2, p. 90.

[15] Para uma análise específica sobre o assunto, cf. OLIVEIRA, C.H.L.S. Herdeiros e vítimas da "conciliação": política e história em Joaquim Nabuco. Op. cit.

[16] Entrada de 19/05/1897. In: *Diários*. Vol. 2, p. 116 – grifos no original. Para a cronologia de publicação dos artigos e capítulos de *Minha formação*, cf. MARTINS, A.J. *O traço todo da vida*. Op. cit., p. 151.

[17] Entradas de 26/06/1897 e 11/10/1897. In: *Diários*. Vol. 2, p. 116.

[18] *Diários*. Vol. 2, p. 111-112.

[19] SALLES, R. *Joaquim Nabuco* – Um pensador do Império. Op. cit., p. 217-218, de onde resumo o que se segue nessa seção.

[20] *Um estadista do Império*. Tomo I, p. 45.

[21] Ibid., p. 100-101.

[22] Ibid., p. 105.

[23] Ibid., p. 29-30. Sobre a questão da revolução em *Um estadista do Império*, cf. MARSON, I.A. *Política, história e método em Joaquim Nabuco*: tessituras da revolução e da escravidão. Op. cit.

[24] *Um estadista do Império*. Tomo III, p. 170.

[25] *Um estadista do Império*. Tomo I, p. 50.

[26] Ibid., p. 70.

[27] *Um estadista do Império*. Tomo IV, p. 108. Cf. Tomo I, p. 72.

[28] *Um estadista do Império*. Tomo I, p. 72.

[29] Ibid., p. 388.

[30] Ibid., p. 389.

[31] *Um estadista do Império*. Tomo III, p. 167.

[32] *Um estadista do Império*. Tomo I, p. 145.

[33] Ibid., p. 145.

[34] Ibid., p. 147.

[35] *Um estadista do Império*. Tomo IV, p. 122-123.

[36] *Um estadista do Império*. Tomo I, p. 152.

[37] Ibid.

[38] Ibid., p. 157.

[39] Ibid., p. 400.

[40] *Um estadista do Império*. Tomo IV, p. 121.

[41] Ibid., p. 111.

[42] Ibid.

[43] *Um estadista do Império*. Tomo III, p. 167-168.

[44] Ibid., p. 168.

[45] Ibid., p. 173.

[46] Ibid., p. 161.

[47] Ibid., p. 170-171.

[48] Ibid., p. 169.

[49] Ibid.

[50] Ibid., p. 186.

[51] Ibid., p. 187.

[52] Ibid.

[53] *Um estadista do Império*. Tomo IV, p. 148.

[54] *Um estadista do Império*. Tomo I, p. 76.

⁵⁵ Ibid.

⁵⁶ *Um estadista do Império.* Tomo IV, p. 149.

⁵⁷ Ibid., p. 122-123.

⁵⁸ *Um estadista do Império.* Tomo I, p. 64.

⁵⁹ *Um estadista do Império.* Tomo IV, p. 85 e nota – grifos no original.

⁶⁰ *Um estadista do Império.* Tomo III, p. 92.

⁶¹ Ibid. p. 92.

⁶² Ibid.

⁶³ Cf. CARVALHO, J.M. "A utopia de Oliveira Viana". In: *Estudos Históricos*, n. 7, 1991, p. 82-99, esp. p. 83.

⁶⁴ VIANNA, O. *O ocaso do Império* (1925). Rio de Janeiro: Academia Brasileira de Letras, 2006, p. 8-9.

⁶⁵ VIANNA, O. *Instituições políticas brasileiras* (1949). Brasília: Senado Federal, 1999.

⁶⁶ Abordei a questão da nostalgia do Império, e mais especificamente, do Segundo Reinado em *Nostalgia imperial* – A formação da identidade nacional no Brasil do Segundo Reinado. Rio de Janeiro: Topbooks, 1996 [2. ed., com pequenos acréscimos: *Nostalgia imperial* – Escravidão e formação da identidade nacional no Brasil do Segundo Reinado. Rio de Janeiro: Ponteio, 2013]. Sobre as condições que propiciaram a formação dessa nostalgia nos quadros da República Velha, especificamente no Estado do Rio de Janeiro, cf. FERREIRA, M.M. *A República na Velha Província* – Oligarquias e crise no Estado do Rio de Janeiro: *1889-1930*. Rio de Janeiro: Rio Fundo, 1989. • FERREIRA, M.M. *Em busca da idade do ouro*. Rio de Janeiro: UFRJ/Tempo Brasileiro, 1994. • SILVA, E. "A República comemora o Império; um aspecto político-ideológico da crise dos anos 20". *Revista do Rio de Janeiro*, vol. 1, n. 2, 1986. Niterói. Já no Período Vargas, Angela Maria de Castro Gomes (*História e historiadores*: a política cultural do Estado Novo. Rio de Janeiro: FGV, 1996) indica a valorização do Império na produção intelectual e historiográfica do período.

Referências

ALENCASTRO, L.F. Um estadista do Império. In: MOTA, L.D. (org.). *Introdução ao Brasil*: um banquete nos trópicos. Vol. 1. São Paulo: Senac, 2001.

ALONSO, Â.A. *Joaquim Nabuco*. São Paulo: Companhia das Letras, 2007.

ARAÚJO, R.B. O linho e a seda – Notas sobre o catolicismo tradição inglesa em *Minha formação*, de Joaquim Nabuco. In: *Revista da USP*, n. 38, set.-nov./2009.

_____. Através do espelho – Subjetividade em *Minha formação*, de Joaquim Nabuco. In: *Revista Brasileira de Ciências Sociais*, n. 56, out./2004.

CARVALHO, J.M. A utopia de Oliveira Viana. In: *Estudos Históricos*, n. 7, 1991.

CARVALHO, M.A.R. Nabuco e a política. In: *Revista Tempo Brasileiro*, n. 140, 2000.

COSTA, M.C. *Joaquim Nabuco, entre a política e a história*. São Paulo: Annablume, 2003.

FERREIRA, M.M. *Em busca da idade do ouro*. Rio de Janeiro: UFRJ/Tempo Brasileiro, 1994.

_____. *A República na Velha Província* – Oligarquias e crise no Estado do Rio de Janeiro: 1889-1930. Rio de Janeiro: Rio Fundo, 1989.

GOMES, A.M.C. *História e historiadores*: a política cultural do Estado Novo. Rio de Janeiro: FGV, 1996.

MARSON, I.A. *Política, história e método em Joaquim Nabuco*: tessituras da revolução e da escravidão. Uberlândia: UFU/CNPQ, 2008.

MARTINS, A.J. *O traço todo da vida* – Subjetividade e narrativa em *Minha formação*, de Joaquim Nabuco. Niterói: Programa de Pós-graduação em História, 2016 [Dissertação de mestrado].

MELLO, E.C. Joaquim Nabuco. In: *Revista Tempo Brasileiro*, n. 140, 2000.

_____. Posfácio à 5ª edição de *Um estadista do Império*. 2 vols. Rio de Janeiro: Topbooks, 1997.

MELLO, L.L.S. O bom filho a casa torna: formação humanista europeia e sentimento pátrio em Joaquim Nabuco e Henry James. In: *Sociologia e Antropologia*, n. 5, jun./2013.

MORICONI, Í. Um estadista sensitivo: a noção de formação e o papel literário em *Minha formação*, de Joaquim Nabuco. In: *Revista Brasileira de Ciências Sociais*, n. 46, 2001.

_____. Interfaces da formação. In: *Revista Tempo Brasileiro*, n. 140, 2000.

NABUCO, J. Um estadista do Império – Nabuco de Araújo: sua vida, suas opiniões [Obras completas. 4 vols.]. In: *Obras completas de Joaquim Nabuco*. 14 vols. São Paulo: Instituto Progresso, 1948.

_____. *Diários*. 2 vols. Rio de Janeiro: Bem-te-vi, s.d. [Prefácio e notas de Evaldo Cabral de Mello].

NOGUEIRA, M.A. De tensões, dialéticas e antinomias: o encontro de Nabuco com a política. In: *Revista Tempo Brasileiro*, n. 140, 2000.

OLIVEIRA, C.H.L. Herdeiros e vítimas da "conciliação": política e história em Joaquim Nabuco. In: *Estudos Avançados*, n. 65, 2009.

PAMPLONA, M.A. Una perspectiva "arielista" entre los hombres públicos brasileños de fin de siglo en los escritos de Joaquim Nabuco y Oliveira Lima. In: WEISS, V. & ARGÜELO, A.R. (orgs.). *Estados Unidos desde América Latina*. México: Instituto de Investigaciones Dr. José Maria Luis Mora, 1995.

PRADO, M.E. O cavaleiro andante dos princípios e das reformas: Joaquim Nabuco e a política. In: *O Estado como vocação*: ideias e práticas políticas no Brasil oitocentista. Rio de Janeiro: Access, 1999.

SALLES, R. *Nostalgia imperial* – Escravidão e formação da identidade nacional no Brasil do Segundo Reinado. 2. ed. Rio de Janeiro: Ponteio, 2013.

_____. *Joaquim Nabuco* – Um pensador do Império. Rio de Janeiro: Topbooks, 2002.

SILVA, E. A República comemora o Império: um aspecto político-ideológico da crise dos anos 20. In: *Revista do Rio de Janeiro*, vol. 1, n. 2, 1986. Niterói.

VIANA FILHO, L.V. *Três estadistas*: Rui, Nabuco e Rio Branco. Rio de Janeiro: José Olympio, 1981.

VIANNA, O. *O ocaso do império*. Rio de Janeiro: Academia Brasileira de Letras, 2006.

_____. *Instituições políticas brasileiras*. Brasília: Senado Federal, 1999.

5
Capistrano de Abreu (1853-1927)

*Rebeca Gontijo**

1 O historiador e seu tempo[1]

"Nosso grande e estranho historiador." Foi assim que, em 1929, Tristão de Athayde se referiu a Capistrano de Abreu, autor que foi alvo de muitos comentários que, além de enaltecer suas capacidades intelectuais – entre as quais, a de falar vários idiomas, do alemão ao caxinauá – e valorizar sua obra passada, presente e futura, chamaram atenção para sua personalidade excêntrica. Ficou conhecido por sua língua mordaz e hábitos estranhos, considerados pouco "civilizados" em sua época, tais como dormir na rede, banhar-se ao ar livre, receber visitas de chinelos ou "em mangas de camisa". Várias anedotas circularam ao longo de sua vida e após sua morte, difundindo a imagem de um sábio distraído e com aparência desleixada, como pode ser visto nos versos de Américo Facó, publicados em 1911:

> Olhos semicerrados de quem poupa
> A luz dos próprios olhos... Indolente!
> Cabelos, barba de esfiapada estopa,
> Para trás, para os lados, para a frente.
> Uns ares filosóficos de gente
> A quem a vida vai de vento em popa:
> Liga mais ao passado que ao presente
> E liga à vida como liga à roupa.
> Calçado sem tacão, chapéu sem abas,
> Pobre, com aparência de usurário,
> E, ao mesmo tempo, de morubixaba:
> Tal esse é o Capistrano, o bem-amado,
> Velho erudito, vivo dicionário
> Da história pátria, mal encadernado...[2]

---

* Doutora em História pela Universidade Federal Fluminense (UFF). Professora do Departamento de História e Relações Internacionais da Universidade Federal Rural do Rio de Janeiro (UFRRJ).

Anos antes, foi alvo de comentários mordazes, como aqueles publicados no periódico *O Corsário*, entre 1881 e 1883. Um deles criticou seu gosto pelas notas de rodapé, o que não deixa de revelar um pouco das expectativas intelectuais de seu tempo:

> Fugiu dos livros e letras,
> Capistrano o molecote,
> Abrigou-se às notas críticas
> Para escapar ao chicote[3].

João Capistrano Honório de Abreu nasceu no Sítio Columinjuba, na região de Maranguape, Ceará, no dia 23 de outubro de 1853. Viveu no Rio de Janeiro de 1875 até 1927, quando morreu, no dia 13 de agosto. Filho de Jerônimo Honório de Abreu e Antônia Vieira de Abreu, foi alfabetizado pelo mestre Luiz Mendes, de Ladeira Grande, e fez os primeiros estudos em três escolas de Fortaleza: Colégio dos Educandos (1859-1861), Ateneu Cearense (1862-1864) e Seminário Episcopal (1865-1866), de onde foi expulso por "preguiça e vadiação". Em 1869 fez o Curso de Humanidades no Recife, visando entrar na Escola de Direito. Não obteve aprovação e retornou ao Ceará, onde colaborou na criação da Academia Francesa (1872-1875), sociedade dedicada às letras, marcadamente anticlerical.

Em sua época, os jovens letrados do interior viviam um dilema: viver na província com escassas chances de trabalho intelectual, ou arriscar a vida na corte, repleta de homens de letras. Como muitos outros, seguiu para o Rio de Janeiro. Foi na corte imperial, depois capital federal, que ele desenvolveu seus estudos, tornando-se conhecido e respeitado no Brasil e no exterior. Sem diploma de curso superior, autodidata, formado pela leitura autônoma e pela experiência de pesquisa em arquivos, dialogou de igual para igual com estudiosos brasileiros e estrangeiros.

Nas décadas de 1870 e 1880, como muitos letrados de seu tempo, atuou como redator em jornais como a *Gazeta de Notícias*, participou de polêmicas e escreveu sobre lançamentos literários. Também foi professor de Francês e Português no Colégio Aquino. Em 1879 começou a trabalhar na Biblioteca Nacional, guardiã de um valioso acervo documental, que reunia pesquisadores de notória erudição, tais como Ramiz Galvão, Alfredo do Vale Cabral e Batista Caetano.

Em 1883 prestou concurso para o Imperial Colégio de Pedro II, visando à disciplina Coreografia e História do Brasil. Defendeu a tese *O descobrimento do Brasil* diante do imperador e foi aprovado. Lecionou até 1899, quando sua matéria foi extinta.

Em 1887 ingressou no Instituto Histórico e Geográfico Brasileiro, pretendendo escrever uma história diferente daquela que ali era produzida. Chegou a idealizar o Clube Taques, em homenagem ao genealogista Pedro Taques Paes Leme (1724-1777): uma sociedade de estudiosos da história, empenhados na publicação de documentos e no estudo das bandeiras, caminhos antigos, meios de transporte e história econômica do Brasil[4]. Projeto que não foi concretizado. Com o tempo, tornou-se um respeitado investigador, anotador, tradutor e prefaciador. Consolidou seu nome como estudioso dos séculos XVI e XVII, conhecedor das línguas indígenas e da geografia brasileira, sendo considerado por muitos, já naquele tempo, como o maior historiador do Brasil. Também ocupou lugar notável entre os americanistas dedicados ao estudo das línguas indígenas. Por conta disso, foi eleito sociocorrespondente da Gesellschaft Anthropologie, Ethnologie und Urgeschichte de Berlim, em 1895; e da Societé des Américanistes de Paris, em 1924.

No século XIX, a escrita da história correspondia à tarefa de estabelecer uma ordem do tempo específica: o tempo da nação. E, no caso brasileiro, um tempo relacionado à construção do Estado imperial e à manutenção da sociedade escravista. Os "construtores" do Império concebiam o tempo como um fator de organização da vida social, porque, de um lado, permitia conciliar o passado colonial com o presente; de outro, possibilitava a compreensão da passagem de um momento anterior, visto como desorganizado e bárbaro, a outro, tido como superior, porque associado à ordem e à civilização[5]. Colocar-se sob o "verdadeiro ponto de vista nacional" era condição necessária para que a história pudesse ser concebida como uma unidade dotada de sentido.

O projeto de escrever a história nacional adquiriu contornos mais nítidos com a criação do Instituto Histórico e Geográfico Brasileiro, em 1838[6]. Nesse lugar, a questão de saber "como se deve escrever a história do Brasil" foi colocada como uma espécie de problema a ser resolvido. E a busca de respostas produziu aquilo que Temístocles Cezar definiu como uma "retórica da nacionalidade": o modo pelo qual a narrativa da nação apresentou um passado aos nacionais, por meio de documentos que, supostamente, evidenciavam a nação e da escrita da história[7]. No Instituto, a História afirmou suas pretensões enquanto disciplina científica, adquirindo método e elegendo referenciais temáticos. Além disso, mais do que escrever a história, seus sócios almejavam rever, corrigir e reescrever expurgando erros e preenchendo lacunas dos documentos e da própria historiografia. A tarefa fundamental era reunir os materiais e proceder a um exame minucioso dos mesmos.

No momento em que a nação era o "horizonte intransponível" do saber produzido pelos historiadores[8], a história era associada a uma missão cívica e pedagógica: ensinar o patriotismo aos cidadãos. Seu valor político era inegável, pois produzia conhecimentos úteis à compreensão dos problemas nacionais. No período que seguiu à Abolição (1888) e à Proclamação da República (1889) era urgente conhecer as mazelas que assolavam o país e apontar soluções. Tal tarefa era vista como imperativa diante de um quadro que, para alguns, era caracterizado pela inexistência ou inviabilidade da própria nação. Os homens de letras das primeiras décadas do século XX enfrentaram tais desafios buscando compreender o passado, explicar o presente e elaborar projetos para o futuro.

Na década de 1870 surgiram novas demandas pela reescrita da história nacional. Seja incorporando ideias europeias como "ornatos discursivos" capazes de expressar um "secreto horror à nossa realidade"[9], ou articulando tais ideias, de forma seletiva, à própria experiência social e política do país[10], o movimento intelectual daquela que se autointitulou como a "nova geração" produziu uma crítica ao *status quo* imperial e à história até então escrita.

Nesse contexto de "redescobrimento do Brasil", um problema era tido como crucial: explicar a "formação do povo brasileiro". No fim do século XIX, seu enfrentamento articulava-se a um crescente interesse a respeito do povoamento do interior, com destaque para o surgimento dos caminhos e das cidades, que, ao lado do estudo sobre o ser nacional, deveria contribuir para a construção de uma nova narrativa sobre a nação. Essa deveria transmitir um sentimento de amor ao país de modo distinto das histórias pontuadas por nomes e datas, apresentados nos relatórios, anais e memórias, bastante utilizados ao longo do Oitocentos.

Deveria ir além do modelo proposto por Francisco Adolfo de Varnhagen (1816-1878), Visconde de Porto Seguro, nos cinco volumes da sua *História geral do Brasil* (1854/1857), marcada pelo elogio à colonização portuguesa. Essa obra era referência para a pesquisa e o ensino da história por apresentar o maior volume de documentos até então reunidos e por ser a primeira história geral da nação escrita por um brasileiro. Contudo, seu autor era criticado por ter escrito sem estilo e deixado de lado acontecimentos que seus críticos consideravam relevantes.

Capistrano de Abreu surgiu nesse cenário como uma espécie de promessa, devido à sua notória erudição, ao significativo número de admiradores que reunia em torno de si, a um divulgado plano de escrever uma nova história do país e às posições que sucessivamente ocupou em sua época: de crítico literário a professor, atuando nas principais instituições letradas do período.

Seu plano foi idealizado ainda na juventude e adquiriu novos itens até transformar-se em uma história escrita "a grandes traços e largas malhas"[11]. Começou a ser desenvolvido de modo mais efetivo quando ele tomou para si a tarefa de anotar a *História geral* de Varnhagen, visando sua reedição. Tal empreitada tomou-lhe alguns anos, ao longo dos quais pôs-se a redigir aquele que seria considerado seu livro principal: *Capítulos de história colonial*, publicado em 1907. Nessa obra, combinou recortes cronológicos e temáticos, deslocando o foco da história do Brasil até então escrita: de uma história da colonização portuguesa, norteada pelas ações do Estado, por fatos administrativos e marcos políticos, para uma história da sociedade colonial, repleta de contrastes; de uma história construída a partir da colonização litorânea do território, para uma história interessada na ocupação do sertão.

Procurando "dizer algumas coisas novas", introduziu assuntos até então pouco ou nunca estudados, tais como as festas, a família, as bandeiras, as minas, as estradas e a criação do gado. Embora reconhecesse os méritos de Varnhagen como investigador, almejava "quebrar os quadros de ferros" por ele construídos, criticando sua falta de interesse pela vida social e pelo "povo durante três séculos capado e recapado, sangrado e ressangrado", como escreveu em carta ao amigo português João Lúcio de Azevedo, de 16 de julho de 1920. Os diálogos que travou ao longo da vida, inclusive aqueles construídos por meio de volumosa correspondência, ajudam a compreender o processo que ele mesmo conduziu do arquivo à historiografia.

2 Percursos e diálogos (interlocuções e interlocutores)

Os percursos e diálogos de Capistrano de Abreu podem ser compreendidos a partir do seu vínculo com a chamada "geração 1870"[12]. Podemos situá-lo entre aqueles letrados que compartilharam "o fardo da dúvida e da descrença acerca do futuro daquela nacionalidade nova constituída nos trópicos"[13]. Geração da dúvida, da descrença e também da crítica. E se, como observou Wilson Martins, "o criticismo só se realizava por meio do historicismo"[14], é possível considerar que os homens de letras vinculados à "geração 1870" interessaram-se pela história como uma forma de ampliar o conhecimento da realidade[15]. Em resposta à necessidade de conhecer o Brasil a partir de novos referenciais, tornou-se cada vez mais urgente a crítica das instituições imperiais, que deveria ser estendida às bases explicativas sobre as quais o passado nacional fora ordenado. Daí a necessidade de reescrever a história pátria observável no final do século XIX e início do XX.

Importante considerar que, naquele contexto, o aparecimento simultâneo de ensaios literários, históricos e etnográficos com teor de crítica também indica uma abertura para tudo o que pudesse oferecer interesse social imediato. Como observou João Alexandre Barbosa: "a História, a Etnografia e a Literatura não se apresentavam como ramos do conhecimento, distintos por seus objetivos e métodos, a uma geração de estudiosos impelida pela necessidade de criar uma espécie de *novum organum* para a reflexão nacional"[16]. Ou seja, a palavra crítica não indicava tanto uma especialização, mas um tipo de enfrentamento dos temas nacionais relevantes para os contemporâneos. E o estudo da história seria um modo de criticar e, ao mesmo tempo, conciliar o presente com o passado, sobretudo após a Abolição (1888) e a Proclamação da República (1889).

Esse movimento de crítica está presente, por exemplo, na conferência de Tristão de Alencar Araripe realizada na Associação Promotora da Instrução, no Rio de Janeiro, em 1876, publicada na *Revista do IHGB* em 1894. O autor acusa Francisco Adolfo de Varnhagen de ter escrito "sem crítica e sem estímulo, consumindo largas páginas com fatos de somenos". Destaca suas qualidades como investigador de fontes históricas, mas não como historiador[17]. Era a confirmação do lugar atribuído ao visconde de Porto Seguro por seus contemporâneos[18]. Em 1878, Capistrano tomou para si a tarefa de escrever o necrológio de Varnhagen redefinindo seu legado, e ao fazer isso reinterpretou o desenvolvimento dos estudos históricos no Brasil, apresentando uma espécie de roteiro para a reescrita da história nacional, cujo ponto de partida seria a pesquisa documental e a produção de estudos monográficos[19].

Para intérpretes posteriores, o diálogo com Varnhagen, que teve continuidade em texto de 1882[20], impulsionou a elaboração do livro *Capítulos de História Colonial*, de Capistrano, escrito entre 1905 e 1907 (ainda que fazendo uso de textos publicados desde a década de 1880), em meio às anotações da *História geral do Brasil*[21].

Na crítica ao Visconde de Porto Seguro, Capistrano afirma que:

> [...] ele poderia escavar documentos, demonstrar-lhe a autenticidade, solver enigmas, desvendar mistérios, nada deixar a fazer a seus sucessores no terreno dos fatos: compreender, porém, tais fatos em suas origens, em sua ligação com os fatos mais amplos e radicais de que dimanam; generalizar as ações e formular-lhes a teoria; representá-las como consequências e demonstração de duas ou três leis basilares, não conseguiu e não consegui-lo-ia.

Para Capistrano, Varnhagen não fora capaz de compreender os modos de elaboração da vida social, pois, para que isso fosse possível, seria preciso recorrer à "nova ciência sociológica". Os métodos de descoberta e autenticação de documentos eram vistos como insuficientes, o que demandava a utilização de novos instrumentos teóricos e uma outra forma de narrativa, distinta da crônica, incapaz de dar coerência e inteligibilidade aos fatos narrados. Nesse sentido, a *História geral do Brasil* pecaria por falta de uma "intuição de conjunto" na distribuição dos temas, que apareciam uniformes. Em suas palavras: "os relevos arrasam-se, os característicos misturam-se e as cores desbotam; vê-se uma extensão, mas plana, sempre igual, que lembra as páginas de um livro que o brochador descuidoso repete"[22].

Um ano depois de escrever o necrológio de Varnhagen, Capistrano assumiu posto na Biblioteca Nacional que, no dizer de José Honório Rodrigues, seria seu "laboratório científico" até 1883[23]. Ao longo desse período, colaborou na elaboração do catálogo bibliográfico para a Exposição de História e Geografia do Brasil, em 1881: uma obra em três volumes, com mil e oitocentas páginas de fontes relacionadas ao país. Realizou importantes descobertas documentais e, mesmo após deixar a instituição, continuou colaborando na publicação de documentos, entre os quais aqueles reunidos em *Materiais e achegas para a História e Geografia do Brasil* (1886-1887), organizada em cinco volumes, com auxílio de Alfredo do Vale Cabral e José Alexandre Teixeira de Melo[24].

As atividades de leitura, estabelecimento e edição crítica das fontes eram precondição para a reescrita da história nacional desde o século XIX, e ganharam novo impulso no início do século XX por iniciativa de estudiosos, mecenas e políticos, como Capistrano de Abreu, Paulo Prado e Washington Luís. Esse esforço para localizar, examinar e anotar documentos era compartilhado com outros investigadores, cuja erudição era reconhecida em sua época. Um grupo de estudiosos, conhecedores de manuscritos e de outros resquícios do passado, de línguas mortas e, também, das línguas indígenas, integrava uma espécie de rede mantida por contatos diretos ou por meio de intensa correspondência[25].

Além de *Materiais e achegas*, outra atividade relevante foi a colaboração com Rodolfo Garcia e Afrânio Peixoto na publicação dos manuscritos de Fernão Cardim, reunidos sob o título de *Tratados da terra e gente do Brasil* (conjunto de escritos do século XVI, parcialmente publicados em 1625 e no século XIX, com edição completa e revista em 1925). Isso após atribuir a Cardim a autoria de textos que desde o século XVII eram associados ao nome de outro autor, Manuel Tristão. Além disso, identificou Anchieta como autor de *Informação do Brasil e de suas capitanias* (escrito em 1583 e publicado em 1886); e Antonil (Andreoni), como autor de *Cultura e opulência do Brasil por suas drogas e minas* (1. ed., 1837), por dois séculos assinado por "um anônimo toscano". Também editou a primeira versão (não integral) da *História do Brasil* (1627), de Frei Vicente do Salvador, em 1889; e traduziu *A geografia física do Brasil* (1884), de J.E. Wappeus; *A geografia geral do Brasil* (1889), de A.W. Sellin; a *Viagem pelo Brasil* (1886) e *Do Rio de Janeiro a Cuiabá* (1922), ambos de Herbert Smith, entre outros trabalhos relevantes para o conhecimento do período colonial[26].

Reconhecendo a importância documental da *História geral do Brasil*, de Varnhagen, Capistrano empenhou-se na revisão da mesma atendendo o convite da Tipografia Laemmert, em 1900. Iniciou o trabalho em 1902 e, até 1905, havia concluído a revisão de 450 das 460 páginas, quando um incêndio na Companhia Tipográfica Nacional destruiu suas anotações. Com o material incompleto que conseguiu salvar (até a página 371), publicou edição restrita (apenas um tomo) em 1907 e tentou retomar o trabalho entre 1916 e 1926, desta vez auxiliando Rodolfo Garcia, que publicou nova edição entre 1927 e 1928, em cinco tomos. O que foi salvo do trabalho de Capistrano veio a compor o primeiro tomo da obra de Varnhagen e parte do segundo[27].

O exercício de revisão da historiografia dependia da busca de documentos originais, do exame das cópias e do cotejamento de versões, trabalho a ser completado pela anotação e edição dos textos. Como observou Maria da Glória de Oliveira, o uso de uma fonte não citada por Varnhagen representava um avanço no intuito de "quebrar os quadros de ferro" por ele construídos. E a revisão assentava-se não apenas sobre retificações feitas no relato, mas no acréscimo de novas fontes, não conhecidas pelo Visconde de Porto Seguro. Para Oliveira, este processo de revisão pressupunha que a obra revista fosse transformada em documento, que, por sua incompletude, tornava-se passível de "correções, acréscimos e reinserções". Nesse sentido, o objetivo de Capistrano ao efetuar a revisão de Varnhagen não era tanto contestá-lo, mas perscrutá-lo, seguindo seus passos, de modo a completar sua narrativa com informações mais precisas, produzindo o efeito que a autora identifica como uma conversação entre historiadores, na qual outras vozes são convocadas por meio de citações[28].

Além de destacar-se como editor, anotador, prefaciador e historiador, Capistrano de Abreu foi uma figura-chave entre aqueles que assumiram a tarefa de estudar as línguas indígenas sul-americanas. Participou de uma comunidade internacional de eruditos envolvida com um projeto coletivo de estudo das línguas indígenas sul-americanas[29]. Nesse domínio, seus interlocutores principais foram americanistas alemães como Theodor Koch-Grünberg e Karl von de Steinen. Eram estudiosos que, nas palavras de Koch-Grünberg, escreviam "para os poucos homens que podem servir-se disso"[30], devido ao alto grau de especialização de seus estudos, contribuindo para uma ciência que só era possível devido à cooperação entre pesquisadores de vários países. E nesse seleto grupo Capistrano era tido como autor do "maior e melhor material que jamais se publicou sobre língua sul-americana"[31]. Era especialista em Bacairi, língua da família Caribe falada na região do Mato Grosso; e em Caxinauá, língua da família Pano, falada na região do atual Estado do Acre. Importante destacar que tais estudos eram considerados urgentes diante daquilo que esses investigadores anteviam como um perigo iminente: o desaparecimento dos índios. Para Capistrano, "mais importante [que projetos de história] é dar conta dos bacairis: estes vão todos os dias diminuindo; em breve não haverá mais; historiadores tivemos de roldão"[32].

Mas o estudo das línguas indígenas completava-se com os estudos históricos[33], e um dos seus principais interlocutores nesse domínio foi o luso-brasileiro João Lúcio de Azevedo, seu correspondente mais frequente ao longo de 11 anos. Nas cartas do amigo de além-mar, Capistrano refere-se aos trabalhos em andamento, às pesquisas em arquivos, às leituras de documentos. Faz comentários sobre política e trata de assuntos familiares.

Azevedo é o autor de *Os jesuítas e o Grão-Pará* (1901), *O marquês de Pombal e sua época* (1909), *História de Antônio Vieira* (1918-1921), *A evolução do sebastianismo* (1918) e *Épocas de Portugal econômico* (1929), entre outros livros. Referindo-se à biografia de Vieira, o próprio autor considera que seu trabalho se destaca pelo "método crítico", que buscava uma compreensão dos fatos mais complexa e, ao mesmo tempo, imparcial, supondo a "ausência de toda pretensão literária", como convinha à história científica em sua época[34]. Compartilhava a preocupação documental com Capistrano, assim como a necessidade de apagamento do narrador, derivada de uma concepção moderna de história[35].

Outro interlocutor importante foi Afonso Taunay, discípulo a quem Capistrano orientava nas pesquisas históricas por meio de intensa troca de cartas. No início do século XX, Capistrano era considerado por seus pares como um orientador capaz de sugerir temas inéditos e indicar as fontes necessárias ao estudo. Para Karina Anhezini, ele foi um fator decisivo para as escolhas de vários escritores do período, incluindo Taunay. Conheceu-o ainda criança, quando foi contratado para dar-lhe lições de história, como parte da preparação para os exames do Colégio Pedro II. Mais tarde, sugeriu-lhe o tema das bandeiras, que considerava dos mais importantes para a compreensão da história do Brasil. Além disso, foi o precursor de uma abordagem da história dos costumes, que o jovem pupilo incluiu entre suas preocupações ao publicar *História geral das bandeiras paulistas*, em 11 tomos, entre 1924 e 1950[36]. Em 1927, ano da morte de Capistrano, Taunay afirmou sua dívida com o mestre: "a Capistrano devi assinalados serviços e os mais leais conselhos. Deu-me indicações preciosíssimas sobre muitos e muitos assuntos"[37]. Para José Honório Rodrigues, Capistrano foi o responsável teórico por um revisionismo histórico, que teve Taunay como executor[38].

Paulo Prado foi outro discípulo notável, autor de *Paulística* (1925) e *Retrato do Brasil* (1928)[39]. Empresário do ramo do café, colaborou na imprensa, foi sócio de Monteiro Lobato na *Revista do Brasil*, entre 1923 e 1925, e dirigiu a *Revista Nova* com Mário de Andrade e Alcântara Machado, entre 1931 e 1932. Sobre Capistrano, chegou a escrever que "pela sua mão segura e amiga" penetrara na "selva escura da história do Brasil"[40]. E, além de discípulo, também foi mecenas do mestre. Promoveu diversas edições, entre as quais as *Confissões da Bahia, 1591-1592* (1922) e as *Denunciações da Bahia, 1591-1593* (1925), ambas com prefácio de Capistrano.

Os exemplos de interlocutores poderiam ser multiplicados, mas deixando de lado suas redes de sociabilidade intelectual, chamo atenção para um conjunto de leituras que iluminam as escolhas temáticas e interpretativas de Capistrano[41]. Ao lado da pesquisa documental, tais leituras construíram seus referenciais para a pesquisa e a escrita da história. Da leitura de manuscritos, passando pelas leituras que compõem a biblioteca comum dos homens de letras de sua época, até aquelas mais especializadas, relacionadas aos estudos que desenvolveu, é possível observar a trajetória de um leitor poliglota e erudito, cujos interesses giravam, sobretudo, em torno da história dos séculos XVI e XVII e das línguas indígenas.

Ainda na juventude, lera Herbert Spencer, Thomas Buckle e Hippolyte Taine, autores que compunham uma espécie de cânone doutrinário no final do século XIX[42]. Dessas leituras iniciais, permanece, em escritos posteriores, a ideia cara a Spencer de que era preciso partir de um todo homogêneo até chegar ao heterogêneo, quando as partes poderiam ser percebidas de modo mais nítido[43]. Essa busca das partes pode ser associada à busca das diferenças, das especificidades, que recusa a generalização, ainda que a opção pela síntese possa contrariar tal interesse. Capistrano caminhava da determinação mais geral à particularização crescente, sem abrir mão do exercício de síntese em alguns momentos-chave da sua narrativa.

Também admirava a obra de Wappëus, autor de *Geografia do Brasil* (1871), cuja edição brasileira traduzira. Para ele, a Geografia era "tão bela ciência como difícil", não estando restrita à "simples estudo de memória, simples enfiada de nomes, sem ligação, podendo ser citados em qualquer ordem, contanto que fossem numerosos"[44]. Esse interesse pode ser relacionado ao estudo dos caminhos antigos (terrestres e fluviais), item fundamental para a compreensão da formação do Brasil, considerando um duplo movimento: o da expansão europeia no início da Modernidade (a história externa) e o da expansão pelo interior da colônia portuguesa na América (a história íntima).

E era leitor de Friedrich Ratzel, discípulo de Ernst Haeckel, idealizador da antropogeografia e sistematizador da geografia política moderna, autor de *Völkerkunde* (1. ed. alemã de 1885-1888; traduzida para o inglês como *The History of Mankind*, em 1896-1898), obra que oferece uma crítica ao eurocentrismo e atribui à etnografia a tarefa de apontar não apenas as diferenças, mas as afinidades existentes entre os povos. O autor compreendia que a humanidade é um todo, embora culturalmente diverso, dividido entre "raças naturais" e "raças culturais", em função do modo como se relacionam com a natureza e, mais propriamente, com o território, que resulta dessa relação. Especificando um pouco mais, Ratzel considerava que a geografia (estudo das circunstâncias exteriores) deveria ser associada à história (estudo do desenvolvimento), visando compreender a diversidade dos povos. O autor também procurou estabelecer nexos causais entre o poder político e o espaço, associando o crescimento do Estado à expansão territorial[45].

Outra de suas obras importantes é *Anthropogeographie* (1882-1891), termo que designa o inventário analítico das relações entre as comunidades humanas e o meio ambiente. Suas principais tarefas são: descrever e representar cartograficamente o território onde se nota a presença do homem, indagar sobre como essa área foi formada e estudar a influência da natureza sobre o corpo e o espírito dos indivíduos. A partir dessas reflexões, cunhou o conceito de "espaço vital" (*Lebensraum*) e pensou a geografia como ciência do movimento e não tanto como descrição da Terra. Em sua obra, o evolucionismo temporal é substituído pelo movimento espacial dos fenômenos culturais e, a partir da ideia de "evolução espacial" desenvolve sua tese difusionista. E, embora tenha dado máxima importância ao meio, também deu lugar à ação humana caracterizada por duas forças: a força da migração e a força da vontade[46]. Em suas próprias palavras:

> É sabido que o espírito também está sob a influência do caráter geral do cenário que nos cerca. Mas para outros esse grau de influência que essas [forças] exercem depende em grande medida da força de vontade que se opõe a elas. [...] Quanto mais forte um povo e mais duro esse [povo], menos os impactos daqueles [efeitos da natureza][47].

Sua presença nos escritos de Capistrano pode ser observada na relevância dada ao espaço e ao movimento dos homens, tanto no estudo sobre a expansão marítima e a colonização litorânea como no estudo dos processos de interiorização. Trata-se de um autor que articula história e geografia, com a convicção de que as sociedades são condicionadas pela relação entre os homens e o meio, considerando os binômios vontade e determinismo, liberdade e condicionamento. E na conexão entre meio e homens, estes últimos são apresentados como povoadores, agentes da ocupação do solo, sendo que a influência climática ou geográfica é um traço primário.

O território, cuja ocupação Capistrano almeja explicar, é afetado pelas condições climáticas e geográficas, mas não reduzido a elas. Daí o esforço para caracterizar os diferentes tipos antropogeográficos como agentes com maior ou menor capacidade para sobrepujar a força restritiva do meio[48]. E, para que isso fosse possível, cumpria mapear as diferenças e investigar os traços psicossociológicos, compreendendo que, quando a vontade e as faculdades racionais preponderam no tipo humano, ele poderá desenvolver ações com certa autonomia frente ao meio. Essas faculdades são compreendidas como características do "povo civilizado". E, quando o tipo humano encontra-se subordinado ao meio, prevalece a noção de "povo natural".

Em função dessas preocupações, Capistrano também considerava importante compreender a psicologia dos povos[49], cujo autor referencial no final do século XIX era outro alemão, Wilhelm Wundt, que escrevera *Volkerpsychologie* (*Psicologia dos povos*), em 10 volumes, contendo estudos sobre linguagem humana, mitos, religião, cultura, história, ética, lei e psicologia da arte. Tal obra propõe investigar as qualidades intelectuais e morais dos povos[50].

No século XIX, a expressão psicologia dos povos remetia a fenômenos diversos, englobando tanto as considerações etnográficas a respeito das qualidades intelectuais e morais, como os conteúdos de ordem psíquica das populações. E, enquanto a psicologia social estaria interessada na vida de pequenos grupos, a psicologia dos povos focalizava a evolução psicológica dos grandes grupos humanos, mediante o exame dos feitos (arte, religião, casamento, política) de cada época, considerando ainda as distintas formas de organização social: famílias, grupos, comunidades etc. Além disso, Wundt defendia que certas representações, sentimentos e formas de conduta coletiva poderiam ser agrupados em estágios conforme a característica predominante: primitiva, totêmica, heroica, e, por fim, evolutiva (em direção à humanidade). Essa reflexão remete ao problema da causalidade, observando-se que, para o autor em questão, quanto mais a racionalidade impera, com leis e regularidades, maior será a causalidade lógica; e, quanto mais prevalece o acaso ou o imponderável, maior será a presença de uma causalidade mágica[51].

Completando o quadro de interesses de Capistrano, ao lado da geografia física, da antropogeografia e da psicologia dos povos está a economia política. E um dos nomes citados em seus escritos é Gustav Schmoller, autor de *História econômica geral* (1900-1904), propositor do conceito de "valores culturais" (*Kulturwerten*)[52], criador da Teoria das Etapas da Evolução Econômica[53] e defensor da aplicação de um método indutivo (também utilizado por Capistrano).

Schmoller propunha um estudo comparativo no tempo e no espaço do fenômeno econômico, com foco na evolução dos processos e das instituições, destacando o papel dos valores culturais nessa evolução. A escola de história alemã à qual estava vinculado defendia que a história seria a fonte central de conhecimento de todas as ações humanas em termos econômicos, por considerar que a economia é cultural e historicamente determinada e, sendo assim, avessa a generalizações. A opção pela análise histórica e empírica opunha-se à opção pelas abstrações oferecidas pela lógica e pela matemática, que tendiam a generalizar[54].

Em outra obra, *Principes d'économie politique* (1905-1908, 3 vols.), Schmoller realiza estudo comparativo de diferentes economias nacionais, concentrando-se no exame da natureza das instituições e órgãos sociais, sempre procurando compreender a relação entre a economia política e os sistemas de forças naturais e morais.

O interessante a destacar aqui (e que permite compreender algumas opções de Capistrano) é que, ao invés de considerar a economia como um processo que estuda a relação entre os fatores de produção, o volume de negociação, os aspectos quantitativos do mercado e dos recursos naturais, Schmoller opta por focalizar as instituições e órgãos sociais, o que, segundo ele, é tão importante para a economia quanto o estudo do corpo físico é para a anatomia. Instituições compreendidas como resultado dos hábitos e costumes, das regras de moral e de direito. Órgãos identificados como formas constantes que indicam a união das pessoas em função de objetivos comuns, incluindo a família, as corporações, as confrarias, as comunas, as empresas e o Estado.

Essa apresentação resumida de alguns dos autores lidos por Capistrano obviamente não esgota os possíveis usos feitos por ele em seus estudos. E não se trata aqui de esboçar uma duvidosa história das influências, mas de apontar ideias ou perspectivas compartilhadas com seus contemporâneos, indicativas do seu campo de interesses e da sua atualização temática e bibliográfica. Resta saber como o autor construiu sua interpretação sobre o Brasil, que temas elegeu e que conceitos utilizou.

3 Conceitos-chave

> *[...] o brasileiro é um povo em formação ou em dissolução? Vale a pena ocupar-se de um povo dissoluto?* (Carta de Capistrano a Guilherme Studart, 19/09/1909. *Correspondência*, vol. 1, p. 182).

> *Os* Capítulos *são a corrida contra aqueles obstáculos tidos como naturais ou inermes, em busca dos elementos que conduzem aos trilhos, muito estreitos e definidos, da história* (BOTTMAN, 1985, p. 70).

Como outros homens de letras de seu tempo, Capistrano de Abreu também considerava que a explicação do Brasil exigia a combinação de três elementos: o meio, a raça e as instituições[55], que, submetidos ao tempo, forneceriam a chave para a compreensão do processo histórico. Além disso, a importância dada ao meio em seus escritos permite supor que o realismo buscado por este autor combinava leis naturais e leis sociais. O conhecimento do mundo humano deveria ser baseado nas leis que regem as relações do homem com o mundo natural. Embora subordinado às leis da natureza, o homem poderia ascender à história, tornando-se um ser cultural. Resta explicar como essa ascensão é possível segundo Capistrano de Abreu. No caso, é importante considerar como ele construiu os tipos humanos e o papel que lhes atribuiu na história. Tais tipos são tidos como resultantes de uma determinada relação entre meio, raça e instituição, a partir dos quais e sobre os quais podem atuar de forma ativa ou passiva. Os traços psicossociológicos desses tipos humanos é que permitirão uma maior ou menor capacidade para se sobrepor à força restritiva do meio. Trata-se, portanto, de compreender como o autor enfrentou a relação entre vontade e determinação ou, entre liberdade e determinismo, ao elaborar sua narrativa da história do Brasil, considerando o tratamento dado aos povoadores, que são os agentes da ocupação do solo: os indígenas (agentes autóctones) e os estrangeiros (portugueses e negros), levando em conta as múltiplas relações que teceram entre si – por meio da mescla – e com o meio ambiente.

Com relação ao fator raça, além de caracterizar os tipos raciais, Capistrano utiliza as noções de mescla e de mestiçagem, considerando a relação entre o natural (autóctone, indígena ou aquele que pertence ao mundo da natureza e, portanto, ainda não ascendeu à ordem histórica) e o exótico (estrangeiro, que pode ser da ordem natural, como os negros, ou da ordem da cultura, como os brancos). Porém, como observou Denise Bottman, em Capistrano a mescla refere-se menos às raças e mais ao estatuto de historicidade atribuído aos tipos humanos. Tais tipos (e não cada raça em particular) podem ser compreendidos como o resultado complexo e o agente que sustenta a trilogia meio-raça-instituições de acordo com uma dinâmica particular[56].

Já as instituições não correspondem propriamente às organizações política, econômica e juridicamente constituídas, mas às relações de cooperação entre os tipos humanos específicos. Como exemplo estão as associações, a divisão do trabalho, a língua, as religiões, os sistemas militares de defesa etc. E, considerando a presença do tripé raça-meio-instituições, observa-se que nenhum elemento é tratado isoladamente. Prevalece o tipo humano composto, resultante de uma relação específica entre os três fatores e, concordando com Bottman, é a compreensão desse tipo que fornece a chave da inteligibilidade da história de Capistrano.

A autora relativiza a presença de determinismos na obra de Capistrano, pois, em sua interpretação:

> [...] se há na trilogia indissociável meio-raça-instituição um elemento primário dotado de maior universalidade, é ele o território, afetado e composto por condições geográficas imediatas, mas não reduzido a elas [...] são justamente os traços psicológicos que adquirem certa autonomia e maior relevância na definição do tipo antropogeográfico, como agente com menor ou maior capacidade de se sobrepor à força restritiva do meio[57].

A trilogia fornece um leque de combinações aplicadas aos objetos empíricos analisados e estes são classificados em função dessas mesmas combinações. Por exemplo, quando as condições do meio são duras os homens são impelidos a agir, a vontade e as faculdades racionais predominam e impulsionam a ação sobre o meio e o desenvolvimento de relações sociais dotadas de certa autonomia. É o que Capistrano identificará como povo civilizado. Quando as condições do meio são suaves, os homens são induzidos ao acomodamento, mantendo-se subordinados ao meio.

E, para além de identificar os agentes principais da história do Brasil (incluindo o território entre eles), Capistrano também considerava que, depois de Varnhagen, seria necessário construir uma nova periodização, capaz de encadear melhor os fatos[58]. E, ao fazer isso, ele colocou em relevo os motivos econômicos e sociológicos fundamentais de cada período da história do Brasil, sem descuidar dos aspectos espirituais e psicológicos.

Capistrano caracteriza o período que vai de 1500 a 1614 como marcado pela ocupação do litoral. Designou-o por período transoceânico, porque prevalece o sentimento de desdém pela terra e pelos naturais, acompanhado pelo desejo de retornar à Europa. De 1614 a 1700 começa a internação pelos rios. De 1700 a 1750 observa-se a descoberta das minas e a transformação psicológica dos colonos mediante a "consciência de superioridade" em relação aos reinóis, o que, segundo o autor, aprofundou a interiorização. Já o período que vai de 1750 a 1808 é definido pela consolidação do período colonial[59]. Proposta pela primeira vez em 1882, esta periodização será retomada no início do século XX.

Em 1905, o ministro da Indústria, Viação e Obras Públicas, Lauro Müller, incumbiu o Centro Industrial do Brasil de elaborar uma obra reunindo textos informativos sobre todas as indústrias existentes no país. Capistrano foi convidado a escrever a introdução do livro, que veio a ser publicado com o título de *O Brasil, suas riquezas naturais, suas indústrias* (1907). Essa obra, publicada em três volumes, é considerada a primeira a oferecer um levantamento geral sobre a economia brasileira, num momento em que havia escassez de dados. O estudo de Capistrano – intitulado *Noções de história do Brasil até 1800* no índice, e *Breves traços da história do Brasil: Colônia, Império e República*, no capítulo – é uma versão mais desenvolvida de uma série de textos publicados anteriormente no *Jornal do Commercio* (a partir de 1899), sob o nome de *Revistas Históricas*; no livro *Descobrimento do Brasil no século XVI* (1900); na revista *Kosmos*, sob o título de *História pátria* (1905) e que serviram de base para a elaboração de *Capítulos de história colonial*, publicado em separata (200 exemplares) no ano de 1907[60].

Denise Bottman chama atenção para o ordenamento temático e não tanto cronológico dos *Capítulos*, que obedece a uma hierarquização de sentido crescente no grau de importância atribuído a cada momento, que culmina nos resultados históricos alcançados por volta de 1800. Observa-se ainda que alguns capítulos percorrem algumas décadas, enquanto outros cobrem vários séculos, indicando certa "heterogeneidade temporal"[61]. Porém, o significado atribuído a cada período varia, assim como a forma de narrativa, que articula momentos de síntese histórica com outros, próximos à crônica dos acontecimentos político-administrativos, e ainda aqueles em que prevalece a análise mais focada em estudo de caso, havendo esforço para encadear os fatos e indicar o sentido da história[62].

Além disso, há um duplo deslocamento em sua narrativa: do litoral para o sertão e da natureza para a história. Segundo a autora, "partir do litoral em direção ao interior corresponderia, pois, a um ordenamento da matéria consoante com a ordem das coisas segundo sua importância crescente", sendo que o objetivo constante da narrativa é "escapar da natureza e aceder ao histórico"[63]. E isso é feito por meio de um procedimento recorrente: a passagem do geral ao particular, dos elementos autóctones representativos do mundo natural[64] aos aspectos históricos; da situação internacional mais abrangente aos acontecimentos ocorridos no Brasil.

Ao mesmo tempo, o autor compreende que, para que algo seja histórico, deve possuir uma realidade ou uma permanência posterior às circunstâncias de sua ocorrência, seja como desdobramento do próprio processo histórico, seja como testemunho documental. Em outros termos, as ações e movimentos que compõem aquilo que podemos designar por experiência só se tornam efetivamente históricos se obtiverem sucesso, no sentido de produzirem resultado ao longo do tempo. Como se o histórico correspondesse ao conjunto de resultados objetivos das ações. Nas palavras de Bottman, em Capistrano, a "história é efeito, não ação", ou, ainda, "é aquilo que se mostra feito". Além disso, é preciso que tais feitos possam ser realidade em outro plano: o da documentação[65]. E se "aquilo que se mostra feito" foi realizado por alguém, algumas iniciativas, assim como alguns agentes ou tipos humanos, parecem ter maior potencial histórico do que outros, sendo que o fundamental é conhecer o fim, e este corresponde às consequências supraindividuais resultantes das ações de vários agentes. Quando este resultado adquire certa estabilidade, torna possível o surgimento de novas ações de outros agentes[66].

Com relação aos episódios e agentes, Capistrano procura fornecer informações precisas quanto a lugares, datas e nomes. Indo além, busca traçar a motivação dos agentes e seus perfis para, em seguida, explicar como eles se adaptaram ou desapareceram. Ainda conforme a interpretação de Bottman, os negros e os índios não são focalizados de forma particular, não porque não possuam papel importante na formação brasileira, mas porque dela participam como elementos naturais. Um papel distinto, mais ou menos ativo na história é dado ao mestiço (moral e fisiológico), resultado da mescla das três raças, do cruzamento entre natureza e história. E, como já foi dito aqui, a raça é compreendida como um aspecto que se articula ao meio e às instituições[67].

É importante identificar quais são os personagens principais da obra em questão, bem como as relações que constroem entre si, pois isso auxilia a compreensão do modo como Capistrano explica o processo histórico e lhe confere sentido. E, antes de tudo, deve-se considerar que se trata de um autor que ficou conhecido por sua preocupação com "o povo, durante três séculos capado e recapado, sangrado e ressangrado"[68].

Para Denise Bottman, em Capistrano o povo não é identificado como uma força produtora de história, pois os efetivos responsáveis são os indivíduos ou grupos movidos por um projeto coletivo. Na visão da autora, o povo não é focalizado enquanto agente real, mas como uma matéria viva, que oscila segundo os ditames dos poderosos e que é indiferente à mudança dos seus senhores "porque seu cativeiro é um dado invariável". Em *Capítulos de história colonial*, por exemplo, o povo aparece como uma espécie de figurante massivo, designado genericamente, cujas ações seguem as determinações de líderes e chefes[69].

É possível relativizar a interpretação de Bottman argumentando que o deslocamento operado por Capistrano ao direcionar o foco da história da colonização portuguesa para a história da sociedade colonial, com sua estratificação e miscigenação, pressupõe, por si só, que não se trata de uma história que apenas acompanha a ação de determinados indivíduos, líderes e heróis, ainda que estes estejam presentes nessa história e, por vezes, a protagonizem. Não se trata de uma história dos "grandes homens", mas de uma história que focaliza as relações humanas em sociedade. O lugar dos indivíduos, pensados como tipos humanos vinculados à natureza ou à cultura, é no interior das relações entre grupos e destes com o meio. Para o autor em questão, "o povo brasileiro" começou a ocupação do território[70]. E ainda que alguns entre eles se destaquem por certas ações e, sobretudo, por serem portadores de um projeto coletivo e civilizador, capaz de fazer aceder da natureza para a história, trata-se de uma narrativa com foco nos movimentos populacionais, que considera a ação de autóctones e estrangeiros, supondo disputas internas em cada grupo e entre os grupos. A "matéria viva" que oscila segundo os ditames dos poderosos parece ter, na verdade, uma dupla acepção: o conceito de povo remete tanto ao conjunto anônimo composto por escravos ("filhos da terra ou africanos"), portugueses sem terras, que viviam de salário (mestres de açúcar, feitores, oficiais mecânicos etc.), lavradores pobres, produtores de mantimentos ou criadores de gado, mercadores como, também, os senhores de engenho, os jesuítas e os bandeirantes. A estratificação pressupõe a identificação e caracterização desses diferentes tipos, com distintas "receitas de pele". E, para Capistrano, algo comum aos diversos tipos humanos é a dispersão, a ausência de cooperação, o desapreço por questões práticas e concretas, o desinteresse pela vida política e administrativa, bem como pelo enfrentamento coletivo dos problemas cotidianos.

Mas o interesse pela sociedade colonial e pelos movimentos espaciais coletivos (de deslocamento pelo território e de fixação) não impediu a eleição de alguns protagonistas e, para Capistrano, os jesuítas e os bandeirantes ocupam um papel importante na história. Aos primeiros o autor atribuiu uma missão civilizadora, capaz de estabelecer um sentido coletivo para o processo de acedimento da natureza à história, mediante a criação de núcleos populacionais e a difusão de um projeto humanista. Porém, ironicamente tal projeto fracassou. Por outro lado, os bandeirantes, que a princípio encarnam os conquistadores, passaram à condição de povoadores por meio de práticas bélicas e destrutivas. Uma vez que a história é impulsionada quando os homens dominam os obstáculos naturais, o *efeito evaporador*[71] do meio pôde ser neutralizado favorecendo a expansão e a fixação humana. Como observou Bottman, para Capistrano a prática da defesa militar do território, baseada na construção de sistemas organizados de defesa e segurança, fundamenta a constituição de um povo histórico. Tal perspectiva está em conformidade com a teoria de Ratzel sobre a transição da natureza à história, expressa na *Anthropogeographie* (1882-1891)[72].

O "fato capital dos nossos anais" era o povoamento do sertão, "uma corrente interior, mais volumosa e mais fertilizante que o tênue fio litorâneo"[73]. Para estudá-lo, o caminho era localizar testemunhos contemporâneos autênticos e deles extrair a narrativa dos acontecimentos para descobrir os fatos gerais. Tal procedimento deveria ser complementado pela combinação da crítica dos documentos relativos à história do Brasil com a análise comparativa dos processos históricos de outros países americanos e, principalmente, pelo estudo dos sertões[74], que ocupa mais de 1/3 do livro.

Bottman propõe uma leitura dupla da expansão narrada nos *Capítulos*: a de tipo histórico, regida por projetos de médio e longo alcance, mediante uma combinação entre continuidade e transformação; e a de tipo não histórica (mecânica ou cega), regida por impulsos de curto alcance, que não buscavam a preservação e ampliação da vida social[75]. A "monotonia trágica" identificada por Capistrano refere-se ao resultado das bandeiras, par antitético da "catequese grandiosa" dos jesuítas, cujo resultado foi frustrado[76].

Partindo da hipótese de que a distância geográfica entre os grupos determina o tipo de relação entre eles e o grau de coesão de suas associações, Capistrano conclui que a característica mais constante do sistema colonial é a dispersão interna, a divisão, a ausência de coesão, sendo que a mestiçagem (física e moral) reiteraria essas características dispersivas conforme expressa a seguir[77]:

> Examinando superficialmente o povo, descriminaram-se logo três raças irredutivas, oriunda cada qual de continente diverso, cuja aproximação nada favorecia. Tampouco próprios a despertar simpatia e benevolência, antolhavam-se os mestiços, mesclados em proporção instável quanto à receita da pele e dosagem do sangue, medidas naqueles tempos, quando o fenômeno estranho e novo, em toda a energia do Estado nascente, tendia a observação ao requinte e superexcitava os sentidos, medidas e pesadas com uma precisão de que não podemos mais formar ideia remota, nós afeitos ao fato consumado desde o berço, indiferente às peles de qualquer aviação e às dinamizações do sangue em qualquer ordinal. A desafeição entre as três raças e respectivos mestiços lavrava dentro de cada raça. Em suma, dominavam forças dissolventes, centrífugas, no organismo social; apenas se percebiam as diferenças; não havia consciência de unidade, mas de multiplicidade[78].

Para Capistrano, "o principal efeito dos fatores antropogeográficos foi dispersar a cooperação"[79]. Essa conclusão não deixa de ser pessimista ou mesmo trágica, pois em sua interpretação a dispersão interna perdurará por séculos, produzindo resultados negativos. A colônia é caracterizada pela inexistência de progressos definitivos e de uma esfera social articulada. Em suas palavras:

> Se excetuarmos algumas irmandades e associações de beneficência como as casas de misericórdia, sempre beneméritas e sempre vivazes, as manifestações coletivas eram sempre passageiras: mutirão, pescarias, vaquejadas, feiras, novenas. Entre o Estado e a família não se interpunham coordenadores e energia, formadores de tradição[80].

Isso teria impossibilitado a construção de uma consciência coletiva capaz de sustentar causas gerais, o que fez com que predominasse sempre o particularismo. Em suas palavras, "pau-brasil, papagaios, escravos, mestiços condensam a obra das primeiras décadas". A partir do século XVIII, algumas mudanças passaram a ocorrer quando "reinóis e mazombos, negros boçaes e negros ladinos, mamalucos, mulatos, caboclos, caribocas, todas as denominações, enfim, sentiram-se mais próximos uns dos outros, apesar de todas as diferenças flagrantes e irredutíveis". A razão dessa integração possível entre os diferentes foi a união contra o invasor holandês, cuja derrota após 30 anos de lutas produzira uma consciência nova nos habitantes da terra, capaz de produzir certa cooperação. E, desse modo, "por toda parte transparece o segredo do brasileiro: a diferenciação paulatina do reinol, inconsciente e tímida ao princípio, consciente, resoluta e irresistível mais tarde, pela integração com a natureza com suas árvores, seus bichos e o próprio indígena"[81]. Porém, após três séculos de colonização, o resultado é sintetizado nas palavras finais de seu livro:

> Cinco grupos etnográficos, ligados pela comunidade ativa da língua e passiva da religião, moldados pelas condições ambientes de cinco regiões diversas, tendo pelas riquezas naturais da terra um entusiasmo estrepitoso, sentido pelo português aversão ou desprezo, não se prezando, porém, uns aos outros de modo particular – eis em suma ao que se reduziu a obra de três séculos[82].

4 Considerações finais

Para Tristão de Athayde, Capistrano foi o pioneiro de uma "história radicular", dedicada ao estudo das raízes do Brasil. Interessou-se pela história colonial, onde estaria o "nó da nossa história": o povoamento no interior, cuja compreensão considerava necessária para o entendimento das "origens" da nação. Diante disso, sua obra dispersa em livros, artigos, notas, prefácios e cartas, pode ser lida como parte de um programa de investigação sobre a formação da nacionalidade, que envolvia o estudo da geografia, das línguas e costumes "indígenas" e "estrangeiros" (portugueses e negros). Suas pesquisas podem ser ordenadas a partir de um roteiro com três partes principais: descobrimento, desbravamento e ocupação do território.

O estudo dos caminhos antigos (terrestres e fluviais) e do povoamento do Brasil era considerado fundamental para a compreensão da formação nacional. Em função disso, propôs a construção de duas histórias: uma "história externa", interessada em mostrar a colônia portuguesa na América como resultado da expansão europeia no início da Época Moderna; e uma "história íntima", dedicada a compreender como a população se formou, ocupando o interior, criando indústrias, adquirindo hábitos, adaptando-se ao meio, constituindo a nação. O estudo das línguas e costumes "indígenas" complementou o programa.

Por tudo isso, sua obra pode ser inserida ao lado de outras tantas produzidas em meio a um movimento de redescoberta do Brasil iniciado ainda no século XIX e que se prolongou até, pelo menos, os anos de 1950, despertando o interesse pelo interior do país, com suas vastas regiões e populações desconhecidas. Esse movimento, fundado na lógica da alteridade entre sertão e litoral, foi explorado pela literatura romântica; pelos relatos de viajantes nacionais e estrangeiros; pela literatura de inspiração realista e naturalista; pelos escritos regionalistas; pelos relatórios produzidos por médicos sanitaristas, que percorreram o Brasil nas primeiras décadas do século XX; pelos estudos geográficos e etnográficos e pela escrita da história.

De certo modo, é possível dizer que ele permanece como "nosso grande e estranho historiador". Grande não tanto por sua obra – ultrapassada em vários aspectos –, mas devido ao lugar que ocupa na historiografia brasileira como uma espécie de monumento ao estudo da história. Seus escritos contribuem, sobretudo, para a compreensão da própria época em que foram elaborados, remetendo aos temas considerados importantes e às possibilidades investigativas e interpretativas então abertas. Também permanece "estranho", por pertencer a um outro tempo e por ser menos lido hoje pelos estudantes e estudiosos da história. Mas ao fim e ao cabo talvez seja possível concordar com Athayde, para quem Capistrano "é desses [...] cuja obra escrita não completa a figura, não explica tudo o que foram, nem a metade do que foram".

Notas

[1] A parte introdutória deste capítulo e sua conclusão consistem em uma versão revista de um pequeno artigo publicado por mim na extinta revista *Nossa História*, da Biblioteca Nacional, intitulado "Nosso grande e estranho historiador" (ano 4, n. 38, dez./2006, p. 74-77), que serviu como mote para o desenvolvimento deste novo texto.

[2] Os Três Mosqueteiros (pseudônimo de Américo Facó) [1911] apud MATOS, P.G. *Capistrano de Abreu*: vida e obra do grande historiador. Fortaleza: A. Batista Fontenele, 1953, p. 33.

[3] Autor anônimo. Supapo. In: *Corsário* – Órgão de moralização social, n. 46, 1883, p. [2]. Rio de Janeiro. O verso citado remete ao gosto de Capistrano pelas notas de rodapé e à dificuldade de escrever uma história do Brasil como era esperado por seus contemporâneos.

[4] Cf. comentários sobre o Clube Taques na carta a Antônio Joaquim Macedo Soares, de 1883. In: ABREU, C. *Correspondência de Capistrano de Abreu*. Vol. 3. Rio de Janeiro: Civilização Brasileira, 1977, p. 2. Pedro Taques de Almeida Paes Leme (1714-1777) é autor da *Nobiliarquia paulistana*.

[5] MATTOS, I.R. *O Tempo Saquarema* – A formação do Estado imperial. São Paulo: Hucitec, 2004, p. 296-297.

[6] Sobre o IHGB, cf.: GUIMARÃES, L.M.P. Debaixo da imediata proteção de Sua Majestade Imperial – O Instituto Histórico e Geográfico Brasileiro (1838-1889). In: *Revista do IHGB*, tomo 156, n. 388, 1995.
• GUIMARÃES, M.L.S. Nação e civilização nos trópicos: o Instituto Histórico e Geográfico Brasileiro e o projeto de uma história nacional. In: *Estudos Históricos*, n. 1, 1988, p. 5-27.

[7] CÉZAR, T. *L'écriture de l'histoire au Brésil au XIXe siècle* – Essai sur une rhétorique de la nationalité: Le cas Varnhagen. 2 tomos. Paris: Ehess, 2002 [Tese de doutorado].

[8] HARTOG, F. La France, l'objet historique. In: *Le Monde des Débats*, nov./2000, p. 16. Sobre o conceito de nação em Capistrano, cf.: FALCON, F.J.C. As ideias e noções de "moderno" e "nação" nos textos de Capistrano de Abreu – Os *Ensaios e estudos*, 4ª série, comentários (1999). In: *Estudos de teoria da história e historiografia* – Vol. II: Historiografia. São Paulo: Hucitec, 2015, p. 256-279.

[9] HOLANDA, S.B. O Brasil monárquico – do Império à República. In: *História geral da civilização brasileira*. Vol. 3. São Paulo: Difel, 1972, p. 118 e 121.

[10] ALONSO, A. *Ideias em movimento* – A geração 1870 e a crise do Brasil-Império. São Paulo: Paz e Terra, 2002.

[11] ABREU, C. Carta ao Barão do Rio Branco (17/04/1890). In: *Correspondência*. Vol. 1. Rio de Janeiro/Brasília: Civilização Brasileira/Inep, 1977, p. 130.

[12] A expressão "geração 1870" inclui os indivíduos que chegaram à idade adulta e ao mercado de trabalho ao longo da década de 1870, constituindo um fenômeno cultural amplo e observável em diversos países. Para Angela Alonso, no caso brasileiro, os integrantes dessa geração eram socialmente

heterogêneos, mas viveram "uma experiência compartilhada de *marginalização política*", que a autora toma como chave para compreender o sentido de suas manifestações intelectuais, que incluem "formas coletivas de crítica às instituições, aos valores e às práticas fundamentais da ordem imperial". A hipótese de Alonso atribui a identidade do movimento intelectual da geração 1870 a uma postura compartilhada de crítica à tradição imperial e não tanto à adesão a um *corpus* doutrinário. Cf. ALONSO. Op. cit., p. 43 e 244-245.

[13] OLIVEIRA, M.G. *Crítica, método e escrita da história em João Capistrano de Abreu (1853-1927)*. Porto Alegre: UFRGS, 2006, p. 53 [Dissertação de mestrado]. Foi publicada em 2013 (Ed. FGV), mas optei por utilizar o trabalho original, mais completo. Arno Wehling também relaciona Capistrano à "nova geração surgida durante e após a Guerra do Paraguai", que procurou reinterpretar o Brasil focalizando o povo e sua formação étnica, e não mais o Estado imperial, sob a influência do sociologismo de Comte e Taine e de diversos determinismos progressistas. Cf. WEHLING, A. Capistrano de Abreu: a fase cientificista. In: *A invenção da história* – Estudos sobre o historicismo. Rio de Janeiro: Gama Filho, 2001, p. 141. Sobre a perspectiva científica de Capistrano cf. tb. FALCON, F.J.C. O Brasil de Capistrano de Abreu: características de sua produção historiográfica (2004). In: *Estudos de teoria da história e historiografia*. Vol. II: Historiografia. São Paulo: Hucitec, 2015, p. 280-293.

[14] Este *insight* de Wilson Martins foi destacado por Denise Bottman, que fez breves comentários sobre a relação da geração 1870 e de Capistrano de Abreu, em particular, com a história. Cf. MARTINS, W. *História da inteligência brasileira (1877-1896)*. Vol. IV. São Paulo: Cultrix/Edusp, 1977, p. 86. • BOTTMAN, D. *Padrões explicativos da historiografia brasileira*. Campinas: Unicamp, 1985, p. 20 [Dissertação de mestrado]. O trabalho foi publicado em Curitiba em 1997, pela Editora Aos Quatro Ventos, com segunda edição em 1999. Utilizo aqui a dissertação mais completa.

[15] Maria da Glória de Oliveira lembra que o crítico literário José Veríssimo situa Capistrano de Abreu entre os "representantes do moderno intelecto brasileiro" em sua época, ao lado de nomes como Tobias Barreto, Machado de Assis, Araripe Júnior, Escragnolle Taunay e Sílvio Romero. Cf. OLIVEIRA. Op. cit., p. 18, nota 18. A autora também chama atenção para o caso da "geração 1870" em Portugal, mobilizada em torno da revisão da cultura lusa desde as suas origens e com atenção especial voltada para o período dos descobrimentos.

[16] BARBOSA, J.A. Introdução. In: VERÍSSIMO, J. *Teoria, crítica e história literária*. Rio de Janeiro/São Paulo: LTC/Edusp, 1977, p. xx-xxi.

[17] ARARIPE, T.A. Indicações sobre a história pátria. In: *RIHGB*, tomo LVII, 1894, p. 259-290.

[18] Sobre a recepção de Varnhagen no Oitocentos, cf.: CEZAR, T. Varnhagen em movimento: breve antologia de uma existência. In: *Topoi*, vol. 8, n. 15, jul.-dez./2007, p. 159-207.

[19] ABREU, C. Necrológio de Francisco Adolfo de Varnhagen [1878]. In: *Ensaios e estudos*: crítica e história. 1ª série. 2. ed. Rio de Janeiro/Brasília: Civilização Brasileira/INL, 1975, p. 81-91. Originalmente publicado no *Jornal do Commercio* entre 16 e 20 de dezembro de 1878, foi reproduzido na *Revista do IHGB* em 1916 e no *Apenso* da 3ª edição da *História geral do Brasil*, publicada em 1927. A 4ª edição, publicada em 1948, excluiu os prefácios anteriores e a dedicatória ao Imperador Pedro II, mantendo apenas a introdução de Rodolfo Garcia.

[20] ABREU, C. Sobre o Visconde de Porto Seguro (1882). In: *Ensaios e estudos: crítica e história*. 4ª série. Rio de Janeiro/Brasília: Civilização Brasileira/MEC, 1976, p. 131-147.

[21] Arno Wehling realizou um estudo comparativo das obras de Varnhagen e Capistrano ao analisar a passagem de uma concepção historicista romântica e erudita para uma concepção historicista cientificista. Compreendendo a história da historiografia como um setor da história das ideias, Wehling apresenta as obras de Varnhagen e Capistrano como antagônicas, considerando suas fundamentações ideológicas, concepções teóricas, objetos e resultados historiográficos, embora identifique metodologias semelhantes. Cf.: WEHLING, A. *De Varnhagen a Capistrano*: historicismo e cientificismo na construção do conhecimento histórico. 2 vols. Rio de Janeiro: UFRJ, 1992 [Tese para professor-titular de Metodologia da História]. Partindo do pressuposto de que na obra de Capistrano estão implícitas duas formações: a do Brasil como nação e a do próprio autor como historiador, Daniel Mesquita foca-

lizou a relação de Capistrano com Varnhagen, defendendo a hipótese de que foi a partir de um diálogo crítico e tenso com o autor da *História geral do Brasil* que Capistrano planejou (re)escrever a história, e no mesmo movimento afirmou-se como historiador. Cf. MESQUITA, D. *Descobrimentos de Capistrano*: a História do Brasil "a grandes traços e largas malhas". Rio de Janeiro: Apicuri/PUC-Rio, 2010. Já Maria da Glória de Oliveira, menos preocupada com o problema da formação nacional – um dos focos do estudo de Mesquita – e mais interessada em explorar os problemas de ordem epistemológica, metodológica e narrativa presentes na revisão que Capistrano fez de Varnhagen, analisou como o primeiro formulou as diretrizes de seu projeto historiográfico a partir da crítica ao segundo. Cf. OLIVEIRA, M.G. *Crítica, método e escrita da história em João Capistrano de Abreu*. Porto Alegre: UFRGS, 2006 [Dissertação de mestrado]. Por fim, Fernando Amed analisou a leitura de Varnhagen feita por Capistrano ao rever a *História geral do Brasil*, buscando aproximar as trajetórias de ambos, supostamente marcadas pela inadequação ao meio intelectual e pela recepção restrita. Cf. AMED, F. *Atravessar o oceano para verificar uma vírgula*: Francisco Adolfo de Varnhagen (1816-1878) lido por Capistrano de Abreu (1853-1927). São Paulo: USP, 2008 [Tese de doutorado].

[22] ABREU, C. Sobre o Visconde de Porto Seguro. Op. cit., p. 140.

[23] RODRIGUES, J.H. Capistrano de Abreu e a historiografia brasileira. In: *Revista do IHGB*, vol. 221, 1953, p. 122.

[24] Sobre o trabalho de anotação de *Materiais e achegas*, cf.: SANTOS, P.A.C. As notas de rodapé de Capistrano de Abreu: as edições da coleção *Materiais e achegas para a História e Geografia do Brasil* (1886-1887). In: *Revista de História*, 163, jul.-dez./2010, p. 15-52. São Paulo.

[25] A rede de eruditos na qual Capistrano se integrava reunia nomes como Ramiz Galvão, Alfredo do Vale Cabral, Batista Caetano, Teodoro Sampaio, Manuel Said Ali Ida e Rodolfo Garcia. Entre os estrangeiros estavam estudiosos como o norte-americano John Casper Branner; os portugueses João Lucio de Azevedo e Lino d'Assunção; os alemães Karl von den Steinen, Paul Ehrenreich e Theodor Koch-Grünberg; e o francês Paul Rivet. Parte dessa rede foi estudada em CHRISTINO, B.P. *A rede de Capistrano de Abreu (1853-1927)*: uma análise historiográfica do rã-txa hu-ni-ku-~i em face da Sul-americanistíca dos anos de 1890-1929. São Paulo: USP, 2006 [Tese de doutorado em Semiótica e Linguística Geral]. E, sobre a correspondência de Capistrano, cf.: AMED, F. *As cartas de Capistrano de Abreu*: sociabilidade e vida literária na *belle époque* carioca. São Paulo: Alameda, 2006. • GONTIJO, R. *O velho vaqueano* – Capistrano de Abreu: memória, historiografia e escrita de si. Rio de Janeiro: 7 Letras, 2013.

[26] Sobre o trabalho de Capistrano como editor de documentos históricos, cf.: OLIVEIRA. Op. cit., p. 87-128. • SANTOS, P.A.C. Um "distinto bibliógrafo e bibliófilo": Capistrano de Abreu editor de documentos históricos. In: *História*, vol. 29, n. 1, 2010, p. 418-441. Unesp-Franca. • SANTOS, P.A.C. História erudita e popular: edição de textos na obra de Capistrano de Abreu. São Paulo: USP, 2009 [Dissertação de mestrado em História]. Oliveira focaliza o trabalho de crítica e edição realizado por Capistrano considerando-o como "gesto de arquivamento" que não se reduz à descoberta de testemunhos, pois implica a ordenação dos mesmos de modo a constituir a prova documentária. Por meio de tais procedimentos metódicos o historiador confere credibilidade ao seu texto.

[27] Sobre a revisão de Varnhagen feita por Capistrano, cf. OLIVEIRA. Op. cit., p. 149-157. • AMED. *Atravessar o oceano para verificar uma vírgula*. Op. cit. • BATALHONE JR., V.C. *Uma história das notas de rodapés*: a anotação da *História geral do Brasil* de Francisco Adolfo de Varnhagen (1984-1953). Porto Alegre: UFRGS, 2011 [Dissertação de mestrado]. Tomando como objeto os escritos de Capistrano, Oliveira desenvolve uma reflexão sobre as relações entre método e escrita da história, defendendo a hipótese de que os dispositivos da crítica documental, ao mesmo tempo em que conferem validade ao texto historiográfico, impõe limites à sua construção. As notas subscritas ou anexas à obra de Varnhagen produzem, segundo a autora, um efeito de conversação entre os historiadores, que inclui outras vozes por meio das citações documentais. Já Vitor Batalhone argumenta que o trabalho crítico-metódico utilizado para assegurar a veracidade dos manuscritos também esteve relacionado a escolhas e renúncias não exclusivamente historiográficas. O autor defende a hipótese de que, por meio de prefácios e notas inseridas nos documentos, Capistrano erigiu um artifício técnico-erudito-discursivo (definido metaforicamente como um cavalo de Troia) capaz de transformar os vestígios de um passado

luso-americano em testemunhos do passado nacional. Contudo, também conclui que esse artifício era rudimentar e repleto de equívocos decorrentes do método adotado e da experiência histórica que impunha limites à compreensão histórica. A hipótese principal é a de que este trabalho de anotação contribuiu, de forma decisiva, no processo de "instituição discursiva" de Varnhagen enquanto autoridade da historiografia brasileira durante cerca de cem anos. Cf. BATALHONE JR., V.C. *O cavalo de Troia da nação*: tempo, erudição, crítica e método em Capistrano de Abreu (1878-1927). Porto Alegre: UFRGS, 2015 [Tese de doutorado em História].

[28] OLIVEIRA. Op. cit., p. 153.

[29] A esse respeito, cf. CHRISTINO. Op. cit.

[30] KOCH-GRÜMBERG (carta de 20/04/1921), apud CHRISTINO. Op. cit., p. 20.

[31] KOCH-GRÜMBERG (1941), apud CHRISTINO. Op. cit., p. 31.

[32] ABREU, carta a Martim Francisco (25/09/22). In: *Correspondência de Capistrano de Abreu*. Vol. 3. Rio de Janeiro/Brasília: Civilização Brasileira/Inep, 1977, p. 89-90. Sobre Capistrano e os índios, cf.: GONTIJO, R. Na trilha de Capistrano de Abreu (1853-1927): índios, história e formação do Brasil. In: OLIVEIRA, J.P. (org.). *A presença indígena no Nordeste*: processos de territorialização, modos de reconhecimento e regimes de memória. Rio de Janeiro: Contracapa, 2011, p. 605-630.

[33] Basta lembrar aqui o uso dos estudos sobre indígenas nas obras historiográficas de Capistrano. Em sua tese *Descobrimento do Brasil no século XVI*, apresentada no concurso do Imperial Colégio de Pedro II, em 1883, o autor utiliza os então modernos estudos craniológicos dos primeiros habitantes do país. Em *O descobrimento do Brasil – Povoamento do solo, evolução social*, publicado em 1900, afasta-se da antropologia física e aproxima-se dos estudos culturais.

[34] AZEVEDO, J.L. *História de Antônio Vieira*. Vol. 1. 3. ed. Lisboa: Clássica Editora, 1992, p. 8. Sobre João Lúcio de Azevedo, cf. RODRIGUES, A.E.M. O achamento do Brasil e de Portugal: perfil do intelectual do historiador luso-brasileiro João Lúcio de Azevedo. In: *Acervo*, n. 12, jan.-dez./1999, p. 37-66 – Revista do Arquivo Nacional. • PÉCORA, A. Retórica de uma biografia: Padre Antonio Vieira por João Lúcio de Azevedo. In: *Revista Chilena de Literatura*, n. 85, 2013, p. 278.

[35] Sobre Capistrano e a concepção moderna de história, cf. ARAÚJO, R.B. Ronda noturna: narrativa, crítica e verdade em João Capistrano de Abreu. In: *Estudos Históricos*, n. 1, 1988, p. 28-54. • OLIVEIRA. Op. cit. Analisando dois textos de Capistrano sobre o mesmo tema (*O descobrimento do Brasil, seu desenvolvimento no século XVI*, de 1883. • *O descobrimento do Brasil – Povoamento do solo, evolução social*, de 1900), Araújo focaliza a relação entre a exigência de objetividade e a necessidade de comprometimento intelectual, presentes na época de Capistrano, e que exemplificam uma concepção moderna de história. A hipótese é a de que Capistrano enfrentou, nos dois textos, a dupla exigência de imparcialidade/objetividade e de posicionamento intelectual, contemplando a primeira na etapa da crítica documental e, a segunda, na etapa da síntese explicativa, sociologicamente orientada, expressa pelo modelo narrativo. Cabe observar que Maria da Glória de Oliveira focalizou parte do mesmo problema, examinando as relações entre os procedimentos metódicos de investigação e a escrita da história em Capistrano. Trata-se de um estudo da operação historiográfica empreendida pelo autor, que corresponde ao trabalho de crítica e edição de documentos visando a constituição da prova documentária capaz de conferir credibilidade à escrita da história. Cf. OLIVEIRA. Op. cit.

[36] ANHEZINI, K. *Um metódico à brasileira* – A história da historiografia de Afonso Taunay (1911-1939). São Paulo: Unesp, 2011. • TAUNAY, A. *História geral das bandeiras paulistas*: escrita à vista de avultada documentação inédita dos arquivos brasileiros, espanhóis e portugueses. 11 tomos. São Paulo: Tipografia Ideal/H.L. Canton/Imprensa Oficial do Estado, 1924-1950.

[37] TAUNAY, A. J. Capistrano de Abreu – *In memoriam*. In: *Anais do Museu Paulista*, tomo III, 1927, p. XVII.

[38] RODRIGUES, J.H. Afonso Taunay e o revisionismo histórico. In: *História*, vol. 17, n. 35, 1958, p. 97-105. São Paulo.

[39] PRADO, P. *Paulística*: história de São Paulo. São Paulo: Cia. Gráfico Ed./Monteiro Lobato, 1925. • PRADO, P. *Retrato do Brasil*: ensaio sobre a tristeza brasileira (1928). São Paulo: Companhia das Letras, 1997.

⁴⁰ Ibid., p. v.

⁴¹ As fontes principais para conhecer as leituras de Capistrano são suas cartas, em grande parte reunidas por José Honório Rodrigues e publicadas em 1953. Os estudos publicados por ele também contêm indicações de leituras, mas nem sempre fornecem a bibliografia utilizada, contrariando preceitos da moderna concepção de história à qual está vinculado. Destaca-se, sobretudo, a menção dos documentos, às vezes referindo-se a obras específicas. Outra fonte é sua biblioteca, parcialmente reconstituída e atualmente sob a guarda do Instituto Histórico do Ceará. Um estudo da biblioteca de Capistrano foi feito em RIBEIRO, M.L.G. *Uma ruptura na historiografia brasileira*: a formação intelectual de João Capistrano de Abreu (1853-1927). 2 vols. Rio de Janeiro: UFRJ, 1990 [Dissertação de mestrado]. O segundo volume da obra de Ribeiro inclui uma lista de livros encontrados na biblioteca.

⁴² Arno Wehling divide a obra de Capistrano de Abreu em duas fases: a cientificista (1874-1880) e a documentalista ou historicista (a partir de 1880). A primeira teria sido marcada pela crença na unidade do real, na existência de leis ou regularidades deterministas, na diretividade do processo e na objetividade do conhecimento científico. Adotando a perspectiva de uma história das ideias que busca pressupostos teóricos e influências, Wehling associa a primeira fase de Capistrano às leituras de Comte, Buckle, Taine, Spencer. A partir de 1880, o autor observa um crescente primado do documento na obra de Capistrano, conduzindo-o do cientificismo à ciência. Nesse sentido, está de acordo com a interpretação de José Honório Rodrigues, para quem Capistrano transitou do positivismo ao realismo histórico. Contudo, Rodrigues atribui essa mudança à leitura de autores alemães, enquanto Wehling a atribui ao estudo de documentos. Adotando uma posição documentalista, Capistrano substituíra o determinismo no plano epistemológico por um "possibilismo condicionador" e, no plano metodológico, por hipóteses de trabalho e pelo primado dado ao objeto. Cf. WEHLING. Op. cit., p. 141-174. • RODRIGUES. Op. cit., p. 124.

⁴³ Cf. observações sobre isso em ABREU. Carta a Paulo Prado, 29/06/1923, "Dia de São Pedro". In: *Correspondência*. Vol. 2. Op. cit., p. 449-450.

⁴⁴ ABREU. Carta a João Lúcio de Azevedo, 19/03/1917. In: *Correspondência*. Vol. 2. Op. cit., p. 37-38. • ABREU, C. "A Geografia do Brasil" (1906). In: *Ensaios e estudos*. 2ª série. Op. cit., p. 19-24. Uma das principais referências no campo da geografia histórica no início do século XX era Sofhus Ruge, estudioso da geografia dos descobrimentos, também conhecido por Capistrano.

⁴⁵ A fortuna crítica de Ratzel o identifica como "pai do determinismo ambiental" e da política imperialista no Oitocentos e, posteriormente, da geopolítica nazista, situando-o como representante máximo da chamada "escola determinista alemã", em contraposição à "escola possibilista francesa" de Vidal de La Blanche. Importa destacar que Ratzel opunha-se à perspectiva determinista de Auguste Comte, de acordo com a qual o meio é determinado pelas coordenadas geográficas. Ratzel deslocou o foco para a noção de território, visto como resultado da interação dos homens com o meio. Sua obra tem sido relida atualmente. Cf.: SEEMANN, J. Friedrich Ratzel entre tradições e traduções: uma breve abordagem contextual. *Terra Brasilis* (Nova Série), n. 1, 2012, p. 2-14 [Disponível em http://terrabrasilis.revues.org/180]. • CARVALHO, M.B. Ratzel: releituras contemporâneas – Uma reabilitação? *Biblio 3W*, n. 25, abr./1997, p. 1-19 [Revista Bibliográfica de Geografia y Ciencias Sociales, Universidad de Barcelona]. • VESENTINI, J.W. Controvérsias geográficas: epistemologia e política. In: *Confins*, n. 2, 2008, p. 1-29 [Revista Franco-Brasileira de Geografia].

⁴⁶ CARVALHO. Op. cit., p. 4 e 12.

⁴⁷ RATZEL (1906), apud SEEMANN. Op. cit., p. 42.

⁴⁸ Importante lembrar que a reflexão que associa a história à geografia está presente no século XIX e, também, nas primeiras décadas do século XX, em obras como a de Lucien Febvre: *A Terra e a evolução humana: introdução geográfica à história* (1922). Ou seja, não se trata de uma discussão ultrapassada na época em que Capistrano elaborava seus principais textos. Febvre, aliás, é quem estabelece a distinção entre a "escola determinista alemã" – cujo principal representante era Ratzel – e a "escola possibilista francesa" – cuja figura central é Vidal de La Blanche.

⁴⁹ Cf. ERICEIRA, R.C.S. *História e vida mental*: a psicologia dos povos wundtiana [Texto apresentado na Abrapso, em 2007] [Disponível em http://www.abrapso.org.br/siteprincipal/anexos/AnaisXIVENA/conteudo/pdf/trab_completo_121.pdf].

⁵⁰ ARAÚJO, S.F. Uma visão panorâmica da psicologia científica de Wilhem Wundt. *Scientiae Studia*, vol. 7, n. 2, 2009, p. 209-220.

⁵¹ ERICEIRA. Op. cit.

⁵² Gustav von Schmoller é representante da escola histórica alemã que, no final do século XIX, esteve envolvido em um debate com a escola austríaca de economia, liderada por Carl Menger. Polêmica que se tornou conhecida como a "guerra dos métodos" (*Methodenstreit der Nationalökonomie*). Resumidamente, os economistas ligados à escola alemã rejeitavam a ideia da validade universal dos teoremas econômicos, cujo pressuposto básico era o de que os homens são essencialmente egoístas e, em decorrência disso, a vida econômica seria regida pela vontade individual de maximizar os interesses pessoais. A escola histórica defendia a necessidade de um método capaz de abarcar as diferenças entre os grupos humanos, considerando a realidade sempre mutante, única e imprevisível, não regida por pressupostos com validade universal. Ao lado de Schmoller, Karl Bücher (autor também conhecido por Capistrano) proporia que o egoísmo poderia não ser uma manifestação da condição humana, mas um produto de circunstâncias particulares, nacionais, culturais e históricas. Ou seja, a racionalidade econômica seria adquirida e não dada pela natureza. Enquanto Menger buscava teorias generalizantes por meio de um método dedutivo, Schmoller buscava estudar a economia no tempo e no espaço, considerando que o fenômeno econômico está relacionado à política, à moral e à cultura. Posteriormente, Schmoller também se envolveu na "controvérsia em torno de juízos de valor" (*Werturteilsstreit*), combatendo a ideia de "neutralidade axiológica" proposta por Max Weber, em defesa de um ideal de ética histórica. Cf.: SENN, P. The German historical schools in the history of economic thought. In: *Journal of Economic Studies*, vol. 32, n. 3, 2005, p. 185-255. • CUNHA, M.D.R. Política social na ciência econômica germânica: Gustav von Schmoller e os imperativos éticos da historiografia alemã. In: *História Econômica & História de Empresas*, vol. 17, n. 1, 2014, p. 45-83.

⁵³ A Teoria das Etapas da Evolução Econômica, de Schmoller é composta por: economia de aldeia, de cidade, territorial, nacional e mundial.

⁵⁴ Cf. o estudo de Alice Canabrava sobre Capistrano e a história econômica: CANABRAVA, A.P. Varnhagen, Martius e Capistrano de Abreu. In: *História econômica*: estudos e pesquisas. São Paulo: Unesp/Hucitec, 2005, p. 245-270.

⁵⁵ Em Hippolyte Taine, os três fatores condicionantes da vida social e do fenômeno literário são o meio, a raça e o momento. Mas Emilia Viotti da Costa argumenta que, para os historiadores atuantes no período que vai da década de 1870 aos anos de 1920, a trilogia mais fecunda como esquema explicativo é meio, raça e instituições. Cita como exemplo as proposições de Sílvio Romero em *Novos estudos de literatura contemporânea* (Rio de Janeiro: Garnier, 1898), que indicam um programa para o historiador: descrever a terra (o meio) e as raças, considerando a formação gradativa do "povo", do Terceiro Estado e da burguesia; estudar a vida municipal e a política, o trabalho, a formação da riqueza pública e particular, a escravidão e a nacionalidade. Viotti considera que, a partir da década de 1870, ocorreu uma ampliação da consciência histórica com a inclusão de novos temas e conceitos e cita Capistrano de Abreu, Euclides da Cunha e Sílvio Romero como exemplos de historiadores e ensaístas que adotaram tal esquema explicativo. Cf. COSTA, M.E.V. Anotações à margem do relatório de história. *Anais do I Seminário de Estudos Brasileiros*. Vol. II. São Paulo, IEB/USP, 1972, p. 53-54. Já Alice Canabrava descarta tal esquema para o período em questão e afirma que Capistrano não recorreu ao mesmo. Teria sido um continuador do empirismo oitocentista, cujo maior expoente foi Varnhagen, sendo difícil reconhecer nos historiadores do período uma marca positivista, seja como tentativa de definir as leis gerais que regem o processo histórico brasileiro, seja como esforço para compreender a cultura brasileira como fase de determinada evolução universal. Apesar disso, identifica mudanças no período em relação à fase anterior, mas argumenta que as mesmas eram postas, sobretudo, nos termos da geografia. Cf. CANABRAVA, A. Resposta da Profa. Alice Piffer Canabrava. In: *Anais do I Seminário de Estudos Brasileiros*. Vol. II. São Paulo, IEB/USP, 1972, p. 65. Posteriormente, Denise Bottman procurou identificar os três

elementos indicados por Viotti na narrativa de Capistrano. Os objetivos são: levantar o trabalho de entrecruzamento conceitual operado por Capistrano no tratamento do material empírico primário e na escrita da história; investigar e destacar os tipos de causalidade histórica invocados pelo historiador; analisar a operação historiográfica e avaliar o grau de coesão interna dessa história em relação aos postulados, implícitos e explícitos em sua obra. Cf. BOTTMAN. Op. cit., 1985, p. 31-33.

[56] Esta argumentação está baseada na leitura de *Capítulos de história colonial* (1907) à luz do estudo de Denise Bottman, com o qual estou de acordo em grande parte. Cf. ABREU, J.C. *Capítulos de história colonial (1500-1800)*. Rio de Janeiro: M. Orosco & C, 1907.

[57] BOTTMAN. Op. cit., 1985, p. 32.

[58] Para José Honório Rodrigues, ele elaborou "a mais profunda e aguda página de periodização da história do Brasil jamais escrita na nossa historiografia". Cf. RODRIGUES, J.H. *Teoria da História do Brasil*: introdução metodológica. Rio de Janeiro/Brasília: Companhia Editora Nacional/MEC, 1978, p. 134.

[59] ABREU. Sobre o Visconde de Porto Seguro [1882]. In: *Ensaios e estudos* – Crítica e história. 1a. série. Essa periodização será retomada em outros termos e a partir de temas específicos em *Capítulos de história colonial* (1907).

[60] Daniel Mesquita observou que várias passagens da edição escrita por Capistrano para a edição dos *Diálogos das grandezas do Brasil* (ed. de 1901) foram reutilizadas na composição dos *Capítulos de história colonial*. Cf. MESQUITA. Op. cit., p. 151-157.

[61] Ronaldo Vainfas chama atenção para a ordenação cronológica dos *Capítulos* e considera como uma ambiguidade a oscilação entre uma narrativa identificada como convencional (que segue a cronologia) e uma narrativa vista como inovadora, que trata dos "grandes fatos" sem deixar de abordar assuntos desconhecidos. O autor também critica a descrição superficial das culturas indígenas e a reafirmação de estereótipos. Mas considera que Capistrano foi além de Varnhagen ao ver os portugueses como estrangeiros. E também ao tratar a miscigenação considerando a mescla cultural e nem tanto a racial, além de procurar explicar as motivações da mistura. Considera ainda que Capistrano avançou muito em relação à historiografia de sua época ao questionar o direito português às terras brasileiras, dimensionando a disputa luso-francesa pela futura colônia, bem como as rivalidades entre os grupos indígenas. Outro aspecto destacado é o panorama da sociedade colonial que reconstitui a estratificação social (Capítulo VII: *Franceses e espanhóis*), quando lança mão de fontes importantes para a história colonial. Ao fim e ao cabo, Vainfas considera que Capistrano se aproximou mais de Varnhagen do que supunha fazer, ainda que tenha produzido obra "menos oficial, crítica e jamais laudatória da 'obra colonizadora' dos portugueses", como fez seu antecessor. A originalidade do livro estaria no capítulo *O sertão*, quando ensaia uma análise "etno-histórica" ou, ainda, uma história da cultura material e uma história social, ao adentrar o cotidiano e rascunhar as mentalidades. Trata-se, segundo o intérprete, de um "livro de tese" original, que deslocou o foco da história do Brasil da colonização portuguesa para a sociedade colonial, apesar de adotar uma narrativa dispersiva. Cf. VAINFAS, R. Capistrano de Abreu – Capítulos de história colonial. In: MOTA, L.D. (org.). *Introdução ao Brasil*: um banquete nos trópicos. Vol. 1. 2. ed. São Paulo: Senac, 1999, p. 173-189.

[62] BOTTMAN. Op. cit., 1985, p. 29-30. Para José Honório Rodrigues, ainda que *Capítulos* focalizem, sobretudo, a fase colonial, adotam mais a "distribuição de matérias do que de periodização". Nesse sentido, o nome da obra não deve levar a crer que não se trata de uma história do Brasil que vai além do período indicado no título, sobretudo lembrando que a primeira edição dos *Capítulos*, como texto introdutório do livro *O Brasil, suas riquezas naturais, suas indústrias*, em 1907, recebeu a significativa designação de *Breves traços da história do Brasil: Colônia, Império e República*. A separata, publicada no mesmo ano, já adotou o título definitivo. Cf. RODRIGUES, J.H. *Teoria da História do Brasil* (introdução metodológica). 4a. edição, acrescida de um posfácio (1a. edição 1949). Rio de Janeiro: Companhia Editora Nacional, 1978, p. 136, incluindo a nota 31.

[63] BOTTMAN. Op. cit., 1985, p. 94 e p. 70, respectivamente. Bottman não observa, nos capítulos que antecedem *Guerras flamengas*, uma luta primordial entre homens e natureza. A relação com a natureza

fica circunscrita a episódios ou limites insuperáveis no momento. É uma inimiga conhecida, que os colonos devem tratar ou evitar. "É como se, de algum modo, a história, mais ou menos precariamente, já tivesse se instalado no corpo mesmo da natureza, para, desde a primeira vinda com armas e bagagens (capítulos 2 e 3), se impor aos antecedentes naturais". Ibid, 1985, p. 95.

[64] No primeiro capítulo – *Antecedentes indígenas* – é possível compreender o termo indígenas como sinônimo de autóctone, incluindo elementos físicos, climáticos e antropológicos que o autor considera relevantes para a explicação causal do processo histórico brasileiro. Acompanhamos aqui a interpretação de Bottman, para quem o termo indígena, no primeiro capítulo do livro em questão, não pode ser reduzido apenas aos habitantes originais da terra. Ou seja, não se trata de um capítulo sobre os índios, mas sobre os elementos autóctones físicos, climáticos e humanos encontrados pelos portugueses na época do descobrimento e que o autor considera relevantes no processo de ascensão da natureza para a história. Cf. BOTTMAN. Op. cit., 1985, p. 40.

[65] Ibid, p. 120, nota 10; e p. 48, respectivamente. Interessante observar que, apesar de fornecer algumas informações sobre o material empírico utilizado, Capistrano não utiliza notas nem anexos documentais, como seria de se esperar de uma moderna prática historiográfica. Além disso, mesmo quando constata ser impossível a prova documental sobre algum fato, ele não necessariamente o exclui da narrativa, optando por envolvê-lo "na vagueza e na incertitude", como bem observou Bottman. Embora compreenda que as provas empíricas sejam requisito primário para a definição daquilo que é histórico, o autor parece admitir que certas conexões causais primárias dispensam tais provas. Daí a existência de lacunas na obra e do recurso ao argumento fundado na tradição, expresso pelo termo "diz-se", p. ex. Ibid, p. 53 e 56.

[66] Assim como Bottman, observo que há uma diferença de natureza entre os resultados históricos que compõem uma síntese e os acontecimentos que levam a tais resultados. Capistrano enfatiza os resultados, os efeitos tidos como domínio daquilo que é efetivamente histórico. Ibid, p. 81 e 85, respectivamente. Nesse sentido, também é possível concordar com a autora quando argumenta que a exclusão da Inconfidência mineira da história do Brasil de Capistrano deve-se ao fato de que esse evento não produziu resultados concretos. Malogrado historicamente, encarnaria o separatismo aprofundando divisões internas, que o autor responsabilizava pela miséria nacional. A autora procura explicar a exclusão de Tiradentes da história escrita por Capistrano remetendo a opção às premissas teóricas do autor. Eu acrescentaria a isso a dificuldade de compreensão desse evento, considerando a afirmação de que: "não podia escrever sobre a Independência porque não a entendo. [...] No meio de tantas contradições não sei absolutamente guiar-me: espero, portanto, luzes". Ou ainda: "eu quanto mais consulto documentos tanto mais acho confusos os casos". Cf. ABREU, carta a Martim Francisco (25/09/22). In: *Correspondência*. Vol. 3. Op. cit., p. 89-90. • ABREU, carta a Afonso Taunay (s.d. [1922]). In: Ibid, p. 81. Alguns intérpretes argumentaram que a exclusão devia-se à perspectiva anti-heroica e anti-individualista de sua concepção de história (como supunha Afrânio Coutinho), ou então à reação antimificadora diante do movimento republicano de valorizar o herói (como supôs Wilson Martins), algo que Bottman considera insustentável, considerando a presença de chefes e líderes e a narrativa heroicizante no capítulo sobre as guerras holandesas. Cf. Ibid, p. 119-120, nota 10. Já José Honório Rodrigues considerou que a Inconfidência não entrou porque "não foi um fato, um acontecimento; foi um pensamento quase sem ação [...]". Movimento distinto teria sido desencadeado pelas guerras holandesas, que, segundo Capistrano, suscitaram a "consciência de superioridade", fato psicológico que contribuiu para a ultrapassagem da fase anterior, marcada pelo sentimento de desdém pela terra (o transoceanismo). Nesse ponto, Bottman discorda da interpretação de Rodrigues, de acordo com a qual não há hierarquia entre elementos distintos que caracterizam cada época histórica, como o sentimento de desdém pela terra e a posterior consciência de superioridade em relação ao reinol. Cf. RODRIGUES, J.H. *Teoria da História do Brasil*: introdução metodológica. 4. ed. Rio de Janeiro: Companhia Editora Nacional, 1978, p. 136. Para Bottman, cada sentimento está relacionado a um momento distinto da história e a consciência de superioridade demarca uma superação na ordem do tempo. BOTTMAN. Op. cit., p. 120, nota 10. Cf. COUTINHO, A. *Euclides, Capistrano e Araripe*. Rio de Janeiro: Ed. Ouro, 1967. • MARTINS. Op. cit.

[67] BOTTMAN. Op. cit., 1985, p. 70.

⁶⁸ ABREU, carta a João Lúcio de Azevedo de 16/07/1920. In: *Correspondência*. Vol. 2. Op. cit., p. 166.

⁶⁹ BOTTMAN. Op. cit., 1985, p. 88-89.

⁷⁰ ABREU. *Capítulos de história colonial*. Op. cit., p. 9.

⁷¹ Referindo-se à capitania de São Vicente, Capistrano conclui que o "o meio agiu como evaporador", lançando os paulistas nas bandeiras. Ibid, p. 100.

⁷² BOTTMAN. Op. cit., p. 68 e 89-91.

⁷³ ABREU. *Capítulos*. Op. cit., p. 113.

⁷⁴ ABREU, C. Gravetos de história pátria. In: *Ensaios e estudos* – Crítica e história. 4a série. Rio de Janeiro/Brasília: Civilização Brasileira/Inep, 1977, p. 291-303. ABREU, C. Livros e letras, p. 157-158.

⁷⁵ BOTTMAN. Op. cit. p. 97.

⁷⁶ ABREU. *Capítulos*. Op. cit., p. 101. Nas palavras de Capistrano: "Faltam documentos para escrever a história das bandeiras, aliás sempre a mesma: homens munidos de armas de fogo atacam selvagens que se defendem com arco e flecha; na primeira investida morrem muitos dos assaltados e logo desmaia-lhes a coragem; os restantes amarrados são conduzidos ao povoado, e distribuídos segundo as condições em que se organizou a bandeira". Esta seria a "monotonia trágica", resultante das ações que se repetem e produzem sempre o mesmo resultado.

⁷⁷ BOTTMAN. Op. cit., 1985, p. 51, 60, 72 e 95. Capistrano utiliza tanto o termo mestiçagem quanto o termo mescla. Bottman chama atenção para uma interessante metáfora utilizada pelo autor ao referir-se à cor da pele como "pele de qualquer aviação". Aviação como substantivo do verbo aviar, que significa preparar uma receita qualquer com certas medidas ou proporções. As "peles de qualquer aviação" seriam aquelas possíveis de obter mediante as combinações dos diversos elementos raciais mesclados. Ibid, p. 93.

⁷⁸ ABREU. *Capítulos*. Op. cit., p. 71.

⁷⁹ Ibid, p. 12.

⁸⁰ Ibid, p. 215. Interessante comparar com a interpretação de Oliveira Vianna, para quem o "insolidarismo" é uma característica da sociedade brasileira, constituída com base no grande domínio rural em meio à vastidão do território. Em suas palavras: "Nós somos o latifúndio. Ora, o latifúndio isola o homem; o dissemina; o absorve, é essencialmente antiurbano". O ruralismo e o escravismo presentes em nossa formação representariam a força dos fatores geográficos e raciais, responsáveis por um padrão de sociabilidade centrado na família e na autoridade pessoal do grande proprietário, autossuficiente, que impediu outros tipos de associativismo. Ou seja, tal característica contribuiria para coibir a afirmação do espaço público, daí a necessidade de criar instrumentos capazes de incentivar a integração social. A solução dada pelo autor é a defesa de um Estado forte e centralizado. Cf. VIANNA, O. *Populações meridionais do Brasil* – Vol. 1: Populações rurais do Centro-Sul; Vol. 2: O campeador rio-grandense. 4. ed. Belo Horizonte/Niterói: Itatiaia/Eduff, 1987 [1. ed., 1920].

⁸¹ ABREU. Op. cit., p. 70-71 e p. 166.

⁸² Ibid, p. 216.

Referências

ABREU, C. *Correspondência de Capistrano de Abreu*. 3 vols. Rio de Janeiro: Civilização Brasileira, 1977.

_____. Sobre o Visconde de Porto Seguro. In: *Ensaios e estudos*: crítica e história – 4ª série. Rio de Janeiro/Brasília: Civilização Brasileira/MEC, 1976, p. 131-147.

_____. Necrológio de Francisco Adolfo de Varnhagen. In: *Ensaios e estudos* – 1ª série. 2. ed. Rio de Janeiro/Brasília: Civilização Brasileira/INL, 1975, p. 81-91.

_____. *Capítulos de história colonial*. Rio de Janeiro: M. Orosco & C, 1907.

_____. Noções de história do Brasil até 1800. In: *Brasil, suas riquezas naturais, suas indústrias*. Vol. 1. Rio de Janeiro: M. Orosco & C/Centro Industrial do Brasil, 1907, p. 12-216.

ALONSO, A. *Ideias em movimento* – A geração 1870 na crise do Brasil-Império. São Paulo: Paz e Terra, 2002.

AMED, F. *Atravessar o oceano para verificar uma vírgula*: Francisco Adolfo de Varnhagen (1816-1878) lido por Capistrano de Abreu (1853-1927). São Paulo: USP, 2008 [Tese de doutorado].

_____. *As cartas de Capistrano de Abreu*: sociabilidade e vida literária na *belle époque* carioca. São Paulo: Alameda, 2006.

ANHEZINI, K. *Um metódico à brasileira* – A história da historiografia de Afonso de Taunay (1911-1939). São Paulo: Unesp, 2011.

ARAÚJO, R.B. Ronda noturna – Narrativa, crítica e verdade em João Capistrano de Abreu. In: *Estudos históricos*, n. 1, 1988, p. 28-54. Rio de Janeiro.

ARAÚJO, S.F. Uma visão panorâmica da psicologia científica de Wilhem Wundt. In: *Scientiae Studia*, vol. 7, n. 2, 2009, p. 209-220. São Paulo.

ARARIPE, T.A. Indicações sobre a história pátria. In: *RIHGB*, tomo LVII, 1894, p. 259-290.

AZEVEDO, J.L. *História de Antônio Vieira*. Vol. 1. 3. ed. Lisboa: Clássica, 1992.

BARBOSA, J.A. Introdução. In: VERÍSSIMO, J. *Teoria, crítica e história literária*. Rio de Janeiro/São Paulo: LTC/Edusp, 1977, p. ix-xxxvii.

BATALHONE JR., V.C. *O cavalo de Troia da nação*: tempo, erudição, crítica e método em Capistrano de Abreu (1878-1927). Porto Alegre: UFRGS, 2015 [Tese de doutorado].

_____. *Uma história das notas de rodapé*: a anotação da *História geral do Brasil* de Francisco Adolfo de Varnhagen (1984-1953). Porto Alegre: UFRGS, 2011 [Dissertação de mestrado].

BOTTMAN, D.G. *Padrões explicativos na historiografia brasileira*. Campinas: Unicamp, 1985 [Dissertação de mestrado].

CANABRAVA, A.P. Varnhagen, Martius e Capistrano de Abreu. In: *História econômica*: estudos e pesquisas. São Paulo: Unesp/Hucitec, 2005, p. 245-270.

_____. Resposta da Profa. Alice Piffer Canabrava. In: *Anais do I Seminário de Estudos Brasileiros*. Vol. II. São Paulo, IEB/USP, 1972, p. 47-48.

CARVALHO, M.B. Ratzel: releituras contemporâneas – Uma reabilitação? In: *Biblio 3W*, n. 25, abr./1997, p. 1-19 [Revista Bibliográfica de Geografia y Ciencias Sociales, Universidad de Barcelona].

CÉZAR, T. Varnhagen em movimento: breve antologia de uma existência. In: *Topoi*, vol. 8, n. 15, jul.-dez./2007, p. 159-207.

_____. A geografia servia, antes de tudo, para unificar o Império – Escrita da história e saber geográfico no Brasil oitocentista. In: Ágora, 2005 [Unisc].

_____. *L'écriture de l'histoire au Brésil au XIXe siècle* – Essai sur une rhétorique de la nationalité: Le cas Varnhagen. 2 tomos. Paris: Ehess, 2002 [Tese de doutorado].

COSTA, M.E.V. Anotações à margem do relatório de história. In: *Anais do I Seminário de Estudos Brasileiros*. Vol. II. São Paulo: IEB/USP, 1972.

COUTINHO, A. *Euclides, Capistrano e Araripe*. Rio de Janeiro: Ed. Ouro, 1967.

CUNHA, M.D.R. Política social na ciência econômica germânica: Gustav von Schmoller e os imperativos éticos da historiografia alemã. In: *História Econômica & História de Empresas*, vol. 17, n. 1, 2014, p. 45-83.

CHRISTINO, B.P. *A rede de Capistrano de Abreu (1853-1927)*: uma análise historiográfica do rã-txa hu-ni-ku-~i em face da Sul-americanística dos anos 1890-1929. São Paulo: USP, 2006 [Tese de doutorado em Semiótica e Linguística Geral].

ERICEIRA, R.C.S. *História e vida mental*: a psicologia dos povos wundtiana [Texto apresentado na Abrapso em 2007] [Disponível em http://www.abrapso.org.br/siteprincipal/anexos/AnaisXIVENA/conteudo/pdf/trab_completo_121.pdf].

FALCON, F.J.C. O Brasil de Capistrano de Abreu: características de sua produção historiográfica (2004). In: *Estudos de teoria da história e historiografia*. Vol. II: Historiografia. São Paulo: Hucitec, 2015, p. 280-293.

_____. As ideias e noções de "moderno" e "nação" nos textos de Capistrano de Abreu: os ensaios e estudos – 4ª série, comentários (1999). In: *Estudos de teoria da história e historiografia*. V. II: Historiografia. São Paulo: Hucitec, 2015, p. 256-279.

GONTIJO, R. *O velho vaqueano* – Capistrano de Abreu: memória, historiografia e escrita de si. Rio de Janeiro: 7 Letras, 2013.

_____. Na trilha de Capistrano de Abreu (1853-1927): índios, história e formação do Brasil. In: OLIVEIRA, J.P. (org.). *A presença indígena no Nordeste*: processos de territorialização, modos de reconhecimento e regimes de memória. Rio de Janeiro: Contracapa, 2011, p. 605-630.

GUIMARÃES, L.M.P. Debaixo da imediata proteção de Sua Majestade Imperial – O Instituto Histórico e Geográfico Brasileiro (1838-1889). In: *Revista do IHGB*, tomo 156, n. 388, 1995.

GUIMARÃES, M.L.S. Nação e civilização nos trópicos. In: *Estudos Históricos*, n. 1, 1988, p. 5-27. Rio de Janeiro.

HARTOG, F. La France, l'objet historique. In: *Le Monde des Débats*, nov./2000, p. 16.

HOLANDA, S.B. O Brasil monárquico: do Império à República. In: *História geral da civilização brasileira*. Vol. 3. São Paulo: Difel, 1972.

MARTINS, W. *História da inteligência brasileira (1877-1896)*. Vol. IV. São Paulo: Cultrix/Edusp, 1977.

MATTOS, I.R. *O Tempo Saquarema* – A formação do Estado imperial. Rio de Janeiro: Access, 2000.

MATOS, P.G. *Capistrano de Abreu*: vida e obra do grande historiador. Fortaleza: A. Batista Fontenele, 1953.

MESQUITA, D. *Descobrimentos de Capistrano*: a História do Brasil "a grandes traços e largas malhas". Rio de Janeiro: Apicuri/PUC-Rio, 2010.

OLIVEIRA, M.G. *Crítica, método e escrita da história em João Capistrano de Abreu (1853-1927)*. Porto Alegre: UFRGS, 2006 [Dissertação de mestrado] [Publicado no Rio de Janeiro pela FGV em 2013].

PÉCORA, A. Retórica de uma biografia: Padre Antonio Vieira por João Lúcio de Azevedo. In: *Revista Chilena de Literatura*, n. 85, 2013.

RODRIGUES, A.E.M. O achamento do Brasil e de Portugal: perfil intelectual do historiador luso-brasileiro João Lúcio de Azevedo. In: *Acervo* – Revista do Arquivo Nacional, n. 12, dez./1999, p. 37-66.

RODRIGUES, J. *Teoria da história do Brasil* (introdução metodológica). 4. ed. Rio de Janeiro: Companhia Editora Nacional, 1979 [1. ed. 1949].

_____. Afonso de Taunay e o revisionismo histórico. In: *História*, vol. 17, n. 35, 1958, p. 97-105. São Paulo.

_____. Capistrano de Abreu e a historiografia brasileira. In: *Revista do IHGB*, vol. 221, out.-dez., 1953, p. 120-138.

SANTOS, P.A.C. As notas de rodapé de Capistrano de Abreu: as edições da coleção *Materiais e achegas para a História e Geografia do Brasil* (1886-1887). In: *Revista de História*, n. 163, jul.-dez. 2010, p. 15-52. São Paulo.

_____. Um "distinto bibliógrafo e bibliófilo": Capistrano de Abreu editor de documentos históricos. *História*, vol. 29, n. 1, 2010, p. 418-441. Unesp-Franca.

_____. História erudita e popular: edição de textos na obra de Capistrano de Abreu. São Paulo: USP, 2009 [Dissertação de mestrado em História].

SEEMANN, J. Friedrich Ratzel entre tradições e traduções: uma breve abordagem contextual. In: *Terra Brasilis* (Nova Série) n. 1, 2012, p. 2-14 [Disponível em http://terrabrasilis.revues.org/180].

SENN, P. The German historical schools in the history of economic thought. In: *Journal of Economic Studies*, vol. 32, n. 3, 2005, p. 185-255.

VAINFAS, R. Capistrano de Abreu – Capítulos de história colonial. In: MOTA, L.D. (org.). *Introdução ao Brasil*: um banquete nos trópicos. Vol. 1. 2. ed. São Paulo: Senac, 1999, p. 173-189.

VESENTINI, J.W. Controvérsias geográficas: epistemologia e política. In: *Confins*, n. 2, 2008, p. 1-29 [Revista Franco-Brasileira de Geografia].

VIANNA, O. *Populações meridionais do Brasil* [vol. 1: Populações rurais do Centro-Sul; vol. 2: O campeador rio-grandense] 4. ed. Belo Horizonte/Niterói: Itatiaia/Eduff, 1987 [1. ed. 1920].

WEHLING, A. Capistrano de Abreu: a fase cientificista. In: *A invenção da história* – Estudos sobre o historicismo. Rio de Janeiro: Gama Filho, p. 141-174.

_____. *De Varnhagen a Capistrano*: historicismo e cientificismo na construção do conhecimento histórico. 2 vols. Rio de Janeiro: UFRJ, 1992 [Tese para professor-titular de Metodologia da História].

6
Oliveira Vianna (1883-1951)

*Maria Stella Bresciani**

Escrever sobre o jurista, sociólogo e pensador político Francisco José de Oliveira Vianna (1883-1951) implica colocar a mão em um vespeiro de opiniões contraditórias. Autor de numerosos textos de análises social e institucional, Vianna propôs projetos para a política sindical e social no período posterior ao golpe de Estado de outubro de 1930, designado Revolução de 30[1], em particular, quando aceitou o cargo de consultor jurídico junto ao Ministério do Trabalho, Indústria e Comércio, entre 1932 e 1940. Implica também reconhecer a impossibilidade de isolar os textos de Oliveira Vianna da rede de autores seus contemporâneos, ainda que do conjunto de seus escritos façamos um recorte restrito.

Populações meridionais do Brasil, seu primeiro livro publicado em 1920, pela Editora Monteiro Lobato & Cia Ltda., teve boa recepção e, segundo José Murilo de Carvalho, a crítica positiva foi quase unânime. As avaliações negativas a Oliveira Vianna se apresentaram, de modo mais contundente, a partir de 1940, quando deixou o ministério, e elas recaem, principalmente, sobre sua participação no governo de Getúlio Vargas, ou melhor, no apoio dado ao Golpe de 1937 e ao Estado Novo. Embora muito criticadas, em suas ideias se basearam a legislação e a prática sindical corporativistas consagradas no Estado Novo e mantidas ativas com a "redemocratização", após a Segunda Guerra Mundial. No entanto, ainda hoje, mesmo os que afirmam ser evidente a "inconsistência lógica de sua argumentação político-antropológica" não deixam de reconhecer os méritos de "uma teoria da democracia exposta com razoável sistematicidade" em *Instituições políticas brasileiras*, publicado em 1949, dois anos antes de sua morte[2]. Seus escritos e sua atuação política não ficaram, entretanto, isentos de considerações negativas radicais que, invariavelmente, o rotularam de racista, autoritário, reacionário, fascista, entre outros epítetos[3]. Autor controverso, sem dúvida, mas cuja extensa produção escrita mereceu sucessivas e numerosas reedições, pelo menos até a década de 1980, além de análises recorrentes de sua obra em teses acadêmicas, livros e capítulos de livros. Indicam, pois, o interesse ainda persistente pelos seus escritos[4].

---

* Doutora em História Social pela Universidade de São Paulo (USP). Professora emérita da Universidade Estadual de Campinas (Unicamp).

Um breve esboço de biografia o situa na Fazenda do Rio Seco, no interior fluminense, de onde se mudou para Niterói, em 1902, para estudar e se bacharelar, em 1906, em Ciências Jurídicas e Sociais na Faculdade Livre de Direito do Rio de Janeiro. A docência em Direito e a atuação no jornalismo voltado para a política proporcionaram-lhe a base para colaborar na *Revista do Brasil*, editada por Monteiro Lobato. Dentre suas sucessivas ocupações profissionais, foi, como já mencionado, consultor jurídico do Ministério do Trabalho, Indústria e Comércio (1932-1940) e membro das comissões revisoras da Constituição Federal (1933) e das leis do Ministério da Justiça (1939). Ao deixar o Ministério do Trabalho, em 1940, é indicado ministro do Tribunal de Contas da República, cargo em que permaneceu até 1951, ano de sua morte. Ao ser eleito membro da Academia Brasileira de Letras, em julho de 1940, Affonso Taunay o recebe com elogioso discurso. Destaco ainda ter sido membro do Instituto Histórico e Geográfico Brasileiro e da Academia Fluminense de Letras e, no exterior, da Academia de História de Portugal, da Sociedade de Antropologia e Etnologia do Porto, da Société des Américanistes de Paris e da Academia Dominicana de História[5].

Ao se tornar consultor jurídico do Ministério de Trabalho, Oliveira Vianna já contava entre seus escritos, além de artigos publicados na *Revista do Brasil* em 1917, com a edição de *Populações meridionais do Brasil* (1920, 1922), *Pequenos estudos de Psicologia Social* (1921, 1923), *O idealismo da Constituição* (1920, 1927), *Evolução do povo brasileiro* (1923, 1923), *O ocaso do Império* (1925), *Problemas de política objetiva* (1930) e *Raça e assimilação* (1932).

Este conjunto expressivo de estudos o credenciou para exercer a direção da comissão de técnicos e participar ativamente na elaboração do projeto de sindicalismo corporativista enviado à Câmara dos Deputados em 1935. Reuniu em *Problemas de Direito Corporativo*, em 1938, uma série de artigos em defesa da organização da Justiça do Trabalho, em parte já antes publicados no *Jornal do Commercio*. Apesar da proposta contida no projeto ter sido bem-acolhida após o Golpe de 1937, principalmente com a outorga da Constituição do Estado Novo, a crítica, extensa e detalhada, do jurista e professor da Faculdade de Direito da Universidade de São Paulo, Waldemar Ferreira, antecipa a forte resistência do empresariado, em particular dos reunidos na Federação das Indústrias de São Paulo (Fiesp). Sua longa permanência junto ao Ministério do Trabalho termina em 1940, quando se sente vencido pelas pressões políticas nos intensos debates sobre a lei de sindicalização de 1939[6].

É interessante indicar que, ainda em 1938, em texto incluído por Alberto Venâncio Filho na Introdução à 2ª edição de *Problemas de Direito Corporativo*, Oliveira Vianna considerasse ter sido importante se defender, em 1935, das críticas do jurista Waldemar Ferreira ao projeto de organização da Justiça do Trabalho e afirmasse convictamente que "quer na parte tocante ao Direito Público e Constitucional, quer na parte tocante propriamente ao Direito Corporativo e ao Direito Social, [seus estudos] tiveram, sem dúvida, com a Constituição de 37, uma quase imediata e imprevista consagração"[7].

Vários projetos, sujeitos a embates e aplausos, envolveram a atuação de Oliveira Vianna quando, entre 1934 e 1940, período em que atuou como consultor jurídico do Ministério do Trabalho no governo Vargas. Os debates acalorados são indícios do conturbado período de sua trajetória de autor de estudos sobre a sociedade e o Estado, não só brasileiro. Crítico das instituições liberais como base da Constituição republicana de 1891, e na esteira de Alberto Torres em sua decepção ao andamento da República, dá início em 1914 a escritos críticos nos quais o principal mote é a incompatibilidade entre as instituições liberais e a sociedade brasileira. Afirma existir descompasso entre a legislação avançada, adequada a países de antiga formação e dotados de bases sociais sólidas, e a sociedade brasileira; ainda destituída da principal figura do ideário liberal, o cidadão bem-formado e a opinião pública esclarecida, imputa aos estadistas brasileiros terem importado instituições e leis de países adiantados sem se darem conta do atraso da população a elas subordinada.

No decorrer de seus estudos define a ausência de "solidariedade social ativa" como o problema fundamental da sociedade brasileira, ao qual dedica um capítulo especial em *Populações meridionais do Brasil*. A noção de "solidariedade" formou o núcleo de suas propostas nas quais afirmava ser para "todos os povos civilizados [...] a organização da Justiça do Trabalho [...] um formidável problema da política social". Daí sua aposta na sindicalização do trabalhador para superar tal carência. Mantém o mesmo argumento em *Problemas de Direito Sindical* (1943) ao atribuir ao Estado o dever de "dar uma verdadeira organização social ao nosso povo" em "luta oficialmente organizada contra o insolidarismo"[8]. Ainda que o descompasso entre ideias-instituições "avançadas" e sociedade "atrasada" já se encontre como foco de escritos de autores do século XIX, essa interpretação teve longo período de aceitação nas análises da sociedade brasileira até chegar à fórmula das "ideias fora de lugar" nos anos de 1960-1970, embora inscrita em análises baseadas em conceitos bem diversos e até divergentes.

1 Percursos e diálogos entre intérpretes do Brasil

Se em 1920, em *Populações meridionais do Brasil*, Oliveira Vianna buscou nos primórdios da colonização portuguesa das terras da América do Sul as "muitas deficiências da nossa organização social e política", em 1924 um conjunto de escritos de autores críticos à república liberal uniu-se na mesma direção de busca das deficiências, embora seu foco estivesse dirigido mais atentamente para as "deficiências do sistema republicano". Em *À margem da história da República* o engenheiro Vicente Licínio Cardoso, coordenador da coletânea desses escritos, dá a diretiva dos artigos nela reunidos: fixar "no tempo e no espaço, o pensamento e consciência da nacionalidade brasileira"[9]. Os autores desses textos não foram certamente pioneiros em suas críticas à República proclamada em 1889 e à base do regime liberal democrático de governo, em particular à Constituição Federativa de 1891. Contudo se expressaram de modo contundente e obtiveram grande repercussão.

O longo intervalo de 40 anos compreendido por sua atividade intelectual e política seria marcado não só por eventos internos como o Golpe de 1930, a Constituinte de 1933 e o Golpe de 1937 que implanta o Estado Novo (1937-1945), como por guerras mundiais. Se a Primeira Grande Guerra, entre 1914 e 1917, pôs por terra as projeções internacionalistas dos meios culturais e dos movimentos operários, deslocadas para uma direção de cunho nacionalista[10], a Segunda Guerra, entre 1939 e 1945, se desdobraria em enormes repercussões, na esteira da crise financeira e econômica de dimensões mundiais que se seguiu à quebra da bolsa de Nova York em 1929. Quando de sua morte, em 1951, o mundo entrava no longo e sombrio período da "guerra fria". As duas grandes potências saídas da guerra, os Estados Unidos e a União das Repúblicas Socialistas Soviéticas em formação colocaram-se em oposição e ameaça bélica, ameaça em parte encoberta pela ampla idealização do *american way of life* dos filmes hollywoodianos.

Pode-se datar o início dos anos de 1910 como marco de críticas recorrentes ao regime e instituições democrático-liberais, publicadas na imprensa e em livros. Em *A organização nacional* e *O problema nacional brasileiro*, publicados em 1910 e 1911[11], Alberto Torres buscou dar forma e método a suas análises que mereceram avaliações críticas, mas no geral elogiosas, de vários de seus contemporâneos, em particular de Oliveira Vianna. Também a *Revista do Brasil*, fundada em 1916 e adquirida por Monteiro Lobato em 1918, acolhe autores bastante diferenciados em termos de posições políticas e de gêneros de escritos, neles incluídos os de Oliveira Vianna[12]. Se a intenção de "ruptura" cultural dos participantes da Semana de 1922 ocorria em paralelo a novos posicionamentos expressos em relação à educação (Associação Brasileira de Educação, fundada em 1924), também os movimentos "revolucionários" de 1922 e 1924 expressaram sérios desconfortos com a situação política e social. Ganhava força o olhar nacionalista. Nas palavras de Vicente Licínio Cardoso, "o país entrava num grande esforço de introspecção", nitidamente expresso pela intelectualidade das décadas de 1920 e 1930. Buscava romper, dessa forma, "o silêncio horrível de uma nacionalidade sem consciência ainda [...]", e dos autores dizia: "São brasileiros, pensam como brasileiros: americanos, latinos e tropicais"[13].

Um pequeno grupo de artistas e escritores propõe em 1922 romper com "as nossas glórias artísticas de 'praça pública'", consideradas por ele uma "imitação servil da cópia sem coragem e sem talento". Saíram, pois, em busca da "emancipação cultural". Com o brado – "Independência! Originalidade! Personalidade!", Oswald de Andrade referia-se ao centenário da Independência e sugeria a possibilidade de formar em São Paulo "um núcleo da reação ao caruncho dos processos acadêmicos da literatura e da arte". Do movimento, depois mitificado pela " Semana de 22", participaram, além de Oswald e dentre outros, Mário de Andrade, Villa-Lobos, Di Cavalcanti, Anita Malfatti, Tarsila do Amaral, produzindo músicas, manifestos e imagens antropofágicas. Também estiveram presentes ou aplaudiram o evento intelectuais que tomaram caminhos diferentes; Plínio Salgado declinou o convite[14].

Considero ter sido essa onda de posições críticas a várias dimensões da sociedade brasileira movida, quase em sua totalidade pelo ímpeto da mudança, do rompimento, da redescoberta do país. O quanto os nacionalismos ativos ou em formação no mundo do pós-Grande Guerra de 1914 se insinuaram entre políticos, escritores, músicos e artistas em geral, creio difícil aquilatar.

2 A caminho da descoberta da identidade brasileira

Observa-se entre intelectuais um movimento na direção de concentrar os sentidos e o intelecto no esforço de conhecer e entender o país, suas características geográficas, humanas e culturais, e que desse esforço resultassem vários projetos políticos, educacionais, culturais com propostas até bastante diferenciadas[15]. Pode-se dizer que há um prolongamento das críticas à aposta na dinâmica econômica e científica amparada na ideia de progresso em termos internacionais e o retorno à crença nos ideais de comunidade, povo, nação, raça, cultura e arte, em suma, de identidade nacional. Um reviver de noções do conservadorismo romântico revisitado com força nas décadas finais do século XIX, retomado em seus limites mais radicais pela versão totalitária do nacional-socialismo alemão e do fascismo italiano.

Desde as décadas iniciais do século XX, boa parte da crítica às instituições liberais republicanas identificava um descompasso entre instituições liberais e a sociedade brasileira com ênfase no despreparo político da maioria da população, unanimemente qualificada de atrasada e de refém das formas arcaicas de dominação pelas redes de poder local. Dentre as hipóteses explicativas dos desacertos constitutivos da situação do país prevaleceu nas décadas de 1910, 1920, 1930 e 1940, a de sermos herdeiros das características dos pais fundadores: "povo mestiço" formado em "região indecisa entre a Europa e a África", "zona fronteiriça, de transição", "quase à margem das congêneres europeias", daí destituído das qualidades dos europeus e que com eles trouxeram resquícios do regime feudal. Colocada a hipótese, lançam-se vários estudiosos, dentre os quais Oliveira Vianna (*Populações meridionais do Brasil*, 1920), Paulo Prado (*Retrato do Brasil*, 1928), Gilberto Freyre (*Casa-grande & senzala*, 1933 e *Sobrados e mucambos*, 1936), Caio Prado Júnior (*Evolução política do Brasil*, 1934), Sérgio Buarque de Holanda (*Raízes do Brasil*, 1936), na busca dos primórdios da colonização[16].

Definida a composição humana formadora do território colonizado, esses autores partiram do pressuposto do descompasso entre ideias e instituições liberais "avançadas" e a sociedade "atrasada", "patriarcal", "clânica", em apoio aos seus projetos políticos. Buarque de Holanda busca Alberto Torres para expor "a separação da política e da vida social", e "a força de alheação da realidade" que teria levado a política "ao cúmulo do absurdo" e o cita: "A política é, de alto a baixo, um mecanismo alheio à sociedade, perturbadora de sua ordem, contrário a seu progresso" (HOLANDA, *RB*, 1936: 144; 1969: 132). Oliveira Vianna, talvez o primeiro desses autores a ter contato com Torres na década de 1910 (ALVES FILHO,

2011: 64-65), afirmava em 1918 o perigo de se cultivar "a política do devaneio e da ilusão diante de homens de ação e de prêa". Acusava, em particular, os estadistas brasileiros de sofrerem um fascínio magnético pelo espírito liberal e pelo movimento democrático dos Estados Unidos e da França. Aprisionados a essa imagem, criaram um "Brasil artificial" sem se aterem à noção objetiva do "Brasil real": "Há um século estamos vivendo como os fumadores de ópio, no meio de raças ativas, audazes e progressivas", afirmava enfático. Sua intenção manifesta consistia em, com seu estudo, "trazer os responsáveis pela direção do país, para o conhecimento objetivo do nosso povo", para as características das "matrizes da nacionalidade" (VIANNA, *PMB*, 1973: 18-20). Já Gilberto Freyre verificava ter ocorrido, a partir do início do século XIX, uma mudança nos esboços de homem e mulher brasileiros produzidos durante o regime colonial com a vinda da corte portuguesa e, em especial com a Independência. Para ele, verificara-se um processo de "reconquista, de assimilação e de reeuropeização da nossa vida e dos nossos hábitos".

Evidencia-se, portanto, nesses estudos o abandono da sequência linear de personagens e eventos políticos, uma nítida mudança de perspectiva. Ao aceitarem como ponto de partida o descompasso entre instituições e sociedade, concluía-se que a situação brasileira pouco se explicaria somente pelos eventos da arena política. Voltavam-se, pois, para a análise da sociedade, suas características humanas, psicológicas, raciais e culturais, observáveis nos usos e costumes trazidos pelo colonizador mesclados aos das populações aborígenes e aos das nações africanas aqui aportadas para o trabalho escravo. As remissões e diálogos explícitos entre esses autores pontuam acordos e desacordos.

Mário de Andrade se antecipava um ano à publicação de *Retrato do Brasil*, ao dedicar *Macunaíma* a Paulo Prado. O livro veio a público em novembro de 1928 e mereceu logo em janeiro de 1929 uma resenha de Oswald de Andrade, em parte elogiosa – "é um livro que acordou muita gente. [...] É o glossário histórico de *Macunaíma*", porém bastante crítica em relação aos dois primeiros capítulos, a Luxúria e a Cobiça, por repetirem "todas as monstruosidades de julgamento do mundo ocidental sobre a América descoberta". Será esse o motivo do rompimento entre os dois[17].

Dentre os textos mais citados nos trabalhos acadêmicos encontramos referência de Caio Prado a Oliveira Vianna logo na primeira página do Prefácio à 1ª edição, em 1934, de *Evolução política do Brasil*. Prado reconhecia ter sido Vianna "o primeiro, e o único até agora" a "tentar uma análise sistemática e séria da nossa constituição econômica e social no passado", sem deixar de nela identificar "inexatidões" e "por vezes grosseiras adulterações dos fatos". Porém, nos anos de 1930, significativas menções a Oliveira Vianna aparecem em Gilberto Freyre e Sérgio Buarque de Holanda. Forma-se uma complexa rede de compromissos, concordâncias e desacordos: se Oliveira Vianna tivera textos seus publicados na *Revista do Brasil*[18] ainda antes de ser editada por Monteiro Lobato, e contara com seu apoio para publicar em 1920 *Populações meridionais do Brasil*, a primeira edição de *Raízes do Brasil* de Buarque de Holanda seria acolhida em 1936, por Gilberto Freyre, como livro de estreia da

Coleção Documentos Brasileiros, da qual era diretor; autor que, por sua vez, escreveu em 1951 o necrológio de Vianna.

Foi em oposição ao que denominou de "preconceito da uniformidade atual do nosso povo" que Oliveira Vianna definiu sua opção de análise da sociedade brasileira. Propôs desmembrar a pretensa uniformidade em atenção à "diversidade dos *habitats*, as variações regionais do caldeamento dos elementos étnicos e a inegável diferença das pressões históricas e sociais", de modo a "distinguir três histórias diferentes: a do norte, a do centro-sul, a do extremo sul", *habitats* de populações diferenciadas – no sertão o sertanejo, na mata o matuto e nos pampas o gaúcho[19] – espalhadas pela "vastíssima superfície de oito milhões de quilômetros quadrados". Justificava o método por ele adotado e afirmava categórico que, ao não se darem ao trabalho de analisar em separado as regiões, a opção dos autores por ele criticados lhes dava "uma ideia vaga, ou uma ideia incompleta, ou uma ideia falsa [...] da unidade da raça, da civilização e da língua" (VIANNA, *PMB*: 1976: 15-16).

Assim, não foi por acaso que, ao iniciar seus estudos da sociedade brasileira, Oliveira Vianna tenha se concentrado no centro-sul do país. Embora abra a análise com a frase "nada mais surpreendente do que o estudo da vida dos costumes da aristocracia rural do Sul e do Norte [...] principalmente em seus centros mais vivazes, Pernambuco e São Paulo", logo se deterá no recorte da própria Região Sul: São Paulo, Rio de Janeiro e Minas Gerais. O recorte por regiões não será, portanto, o ponto de discordância com Freyre, critério também por ele adotado ao recortar o regionalismo como base de seus estudos. As discordâncias implícitas e explícitas ficariam para a ênfase dada por Oliveira Vianna ao centro-sul, por ser "o grande centro de gravitação política nacional depois da Independência [...] principal habitat agrícola com o centro do governo nacional" (VIANNA, *PMB*, 1976: 17).

Vianna não deixara de reconhecer Pernambuco e Bahia em paralelo a São Paulo como os principais centros nos primórdios da colonização. Enaltecia terem recebido fidalgos portugueses da melhor linhagem, afeitos à vida "de sociabilidade, de urbanidade e de luxo" da corte, mas, ao se virem frente à rusticidade da terra destinada à produção agrícola, aos poucos se recolheram às vastas propriedades e conformaram o "nosso tipo do homem rural". Traça a trajetória desse "possante senhor de latifúndios e escravos", longo tempo recolhido "aos pacíficos labores agrícolas e à vida estreita das nossas pequenas municipalidades", que se vira obrigado, após a Independência, a deixar os campos e a assumir a direção política do país. Trouxera consigo "sua laboriosidade" e mantivera "silenciosa, obscura, subterrânea a sua influência" na formação das cidades. Esses homens constituíam para ele as "matrizes da nacionalidade" (VIANNA, *PMB*, 1976: 36, 18).

O desacordo de Freyre aponta para Oliveira Vianna ter feito sua opção de recorte regional pelo centro-sul a partir do pressuposto de ser de Minas, São Paulo e do interior fluminense que "o luzido patriciado rural" saíra em direção da capital para se tornar "a cabeça do novo Império" (VIANNA, *PMB*, 1976: 41-44). Essa justificativa seria bem mais incisiva em 1949, quando da publicação de *Instituições políticas brasileiras*, onde afirmava sem nenhuma datação, ter tomado como objeto de análise o grupo centro-meridional por ser "o grupo mais evoluído e mais poderoso pelo seu papel histórico e político" (VIANNA, *IPB* v. I: 280). Afinal, Freyre trilhava outro caminho ao contrastar "o nomadismo aventureiro dos bandeirantes – mestiços de brancos com índios", com os "senhores das casas-grandes [...] apoiados no açúcar", e nestes verificar "a tendência mais caracteristicamente portuguesa [...] da estabilidade patriarcal". Se bem que Freyre ao enfatizar ter se dado em torno desses senhores de engenho do Nordeste a criação "do tipo de civilização mais estável na América hispânica", diga não se tratar de "interpretação étnica", e sim de busca de "um sentido psicológico", noção essencial também em Oliveira Vianna (FREYRE, *C-G&S*, [s.d.]: 23-24).

Casa-Grande & Senzala se estrutura assim, a meu ver, como expressão do desacordo com Oliveira Vianna ao estabelecer em contraposição o Nordeste como o *locus* da transformação do luso em "luso-brasileiro", da elaboração de um modo de construir, "expressão nova" adequada ao ambiente físico, e da supremacia do senhor de engenho à Igreja, "dominando a colônia quase sozinho [...] mais do que os vice-reis e os bispos". Seria, pois, contribuição dos senhores de engenho adoçar os costumes, dando autenticidade e originalidade à cultura e à civilização brasileira[20]. Freyre não deixa de lado a posterior cultura do café e as casas-grandes paulistas. Discorre sobre terem "os casarões do sul um ar mais fechado e mais retraído" concordando e dialogando com Alfredo Ellis Junior e Oliveira Vianna. Mas deixa claro, ainda que em nota de rodapé: "Os verdadeiros latifúndios foram porém os de Pernambuco e da Bahia" (FREYRE, *C-G&S*, [s.d.]: 24-25). Freyre proclamou a primazia do Nordeste como base da cultura brasileira, em 1926 no *Manifesto Regionalista,* publicado, entretanto, somente em 1955[21].

Discordava também do "arianismo quase místico de Oliveira Vianna" e sua suposição de "um Brasil colonizado em grande parte e organizado principalmente por dólicos-louros". Para Freyre os povoadores da terra haviam sido "representantes da plebe moçárabe" e "representantes da sólida nobreza agrária portuguesa". Traz exemplos da "cultura moral e material para corroborar essa composição mesclada": a "doçura no tratamento dos escravos" [sic] e "arquitetura e artes decorativas", como evidentes demonstrações da "forte presença moura e mourisca" (FREYRE, *C-G&S*, [s.d.]: 245-248).

Já da parte de Buarque de Holanda, o desacordo seria ríspido e dizia respeito à "teoria artificiosa e extravagante da 'força centrífuga' [...] tendente a mostrar que as formas sociais instituídas em nosso meio [...] resultam exclusivamente na ação tirânica do ambiente americano agindo sobre a gente do ultramar", "se organizando, diferenciando e adquirindo uma fisionomia própria [...] inédita aos portugueses". Considera Oliveira Vianna adepto entusiasta de "certas doutrinas racistas e selecionistas" por estas apontarem para "um tipo racial mais excelente" (HOLANDA, 1936: 55, 168; 1969: 60).

Porém, o núcleo do desacordo entre eles ficava evidente nas projeções políticas para o país, bastante antagônicas. O projeto político urbano e aberto ao mundo de Buarque de Holanda, traçado no capítulo "Nossa revolução", reconhecia uma revolução de início lenta, marcada pela "vinda da família real portuguesa, a independência política, a Abolição e a República" e negava um processo de contornos nacionalistas explícito na obsessão por uma identidade brasileira em Oliveira Vianna. Para Buarque de Holanda, a Revolução ocorria no processo de transferência dos "domínios rurais" para os "centros urbanos", tal como um "lento cataclisma, cujo sentido", dizia, "parece ser o do aniquilamento das raízes ibéricas de nossa cultura". Dedica, na 1ª edição do livro, a longa Nota B à discordância com Vianna, mantida em nota de rodapé em edições seguintes, e a quem imputa não distinguir "iberismo e agrarismo" além do erro de manter as bases da cultura brasileira atadas ao mundo ibérico (HOLANDA, *RB*, 1936: 136-137, 166-169; 1969: 126-127).

Exatamente nessa direção urbana e aberta ao mundo de sua proposta política se encontra a diferença de Buarque de Holanda com Oliveira Vianna e outros "intérpretes" do Brasil.

Contudo, a despeito de haver divergências em suas projeções futuras, os pontos comuns entre esses autores prevalecem nas análises da sociedade brasileira: deixam de ter como foco as "leis e constituições". Dirigem-se, nas palavras de Vianna, "às fontes primárias [...] às instituições ao vivo, tais como o povo as praticava realmente na sua vida quotidiana" (VIANNA, *PMB*: 1973: 297-298). Buarque de Holanda segue caminho paralelo quando recorre à mitologia grega para traçar as características do "homem cordial", produto da estrutura familiar patriarcal avessa à disciplina exigida pela civilidade. Dele diria faltar-lhe "solidariedade e ordenação", qualidades básicas para associações nas quais deixasse de prevalecer a "cultura da personalidade". A aceitação da exigência em se superar a "lei particular", familiar, pela "lei geral", impessoal e objetiva, constitui para ele o pressuposto da "noção abstrata de Cidade". Em *Raízes do Brasil*, buscou em Freyre o elemento religioso, imprescindível para a composição do perfil psicológico do "homem cordial" e sua "ética de fundo emotivo", elo de seus argumentos na proposta da necessária erradicação do ruralismo e das raízes portuguesas, ibéricas, de nossa cultura (HOLANDA, *RB*, 1936: 5, 93-110; 1969: 4, 101-112).

A ausência de bases éticas impessoais, ou seja, a ausência da figura do cidadão esclarecido e dono de opinião própria configura o lugar-comum dos argumentos das análises dos autores dos anos de 1920-1930. Oliveira Vianna usa essa ausência-carência para dar peso a seus argumentos sobre o erro recorrente entre os estadistas brasileiros no "trabalho de construção do aparelhamento político". Deles disse em 1922: "não é no 'povo', na sua estrutura, na sua psicologia íntima e nas condições particulares de sua psique que [...] vão buscar os materiais para suas formosas e soberbas construções: é fora de nós, é nos modelos estranhos, [...] é nas jurisprudências estranhas [...]"[22].

No mesmo sentido, Buarque de Holanda diria como palavras finais de *Raízes do Brasil*: "As formas superiores da sociedade (o Estado, criatura espiritual) devem ser como um contorno congênito a ela e dela inseparável: emergem continuamente das suas necessidades específicas e jamais das escolhas caprichosas". A conclusão corroborava a afirmação inicial do livro: "Trazendo de países distantes as nossas formas de vida, nossas instituições e nossa visão do mundo e timbrando em manter tudo isso em um ambiente muitas vezes desfavorável e hostil, somos ainda uns desterrados em nossa terra". Esta afirmação, que orientou como hipótese toda a estrutura do texto e a exposição dos argumentos, é desenvolvida de forma mais detalhada no capítulo "Novos tempos", no qual afirma nossa incompatibilidade com as instituições liberais: "a ideologia impessoal e antinatural do liberalismo democrático [...] com suas fórmulas abstratas jamais se naturalizou entre nós". E a conclusão categórica: "A democracia no Brasil foi sempre um lamentável mal-entendido" (HOLANDA, *RB*, 1936: 3, 160-161, 122-123; 1969: 3, 142, 55-56).

Se Buarque de Holanda conclama os brasileiros a se urbanizarem no sentido de assumirem a ética impessoal da "Cidade" e para tanto arrancarem as raízes ibéricas e o ruralismo de nossa sociedade, Oliveira Vianna, no sentido inverso, interpela nossos intelectuais por se desinteressarem da *hinterland* brasileira, "matriz da nacionalidade", e manterem os olhos voltados para o Velho Continente. Traz a noção do que denomina "o moderno conceito de evolução social" para concluir, após a análise de três séculos da sociedade brasileira, ser incompatível com "nossa realidade nacional" a "democracia de tipo federativo" do modelo norte-americano. Embora critique as teorias de Auguste Comte e os positivistas brasileiros das décadas anteriores à proclamação da República, sua proposta política assume de modo explícito, na mesma linha dos argumentos positivistas, a necessidade de um princípio de centralização autoritária de modo a impedir a força da dispersão demográfica estimulada pela dimensão continental do território.

Pode-se encontrar proximidade entre o olhar de Oliveira Vianna voltado para o interior do país e suas características e a proposta regionalista de Gilberto Freyre. Contudo, se Vianna projeta um governo centralizado e autoritário como suporte à formação da solidariedade social fundada na organização de sindicatos, Freyre aposta no regionalismo, não só como recorte de análise histórica, mas como forma de superar a independência federativa dos estados anterior a 1930, fruto "das estrangeirices impostas". Seu esboço de projeto político visava superar o "estadualismo [...] para substituí-lo por novo e flexível sistema em que as regiões, mais importantes do que os estados, se completem e se integrem ativa e criadoramente numa verdadeira organização nacional" (FREYRE, *MR*, 1955: 16).

À guisa de conclusão a essas aproximações – afastamentos teóricos e de método, discordâncias e acordos nas conclusões sobre as características do "brasileiro" e o "sentido do Brasil", inscrito nos rumos previstos ou propostos para o futuro em seus escritos – é essencial enfatizar em seus textos a característica de projetos políticos. Bem ou mal definidos, apenas traçados por vezes, atravessam suas exposições projetos políticos formulados a partir do esforço de interpretação do país, ainda que a forma ensaística e panfletária, ou propagandística se o termo panfleto for considerado pejorativo, prevaleça. Ou seja, há trocas efetivas entre esses autores dos anos de 1920 a 1940 que tornam necessário colocá-los em dialogo por ser tarefa incauta avaliar ou mesmo percorrer os escritos de Oliveira Vianna sem colocá-lo em relação com alguns de seus contemporâneos e com o campo de possibilidades colocadas ao debate político em que se inseria.

3 O trajeto de Oliveira Vianna e sua interpretação do Brasil

Podem-se tecer avaliações negativas às várias das facetas do pensamento de Oliveira Vianna e, mesmo, reconhecer nele certo distanciamento estratégico quanto às críticas às suas ideias. Manteve a disciplina de responder a elas, de modo direto ou indireto, não em artigos, mas nas edições subsequentes dos próprios livros criticados, como na curta nota à 4ª edição de *Populações meridionais do Brasil*, onde, ao se defender, afirma terem as teses e conclusões de seu livro obtido, naquele momento (1938), "esplêndida e integral consagração". Ou, em 1945, no longo Prefácio à 2ª edição de *Problemas de política objetiva*, onde se disse surpreso "pela [própria] coerência e unidade de pensamento e de doutrina desde que tomei da pena para o estudo e o debate dos problemas brasileiros, principalmente os da estruturação política e social". Voltava a afirmar a "rigorosa objetividade e inteira imparcialidade e isenção" de seus estudos em resposta às críticas, em especial a de órgãos da grande imprensa (*PPO*, 1974: 19-25). Ainda dois anos antes, dedicara todo um longo capítulo de *Problemas de Direito Sindical* para rebater, na primeira pessoa, a atribuição de "influências fascistizantes" na formulação da política sindical do governo (*PDS*: 1943: 131-190).

É, entretanto, no Prefácio de *Instituições políticas brasileiras*, o já citado último estudo publicado ainda em vida, que Oliveira Vianna refaz sua trajetória e confere importância ao período em que trabalhou junto ao Ministério do Trabalho e ao aprendizado lá obtido. O autor retorna à sua formação em direito e compõe um detalhado painel da "evolução das estruturas do Estado no mundo moderno", adicionando o aporte das "revelações trazidas pelas novas ciências sociais". Para tanto, amplia as referências a estudos históricos, a normas jurídicas e a juristas de vários países e, quando se faz necessário um suporte para suas análises e conclusões, remete a seus escritos anteriores, tanto no intuito de definir a forma de Estado que considera mais adequada ao país como para demonstrar a coerência de suas posições no decurso de mais de 30 anos.

Por ser seu estudo mais abrangente e por afirmar com ele encerrar nas mais de 400 páginas suas pesquisas sobre "a sociologia das instituições políticas do povo brasileiro", trabalho que nomeia como "escavações nas camadas profundas da história", nele me detenho prioritariamente. Em suas páginas pode-se percorrer o caminho do autor em sua análise da sociedade brasileira desde os inícios da colonização até a República, ampliada aos países latino-americanos, para colocá-las em paralelo com sociedades europeias. Só depois formula propostas de organização social e política para o Brasil. Norteia este seu estudo a mesma preocupação – "a praxe [dos povos latino-americanos] de imitarem sem discernimento, de copiarem a torto e a direito instituições políticas alheias". Procedimento que dera como resultado estarem "todos devastados por esses 'transplantes' ou 'empréstimos' culturais dos modernos povos civilizados", causadores de contradições e turbulências em suas vidas políticas.

A noção de "direito costumeiro", "a *Common law* dos anglo-saxões", se impõe como base da crítica ao "idealismo utópico das elites brasileiras" e à desatenção delas pelo "vasto mundo de usos, costumes, tradições, ideias, preconceitos e sentimentos do povo-massa". Para Oliveira Vianna, o direito costumeiro deveria se impor como fundamento de toda e qualquer estruturação legal e normas jurídicas. Para tanto, define a prática política do "povo inglês e anglo-americano" como modelo e paradigma do procedimento correto na elaboração das leis e pontua: nesses países a lei consagra "apenas *oficialmente* as mudanças já operadas na estrutura íntima do povo-massa", ou seja, faz com que "o direito-*lei* e o direito-*costume*" coincidam sempre. Nada em suas instituições seria copiado, nada imitado; a *Common law*, direito não escrito, elemento vivo da "consciência popular", orientaria as instituições e regimes políticos, os códigos administrativos e, desse modo, traziam efetivas soluções para seus problemas políticos, sociais, econômicos (VIANNA, *IPB*, vol. I, 1974: 80-83).

Ao fazer das "forças vivas de um povo" a base para se conhecer uma sociedade, Oliveira Vianna se lança na complexa inter-relação de diversas "ciências sociais" e com ela formula a concepção de "cultura" como um campo atravessado por "reflexos condicionados" – a introjeção na consciência individual de usos, costumes e tradições inerentes a toda vida em grupo e sua força para moldar o "fundo fisiopsicológico da nossa personalidade". Não submete, contudo, a personalidade à uniformização, pois a ela atribui manter o "homem como agente criador e transformador da história e da civilização". Daí, para ele, não ser suficiente o estudo das regras e normas. Estas deveriam ser contrastadas com os comportamentos, passo imprescindível, em especial, quando se tratava do estudo de "povos civilizados" que, embora expressassem solidariedade de grupo, se encontrariam mais livres das pressões culturais.

Oliveira Vianna transita pelas posições diferenciadas de estudiosos de vários países, analisa suas divergências e conclui serem insuficientes as concepções monocausalistas, ou seja, o determinismo, da imitação nos estudos de [Gabriel] Tarde, do meio geográfico em Le Play, do meio histórico em [Hippolyte] Taine, todos pensadores franceses que, com Gustave Le Bon e Alfred Fouillée, muito citados pelo autor[23], estiveram entre os pioneiros nos estudos da psicologia social no século XIX. Avançaria para o século XX ainda com os franceses Émile Durkheim, Maurice Halbwachs e, dentre muitos outros, elenca, no pós-1945, os norte-americanos Lewis Mumford, crítico do uso da ciência e das técnicas modernas para fins bélicos, e Ralph Linton, forçado a incluir após constatações de suas pesquisas, diz Vianna, os "fatores hereditários" na formação cultural das sociedades (VIANNA, *IPB*, 1974, vol. I: 45-67).

Por meio deles, Oliveira Vianna aproximava-se, e não por acaso, de sua própria concepção "pluricausal da cultura social". Afinal, lembrava já ter afirmado, desde 1923, em *Evolução do povo brasileiro*, embora com outro método, havia já afirmado serem múltiplos "os fatores da civilização: Raça + Meio + Cultura". Para corroborar a persistência de sua concepção relaciona vários de seus estudos anteriores sobre "nossa evolução histórica e social" com base no "meio antropogeográfico (clima e solo), nos fatores biológicos e heredológicos (linhagem e raça) e nos fatores sociais (cultura)" (VIANNA, *IPB*, vol. I, 1974: 70-71).

Com o apoio dessa base teórica e de argumentos extraídos de textos de um elenco enorme de pesquisadores de várias formações profissionais e nacionalidades expõe a importante ação indutiva do "complexo cultural": um sistema psicológico "ideoafetivo", dotado de força capaz de introjetar nas pessoas a norma e com ela "arrastar a atitudes e a comportamentos na sociedade". Explica a dicotomia entre as normas e regras e os comportamentos efetivos dos indivíduos nos países latino-americanos por elas não lhes serem algo inerente, tal como uma "segunda natureza" historicamente incorporada a sua psicologia ou ao "inconsciente coletivo", e sim serem "um fato de transplantes ou enxertia cultural" (VIANNA, *IPB*, vol. I, 1974: 76-80).

Dicotomia presente na perigosa inversão que distanciava as populações latino-americanas do "povo inglês ou anglo-americano", "povos de *common law*", para os quais a lei consagraria "apenas oficialmente as mudanças da estrutura íntima do povo-massa", elementos vivos, enfatiza, "dentro da consciência de cada cidadão" (VIANNA, *IPB*, v. I, 1974: 83).

Como Oliveira Vianna constrói essa inversão tão nociva, a seu ver, para povos como os brasileiros e os latino-americanos em geral?

Com o propósito de expor as carências dos latino-americanos, seus argumentos percorrem a longa trajetória histórica da "humanidade ariana" na lenta formação progressiva da "capacidade política em seus vários graus de solidariedade social": a "consciência de aldeia", "a consciência da cidade", para finalmente atingir "a consciência de Estado-nação", não sem antes passar pelo absolutismo do Estado-império. Essa lenta progressão iniciada com a "base democrática como prática da comunidade aldeã" ele a estende de forma genérica às grandes "democracias europeias". Aos brasileiros, como habitantes da América Latina, faltara essa lenta progressão e restara-lhes a prática nociva de "imitarem sem discernimento, de copiarem a torto e a direito instituições políticas alheias" (*IPB*, vol. I, 1974: 80-107), atribuição compartilhada, com maior ou menor ênfase ao "fator" raça, por Paulo Prado, Sérgio Buarque de Holanda e Gilberto Freyre, para só ficarmos com os autores aqui analisados.

Seus argumentos expõem uma inequívoca projeção paradoxal: foram os povos da América Latina colonizados por europeus, logo povos civilizados, que com eles trouxeram suas leis e costumes para uma terra bárbara e nós, os brasileiros, as teríamos incauta e irrefletidamente mantido e até acentuado após a Independência em 1922, sem nos darmos conta dessa incompatibilidade – leis e instituições avançadas e a sociedade arcaica. Compartilham esses argumentos de modo explícito ou velado os autores já citados. Contudo, a mesma linha de raciocínio ganha força nos escritos de vários autores que, presos a uma equivocada interpretação dogmática do marxismo, buscaram as várias fases da progressão histórica do feudalismo ao capitalismo nas terras colonizadas.

Qual teria sido o processo de formação da sociedade brasileira à qual faltaria a consciência solidária nesses vários níveis historicamente sucessivos? Qual a base fundante da prática reincidente da elite intelectual e política sempre fixada na importação indiscriminada de instituições alheias? Quais as características do homem brasileiro? A volta às origens e às características dos colonizadores se apresenta como procedimento comum a esses autores em seus escritos das décadas de 1920, 1930 e 1940 e torna difícil não aproximar o *homo colonialis* desenhado por Oliveira Vianna do "homem cordial" traçado por Sérgio Buarque de Holanda, bem como do senhor da casa-grande, base do patriarcalismo detalhado por Gilberto Freyre e Paulo Prado.

Para Vianna, o *homo colonialis* constituía o fruto da estrutura ecológica e da dispersão dos moradores pelo território imenso e inculto que, desde os primórdios da colonização, agira como um sólido molde conformando-o na feição "individualista, atomística, amante da solidão e do deserto, rústico e antiurbano, fragueiro e dendrófilo, telúrico, eruptivo, abrupto", a quem "repelia a vivência em comunidade". A exceção haviam sido as fazendas de café e os engenhos de açúcar formadores de "aldeias agrárias, mas de tipo senhorial". A inexistência do homem socializado, solidarista, conduzia o autor a afirmar que "nenhum homem nesta terra é república", sua psicologia como "animal político" não ultrapassa "o mais extremado individualismo familiar"; era-lhe ausente, portanto, o "espírito público", faltava-lhe "a preocupação com o interesse coletivo" e o "sentimento de solidariedade comunal e coletiva, [devido] a carência de instituições corporativas" (VIANNA, *IPB*, vol. I, 1974: 117-127).

Com as mesmas características, Buarque de Holanda compõe o caráter da precária ordenação urbana do "ladrilhador" e o predomínio do "homem cordial", o proprietário rural e sua família patriarcal, sugerido, diz, por Ribeiro Couto: lhaneza no trato, hospitalidade, generosidade que, entretanto, ao contrário do que os estrangeiros pensavam, em nada significavam "civilidade". Seriam expressões, antes de um fundo emocional, cuja vida em sociedade não significava sociabilidade, e sim o horror a viver consigo mesmo; já a manifestação de respeito, por sua vez, expressaria o desejo de estabelecer intimidade. O "homem cordial" se impõe como o elo a ser rompido na "grande revolução brasileira" marcada por "pontos culminantes – a transmissão da família real portuguesa, a independência política, a Abolição e a República". Deposita sua aposta nos centros urbanos, na "invasão impiedosa do mundo das cidades" e sua força contínua para que se rompessem e, mesmo, se aniquilassem as raízes ibéricas de nossa cultura (HOLANDA, *RB*, 1936: 136-137).

Assim, embora recorra a outros autores, Buarque de Holanda segue a mesma linha argumentativa de Oliveira Vianna ao afirmar ser a superação da ordem doméstica e familiar a ruptura necessária para que no Brasil se formasse o Estado e o indivíduo se fizesse cidadão responsável perante a lei da cidade. A vida íntima do brasileiro, nem suficientemente coesa nem disciplinada, tornava impossível dominar a personalidade, e explicava o "rastaquerismo" como seu vício específico e extensivo aos sul-americanos (HOLANDA, *RB*, 1936:

cap. IV e V). A volta a um tempo mitológico, especificamente a *Antígona*, tragédia escrita por Sófocles no século V a.C., dá a Buarque de Holanda um argumento crucial. Com a narrativa mítica traz para o leitor do século XX a forma pela qual os gregos haviam estabelecido a dolorosa separação entre a lei da família e a lei da cidade, comparando-a com a radical superação e prevalência da lei do Estado com o moderno sistema industrial. Uma dolorosa substituição da "velha ordem familiar", a ruptura com os laços de afeto e de sangue, pelas instituições e relações sociais fundadas em princípios abstratos (HOLANDA, *RB*, 1936: 93-95; 1969: 101-102).

Em Freyre repete-se o retrato do senhor patriarcal a quem confere como base as características do português – mobilidade, miscibilidade, aclimatibilidade – etnia e cultura indecisas entre Europa e África, marcadas pelo forte traço moçárabe, e com elas tanto avalia seu sucesso como colonizador, como explica "o especialíssimo caráter da formação da sociedade brasileira" (FREYRE, *C-G&S*, [s.d.]: 237, 45-50). Ainda que questione em Oliveira Vianna a ênfase dada em seus estudos à raça, Freyre ao português adiciona o índio, introvertido, e o negro extrovertido, para pelo diverso predomínio demográfico e geográfico de cada um desses componentes identificar "tipos psicológicos": a alegre, sociável e loquaz população baiana, na qual o negro se faz mais presente, em franco contraste com a tristonha, calada e até sorumbática dos habitantes dos sertões no extremo nordeste (FREYRE, *C-G&S*, [s.d.]: 312).

Sua preocupação com diferenças regionais ao tratar das expressões de "caráter e de cultura" o aproxima de Vianna. Reconhece haver níveis desiguais de equilíbrio entre "indivíduos de cultura predominantemente europeia e outros de cultura principalmente africana e ameríndia", dualidade formadora da cultura brasileira marcada pelo "frescor de imaginação e emoção", porém também pelo "contato com a ciência, a técnica e o pensamento adiantado da Europa". Afinal, diz: "no íntimo, o que o grosso [...] do povo brasileiro ainda goza é a pressão sobre ele de um governo másculo e corajosamente autocrático". Em nada coincidiria com "nossa tradição revolucionária, liberal, demagógica antes aparente e limitada aos focos de fácil profilaxia política". Assim, a vida política brasileira se equilibraria entre duas místicas: a tradição conservadora sustentada pelo sadismo do mando disfarçado em autoridade presente na casa-grande e a democracia das elites. Uma vida política, a seu ver, "precocemente saída do regime de senhores e escravos" (FREYRE, *C-G&S*, [s.d.]: 87). Essa e outras passagens de sua análise da sociedade brasileira o aproximam de Paulo Prado em *Retrato do Brasil*, autor que em longas páginas se dedica à vida sexual do colonizador aportado nas terras edênicas do novo continente, livre dos liames "da Europa policiada", envolto pela "tumescência voluptuosa da natureza virgem" que em seu caráter reforça a dimensão da luxúria enlaçada à ambição do ouro (PRADO, *RB*, 1997, cap. 1 e 2).

Na semelhança de "interpretação do Brasil", em todos se desenha a dimensão de projetos políticos de seus textos, embora com traços uns mais, outros menos nítidos. Perfis psicológicos aproximados, todos moldados no patriarcalismo, na unidade familiar, na ausência de espírito público, "nas muitas deficiências da nossa organização social e política", no "fascínio" das elites políticas ao perderem de vista "a noção objetiva do Brasil real" e importarem instituições deixando-se levar pela idealização de "um Brasil artificial", como dizia Oliveira Vianna, em 1918, na introdução a *Populações meridionais do Brasil*. O *homo colonialis* com suas características marcava o sentido histórico diferente daquele dos povos de *common law*. O refrão se repete em 1926 com Prado quando diz que "a alma da raça é a imitação, quer inglesa do Segundo Reinado", quer na "*journée des dupes* do Quinze de Novembro [seguido dos] quarenta anos de experiências malsucedidas", na espreita da Revolução, em seu texto apenas apontada como perspectiva desejada (PRADO, *RB*, 1997: 204-207). E, mais uma vez, no homem cordial em Buarque de Holanda.

Impossível evitar esse percurso sinuoso de diálogos, discordâncias e atravessamentos entre "intérpretes do Brasil". A apresentação da figura solitária de Oliveira Vianna manteria o autor isolado em suas posições tão marcadas pelas sucessivas críticas à análise da sociedade brasileira e ao autoritarismo de seu projeto político. A intenção foi a de inseri-lo no debate fervilhante do qual participaram muitos outros profissionais, entre médicos, engenheiros, juristas, autores de ensaios antropológicos, educadores, literatos e políticos. O amplo painel composto pelas questões da dimensão do território com suas características e climas diferenciados, da forma de ocupação, da composição racial da população formou a base de noções pelas quais as análises foram elaboradas nas décadas de 1920, 1930 e 1940. A volta às origens, aos momentos iniciais da colonização, não foi o ponto de partida de todos os estudos, contudo se manteve como procedimento de método de parte significativa dos autores interessados em compreender as condições sociais e políticas do país.

E quanto a Oliveira Vianna: sobre quais bases fincou seu projeto de remodelação do *homo colonialis*, esse ser insolidário, o *pater familia* modelado pela propriedade agrária, com a firme intenção de moldá-lo em cidadão consciente e parte de uma opinião pública esclarecida?

As bases de seus argumentos sobre as idas e vindas da vida política em terras brasileiras se assentam, até 1922, nos mais de três séculos de regime de Estado-império. Com exceção dos "juízes de fora, ouvidores gerais e pessoal burocrático da alta administração", coube às câmaras municipais o governo local. Exercia-se nas câmaras a democracia, mas não no sentido moderno da expressão, deixa claro, pois se mantinha restrita às "corporações oligárquicas e aristocráticas", a nobreza de "homens bons", uma pequena elite formada por grandes proprietários rurais e comerciantes ricos. Com seus nomes inscritos nos Livros da Nobreza, só a eles cabia votarem e serem eleitos. Ora, prossegue, a parcela mais importante dessa elite de "clãs feudais e parentais [...] criações ecológicas impostas pelo meio" vivia no campo, fora das cidades, para onde se dirigia somente para determinadas cerimônias religiosas e a vereança. Estar a serviço da vereança significava dignidade pública, e dela estavam excluídos pardos e mestiços, serviçais, empregados domésticos e do comércio, trabalhadores assalariados, ou seja, concluía: "Nós nunca tivemos, nem conhecemos o governo direto do povo massa [...] quando fomos colonizados já dominava a aristocracia dos homens bons". E mais conclusivo afirmava não passarem de "exotismo" esses "concelhos" municipais ou "senados de câmaras", "um empréstimo, um transplante que nunca poderia aclimatar-se" em terras brasileiras (VIANNA, *IPB*, vol. I, 1974: 130-137).

Desse quadro geral, excetua a vila de Piratininga, dado que "a nobreza paulistana", uma "nobreza guerreira, lançava-se aos sertões". Desertada a vila desses "velhos bandeirantes", a "classe mecânica" assumia os cargos e assim evitava deixar acéfala a administração. Entretanto, mesmo essa "democracia piratiningana" não se aproximava da forma da "comunidade de aldeia" europeia, nela o padrão democrático não "cristalizou-se em costumes – num complexo cultural democrático". Em conclusão, afirmava ter existido no período colonial a "autonomia das administrações municipais, mas não democracia no sentido moderno da expressão". Somente o Império, por lei de 1821, inaugurara o "regime democrático", "uma psicose nacional" da qual o povo-massa não compartilhava. Aliás, o autor apresenta uma imagem soturna e poderosa ao dizer que "o povo-massa só acorria às urnas tangido, como um rebanho de ovelhas" (VIANNA, *IPB*, vol. I, 1974: 138-147, 152-153).

Perdura no centro de seus argumentos a "*common law*", o direito costumeiro modelando, na lenta sobreposição multissecular de "complexos culturais" o tipo social dotado de interesse comum e consciência política, de sólidas tradições e opinião pública "revestida de aura de sacralidade". Este constituía privilégio dos anglo-saxões, germânicos e escandinavos, "tipos sociais" formados pelos "usos e costumes", desdobrados em "instituições e subinstituições sociais". Dele exclui inclusive o cidadão das democracias europeias latinas, celtas, eslava, balcânicas. Também os tipos sociais do "nosso direito público" – o *oligarca estadual* e o *presidente-soldado partido* – colocavam-se no sentido contrário dessa progressão. Mostravam ser criações recentes surgidas com o regime republicano e federativo. Substituíam os partidos Conservador, Liberal e Republicano do Império – todos estruturados com base na solidariedade da família senhorial, do clã parental: a parentela e parentes adotivos. Seriam "partidos dos coronéis, do nepotismo, afilhadismo, do fanatismo religioso e banditismo coletivo", dos quais apresenta uma longa lista de exemplos ocorridos durante o regime monárquico e republicano. Um direito costumeiro, acentua Oliveira Vianna, que "penetra a psique de nossos 'cidadãos' [...] sob a ação dos séculos, uma história social e coletiva, uma gênese cientificamente determinável" e predominante nas populações rurais. Entráramos, assim, no regime democrático da Constituição de 1824, destituídos de "princípios agremiativos" para além dos "clãs feudais e parentais", sem uma forma de "cooperação organizada" (VIANNA, *IPB*, vol. I, 1974: 224-273).

Em suas reflexões uma certeza se forma passo a passo: estudara "o sentimento de solidariedade" e conclui não ter ele ultrapassado a solidariedade de clã. Pouca densidade encontrara nas comunidades municipais; nas organizações partidárias não vislumbrara consciência superior à dos grupos privados; nas comunidades estaduais (provinciais) a cultura política mantivera-se subjugada às oligarquias patriarcais. Daí só ter encontrado o "complexo democrático da nação" atuante na restrita elite com formação universitária sem extensão ao "povo-massa". Sua longa e detalhada narrativa desemboca na afirmação já antevista na proposta inicial de que nosso Direito Público não escrito, elaborado pelo povo-massa, conviveria ao lado do direito-lei, a Constituição e seus padrões idealizados "pelas elites" residentes nos centros metropolitanos. Os elaboradores das duas constituições – a de 1824 e a de 1891 – presumiram existir o inexistente eleitor dotado do sentimento da solidariedade social e do interesse público, enfim, com a "consciência democrática da comunidade nacional". Na prática, nenhuma dessas duas constituições havia modificado os costumes. Somente expuseram ao mundo "uma espetaculosa simulação do regime democrático". Chegara-se, portanto à República "pensando regionalisticamente ou, mesmo, municipalisticamente" (VIANNA, *IPB*, vol. I: 280-297, 305, 336).

Sua conclusão não poderia, portanto, deixar de apontar o "uso pródigo do sufrágio universal para um povo destituído de educação democrática", em total inversão do processo ocorrido na Inglaterra, país no qual somente em 1867 uma reforma política rebaixara a alta exigência de renda do eleitor e ampliara as franquias acolhendo o operariado, oferecendo-lhe a oportunidade de entrar na política. Ainda assim, só em 1918, após a Primeira Guerra Mundial, finalmente o direito se estendera universalmente (ao sexo masculino). O percurso no Reino Unido, elaborado sobre a eliminação gradual da exigência de renda mínima para o eleitor, as franquias eleitorais, mostra-se em contraposição ao processo ocorrido na França e do qual, diz ele, havíamos copiado o modelo e caído na mesma falsa pressuposição de se contar com um eleitor já formado.

O longo percurso palmilhado em *Instituições políticas brasileiras* o levava de volta não só ao livro de estreia, *Populações meridionais do Brasil*, mas também aos anos de colaboração junto ao Ministério do Trabalho e à certeza de que só daria direito de voto ao cidadão sindicalizado por este manifestar "interesses extrapessoais". Sua preocupação maior no momento em que finalizava o livro publicado em 1949 apontava decididamente para o poder judiciário como o primeiro passo no aprendizado da democracia – libertar o povo-massa do jugo do poder dos clãs e lhe assegurar a *liberdade civil e individual* para a posterior aquisição da "*liberdade política*" (VIANNA, *IPB*, vol. II, 1974: 173-178).

Como palavras de conclusão, creio ser impossível não comentar as limitações intrínsecas à opção de análise pelo restrito recorte "insular" do país, não só em Oliveira Vianna como dos demais intérpretes do Brasil colocados em diálogo. Ao buscarem se fixar nesse recorte, em suas especificidades, os autores fazem do Brasil uma singularidade malformada desde a fase inicial da colonização. E mais, asseveram o fato de o país apresentar esse descompasso entre instituições e sociedade por não ter percorrido as várias fases históricas do mundo ocidental, iniciadas com a lenta superação do feudalismo, nem ter enfrentado a turbulência das mudanças estruturais formadoras das matrizes do Estado moderno. Há um determinismo explícito nessas investidas analíticas que orienta a formulação da proposta: a escolha dos pressupostos e o levantamento das hipóteses de pesquisa certamente dá encaminhamento ao sentido da exposição nas conclusões confirmadoras da proposta inicial. A exposição analítica, a escolha das referências históricas e bibliográficas, bem como a estruturação dos capítulos segue, em todos eles, a direção predeterminada pela proposta inicial na afirmação do descompasso entre política e sociedade.

O percurso fecha o círculo anunciado, um procedimento que acredito ser imprescindível expor e datar como projeto político e não como base definitiva, seja lá qual deles for assim considerado, de interpretação "verdadeira" do país. Ao final quero deixar como indagação: Qual o melhor procedimento para o historiador, repetir o já dito ou percorrer novamente os textos dos autores e analisá-los como projetos políticos em seus entrecruzamentos?

Notas

[1] Remeto a dois trabalhos fundamentais para entender a denominação Revolução de 30 atribuída ao golpe de Estado de outubro de 1930: DECCA, E. *1930* – O silêncio dos vencidos: memória, história e revolução. São Paulo: Brasiliense, 1981. • VESENTINI, C.A. *A teia do fato* – Uma proposta de estudo sobre a memória histórica. São Paulo: Hucitec/História Social-USP, 1997. O artigo escrito em coautoria por esses dois historiadores (A revolução do vencedor. In: *Contraponto*, 1, nov./1976, p. 60-71. Rio Janeiro) foi o ponto de partida das teses dos autores.

[2] Remeto a *Populações meridionais do Brasil*. 2 vols. 6. ed. Rio de Janeiro: Paz e Terra, 1973 [Introdução de Marcos Almir Madeira] [1. ed., 1920] [Usei a 6. ed.]. • *Instituições políticas brasileiras*. 2 vols. 3. ed. Rio de Janeiro/São Paulo: Record, 1974 [1. ed., 1949]. Todos os livros serão citados entre parênteses pelo sobrenome do autor, pelas abreviaturas, seguidas das datas da edição utilizada. A coletânea *O pensamento de Oliveira Vianna* (Org. de Élide Rugai Bastos e João Quartim de Moares. Campinas: Unicamp, 1993) reúne textos imprescindíveis para se conhecer o teor e as variadas posições críticas em relação ao pensamento e atuação do autor. O artigo de José Murilo de Carvalho (A utopia de Oliveira Vianna, p. 13-42) abre a coletânea. Dela constam também os artigos dos quais retirei citações: GOMES, A.C. "A práxis corporativa de Oliveira Vianna", p. 43-61. • MORAES, J.Q. "Oliveira Vianna e a democratização pelo alto", p. 87-130.

[3] Cito em particular dois autores: LEITE, D.M. *O caráter nacional brasileiro*, 1968. • SODRÉ. N.V. *Orientações do pensamento brasileiro*, 1942 [com elogios a Vianna], e *A ideologia do colonialismo* (1961) – anos depois, revela-se crítico radical. Cf. o artigo de Luís de Castro Faria ("A obra de Oliveira Vianna: uma tentativa de reconstrução" [Nele, o autor recorta trechos de Moreira Leite, a quem atribui comentário grosseiro sobre os escritos de Oliveira Vianna]) e o de Lucia Lippi Oliveira ("Uma leitura das leituras de Oliveira Vianna" [Onde também faz um balanço da recepção crítica ao autor e indica pontos considerados controversos por Gilberto Freyre, embora mantivesse com ele interlocução, e cita Dante Moreira Leite como crítico que a Vianna atribui "imaginação doentia [...] de um homem [...] profundamente infeliz"]). Cf. cap. XII e XI respectivamente. In: *O pensamento de Oliveira Vianna*. Op. cit., p. 273-296, 241-271. A querela sobre o lugar da obra de Oliveira Vianna é tratada por ALVES FILHO, A. *Francisco José de Oliveira Vianna*. Rio de Janeiro: Fundação Miguel de Cervantes, 2011, p. 202-246.

[4] Vários autores listam os escritos de Vianna e as datas das primeiras e subsequentes publicações. Cf. CASTRO FARIA, L.; OLIVEIRA, L.L. & ALVES FILHO, A. Op. cit. Em relação ao interesse ainda atual de sua obra, remeto ao artigo de Evaldo Vieira (Oliveira Vianna e o Estado brasileiro no final do século XX. In: *O pensamento de Oliveira Vianna*. Op. cit., p. 157-166), no qual reconhece que "nem toda interpretação do Brasil, feita por Oliveira Vianna, morreu com ele".

[5] Uma biografia mais completa se encontra em ALVES FILHO, A. *Francisco de Oliveira Vianna*, de Aluízio. Op. cit., p. 26-27.

[6] A exposição dos argumentos de Oliveira Vianna aqui reproduzidos se encontram no meu livro *O charme da ciência e a sedução da objetividade* – Oliveira Vianna entre intérpretes do Brasil. São Paulo: Unesp, 2005, 2007. Embora não sigam a mesma apresentação, também as posições de Paulo Prado,

Sérgio Buarque de Holanda e Gilberto Freyre mereceram ampla exposição no livro e em artigos citados nas referências bibliográficas. Uma listagem bastante extensa de seus escritos publicados e inéditos consta nas referências bibliográficas.

[7] VIANNA, F.J.O. Trata-se de trecho incluído sem clara ruptura à introdução de Alberto Venâncio Filho a VIANNA, F.J.O. *Problemas de Direito Corporativo* (1938). 2. ed. Brasília: Câmara dos Deputados, 1983, p. 21-22, 38 [Biblioteca do Pensamento Político Republicano, vol. 16].

[8] VIANNA, F.J.O. *Problemas de Direito Corporativo*. Op. cit. • *Problemas de Direito Sindical*. Rio de Janeiro: Max Limonad, 1943 [1º vol. da Coleção de Direito do Trabalho, org. de Dorval Lacerda e Evaristo de Moraes Filho].

[9] VIANNA, F.J.O. *Populações meridionais do Brasil*. Vol. 1. Op. cit., p. 19 [Palavras do Prefácio]. • CARDOSO, V.L. (org.). *À margem da história da República*. 2 tomos. Brasília: UnB, 1981.

[10] Para esse período remeto a FAUSTO, B. (coord.). *O Brasil republicano* – Tomo III: Sociedade e instituições (1889-1930). 2º vol. Rio de Janeiro/São Paulo: Difel, 1977 [História Geral da Civilização Brasileira].

[11] Para melhor compreensão da produção de Alberto Torres recomendo MARSON, A. *A ideologia nacionalista em Alberto Torres*. São Paulo: Duas Cidades, 1979.

[12] Remeto a LUCA, T.R. *A revista do Brasil*: um diagnóstico para a (n)ação. São Paulo: Unesp, 1999.

[13] Considerações retiradas da Introdução de Alberto Venâncio Filho a *Problemas de Direito Corporativo* (Op. cit.) e do Prefácio de Cardoso a *À margem da história da República* (Op. cit., p. 2-7; 16-17).

[14] Remeto para: BOAVENTURA, M.E (org. e intr.) *22 por 22* – A Semana de Arte Moderna vista pelos seus contemporâneos. São Paulo: Edusp, 2000. • MARTINS, W. *História da inteligência brasileira*. Vol. VI: 1915-1933. São Paulo: Cultrix/Edusp, 1978, p. 288ss.

[15] Jorge Nagle afirma em relação à educação escolar que "A nacionalização é fenômeno presente nas pregações nacionalistas desde 1915, com o chamamento contra a "desnacionalização da infância brasileira". Escolas estrangeiras são fechadas no Sul do país; medidas de nacionalização são propostas na Conferência Interestadual de Ensino Primário, especialmente "[...] a Língua Pátria, a História e a Geografia do Brasil, a Instrução Moral e Cívica ou Educação Social". In: FAUSTO, B. (coord.). *O Brasil republicano* – Tomo III: Sociedade e instituições (1889-1930). 2º vol. Rio de Janeiro/São Paulo: Difel, 1977, p. 272.

[16] PRADO, P. *Retrato do Brasil*. 9. ed. São Paulo: Companhia das Letras, 1997 [Org. de Carlos Augusto Calil] [1. ed., 1928]. • FREYRE, G. *Casa-grande & senzala*. Rio de Janeiro: Círculo do Livro, s.d. [1. ed., Maia & Schmidt, 1933; Ilustrações de Cícero Dias]. • FREYRE, G. *Sobrados e mucambos*. 9. ed. Rio de Janeiro/São Paulo: Record, 1996 [1. ed., Companhia Editora nacional, 1936]. • PRADO JUNIOR, C. *Evolução política do Brasil*. 4. ed. São Paulo: Brasiliense, 1963 [1. ed., 1934]. • HOLANDA, S.B. *Raízes do Brasil*. 5. ed. Rio de Janeiro: José Olympio, 1969 [Prefácio de Antonio Cândido] [1. ed., 1936].

[17] PRADO, P. *Retrato do Brasil*. Op. cit. [Cf. referência a Macunaíma em Cronologia, p. 42 e a resenha, p. 229-232.]

[18] Dois capítulos de *Populações meridionais do Brasil* haviam sido publicados na *Revista do Brasil* em 1917, antes do periódico ser comprado por Lobato e quando era dirigido, entre outros, por Júlio de Mesquita, de *O Estado de S. Paulo*. In: ALVES FILHO. Op. cit., p. 70.

[19] O segundo volume de *Populações meridionais do Brasil*, voltado para o extremo-sul, com o subtítulo *O campeador rio-grandense*, seria publicado somente em 1952, um ano após sua morte.

[20] FREYRE, G. *Manifesto Regionalista de 1926*. Brasília: Ministério da Educação e Cultura, 1955.

[21] Wilson Martins expõe a controvérsia sobre o Manifesto e o suposto Movimento Regionalista de Recife e afirma serem "reconstruções históricas posteriores a 1941". Op. cit., p. 378.

[22] VIANNA, O. *O idealismo na evolução política do Império e da República*. São Paulo: Biblioteca d'O Estado de S. Paulo, 1922, p. 7-8.

²³ Gabriel Tarde é o autor de *A opinião e as massas* (1901), no qual expõe sua teoria a repeito da formação da opinião como questão privada, mas também formada pela "influência do exterior – meio, passado etc." • Le Play realizou extensa pesquisa sobre as condições dos trabalhadores na França e nas colônias francesas em *Ouvriers français* e *Ouvriers des deux mondes*, com a intenção de relacionar a organização familiar e os vários tipos de doenças ocasionadas por condições de trabalho. • Hipollyte Taine dedicou-se à análise da Inglaterra e da França em vários livros, sempre preocupado com o perfil psicológico de suas populações. • Alfred Fouillée (apud *Psychologie du Peuple Français* (de 1898) e *Esquisse psychologique des peuples européens* (s.d.) se mostrava muito preocupado com a instabilidade política na França pós-Revolução de 1789 e com o "caráter nacional" dos franceses. • Gustave Le Bon se dedicou a vários estudos sobre psicologia social amplamente divulgados, e se mostrava preocupado com o rebaixamento moral dos homens quando em multidão, em especial em *Psychologie des Foules*, que em 1921 se encontrava na 28ª edição francesa, edição consultada por Sigmund Freud e citada longamente no início de seu importante estudo *Psicologia das massas e a formação do eu*, de 1921. Além desses autores, citamos: Émile Durkheim, autor de *La division du travail social*, de 1932. • Maurice Halbwachs, autor de *Morphologie social*, de 1938. • O norte-americano Lewis Mumford (apud *Technics and civilisation*, de 1934) e Ralph Linton, em *Cultura y personalidad* (apud na edição mexicana de 1945). Uma análise mais detida de alguns desses autores se encontra em BRESCIANI. *O charme da ciência e a sedução da objetividade* – Oliveira Vianna entre intérpretes do Brasil. Op. cit.

Referências

ALVES FILHO, A. (coord.). *Francisco José de Oliveira Vianna*. Rio de Janeiro: Fundação Miguel de Cervantes, 2011.

BASTOS, É.R. & MOARES, J.Q. (orgs.). *O pensamento de Oliveira Vianna*. Campinas: Unicamp, 1993.

BOAVENTURA, M.E. (org.). *22 por 22* – A Semana de Arte Moderna vista pelos seus contemporâneos. São Paulo: Edusp, 2000.

BRESCIANI, M.S. Um possível diálogo entre (e com) intérpretes do Brasil. In: SOIHET, R.; ALMEIDA, M.R.C.; AZEVEDO, C. & GONTIJO, R. (orgs.). *Mitos, projetos e práticas políticas* – Memória e historiografia. Rio de Janeiro: Civilização Brasileira, 2009, p. 161-183.

_____. *O charme da ciência e a sedução da objetividade* – Oliveira Vianna entre intérpretes do Brasil. São Paulo: Unesp, 2005, 2007.

_____. Identidades inconclusas na Brasil do século XX: fundamentos de um lugar-comum. In: BRESCIANI, S. & NAXARA, M. (orgs.). *Memória e (res)sentimento* – Indagações sobre uma questão sensível. Campinas: Unicamp, 2001 (2004, 2009, 2014), p. 399-425.

BUARQUE DE HOLANDA, S. *Raízes do Brasil*. 5. ed. Rio de Janeiro: José Olympio, 1969 [Prefácio de Antonio Cândido] [1. ed., 1936].

CARDOSO, V.L. (org.). *À margem da história da República*. 2 tomos. Brasília: UnB, 1981.

DECCA, E. *1930. O silêncio dos vencidos* – Memória, história e revolução. São Paulo: Brasiliense, 1981.

FAUSTO, B. (coord.). *O Brasil republicano* – Tomo III: Sociedade e instituições (1889-1930). 2º vol. Rio de Janeiro/São Paulo: Difel, 1977 [História Geral da Civilização Brasileira].

FREYRE, G. *Sobrados e mucambos*. 9. ed. Rio de Janeiro/São Paulo: Record, 1996 [1. ed., Companhia Editora Nacional, 1936].

_____. *Manifesto Regionalista de 1926*. Brasília: Ministério da Educação e Cultura, 1955.

_____. *Casa-grande & senzala*. Rio de Janeiro: Círculo do Livro, [s.d.] [1. ed., Maia & Schmidt, 1933; Ilustrações de Cícero Dias].

LUCA, T.R. *A revista do Brasil*: um diagnóstico para a (n)ação. São Paulo: Unesp, 1999.

MARSON, A. *A ideologia nacionalista em Alberto Torres*. São Paulo: Duas Cidades, 1979.

MARTINS, W. *História da inteligência brasileira* – Vol. VI: 1915-1933. São Paulo: Cultrix/Edusp, 1978.

PRADO, P. *Retrato do Brasil*. 9. ed. São Paulo: Companhia das Letras, 1997 [Org. de Carlos Augusto Calil] [1. ed., 1928].

PRADO JUNIOR, C. *Evolução política do Brasil*. 4. ed. São Paulo: Brasiliense, 1963 [1. ed., 1934].

VESENTINI, C.A. *A teia do fato* – Uma proposta de estudo sobre a memória histórica. São Paulo: Hucitec/História Social-USP, 1997.

VESENTINI, C.A. & DECCA, E. A Revolução do Vencedor. In: *Contraponto*, 1, nov./1976, p. 60-71. Rio de Janeiro.

VIANNA, F.O. *Ensaios inéditos*. Campinas: Unicamp, 1991.

_____. *Problemas de Direito Corporativo* (1938). 2. ed. Brasília, Câmara dos Deputados, 1983 [Introdução de Alberto Venâncio Filho] [Biblioteca do Pensamento Político Republicano, vol. 16].

_____. *Problemas de política objetiva*. 3. ed. Rio de Janeiro/São Paulo: Record, 1974 [1. ed., 1930].

_____. *Instituições políticas brasileiras*. 2 vols. 3. ed. Rio de Janeiro/São Paulo: Record: 1974 [1. ed., 1949].

_____. *Populações meridionais do Brasil*. Rio de Janeiro: Paz e Terra, 1973 [Introdução de Marcos Almir Madeira] [1. ed., 1920] [Usei a edição de 2 vols.].

_____. *O ocaso do Império*. 3. ed. Rio de Janeiro: José Olympio, 1959 [1. ed., 1925].

_____. *Raça e assimilação*. São Paulo/Rio de Janeiro: Companhia Editora Nacional/José Olympio, 1959 [1. ed., 1932].

_____. *Pequenos estudos de Psicologia Social*. 3. ed. São Paulo/Rio de Janeiro/Recife/Porto Alegre: Companhia Editora Nacional, 1942 [1. ed., 1921; 2. ed., 1923].

_____. *Evolução do povo brasileiro*. Rio de Janeiro: Nacional, 1933 [1. ed., 1923].

_____. *O idealismo na evolução política do Império e da República*. São Paulo: Biblioteca d'O Estado de S. Paulo, 1922.

_____. *Problemas de Direito Sindical*. Rio de Janeiro: Max Limonad, 1943 [1º vol. da Coleção de Direito do Trabalho, org. de Dorval Lacerda e Evaristo de Moraes Filho].

_____. Acervo da Casa de Oliveira Vianna [Alameda São Boaventura, 41. Niterói, RJ].

7
Oliveira Lima (1867-1928)

*Teresa Malatian**

1 O historiador e seu tempo

"Pela ironia que é inseparável do destino humano, serei enterrado amortalhado na beca de professor de Direito Internacional da Universidade Católica de Washington". Assim previa o desfecho de sua vida, com estoicismo e não pequena dose de sarcasmo o historiador, diplomata e jornalista Manoel de Oliveira Lima ao fazer o balanço do percurso de uma existência plena de voltas e reviravoltas que o levaram a terminar seus dias no país cuja política externa muito criticou[1].

De longa data, Oliveira Lima vem sendo biografado, em desafio ao esquecimento provocado pelas mutações do discurso histórico, do consumo de objetos culturais e de apreciações estéticas. Sua memória persiste em práticas culturais diversas, das quais a mais significativa é a Oliveira Lima Library, situada na Catholic University of America, em Washington.

Nasceu no Recife em 25 de dezembro de 1867, filho de comerciante português ligado pelo casamento aos senhores de engenho de Pernambuco. Seu pai, Luís de Oliveira Lima, originário da cidade do Porto, encontrava-se radicado no Brasil quando se casou com Maria Benedita de Miranda, igualmente de ascendência portuguesa. Em 1873 a família transferiu-se para Lisboa, onde Manoel passou a juventude. Estudou no Colégio dos Lazaristas e no Liceu Nacional (1881-1884), onde adquiriu desde muito jovem o interesse pelos estudos históricos, manifesto em artigos publicados na imprensa. Seguiu-se o ingresso no Curso Superior de Letras de Lisboa (1884-1888), que lhe forneceu decisiva referência e marcou sua concepção de história.

Esse curso reuniu mestres destacados em estudos humanísticos da cultura liberal do final do século XIX. Ali o contato com o positivismo divulgado por Teófilo Braga marcou sua for-

---

* Doutora em História Social pela Universidade de São Paulo (USP). Professora-titular em Historiografia pelo Departamento de História da Faculdade de Ciências Humanas e Sociais da Universidade Estadual Paulista (Unesp/Franca).

mação, assim como a adesão ao evolucionismo. Oliveira Martins, Garret, Ramalho Ortigão, Eça de Queirós, entre outros, compunham o quadro de intelectuais influentes na época. A chamada Geração de 70 de Portugal tendeu a atuar imbuída pela missão de crítica política e social contra a estagnação e a tradição católica, exercendo importante papel no contexto de crise da monarquia portuguesa. Oliveira Lima partilhou tais inquietações e foi também sensibilizado pelas questões da nacionalidade e identidade nacional. O avanço do republicanismo e das concepções socialistas marcaram os posicionamentos políticos contestadores do campo político monarquista e católico na época de sua juventude.

A formação europeia e o distanciamento geográfico do Brasil não impediram que mantivesse vínculos intelectuais e afetivos com este país, principal temática em sua vasta obra, elaborada sob a influência de sua inserção desde 1890 no serviço diplomático brasileiro, no posto de secretário da Legação do Brasil em Lisboa. Em sucessivas nomeações e deslocamentos serviu nas legações brasileiras de Berlim, Washington, Londres, Tóquio, Caracas, Estocolmo e Bruxelas, onde alcançou o posto de ministro plenipotenciário. Aposentado em 1913, fixou breve residência em Londres, de onde se mudou para o Brasil, exilado em sua própria terra natal, em decorrência do posicionamento pró-germânico assumido durante a Primeira Guerra Mundial, opção que lhe impediu a permanência na Inglaterra. Seus últimos anos de vida transcorreram nos Estados Unidos, onde instalou sua biblioteca de 40 mil volumes. Além da coleção de livros, com destaque para a Brasiliana, ali se encontra também seu arquivo de documentos pessoais.

Sua intensa e variada produção, voltada para história, crítica literária, política e relatos de viagens, conta, entre as temáticas mais visitadas, história diplomática e história política do Brasil Império. Homem de imprensa, inseriu-se nas principais polêmicas políticas de sua época, pouco acomodado à "lei da mordaça" que obriga os diplomatas a reterem opiniões divergentes das diretrizes da política exterior do país. Terminou seus dias lecionando Direito Internacional na Catholic University of America. Espaço de consagração aparentemente menor, mas que completou o reconhecimento internacional de sua obra e foi alargado pela inauguração de cátedras universitárias em diversos países: na Sorbonne (cadeira de História e Geografia das Repúblicas Latinas da América do Sul, 1911); na Universidade de Harvard (cadeira de História e Economia da América do Sul, 1915); na Faculdade de Letras da Universidade de Lisboa (cadeira de Estudos Brasileiros, 1923).

Os estudos sobre a vida e a obra de Oliveira Lima, embora numerosos, privilegiam sua carreira diplomática. Poucos se referem à extensa obra histórica, na qual, inserido no debate político e intelectual da Primeira República brasileira, elaborou importante contribuição acerca da identidade nacional, vista a partir das demandas da política externa e articulada pela sua inserção no Ministério das Relações Exteriores.

Seu primeiro estudo alentado, *Pernambuco, seu desenvolvimento histórico* (1895), lhe valeu logo em seguida à publicação o ingresso como sócio correspondente no Instituto Histórico e Geográfico Brasileiro (IHGB) e dois anos depois, na Academia Brasileira de Letras (ABL), da qual foi um dos fundadores. Com esta obra lançou-se, aos 27 anos de idade, como historiador de temas ligados ao regionalismo pernambucano, vínculo de origem consolidado pelo casamento com Flora Cavalcanti de Albuquerque.

As obras de Oliveira Lima constituem um registro notável do campo político e cultural da Primeira República, visto a partir de sua trajetória na diplomacia. Os principais rumos da política externa na época consistiram em redefinição de relações com os Estados Unidos e com a Europa, resolução de questões lindeiras, promoção do comércio do açúcar e do café, além do provimento do braço imigrante para a lavoura cafeeira. Tratava-se de estabelecer novas relações com os imperialismos em disputa e inserir o país em sistemas de crédito capazes de garantir a viabilidade financeira da República. De outro lado, as relações com as demais repúblicas latino-americanas reclamavam solução para contenciosos de fronteiras que diziam respeito à nova configuração nacional. Foram resolvidas questões de limites com a Argentina, Guiana Francesa, Guiana Inglesa, Colômbia, Peru, Bolívia, Uruguai, Guiana Holandesa, Equador e Venezuela. A temática foi por ele abordada em diversas obras nos anos de 1900-1913, com destaque para o pan-americanismo[2].

Na diplomacia de cúpula – que articulava a política interna e a política externa – contava muito a construção de uma imagem do poder republicano. Consolidou-se assim no Itamaraty um dos espaços de sociabilidade mais articulados da Primeira República, que reunia intelectuais, especialmente historiadores, como Eduardo Prado, Joaquim Nabuco, João Ribeiro e Oliveira Lima. A interpretação do Brasil motivava esse círculo, que transpunha para a historiografia abordagens nacionalistas acerca da demarcação de fronteiras e das relações com os centros capitalistas hegemônicos. O Itamaraty constituiu matriz articuladora da história, considerada complementar e até mesmo necessária ao exercício da representação diplomática, porém os diplomatas não deixaram de buscar outros campos sociais onde pudessem expressar-se, com visibilidade e prestígio, dando assim à carreira o realce necessário às promoções.

Dois espaços de sociabilidade reuniram intelectuais dessa burocracia estatal locada no Itamaraty: o IHGB e a ABL. Foram completados ou prolongados por associações, revistas, jornais, salões, livrarias, nos quais circulavam os autores com demarcação de lugares, combates de afetos (amizade ou hostilidade), disputa por posições de inclusão/exclusão. Ali se estabeleciam temáticas válidas, procedimentos e referências epistemológicas consagradas, relações de promoção recíproca. Persistia em ambas as instituições a historiografia enaltecedora do Império como período de paz e tranquilidade, responsável pela preservação da unidade nacional como resultado da política centralizadora, contra o caudilhismo e a fragmentação política, considerados características da América Hispânica após a independência. A historiografia do IHGB caracterizou-se por abordar a gênese da nação sob o ângulo do progresso, definindo sua identidade pela diferença em relação à Europa e às demais nações americanas, em síntese uma visão eurocêntrica, branqueadora e elitista.

Quanto à ABL, campo social de grande prestígio na Primeira República, especialmente reconhecida no início do século como o local por excelência de consagração dos intelectuais, só teria esse papel contestado nos anos de 1920 pelos modernistas de São Paulo. Entre seus membros estiveram ministros das Relações Exteriores, como Rio Branco e Lauro Muller, além de diplomatas de carreira (Aluísio Azevedo, Domício da Gama, Graça Aranha, Magalhães de Azeredo, Salvador de Mendonça). A inserção de diplomatas deveu-se ao fato de a Academia em suas origens não contar com um projeto intelectual que individualizasse um grupo e estabelecesse critérios e prioridades em termos de direcionamentos da produção, recrutamento de membros, apoio mútuo, resolução de conflitos. Sua fundação atendeu sobretudo à intenção de reunir elementos de diversa extração social e política articulados em torno da *Revista Brasileira*, em um círculo de intelectuais que partilhava espaços de sociabilidade como livrarias e cafés.

Essas peculiaridades organizacionais e funcionais dos dois campos sociais estiveram presentes na interpretação do Brasil construída por Oliveira Lima, direcionada para duas temáticas principais: a construção da nacionalidade e a história diplomática. Desde a publicação da obra *Pernambuco, seu desenvolvimento histórico*, ele abordou a formação da nacionalidade a partir da colonização portuguesa. Seguindo as tendências da historiografia nativista da época, questionou a atuação dos portugueses e colocou em destaque as realizações do período da ocupação holandesa em Pernambuco, indicando já sua interpretação do Brasil que persistiria nas obras seguintes: uma visão marcada pelo liberalismo, pelo evolucionismo e pela composição da nacionalidade a partir das três raças. Com essa obra obteve inserção em rodas literárias do Rio de Janeiro, da qual resultou a admissão ao quadro de colaboradores da *Revista Brasileira* e entre os sócios correspondentes do IHGB, a mais prestigiosa agremiação nacional de historiadores. Logo a seguir, foi escolhido para integrar o grupo dos 40 imortais fundadores da ABL. Já havia publicado *Aspectos da literatura colonial brasileira* (1896), além da produção jornalística (*Jornal do Recife, Jornal do Brasil, Jornal do Commercio* do Rio de Janeiro). Para a cadeira número 39 escolheu como patrono Francisco Adolfo de Varnhagen, também historiador e diplomata.

Passou então a escrever também história de uso diplomático, destinada a construir no exterior uma imagem positiva do Brasil no início da República, publicando *Sept ans de République au Brésil (1889-1896)*, na qual para defender o regime desenvolveu uma interpretação evolucionista da passagem da Monarquia à República: o regime monárquico caíra por haver atingido seu esgotamento como modelo histórico. Ao compartilhar a versão da historiografia liberal, Oliveira Lima já evidenciava elementos que persistiriam no discurso historiográfico republicano, ou seja, a tese monarquista referendada pelo IHGB da exaltação do Império como período de paz e tranquilidade e de garantia da unidade nacional.

Seu grande projeto historiográfico direcionava-se, conforme diversos testemunhos, para a construção de uma ampla história diplomática do Brasil, para a qual escreveu as seguintes obras: *O descobrimento do Brasil, suas primeiras explorações e negociações diplomáticas a que deu origem* (1900); *História diplomática do Brasil: o reconhecimento do Império* (1901); *D. João VI no Brasil* (1908); *O movimento da Independência* (1922); *Dom Pedro e Dom Miguel* (1925); *O Império brasileiro* (1927); *D. Miguel no trono* (1933, póstuma).

2 Percursos

O discurso proferido por Oliveira Lima na ABL em 17 de junho de 1903 contém a primeira sistematização de seu conceito de história e do ofício de historiador. Ao fazer o elogio de Varnhagen, que considerava o "mais notável" historiador brasileiro, expôs os pontos principais de sua concepção: história como ciência e arte[3].

Em primeiro lugar, ressaltou a base documental da escrita da história, que motiva a faina incansável do historiador em busca de documentos de preferência inéditos para conhecimento/comprovação dos fatos. O discurso autorizado pelas fontes documentais permite o estabelecimento da verdade, que progride pelo acréscimo de novas informações. E, depois, nada melhor do que a "serena e despreocupada observação das hipóteses" para chegar ao bom resultado, fidedigno, só possível se o historiador mantiver-se isento de tomar partido na trama dos fatos.

Transposto o princípio metodológico para a prática, desde muito jovem dedicou-se à coleta de documentos na Torre do Tombo em Portugal. Depois, já consagrado com diversas obras no ofício de historiador, em 1902, seguindo a preocupação corrente na historiografia da virada do século XIX para o XX, publicou a *Relação dos manuscritos portugueses e estrangeiros de interesse para o Brasil existentes no Museu Britânico de Londres*, coletados quando ali residiu como secretário de legação. Continuou a obra iniciada por La Figanière e acrescida por Varnhagen, com o intuito de proporcionar subsídios aos historiadores que se ocupassem da história do Brasil, ou melhor, da América Portuguesa[4]. Isto porque estava convencido de que o acréscimo constante de documentos inéditos e a exaustiva consulta às fontes garantiriam o avanço do conhecimento histórico. Ia ao encontro da tendência dominante na historiografia brasileira e na sua mais autorizada voz, a do IHGB.

Distanciou-se assim da história filosófica dos séculos XVIII e XIX para se revelar antes de tudo afinado com os procedimentos da historiografia conhecida como metódica. Nada o desviava da admiração pelo "bom-senso germânico" na base documental da história, resultado da formação pautada pela leitura dos historiadores alemães, destacadamente Ranke e Mommsen. Sem enveredar detalhadamente na explicitação da história como ciência, investiu na necessidade do rigor do método entendido como heurística e hermenêutica, a ser depurado ou completado na escrita da narrativa.

Assim revelou sua dupla formação, em literatura e história, ao postular que o estilo ocupa papel fundamental no discurso histórico. Aqui se percebe a influência de Oliveira Martins (1845-1894). Deste historiador e sua *História de Portugal* (1879) veio-lhe a forte influência na concepção do ofício como conciliador entre ciência e arte. O estilo exerce importante papel nessa concepção historiográfica, exigindo do historiador correção, clareza, propriedade vocabular e disposição dos argumentos para assegurar à obra histórica categorias próprias da obra ficcional, isto é, coerência, verossimilhança, cadência, sugestão, sonoridade. Para que isso fosse alcançado, a intuição seria a qualidade cognitiva do historiador necessária ao estabelecimento de relações causais e influências, em sua tarefa de reconstruir o passado como ressurreição. Em suas próprias palavras, o principal consiste em ter "o faro, a intuição que precede a corroboração, e que é mais do que a plenitude, é a pedra de toque do talento do historiógrafo"[5].

Fiel ao mestre, Oliveira Lima entendia que o historiador deveria ser um artista, usar das "galas do estilo", abandonar o discurso árido, pesado e indigesto, ainda que correto. Para isso, seria válido lançar mão da ironia, do sarcasmo, da zombaria e da galhofa, tudo em nome do relato artístico que escapasse à sensaboria de "qualquer *privatdozent* de Bonn ou de Heidelberg" (ironia em relação aos filósofos da história, professores universitários, Kant em Konigsberg e Hegel, em Heidelberg). Fluência, elegância, brilho da narração seriam necessários, evitando-se, porém, sucumbir ao peso do excesso de atavios, que pesados, excessivos ou de mau gosto comprometem a agilidade da linguagem e emperram a expressão do autor. Manter sempre a "dignidade do estilo", sem neologismos, em linguagem correta e pureza do idioma. O historiador poderia se espelhar nos românticos como Heine, Schopenhauer, Renan, Michelet e Chateaubriand, e assim adquirir estilo cativante.

Em suma, o historiador "moderno" teria o seguinte perfil:

> Combinar a sagacidade da verificação com o talento da exposição, aliar a circunspecção do pesquisador à habilidade do narrador, o que, demandando em rigor para aplicar-se à evolução de um povo ou de uma nacionalidade tempo mais que o de uma vida e inteligência mais do que a humana, convida à elaboração das monografias e, como consequência, produz a dispersão da matéria histórica[6].

Este preceito seguiu-o também à risca, pois somente nos anos finais de sua produção e por razões antes de tudo financeiras, escreveu a *História da civilização*. Desviou-se das histórias gerais do Brasil, cultivadas por Robert Southey, Francisco A. de Varnhagen e João Ribeiro, para dedicar-se a estudos temáticos, regionalistas, nacionais ou monográficos de cunho biográfico (*D. João VI no Brasil*; *Dom Pedro e Dom Miguel*; *Dom Miguel no trono*). Tornou-se historiador do Império, período que abordou em diversas obras.

Com originalidade, valorizou a ação do indivíduo na história ao orientar-se pelo pressuposto de que os grupos sociais se fazem representar pelos heróis a serem trabalhados como personagens-sujeito, sínteses de determinadas forças atuantes num dado momento histórico, para moldar os símbolos necessários à compreensão e memorização do passado. A abordagem psicológica dos heróis adotada por Oliveira Lima inspirou-se em Oliveira Martins e seu método de retrato, que associou a ação do acaso à abordagem psicológica para apresentar a trama da história como um teatro de grandes individualidades.

Não por acaso, valorizou os retratos pintados como fontes históricas. Utilizou fontes iconográficas para delinear estudos psicológicos de D. João VI, Maurício de Nassau, D. Pedro I e D. Miguel de Bragança. Esboçou em seus livros retratos dos personagens que, ora em traços benevolentes, ora em traços impiedosos, evoluem da exaltação das primeiras obras ao achincalhe pelo relevo de aspectos cômicos ou ridículos dos personagens nos últimos livros que publicou. O escárnio sobre D. Pedro I, de uma testemunha da época (1829), o Capelão Walsh, que ele reproduziu sem contestar, constitui exemplo dessa mutação na empatia entre o historiador e o personagem retratado: "[...] botas de montaria, calções brancos, uma túnica de veludo verde estrelado de ouro, os papos amarelos de tucano, o manto de arrastar [...]. Esse traje carnavalesco, tão em desacordo com a escassez de pompa do jovem império [...]"[7].

Finalmente, a erudição. Considerava indispensável ao historiador a "ilustração histórica" adquirida por meio da leitura dos clássicos, para garantir a pureza do "português mais castiço". Ou seja, o historiador deveria ser um escritor no sentido mais completo do termo; ter ideias e saber exprimi-las. Nessa direção, desenvolveu o gosto pela coleção de livros que formaram sua rica biblioteca, a qual o acompanhou em seus constantes deslocamentos pelos postos diplomáticos ao redor do mundo, até se fixar em Washington. Raridades bibliográficas coletadas em leilões e catálogos de antiquários, reunidas ao longo de toda uma vida, constituíram sua oficina privada onde exerceu o ofício de historiador.

Não tendo sido um teórico, e por mais estranho que possa parecer, suas *Memórias* apresentam as mais interessantes informações para o tema da sua concepção de história por abordarem sua formação de historiador. Mas em outros textos menores é possível garimpar novos elementos. Em artigo publicado em 1904 sobre Robert Southey[8] – que considerava o maior historiador sobre o Brasil, apesar de estrangeiro, precursor de Varnhagen, mas não suplantado por este – apontou os talentos do historiador: "graça, humor, fantasia, originalidade de pensamentos". Em 1909 outros textos seriam portadores dessa concepção, um deles sobre Teófilo Braga[9], onde ajustou contas com a formação positivista ministrada por este mestre, agora rejeitada como incômoda, por implicar regras e fórmulas acusadas de enclausurarem o historiador ao preconizarem a "explicação racional de tudo, uma sistematização completa do mundo".

O que deve ser uma história do Brasil apresenta a novidade de uma sistematização metodológica e de uma teoria da história ao avaliar a *vol d'oiseau* a produção histórica sobre o Brasil: excesso de história militar, de guerras, de política e de "sucessos". Para sair desse domínio limitante, apontou espaços a descobrir e a cobrir: história econômica e social, das instituições, relações de dependência entre os três poderes (executivo, legislativo e judiciário), história das "classes da população entre si", ou seja, a história do povo, incluindo índios e africanos escravizados.

Antes mesmo da chamada "Revolução dos *Annales*", propôs e realizou a utilização comparativa de fontes de diversa natureza. Se privilegiou a correspondência diplomática, obtida nas chancelarias em Londres e Washington, foi além das fontes oficiais, ao basear-se também em correspondência privada e outros testemunhos de época (livros de viajantes, memórias, autobiografias), para obter uma visão ampliada do objeto. A vida privada constitui uma das dimensões que abordou ao se ocupar dos bastidores da vida dos personagens-chave (amores, enredos familiares, idiossincrasias, traços psicológicos). Assim, sua história diplomática foi construída sem isolamento dos demais aspectos da vida em sociedade (o social, o econômico e o cultural), de modo que a trama da ação diplomática é inserida na malha das demais relações do contexto em que ocorreram.

Foi, nesse sentido, uma vez mais discípulo de Oliveira Martins ao tratar de cada tema como um conjunto integral de aspectos de uma dada época ou problema, sem isolamento de elemento algum, embora privilegiasse a análise do político e, neste, a diplomacia. Também aqui se percebe a influência do historiador português do romantismo, Alexandre Herculano (1810-1877), que desaconselhava o isolamento analítico e preconizava atenção para as várias dimensões que constituem a existência de um povo.

Quanto à teoria da história, Oliveira Lima aderiu ao evolucionismo, como apontaram vários de seus críticos. Um deles foi Vicente Licínio Cardoso, que localizou em *Evolução histórica da América Latina comparada com a da América Inglesa* (1914) claros indícios do pensamento evolucionista de Oliveira Lima, pois que nessa obra ele "integrou o relato de nossa evolução histórica dentro da evolução histórica geral dos organismos sociais americanos"[10].

Gilberto Freyre chegou à mesma conclusão ao analisar a *História da civilização*, única obra didática escrita pelo coestaduano e amigo Oliveira Lima. Publicada em 1921, teve inúmeras reedições, tornando-se sucesso de público para os cursos ginasial e de escola normal. A crítica mordaz de Freyre, ditada pelo ímpeto da juventude e calibrada pela decepção com uma obra "menor" escrita pelo historiador consagrado, foi publicada na prestigiosa *Revista do Brasil*. Teve o mérito de revelar com acuidade o ponto central da concepção de história que estruturava o pensamento de Oliveira Lima: "os fatos acusam e a história registra um progresso humano constante"[11].

3 Conceito-chave

O caminho percorrido pelo historiador-diplomata para definir a nação brasileira expressou paradigmas da historiografia de sua época. Ao abordar o tema da nacionalidade, foi permeável à difusão das teorias aceitas do final do século XIX e início do XX, e que o levaram a definir a nação com referências a elementos determinantes. O contato com o darwinismo social e o evolucionismo de Spencer lhe forneceram elementos-chave para a concepção evolutiva dos povos submetidos pelos colonizadores europeus. Segundo essa interpretação, o estágio mais avançado da civilização teria sido alcançado pelos povos europeus ocidentais, que se lançaram na expansão colonial dos séculos XV e XVI e mantiveram submissos povos agregados a impérios.

Sua construção da história nacional partiu do pressuposto da superioridade do colonizador europeu, ao qual caberia a missão histórica de levar as luzes da civilização europeia a povos considerados mais atrasados na escala evolutiva, mediante dois agentes principais, o Estado e a Igreja. Em Hegel, Oliveira Lima buscou fundamentos para apontar o Estado como a chave de conciliação entre o universal e o particular, enquanto instituição ético-civilizadora capaz de promover a superação da existência bruta. Nesse sentido, a colonização foi entendida como promotora de "desencantamento" da América por resgatar povos inferiores. A presença do Estado constitui nessa interpretação a maior evidência de civilização por significar o traço distintivo de um povo superior, fronteira excludente entre o europeu e os povos em estado de barbárie, dispersão, desordem, ausência de autoridade e paganismo. O Estado seria a força formadora e tutelar da nação, elemento racionalizador do processo histórico.

Não obstante, criticou em diversos textos a escravidão, por razões humanitárias, porém sensibilizou-se menos pelo cativeiro dos indígenas, que considerava de certo modo protegidos pela Igreja Católica. Sua indignação voltou-se sobretudo para a escravização de africanos:

> Coube assim ao Brasil o inglório fado de continuar a ser no decorrer do século XIX um dos países americanos de trabalho alimentado pelo tráfico [...]. O espetáculo frequente dos navios negreiros não comovia uma população que, havia três séculos, se habituara a presenciar o desembarque da mercadoria humana com a indiferença testemunhada para o de qualquer outra. Pode-se no entanto bem imaginar o que devia ser a repetição dessas cenas nefandas[12].

Ao abordar a formação da nacionalidade brasileira a partir de uma interpretação favorável à colonização portuguesa, Oliveira Lima apresentou a Independência como continuidade do Brasil português na obra em que obteve seu maior reconhecimento, *D. João VI no Brasil*[13]. Ela foi projetada desde 1897, época em que ele dialogou com José Veríssimo sobre o trabalho que tencionava fazer como parte da história diplomática. Foi incentivado pelo crítico literário, que considerava o monarca "certamente uma figura mal-conhecida, mal-estudada e malcompreendida. Eu o tenho, ao contrário do que se pensa, por um sujeito atiladíssimo e, mais ainda, inteligente"[14]. Com o historiador Capistrano de Abreu discutiu também seu projeto e dele recebeu sugestões:

> Eu gosto dele [D. João VI], ridículo ou não, se para Portugal foi fatal, para o Brasil foi o verdadeiro fundador do Império e sobretudo da União. Quando chegar à época em que ele veio para o Brasil, leia, de lápis em punho, todos os viajantes, apresente um quadro largo do estado do Brasil, e ver-se-á quanto é falso e acanhado tudo quanto agora se tem feito[15].

Um concurso de monografias sobre o governo de D. João no Brasil foi aberto pelo IHGB para comemorar o centenário da abertura dos portos de 1808 visando à exaltação da Monarquia mediante consagração do rei considerado fundador da nacionalidade brasileira. Oliveira Lima apresentou ao IHGB sua obra de revisão historiográfica centrada na exaltação da unidade nacional e do papel nela desempenhado pela transferência da Corte para o Brasil. Desmarcou-se da historiografia portuguesa, que consagrara a versão da fuga vergonhosa do príncipe regente, do abandono da nação portuguesa às tropas napoleônicas, e, em contrapartida, do favorecimento da colônia que resultara em sua independência. Prevalecia nessa historiografia a versão dos descontentes com aquele governante, a qual Oliveira Martins expressara em quadro dramático de exaltado romantismo:

> A onda da invasão varria diante de si o enxame dos parasitas imundos, desembargadores e repentistas, peraltas e sécias, frades e freiras, monsenhores e castrados. Tudo isso, a monte, embarcava, ao romper do dia, no cais de Belém. Parecia o levantar de uma feira e a mobília de uma suja barraca de saltimbancos falidos: porque o príncipe regente, para abarrotar o bolso, com louras peças de ouro, seu enlevo, ficara a dever a todos os credores, deixando a tropa, os empregos, os criados, por pagar.
> Desabava tudo a pedaços. [...] Os botes formigavam sobre a onda sombria, carregando, levando, vazando bocados da nação despedaçada, farrapos, estilhas, aparas, que o seco vento do fim dispersara nessa noite calada e negra.
> Muita gente, por indolência, recusava ir; outros preferiam o invasor ao Bragança que fugia miserável e covardemente: ao herdeiro de reis, que jamais tinha sabido morrer, nem viver. [...] "Mais devagar! gritava ao cocheiro; diria que fugimos!" [...] O protesto da louca [a Rainha D. Maria I] era o único vislumbre de vida[16].

A essa visão pessimista Oliveira Lima contrapôs a interpretação de que não se tratara de covardia e sim de opção diplomática bem pesada em seu alcance, em relação a Portugal e suas colônias. Realizou novo julgamento do rei tendo em vista a constituição da nação brasileira e apresentou a Independência como continuidade do Brasil português, tese que lhe permitiu não depreciar D. João VI. Construiu um alentado painel abordando temas cruciais como a centralização administrativa, as relações coloniais e sobretudo as relações diplomáticas, sempre numa interpretação positiva da monarquia bragantina. Baseado em documentação inédita, coletada em arquivos nacionais e estrangeiros, atendeu aos cânones historiográficos vigentes no IHGB e garantiu a vitória no concurso. O resultado é um D. João em versão brasileira: em lugar da figura burlesca consagrada pela historiografia portuguesa, emerge das páginas de Oliveira Lima o retrato físico e psicológico de um rei humanizado e popular, dotado de argúcia camponesa, ardiloso e perspicaz:

> São traços todos esses mais autênticos e fidedignos na sua simpática nobreza do que as anedotas picarescas que valeram a Dom João VI um renome – talvez não usurpado se contido nos limites do desenho e não puxado até a caricatura – de desmazelo bonacheirão e de esperteza saloia, uma auréola barata de *bonhomme* Richard Coroado, uma fama de rei filósofo, que apimentavam suas desventuras conjugais e a que emprestava verossimilhança o seu físico ingrato [...][17].

A síntese realizada na figura do rei resultou em um personagem-símbolo da unidade nacional, que deu continuidade ao mundo luso-brasileiro, na transição do período colonial para o Brasil independente. Um grande painel não apenas político, mas também social, econômico, cultural, ao qual agregou a história diplomática escrita em seu estilo tradicional de narrativa de fatos políticos e em grande parte inédita. Sem ser um rei "cerebral", D. João seria portador de inteligência e gosto pelas "coisas espirituais", bom humor, indulgência, sagacidade, malícia, bonomia, magnanimidade e senso político, qualidades que lhe teriam permitido ser um governante afável e fazer-se amar pelo povo. Era o oposto da imagem consagrada de personagem ridícula, burlesca, apática, grotesca. Mas o retrato favorável não procurou escamotear as convicções absolutistas do rei avesso ao liberalismo e aos limites que uma constituição poderiam impor ao seu poder. No conjunto, Oliveira Lima tratou de harmonizar traços contraditórios da personalidade do rei. Assim o governante desnudou-se com suas fraquezas que o humanizavam e impediam o reconhecimento de uma heroicidade sem limites:

> Não havia em Dom João VI indolência da inteligência, sim indolência da vontade. [...] o rei quase uniformemente respondia só com relação aos pequenos negócios: os de maior monta ficavam sempre para mais tarde, como ele dizia para mais madura reflexão, de fato para um debate anódino no despacho, em que invariavelmente se protelava a solução das questões mais árduas ou mais espinhosas. De ordinário, o soberano não comprometia sua opinião: fazia-a vingar pelo aferro e não pela imposição. As cotas que nos foram conservadas do seu punho nunca passam de generalidades ambíguas e fórmulas dilatórias, de um governante que andasse às apalpadelas, dos veja, veremos, faça o que achar melhor, diga-me o que devo dizer ao conde[18].

Se comparada à interpretação de Varnhagen, sobressai na obra a riqueza de detalhes com que Oliveira Lima ampliou o discurso sóbrio desse historiador ao elaborar a teia em filigrana de detalhes e minúcias que agregam vivacidade ao relato. Contrasta com a parcimônia do texto de Varnhagen o estilo transbordante e adjetivado de Oliveira Lima, a exuberância no trato dos pormenores e a utilização do traço psicológico na composição do personagem e, mais ainda, o fator subjetivo ao qual atribuiu papel decisivo nas atitudes e decisões do governante, inovando assim a interpretação da história centrada na ação dos grandes personagens.

O momento crucial do período joanino, a transferência da Corte para o Brasil, foi assim interpretado na perspectiva da fundação da nacionalidade. Nesse sentido, a mudança da sede da monarquia teria sido projeto ligado à tentativa de manutenção do trono em mãos da dinastia bragantina e de preservação da unidade do Império português. A debilidade extrema do reino de Portugal perante a Grã-Bretanha, aliada exigente, e a França, inimiga invencível, foi ressaltada como diretriz das decisões de D. João VI no confronto com as ameaças ao trono.

A habilidade política do monarca ao transferir a Corte para o Brasil foi realçada por Oliveira Lima a partir de uma ótica brasileira, base de sua interpretação como estratégia que teria permitido ao príncipe regente minimizar as inevitáveis derrotas no contexto das guerras napoleônicas. O plano de transferência da Corte teria sido um projeto longa e previamente amadurecido, apressado apenas em sua execução, tornada premente pela invasão de Portugal por tropas francesas. O episódio da partida tumultuada foi assim descrito por Oliveira Lima:

> O que deve ser verdade é que muita gente, não tendo tido o mesmo ensejo que a família real de preparar-se para a longínqua viagem, partia com a roupa do corpo, e que os navios estavam tão abarrotados que dos dependentes dos fidalgos da comitiva, o maior número não encontrava sequer onde dormir. Teria o dispersar sido tal que se conta que o príncipe regente, ao chegar ao cais com o infante espanhol e um criado, num carro fechado e sem *libré* da Corte, como lhe fora aconselhado para evitar as demonstrações do sentimento popular avesso à retirada, não encontrou para o receber personagem algum e, a fim de não patinhar na lama, teve que atravessar o charco sobre pranchas malpostas, sustentado por dois cabos de polícia[19].

Em lugar de se deter na catastrófica saída da Corte de Lisboa, Oliveira Lima adotou a estratégia de insistir na sua jubilosa chegada ao Rio de Janeiro, que descreveu em suas galas de festa popular. Trata-se da história vista a partir do Brasil desde o desembarque do rei:

> Os habitantes da capital brasileira corresponderam bizarramente às ordens do vice-rei conde dos Arcos e saudaram o príncipe regente, não simplesmente como o estipulavam os editais, respeitosa e carinhosamente, mas com a mais tocante efusão. Dom João pôde facilmente divisar a satisfação, a reverência e o amor que animavam os seus súditos transatlânticos nos semblantes daqueles que em aglomeração compacta se alinhavam desde a rampa do cais até a Sé, que então era a Igreja do Rosário; os sacerdotes paramentados de pluviais de seda e ouro, incensando-o, ao saltar da galeota, com hissopes de ouro, tanto quanto os escravos humildes que de precioso só podiam ostentar num riso feliz as suas dentaduras nacaradas[20].

Fundava-se, pois, com a vinda da Corte a nação brasileira, cuja unidade foi mantida graças à presença do poder real, o qual impedira a ação desagregadora do localismo e a fragmentação das províncias debilmente ligadas à metrópole. Percebe-se também na narrativa uma tensão entre o propósito de reabilitar o monarca a partir de sua atuação política e de seus dons de caráter, de um lado, e, de outro, a crítica nacionalista à máquina administrativa colonial simbolizada pela Corte:

> A Corte, com o seu mecanismo obsoleto de produção de riqueza e o seu aparelho de sucção da energia nacional em benefício das classes privilegiadas, era na verdade o cancro roedor da vitalidade econômica do país. Ela patrocinava os abusos ou pelo menos, como escrevia um viajante da época, estendia sobre o que se passava um véu tão espesso e impenetrável que a voz popular tendia naturalmente a exagerar esses abusos, que eram reais[21].

Mesmo admitindo tais aspectos negativos da colonização, o livro expôs a convicção do acerto da ação civilizadora exercida pelos europeus e sobretudo pelo Estado, simbolizado na figura de D. João. Progresso, melhoramentos e civilização teriam sido por ele trazidos, não apenas em termos materiais, mas principalmente na forma de "emancipação intelectual" decorrente do incremento ao ensino, às artes, à ciência e à imprensa, e que teriam resultado na formação de uma consciência da unidade nacional, pois a circulação de livros portadores de ideias liberais permitira o "desenvolvimento das mentalidades" e a reação anticolonial. Tudo converge na obra para exaltar a constituição do Brasil independente, cujo passo decisivo teria sido dado com a transferência da Corte.

Sua expressão mais contundente, o Tratado de 1810, representou na prática o fim do monopólio português, substituído pelo monopólio mercantil britânico decorrente da capitulação de Portugal enfraquecido, ao qual o acordo foi considerado altamente lesivo. A interpretação acerca das relações internacionais no período joanino abrange o jogo das potências europeias, os objetivos dos estados hegemônicos, a aliança entre Portugal e a Grã-Bretanha, além da relação entre as colônias portuguesa e espanhola na América. A presença inglesa no contexto das guerras napoleônicas e sua atuação como centro dinâmico do capitalismo comercial constituíram os parâmetros da análise. Sua supremacia no concerto das nações e o monopólio do comércio marítimo estão presentes em todas as análises do autor acerca das relações entre Portugal, Espanha e França, no contexto do liberalismo e da desagregação dos impérios coloniais português e espanhol. Uma lúcida análise norteada pela crítica do imperialismo permitiu-lhe assim criticar a atuação inglesa.

A análise também levou em conta o monroísmo. Ao dar espaço às preocupações dominantes no cenário da política exterior brasileira no momento da escrita da obra, Oliveira Lima procurou evidenciar as origens e os fundamentos da doutrina Monroe, contrapondo, nas primeiras décadas do século XIX, Inglaterra e Estados Unidos. Datada de 1823, a declaração do Presidente Monroe exerceu grande influência na diplomacia norte-americana ao explicitar a intenção dos Estados Unidos se posicionarem contra qualquer tentativa das potências europeias de ingerência sobre as nações americanas. Esquecida durante décadas, foi reativada nos anos finais do século XIX, quando os Estados Unidos se lançaram na Guerra Hispano-americana, na conquista de Porto Rico e na ocupação das Filipinas e do Havaí. Sua interpretação da doutrina Monroe, nem sempre explícita, orienta a análise da política britânica de "tutela europeia do Novo Mundo" e do posicionamento norte-americano contrário a tais pretensões, que considerava incorreto em seus propósitos defensivos.

Finalmente, a obra refere-se às relações diplomáticas tensas que o Brasil mantinha com repúblicas vizinhas durante a Primeira República, sobretudo a Argentina, tendo em vista delimitar fronteiras. Avançando muito além de Varnhagen, que pouco se ocupou do concerto diplomático, Oliveira Lima esmiuçou a política joanina na Guiana Francesa e no Prata, para afirmar ter sido ela direcionada para a fundação de um império motivado pela necessidade de reagir à política expansionista francesa em Portugal e de atender aos interesses dinásticos de D. Carlota Joaquina em relação ao trono espanhol. Salvo o trono bragantino, D. João teria usufruído da oportunidade de jogar outros lances na diplomacia europeia com a anexação da Província Cisplatina e a ocupação de Caiena, atuando assim em política ofensiva. A esse projeto expansionista Oliveira Lima aplicou o conceito de imperialismo, que cautelosamente anunciou ser um conceito adaptado, uma "denominação modernizada" da política joanina:

> O reinado brasileiro de Dom João VI foi o único período de imperialismo consciente que registra a nossa história, pois que o Império conquistado além dos limites convencionais de Tordesilhas pelos bandeirantes paulistas e outros animosos aventureiros, foi incorporado instintivamente, sem consideração pelos tratados vigentes ou sequer ciência de quaisquer obrigações internacionais, como resultado inconsciente de suas arriscadas e gananciosas explorações[22].

Ressaltou a sagacidade do príncipe que ocupara Caiena para ter ao alcance do trono enfraquecido um trunfo diplomático com que pudesse obter alguma vantagem, mas que não logrou utilizar, tendo afinal devolvido o território à França sem contrapartida. Porém, ressaltou Oliveira Lima, D. João fixara com a ocupação desse território ao norte do Brasil os limites estratégicos para a livre-navegação do Rio Amazonas, resolvendo com a demarcação, no Rio Oiapoque, a "fronteira de fundamento histórico e de aspiração nacional".

Quanto à expansão no Prata, na região incorporada ao Brasil como Província Cisplatina, foi apresentada também como um elemento das lutas descolonizadoras da América Espanhola às quais se somaram os intentos expansionistas de D. Carlota Joaquina, numa análise extremamente detalhada, com pormenores diplomáticos intrincados, complexos e reveladores sobretudo, de uma tentativa de conectar a história do Brasil à história da América Hispânica não apenas do ponto de vista de uma história político-militar, mas das relações internacionais e atendendo às polêmicas contemporâneas da elaboração da obra.

4 Considerações finais

Com fortes vinculações junto à oligarquia pernambucana, trânsito em altas esferas da administração e reconhecida projeção intelectual, a trajetória de Oliveira Lima lança luzes sobre o papel do Itamaraty como abrigo para intelectuais que produziram obras legitimadoras do Estado republicano.

Sua atividade historiográfica ocorreu num período em que a história procurava demarcar sua especificidade, distanciando-se paulatinamente da literatura e adotando procedimentos científicos de construção do conhecimento. Além disso, suas obras inseriram-se no debate sobre questões referidas à identidade nacional e, neste sentido, a historiografia brasileira das últimas décadas do século XIX e início do XX abrigou inúmeras interpretações do Brasil que visavam a legitimação dos novos tempos, republicanos.

Não se afastou da interpretação do Império como período de paz interna a contrastar com as repúblicas vizinhas que se digladiavam imersas no caudilhismo e no militarismo. Para explicar a queda da Monarquia, lançou mão dos elementos da interpretação tradicional e bastante utilizados na época: a abolição, a questão militar – pela qual não nutriu simpatias, vendo nela um espírito de casta nocivo –, a difusão do positivismo e sobretudo a "tradição histórica revolucionária", que fez remontar à Revolução Francesa. Afirmou também que a propaganda positivista e os ressentimentos militares teriam completado a obra revolucionária não obstante o despreparo das "massas ignorantes" para o exercício da cidadania num governo democrático copiado dos Estados Unidos. Em suma, a República teria sido resultado de um "progresso", decorrente do anacronismo histórico do regime monárquico, sujeito à natural, inevitável e irreversível evolução das sociedades.

Desde suas primeiras obras, o antimilitarismo foi uma das posições mais firmemente defendidas por Oliveira Lima, partidário da centralização política e que compartilhava o temor dos que previam a fragmentação como decorrência da organização federativa do Estado. Apreendeu as dificuldades para a implantação do ideário liberal-democrático, que outros críticos também apontaram, no decorrer da Primeira República, e apresentaram como dicotomia entre o país legal e o país real. Nesse sentido, os temas que abordou expressaram a decepção dos republicanos liberais com a República implantada.

Oliveira Lima pode ser analisado sob o prisma da cultura de língua portuguesa dos dois lados do Atlântico, não apenas pelos vínculos institucionais e interpretativos, mas pela amplitude geográfica da divulgação de sua obra, para além das fronteiras brasileiras, incluindo a Europa, os Estados Unidos, a América Espanhola.

No Brasil, sua obra teve grande repercussão ao ser publicada, para cair em esquecimento após sua morte. Para isto muito contribuiu o fato de ter vivido seus últimos anos fora do país, sem que se possa minimizar o peso das polêmicas em que se envolveu e as inimizades amealhadas. As comemorações do seu centenário, em 1967, retiraram-no momentaneamente do esquecimento, mas a releitura e revalorização de seu pensamento histórico e de sua interpretação da política externa brasileira – em especial aquela relacionada com os Estados Unidos – constituem tendência recente, datada dos anos de 1990, com a recuperação de suas teses sobre o pan-americanismo e seus embates com Rio Branco, ministro das Relações Exteriores do Brasil entre 1902-1912, artífice da aproximação diplomática entre os dois países. As obras *Pan-americanismo* e *América Latina e América Inglesa* têm sido objeto de estudos interessados em sua teoria das três Américas e defesa do monroísmo de inspiração bolivariana. Nota-se desde então um movimento historiográfico de republicação e estudo de suas obras históricas mais importantes, com destaque para o *D. João VI no Brasil*, a mais valorizada entre elas, além de *Formação histórica da nacionalidade brasileira* e *O movimento da Independência*.

Notas

[1] LIMA, M.O. *Memórias... estas minhas reminiscências*. Recife: Sec. Turismo, Cultura e Esportes, 1986, p. 14 [Prefácios de Gilberto Freire e Fernando da Cruz Gouvêa].

[2] O pan-americanismo enquanto doutrina visou a justificar e legitimar uma diplomacia e uma prática política. As origens do pan-americanismo remontam a 1876, quando o presidente norte-americano Washington pronunciou sua mensagem de despedida. Embora seu sentido tivesse se explicitado ao longo do século XIX, a expressão foi pela primeira vez empregada em 1889, na Primeira Conferência Internacional Americana. Desde então, seu sentido foi o de afirmar a necessidade de união da América como entidade distinta da Europa, a partir do pressuposto de uma história e de um destino compartilhado pelas nações americanas. Não assentava sobre um pressuposto de identidade cultural – de difícil comprovação –, mas de uma visão de destino promissor compartilhado, que a partir do passado colonial conferia unidade às nações americanas num único continente – a América sem linhas divisórias. Em nome dele, os Estados Unidos se colocavam como protetores das nações ameaçadas pelas potências europeias, prontos a desempenhar o papel de cobradores de dívidas de investimentos externos.

[3] LIMA, M.O. Elogio de Francisco Adolfo de Varnhagen. In: *Revista da Academia Brasileira de Letras*, 12, p. 443-473. Rio de Janeiro. Publicado com o título *Elogio de Francisco Adolfo de Varnhagen Visconde de Porto Seguro, patrono da cadeira do Sr. Oliveira Lima, lido por este Acadêmico*, em separata, pela Typ. do Jornal do Commercio, 1903.

[4] Frederico Francisco de Figanière, diplomata português, publicou em 1853 o *Catálogo dos manuscritos portugueses existentes no Museu Britânico*, ao qual Varnhagen acrescentou relação de manuscritos posteriormente adquiridos pelo Museu.

[5] LIMA, M.O. Elogio de Francisco Adolfo de Varnhagen. Op. cit., p. 458.

[6] Ibid., p. 445.

[7] LIMA, M.O. *Dom Miguel no trono*. Imprensa da Universidade de Coimbra, 1933, p. 25.

[8] LIMA, M.O. Robert Southey. In: *Revista do IHGB*, n. 68, 1894, p. 231-252.

[9] LIMA. M.O. Teófilo Braga. In: LIMA SOBRINHO, B. (org.). *Obra seleta*. Rio de Janeiro: MEC-INL, 1971, p. 232-234.

[10] CARDOSO, V.L. Um novo livro de Oliveira Lima. In: *Pensamentos americanos*. Rio de Janeiro: Praça da Cruz Vermelha, 1937, p. 183-190, esp. p. 186.

[11] FREYRE, G. A "História da Civilização " do Sr. Oliveira Lima. In: *Revista do Brasil*, n. 80, ago./1922, p. 363-371, 870. São Paulo. Anos depois, postumamente, na obra *Oliveira Lima, D. Quixote Gordo*, Freyre retrocedeu na crítica que considerou descabida: "Cheguei a arrepender-me de ter sido tão pungente nas críticas ao livro didático do meu amigo e mestre, por quem era tão grande minha admiração e quase filial o meu afeto. Ele, porém, as recebeu do melhor modo: sua vaidade não ia ao ponto de repudiar críticas aos seus trabalhos que lhe parecessem honestas e compreensivas, mesmo que essas críticas procedessem – como era o caso – de simples estudantinho um tanto pretencioso" (p. 89).

[12] LIMA, M.O. *O império brasileiro*. São Paulo: Melhoramentos, 1927, p. 117.

[13] LIMA, M.O. *D. João VI no Brasil*. 3. ed. Rio de Janeiro: Topbooks, 1996. A primeira edição, em dois volumes, data de 1908, pela Typ. do Jornal do Commercio, do Rio de Janeiro. A segunda edição (1945), também em dois volumes, é da Editora José Olympio.

[14] Carta de José Veríssimo a Oliveira Lima. Rio de Janeiro, 07/01/1897.

[15] Carta de Capistrano de Abreu a Oliveira Lima, 19/04/1900. In: RODRIGUES, J.H. (org.). *Correspondência de Capistrano de Abreu*. Vol. 3. Rio de Janeiro: INL, 1954, p. 12.

[16] MARTINS, J.P. O. *História de Portugal*. Vol. 2. 11. ed. Lisboa: A.M. Pereira, 1927, p. 237-239.

[17] LIMA, M.O. *D. João VI no Brasil*. Op. cit. Rio de Janeiro: Topbooks, 1997, p. 577-578.

[18] Ibid., p. 654.
[19] Ibid., p. 52-53.
[20] Ibid., p. 65.
[21] Ibid., p. 478.
[22] Ibid., p. 285.

Referências

ALMEIDA, P.R. O Barão do Rio Branco e Oliveira Lima: Vidas paralelas, itinerários divergentes. In: CARDIM, C.H. & ALMINO, J. (orgs.). *Rio Branco, a América do Sul e a modernização do Brasil*. Vol. 1. Brasília: Ipri-Funag, 2002, p. 233-278.

CARDOSO, V.L. Um novo livro de Oliveira Lima. In: *Pensamentos americanos*. Rio de Janeiro: Praça da Cruz Vermelha, 1937, p. 183-190.

FLEIUSS, M. *Oliveira Lima* – Conferência no Instituto Histórico Brasileiro a 23 de maio de 1928. São Paulo: Melhoramentos, 1928.

FREYRE, G. *Oliveira Lima*: D. Quixote Gordo. 2. ed. Recife: Ufpe, 1970.

_____. A "História da Civilização" do Sr. Oliveira Lima. *Revista do Brasil*, n. 80, ago./1922, p. 363-371. São Paulo.

GOUVÊA, F.C. *Oliveira Lima*: uma biografia. Recife: Cepe, 2003.

LIMA, M.O. *D. João VI no Brasil*. 3. ed. Rio de Janeiro: Topbooks, 1997.

_____. *Formação histórica da nacionalidade brasileira*. Rio de Janeiro: Topbooks, 1997.

_____. *O movimento da Independência*. 5. ed. Rio de Janeiro: Topbooks, 1997.

_____. *Memórias*: estas minhas reminiscências. Recife: Sec. Turismo, Cultura e Esportes, 1986.

_____. *Pernambuco*: seu desenvolvimento histórico. 2. ed. Recife: Sec. Educ. e Cultura, 1975 [Prefácio de Gilberto Freire].

_____. *Obra seleta*. Rio de Janeiro: MEC-INL, 1971 [Org. de Barbosa Lima Sobrinho].

_____. *Impressões da América Espanhola*: 1904-1906. 2. ed. Rio de Janeiro: José Olympio, 1953.

_____. *D. Miguel no trono*. Coimbra: Imprensa da Universidade, 1933.

_____. *O império brasileiro*. São Paulo: Melhoramentos, 1927.

_____. *Dom Pedro e Dom Miguel*. São Paulo: Melhoramentos, 1925.

_____. A Nova Lusitânia. In: DIAS, C.M.M. (org.). *História da colonização portuguesa no Brasil*. Porto, 1924.

_____. *História da civilização*. São Paulo: Weiszflog/Melhoramentos, 1921.

_____. *Pan-americanismo*: Bolivar-Monroe-Roosevelt. Paris/Rio de Janeiro: Garnier, 1907.

_____. Elogio de Francisco Adolfo de Varnhagen. In: *Revista da Academia Brasileira de Letras*, 12, 1903, p. 443-473. Rio de Janeiro.

_____. Relação dos manuscritos portugueses e estrangeiros de interesse para o Brasil existentes no Museu Britânico de Londres. In: *Revista do Instituto Histórico e Geográfico Brasileiro*, t. 65, parte II, 1903.

_____. *Nos Estados Unidos*: impressões políticas e sociais. Leipzig: F.A.Brockhaus, 1899.

_____. *Aspectos da literatura colonial brasileira*. Leipzig: F.A. Brockhaus, 1896.

_____. *Robert Southey*. In: Revista do Instituto Histórico e Geográfico Brasileiro, V (LXVIII), 2ª Parte, 1894, p. 231-252. Rio de Janeiro.

LIMA SOBRINHO, A.J. Oliveira Lima: sua vida e sua obra. In: LIMA, M.O. *Obra seleta*. Rio de Janeiro: Instituto Nacional do Livro, 1971.

_____. Oliveira Lima, o historiador. In: MINISTÉRIO DAS RELAÇÕES EXTERIORES. *O centenário de Oliveira Lima*. Brasília, 1968, p. 25-49.

MACEDO, N.D. *Bibliografia de Manuel de Oliveira Lima*. Recife: APE, 1968.

MIRANDA, J.C. Manuel de Oliveira Lima – Do historiador. In: *Ocidente*, vol. LXXIII, n. 354, p. 157-162. Lisboa.

MORAES, R.B. & BERRIEN, W. *Manual bibliográfico de Estudos Brasileiros*. Rio de Janeiro: Gráfica E. Souza, 1949.

MOTA, C.G. *História e contra-história*: perfis e contrapontos. São Paulo: Globo, 2010.

PATTEE, R. Em torno a Manoel de Oliveira Lima. *Puerto Rico*, ano I, n. 8, nov./1935, p. 77-85.

PINTO, M.S. *Oliveira Lima*. Coimbra: Imprensa da Universidade, 1933.

RODRIGUES, J.H. (org.). *Correspondência de Capistrano de Abreu*. Rio de Janeiro: INL, 1954.

VIANNA, H. Oliveira Lima, historiador. In: MINISTÉRIO DAS RELAÇÕES EXTERIORES. *O centenário de Oliveira Lima*. Brasília, 1968, p. 65-90.

8
Manuel Bomfim (1868-1932)

*Maria Emilia Prado**

1 O historiador e seu tempo

Manuel Bomfim nasceu em Aracaju em 8 de agosto de 1868. Aos 17 anos iniciou o Curso de Medicina em Salvador vindo, porém, a concluí-lo no Rio de Janeiro em julho de 1890. Logo a seguir foi nomeado para a Secretaria de Polícia, onde exerceu a função de tenente-cirurgião da Brigada Policial. Após o casamento com Natividade Aurora de Oliveira mudou-se para o interior do Estado de São Paulo, com o objetivo de clinicar. Bomfim e Natividade tiveram dois filhos – Aníbal e Maria. Esta faleceu com um ano e 10 meses, e o fato de Bomfim não ter conseguido salvar sua filha foi decisivo para sua desilusão com a medicina. Regressou, então, ao Rio de Janeiro, passando a se dedicar aos estudos voltados a temas sociais, bem como à educação. Ministrou aulas particulares e escreveu artigos para jornais. Em maio de 1896, foi convidado pelo então prefeito da cidade do Rio de Janeiro, Francisco Furquim Werneck de Almeida, para ocupar o cargo de subdiretor do *Pedagogium*, cargo que assumiu em 25 de junho daquele ano. O *Pedagogium* (criado em 16 de agosto de 1890) tinha por finalidade coordenar e controlar as atividades pedagógicas do país, além de impulsionar as reformas e melhorias do ensino público. Em março de 1897 Manuel Bomfim assumia o cargo de diretor-geral da instituição.

Foi através do trabalho no *Pedagogium* que Bomfim pôde se deparar com a deplorável realidade do ensino público no Brasil. Principiou aí seu interesse em investigar as raízes dos problemas educacionais do país. Em 1896 assumia, também, as funções de professor do Instituto de Educação do Rio de Janeiro. Na administração Pereira Passos (1902-1906) Manuel Bomfim foi à Europa estudar pedagogia e psicologia. De volta ao Rio de Janeiro, foi nomeado diretor da Instrução Pública do Distrito Federal. A vasta experiência pedagógica

---

* Doutora em História Social pela Universidade de São Paulo (USP). Professora-titular de História do Brasil da Universidade do Estado do Rio de Janeiro (Uerj).

adquirida fez com que Bomfim produzisse diversos livros didáticos destinados aos cursos fundamental e médio. Dentre suas obras merecem destaque: *Compêndio de zoologia geral* (1902), *Lições e leituras para o primeiro ano* (1922), *Lições e leituras: livro do mestre* (1922) e *Crianças e homens* (1922). Junto ao poeta Olavo Bilac escreveu três livros que se constituíram em obras fundamentais para a formação de inúmeras gerações no Brasil – *Livro de composição para o curso complementar das escolas primárias* (1899); *Livro de leitura para o curso complementar das escolas primárias* (1901) e *Através do Brasil: livro de leitura para o curso médio* (1910).

A obra de Manuel Bomfim é vasta, pois além dos textos dedicados ao tema da educação, escreveu ensaios de natureza histórica, sociológica e antropológica como: *América Latina: Males de origem* (1903), *O Brasil na América* (1929), *O Brasil na história* (1930), *Cultura e educação do povo brasileiro* (1931), *O Brasil nação: Realidade da soberania nacional*, obras que serão analisadas adiante, além de livros nos domínios da psicologia, como: *O fato psíquico* (1904), *Noções de psicologia* (1916), *Pensar e dizer: estudos do símbolo e do pensamento* (1923) e *Métodos do teste: com aplicações à linguagem do ensino primário* (1928). Apesar da extensa obra e da intensa participação na vida pública no Brasil, Manuel Bomfim foi, durante décadas, um ilustre desconhecido na plêiade dos pensadores brasileiros. A possível razão para este esquecimento, indiferença ou mesmo alijamento pode, talvez, ser encontrada no fato de que sua obra caminhou por trilhas diferentes daquelas de seus contemporâneos. Ao analisarem a obra de Bomfim, Sussekind e Ventura em *História e dependência* enfatizavam esse esquecimento.

> Personagem enigmático, Bomfim era capaz de provocar querelas com Sílvio Romero e Rui Barbosa e recusar uma possível indicação para a Academia de Letras tão cobiçada naquele tempo. Chega a ser estranho que um intelectual tão polêmico à sua época fosse relegado a uma posição de pouco destaque nos anos que se seguiram à sua morte[1].

Bomfim em todos os seus livros não se propunha a comparar o Brasil com os países da Europa Ocidental ou os Estados Unidos com vistas a indicar que tipo de mudança institucional se devia implantar para que o país se tornasse mais próximo dos modelos. Como afirmou Darcy Ribeiro, a quem se deve a redescoberta da obra de Bomfim numa biblioteca de Montevidéu, ao contrário dos intelectuais brasileiros de sua época que:

> [...] gastam páginas e páginas para repetir o que os pensadores metropolitanos dizem sobre nós, com o objetivo de justificar o colonialismo europeu. Outros, ao revés, contra-argumentam, inocentes, com forças telúricas, raças de bronze e até com meiguices latinas para perorar, ofendidos, sobre supostas superioridades nossas que a história não confirma[2].

Bomfim procurou, portanto, investigar as origens dos problemas que afetavam o Brasil e a América Latina e para isto voltou-se para o processo colonial, encontrando nele as raízes dos empecilhos para a constituição no Brasil de uma sociedade democrática e integradora. Bomfim faleceu no Rio de Janeiro em 1932 aos 64 anos de idade, profundamente desencantado com os rumos do Brasil.

2 Percursos

Como afirmado acima, a obra de Bomfim destoava da de seus contemporâneos, e conhecer, portanto, um pouco da reflexão intelectual no Brasil talvez ajude a entender por que sua obra ter sido relegada ao esquecimento.

Em primeiro lugar há que se atentar para o fato de que a reflexão intelectual de boa parte do século XIX centrou-se no Brasil na análise de temas pertinentes à organização institucional do Estado, criado a partir da independência realizada em 1822. Nessas circunstâncias, os princípios teóricos do liberalismo, bem como as experiências históricas de outros países, foram utilizados visando a fornecer suporte a estas reflexões. A necessidade de estruturar o novo Estado, conjugando instituições liberais com uma realidade social que poucos vínculos guardavam com a ordem liberal, fez com que os pensadores se voltassem para questões relativas à organização do Estado. Nesse sentido, durante a primeira metade do século XIX a questão nacional reduzia-se à estruturação do Estado e do poder. Temáticas como a política de terras, a política manufatureira e principalmente aquela que se constituía no "calcanhar de Aquiles" do Brasil, a escravidão, praticamente não foram objetos de análise até 1860/1870. Unidade territorial *versus* desmembramento; Monarquia *versus* República; centralização *versus* descentralização; e os limites do poder monárquico, eram as questões que estiveram no cerne do debate intelectual e político ao longo do século XIX[3].

Os temas da integração nacional e da identidade nacional passaram a receber destaque no cenário político e intelectual brasileiro a partir do decênio de 1870, quando de modo mais sistemático a questão do fim da escravidão ocupou políticos e intelectuais. A denominada "geração de 1870"[4], caracterizou-se por sua postura extremamente crítica à ordem vigente. Partindo de formulações teóricas diversas, os intelectuais formularam projetos destinados a tornar o Brasil um país moderno. Nesse sentido, havia os que buscavam na sociedade que se construiu no Brasil ao longo de 300 anos ou no Estado, as raízes dos problemas. É possível também encontrar análises que responsabilizavam as elites políticas, que se encontravam à frente da direção do Estado, pela não adoção de medidas destinadas a promover a integração nacional. Havia ainda os que creditavam ao povo a responsabilidade pela incapacidade de o Brasil se tornar uma nação moderna – leia-se onde vigoravam os princípios liberais.

O "bando de ideias novas", denominação dada por Sílvio Romero[5], inundou o Império a partir do decênio de 1860, quando teve início a renovação. No Nordeste surgia a denominada "Escola do Recife", cujas figuras principais eram o próprio Sílvio Romero e Tobias Barreto. Os novos ventos trariam para o Império, além das mudanças propostas pela "Escola do Recife", aquelas anunciadas pelo positivismo. Tratava-se do reconhecimento de que a Monarquia Constitucional não mais servia ao crescimento do país[6].

Não estava mais em jogo a "fundação" de um país, mas sim o de sua transformação de modo a que pudesse acompanhar as inovações do tempo, ou seja: as mudanças técnicas, políticas e espirituais por que passava a Europa, que era o ponto de referência. O positivismo conseguiu ter mais adeptos no sudeste e no sul do país ainda que tivesse sido um maranhense, Francisco Antonio Brandão Júnior, integrante do grupo de Pereira Barreto em Bruxelas, quem primeiro teria utilizado a doutrina comteana para examinar o problema da escravidão[7].

A geração de 1870 preocupou-se, fundamentalmente, com a formulação de projetos capazes de possibilitar ao Brasil se tornar um país moderno. Colocar o país "ao nível do século", superar o "atraso cultural". Na busca por entender as razões do atraso e os meios para superá-lo, os intelectuais enveredaram por múltiplos caminhos. Tomando por base as doutrinas cientificistas e em especial o darwinismo, houve os que, utilizando argumentos raciais, creditaram ao povo e à miscigenação a responsabilidade pela defasagem social e cultural do Brasil diante dos Estados Unidos e dos países da Europa Central. As teorias raciais, aliás, estiveram na base dos discursos em defesa da imigração formulados no Brasil desde o decênio de 1870.

As raízes ibéricas – tema tão caro aos pensadores hispano-americanos – praticamente não foram objeto de análise no Brasil do século XIX, fosse para reafirmar o valor dessa herança ou para encontrar nela parte das razões para a dificuldade em se implantar no Brasil a prática liberal, bem como a democracia. Muito possivelmente em virtude da manutenção da escravidão ao longo do império, tornava bastante complicado a discussão acerca das liberdades individuais, do direito à propriedade e/ou ao empreendimento, à educação e à cidadania sem se tocar na escravidão. Na Hispano-América, ou em boa parte dela, a escravidão foi extinta praticamente junto ao processo de independência. Mas a dificuldade para se estabelecer o poder do Estado frente aos poderes locais foi percebida pelas diferentes análises como resultante da herança ibérica. Assim como a dificuldade para incutir na população os valores próprios do mundo anglo-saxão.

A crítica à herança deixada pelo colonizador ibérico – catolicismo, peso dos poderes locais, conservadorismo – deu-se logo nas primeiras décadas do século XIX. Do iberismo[8] advinham todos os males. Daí provinha a dificuldade para implantação do projeto liberal na Hispano-América. Sarmiento[9], por exemplo, detectava nesta herança as raízes da impossibilidade em se instituir o associativismo na Argentina. Nos pampas vigorava muito mais um código de honra do que o código do interesse. Advertia ainda que não seria possível o estabelecimento de uma ordem liberal sem que a população tivesse educação e cultura. E a economia implantada nos tempos coloniais dificultou, sobremaneira, as bases necessárias para que os novos estados fornecessem educação e cultura para toda a população, uma vez que a ordem social permanecia extremamente hierarquizada, o peso dos poderes locais se impunha frente ao Estado nacional, a economia permanecia calcada na produção de gêneros primários e a terra altamente concentrada. Foi apenas na segunda metade do século XIX que essa situação começou a se alterar na Argentina de Sarmiento.

Em Alberdi[10] é possível se encontrar uma crítica ainda mais contundente à herança ibérica. Não há qualquer complacência para com o iberismo. Dele advinham todos os males que afligiam não apenas a Argentina, mas toda a América Hispânica. Fazia-se, então, necessário substituir o modo de organização social herdado da colônia por um mais adequado ao modelo anglo-saxão. E mais precisamente ao modelo vigente nos Estados Unidos, já que na Inglaterra vigorava ainda um *ethos* aristocrático[11].

No Brasil do século XIX o tema da herança ibérica pouco foi referido, muito possivelmente em virtude da vigência da monarquia com a dinastia de Bragança. Tavares Bastos ao fazer a defesa da autonomia provincial diante do poder central, bem como do modelo norte-americano identificou em *Males do presente e as esperanças do futuro* os problemas que advinham da colonização. Afirmava ele:

> [...] a origem dos nossos males não está só nos recentes erros de ontem, como de ordinário se diz. Não! para descobri-la é preciso remontar ao curso de mais de um século, a muitos dias passados; é preciso procurá-la nesse longínquo tempo em que se encerrou a epopeia da Idade Média e começou o drama terrível da história moderna. O século XVI foi o teatro do absolutismo mais depravado. Para os povos de raça latina, sobretudo, ele é a expressão da guerra e da fome, da tirania e do fanatismo, da tortura e da fogueira, símbolos da maior miséria social[12].

O autor brasileiro que tratou de modo mais sistemático o papel desempenhado pela colonização ibérica na construção da identidade cultural da América Latina foi, sem dúvida, Manuel Bomfim. Preocupou-se, incessantemente, com as questões pertinentes à modernização e integração nacional do Brasil e da América Latina e, nesse sentido, entender o papel exercido pela colonização do ponto de vista cultural foi parte importante de sua obra, que revela traços bastante peculiares e suas análises se distinguem, em muitos aspectos, daquelas efetuadas por seus contemporâneos[13]. Manuel Bomfim não se encontrava preocupado em oferecer diagnósticos da realidade brasileira para indicar um receituário capaz de remediar este ou aquele mal. Propõe-se a buscar as origens dos problemas que afligiam o Brasil e a América Latina e que seriam os responsáveis pelo impasse sociopolítico em que vivíamos.

3 Manuel Bomfim e os males da colonização

América Latina: Males de origem, o livro que encantou Darcy Ribeiro quando o descobriu em Montevidéu, foi redigido ao longo do ano de 1903, momento em que, estando em Paris para seus estudos de psicologia e pedagogia, recebeu Bomfim solicitação de um jornal para que desse uma entrevista esclarecendo os problemas gerais com que se defrontava a América Latina. Levado a avaliar a extensão e complexidade do assunto sobre o qual lhe pediam opinião, dispôs o resultado de suas reflexões nessa obra, na qual afirmava, de modo corajoso, seu nacionalismo. Não se preocupou em oferecer diagnósticos da realidade brasileira visando indicar um receituário capaz de remediar um ou outro mal. Propõe-se a buscar as origens dos problemas que afligiam o Brasil e a América Latina e que seriam os responsáveis pelo impasse sociopolítico em que vivia essa região.

Antes mesmo de sua estadia em Paris, ou da solicitação do jornal, Bomfim já revelava seu interesse pela leitura de livros que lhe possibilitassem melhor compreender o Brasil e a América Latina. Em 1897, quando ocupava o cargo de diretor da Instrução Pública, promoveu um concurso destinado a premiar uma obra acerca da História da América, e na qualidade de membro do Conselho Superior de Instrução Pública quis também opinar sobre as obras inscritas. O concurso foi ganho por Rocha Pombo com sua *História da América*[14]. Ao chegar a Paris, a saudade da terra natal estimulou-o a iniciar um exercício de reflexão, apoiado nas notas e observações que colhera. Informou o próprio Manuel Bomfim que não apenas a saudade "daqueles céus americanos, como a apreciação direta dessa reputação perversamente malévola de que é vítima a América do Sul, provocaram a reação afetiva que se traduz na publicação destas páginas. Fora daí, elas não viriam, talvez, à luz". Continuava afirmando que escrevia um livro

> [...] nascido, animado, alimentado e divulgado pelo sentimento; não o sentimento dos interesses pessoais, que obscurecem a razão e pervertem o julgamento, mas um sentimento que só aspira alcançar a verdade – a causa efetiva desses males, dentro dos quais somos todos infelizes, o desejo de subir à civilização, à justiça, a todos os progressos[15].

Em momento algum refutou as interpretações feitas na Europa e em especial na França sobre a América Latina e o Brasil. Reconhecia o atraso da América Latina diante dos países europeus. Recusava, porém, os diagnósticos apresentados como responsáveis por esse atraso: instabilidade dos governos, revoluções frequentes, irregularidade do câmbio, papel-moeda inconversível, falta de braços. Diagnósticos esses feitos não apenas pelos europeus, mas também pelos nossos estadistas de "reduzida vista"[16]. Bomfim condenava essa postura, mas reconhecia o atraso da América Latina e consequentemente do Brasil.

> Efetivamente, os povos sul-americanos se apresentam, hoje, num estado que mal lhes dá direito a serem considerados povos civilizados. Em quase todos eles, em muitos pontos do Brasil inclusive, a situação é verdadeiramente lastimável. Nações novas deveriam progredir como cem, enquanto as antigas e cultas progridem como cinquenta; só assim lograriam alcançá-las e gozar todos os benefícios que se ligam às civilizações adiantadas. No entanto, marcham lentamente, como dez, isto é, retardam-se, distanciam-se cada vez mais da civilização moderna [...] da civilização, só possuímos os encargos: nem paz, nem ordem, nem garantias políticas; nem justiça, nem ciência, nem conforto, nem higiene, nem cultura, nem instrução, nem gozos estéticos, nem riqueza; nem trabalho organizado, nem hábito de trabalho livre, muita vez, nem mesmo possibilidade de trabalhar; nem atividades sociais nem instituições de verdadeira solidariedade e cooperação[17].

À semelhança dos que anos antes fizeram José Bonifácio e Joaquim Nabuco, Manuel Bomfim procurou encontrar os entraves que têm nos impedido de construir uma sociedade liberal, democrática e integradora. Diferentemente de Joaquim Nabuco que localizou na escravidão a raiz de todos os males ou de José Bonifácio que quase um século antes alertava para a impossibilidade de se construir um país moderno com escravidão, Manuel Bomfim vislumbrava as razões desse atraso no processo colonial e no caráter dos povos colonizadores. E aí residiu no Brasil o seu pioneirismo.

Contestava a postura etnocêntrica dos jornalistas, escritores e políticos europeus que percebiam a América Latina como uma região atrasada, povoada por mestiços indolentes e degenerados. Contestava ser a América Latina apenas uma terra de escândalos e de desonestidade. Bomfim condenava essa postura, mas reconhecia que era inegável nosso atraso. Afirmava que "A América do Sul mantém a reputação de ser o continente mais rico do globo", mas devido às constantes mudanças de governo, levantes, lutas políticas, os europeus se permitem proclamar que "as repúblicas sul-americanas são afetadas de cesarismo crônico e estão por isso perdidas"[18].

De nada adianta, continuava Bomfim, que "haja países como o Brasil, onde, dentre todos os presidentes de conselho, não houve um só que não fosse considerado e reconhecido como homem probo e limpo, vivendo dos seus próprios recursos e todos geralmente pobres?"[19] Continuávamos sendo tratados como criança a quem se repete continuamente "não prestas para nada, nunca serás nada"[20]. Bomfim condenava essa postura, mas reconhecia o atraso da América Latina e consequentemente do Brasil, e na obra que redigiu propôs-se a entender as razões ou as raízes do atraso, isto porque para ele não havia nada aparente que justificasse o atraso.

> O meio é propício, e por isso mesmo, diante desta anomalia, o sociólogo não pode deixar de voltar-se para o passado a fim de buscar as causas dos males presentes [...] é nesse passado, nas condições de formação das nacionalidades sul-americanas, que reside a verdadeira causa das suas perturbações atuais[21].

Por ora, afirmava ele, "preserva-nos a teoria de Monroe" para advertir em seguida, "nada nos garante que a grande república queira manter para sempre esse papel de salvaguarda" e findava por indicar o grave erro em nos consolarmos com essa proteção, "a soberania de um povo está anulada do momento em que ele se tem de acolher à proteção de outro. Defendendo-nos, a América do Norte irá, fatalmente, absorvendo-nos"[22]. E concluía afirmando não ser essa absorção decorrência de um planejamento efetuado pelos governantes norte-americanos, mas sim consequência natural da situação de "protegido e protetor".

Seria, portanto, na trajetória histórica da Península Ibérica que Manuel Bomfim procurou encontrar as razões da incapacidade latino-americana em compreender o sentido da Modernidade. Estava no modo como se constituíram os países ibéricos as razões para uma determinada prática de colonização que por aqui deitou raízes.

Para melhor entender essas raízes, Bomfim recuou ao período das invasões cartaginesas do século IV para mostrar como durante oito séculos a Espanha, em particular, viveu em lutas permanentes, o que resultou numa educação guerreira e numa cultura intensiva dos instintos belicosos, o desenvolvimento das tendências depredadoras e a impossibilidade de se habituar ao trabalho pacífico. Essa cultura de conquistas e saques era para Manuel Bomfim a característica mais marcante dos povos ibéricos.

Foi com base nessa tradição belicosa que Manuel Bomfim interpretou a maneira como os espanhóis conquistaram os impérios inca e asteca. Terminada a fase de depredação teria, então, início a do sedentarismo que para ele significava a fase da degenerescência. Alertava que para Portugal a conquista apresentou-se mais difícil em razão do tamanho do pequeno reino. Para Portugal, afirmava, o Brasil e a África foram colônias que permitiram o exercício do sedentarismo. Do Brasil retirava os tributos, dízimos e monopólios; da África, o tráfico dos negros[23]. Como resultado do parasitismo favorecido pelas conquistas, deu-se na Espanha a formação de uma aristocracia do dinheiro, capaz de abafar o desenvolvimento normal da sociedade. Igualmente em Portugal a vida produtiva estagnou e passou-se a viver dos lucros gerados nas colônias. Ao voltar-se para os países colonizadores, identificava neles os mesmos males que afetam os países da América Latina. O mesmo atraso, "uma geral desorientação, um certo desânimo, falta de atividade social, mal-estar em todas as classes, irritação constante e sobretudo uma fraqueza"[24].

Manuel Bomfim viu nessa forma de os ibéricos conceberem o processo colonial, as raízes dos males que passariam a afligir de modo permanente a América Latina. A herança ibérica de parasitismo e degenerescência era, segundo ele, a responsável pela incapacidade da América Latina de se construir enquanto um continente moderno e voltado para a difusão das atividades produtivas; propiciadoras do progresso para todos os seus habitantes.

Ao explicar a lógica de funcionamento do sistema colonial, Manuel Bomfim atribuía a questões de natureza cultural a implantação de um sistema de exploração colonial onde o objetivo do colonizador era extrair o máximo das colônias, não se preocupando em desenvolver nelas qualquer atividade produtiva capaz de propiciar o desenvolvimento da área colonial. Não havia interesse em se formar a população para o trabalho livre, bem como em desenvolver tecnologia na área colonial. Acostumados por séculos ao saque, espanhóis e portugueses objetivavam, apenas, extrair das colônias o maior lucro possível. Essa lógica, segundo ele, foi transplantada para as áreas coloniais, e os que detinham o controle sobre as terras, a produção e o trabalho objetivavam também o lucro fácil.

O parasitismo aqui instalado era de um tipo novo porque não se tratava de um parasitismo de uma nação sobre outra, mas sim um "o parasitismo de uma nação sobre outra que a ela se filia, que é por ela formada e dirigida"[25]. O conservantismo foi, portanto, o mais cruel resultado dessa herança porque as elites não aceitam mudanças na ordem social e tornam-se elas mesmas escravas da própria rotina.

Aceita-se a ideia de progresso, mas acredita-se que este possa ser conquistado mediante ampliação das mesmas estruturas. O parasitismo impedia que houvesse uma maior reflexão a respeito dos impasses que este tipo de ordenamento político e social criava para o país. Esse conservantismo, que age instintivamente, não permite que eles reflitam sobre essa política que é antissocial e criminosa e, por isso, não tem o que conservar. Para ele, as nações latino-americanas são nações "que tudo está por fazer, a começar pela educação política e social das populações"[26] e, por isso, não há justificativa para este conservantismo. Mas o fato é que, mesmo quando deixamos de ser uma área colonial, a prática de se viver parasitariamente do trabalho de outrem já havia se instalado. Lembremos, para o caso do Brasil, a concentração das terras em poucas mãos, a presença marcante das atividades agrárias e por fim, mas jamais por último, a escravidão. Bomfim destaca o papel da escravidão como o meio utilizado para tornar mais viável o parasitismo. Ressaltava ele o fato de que:

> [...] as classes inferiores e mecânicas se adaptaram a viver em condições de pobreza, desconforto e miséria que parecem incompatíveis com a vida. Os escravos – negros – coagidos pelo açoite – adaptaram-se, habituaram-se a trabalhar o mais possível a viver com o mínimo de conforto e de alimentação[27].

Para Manuel Bomfim a escravidão guardava vínculos estreitos com o regime de colonização parasitária estabelecido pelos povos ibéricos, ou seja: na medida em que os ibéricos se encontravam acostumados à conquista e depredação eles não concebiam a possibilidade de se estabelecer qualquer forma de ocupação de um território, que não implicasse extrair daí o máximo de lucratividade com o mínimo de trabalho. Acreditava que se as riquezas existentes na América tivessem aqui permanecido e fossem aplicadas em melhorar a produção nas novas colônias, elas teriam contribuído para construir a base da vida econômica de uma sociedade estável. Esse espírito do parasitismo e de depredação se encontrava presente também nos homens que vieram para a colônia, e esses homens eram aventureiros, especuladores desejosos do enriquecimento rápido e sem muito trabalho.

Na mesma linha de raciocínio que informava Joaquim Nabuco[28], intelectual que teve destacado papel no processo abolicionista, concluiria que "a escravidão foi a objeção moral, a degradação do trabalho, o embrutecimento e o aniquilamento do trabalhador e foi também a viciação da produção"[29]. Compararia, por fim, a colonização ibérica com aquela empreendida na América do Norte, demonstrando que esta última não foi vítima de um parasitismo integral. "As colônias inglesas puderam organizar-se desde logo segundo convinha aos seus próprios interesses, e não foram vítimas de um parasitismo integral, como esse que as metrópoles ibéricas estabeleceram para as suas colônias"[30].

Lembrava Bomfim que na América do Norte também existiu a escravidão, mas essa forma de organização do trabalho não atingiu todo o território, diferentemente do que ocorreu na América Portuguesa. No tocante à América Latina como um todo, há que se considerar também:

> [...] as desastrosas consequências dos monopólios e privilégios, os exclusivos mercantis, instituídos sobre o comércio colonial, as restrições fiscais, o sistema bárbaro de tributos, o embaraço, a proibição formal às indústrias manufatureiras tornando-se impossível qualquer esforço de iniciativa particular pela interdição de toda inovação progressista[31].

Recusava-se, porém, a operar com as teorias raciais tão em voga nesse momento e que creditavam à mestiçagem a responsabilidade sobre problemas enfrentados pelos países latino-americanos. Por esses princípios, afirmava Bomfim:

> [...] os indígenas americanos, os pretos africanos, os negroides e malaios da Oceania, foram declarados "inferiores", em massa. Para estes o julgamento é definitivo; a sociologia oficial da Europa e dos Estados Unidos decretou que eles são "inferiores", pois que se acham todos em estado social inferior ao dos outros povos[32].

Diferentemente de alguns políticos e intelectuais brasileiros que, desde o decênio de 1870, vinham utilizando o darwinismo social como explicação para o atraso do Brasil, reputando, portanto, aos negros ou a mestiçagem, as dificuldades do Brasil para se tornar um país moderno, Bomfim procurou refutar este tipo de argumentação. No capítulo denominado "elementos essenciais do caráter; raças colonizadoras; efeitos dos cruzamentos" analisou algumas das teorias raciais em voga negando cada um dos argumentos. Afirmava ele que a superioridade de um povo sobre outro é relativa e evocava a história para esta comprovação. A Inglaterra era a principal potência nesses finais do século XIX e início do século XX, "destarte, a superioridade da raça, que deverá ser definitiva para que a teoria possa prevalecer, deixa de ser definitiva. Estes, que são superiores hoje, eram inferiores há dois séculos; a superioridade de então pertencia aos espanhóis e portugueses"[33].

Prosseguia sua argumentação afirmando que as teorias raciais apenas serviam para justificar a dominação colonial e as injustiças cometidas pelos estados colonizadores. Lembrava que ainda que se proclamasse a superioridade da raça branca, dos famosos "dolicocéfalos louros da Europa", Bomfim insistia no fato de que não era porque as nações por eles constituídas fossem mais fortes e ricas na atualidade, que se poderia supor que isso adviesse do fator racial. Afinal,

> [...] os morenos do Mediterrâneo, que produziram a civilização ocidental – tudo que nela se encontra de belo e de efetivamente original. Os tais louros seriam superiores à raça de onde saíram esses gregos – os criadores da arte, que levaram a poesia e as artes plásticas a um grau de progresso que ainda não foi ultrapassado; [...] de tal forma que não há grandes verdades, na filosofia atual, que não tenha sido pressentida ou afirmada por esses gregos; foram eles os organizadores das ciências abstratas; eles – Aristóteles e Hipócrates – que orientaram a ciência no sentido da observação, mercê da qual os modernos têm podido chegar aos maravilhosos resultados e descobertas de que nos orgulhamos: eles os grandes propugnadores dos direitos da natureza humana, reconhecidos pelos seus grandes filósofos e jurisconsultos![34]

Diante desse quadro, a América Latina só podia ser caracterizada pela existência de lutas contínuas, pela perversão do senso moral, horror ao trabalho livre, ódio ao governo, desconfiança das autoridades, desenvolvimento dos instintos agressivos. Como resultado dessa forma de colonização, estabeleceu-se internamente nas sociedades latino-americanas um parasitismo de uma classe sobre a outra, dos que detinham os meios de produção sobre os que nada possuíam.

Das qualidades a nós transmitidas, reafirmava Bomfim ao longo das páginas de *A América Latina*, a mais sensível e interessante é o "conservantismo". "Na prática, todos esses homens das classes dirigentes são escravos passivos da tradição e da rotina"[35]. Recusa-se qualquer mudança porque eram adeptos fervorosos do culto à vida tal qual ela se encontra organizada, de modo que no presente e no futuro a vida se reduza à manutenção do estado existente no passado.

Em momentos de crise, alertava ele, vive-se uma agitação generalizada e um reconhecimento de que algumas modificações precisam ser introduzidas nos costumes implantados nas sociedades latino-americanas, mas, para tal, valem-se das leis, e dessa forma acreditam que, redigido um decreto, a necessidade social sobre a qual legisla estaria resolvida. Esse modo de conceber o papel da legislação como agente de mudança resulta, para Manuel Bomfim, no fato de que as constituições se sucedem sem que a sociedade delas tenha conhecimento.

Na sua maior parte os intelectuais tinham formação jurídica e, nesse sentido, Manuel Bomfim, um homem já dos finais do século XIX, insere-se numa outra tradição, que então se inicia, qual seja uma tradição científica. Dessa forma, ao analisar a origem dos problemas que dificultavam e por vezes chegavam mesmo a impedir que o Brasil pudesse construir uma nação marcada pela vigência dos princípios liberais e democráticos, Manuel Bomfim recorreria aos conceitos da biologia, de modo a tornar mais explícitas as críticas que empreendia. Acreditava que as sociedades precisavam ser vistas como "organismos" sujeitos, portanto, a leis categóricas. É isto o que tornava a Sociologia uma ciência, ou seja, "o estudo de um conjunto de fatos dependentes de leis fatais, tão fatais como as da astronomia ou da química, fatos estreitamente dependentes e relacionados"[36].

Bomfim apoiou-se na biologia na tentativa de compreender as razões do imobilismo e da incapacidade do Brasil em se tornar um país similar aos da Europa Ocidental. Afirmava ser "princípio fundamental e corriqueiro de biologia: "que a função faz o órgão"[37] e que os organismos sociais, apesar de se regerem por leis peculiares a eles, não podem estar "em oposição com as que regem a vida dos elementos sociais em particular"[38]. Prosseguia em sua analogia assegurando que "uma sociedade que viva parasitariamente sobre outra perde o hábito de lutar contra a natureza [...] uma sociedade passa a viver às custas de iniquidades e extorsões; em vez de apurar os sentimentos de moralidade, que apertam os laços de sociabilidade"[39].

Ainda que retirando seus argumentos da biologia, defendia a tese, apoiando-se em Massart e E. Vandervalden, de que o parasitismo social diferia do biológico:

> O parasitismo social não é irredutível como o parasitismo biológico; os grupos parasitas se podem regenerar; tudo depende de que, uma vez reconhecida a causa da decadência, uma parte ao menos da sociedade se esforce para comba-

> tê-la – a essa causa – desabituando-se uns da vida parasitária contrariando as tendências, os hábitos e as tentativas desses que já não sabem nem podem viver, senão parasitariamente[40].

A educação se constituía, assim, no meio para se viabilizar a transformação dessa sociedade excludente numa nação capaz de proporcionar liberdade e cidadania a todos os seus membros. Capaz ainda de se impor ao mundo civilizado (leia-se Europa) como um país operoso e progressista. A crença na educação como mecanismo transformador não era mais do que a crença na razão libertadora. A educação seria o instrumento capaz de dotar o povo dos meios necessários para se posicionar na condução das questões nacionais.

> Se faltam cidadãos para uma república, se faltam ao país homens em valor humano, procuremos formá-los. É a suprema virtude da educação; pode sempre, de uma criatura normal, fazer um indivíduo inteligentemente produtor e moralmente disciplinado para uma vida livre [...]. Falta-nos povo para a livre vida contemporânea. Falta-nos, mas um povo se faz em duas ou três gerações como também rapidamente se amesquinha[41].

É preciso considerar aqui a opinião corrente entre os intelectuais latino-americanos de que a educação era o meio capaz de proporcionar a transformação dos países na direção da Modernidade. A educação seria, portanto, o instrumento capaz de dotar o povo dos meios necessários para se posicionar na condução das questões nacionais.

Bomfim não participou diretamente, como interlocutor, do debate intelectual hispano-americano, mas ele conhecia esse debate e suas obras expressavam a mesma preocupação geral que orientava o meio intelectual hispano-americano: as questões indígena e negra, a herança ibérica, a introdução da civilização na América Latina, o modelo norte-americano, a educação como veículo para a transformação nacional. A postura de Bomfim era, no entanto, extremamente crítica aos posicionamentos adotados por boa parte dos intelectuais hispano-americanos especialmente pelo fato de muitos deles esposarem as teorias raciais vigentes. Em seu livro *O Brasil na América – Caracterização da formação brasileira*[42] ironizava as posições defendidas por Carlos Octavio Bunge em *Nuestra América* (1903) que assinalava a divisão da Argentina em castas raciais, que eram boas ou ruins segundo fossem brancas ou de cor. Igualmente criticara o desejo de europeização étnica expresso por Alberdi, ou ainda a visão dos índios como cruéis e sem ambição defendida por Alcides Arguedas em *Pueblo enfermo* (1909).

Em *O Brasil na América* Bomfim realizou uma análise extremamente cuidadosa e original para a época a respeito das confluências e divergências entre a colonização portuguesa e a espanhola. Das convergências ele havia já explicitado em *América Latina: Males de origem*. As diferenças aparecem mais bem-elaboradas em *O Brasil na América*. Logo nas primeiras páginas afirmava: "viemos dessas origens – Ibéria – Portugal, onde, desde cedo, este se afirmou como nacionalidade distinta, divergente do que veio a ser Castela" e recusando toda argumentação enfocada na homogeneidade advertia que "há maior diferença, e mais acentuada divergência, do que as duas metrópoles [...] para que a distribuição das

Américas tivesse lógica, fora preciso distinguir três, em vez de duas: a castelhana, a portuguesa e a inglesa"[43].

Ainda que se mantivesse extremamente crítico quanto ao processo de colonização, Bomfim ao longo das páginas de *O Brasil na América* procurou enfatizar sua posição nacionalista e o quanto a colonização portuguesa teria favorecido a formação deste sentimento nacional. Tendo dedicado o livro a Frei Vicente Salvador, baseou-se nos cronistas coloniais para encontrar nos primeiros séculos da colonização as bases do sentimento nacional. E nesse sentido dava destaque à contribuição do indígena na formação da sociedade brasileira. Via na mestiçagem um dos traços positivos da colonização portuguesa, quando comparada com a efetivada pela Espanha (Castela) ou mesmo quando se referia à colonização dos Estados Unidos. No caso do Brasil, defendia que houve "a assimilação franca, baseada em larga mistura, alheia a qualquer preconceito"[44]. Viu, por exemplo, na participação dos indígenas em defesa de Portugal, quando da invasão francesa, por exemplo, um traço fundamental na construção da nacionalidade.

Em *América Latina: Males de origem* – Bomfim buscou no processo colonial as raízes dos problemas que impediam o Brasil e a América Latina de construírem países formados por uma sociedade integrada e igualitária. Uma vez que o processo colonial originou um parasitismo social responsável, por sua vez, pela manutenção de sociedades excludentes e hierárquicas. Acreditava, porém, que o parasitismo social poderia ser vencido através de um processo educacional que tornaria a população apta a romper as rígidas hierarquias. Bomfim em sua defesa acirrada dos valores nacionais acreditava que seria possível superar os "males" produzidos pela colonização.

A pouco e pouco foi percebendo que a reforma educacional dificilmente poderia advir de estados comprometidos com elites que eram beneficiárias da manutenção do parasitismo. A Revolução Mexicana cujo início ocorreu em 1910, em muito contribuiu para que Bomfim passasse a dar cada vez mais destaque e importância à ação popular como principal fator capaz de romper com o parasitismo e produzir transformações políticas e sociais. Em *O Brasil na América* procurou, então, demarcar o nascimento de um sentimento nacional ainda no período colonial, passo a passo ele foi desfraldando este processo e a um só tempo fazendo a exaltação do povo brasileiro formado por uma miscigenação de povos e raças. Uma vez mais criticava a postura de autores que viam nessa mistura a responsável pelas fragilidades do país, imputando ao povo a responsabilidade por essas fragilidades.

Bomfim, ao se referir à miscigenação, deu maior proeminência à mistura do branco colonizador com o indígena. Em menor escala ele se referiu à miscigenação do colonizador com os negros. Ao longo dos capítulos ele buscou acentuar as diferenças na dominação dos indígenas entre a colonização hispânica e a portuguesa, procurando destacar na primeira o aspecto violento da dominação e na segunda a capacidade de aceitar e mesmo propiciar a miscigenação que, para ele, foi fator primordial na formação de um sentimento de patriotismo que antecedeu o nacionalismo.

Em 1931 Bomfim, já muito doente, publicava *O Brasil nação: Realidade da soberania brasileira*[45], dedicado à "glória de Castro Alves, potente e comovida voz de revolução". E nessa obra de modo mais explícito ele revelava sua descrença de que a transformação pudesse vir através da educação, uma vez que o Estado, tão comprometido com elites totalmente desinteressadas da promoção educacional, não cuidaria dos meios necessários à sua implantação. Era, portanto, no povo que Bonfim vislumbrava a possibilidade da mudança. Já havia algum tempo que voltara seus olhos para o processo revolucionário mexicano, apontando nele o caminho para o Brasil.

> Por tudo isto, se nos aproximamos dos aspectos concretos, só vemos um tipo de revolução que seria o próprio caminho para o Brasil – a que o México vem fazendo nos últimos doze ou quinze anos [...] massa da nação brasileira se há de redimir, num esforço próprio projetada no torvelinho que lhe acelerará a marcha de ascensão. Para tanto, basta que se infiltre nas consciências, para que sejam livres e fortes, esse espírito revolucionário[46].

Continuava fiel à sua crença na educação, mas compreendia que seria impossível esperar dessa elite que retirava seu poder do parasitismo a predisposição em investir na educação nacional. Dessa maneira, em *O Brasil nação*, ainda que não abandonasse sua crença na ilustração, vislumbrava no movimento popular agrário um possível caminho de mudança, à semelhança do que ocorrera no México. Manuel Bomfim passou a defender a tese de que teria de vir do povo a mudança que nos conduziria na direção do progresso: "Todo o argumentado até aqui – Brasil na história, Brasil nação, que é a história de dois séculos –, demonstra-nos que não se pode esperar que venha de cima a obra salvadora. A revolução tem de ser inicialmente contra a classe dirigente"[47].

4 Considerações finais

Bomfim realizou um diagnóstico profundo das razões históricas do denominado "atraso" do Brasil e da América Latina diante dos países hegemônicos europeus. Recusou-se a creditar ao povo, na vertente racial, as razões desse atraso. No processo colonial marcado pela exploração é que se deveria buscar as origens dos *males* que afetavam a América Latina e o Brasil em especial. Utilizando conceitos próprios da biologia, bem como da sociologia, Bomfim via no *parasitismo social* o principal legado da colonização e a um só tempo destacava que dele provinham todas as dificuldades para que os países da América Latina pudessem se desenvolver. Recusa-se, portanto a creditar ao povo, na vertente racial, as razões desse atraso. Foi o processo colonial caracterizado pela dominação objetivando o lucro o responsável por manter os colonizadores na ociosidade.

Reconhecia a dificuldade quase extrema para que ocorresse a mudança no estado das sociedades latino-americanas na medida em que o parasitismo estabeleceu-se, também, no interior das sociedades que constituem a denominada América Latina. Romper com essa inércia era questão-chave. Mas como romper? Afinal, os dirigentes ao se beneficiarem de toda essa situação não teriam por que viabilizarem os meios (educação) necessários à mudança. Por outro lado, sem integração, sem cidadania livre o Brasil e a América Latina não teriam as condições indispensáveis para ingressarem no rol das nações modernas.

A miscigenação racial foi por ele apontada como sendo o principal ponto positivo produzido pela colonização portuguesa no Brasil. Uma vez que a pluralidade cultural podia ser considerada um dos fatores mais importantes na constituição da identidade brasileira e situava-se na base da formação da nacionalidade. Para ele, apesar de todos os males herdados do processo colonial, ainda assim a colonização portuguesa teve o mérito de, ao propiciar a miscigenação – diferentemente do colonizador espanhol que não se misturou com os indígenas americanos –, construir as bases de um espírito patriótico.

A educação seria, na concepção de Bomfim, o meio para viabilizar a transformação de sociedades excludentes em países capazes de proporcionar liberdade e cidadania a todos os seus membros. A educação como mecanismo transformador era, em Bomfim, a expressão máxima da crença na razão libertadora.

Entre a redação e a publicação de *América Latina: Males de origem* e a de *O Brasil nação* é possível constatar significativa modificação no modo pelo qual Manuel Bomfim acreditava ser possível viabilizar a transformação das nações latino-americanas. Continuava fiel à sua crença na educação, mas compreendia que seria impossível esperar dessa elite que retirava seu poder do parasitismo a predisposição em investir na educação nacional. Dessa maneira, em *O Brasil nação*, ainda que não abandonasse sua crença no conhecimento e na ilustração conseguidos através do processo educacional, vislumbrava no *movimento popular agrário* um possível caminho de mudança à semelhança do que ocorrera no México.

Dessa forma, a educação continuava sendo, na opinião de Bomfim, o meio para a liberdade que dignificasse os indivíduos. Mas esta função só poderia ser realizada pelo Estado, não o mesmo que existia até então e sim por outro Estado que teria novos dirigentes. Acreditava que era necessário haver uma revolução, e nesse sentido a experiência revolucionária do México era o caminho a ser seguido. Afinal, teria que vir do povo a mudança que conduziria o país ao progresso e ao fim do parasitismo social. Mas alertava também para a dificuldade do povo ter consciência do seu papel nesta mudança.

Indispensável, a revolução inadiável, a remissão que entregue a si mesma a nação brasileira, nada a prenuncia, no entanto. Falta-nos, mais do que nunca, espírito revolucionário: isto que, influindo uma época, torna possível a condensação de reformas essenciais da transmutação[48].

Bomfim queria a América Latina livre, próspera e digna. Valorizava as tradições endógenas dos povos que habitavam há milênios as terras latino-americanas, mas recusava-se a uma leitura ingênua acerca do nosso papel na superação dos muitos obstáculos. Reconhecia a responsabilidade das elites latino-americanas e dos governos, pela não resolução dos inúmeros problemas que impediam a América Latina de se tornar uma área onde seus habitantes tivessem acesso ao progresso em suas acepções, econômica, política e cultural. Recusava, no entanto, não apenas a noção de raça – como fator explicativo –, mas também procurou desvendar as condições estruturais originadas em sua maior parte no processo de colonização.

Notas

[1] SUSSEKIND, F. & VENTURA, R. *História e dependência*. São Paulo: Moderna, 1984, p. 3.

[2] RIBEIRO, D. Manuel Bomfim, antropólogo. In: BOMFIM, M. *A América Latina* – Males de origem. Rio de Janeiro: Topbooks, 1993, p. 11.

[3] PRADO, M.E. *Joaquim Nabuco* – A política como moral e como história. Rio de Janeiro: Museu da República, 2005, p. 15-30.

[4] ALONSO, Â. *Ideias em movimento* – A geração de 1870 na crise do império. Rio de Janeiro: Paz e Terra, 2002.

[5] ROMERO, S. Discurso de saudação a Euclides da Cunha no ato de sua posse na Academia Brasileira de Letras. In: *Provocações e debates*. Porto: Chardron, 1910, p. 359.

[6] BARROS, R.S.M. *A ilustração brasileira e a ideia de universidade*. São Paulo: Convívio, 1936. • PAIM, A. *A filosofia da Escola do Recife*. São Paulo: Convívio, 1981.

[7] CRIPA, A. (coord.). *As ideias políticas no Brasil*. São Paulo: Convívio, 1979.

[8] Sobre o iberismo cf.: VIANNA, L.J.W. *A revolução passiva*: iberismo e americanismo no Brasil. Rio de Janeiro: Revan, 1997. • MERQUIOR, J.G. O outro Ocidente. In: *Presença* – Revista de Política e Cultura, n. 15, 1990, p. 67-91. • MORSE, R.M. *O espelho de Próspero*: cultura e ideais nas Américas. São Paulo: Companhia das Letras, 1988.

[9] SARMIENTO, D.F. *Facundo*: civilização e barbárie. Petrópolis: Vozes, 1996.

[10] ALBERDI, J.B. *Bases y puntos de partida para la organización política de la república argentina*. Buenos Aires: Plus Ultra, 1981.

[11] Ibid., p. 130-131. As citações foram traduzidas do original em espanhol.

[12] BASTOS, A.C. *Os males do presente e as esperanças do futuro*. São Paulo: Cia. Ed. Nacional, 1972, p. 27-28.

[13] SUSSEKIND, F. & VENTURA, R. *História e dependência*. Op. cit., p. 3.

[14] ROCHA POMBO, J.F. *História da América*. Rio de Janeiro: Laemmert, 1900.

[15] BOMFIM, M. *A América Latina* – Males de origem. Rio de Janeiro: Topbooks, 1993, p. 35.

[16] Ibid., p. 50.

[17] Ibid., p. 49.

[18] Ibid., p. 38.

[19] Ibid., p. 42.

[20] Ibid., p. 43.

[21] Ibid., p. 53.

[22] Ibid., p. 45.

[23] Ibid., p. 104.

[24] Ibid., p. 54.

[25] Ibid., p. 154.

[26] Ibid., p. 160.

[27] Ibid., p. 126.

[28] Sobre Joaquim Nabuco, cf. PRADO, M.E. Joaquim Nabuco. In: *A política como moral e como história*. Rio de Janeiro: Museu da República, 2005. Cf. tb. PRADO, M.E. O projeto nacional de Joaquim Nabuco. In: *Revista do IHGB*, ano 172, n. 451, 2011, p. 131-144.

[29] BOMFIM, M. *A América Latina*. Op. cit., p. 134.

[30] Ibid.

[31] Ibid.

[32] Ibid., p. 145.

[33] Ibid., p. 245-246.

[34] Ibid., p. 246-247.

[35] Ibid., p. 160.

[36] Ibid., p. 51.

[37] Ibid., p. 67.

[38] Ibid., p. 58.

[39] Ibid., p. 59.

[40] Ibid., p. 314.

[41] Ibid., p. 310-311.

[42] BOMFIM, M. *O Brasil na América* – Caracterização da formação brasileira. Rio de Janeiro: Topbooks, 1997 [1. ed., 1929].

[43] Ibid., p. 34.

[44] Ibid., p. 117.

[45] BOMFIM. M. *O Brasil nação* – Realidade da soberania nacional. Rio de Janeiro: Topbooks, 1996.

[46] Ibid., p. 572 e 574.

[47] Ibid., p. 569.

[48] Ibid., p. 573.

Referências

ALBERDI, J.B. *Bases y puntos de partida para la organización política de la república argentina*. Buenos Aires: Plus Ultra, 1981.

ALONSO, Â. *Ideias em movimento* – A geração de 1870 na crise do império. Rio de Janeiro: Paz e Terra, 2002.

BARROS, R.S.M. *A ilustração brasileira e a ideia de universidade*. São Paulo: Convívio, 1936.

BASTOS, A.C. *Os males do presente e as esperanças do futuro*. São Paulo: Cia. Ed. Nacional, 1972, p. 27-28.

BOMFIM, M. *O Brasil na América* – Caracterização da formação brasileira. Rio de Janeiro: Topbooks, 1997 [1. ed., 1929].

_____. *O Brasil nação* – Realidade da soberania nacional. Rio de Janeiro: Topbooks, 1996.

_____. *A América Latina* – Males de origem. Rio de Janeiro: Topbooks, 1993, p. 35.

CRIPA, A. (coord.). *As ideias políticas no Brasil*. São Paulo: Convívio, 1979.

MERQUIOR, J.G. O outro Ocidente. In: *Presença* – Revista de Política e Cultura, n. 15, 1990, p. 67-91.

MORSE, R.M. *O espelho de Próspero*: cultura e ideais nas Américas. São Paulo: Companhia das Letras, 1988.

PAIM, A. *A filosofia da Escola do Recife*. São Paulo: Convívio, 1981.

PRADO, M.E. O projeto nacional de Joaquim Nabuco. In: *Revista do IHGB*, 2011, ano 172, n. 451, p. 131-144.

_____. *Joaquim Nabuco* – A política como moral e como história. Rio de Janeiro: Museu da República, 2005, p. 15-30.

RIBEIRO, D. Manuel Bomfim, antropólogo. In: BOMFIM, M. *A América Latina*. Apud ROCHA POMBO, J.F. *História da América*. Rio de Janeiro: Laemmert, 1900.

ROMERO, S. Discurso de saudação a Euclides da Cunha no ato de sua posse na Academia Brasileira de Letras. In: *Provocações e debates*. Porto: Chardron, 1910, p. 359.

SARMIENTO, D.F. *Facundo*: civilização e barbárie. Petrópolis: Vozes, 1996.

SUSSEKIND, F. & VENTURA, R. *História e dependência*. São Paulo: Moderna, 1984, p. 3.

VIANNA, L.J.W. *A revolução passiva*: iberismo e americanismo no Brasil. Rio de Janeiro: Revan, 1997.

9
Afonso d'Escragnolle Taunay (1876-1958)*

Karina Anhezini **

1 O historiador e seu tempo

Em 11 de julho de 1894, Afonso d'Escragnolle Taunay (1876-1958) completou 18 anos e seu pai Alfredo d'Escragnolle Taunay (1843-1899) escreveu-lhe uma carta contando como havia começado a história de vida de mais um representante da família Taunay:

> Fazes hoje 18 anos e parece-me ainda que foi ontem que nasceste, tão presente tenho tudo quanto se deu quando o Dr. José do Rego Raposo veio anunciar-me que havias chegado ao mundo. Eram 4 horas da madrugada, vinha raiando esplêndido dia e os clarins do palácio tocavam alvorada, respondidos por outros mais distantes.
> "Há de ser um homem distinto, disse o Dr. Raposo; veja quantos indícios de futuro notável! Nasce num palácio, por admirável aurora e ao som de clarins!" Deus permita se realize o lisonjeiro prognóstico, que hoje dependerá de ti. Sem dúvida, o destino ajuda ou peia os homens; mas grande parte do que eles são, provêm de si mesmos[1].

Um ano após ter se casado com Cristina Teixeira Leite Taunay (1854-1936), filha dos barões de Vassouras, Alfredo d'Escragnolle Taunay foi nomeado, em 1875, presidente da Província de Santa Catarina. Em 1876 nasceu Afonso Taunay na sede daquela província, na cidade de Nossa Senhora do Desterro (atual Florianópolis). O relato emocionado a respeito do nascimento de Afonso compõe a introdução de uma extensa carta enviada por Alfredo ao filho com o intuito de guiá-lo nos momentos de incerteza: "Se te for penoso aplicar tudo quanto te deixo dito, vai aos poucos. Não rasgue, porém, esta carta e, de vez em quando, recorre a ela..."[2] O próprio pai parece ter a consciência do quão difícil deveria ser para um

---

* Este texto é resultado da pesquisa realizada durante meu doutoramento sob orientação da Profa.-Dra. Teresa Malatian, com financiamento da Fapesp. Cf.: ANHEZINI, K. *Um metódico à brasileira*: a história da historiografia de Afonso Taunay. São Paulo: Unesp, 2011.
** Doutora em História pela Universidade Estadual Paulista "Júlio de Mesquita Filho" (Unesp/Franca) e professora da mesma instituição.

jovem de apenas 18 anos atender a todas as exigências expressas na carta. Segundo o pai, Afonso Taunay deveria estudar muito e, além disso, ser um estudante distinto, pois a questão era "alcançar, qualquer que seja a esfera em que esteja, posição saliente"[3], e para isso, além de aos estudos, ele precisaria se dedicar ao piano e à dança para que dispusesse em sociedade de mais estes atributos para se destacar.

A lista de deveres não pararia por aí. Taunay tinha também que fugir das imprudências, das "más rodas", das "ideias exageradas" e melhorar a letra. Muitas orientações foram seguidas, mas o pedido para que melhorasse a letra ele nunca atendeu. Isto lhe custou na vida adulta alguns atrasos na publicação de artigos de jornais e muitas reclamações de correspondentes que não conseguiam entender partes das cartas enviadas por ele. Afonso viveu sob o imperativo do pai que não o deixava esquecer aquilo que representava ser um Escragnolle-Taunay.

A família Taunay veio para o Brasil integrando a Missão Artística Francesa de 1816, uma das iniciativas ilustradas do monarca D. João VI. Na ocasião, Nicolau Antônio Taunay (membro fundador do Instituto de França, paisagista e pintor de história) e seu irmão Augusto Maria Taunay (decorador do Palácio do Louvre e escultor da manufatura de Sèvres) aceitaram o convite de Joachim Lebreton para compor um grupo que fundaria a Escola de Belas Artes do Rio de Janeiro, cujos integrantes eram Jean Baptiste Debret, Carlos Simão Pradier, Segismundo Neukomn, Grandjean de Montigny e Marcos e Zeferino Ferrez. A viagem para o Brasil trouxe praticamente toda a família, e dentre os filhos de Augusto Maria Taunay estava Félix Emílio Taunay, que substituiu o pai na cadeira de pintura da Escola de Belas Artes, da qual chegou a ser diretor. Com vocação para humanidades, foi preceptor de D. Pedro II, além de ter dado origem à família Escragnolle-Taunay ao casar-se com a filha do Conde d'Escragnolle (1785-1828) oriundo de uma família que chegou ao Brasil em 1808. Félix Emílio participou intensamente da vida cultural do Rio de Janeiro ocupando-se, em colaboração com Grandjean de Montigny, de projetos de urbanização e ajardinamento da cidade, traduzindo obras didáticas francesas para o uso de estudantes no Brasil, e em 1838 foi um dos fundadores do Instituto Histórico e Geográfico Brasileiro. Este legado foi transmitido ao filho Alfredo d'Escragnolle Taunay, nascido em 1843, homem de reconhecido destaque na vida política, militar e literária. Formado em engenharia militar, participou de um dos episódios da Guerra do Paraguai, A Retirada da Laguna, cuja narrativa ele compôs após a chegada dos "fundos sertões" de Mato Grosso utilizando-se de anotações e, principalmente, da memória.

Alfredo d'Escragnolle Taunay direcionou os estudos humanísticos de seu filho Afonso d'Escragnolle Taunay para o Colégio D. Pedro II e a formação profissional para a engenharia civil na Escola Politécnica do Rio de Janeiro. Afonso Taunay formou-se em 1900 e, ainda no ano anterior, após a morte do pai, foi trabalhar como preparador de química analítica e química industrial no Curso de Engenheiros Industriais da Escola Politécnica de São Paulo. Dois anos mais tarde, foi efetivado nessa função, assumiu em 1904 o cargo de professor substituto e, em 1911, se tornou catedrático. A nova vida em São Paulo também resultou no casamento, em 1907, com Sara de Souza Queiroz, integrante de uma das tradicionais famílias paulistas. Paralelamente ao ensino universitário, Taunay também se dedicou ao ensino secundário. Em 1902, tomou contato com os projetos de D. Miguel Kruse, diretor do Mosteiro de São Bento, para a construção de um ginásio ao lado do mosteiro. A obra foi inaugurada no ano seguinte e Taunay assumiu as aulas de Física, Química, História Universal e do Brasil naquela instituição. Ainda vinculado aos beneditinos, em 1911 ele inaugurou o Curso de História Universal na Faculdade Livre de Filosofia e Letras de São Paulo, fundada em 1908. Ali, no Mosteiro de São Bento em São Paulo, o jovem engenheiro começava oficialmente a sua carreira de historiador por vocação.

A convivência entre as áreas de formação e de vocação marcaram sua carreira. Na Escola Politécnica publicou em 1909, aos 33 anos, sua primeira obra: *Léxico de termos técnicos e científicos*[4]. No ano seguinte, sob o pseudônimo de Sebastião Corte Real, publicou seu primeiro livro de história, o romance histórico *Crônica do tempo dos Filipes*[5]. Essa obra foi avaliada em 1911 pelas comissões de admissão dos sócios, tanto do Instituto Histórico e Geográfico Brasileiro (IHGB) quanto do Instituto Histórico e Geográfico de São Paulo (IHGSP), e permitiu seu ingresso nessas importantes instituições historiográficas daquele tempo.

Contudo, o ingresso que marcaria definitivamente seu trabalho cotidiano como historiador se daria em 1917. Taunay foi nomeado, naquele ano, diretor do Museu Paulista. O museu, mais conhecido como do Ipiranga, foi criado em 1894 como parte de um rol de iniciativas voltadas para o desenvolvimento de instituições científicas no Brasil. O grande número de instituições reformuladas ou construídas no final do século XIX, impulsionadas pelo incremento dos investimentos públicos, especialmente, direcionados para as ciências naturais, levou o geógrafo norte-americano Orville Adelbert Derby (1851-1915) a afirmar que o Brasil, naquele momento, teria "despertado para a pesquisa científica"[6].

O edifício que abriga o museu foi projetado pelo engenheiro e arquiteto italiano Tommaso Gaudêncio Bezzi, com a finalidade de representar o monumento à independência brasileira. A intenção de construir um monumento foi contemporânea à declaração da Independência. O Imperador D. Pedro I concedeu em 1823 uma licença, a pedido do Barão de Iguape, para este fim. Ao longo do século XIX, algumas propostas foram apresentadas e, somente após grandes divergências com intensa repercussão na imprensa[7], o projeto de Bezzi foi aprovado em 1881 pelo governo provincial de São Paulo. O Museu Paulista foi instalado no Palácio do Ipiranga a partir de 1894 sob a direção de Hermann von Ihering[8] que fora convidado em 1892 por Orville Derby, o então chefe da Comissão Geográfica e Geológica de São Paulo, para chefiar uma Seção Zoológica da Comissão[9].

O Monumento da Independência transformado em Museu Paulista foi inaugurado durante as festividades de 7 de setembro de 1895 e contava, naquela ocasião, com o quadro de Pedro Américo *Independência ou morte!* no salão de honra[10] e um esqueleto de baleia no *hall* de entrada[11], peças emblemáticas da convivência entre a história pátria e a história natural neste novo espaço da ciência no Brasil. Taunay assumiu a direção do Museu Paulista com a missão, já anunciada por Armando Prado[12], seu antecessor, de prepará-lo para as comemorações do centenário da Independência do Brasil que aconteceriam durante a semana do dia 7 de setembro de 1922. Assim, ele dispunha de quase cinco anos para adquirir documentação, escrever e expor, nas diversas salas do museu, uma história do Brasil adequada às comemorações da Independência proclamada em solo paulista.

Com uma visão museológica aguçada[13], Taunay foi responsável pela remodelação completa do Museu Paulista, pois, a partir da recolha de documentos visuais, sobretudo da cartografia colonial, e textuais e da utilização desse material para a orientação de pintores e escultores com quem trocava cartas cotidianamente, Taunay criou os cenários que contam a história daquilo que ele chamou de a "conquista do Brasil pelos brasileiros"[14]. Ocupou-se em pesquisar o papel dos sertanistas da capitania de São Paulo na exploração e ocupação do território brasileiro, dedicando-se, especialmente, ao estudo de aspectos variados do cotidiano da história de São Paulo e, assim, encontrou no Museu Paulista as condições ideais para localização e publicação de documentos que contribuíram para a invenção de uma iconografia paulista do período colonial. Permaneceu nesse cargo até 1945 e consagrou-se como um dos principais historiadores de seu tempo, sendo eleito ainda para a Academia Paulista de Letras e para a Academia Brasileira de Letras em 1929.

Além dessas consagrações institucionais, Taunay inaugurou, em 1934, a cátedra de História da civilização brasileira no Curso de História e Geografia da Faculdade de Filosofia, Ciências e Letras da, hoje renomada, Universidade de São Paulo.

Tal proeminência lhe valeu a indicação e eleição, a primeira de um estudioso da América Latina, como membro honorário, aos 27 de dezembro de 1944, para a prestimosa *American Historical Association* ao lado de Johan Huizinga (Holanda), Rafael Altamira y Crevea (Espanha), Domingo Amunátegui y Solar (Espanha), Pierre Caron (França), Aage Friis (Dinamarca), Albert Frederick Pollard (Grã-Bretanha), George Mackinnon Wrong (Canadá), Georg Macauley Trevelyan (Grã-Bretanha) e Hu Shih (China).

Em 1946, aos 70 anos, Taunay se aposentou e foi substituído na direção do Museu Paulista por Sérgio Buarque de Holanda. Nesse mesmo ano eles participaram de um novo empreendimento em São Paulo, o "Curso de Bandeirologia" promovido pelo Departamento Estadual de Informação (DEI), órgão cultural do governo paulista, reformulado sob a direção do jornalista Honório de Sylos[15].

Taunay, mesmo aposentado, continuou em atividade e, em 1954, quatro anos antes de falecer, integrou a comissão do IV Centenário da Cidade de São Paulo e publicou o capítulo "Súmula da História Colonial Paulista" na obra comemorativa organizada pelo Instituto Histórico e Geográfico de São Paulo intitulada *São Paulo em quatro séculos*.

2 A correspondência de Afonso Taunay: os intercâmbios e a composição das obras

A correspondência de Afonso Taunay, embora não seja uma obra do autor, desempenhou um papel central na composição de suas pesquisas e textos e permite ao leitor contemporâneo, tão familiarizado com outros suportes de comunicação, conhecer um cotidiano permeado pela troca de cartas. Na época em que Taunay escreveu seus vários livros, artigos, discursos, relatórios, aulas e tantos outros textos, as dificuldades de acesso à documentação e aos livros eram imensas, e para conseguir cópias ou mesmo informações a respeito do tema pesquisado era necessário construir uma rede de contatos que lhe permitisse diminuir as distâncias entre as fontes de época, sua pesquisa, a redação do texto e a publicação.

As cartas eram o meio de comunicação mais utilizado pelos letrados de sua época. Eles escreviam cartas e mais cartas a respeito de tudo, umas formais e institucionais, outras nem tanto. Tratavam das doenças, dos nascimentos dos filhos, depois dos netos, das mortes das mães, das sogras, das esposas e, principalmente, dos amigos. Cartas também eram os lugares privilegiados para fofocas e intrigas, para se conseguir empregos, cargos e postos nas academias e institutos, tais como aquelas trocadas por Taunay em 1911, ano de seu ingresso no Instituto Histórico e Geográfico Brasileiro e no Instituto Histórico e Geográfico de São Paulo, ou em 1916, ano em que discutiram em São Paulo a sua contratação como diretor do Museu Paulista, ou ainda em 1929, quando muitas cartas foram trocadas em razão da cabala[16] para sua eleição como imortal da Academia Brasileira de Letras.

Entre historiadores, como Taunay, as cartas eram, principalmente, os locais dos documentos e dos livros. Livros e cópias de documentos acompanhavam as cartas e outras eram remetidas em agradecimento a essas, às vezes com artigos para correção ou com algumas informações importantes para aquele que as receberia e que, imediatamente, produzia mais uma carta em agradecimento. Era um círculo interminável, e quando ele se interrompia logo aparecia a cobrança: Por onde andas? Não recebestes a última que lhe mandei? Será que extraviou? Outras vezes, algo na carta anterior havia causado um desagrado e, por isso, a resposta chegava atrasada ou nem eram produzidas. No entanto, na maioria das vezes, a cordialidade e os bons modos da sociedade imperavam nessas cartas que também traziam elogios, muitos elogios e críticas, tantas críticas que, às vezes, eram enviadas a terceiros por serem muito duras para chegarem diretamente ao seu destinatário.

Muitas das cartas escritas e recebidas por Taunay encontram-se na Divisão de Acervo – Serviço de Documentação Textual e Iconográfica do Museu Paulista (Universidade de São Paulo). Outras estão guardadas nos acervos dos Institutos Históricos do Rio de Janeiro (IHGB) e de São Paulo (IHGSP) e nas Academias de Letras (ABL e APL), instituições que marcaram a trajetória intelectual de Afonso Taunay. Outros acervos possuem cartas de Taunay por guardarem cartas de seus correspondentes. É o caso do Fundo Alberto Rangel do Arquivo

Nacional do Rio de Janeiro e do Arquivo Washington Luís Pereira de Souza, do Arquivo do Público Estado de São Paulo.

Ao percorrer as cartas de Afonso Taunay é possível compreender os bastidores de ingresso nessas instituições, as trocas intelectuais com os seus mais de 70 correspondentes e, especialmente, permite interpretar as construções das obras do autor e, por consequência, os fundamentos de sua escrita da história.

Foi por meio de uma carta que Taunay recebeu a apreciação de João Capistrano de Abreu (1853-1927) a respeito do interesse que anunciou em uma conversa ocorrida em 1902, de se dedicar à escrita da história do período dos capitães-gerais de São Paulo. Ao ouvir, nessa conversa, a assertiva do jovem discípulo, o mestre lhe sugeriu que se dedicasse ao estudo da história das bandeiras. Esse diálogo teria dado origem à carta, fartamente citada pelos biógrafos de Afonso Taunay, em que Capistrano reafirmou as opiniões expostas pessoalmente ao discípulo: "A sua ideia de escrever uma história dos capitães-generais de São Paulo é simplesmente infeliz. Que lembrança desastrada a de preferir um período desinteressante, quando a grande época dos paulistas é o século XVII! [...] Reserve você para si o melhor naco, deixe os miúdos para quem deles gostar"[17].

Em 1929, quando Taunay ingressou na Academia Brasileira de Letras, narrou um episódio familiar que o ligava a essa carta. Contava seu pai ao seu avô, disse ele, que, certa feita, na viagem de volta de Mato Grosso ao litoral, perguntou a um tropeiro a respeito da distância que ainda teriam que percorrer até chegarem a Santos e o tropeiro desalentando-o respondeu: quatrocentas léguas. Naquele momento, a conversa foi interrompida pelo menino Afonso de 7 anos que, admirado, indagou-os: "Sempre no Brasil?" Seu avô sorrindo, respondeu: "Sempre, certamente! Isto não é nada para o Brasil, saiba-o você"[18]. Esta resposta o deixou perturbado, contou Taunay, e quando acrescida das várias histórias de viagem, que seu pai lhe contara durante a infância e a adolescência, deixaram-lhe "a impressão de mistério", de "verdadeira fascinação" pela história do povoamento do Brasil. Percebendo suas inclinações, sua mãe contratou o geógrafo Alfredo Moreira Pinto e o historiador Capistrano de Abreu para ministrar aulas destas disciplinas ao filho. Assim Taunay retraçou, perante os imortais, a história de seu encontro com Capistrano de Abreu e o nascimento de seu interesse pela história das bandeiras.

A correspondência trocada com Capistrano de Abreu foi, primeiramente, publicada por Taunay no *Jornal do Commercio* com o acréscimo de notas explicativas e depois editada por José Honório Rodrigues (1913-1987), sem as notas. Nessas cartas foram compartilhadas muitas informações a respeito dos Institutos do Rio de Janeiro e de São Paulo, da Biblioteca Nacional, do Museu Paulista e da produção de diversos escritores do período. Muitas vezes essas cartas acompanharam artigos trocados para correção, documentos para o preenchimento de lacunas das pesquisas que realizavam, informações a respeito de datas, nomes, acontecimentos e visões conflitantes. Ora como um orientador atento que cobrava o envio das produções para correção, ora como um colega de ofício que pedia ajuda para a realização das pesquisas, Capistrano de Abreu foi um companheiro que dizia não gostar de ser chamado de mestre, como deixou claro em uma carta enviada em princípios de 1900, segundo uma nota de Taunay acrescida na publicação do *Jornal do Commercio*:

> Afonso amigo,
> É você teimoso! Já lhe disse várias vezes: nem mestre, nem Dr.! Mestre!? Mestre de meninos? Sabe você perfeitamente que doutorei na "academia de xenxém". Não reincida que o caso é de *non placet*[19].

Mesmo com os repetidos pedidos de Capistrano para não ser chamado de mestre, Taunay dizia-se discípulo dele e insistia em vincular-se aos ensinamentos do historiador cearense todas as vezes que traçava sua trajetória ou mesmo quando buscava apresentar os caminhos da historiografia. Em 1914, Taunay declarou sua intenção de constituir o que ele chamou de "bandeira do passado"[20] e Capistrano de Abreu foi escolhido como o historiador que abriu os caminhos para a constituição dessa perspectiva de estudos da história das bandeiras com ênfase em uma abordagem da história dos costumes.

"Faltam documentos para escrever a história das bandeiras"[21], escreveu Capistrano nos *Capítulos de história colonial* em 1907 após ter sugerido o tema para Taunay. "Que mina, e que mina virgem, a dos arquivos que dormiam"[22], respondeu Taunay. Foi por meio da descoberta destas "minas virgens" que esse discípulo se dedicou à produção da história da "conquista do Brasil pelos brasileiros"[23] e publicou em 11 volumes a *História geral das bandeiras paulistas* e tantos outros volumes a respeito da história do Brasil, de São Paulo, das bandeiras.

Quando publicou o primeiro desses volumes, Taunay o enviou para Capistrano que, em carta, agradeceu-lhe e enfatizou a importância do tema:

> Afonso amigo,
> Agradeço-lhe o 1º volume da *História* e congratulo-me por ter você dado este primeiro passo num terreno a que ninguém se animara.
> Apenas abri as páginas. Não me agradou Colúmbia para designar o país da América Central. [...] Parece haver páginas demais quanto aos espanhóis. Isso não chega a ser uma impressão. A leitura será vagarosa; quando discordar de algo, escreverei[24].

Com o tom de um orientador que se propõe a corrigir os escritos do aluno, Capistrano escreveu durante quase três décadas para Taunay a respeito de diversos livros e artigos respaldando, de certa forma, o sentimento, declarado por Taunay em diversas oportunidades, de orientando ou discípulo do mestre que não queria ser chamado de tal forma, mas a todo o momento, quando solicitado ou não, estava pronto a orientar.

Antes mesmo de se dispor a corrigir o primeiro volume da *História geral das bandeiras paulistas*, Capistrano de Abreu já havia orientado os estudos preliminares realizados por Taunay, especialmente as pesquisas a respeito de Pedro Taques de Almeida Paes Leme (1714-1777). Capistrano representou uma das principais referências para a escrita da história de Afonso Taunay, segundo ele mesmo reafirmou diversas vezes no decorrer da vida.

Um dos textos em que o autor se mostra comovido ao tratar dessa filiação é no artigo *J. Capistrano de Abreu – In memoriam* publicado no terceiro tomo dos *Anais do Museu Paulista* em 1927 para lembrar sua relação com o mestre e agradecê-lo após seu falecimento naquele ano:

> A Capistrano devi assinalados serviços e os mais leais conselhos. Deu-me indicações preciosíssimas sobre muitos e muitos assuntos. Indicou-me opulentas fontes com aquela prodigiosa liberalidade e ausência total de inveja que formavam o fundo do seu íntimo, ao oferecer aos amigos, aos consulentes em geral, a poderosa valia de seu formidável cabedal de conhecimentos. E como se interessava pelo andamento dos trabalhos daqueles a quem estimava! Como desejava que se aperfeiçoassem!
> Seja-me aqui permitida pública demonstração de reconhecimento para com a generosidade dos seus conselhos, indulgência, o reconforto de sua animação e a lealdade de seus avisos[25].

Essas passagens apresentam o lado afetivo compartilhado por esses dois homens durante quatro décadas de convivência profissional e mostram o quanto em meio a indicações de fontes e livros, correções de textos e conselhos eles construíram uma amizade e trocaram cartas, afetos, desentendimentos, desaprovações, elogios e reconhecimentos.

As cartas de Taunay guardam também suas colaborações para a correção de algumas obras. Em novembro de 1925, Taunay enviou uma carta a José de Alcântara Machado de Oliveira (1875-1941), em resposta ao seu pedido de revisão das primeiras provas do texto que viria a ser *Vida e morte do bandeirante*[26]:

> Com muito prazer lerei as provas de que me fala já havendo tanto apreciado os seus artigos do jornal. Muito obrigado pelas suas palavras tão amáveis. Tomo a liberdade de lhe fazer uma sugestão: por que não pôr no seu título vida e morte suprimindo os artigos. Parece-me mais vigoroso sendo, aliás, sobremodo feliz[27].

Cartas são textos relacionais, pois sempre se espera uma resposta a elas ou são elas mesmas produzidas em resposta. As várias cartas, muitas vezes, se relacionam ainda com o restante de textos produzidos pelo autor. A carta enviada por Taunay a João Lourenço Pires, por exemplo, poderia sozinha não ter significado algum, mas quando colocada no circuito de produções do autor pode levar à compreensão de vários aspectos dispersos nas obras:

> Sobre as correntes da moderna crítica histórica recomendo-lhe muito o livro de Langlois e Seignobos que tive o ensejo de resumir numa conferência que se acha publicada no tomo XVI da *Revista do Instituto Histórico e Geográfico de São Paulo*. Aí neste meu trabalho há também uma súmula de apreciações feitas sobre as ideias de outros autores e a respeito dos mesmos assuntos[28].

Taunay foi questionado pelo amigo professor, em 1930, a respeito do método histórico mais adequado à história e respondeu com essa carta afirmando que havia resumido o livro *Introdução aos estudos históricos*[29], de Charles-Victor Langlois (1863-1929) e Charles Seignobos (1854-1942), na conferência "Os princípios gerais da moderna crítica histórica"[30] proferida em 1911 na abertura do Curso de História na Faculdade Livre de Filosofia e Letras de São Paulo no Mosteiro de São Bento. No entanto, no texto da conferência, os metódicos franceses não são citados por Taunay. Assim, as cartas, muitas vezes, possibilitam a compreensão desses não ditos da operação historiográfica[31].

Muitas cartas trocadas com o escritor e amigo Alberto Rangel (1871-1945) são destinadas à edição das obras de Taunay. Em 14 de setembro de 1919, quando recebeu as provas da casa editora de Tours, Rangel escreveu a Taunay:

> Acabo de receber de Tours um pacote com as provas das últimas páginas do seu curiosíssimo livro. E entre parênteses: O título depois que você o encurtou ficou bem melhor. Eu adotaria *São Paulo nos primeiro tempos*, tanto a palavra *anos* me soa mal, e tanto mais que ficaria mais de acordo com o livro que pouco diz efetiva e rigorosamente dos primeiros anos sumidos com o primeiro volume das *Atas*. Você perdoe-me o desaforo...
> Você pôs-me em botas com essa revisão. Não sei, muitas vezes, a que me ater. Faltando-me o primeiro volume publicado das *Atas*, nenhum meio de conferir as citações a esses documentos. E no seu original Taunay, muitas vezes, não se sabe onde acabam as transcrições. E que dificuldade para uniformizar a grafia que diverge nos originais impressos nos jornais. [...] O diabo: felizmente você verá as últimas provas e remediará o desconcertado. Mas, pelo amor de Deus, substitua nas emendas que fizer sua letra garranchenta por caligrafia inteligível. [...] Por outro lado, que prazer você me deu com a leitura em primeira mão dessas preciosas e interessantíssimas páginas, andando ao rabisco das inevitáveis *coquilles*! Quanta coisa impagável nas crônicas dos peludos edis vicentinos e como você soube joeirá-los com tanto carinho, bonomia e clareza[32].

Apesar das dificuldades tidas por Rangel para revisar a obra, ele parece ter apreciado a leitura e ainda ajudou a divulgá-la na Europa enviando um exemplar para João Lúcio de Azevedo (1855-1933), um historiador português[33] cujo intercâmbio com Taunay fora estabelecido por intermédio de Capistrano de Abreu, que já se correspondia com João Lúcio há alguns anos. A impressão causada pela obra deixou Taunay bastante agradecido, pois em carta de novembro de 1920 comentou o historiador:

> Prende a atenção como um romance, e a gente sente-se viver no seio daquele Brasil rudimentar, que assim seria em todos os novos povoadores, com os seus esforços pela vida, os interesses em conflito, aquele renovar de uma ilha de Robinson, onde se tivesse reproduzido o náufrago descobridor, tenho o seu livro por fundamental para a história do Brasil, descobrindo-nos a célula primitiva de onde saiu São Paulo grande e o Rio de Janeiro maior. Quando contei as folhas li até página 90; na sessão seguinte fui até o fim. Que mais precisaria dizer-lhe?[34]

Em âmbito internacional, essa e outras obras publicadas anteriormente contaram também com a apreciação de Oliveira Lima, o historiador-diplomata pernambucano. Taunay e Oliveira Lima se corresponderam durante as décadas de 1910 e 1920 e a principal motivação das trocas de cartas era o envio de obras e documentos. Oliveira Lima, quando já aposentado e instalado em Londres, afirmava ao amigo:

> Refugio-me no passado das tristezas do presente, e estou trabalhando no arquivo aqui com papéis velhos. Li com muito interesse o seu estudo sobre "Pedro Taques" no J. do Commercio, mas não li o sobre "Gaspar da Madre de Deus". Onde saiu? Recebo também o Estado, mas faltaram-me uma vez alguns números. Será num desses? Falta-me um volume da Revista do Instituto Histórico de São Paulo, mas neste momento não lhe posso precisar qual – penso ser o 3º. Estou, nos momentos vagos, catalogando a biblioteca, e quando catalogar essa parte lhe mandarei dizer o volume que me falta para fazer o favor de mandar-me porque tenho a coleção completa e estimo muito tê-la[35].

Essa "paixão bibliófila"[36] cultivada por Oliveira Lima levou-o a adquirir um amplo e rico acervo que, doado à Catholic University of América – CUA (Washington, DC), formou a Oliveira Lima Library[37] instalada no campus da CUA oficialmente em 1924. Diante dessa dedicação em colecionar obras, Oliveira Lima agradecia gentilmente aos amigos que lhe ofertavam suas produções. Foi esta gratidão, por ter recebido um exemplar de *São Paulo nos primeiros anos* que motivou a carta enviada a Taunay em 1920:

> [...] recebi pelo último vapor o exemplar do seu último trabalho, tão interessante e bem documentado, sobre os começos de São Paulo. Queira aceitar os meus agradecimentos efusivos pelo grande prazer que me proporcionou essa leitura e pelo fato de se não ter esquecido de quem se acha distante[38].

Informações, documentos e livros circulavam juntamente com as cartas e criavam uma rede de intercâmbios com a qual Taunay consumia grande parte de seus dias. A correspondência era esse local onde homens de letras discutiam os projetos para as obras, arquitetavam a sua confecção e impressão, disputavam verdades, desilusões, vagas em instituições e estabeleciam laços para as consagrações do meio intelectual.

3 A escrita da obra titânica das bandeiras paulistas

Na era das bandeiras reuniu os primeiros cinco ensaios produzidos por Taunay a respeito do tema das bandeiras. A pesquisa que abre o livro é o estudo do "primeiro ponto de partida para a conquista do Brasil pelos brasileiros"[39]. Este é o momento inaugural na obra de Taunay da apresentação desta fórmula narrativa de exposição daquilo que foi a ideia fixa perseguida por ele em todas as suas buscas de fontes para provar que coube aos sertanistas paulistas conquistar e povoar o Brasil. Em 1919, quando ele publicou neste livro um artigo contendo a reconstituição da "vida em Santo André da Borda do Campo" a partir das *Atas da Câmara* desta vila, Taunay iniciou o seu projeto que somente seria concretizado com a publicação de mais ou menos 20 outros livros. A narrativa daquilo que defendeu como a conquista do Brasil pelos brasileiros foi o projeto desenvolvido em todos os volumes da *História geral das bandeiras paulistas* e da história de São Paulo quinhentista, seiscentista e setecentista.

Na visão de Taunay, esses cinco artigos eram uma mostra de como documentos inéditos, adquiridos pelo Museu Paulista, possibilitavam a escrita da história da civilização brasileira, entendida como a história da vida cotidiana dos homens que viveram no período mais importante da história do Brasil, ou seja, a era das bandeiras.

Se a história não se faz sem os documentos, quando se publicam novos documentos deve o historiador logo "fazer história" deles, pois novas fontes devem ser entendidas como novas peças disponíveis para a composição dos mosaicos da história. Quanto maior o número de monografias compostas com estas novas peças, mais próximo da verdade estará o historiador e este deve ser o objetivo do seu ofício, afirmava Taunay[40].

Guiado por esse princípio da moderna crítica histórica, Taunay trazia na primeira frase da tão planejada *História geral das bandeiras paulistas* a seguinte explicação: "Não é uma obra de síntese que o leitor tem sob os olhos"[41]. Estava anunciado aí nas primeiras palavras das quase cinco mil páginas seguintes o tipo de trabalho que o leitor encontraria pela frente. Era uma história que se pretendia geral e trazia pela primeira vez esta indicação em um título dedicado ao tema das bandeiras. A história geral se referia à pretensão de compor um mosaico da história das bandeiras a partir de peças variadas, cobrindo, com todos os pormenores possíveis, cada pedacinho daquele recorte temático, no espaço e no tempo, com a interpretação das provas documentais que naquele momento, a partir dos investimentos públicos e dos esforços individuais, se avolumavam.

No prefácio do primeiro volume, a justificativa da escolha temática que havia sido apresentada nas obras anteriormente publicadas a respeito da história de São Paulo apenas foi reforçada da seguinte maneira: "episódio culminante dos anais brasileiros, pois a ele deve o país dois terços de seu território atual"[42]. Assim, de forma sucinta e direta, Taunay expôs a relevância do tema e retomou um argumento bastante repetido na história do Brasil daquele tempo. Afirmou que nossa história se resumia até bem pouco à repetição de cronistas coloniais e historiadores que trataram das questões administrativas, das invasões e expulsões dos estrangeiros, deixando na "obscuridade os feitos das bandeiras"[43], de tal modo que os compêndios oficiais produzidos para instruir as gerações de brasileiros no ensino secundário não faziam menção ao nome "da maior figura do movimento: Antônio Raposo Tavares!"[44]

Seguindo esta argumentação, Taunay afirmou que somente no último quartel do século XIX passou-se a reconhecer a importância do bandeirismo. Antes disso, Robert Southey, em sua *História do Brasil*, que serviu de epígrafe ao primeiro volume de Taunay, realizada com a consulta de um grande acervo de documentos brasileiros localizados em arquivos estrangeiros ultrapassou em muito "a obra magra e mal-alinhavada de Rocha Pitta"[45] e consagrou "longas páginas à fundação e desenvolvimento da província jesuítica do Paraguai, às reduções do Guairá, aos ataques paulistas e ao abandono desta região pelos inacianos vencidos"[46]. Nem mesmo o reconhecido historiador Francisco Adolfo de Varnhagen conferiu relevância ao tema, indignou-se Taunay ironizando: "Caso insignificante este jornadear pela selva, coisa mínima este romper do sertão, oferecendo todas as comodidades àqueles que o devassam! É o que se depreende de tão rápidos e vulgares conceitos. E tudo isto de tão pequenas consequências [...]"[47].

Taunay reconhecia naquele prefácio que a inversão da ordem de prioridades dos temas para se conhecer a história do Brasil foi realizada por seu mestre Capistrano de Abreu ao introduzir "O sertão" no livro *Capítulos de história colonial*:

> A invasão flamenga constituiu mero episódio da ocupação da costa. Deixa-a na sombra a todos os respeitos o povoamento do sertão, iniciado em épocas diversas, de pontos apartados, até formar-se uma corrente interior, mais volumosa e mais fertilizante que o tênue fio litorâneo[48].

Sua história do sertão tinha início em São Paulo e não deixava de lado, mesmo que sem o estilo épico encontrado em Taunay, certa admiração e reconhecimento pelas dificuldades que aqueles homens "quase sobre-humanos" enfrentaram:

> Podemos começar pela capitania de São Vicente. O estabelecimento de Piratininga, desde a era de 530, na borda do campo, significa vitória ganha sem combate sobre a mata, que reclamou alhures o esforço de várias gerações. Deste avanço procede o desenvolvimento peculiar de São Paulo.
> O Tietê corria perto; bastava seguir-lhe o curso para alcançar a Bacia do Prata. Transpunha-se uma garganta fácil e encontrava-se o Paraíba, encaixado entre a Serra do Mar e a da Mantiqueira, apontando o caminho do Norte. Para o Sul estendiam-se vastos descampados, interrompidos por capões e até manchas de florestas, consideráveis às vezes, mas incapazes de sustarem o movimento expansivo por sua descontinuidade. A este apenas uma vereda quase intransitável levava à beira-mar, vereda fácil de abrir novas picadas, domando as asperezas da serra, rompendo as massas de vegetação, arrostando hostilidade dos habitantes, pediria esforços quase sobre-humanos[49].

A importância da geografia para se entender a história estava aí apresentada por Capistrano aos seus leitores e discípulos que compreenderam a lição. A história do desbravamento e do povoamento do Brasil foi escrita tendo a geografia como elemento central nas primeiras décadas do século XX[50]. Taunay, no prefácio, após destacar o pioneirismo do mestre se referiu ao trabalho de outro discípulo, Basílio de Magalhães, que em *Expansão geográfica do Brasil até fins do século XVII*[51], apresentado no Primeiro Congresso de História do Brasil realizado em 1914 pelo IHGB, resumiu aquilo que fora produzido desde as primeiras indicações de Capistrano até o momento de sua confecção, pois na primeira década do século XX muitos autores se dedicaram a estudar algum aspecto do bandeirismo ou a publicar alguma documentação nova.

As iniciativas de publicação de documentos relativos à história paulista tiveram início, ainda no século XIX, com a edição da coleção *Documentos interessantes para a história e costume de São Paulo*, promovida por Antônio Piza entre 1894 e 1903, depois foram publicadas as *Atas* e o *Registro geral da Câmara de São Paulo* em 1914 e 1917 e, logo em seguida, a série dos *Inventários e Testamentos* em 1920. Esses documentos serviram de base para os trabalhos de Taunay, Alfredo Ellis Júnior (1896-1974) e José de Alcântara Machado. Foram, primeiramente, divulgados nos periódicos *Correio Paulistano* e *Jornal do Commercio* e, posteriormente, lançados em volume. Naquele ano de 1924 em que Taunay lançou o primeiro tomo da *História geral*, também foi publicado *O bandeirismo paulista e o recuo do meridiano* de Alfredo Ellis Júnior.

Além desse grande volume de documentação publicada, havia um enorme acervo extralusitano ainda inexplorado que Taunay pretendia apresentar em sua obra. Desde 1912, segundo Taunay, com a publicação do livro de Pablo Pastells *Historia de la Compañia de Jesus em la Provincia del Paraguay* os pesquisadores tomaram conhecimento da importância dos arquivos espanhóis e Capistrano de Abreu estimulou Basílio de Magalhães a solicitar ao governo do Estado de São Paulo que mandasse copiar documentos guardados no Arquivo general das Índias em Sevilha, Espanha. Empenhados em descobrir as novidades desses documentos, Taunay, Basílio, Capistrano e outros passaram a mandar copiar estes documentos às suas próprias custas. No entanto, com a entrada de Taunay no Museu Paulista este cenário se alterou:

> Nomeado, em 1917, diretor do Museu Paulista, pudemos dar muito maior desenvolvimento a este trabalho em que ocupamos os conscienciosos paleógrafos, srs. Santiago Montero Diaz e Francisco Návas del Valle [...] não só foram copiados os papéis indicados por Pastells, como muitos mais, conhecidos dos srs. Montero Diaz e Návas del Valle, que têm um índice especial seu de numerosos tesouros do infindável arquivo sevilhano[52].

Taunay teve acesso a outros documentos, fontes inéditas que ele mandava copiar para o acervo do Museu Paulista, e pôde confrontá-los com os documentos brasileiros que já havia estudado. Em 1922, como parte das comemorações do centenário da Independência, Taunay lançou os *Anais do Museu Paulista*. Dividiu essa publicação em duas partes: uma dedicada à divulgação de estudos, que no primeiro volume eram de sua própria autoria, e outra dedicada a publicar a documentação espanhola adquirida pelo Museu.

Taunay lançou como argumento central da importância da elaboração de seu trabalho o conhecimento desta documentação inédita e "importantíssima para o estudo do bandeirismo". É assim que ele termina a penúltima parte do prefácio:

> Os documentos espanhóis, preciosíssimos sob todos os pontos de vista, não têm quase sempre a contraprova de origem portuguesa. O movimento bandeirista de São Paulo era oficialmente condenado por uma série de cartas e disposições régias, absolutamente letra morta, mas obedientes ao critério hipócrita de fugir cuidadosamente ao estabelecimento de qualquer documentação.
> Acresce a esta circunstância o fato de que o levaram a cabo indivíduos ásperos e incultos, inteiramente avessos à escrita.
> Assim é, que por meio, sobretudo, da documentação espanhola, se pode estudar a fase importantíssima da luta entre os paulistas, castelhanos e jesuítas, graças à qual foram os espanhóis rechaçados para o oeste do Paraná e o território hoje paraguaio[53].

Diante da abundante documentação adquirida entre 1917 e 1923 no cargo de diretor do Museu Paulista e das fontes publicadas pelo governo do Estado, Taunay estava em situação bastante distinta daquela em que Capistrano descreveu em 1907: "Faltam documentos para escrever a história das bandeiras"[54]. Como não faltavam mais documentos para escrever a história das bandeiras, Taunay afirmava que era tempo de dar início a este grande empreendimento. Considerava, entretanto, que ele e seus confrades haviam demorado demais para reunir as peças que faltavam e receava não terminar tal empreitada por tê-la começado velho demais, estava com 48 anos quando publicou o primeiro volume.

A quantidade de documentação descoberta era a justificativa historiográfica para a realização do trabalho; no entanto, ao final do prefácio ele acrescentou outra. "Se nos abalançamos a empreender a penosa tarefa presente, fizemo-lo por um pendor especial do espírito a reverenciar a obra desses construtores épicos do Brasil central e meridional"[55]. Assim, confessava o seu desejo íntimo de homenagear os homens que exploraram o sertão nos séculos XVII e XVIII e se dizia parcialmente realizado por já ter demonstrado sua deferência a alguns deles por meio da arte na decoração do Museu Paulista quando encomendou as duas imponentes esculturas em mármore, realizadas pelo italiano Luigi Brizzollara, de Antônio Raposo Tavares e Fernão Dias Paes Leme, que figuram no saguão do Museu.

As duas justificativas, tanto a historiográfica quanto a pessoal, compuseram os 11 volumes da obra que podem ser descritos pelo afã da busca da verdade moderna com o uso sistemático da crítica interna e externa das variadas fontes, pelo minucioso confronto das informações da documentação e da historiografia e por uma narrativa épica que, na visão de Taunay, conferia maior veracidade aos feitos daqueles grandes homens. Assim, ao narrar estes documentos depurados pela crítica documental e pelo diálogo com as outras produções do período compondo ações gloriosas e perfis heroicos, utilizando os recursos metodológicos que acreditava levarem à verdade, Taunay construiu uma história épica[56] das bandeiras paulistas e colaborou para a criação de importantes "narrativas de fundação" da identidade de São Paulo[57].

O trabalho monumental de Taunay resultou nos 11 volumes publicados entre 1924 e 1950. Durante a década de 1920 foram publicados os cinco primeiros tomos da obra, na próxima década foram lançados o sexto e o sétimo tomos e somente na segunda metade da década de 1940 os volumes oitavo, nono e décimo foram publicados, ficando ainda para o ano de 1950 a publicação do décimo primeiro e último tomo da obra.

Na *História geral das bandeiras paulistas*, Taunay conseguiu reunir os argumentos e, mais do que em qualquer outra obra por ele escrita, as provas que comprovavam a sua tese de que a "obra titânica da dilatação e da conquista do território"[58] partiu de São Paulo que em fins do século XVI apresentava os "rudimentos de uma nação"[59], as primeiras entradas de André Leão e Nicolau Barreto encetaram as idas ao sertão que culminaram na arrancada paulista de 1628. "Esta arrancada poderosa em que toma parte a população inteira de São Paulo"[60] foi comandada por Antônio Raposo Tavares. Contudo, não bastasse sua determinação, foi somente graças à coragem dos homens que viveram naquele "vilarejo minúsculo à orla do imenso sertão ignoto"[61], que São Paulo pôde se constituir como um "posto avançado da civilização"[62] e da "conquista do Brasil pelos brasileiros"[63].

4 Considerações finais

> Recordar o que o bandeirantismo representa é praticar grave desatenção para com meu tão culto auditório. Bastar-me-á alegar que sua área varrida de mais de dez milhões de quilômetros quadrados recobre o Brasil atual e ainda grande superfície da América Espanhola. Rememorar a parte que dele cabe às jornadas dos paulistas já não mais seria desatenção, senão suma injúria[64].

Se em 1924 o tema das bandeiras era considerado um assunto ainda sem o devido tratamento, em 1946 seria uma injúria supor que o público ouvinte e leitor desconhecesse tal questão. Essa avaliação apresentada por Taunay na palestra que inaugurou o Curso de Bandeirologia[65] confere a dimensão que tal tema ocupou não somente na produção desse historiador por vocação, mas, sobretudo, na construção da identidade paulista. A organização em São Paulo de um Curso de Bandeirologia tornava aquela indicação de tema realizada por Capistrano de Abreu em 1902, um saber específico da história do Brasil que, pela importância assumida nessa primeira metade do século XX, merecia, segundo Taunay, constituir-se em um curso universitário.

Esse conhecimento a respeito das bandeiras, a bandeirologia, justificava-se como um curso, pois tratava de um "fenômeno histórico que não encontrava paridade nos fastos de qualquer nação", ou seja, conferia singularidade à história brasileira na marcha da civilização e simultaneamente concedia a Taunay um lugar de destaque pela prioridade assumida por sua *História geral das bandeiras paulistas*.

Notas

[1] Carta de Alfredo d'Escragnolle Taunay a Afonso Taunay, 11/07/1894. No ano do centenário de nascimento de Afonso Taunay (1976), Myriam Ellis publicou um estudo biográfico do autor. Na confecção do trabalho, a autora pôde contar com o acesso a uma coleção de cartas sob a posse de Augusto de Escragnolle Taunay (filho de Taunay), as quais foram guardadas com a seguinte inscrição: *Cartas que de papai recebi – Afonso de Escragnolle Taunay – julho de 1899* (ano da morte de seu pai). Em 1978, o Senado Federal reeditou a obra *O senado do Império*, e o estudo de Myriam Ellis serviu de introdução à obra. Cf. TAUNAY, A.E. *O senado do Império*. Brasília: Senado Federal, 1978, p. 6 [Introdução de Myriam Ellis].

[2] Carta de Alfredo d'Escragnolle Taunay a Afonso Taunay, 11/07/1894. In: TAUNAY, A.E. *O senado do Império*. Op. cit., p. 7.

[3] Ibid.

[4] TAUNAY, A.d'E. Léxico de termos técnicos e científicos. *Separata do "Anuário da Escola Politécnica"*. São Paulo, 1909.

[5] TAUNAY, A.d'E. *Crônica do tempo dos Filipes*. Tours: Imprimerie E. Arrault, 1910.

[6] "De fato, a partir do último quartel do século XIX – e pelo século XX adentro –, o país experimentou uma série de iniciativas no âmbito científico-cultural, que envolveram tanto a criação de novos espaços institucionais quanto a reformulação dos preexistentes. São exemplos do primeiro caso a Comissão Geológica do Brasil (fundada em 1875), a Escola de Minas de Ouro Preto (1875), a Comissão Geográfica e Geológica de São Paulo (1886), a Imperial Estação Agronômica de Campinas (1887), o Museu Paraense (1871), o Instituto Bacteriológico de São Paulo (1892), a Escola Politécnica de São Paulo (1893), o Museu Paulista (1894), o Instituto Soroterápico de Manguinhos (1899), o Instituto Butantã (1901), o Serviço Geológico e Mineralógico do Brasil (1907), entre outros. Do segundo caso, citem-se o desmembramento do Imperial Observatório Nacional da Escola Central (1871), a transformação da Escola Central em Escola Politécnica do Rio de Janeiro (1874), as reformas do Museu Nacional (1876) e do Colégio Pedro II (1876 e 1878). Cf. FIGUERÔA, S. *As ciências geológicas no Brasil*: uma história social e institucional, 1875-1934. São Paulo: Hucitec, 1997, p. 103.

[7] Cf. ELIAS, M.J. *Museu Paulista*: memória e história. São Paulo: Faculdade de Filosofia, Letras e Ciências Humanas/Universidade de São Paulo, 1996 [Tese de doutorado]. • ALVES, A.M.A. *O Ipiranga apropriado* – Ciência, política e poder: o Museu Paulista, 1893-1922. São Paulo: Humanitas/FFLCH/USP, 2001.

[8] "Hermann von Ihering (1850-1930) chegara ao Brasil em 1880. Foi naturalista-viajante do Museu Nacional. Seus estudos abrangeram as mais diversas áreas da história natural, tendo deixado publicações botânicas, antropológicas e etnológicas; dedicando-se, porém, ao longo de toda sua vida, desde sua tese de doutorado, à zoologia e paleozoologia de moluscos. Considerado um notável malacólogo, também era autoridade em diversos ramos da zoologia, como a ornitologia e a mamalogia" (LOPES, M.M. *O Brasil descobre a pesquisa científica*: os museus e as ciências naturais no século XIX. São Paulo: Hucitec, 1997, p. 268).

[9] A respeito das negociações entre Orville Derby e Herman von Ihering, cf. FIGUERÔA. Op. cit., esp. p. 143-148. • LOPES. Op. cit., 1997, esp. p. 265-269. • ALVES. Op. cit., esp. p. 62-68.

[10] A respeito da obra de Pedro Américo e das implicações do "fato representado", cf. OLIVEIRA, C.H.S. & MATTOS, C.V. (orgs.). *O brado do Ipiranga*. São Paulo: Edusp/Museu Paulista, 1999.

[11] LOPES. Op. cit., p. 271.

[12] "[...] no Museu, com a aproximação das festas do Centenário da Independência, só se pensa e se trabalha na Seção de História, particularmente na da nossa Independência [...]" (Carta de Edmur a Afonso Taunay. São Paulo, 24/01/1917. In: *Coleção Afonso de Escragnolle Taunay*, 2ª entrada, pasta 2).

[13] Para um estudo aprofundado das mudanças ocorridas no Museu Paulista durante a administração de Taunay (1917-1945), cf. BREFE, A.C.F. *Museu Paulista*: Afonso Taunay e a memória nacional, 1917-1945. São Paulo: Unesp/Museu Paulista, 2005. Para o conhecimento dos intercâmbios intelectuais ocorridos para a preparação do Museu Paulista, cf. ANHEZINI, K. Museu Paulista e trocas intelectuais na escrita da história de Afonso Taunay. In: *Anais do Museu Paulista*. Vol. 10/11, 2002-2003, p. 37-60. São Paulo: Nova Série. Para a compreensão das representações pictóricas da cidade de São Paulo produzidas para figurarem no Museu Paulista, cf. LIMA, S.F. & CARVALHO, V.C. São Paulo Antigo, uma encomenda da Modernidade: as fotografias de Militão nas pinturas do Museu Paulista. In: *Anais do Museu Paulista*: história e cultura material, n. 1, 1993.

[14] TAUNAY, A.E. Na era das bandeiras. In: *Revista do IHGB*, tomo 84, 1919, p. 385-531. Rio de Janeiro. Utilizarei como referência a segunda edição: TAUNAY, A.E. *Na era das bandeiras*. 2. ed. São Paulo: Melhoramentos, 1922, p. 60.

[15] Cf. ROIZ, D.S. *A dialética entre o "intelectual-letrado" e o "letrado-intelectual"*: projetos, tensões e debates na escrita da história de Alfredo Ellis Jr. e Sérgio Buarque de Holanda (1929-1959). Curitiba: Faculdade de Ciências Humanas e Sociais/UFPR, 2013 [Tese de doutorado em História]. • FERRETTI, D.J.Z. *A construção da paulistanidade*: identidade, historiografia e política em São Paulo (1856-1930). São Paulo: Faculdade de Filosofia, Letras e Ciências Humanas/Universidade de São Paulo, 2004 [Tese de doutorado em História].

[16] A palavra cabala foi utilizada aqui com o sentido figurado empregado pelos autores nas cartas; ou seja, a combinação secreta, nos bastidores, para a obtenção de votos para as cadeiras da Academia Brasileira de Letras.

[17] Carta de Capistrano de Abreu a Afonso Taunay, Dia de S. Bertoldo e S. Columbano [1904?]. In: ABREU, C. *Correspondência de Capistrano de Abreu*. Vol. 1. 2. ed. Rio de Janeiro/Brasília: Civilização Brasileira/INL, 1977, p. 276 [Org. e Prefácio de José Honório Rodrigues].

[18] Recepção do Sr. Afonso Taunay na Academia Brasileira de Letras em 6 de maio de 1930 – Discurso do Sr. Afonso Taunay. In: *Discursos acadêmicos (1927-1932)*, vol. VII, 1937, p. 213.

[19] Carta de Capistrano de Abreu a Afonso Taunay [s.d.]. In: ABREU, C. *Correspondência de Capistrano de Abreu*. Op. cit., p. 274.

[20] TAUNAY, A.E. Os quatro primeiros lustros de vida do Instituto. In: *RIHGSP*, vol. 19, 1914, p. 5-13.

[21] ABREU, Capistrano de. *Capítulos de história colonial (1500-1800)*. Belo Horizonte/São Paulo: Itatiaia/Publifolha, 2000, p. 129.

[22] TAUNAY, A.E. Discurso de posse de Afonso Taunay na Presidência Honorária do Instituto. In: *RIHGSP*, vol. 37, 1939, p. 12.

[23] TAUNAY, A.E. *São Paulo no século XVI*: história da vila piratiningana. São Paulo: Paz e Terra, 2003, p. 202 [1. ed., Tours: E. Arrault, 1921].

[24] Carta de Capistrano de Abreu a Afonso Taunay. Rio de Janeiro, 30 de maio de 1924. In: ABREU, C. *Correspondência de Capistrano de Abreu*. Op. cit., p. 342.

[25] TAUNAY, A.E.J. Capistrano de Abreu. In: *Memoriam* – Anais do Museu Paulista. Tomo terceiro, 1927, p. XVII.

[26] MACHADO, A. *Vida e morte do bandeirante*. 2. ed. São Paulo: Revista dos Tribunais, 1930.

[27] *Carta de Afonso Taunay a Alcântara Machado*. São Paulo, 11 de novembro de 1925 [APMP/FMP, 1ª entrada, pasta 125].

[28] *Carta de Afonso Taunay a João Lourenço Rodrigues*. São Paulo, 31 de janeiro de 1930 [APMP/FMP, 1ª entrada, pasta 138]. João Lourenço Rodrigues nasceu em Tatuí, em 8 de janeiro de 1869. Foi aluno da Escola Normal de São Paulo e após a formatura tornou-se inspetor escolar, em 1905, e posteriormente, foi diretor de ensino. A partir de 1908 viajou pela Europa e Estados Unidos com o intuito de aprender como era o ensino em outros países. Morreu em 20 de janeiro de 1954.

[29] LANGLOIS, C.V. & SEIGNOBOS, C. *Introdução aos estudos históricos*. Rio de Janeiro: Renascença, 1944.

[30] TAUNAY, A.E. Os princípios gerais da moderna crítica histórica. In: *RIHGSP*, vol. XVI, 1914, p. 323-344.

[31] CERTEAU, M. *A escrita da história*. Rio de Janeiro: Forense Universitária, 2002.

[32] *Carta de Alberto Rangel a Afonso Taunay*. Paris, 14 de setembro de 1919 [Fundo Alberto do Rego Rangel – Arquivo Nacional, caixa 13, pacotilha 7].

[33] Não foram somente as recepções positivas que marcaram a relação entre intelectuais portugueses e brasileiros na Primeira República, para o entendimento das polêmicas travadas entre alguns destes intelectuais, cf. SERPA, É. Portugal no Brasil: a escrita dos irmãos desavindos. In: *Revista Brasileira de História*, vol. 20, n. 39, 2000, p. 81-114. São Paulo.

[34] *Carta de João Lúcio de Azevedo a Afonso Taunay*. Lisboa, 19 de novembro de 1920 [APMP/FMP, 3ª entrada, pasta 295].

[35] *Carta de Oliveira Lima a Afonso Taunay*. Londres, 25 de janeiro de 1915 [Coleção de Afonso Taunay, 2ª entrada, pasta 4]. Contei com a colaboração da Profa.-Dra. Teresa Maria Malatian para a transcrição de todas as cartas enviadas por Oliveira Lima a Afonso Taunay coletadas no Museu Paulista.

[36] Cf. MALATIAN, T. *Oliveira Lima e a construção da nacionalidade*. Bauru/São Paulo: Edusc/Fapesp, 2001, p. 361.

[37] Para a compreensão da composição e dos significados da Oliveira Lima Library, cf. "Tessitura da memória: Oliveira Lima Library". In: MALATIAN, T. *Oliveira Lima e a construção da nacionalidade*. Op. cit., p. 351-409.

[38] *Carta de Oliveira Lima a Afonso Taunay*. Washington, DC, 25 de dezembro de 1920 [APMP/FMP, 3ª entrada, pasta 295].

[39] TAUNAY, A.E. A vida em Santo André da Borda do Campo (1556-1560). In: *Na era das bandeiras*. 2. ed. São Paulo: Melhoramentos, 1922. p. 60.

[40] TAUNAY, A.E. Os princípios gerais da moderna crítica histórica. In: *RIHGSP*, vol. XVI, 1914, p. 323-344.

[41] TAUNAY, A.E. *História geral das bandeiras paulistas* – Escrita à vista de avultada documentação inédita dos arquivos brasileiros, espanhóis e portugueses. Tomo primeiro. São Paulo: Tipografia Ideal/H.L. Canton, 1924, p. 7.

[42] Ibid., p. 7.

[43] Ibid.

[44] Ibid.

[45] Ibid., p. 8.

[46] Ibid.

[47] Ibid., p. 9.

[48] ABREU, C. *Capítulos de história colonial...* Op. cit., p. 127.

[49] Ibid., p. 127.

[50] Para um estudo do papel da geografia na escrita da história do século XIX, cf. CEZAR, T. A geografia servia, antes de tudo, para unificar o Império – Escrita da história e saber geográfico no Brasil oitocentista. In: *Ágora*, vol. 11, n. 1, jan.-jun./2005, p. 79-99. Santa Cruz do Sul.

[51] MAGALHÃES, B. *Expansão geográfica do Brasil*. 3. ed. cor. e amp. Rio de Janeiro: Companhia Editora Nacional/Epasa, 1944 [Coleção de Basílio de Magalhães & Cândido Jucá Filho – Biblioteca Brasileira de Cultura [1. ed., 1915 – premiada em 1917 pelo IHGB]].

[52] TAUNAY, A.E. *História geral das bandeiras paulistas*. Op. cit. Tomo primeiro, p. 14.

[53] Ibid., p. 15.

[54] ABREU, C. *Capítulos de história colonial...* Op. cit., p. 129.

[55] TAUNAY, A.E. *História geral das bandeiras paulistas*. Op. cit. Tomo primeiro, p. 15.

[56] Pautado numa perspectiva historiográfica que não se propõe apontar o que havia de invenção e ou de realidade na epopeia bandeirante, Antônio Celso Ferreira reabilita, de certa forma, os homens de letras que produziram história nesse período. "Na ausência de um passado amontoado em séculos que, em fantasia, os europeus buscavam reinstalar, eles, filhos de uma terra nova, emergentes de apenas cem anos, tinham de construir, literalmente, o seu. É lícito que isso seja, também, história." Nesse sentido, o autor, ao caracterizar a produção do IHGSP em seus primeiros quarenta anos, conclui: "Seja nas biografias, seja nas genealogias, buscava-se a construção de trajetórias incomuns, responsáveis por grandes realizações, individuais ou clânicas, fazendo-as transcender os marcos da própria colonização, com base no recuo a um passado longínquo europeu. A nobilitação das personagens revela a ambição de fixar uma epopeia paulista, sustentada por indivíduos aos quais se atribuíam uma força superior" (FERREIRA, A.C. *A epopeia bandeirante*: letrados, instituições, invenção histórica (1870-1940). São Paulo: Unesp, 2002, p. 130 e 60). Diante de tal caracterização, Afonso Taunay encontrava-se totalmen-

te adequado às preocupações de seu tempo, pois a história escrita por ele assumia grande pertinência junto aos Institutos Históricos carioca e paulista.

[57] Cf. SALIBA, E.T. Histórias, memórias, tramas e dramas da identidade paulistana. In: HORTA, P. (org.). *História da cidade de São Paulo*: a cidade na primeira metade do século XX. Vol. 3. São Paulo: Paz e Terra, 2004, p. 555-587.

[58] TAUNAY, A.E. Discurso de posse como sócio efetivo do IHGSP. In: *RIHGSP*, vol. 17, 1912, p. 90.

[59] TAUNAY, A.E. *História geral das bandeiras paulistas...* Op. cit., p. 31.

[60] Ibid., p. 5.

[61] TAUNAY, A.E. *São Paulo no século XVI...* Op. cit., p. 202.

[62] TAUNAY, A.E. *São Paulo nos primeiros anos*: ensaio de reconstituição social. São Paulo: Paz e Terra, 2003, p. 31 [1. ed., Tours: E. Arrault, 1920].

[63] TAUNAY, A.E. *São Paulo no século XVI...* Op. cit. p. 202.

[64] TAUNAY, A.E. O bandeirismo e os primeiros caminhos do Brasil. In: *Curso de Bandeirologia*. São Paulo: Departamento Estadual de Informações, 1946, p. 8.

[65] "O Curso de Bandeirologia constitui-se de uma série de 12 conferências públicas sobre as bandeiras, realizadas entre 16 de maio e 12 de dezembro de 1946, na cidade de São Paulo, em sua maior parte no salão de honra da Escola Normal "Caetano de Campos". O evento, na realidade, foi a culminância de uma série de iniciativas tomadas pelo Departamento Estadual de Informação (DEI), órgão cultural do governo paulista, reformulado sob a direção do jornalista Honório de Sylos. Substituindo o antigo Deip, sessão estadual do DIP, o novo órgão pretendia acabar com o caráter de censor e propagandista do governo do seu antecessor, adequando-o aos novos tempos democráticos. Tratava-se de uma redefinição política encaminhada pela interventoria de José Carlos Macedo Soares, governo de transição indicado pelo Presidente Dutra, que assumiu em dezembro de 1945 e que deveria gerir o Estado até à posse do novo governador eleito, em 1947" (FERRETTI, D.Z. Lições do passado bandeirante no "Curso de Bandeirologia": Taunay e Sérgio Buarque de Holanda (1946). In: MATA, S.R.; MOLLO, H.M. & VARELLA, F.F. (orgs.). *Anais do 3º Seminário Nacional de História da Historiografia*: aprender com a história? Ouro Preto: Edufop, 2009, p. 2.

Referências

ABREU, C. *Capítulos de história colonial (1500-1800)*. Belo Horizonte/São Paulo: Itatiaia/Publifolha, 2000.

_____. *Correspondência de Capistrano de Abreu*. Vol. 1. 2. ed. Rio de Janeiro/Brasília: Civilização Brasileira/INL, 1977 [Ed. org. e pref. por José Honório Rodrigues].

ALVES, A.M.A. *O Ipiranga apropriado*: ciência, política e poder – O Museu Paulista, 1893-1922. São Paulo: Humanitas/FFLCH/USP, 2001.

ANHEZINI, K. *Um metódico à brasileira*: a história da historiografia de Afonso de Taunay. São Paulo: Unesp, 2011.

_____. Museu Paulista e trocas intelectuais na escrita da história de Afonso de Taunay. In: *Anais do Museu Paulista*, vol. 10/11, 2002-2003, p. 37-60. São Paulo: Nova Série.

BREFE, A.C.F. *Museu Paulista*: Afonso de Taunay e a memória nacional, 1917-1945. São Paulo: Unesp/Museu Paulista, 2005.

CERTEAU, M. *A escrita da história*. Rio de Janeiro: Forense Universitária, 2002.

CEZAR, T. A geografia servia, antes de tudo, para unificar o Império – Escrita da história e saber geográfico no Brasil oitocentista. In: *Ágora*, vol. 11, n. 1, jan.-jun./2005, p. 79-99. Santa Cruz do Sul.

ELIAS, M.J. *Museu Paulista*: memória e história. São Paulo: Faculdade de Filosofia, Letras e Ciências Humanas/Universidade de São Paulo, 1996 [Tese de doutorado em História].

FERREIRA, A.C. *A epopeia bandeirante*: letrados, instituições, invenção histórica (1870-1940). São Paulo: Unesp, 2002.

FERRETTI, D.J.Z. Lições do passado bandeirante no "Curso de Bandeirologia": Taunay e Sérgio Buarque de Holanda (1946). In: MATA, S.R.; MOLLO, H.M. & VARELLA, F.F. (orgs.). *Anais do 3º Seminário Nacional de História da Historiografia*: aprender com a história? Ouro Preto: Edufop, 2009.

_____. *A construção da paulistanidade*: identidade, historiografia e política em São Paulo (1856-1930). São Paulo: Faculdade de Filosofia, Letras e Ciências Humanas/Universidade de São Paulo, 2004 [Tese de doutorado em História].

FIGUERÔA, S. *As ciências geológicas no Brasil*: uma história social e institucional, 1875-1934. São Paulo: Hucitec, 1997.

MACHADO, A. *Vida e morte do bandeirante*. 2. ed. São Paulo: Revista dos Tribunais, 1930.

MAGALHÃES, B. *Expansão geográfica do Brasil*. 3. ed. cor. e amp. Rio de Janeiro: Companhia Editora Nacional/Epasa, 1944.

MALATIAN, T. *Oliveira Lima e a construção da nacionalidade*. Bauru/São Paulo: Edusc/Fapesp, 2001.

LANGLOIS, C.V. & SEIGNOBOS, C. *Introdução aos estudos históricos*. Rio de Janeiro: Renascença, 1944.

LIMA, S.F. & CARVALHO, V.C. São Paulo antigo, uma encomenda da Modernidade: as fotografias de Militão nas pinturas do Museu Paulista. In: *Anais do Museu Paulista*: história e cultura material, n. 1, 1993.

LOPES, M.M. *O Brasil descobre a pesquisa científica*: os museus e as ciências naturais no século XIX. São Paulo: Hucitec, 1997.

OLIVEIRA, C.H.S. & MATTOS, C.V. (orgs.). *O brado do Ipiranga*. São Paulo: Edusp/Museu Paulista, 1999.

ROIZ, D.S. *A dialética entre o "intelectual-letrado" e o "letrado-intelectual"* – Projetos, tensões e debates na escrita da história de Alfredo Ellis Jr. e Sérgio Buarque de Holanda (1929-1959). Curitiba: Faculdade de Ciências Humanas e Sociais/UFPR, 2013 [Tese de doutorado em História].

SALIBA, E.T. Histórias, memórias, tramas e dramas da identidade paulistana. In: HORTA, P. (org.). *História da cidade de São Paulo*: a cidade na primeira metade do século XX. Vol. 3. São Paulo: Paz e Terra, 2004, p. 555-587.

TAUNAY, A.d'E. *São Paulo nos primeiros anos*: *ensaio de reconstituição social* – São Paulo no século XVI: história da vila piratiningana. São Paulo: Paz e Terra, 2003.

_____. *O senado do Império*. Brasília: Senado Federal, 1978 [Intr. de Myriam Ellis].

_____. O bandeirismo e os primeiros caminhos do Brasil. In: *Curso de Bandeirologia*. São Paulo: Departamento Estadual de Informações, 1946.

_____. Discurso de posse de Afonso de Taunay na Presidência Honorária do Instituto. In: *RIHGSP*, vol. 37, 1939, p. 5-14.

_____. Recepção do Sr. Afonso Taunay na Academia Brasileira de Letras em 6 de maio de 1930 – Discurso do Sr. Afonso Taunay; resposta do Sr. Roquette-Pinto. In: *Discursos acadêmicos (1927-1932)*, vol. VII, 1937, p. 185-238.

_____. J. Capistrano de Abreu. In: *Memoriam* – Anais do Museu Paulista. Tomo terceiro, 1927.

_____. *História geral das bandeiras paulistas*. Tomo segundo. São Paulo: Tipografia Ideal/H.L. Canton, 1925.

_____. *História geral das bandeiras paulistas* – Escrita à vista de avultada documentação inédita dos arquivos brasileiros, espanhóis e portugueses. Tomo primeiro. São Paulo: Ideal/L. Canton, 1924.

_____. *Na era das bandeiras*. 2. ed. São Paulo: Melhoramentos, 1922.

_____. Os quatro primeiros lustros de vida do Instituto. In: *RIHGSP*, vol. 19, 1914, p. 5-13.

_____. Os princípios gerais da moderna crítica histórica. In: *RIHGSP*, vol. 16, 1914, p. 323-344.

_____. Discurso de posse como sócio efetivo do IHGSP. In: *RIHGSP*, vol. 17, 1912.

_____. *Crônica do tempo dos Filipes*. Tours: E. Arrault, 1910.

_____. Léxico de termos técnicos e científicos. In: Separata do *Anuário da Escola Politécnica*, 1909. São Paulo.

10
Luís da Câmara Cascudo (1898-1986)

Luiza Larangeira da Silva Mello★

> Jamais abandonei o caminho que leva ao encantamento do passado. [...] Tudo tem uma história digna de ressurreição e de simpatia. Velhas árvores e velhos nomes, imortais na memória (Luís da Câmara Cascudo. *Um provinciano incurável*)[1].

1 Uma formação plural

Luís da Câmara Cascudo (1898-1986) teve uma formação intelectual extremamente plural. Cursou (sem que tenha completado) a Faculdade de Medicina e graduou-se em Direito, anos mais tarde. No entanto, embora ministrasse cursos de Direito Internacional na Universidade Federal do Rio Grande do Norte, ficou conhecido principalmente como crítico literário, etnógrafo, folclorista e historiador. Escreveu ainda romances e poemas, o famoso *Dicionário do Folclore Brasileiro*, e, sobretudo nas duas últimas décadas de sua vida, obras memorialísticas. Mas Cascudo se considerava, acima de tudo, um professor. Grande parte de seu esforço intelectual foi dedicado ao estudo e ao registro das manifestações culturais populares, essencialmente as que considerava tradicionais.

De modo genérico, Cascudo poderia ser visto como um intelectual conservador. Contudo, a forma como seu conservadorismo se constitui e se apresenta é também múltipla e extremamente complexa. Cascudo era declaradamente monarquista e um dos seus primeiros e mais conhecidos livros foi a biografia do Conde d'Eu, por quem tinha grande admiração e afirmava com orgulho ter conhecido pessoalmente[2].

★ Doutora em História Social da Cultura pela Pontifícia Universidade Católica do Rio de Janeiro (PUC-Rio). Professora no Instituto de História da Universidade Federal do Rio de Janeiro (UFRJ).

Na década de 1920, participa do movimento modernista, ainda que de forma muito particular e, por vezes, até mesmo marginal. As influências do modernismo brasileiro (pós--Manifesto Pau Brasil, de 1924) na relação entre tradição e modernidade no pensamento de Cascudo são importantes, uma vez que ele teve estreitas relações com muitos intelectuais modernistas na década de 1920, e de forma muito especial com Mário de Andrade, com quem trocou intensa correspondência entre 1928 e 1945. Segundo Eduardo Jardim de Moraes, a partir do Manifesto Pau Brasil de 1924, os intelectuais modernistas como Mário de Andrade e Oswald de Andrade abandonam a perspectiva imediatista – vale dizer, a defesa da ideia de que os artistas brasileiros deveriam produzir uma arte moderna de caráter universal, nos moldes do modernismo europeu – e anunciam que os artistas e intelectuais deveriam buscar construir uma nova estética através da expressão do genuinamente brasileiro, ou seja, da recuperação das raízes culturais tradicionais e populares[3]. Neste sentido é sempre importante levar em conta a participação de Cascudo no movimento modernista brasileiro.

Na década de 1930, torna-se o chefe do Movimento Integralista no Rio Grande do Norte. Foi maçom, mas na década de 1920 deixa a maçonaria, convertendo-se ao catolicismo, como condição para seu casamento com Dahlia Freire. Durante o restante de sua vida, o catolicismo, tal como apropriado por Cascudo, bem como os círculos católicos dos quais se aproximou informaram de forma decisiva seus traços conservadores.

Seja como for, tanto a sua militância no Movimento Integralista quanto a sua participação peculiar no modernismo influenciaram a sua concepção de cultura popular e de tradição. Nas décadas de 1950 e 1960, Cascudo já havia queimado, há algum tempo, sua camisa verde-oliva de militante, como gesto simbólico de seu afastamento do integralismo. Sobretudo nas décadas de 1960 e 1970, parece distanciar suas obras da reflexão sobre a conjuntura sociopolítica brasileira e dedica-se especialmente à memorialística.

2 Câmara Cascudo e o tempo

O tempo e eu é o título do livro de memórias que Luís da Câmara Cascudo publica em 1968, ao completar 70 anos. O livro faz parte de um conjunto de textos autobiográficos que o intelectual potiguar produziu entre 1968 e 1971, entre os quais *Ontem* (1969), *Pequeno manual do doente aprendiz* (1969) e *Na ronda do tempo* (1971). Em um momento crítico da vida política brasileira, momento de recrudescimento das medidas autoritárias da ditadura militar e definitiva suspensão das liberdades civis, o ex-chefe provincial da Ação Integralista Brasileira buscou se afastar da conturbada cena pública e recolher-se à intimidade das reminiscências, para investigar suas relações privadas com o tempo. Em um transe semelhante ao experimentado pelo *aedo* arcaico que, inspirado pelas musas, "vê por si mesmo" os feitos dos grandes heróis do passado, Cascudo autopsia personagens, eventos e histórias levados pelo tempo.

O protagonismo da questão do tempo não se limita, no entanto, à obra memorialística de Câmara Cascudo. O tempo ronda também cada palavra que compõe os escritos folclóricos e etnográficos e os textos historiográficos do autor. Ainda que se leve em conta a posição marginal que, como nota Luís Rodolfo Vilhena, Câmara Cascudo e a Sociedade Brasileira do Folclore que fundou em 1941 ocuparam no movimento folclórico[4], fora do Rio Grande do Norte, ele ficou conhecido sobretudo como grande folclorista. Em sua terra natal, contudo, Cascudo é lembrado principalmente como historiador. É autor de obras na maior parte consagradas à história regional, como a *História do Rio Grande do Norte* (1955), *História da cidade de Natal* (1947) e *Os holandeses no Rio Grande do Norte* (1949). Escreveu ainda livros que poderiam ter sido classificados como estudos de história cultural, em diálogo com a antropologia e com os métodos etnográficos, como *Rede de dormir* (1957), *História da alimentação no Brasil* (1963), *História dos nossos gestos* (1976) e *Prelúdio da cachaça* (1967).

Tanto no âmbito do folclore quanto no da história, o "enfrentamento" entre Cascudo e o tempo foi inevitável. Esse "enfrentamento", entretanto, assumiu contornos e tonalidades muito particulares em cada um desses dois campos de produção intelectual, já que, para o autor, o tempo do folclore é qualitativamente diverso do tempo da história. A consciência histórica de Câmara Cascudo era (como, aliás, não podia deixar de ser, tratando-se de um intelectual que escrevia em meados do século XX) tipicamente historicista e, portanto, sua concepção de "tempo histórico" é aquela da já clássica definição koselleckiana de um tempo que progride, que afasta progressivamente o presente do passado e o futuro do presente – ou, para utilizar as categorias meta-históricas do teórico alemão, distancia o "espaço de experiência" do "horizonte de expectativas"[5]. Trata-se de um tipo de experiência do tempo em que o passado se tornou, na expressão de David Lowenthal, "um país estrangeiro"[6].

O tempo folclórico, por sua vez, aproxima "espaço de experiência" e "horizonte de expectativa" de forma a quase os sobrepor. A natureza do tempo no âmbito do folclore muito se assemelha àquela do tempo das sociedades tradicionais, marcadas pela possibilidade de atualização do passado no presente, de orientação da existência atual e suas expectativas de futuro pela tradição. O tempo do folclore é, para Cascudo, um tempo "espacializado", em que os costumes e as manifestações folclóricas em geral são caracterizados pela permanência, persistência e estabilidade de suas formas tradicionais, enraizadas em espaços geográficos e simbólicos.

É importante deixar claro que Câmara Cascudo não sistematiza teoricamente a diferença entre esses dois tipos de temporalidade, nem mesmo faz uso de expressões como "tempo da história" e "tempo do folclore". No entanto, quando aborda questões que dizem respeito ao folclore e à história, a seus objetos e aos modos de aproximação intelectual em relação a esses objetos, Cascudo parece mobilizar distintas noções de tempo. Ao longo deste ensaio, buscarei argumentar que, embora Câmara Cascudo opere com "a oposição de noção, encontrada por toda a parte nas ciências humanas, entre 'estrutura' e 'história'"[7], ou, mais especificamente, entre a temporalidade estrutural do folclore e a temporalidade eventual da história, quando se trata de uma abordagem declaradamente historiográfica, ele se situa fora da tendência estruturalista que dominou as teorias e a escrita da história, nos meios acadêmicos, até, pelo menos, a década de 1970. Essa tendência preconizava, sob o protagonismo da tradição historiográfica francesa dos *Annales*, a substituição da história política tradicional pela história social (aliada, num primeiro momento, à história econômica e, a partir das décadas de 1960 e 1970, à história cultural) e, consequentemente, buscava trazer para o primeiro plano da investigação histórica a temporalidade da "longa duração" braudeliana, capaz de combinar as noções de estrutura (embora não arquetípica) e transformação histórica (embora lentíssima)[8].

A indiferença de Câmara Cascudo à tendência "estruturalizante" da história social do século XX e sua adesão ao modelo oitocentista de uma história fundada no acontecimento entendido como ruptura, diferenciação radical entre presente e passado, pode, talvez, ser compreendida se a articularmos à sua condição de intelectual não acadêmico, vinculado, antes, a um dos diversos institutos histórico-geográficos locais, nos quais, ao longo do século XX, o modelo da história política tradicional, alvo das invectivas dos historiadores dos *Annales*, ainda prevalecia sobre perspectivas mais "sociologizantes" da história. No entanto, o objetivo deste ensaio não é fornecer uma explicação acerca dos motivos pelos quais Cascudo aderia a determinada concepção de história e não a outra; senão oferecer instrumentos para a compreensão das distintas formas de configurar o tempo empreendidas pelo escritor potiguar em diversos campos de sua atividade intelectual.

3 O tempo da história e o tempo do folclore

O parágrafo de abertura do prefácio do livro *Contos tradicionais do Brasil* fornece algumas pistas interessantes para que se compreenda a perspectiva de Câmara Cascudo a respeito da especificidade do folclore e da temporalidade que lhe corresponde e para que se aponte as diferenças em relação à história e ao seu estudo. Nele, o autor apresenta uma série de definições para o "folclore": "ciência da psicologia coletiva", "cultura do geral no homem, da tradição e do milênio na atualidade, do heroico no cotidiano", e, por fim, "uma verdadeira história normal do povo"[9].

Em primeiro lugar, vale notar que a ideia do folclore como uma "ciência da psicologia coletiva" remete a uma certa noção de carga cultural tradicional inconsciente, que se manifesta em expressões materiais e simbólicas como gestos, indumentária, mobiliário, mitos, cantos e contos. Para Câmara Cascudo a capacidade de exprimir a psicologia coletiva é monopólio do folclore, cuja definição inclui ainda elementos como "anonimato" e "divulgação", além da "Antiguidade" e da já mencionada capacidade de atualização do passado no presente.

Contos tradicionais do Brasil foi publicado pela primeira vez em 1946, mais de 15 anos após a fundação da Revista dos *Annales* e do rechaço pelo grupo de historiadores a ela vinculados de uma historiografia factual (*événementielle*) em favor da ênfase na compreensão de fenômenos históricos de outra natureza, que Marc Bloch e Lucien Febvre se referiam como "psicologia coletiva", fundamento para o campo de estudos que, a partir das décadas de 1960 e 1970, viria a se consolidar como a "história das mentalidades"[10]. Câmara Cascudo, porém, aposta no folclore, e não na história, como campo de estudo privilegiado para a apreensão de tais objetos.

Em um curioso livro intitulado *Prelúdio e fuga do real* (1974), no qual cada capítulo é um diálogo fictício entre o narrador e personagens míticos ou históricos, Câmara Cascudo reitera sua posição ao afirmar, pela voz de um milenário faraó Ramsés II, que uma história que pretenda reconstituir a mentalidade de coletividades remotas no tempo é uma "disciplina da imaginação"[11], já que não se "pode, positivamente, pensar como um assírio ou babilônio" e, portanto, aquele que "pretende explicar, com mentalidade recente, as intimidades de sua psicologia, as reações do raciocínio, as razões políticas das campanhas militares, invasões e alianças" não passa de um *"inventeur des conjectures"*[12].

À primeira vista, essa argumentação parece indicar uma reação à pretensão de objetividade da narrativa histórica, uma vez que chama a atenção para uma certa opacidade dos vestígios históricos e para o perigo da projeção anacrônica da mentalidade do historiador no seu objeto. Mas se o faz, é tão somente para concluir, impotente, que a distância temporal entre o sujeito-historiador e o objeto-história se traduz em uma distância psicológica e cultural intransponível, que torna *impossível* o acesso às mentalidades de povos e civilizações do passado, bem como às intenções que norteiam as ações de seus agentes históricos. A radicalização desse argumento leva Cascudo, paradoxalmente, a condenar a interpretação como procedimento metodológico do historiador e defender uma metodologia histórica anti-hermenêutica, limitada a transcrever os fatos e a descrever a "superfície das coisas"[13]. O problema da interpretação na perspectiva historiográfica de Câmara Cascudo será examinado mais adiante. Por ora, vale ressaltar as condições privilegiadas do folclore em relação à história no que diz respeito à apreensão das mentalidades de povos do passado. Essas condições privilegiadas resultam da descontinuidade entre a história narrada e a história vivida; entre a história-disciplina e a história-processo-real; entre o historiador e a história. Nas palavras desse Cascudo-Ramsés II, a

> História não é problema... O problema é o historiador. A história é feita no tempo. O historiador é um momento no espaço, tentando imobilizar ocorrência coletiva através da percepção individual. Julgar o que vivemos na simultaneidade da transmissão idônea é o lógico. Explicar o milênio é tarefa dos deuses e esses não a fizeram[14].

Câmara Cascudo, entretanto, propôs-se declaradamente, em grande parte da sua vida intelectual, a "explicar o milênio". Pôde somente fazê-lo, porém, quando considerava que o "milênio" se manifestava vivo, pulsante na "atualidade", ou seja, quando o analista e seu objeto encontravam-se no mesmo "momento no espaço", em uma relação sincrônica. Se, como afirma no parágrafo citado dos *Contos tradicionais do Brasil*, o folclore é a "cultura do geral no homem, da tradição e do milênio na atualidade", é por meio do estudo do folclore que o pesquisador pode superar a distância entre presente e passado que, no domínio da história, Cascudo cria ser intransponível.

A chave para que se compreenda essa potência interpretativa do folclore em relação ao passado, em contraposição à incapacidade da história de penetrar para além da "superfície das coisas", está, justamente, na diferença qualitativa entre o tempo do folclore e o tempo da história. O folclorista, tal como o historiador, é "um momento no espaço". Mas, ao contrário deste último, aquele leva a vantagem de operar em uma temporalidade espacializada, em que passado e presente coexistem. Se o folclorista é "um momento no espaço", o folclore é a permanência do passado no espaço sob a forma de tradição. Do ponto de vista do escritor potiguar, a tradição folclórica é a manifestação viva, e praticamente inalterada no tempo, de um passado remotíssimo, milenar, original. A tradição folclórica é o ponto de interseção entre "campo de experiência" e "horizonte de expectativa", que, ao menos em teoria, continua a existir a despeito da aceleração histórica.

Cascudo utiliza recorrentemente a expressão "contemporaneidade no milênio" para enfatizar o caráter perene das manifestações folclóricas tradicionais. O "povo", portador da tradição, é comparado ao celacanto, peixe do período devoniano que, há milênios, habita, biologicamente inalterado, as regiões abissais do oceano. É o "povo", apresentado pelo autor como os "humildes, sábios, analfabetos"[15], que dá o sopro de vida e, por conseguinte, atualiza as tradições imóveis através do tempo. "O folclore sendo uma cultura do povo", argumenta Cascudo, "é uma cultura viva, útil, diária, natural. O folclore é o uso, o emprego imediato, o comum, embora antiquíssimo. As raízes imóveis no passado podem ser evocadas como indagações da Antiguidade"[16].

Por ser uma espécie de estufa em que são cultivadas os espécimes milenares da tradição, o folclore é também o vínculo que une o particular ao universal. O fio da tradição que liga presente e passado, momento atual e Antiguidade, é o fio que Cascudo desenrola em sua peregrinação rumo às origens das manifestações culturais. Seguindo esse fio, o folclorista pode descobrir uma superstição da Grécia arcaica sendo praticada no sertão nordestino, em pleno século XX: "A 'comadre' sertaneja de Santa Cruz", conta ele, "ajudava Ilitia, como todas as mães gregas e romanas, milênios antes de Cristo. [...] – Meninos eu vi! [...] Vira um rito sagrado em plena função defensiva, da Tebas grega ao sertão do Rio Grande do Norte. Indiscutível. Típico. Real"[17]. Aqui, o procedimento da autópsia, o "ver por si mesmo", típico de uma noção clássica (mais particularmente, tucididiana)[18] de história, que valoriza, acima de tudo, o testemunho ocular na produção do conhecimento sobre o passado, é apropriado pelo folclorista, na medida em que ele (ao contrário do historiador) tem acesso ao passado vivo no presente sob a forma de tradição. É desenrolando o fio da tradição que se pode enxergar a "cultura do geral no homem", "verifica[r] essa contemporaneidade no milênio", o "universalismo no regional"[19]. No âmbito do folclore e de suas tradições, o milênio é atual.

No domínio da história, em contrapartida, o fosso que se interpõe entre a experiência e a expectativa transforma em ruína toda e qualquer manifestação do milênio na atualidade.

Conquanto não o faça de modo explícito, Câmara Cascudo parece opor ruína e tradição. Esta pertencendo à esfera do folclore, aquela à da história. Ou melhor: o tempo histórico acelerado, que caracteriza a nossa contemporaneidade, transformou o que outrora era tradição em ruína. Se, por um lado, o nosso autor afirma a persistência e imutabilidade das tradições folclóricas, por outro, teme a sua corrupção por um agente corrosivo típico do mundo contemporâneo: o progresso material. Cascudo teme, na verdade, que o tempo do folclore seja invadido pelo tempo da história.

Esse temor já se faz presente em textos que o autor escreve na década de 1930. Em uma série de crônicas que publica no jornal *A República*, em maio de 1934, Cascudo relata episódios de uma viagem pelo sertão norte-riograndense, da qual participou como integrante de uma comitiva que acompanhou o interventor federal Mário Câmara[20]. Cascudo constata que os velhos hábitos da tradição popular sertaneja vão sendo substituídos por novos hábitos, ícones da Modernidade e do progresso, que vigoram no litoral. "O sertão descaracteriza-se"[21], diz ele desolado. A vaquejada nordestina tradicional vai sendo substituída pela diversão do futebol. As moças cortam os cabelos, dançam e falam seguindo os modismos das grandes cidades.

O medo de que a aceleração histórica seja capaz de alterar a natureza e o ritmo do tempo folclórico norteia a compreensão de Câmara Cascudo acerca da relevância do papel do intelectual que se dedica ao estudo do folclore. O folclorista deve registrar as manifestações folclóricas tradicionais para que, ao menos na letra, elas possam ser resguardadas, imutáveis, da força destrutiva do progresso. De certa forma, o tempo histórico e a sua aceleração transmutam o tempo folclórico de tempo vivido em tempo narrado, congelado em um suporte textual.

Ao contrário do historiador que não pode nem deve ir além da "superfície das coisas", o folclorista é impelido pela urgência de captar a "psicologia coletiva", as mentalidades de homens e mulheres do passado enquanto elas estão vivas, ainda que agonizantes, em homens e mulheres do presente. Se for bem-sucedido nessa tarefa primordial, terá escrito a "verdadeira história normal do povo".

4 A normalidade: entre a informação e a interpretação

A "verdadeira História normal do Povo" é o último item da sequência de definições que Câmara Cascudo dá ao folclore, no trecho dos *Contos tradicionais do Brasil*, citado no início da seção anterior. Para que se compreenda melhor o significado desta definição de folclore é necessário o exame de um conceito de que o nosso folclorista lança mão abundantemente, em diversos momentos de sua obra. Trata-se do conceito de "normalidade". Normalidade é um aspecto das culturas humanas que, na concepção de Cascudo, indica aquilo que se repete, que imprime nos costumes o seu traço de continuidade, de reprodutibilidade. A normalidade é o que dá à tradição o seu caráter perene. É, por conseguinte, o que se naturalizou em uma cultura; é tudo o que se torna cotidiano; é o "banal e comum", que Cascudo define histórica e etimologicamente:

> *Communis*, participação de muitos ou de todos. Banal, de *bannum*, os fornos, lagares, moinhos, postos a serviço dos vassalos do senhor, mediante paga. Eram cousas banais, estavam ao alcance de todos os servos. Na medida em que se libertaram da "banalidade" foram pagando mais caro os serviços prestados pela aparelhagem individualística[22].

O banal, o comum, o normal apontam, também na esfera do simbólico, para o que é "de todos": são as mentalidades, a psicologia coletiva. É a tarefa do folclorista interpretar os elementos da normalidade de um universo cultural; buscar as origens e traçar a genealogia desses elementos; esforçar-se por compreender as motivações, os impulsos psíquicos e a moralidade "normais"; encontrar as relações que vinculam esses impulsos e motivações às necessidades básicas que os originaram, como a necessidade de nutrição, de reprodução, de abrigo etc. Por fim, o folclorista deve tentar interpretar as razões da permanência desses elementos da normalidade no tempo, quando o seu sentido original já está perdido para aqueles que os vivenciam[23].

Essa série de movimentos hermenêuticos somente é passível de realização na medida em que os elementos da normalidade de um povo permanecem vivos no presente do qual o folclorista faz parte. Daí a dificuldade de se conceber, na perspectiva de Cascudo, a existência uma normalidade histórica. No que se refere ao passado histórico, Câmara Cascudo provavelmente concordaria com as palavras de David Lowenthal (de cunho fortemente agostiniano, diga-se de passagem)[24] de que "o passado está fora de alcance. [...] Nomear ou pensar em coisas passadas parece implicar a sua existência, mas elas não existem; nós temos apenas evidências presentes de circunstâncias passadas"[25]. O único passado ao alcance do estudioso contemporâneo, segundo Cascudo, é o passado que está vivo na tradição folclórica. Só a "voz do Povo"[26], do "povo-celacanto", é meio de acesso ao passado.

Portanto, como expressa Cascudo através do discurso de Ramsés II, em *Prelúdio e fuga do real*: quando se trata do passado histórico, o historiador não deve interpretar. A interpretação é sempre projeção da mentalidade contemporânea do historiador sobre um passado que lhe é completamente alheio. E Cascudo-Ramsés é tachativo: "O melhor ainda é descrever [...]. Limitar-se à superficialidade das coisas. Narrar sem explicações"[27].

No prefácio de sua *História do Rio Grande do Norte*, Câmara Cascudo retoma a sua posição contrária à interpretação histórica, lançando mão de novos argumentos. Aproxima semanticamente as noções de "interpretar", "explicar", "comentar" e "julgar" no que se refere à atividade do historiador. A narrativa histórica deve assumir um sentido informativo, de divulgação do conteúdo documental, como se a subjetividade do historiador pudesse ser inteiramente anulada em prol de uma objetividade do fato. A tentativa, por parte do historiador, de explicar a normalidade de uma determinada época e/ou povo do passado leva a julgamentos equivocados, uma vez que é impossível a um homem de uma determinada época compreender a mentalidade e os costumes de outra:

> Esta HISTÓRIA DO RIO GRANDE DO NORTE é um trabalho sistemático de informação menos das fontes impressas do que dos arquivos. Pareceu-nos essencial divulgar o conhecimento do Passado tendo pouco interesse na fixação dos comentários pessoais, sempre discutíveis. Procura-se, na fórmula interpretativa, explicar a razão dos acontecimentos e desenhar a psicologia dos homens que estiveram à frente dos sucessos antigos. Certamente não é possível essa explicação, que o bizantino Procópio dizia ser "os secretos motivos da ação", porque o documento é suscetível de substituição. E não sabemos se expressa realmente o ângulo verídico do fato. Outrora o historiador podia dar sentenças condenatórias ou absolutórias, na plenitude de um direito que lhe vinha da função quase sacerdotal. Hoje essas sentenças valem como simples depoimentos individuais, situações de homem de agora para homens de tempos velhos. Muita gente ainda espera do historiador a sentença que capacite o leitor a julgar anjos ou demônios os homens que viveram ou participaram de acontecimentos. Pensei evitar essa ambivalência de medo e de amor[28].

Interpretar a história é, portanto, condenar ou absolver, amar ou temer o passado. E esse tipo de relação afetiva entre o sujeito-historiador e o seu objeto deve ser evitada, pois não constitui um bom caminho para o intelectual que está no encalço da verdade. E, ainda que os documentos possam ser substituídos e não necessariamente expressem o "ângulo verídico dos fatos", os fatos, encontrados nos documentos dos arquivos, são, para Cascudo, as únicas "evidências presentes de circunstâncias passadas" de que fala Lowenthal.

5 A normalidade histórica

Do que até agora ficou dito, conclui-se que, na perspectiva de Câmara Cascudo, o historiador não tem acesso à normalidade de sociedades históricas que pereceram no tempo. Todavia, em um artigo que escreve na década de 1950 para a revista do Arquivo Público Estadual de Pernambuco, intitulado *A função dos arquivos*, Cascudo afirma que "a forma real heroicamente humana de sentirmos e vivermos a História é procurar a normalidade da ação"[29]. Essa afirmação abala os argumentos até aqui desenvolvidos. O artigo como um todo, aliás, põe em xeque a confirmação das hipóteses propostas para analisar a questão da diferença entre tempo histórico e tempo folclórico e o conceito de normalidade em Luís da Câmara Cascudo. Portanto, creio ser proveitoso destrinchar este artigo cuidadosamente, ainda que isso implique recorrer abundantemente a transcrições de partes do texto.

Comecemos pelo relato-fábula da construção do farol de Alexandria, que Cascudo utiliza como metáfora para abordar a questão da verdade e da normalidade na história. Conta o relato que o Rei Ptolomeu encarregou Sóstrato de construir um farol em uma ilha próxima a Alexandria, com o intuito de orientar os navegantes que por ali passassem. Pronto, o farol revelou-se uma belíssima obra de arte que foi aclamada como uma das sete maravilhas do mundo. Encantado com o resultado de seu talento artístico, Sóstrato viu-se, porém, obrigado a inscrever o nome de Ptolomeu, e não o seu próprio nome, na base do farol. Para que a verdadeira autoria da magnífica obra fosse conhecida pela posteridade, talhou o seu nome na superfície de mármore do farol e encobriu-a com uma placa de cal com a inscrição do nome de Ptolomeu. O tempo encarregou-se de corroer a placa de cal, revelando a "verdade histórica" talhada no perene mármore.

Algumas das questões que Câmara Cascudo levanta em *A função dos arquivos* – sempre tendo o relato do farol simultaneamente como metáfora e lição de uma espécie de moral historiográfica – ratificam a análise feita até aqui em relação à sua ideia acerca da função da história e da tarefa do historiador. Já no início do texto, o autor afirma que, segundo a "definição da nossa escola antiga e que prolonga, duramente, seu prestígio, na memória de milhões de homens sisudos", a "História é o registro cronológico dos fatos memoráveis"[30]. Mas Cascudo adverte o leitor de que a seleção dos fatos memoráveis se fundamenta não na verdade intrínseca aos próprios fatos, mas na mentalidade, nos desejos, nos interesses contemporâneos do historiador. A arbitrariedade da seleção é como a placa de cal que traz o nome de Ptolomeu e encobre a verdade incrustada no mármore da história:

> A nossa aclamação é quase sempre uma coincidência de sentimentos. O homem representativo é o espelho que demora a imagem fixada. Junto a esse inconsciente e naturalíssimo narcisismo, há a História que os delfins receberam e nela acreditaram como um quinto evangelho. Mudamos o nome do criador na obra criada. Mudamos por outro que representa para nós a maior consequência psicológica no momento. Esta placa será mudada por outra e esta não demorará. Cada tempo terá o criador momentâneo, o Júpiter efêmero. Apenas a obra esconde o verdadeiro nome e um dia mostrá-lo-á[31].

Ao selecionar os fatos memoráveis, o historiador está sempre interpretando a história. A interpretação histórica é vaidosa como o foi Ptolomeu e, tal qual a inscrição do nome de Ptolomeu, não passa de uma perecível máscara de cal. O historiador honesto é aquele que não interpreta, senão divulga a verdade do fato presente no documento que está à sua espera no arquivo, pois "o documento é o nome de Sóstrato, firme no granito"[32].

A partir de um certo momento do texto, entretanto, a ideia de que a tarefa do historiador se limita à mera transcrição dos fatos e não à apreensão da mentalidade de povos do passado começa a ficar difícil de sustentar. Isso porque Cascudo utiliza a imagem do nome de Sóstrato cravado no mármore não apenas como metáfora para a verdade histórica gravada nos fatos, mas também para a ideia de normalidade histórica.

A princípio, a normalidade na história é descrita por Cascudo como aquilo que, em um determinado povo e período históricos, é cotidiano, comum e banal. O normal é oposto ao heroico e a tudo o que tem caráter de excepcionalidade na história. O problema da interpretação torna-se, então, o problema de que a seleção dos fatos memoráveis é sempre a construção de heróis e acontecimentos excepcionais com os quais o historiador contemporâneo mais se identifica. E, como já ficou dito, na perspectiva de Câmara Cascudo, a manifestação da subjetividade do historiador sempre o afasta da verdade histórica. O autor sugere, por conseguinte, que o historiador deva atribuir relevância, em sua narrativa, à dinâmica corriqueira da história, pois é nela que se encontram, em estado germinal, os grandes acontecimentos e os grandes heróis:

> A forma real heroicamente humana de sentirmos e vivermos a História é procurar a normalidade da ação, isto é, a ação no germe, não a tempestade estalando no ar como um castigo, mas acompanhar a evaporação, a formação invisível do fenômeno, a condensação vagarosa dos elementos que deflagrarão a rutilância cegante do meteoro[33].

Pode-se concluir então que, do ponto de vista de Cascudo, há uma normalidade histórica, acessível pelos fatos, gravados nos documentos; que essa normalidade que é o comum, o banal, o cotidiano, opondo-se ao heroico na história; que é sempre uma construção *a posteriori*, projeção da mentalidade do historiador. E, por fim, que essa normalidade histórica é diferente da normalidade folclórica, que são os costumes e a mentalidade dos homens de outros tempos ainda vivos na tradição, nos homens do presente.

Caso estas conclusões estejam corretas, pode-se ainda delas inferir que a coexistência entre passado e presente que caracteriza o tempo do folclore permite que o folclorista tenha acesso à normalidade da coletividade anônima, definida por Cascudo como povo. O tempo acelerado da história, contrariamente, obriga o historiador a se limitar à normalidade da vida dos grandes personagens históricos, da administração dos estados, das decisões políticas dos governantes, uma vez que estes aspectos da normalidade podem ser revelados pelos documentos.

Em diversos momentos de *A função dos arquivos*, Cascudo parece ratificar estas conclusões e inferências. Isso se dá, por exemplo, quando o autor afirma que "desejava fazer justamente o elogio dessa História normal e diária da administração, um movimento comum e banal de ordens, instruções, notícias, atos justos e injustos conforme a cor do cristal por onde foram examinados"[34]. Ou quando, como no trecho seguinte, afirma que o historiador deve registrar, não a face heroica dos grandes personagens históricos, mas a esfera cotidiana de sua vida:

> Não é uma visão de Luís XIV na Galerie des Glaces, Napoleão nas Tuilleries, Luís XI em Plessis-les-Tours, um Luís XIV de Rigaud ou um Luís XV de Vanloo. As pequeninas memórias, a massa dos relatórios dos intendentes, dos recebedores de impostos, as observações, as notas, essas fazem realmente o retrato do Rei, um rei sem cabeleira e sem casaca, de seda, sem a corte e sem os chapéus de plumas, sem a orquestra e sem o sermão do bispo capelão[35].

Trata-se quase de uma normalidade administrativa ou de uma normalidade da administração na história, que o historiador pode apreender através dos documentos de um arquivo como o Arquivo Público Estadual de Pernambuco, que Cascudo celebra nesse texto. Entretanto, o próprio texto faz cair por terra qualquer tentativa de diferenciar radicalmente a normalidade alcançável pela história (uma normalidade administrativa da vida dos grandes personagens históricos) e a normalidade alcançável pelo folclore (a psicologia difusa das grandes coletividades anônimas):

> A pergunta natural, ante o passado, não é saber da vitória do rei persa ou assírio, com sua grande barba tecida, passando no trono alto ante os touros alados de Korzabade. Interessa-nos saber como esses homens viviam, amavam, sofriam, suas obrigações e direitos, seus castigos e prêmios, o mecanismo da sua administração, sua guerra contra a fome e as terras secas, a captação dos rios, da água pluvial, cunhagem de moedas, desvalorização, moléstias, tratamentos, morte, como eram tratados os cadáveres...[36]

Ao afirmar que é possível saber como os homens "viviam, amavam, sofriam" entre os persas e os assírios, Câmara Cascudo parece estar contradizendo a sua própria afirmação de que a história deve "limitar-se à superfície das coisas". E o que se configura ainda mais contraditório é o fato de que o autor parece não mais ter em conta como problemática a ideia da descontinuidade temporal e psíquica entre o historiador e seu objeto. "Esse homem incendiário, assírio, ledo-persa, babilônio, hitita, grego e romano", afirma ele, "liga-se a todos nós numa continuidade emocional, identidade de esforço, de responsabilidade, de medo e de crença"[37].

A "continuidade emocional" aparece, neste trecho, como meio de superação da descontinuidade entre passado e presente que, em outros textos e em outros momentos deste mesmo texto, é o argumento que o autor utiliza para desacreditar a possibilidade do historiador compreender a mentalidade dos homens do passado. Se o historiador pode contar com essa "continuidade emocional" tal como o folclorista, como sustentar a hipótese da diferença substancial entre tempo histórico e tempo folclórico?

6 A memória e experiência como "continuidade emocional"

No início deste ensaio, eu comparei a atividade memorialística de Câmara Cascudo àquela do poeta épico, cujo canto atualiza o tempo perdido de um passado que, por sua própria natureza, já não é. Como todo memorialista, Cascudo podia fazê-lo, pois a unidade de sua consciência individual, fundada na memória, constituía ela própria a "continuidade emocional" entre o que foi e o que é. Como poderia, entretanto, existir "continuidade emocional" quando o elo da consciência individual já deixou de existir? Como tal continuidade poderia existir quando se trata não do passado individual, mas de um passado milenar, corroído pelo tempo?

Ao final de *A função dos arquivos*, Cascudo oferece uma resposta a essa questão, ao relatar o episódio de um arqueólogo que teria encontrado um apito pré-histórico nas escavações em que trabalhava. Ao soprar o apito e ouvir o seu som, o arqueólogo imagina, emocionado, um homem pré-histórico construindo o instrumento para seu filho. Esse episódio[38] constitui-se em metáfora para uma "memória involuntária" proustiana que, entretanto, não se limita à experiência individual, senão a uma experiência que é, simultaneamente, *normal* (no sentido que Cascudo atribui ao termo) e histórica.

Se, para Cascudo, o tempo da história é substancialmente distinto do tempo do folclore, como diversos textos seus parecem mostrar, o folclore e a história têm, como vimos, ao menos uma função em comum: a busca da normalidade da vida dos que habitaram o passado. Essa função encontra, no folclore, um espaço privilegiado para sua realização, já que sua temporalidade estrutural e espacializada transforma o passado em memória viva, pulsante em grupos humanos do presente. Tal qual o poeta épico, o folclorista é um "Mestre da Verdade", na expressão de Marcel Detienne, pois ele é capaz de ver, com seus próprios olhos, "o que é, o que será, o que foi"[39]. É evidente que Cascudo não pretende atribuir os poderes mágico-divinatórios do *aedo* homérico ou hesiódico ao folclorista do século XX. No entanto, podemos aproximá-los, na medida em que tanto o poeta arcaico quanto o folclorista são contemporâneos da verdade que narram: o primeiro atualiza "o que é, o que será, o que foi" pelo poder de sua vidência mágica; o segundo tem acesso direto a um passado atualizado sob a forma de tradição. O entrelaçamento entre Memória e Verdade e a oposição de ambas ao Esquecimento que, segundo Detienne, caracterizava a concepção que os gregos arcaicos tinham da palavra cantada, está presente também no folclore. Isso só é possível porque o acesso direto ao passado, privilégio do folclorista, é, nada menos, que a *experiência* do passado, no sentido em que esse termo é empregado por Walter Benjamin. "Onde há experiência no sentido estrito do termo", diz Benjamin, "entram em conjunção, na memória, certos conteúdos do passado individual com outros do passado coletivo"[40].

O acesso à normalidade do passado estaria, a princípio, vedado ao historiador, já que o tempo histórico, acelerado, não apenas afasta o presente do passado, negando ao historiador a "experiência" de seu objeto, como também penetra insidiosamente no tempo do folclore para o corroer. No entanto, também aqui, a articulação entre memória e verdade assume um papel fundamental. Para Câmara Cascudo, é a memória, não o método historiográfico, que constrói a ponte entre o presente e o passado histórico, a "continuidade emocional" entre o historiador e o seu objeto. O método permite apreender apenas a "superfície das coisas"; a memória funciona como uma espécie de mecanismo compensatório da aceleração do tempo histórico, um mecanismo de atualização do passado. O método é voluntário, provocado e consciente; a memória histórica é involuntária, contingente. O acesso à normalidade do passado, que, a princípio, Câmara Cascudo parecia negar ao historiador e constituir o privilégio exclusivo do folclorista, é liberado ao primeiro, ainda que de forma contingente, no encontro entre acaso e memória. É, portanto, a memória, e sua potência atualizadora, que articula os três âmbitos da atuação intelectual de Câmara Cascudo.

Notas

[1] CÂMARA CASCUDO, L. *Conde D'Eu*. São Paulo: Companhia Editora Nacional, 1933.

[2] MORAES, E.J. O modernismo revisitado. In: *Estudos Históricos*, vol. 1. Rio de Janeiro.

[3] MORAES, E.J. Um provinciano incurável. In: *Província*. Natal: Fundação José Augusto/UFRN/IHGRN, 1998.

[4] O movimento folclórico no Brasil ganhou impulso e apoio do Estado e foi encabeçado pela Campanha de Defesa do Folclore Brasileiro, uma agência governamental criada em 1958, com o intuito de estimular os estudos de folclore no Brasil. Cf. VILHENA, L.R. *Projeto e missão* – O movimento folclórico brasileiro, 1947-1964. Rio de Janeiro: Funarte/Fundação Getúlio Vargas, 1997.

[5] Cf. KOSELLECK, R. "'Espaço de experiência' e 'horizonte de expectativa'". In: *Futuro passado*: contribuição à semântica dos tempos históricos. Rio de Janeiro: Contraponto/PUC-Rio, 2006, p. 305-328.

[6] Cf. LOWENTHAL, D. *The past is a foreign country*. Cambrige/Nova York: Cambridge University Press, 1988.

[7] SAHLINS, M. *Ilhas de história*. Rio de Janeiro: Zahar, 2003, p. 8. Sahlins se refere, nessa passagem, à difusão, nas ciências sociais, de perspectivas estruturalistas, sobretudo na esteira do artigo "História e etnologia" publicado por Claude Lévi-Strauss, em 1949. Nesse texto, o antropólogo francês apropria, para a antropologia e para a etnologia, da ideia de estrutura da Teoria Linguística de Ferdinand Saussure, argumentando que a tarefa do analista cultural seria a de procurar modelos estáveis, arquetípicos, estruturais nas culturas para além da superfície eventual e contingencial que, tradicionalmente, constituía o objeto da ciência histórica.

[8] Em "A história e ciências sociais: a longa duração", de 1958, Fernand Braudel, em resposta ao texto de Lévi-Strauss mencionado na nota anterior, busca oferecer uma definição mais flexível de "estrutura" que possibilite uma relação dialética com a história: "Para nós, historiadores, uma estrutura é, sem dúvida, um agregado, uma arquitetura, porém, mais ainda, uma realidade que o tempo pouco deteriora e que veicula por longo período". Cf. BRAUDEL, F. "A história e ciências sociais: a longa duração". In: NOVAES, F.A. & SILVA, R.F. *Nova história em perspectiva*. São Paulo: Cosac Naify, 2011.

[9] CÂMARA CASCUDO, L. *Contos tradicionais do Brasil*. Rio de Janeiro: Ediouro, 2000, p. 9.

[10] Cf. BURKE, P. *A Escola dos Annales (1929-1989)*: a Revolução Francesa da historiografia. São Paulo: Edusp, 1997.

[11] CÂMARA CASCUDO, L. *Prelúdio e fuga do real*. Natal: Fundação José Augusto, 1974, p. 91.

[12] Ibid., p. 93.

[13] Ibid., p. 98.

[14] Ibid., p. 95.

[15] CÂMARA CASCUDO, L. Um provinciano incurável. In: *Província*. Natal: Fundação José Augusto/UFRN/IHGRN, 1998, p. 5.

[16] CÂMARA CASCUDO, L. *Tradição, ciência do povo*: pesquisas na cultura popular do Brasil. São Paulo: Perspectiva, 1971, p. 12.

[17] Cf. ibid., p. 150.

[18] Para a tradição historiográfica tucididiana, cf. MOMIGLIANO, A. A tradição herodoteana e tucidideana. In: *As raízes clássicas da historiografia moderna*. Bauru: Edusc, 2004. • TEIXEIRA, F.C. A história como arte da prudência. In: *Timoneiros*: retórica, prudência e história em Maquiavel e Guicciardini. Campinas: Unicamp, 2010.

[19] CÂMARA CASCUDO, L. Anubis e outros ensaios. In: *Superstição no Brasil*. Belo Horizonte: Itatiaia, 1985, p. 13.

[20] Para uma análise das crônicas de *A República*, intituladas "Viajando o sertão", cf. FARIAS, M.S. *Memórias de um menino sertanejo – O sertão de Luís da Câmara Cascudo*. [Mimeo, 2001] [Monografia de bacharelado].

[21] CÂMARA CASCUDO, L. 3. ed. *Viajando o sertão*. Natal: Fundação José Augusto/Cern, 1984, p. 46.

[22] CÂMARA CASCUDO, L. A função dos arquivos. In: Separata da *Revista do Arquivo Público*, ano 7-10, n. 9-12, 1952-1956, p. 10. Recife: Arquivo Público.

[23] Cascudo tenta formular teoricamente estes movimentos do trabalho etnográfico em seu livro *Civilização e cultura – Pesquisas e notas de etnografia geral*. Rio de Janeiro/Brasília: José Olympio/INL, 1973.

[24] No livro XI de suas *Confissões*, Agostinho se pergunta se é possível medir (e, aqui, medir assume um sentido fortemente epistemológico) o tempo e sua resposta, sempre desenvolvida dialeticamente e, portanto, gerando novas aporias e questões, é a de que apenas é possível medir o presente, pois o presente existe, enquanto o passado não existe mais e o futuro não existe ainda. Mas a fração de tempo a que chamamos presente pode ser reduzida *ad infinitum*. O presente, o tempo que é, que existe, tende à não existência. Portanto, o próprio tempo tende à não existência: "o que nos permite afirmar que o tempo existe é a sua tendência para não existir" (AGOSTINHO. *Confissões*. Petrópolis: Vozes, 1997, p. 278-295 (Livro XI).

[25] LOWENTHAL, D. *The past is a foreign country*. Op. cit., p. 187: "the past is beyond reach". "To name or to think of things past seems to imply their existance, but they do not exist; we have only present evidences for past circumstances".

[26] CÂMARA CASCUDO, L. *Prelúdio e fuga do real*. Op. cit., 1974, p. 93.

[27] Ibid., p. 98.

[28] CÂMARA CASCUDO, L. *História do Rio Grande do Norte*. Rio de Janeiro: Ministério da Educação e Cultura, 1955.

[29] CÂMARA CASCUDO, L. A função dos arquivos. Op. cit., p. 7.

[30] Ibid., p. 5-6.

[31] Ibid., p. 7-8.

[32] Ibid., p. 9.

[33] Ibid., p. 7.

[34] Ibid., p. 9.

[35] Ibid., p. 10.

[36] Ibid., p. 11.

[37] Ibid.

[38] A anedota é contada por Cascudo de forma quase idêntica em sua *Antologia do folclore brasileiro* (São Paulo: Global, 2001, p. 18).

[39] DETIENNE, M. *Os mestres da verdade na Grécia arcaica*. São Paulo: Martins Fontes, 2013, p. 15.

[40] BENJAMIN, W. Sobre alguns temas em Baudelaire. In: *Charles Baudelaire*: um lírico no auge do capitalismo. São Paulo: Brasiliense, 1989, p. 107 [Obras escolhidas, III].

11
Octávio Tarquínio de Sousa (1889-1959)*

*Márcia de Almeida Gonçalves***

> *Nossa época, que sob tantos aspectos se caracteriza por uma inumana anulação do indivíduo, é ávida, como reação inevitável, de livros em que homens apareçam de alma nua, homens particulares, homens diferentes uns dos outros, homens como a vida modela e destrói, homens no seu meio familiar e social, sofrendo influências e influindo, seu comportamento dentro e fora da casa, os amores e as afeições, o lirismo e a política, as intenções e os atos, a vida, toda a vida em suas mais opostas e diversas faces* (Octávio Tarquínio de Sousa[1]).

Sob essas preocupações e justificativas, o então diretor da Coleção Documentos Brasileiros, editada pela José Olympio, iniciava o prefácio do livro *Minhas recordações*, de Francisco de Paula Ferreira de Rezende, publicado em 1944. Ao buscar dialogar com seus leitores, sob a forma do protocolo que inaugurava e valorizava o ineditismo, na forma de livro, do texto então impresso, Octávio Tarquínio falava de sua época. Ao fazê-lo, contrapunha a "inumana anulação do indivíduo" a uma reação inevitável, qual seja: a avidez por livros em que homens aparecessem de alma nua, modelados e destruídos pela vida.

No nosso entendimento, Octávio Tarquínio de Sousa estava não só a emitir juízo de valor sobre tempos convulsos e sombrios – a Segunda Grande Guerra –, mas, no fundamental, a pontuar um projeto e uma ação para o mundo das letras, da produção intelectual e dos estudos sobre o Brasil, sua história e sua cultura. Projeto e ação em que textos, os mais variados, na qualidade de biografias, autobiografias, confissões, memórias, diários e cor-

---

* Este trabalho apresenta de forma condensada e revista algumas das reflexões originalmente desenvolvidas em GONÇALVES, M.A. *Em terreno movediço* – Biografia e história na obra de Octávio Tarquínio de Sousa. Rio de Janeiro: Eduerj, 2009.
** Doutora em História Social pela Universidade de São Paulo (USP). Professora-associada da Universidade do Estado do Rio de Janeiro (Uerj).

respondências vieram a ser publicados em maior profusão[2], a satisfazer os que procuravam encontrar a vida em suas mais opostas e diversas faces.

Nos anos imediatamente posteriores ao fim da Primeira Grande Guerra (1914-1918), proliferaram as publicações de romances, memórias e autobiografias em que os autores apresentavam experiências individuais afetadas pela guerra e seus efeitos devastadores. Muitas buscavam, em certa medida, o registro do vivido, a fazer da lembrança narrada tanto o alento para as perdas inevitáveis dos esquecimentos quanto possibilidade de aplicar a máxima da "história como mestra da vida", conhecimento e catarse face a um presente incerto e nebuloso.

Nas biografias de intelectuais e artistas que foram contemporâneos à guerra de 1914 figuram tantas outras referências acerca de seus impactos geracionais. Tais histórias se multiplicariam, caso quiséssemos inventariá-las. Katherine Mansfield (1889-1923), autora ícone do conto moderno em língua inglesa, perdeu seu irmão na guerra. O filósofo Edmund Husserl (1859-1938), célebre pelas formulações acerca da fenomenologia, matriz fundamental de autores contemporâneos relacionados à filosofia da linguagem e à hermenêutica, teve um de seus filhos morto em combate. O pianista Paul Wittgenstein, irmão de Ludwig Wittgenstein (1889-1951), outro entre os que tematizaram as relações entre filosofia e linguagem, voltou do conflito com o braço direito mutilado. O compositor Maurice Ravel para ele elaborou "Concerto para mão esquerda"[3].

Octávio Tarquínio de Sousa (1889-1959), entre outras identidades autorais, foi um dos que, no curso das décadas de 1930 e 1950, apostou na escrita de biografias históricas na qualidade, diríamos, de reação à inumana anulação do indivíduo, uma outra forma de narrar e escrever a história, em particular as histórias nacionais. Havia nessa premissa perspectivas e desafios relacionados ao que alguns vieram a denominar de moderna historiografia brasileira. Nos limites deste capítulo, analisaremos algumas das questões e premissas que informaram essa aposta no biográfico nas ambiências intelectuais da época. Ao singularizarmos, sem pretensão de esgotar, as contribuições de Octávio Tarquínio de Sousa entre os que promoveram releituras e reinterpretações historiográficas no Brasil, entre as décadas de 1930 e 1950, estamos circunscrevendo um lugar para esse autor, pouco reverenciado frente a outros contemporâneos, e também, redimensionando usos, funções e relações da biografia com a escrita da história do Brasil, no Brasil.

Nos últimos 30 anos, a discussão acerca do retorno, para alguns renovação, da biografia ganhou projeção crescente nos debates acerca dos desafios e possibilidades da escrita da história, seja a história intelectual, seja a história política. Como um dos sintomas da *virada linguística*[4], em especial o que veio a ser designado por Beatriz Sarlo como *guinada subjetiva*[5], expandiram-se formas e funções variadas para *espaço biográfico*, tomando de empréstimo o conceito, título da obra referencial de Leonor Arfuch[6].

Se hoje os usos da biografia alargaram-se e, em grande medida, se consolidaram nos espaços acadêmicos, na qualidade tanto de gênero discursivo quanto de abordagem e maneira particular de problematizar e conhecer as múltiplas relações entre indivíduos e sociedades, interessa-nos, nesse capítulo, circunscrever momentos pretéritos do que designamos como campo dos estudos sobre os usos da biografia na produção letrada e intelectual. Para tanto, um autor e seus textos, Octávio Tarquínio de Sousa (1889-1959)⁶, tornaram-se nossos elementos mediadores.

Octávio Tarquínio de Sousa foi especialmente consagrado em seu tempo de vida como autor de biografias de estadistas do Império. As vidas de Bernardo Pereira de Vasconcelos, Evaristo da Veiga, Diogo Antônio Feijó, José Bonifácio e D. Pedro I, foram publicadas entre 1937 e 1952, e agrupadas, em 1958, na coleção *História dos fundadores do Império do Brasil*.

Ente outras funções e sociabilidades intelectuais, Octávio Tarquínio foi editor da terceira fase da *Revista do Brasil*, entre 1938 e 1943, e diretor da *Coleção Documentos brasileiros*, da José Olympio, entre 1939 e 1959. Participou da criação da Associação Brasileira de Escritores (Abde), em 1942, tendo presidido sua primeira diretoria. A criação da Abde simbolizou uma das primeiras iniciativas, por parte de alguns intelectuais, de usar o associativismo corporativista, tão em voga na década de 1930, contra os excessos do autoritarismo do Estado Novo (1937-1945). Entre as ações da Abde vale mencionar a realização do I Congresso Brasileiro de Escritores, em janeiro de 1945, manifestação importante das pressões pela democratização⁷.

Entre biógrafos modernos

Segundo Stuart Hughes, entre 1890 e 1914, uma gama variada de pensadores – Bergson, Freud, Weber, Croce, Dilthey, entre outros –, postulou questões sobre o homem e sobre os saberes que se dispunham a conhecê-lo, realizando o que Hughes categorizou como uma *revolta antipositivista*. Esta se manifestou por intermédio da defesa de uma concepção de natureza humana mediada pelo conceito de inconsciente, pela valorização do meio histórico e cultural na compreensão das possibilidades e limites da ação dos indivíduos no mundo, pela junção, em escalas diferenciadas, do intuitivo e do racional nos métodos cognitivos⁸.

Tais discussões, na verdade, teriam composto um dos capítulos da emergência das sensibilidades modernas, com direito a todas as ambiguidades que as mesmas acarretaram em termos da proposição do novo nos diversos campos das realizações humanas. Teriam igualmente e, numa certa medida, representado, de forma aguda, a crise de valores éticos, estéticos e políticos que afligiu o cenário europeu, em finais do século XIX⁹. A escrita biográfica não escapou a um redimensionamento de seus significados e de suas metodologias de produção¹⁰.

André Maurois (1885-1967), Emil Ludwig (1881-1948) e Lytton Strachey (1880-1932), por exemplo, tornaram-se os autores emblemáticos e polêmicos de biografias onde homens e mulheres desciam de seus panteões de notáveis para personificar a grandeza e a miséria de suas condições humanas. Cada um desses autores, donos de estilos próprios e diferenciados, representaram, com direito a polêmicas, os arautos de uma escrita biográfica que se queria moderna[11].

Os textos de Lytton Strachey assumiram, nesse contexto, caráter paradigmático. Tornaram-se não só o modelo de escrita biográfica inovadora, mas, em especial, do uso do humor fino, bem dosado, quanto às imagens em letras de seus biografados. Arnaldo Momigliano, entre outras observações sobre esse autor, destacou a cena na qual Bertrand Russell havia sido flagrado em risos ao ler *Eminent Victorians*[12]. Publicado em 1918, o referido texto foi o principal responsável pela notoriedade e pelo sucesso editorial do escritor inglês, de fato, plenamente consagrado com o surgimento de sua biografia sobre a Rainha Vitória, em 1921[13].

Foi, contudo, André Maurois quem, a princípio, buscou delimitar os parâmetros de uma nova escrita biográfica. Em 1928, o autor sistematizou ideias, em publicação que reuniu conferências proferidas no Trinity College, em Cambridge, sob o título de *Aspectos da biografia*. André Maurois se dispôs a fazer uma espécie de radiografia do estado atual das questões sobre narrativas de trajetórias individuais, discutindo os seguintes temas: a biografia moderna, a biografia como obra de arte, a biografia considerada como ciência, a biografia como um meio de expressão, a autobiografia e as relações entre a biografia e o romance[14].

As indagações de Maurois tornaram-se uma matriz importante de ideias sistematizadas acerca dos usos, valores e características do gênero biográfico. Proferidas em inglês, publicadas em francês, traduzidas para o inglês, entre 1928 e 1929, as *lectures* de Maurois circularam nas prateleiras de livros de intelectuais de outras terras e línguas, aportando em solo brasileiro, para a recepção dos bacharéis que liam avidamente tudo que da França fosse proveniente.

Na leitura de Alceu Amoroso Lima assistiu-se a uma verdadeira "epidemia biográfica"[15]. Mais do que um mero fenômeno quantitativo, a epidemia biográfica existiu como tema propulsor, caro a muitos dos que se dedicaram à crítica literária na época, e que, no exercício dessa atividade intelectual, estabeleceram as dimensões e significados da dita biografia moderna no conjunto da produção bibliográfica brasileira.

Entre algumas das polêmicas que mobilizaram letrados nos seus diagnósticos sobre a epidemia biográfica, cumpre, todavia, destacar um de seus significados. Entre o final da década de 1920 e a de 1950, com destaque para os anos de 1930 e 1940, intelectuais empenhados na renovação da literatura e da história nacional, dispostos a circunscrever o campo dos *Estudos brasileiros*, compreenderam a renovação da biografia como mais um aspecto necessário entre as estratégias de atualizar análises sobre a realidade nacional.

No diálogo com as lições dos mestres da biografia moderna, em especial Lytton Strachey e André Maurois, alguns letrados brasileiros acharam que personagens eminentes da história política e da produção literária brasileira poderiam ter suas vidas apresentadas como trajetórias de homens de carne e osso, a sofrer todas as mazelas da condição humana – criadores e criaturas de experiências e enredos históricos.

Recuperemos um deles, pontualmente. Edgard Cavalheiro. Autor, entre outros, de biografia de Fagundes Varella e do texto referencial que veio a ser e ainda é sua biografia de Monteiro Lobato. Em 1943, Edgard Cavalheiro publicou pela Editora Guaíra um pequeno ensaio, intitulado de "Biografias e biógrafos". Nele, assim argumentava, citando-o:

> Inúmeras teorias já apareceram com o intuito de esclarecer e justificar o porquê desse absorvente recuo ao passado, dessa inquieta ressurreição dos mortos e, sobretudo, da indiscutível preferência do grande público pelos estudos biográficos. Entre muitas outras generalizações sobre o assunto destaca-se aquela que dá como causa primordial do predomínio do gênero biográfico, o declínio do valor humano dentro da sociedade moderna, onde o indivíduo isolado cada vez mais desaparece na massa popular, resultando disso a procura de compensação através das reconstituições críticas ou históricas dos grandes personagens. No fundo, uma tentativa desesperada de salvar, através das intelectualidades empolgantes, o ideal ameaçado do individualismo. Há também quem afirme que essa febre de reviver ambientes ou figuras do passado traz em si, simplesmente a necessidade insopitável de exteriorizar pensamentos, trabalhar ideias, de certa forma peadas por fatores políticos, numa fuga angustiada dos tempos presentes. Nessa fuga dos tempos presentes vai muito da tragédia do intelectual diante dos problemas contemporâneos[16].

Edgard Cavalheiro apresentava motivações para tantas produções biográficas na correlação direta com as preocupações de intelectuais afetados pelas tragédias de sua contemporaneidade, a situar parte de suas angústias e a impotência. A "fuga dos tempos presentes" se manifestava como estratégia na forma de escrita que possibilitava trazer de volta para a vida alguns personagens empolgantes.

Tais perspectivas de compreender e de justificar o que foi diagnosticado como epidemia biográfica informaram – tanto quanto vieram a ser informadas por ela – as produções de Octávio Tarquínio de Sousa. Para esse autor, a reinvenção da história brasileira, proposição candente entre os que respiraram a atmosfera das interrogações modernistas[17], seria promovida, naquilo que se referia especificamente ao processo de constituição do Estado nacional, por intermédio de um fazer biográfico que procuraria compreender as ações dos homens, suas virtudes, defeitos e hesitações, no seu meio social e histórico, ou, como Tarquínio de Sousa costumava nomear, no "espírito de sua época".

Esse autor, ao desenhar a fisionomia de seus biografados, perseguiu, em igual proporcionalidade, a compreensão do período histórico que seus protagonistas viveram. A biografia, como a narrativa da vida de um eleito, tornava-se, então, um instrumento mediador, a via de acesso a uma outra época sob a perspectiva de reconstruir o passado pelos olhos de quem o encenou. Nesses termos, a fisionomia do sujeito individual, exterioridade captada por aparências e traços de comportamento porventura registrados, guardava um caráter a ser decifrado. Na composição de ambos, fisionomia e caráter, forma e conteúdo, definiu-se a possibilidade de compreender o espírito de um tempo, as concepções e as ideias por meio das quais cada um, à sua maneira, aprendeu a estar no mundo, com uma assinatura e um rosto.

Em suas narrativas biográficas publicadas entre 1937 e 1942 – *Bernardo Pereira de Vasconcelos e seu tempo*, *Evaristo da Veiga* e *Diogo Antônio Feijó* – Octávio Tarquínio de Sousa não só materializou a perspectiva de escrever biografias históricas, como igualmente idealizou o projeto, posteriormente abandonado, de elaborar uma história das regências no Brasil. Acreditava que, dessa forma, produziria obra histórica sobre o que considerava um dos períodos mais importantes do processo de formação do Estado nacional. Ao narrar histórias de vida de dirigentes que vivenciaram o momento em que a nação quase não se constituiu como unidade política, Octávio Tarquínio visualizou o cruzamento entre identidades individuais e individualidades históricas.

Na primeira edição da biografia de Diogo Antônio Feijó, datada de 1942, consta prefácio onde o autor dispôs-se a esclarecer suas concepções sobre o fazer biográfico[18]. A impressão de leitura dessas páginas introdutórias nos levou a crer que Octávio Tarquínio, naquela altura de sua trajetória intelectual, podia já demonstrar conhecimento adquirido na escrita de um gênero cada vez mais presente na produção letrada nacional. Falava o biógrafo, a esclarecer e dignificar funções e idiossincrasias de suas escolhas autorais como historiador.

Ao apresentar seu principal personagem e o tema do qual tratava o novo livro – a vida de Feijó –, o autor ponderava que a notoriedade histórica em torno do protagonista mais do que facilitar, dificultara a realização de um determinado tipo de biografia. Para o autor, seu biografado teria sido, até então, representado pelos olhos "deslumbrados de panegiristas" ou avaliado com "rancor e má vontade por inimigos póstumos ou contemporâneos". Urgia, pois, realizar o retrato fidedigno do padre paulista, "criatura capaz de furor e de ternura, vária, contraditória, complexa". Urgia restituir a Feijó sua condição humana e deslocar imagens que carregaram nas tintas de uma "monótona e estúpida coerência". Se Feijó havia sido o "homem de governo a serviço da ordem", com senso de autoridade e noção de dignidade, foi também, em outras ocasiões, "o político apaixonado e caprichoso", empenhado em ações incoerentes quanto aos princípios que havia encarnado[19].

Ao desculpar-se junto a biógrafos que poderiam ver em seu texto "obra ímpia de dúvida e de negação", Octávio Tarquínio afirmava que o mais importante era descobrir "o indivíduo tal como ele foi na sua humana realidade, e não como no-lo impingiram apologistas e detratores"[20].

Octávio Tarquínio ponderou que, mesmo não poupando esforços na pesquisa de todos os elementos e de todo material indispensável à reconstituição da vida de Feijó, não pretendeu "restringir a história", em particular a biografia, ao "mero levantamento cronológico ou ao fastidioso relatório tão do gosto de certos caçadores de lêndeas". Ao postular que nada seria inútil para o conhecimento de um homem e que as coisas mínimas poderiam por vezes explicar as maiores, Octávio Tarquínio asseverava que não seria apenas por intermédio de uma interminável narração de detalhes que se poderia elaborar uma boa biografia.

Haveria um nível de criação no trabalho do biógrafo, e as conjecturas fariam parte da montagem do texto que pudesse "restaurar o tempo" que passou. O exercício desse potencial criativo exigiria o "máximo de prudência de par com a mais escrupulosa submissão aos fatos" na forma como esses se consumaram. Para Octávio Tarquínio era fundamental atentar para as diferenças entre o trabalho de criação do biógrafo e aquele que seria desenvolvido pelos romancistas. Esses poderiam estabelecer planos próprios e específicos para a duração da vida de seus personagens, aproximando-se em maior ou menor escala do espetáculo do mundo. Historiadores, em especial os biógrafos, deveriam "respeitar passivamente o *curriculum vitae*" do biografado[21].

Ao explicitar uma de suas referências bibliográficas, Octávio Tarquínio evocava Lytton Strachey, confessando o quanto foi difícil seguir o receituário do mestre. Assim, com adequações, buscou aplicar a máxima de "desprezar tudo o que fosse redundante e nada perder do que fosse importante". Nas mudanças no timbre da voz às diferentes fases de vida do biografado, mesmo as mais lentas e monótonas, o biógrafo deveria alcançar o máximo de conformidade com a vida que almejava fixar. Na busca dessa conformidade entrariam também "a sondagem da alma do biografado e o corte em profundidade da época" em que a vida transcorreu.

Ao finalizar a apresentação da biografia de Feijó, Octávio Tarquínio dizia ter se esforçado para permanecer num certo estado de "dúvida receptiva" com relação ao seu biografado. Adiantava que, por motivos diversos, seu livro, provavelmente, não agradaria aos panegiristas e aos detratores. Esperava, contudo, que os leitores de "boa vontade" chegassem ao fim do livro com impressão semelhante à sua: uma fundada "admiração por Feijó, visto embora nas contingências de sua vida e nos limites de suas próprias dimensões"[22].

Como intelectual de seu tempo, a falar a linguagem de sua geração, Octávio Tarquínio foi, entre seus contemporâneos, aquele que talvez mais tenha apostado na perspectiva de escrever a história nacional por intermédio do gênero biográfico. Apresentava-se não só como entusiasta e admirador dos que, como Joaquim Nabuco – *Um estadista do Império* – e Oliveira Lima – *D. João VI no Brasil* –, haviam exemplarmente elaborado obras referenciais na junção entre biografia e história, como também ensaiava ser uma espécie de atualizador do valor epistemológico dessa junção. Cumpre lembrar que a segunda edição do *D. João VI* de Oliveira Lima saíra como volume da coleção *Documentos brasileiros*, com prefácio assinado por Octávio Tarquínio.

A comparação entre as três biografias publicadas por Octávio Tarquínio de Sousa, entre 1937 e 1942, nos permitiu identificar suas especificidades e, em especial, verificar o quanto cada uma delas fez valer a premissa de que a narrativa biográfica viabilizava, a partir de certos cuidados metodológicos e conceituais, escrever a história de uma época. A época foi "o terreno movediço das Regências", utilizando aqui a expressão cunhada por Tarquínio de Sousa, tão expressiva na junção da imagem do terreno que se move, configurando um tempo e uma paisagem histórica a ser mapeada e conhecida. Mais do que a época, houve um tema, o da constituição do Estado independente e da nação, como entidade política soberana, nas ambiências da predominância de uma mentalidade liberal.

Se o personagem biografado, suas ações e ideias, no curso de trajetórias de vida, responderam pelas principais análises realizadas pelo autor, por intermédio de um narrador em terceira pessoa – o observador externo que enquadrava a cena e os protagonistas da história a ser contada –, essa última, nas suas circunstâncias dramatizadas pela própria narrativa, tornava-se o elemento definidor dos sentidos de cada uma das experiências da vida individual ali protagonizada. Octávio Tarquínio procurava demonstrar o quanto os homens só se configuravam enquanto sujeitos por intermédio da história, entendida aqui como vivência social e cultural, circunscrita a uma duração. Cada uma das biografias mencionadas teve suas páginas saturadas por descrições interpretativas das circunstâncias que afetaram grupos, valores, práticas políticas na época em que a "vida nacional", outra expressão utilizada por Octávio Tarquínio, definia sua fisionomia. Para o autor, a apreensão da vida nacional se daria pela mediação da vida de seus biografados, na perspectiva de enxergar nas fisionomias individuais a fisiognomia de coletividades históricas[23].

Nesses termos, a trajetória de Bernardo Pereira de Vasconcelos confundiu-se, a partir de certo momento, com a trajetória do Regresso Conservador. A de Evaristo da Veiga ilustrou, de forma paradigmática, as propostas do reformismo liberal de viés moderado, tão adequado, como procurou reiterar o biógrafo, à consolidação da "solda nacional". A vida de Feijó, mais vária e diversificada, garantiu o panorama de momentos ímpares na história da constituição do Estado imperial, no Brasil, e da própria nação como corpo político autônomo: dos debates nas Cortes de Lisboa às Revoltas Liberais de 1842.

Em cada uma dessas biografias, Octávio Tarquínio procurou fazer a biografia da nação brasileira sobre as premissas de que a constituição dessa comunidade de homens, aglutinada pela partilha de valores, tradições culturais e experiências comuns, havia sido gestada pela ação de sujeitos que abraçaram os princípios políticos liberais. Mesmo ao modular os diversos projetos originários dessa matriz ideológica, como se quisesse ilustrar sua elasticidade histórica, o biógrafo posicionou-se, por vezes fazendo suas as opiniões e credos de seus biografados. Por meio das condutas de seus protagonistas, Octávio Tarquínio procurou, por um lado, interpretar as ações dos que construíram o Estado nacional no momento de sua emergência histórica e, também, atualizar historicamente o valor do liberalismo político, em tempos em que esse sofria tantas críticas e revisões.

Nesse aspecto, o tempo das Regências, distante cerca de 100 anos do momento em que Tarquínio de Sousa produziu seus primeiros textos biográficos, pareceu ser a paisagem histórica paradigmática por excelência para uma reflexão acerca dos usos do credo liberal na conformação de ordens políticas onde o "justo meio" e o ideal de moderação pudessem guiar a conduta dos que desejavam modernizar e redescobrir a nação. Cumpre destacar o quanto Octávio Tarquínio, autor/narrador em terceira pessoa, destacou a importância do debate parlamentar na condução da vida política daqueles dirigentes imperiais, monumentalizando tais experiências frente a tantas ameaças à consolidação da "solda nacional". Talvez quisesse dizer aos leitores que a história de seu tempo presente – marcada, entre outros aspectos, pela vigência do Estado Novo e suas práticas autoritárias, como a censura e o fechamento do Congresso – poderia vir a ser diferente.

De alguma forma, salta a impressão de que ao biografar dirigentes políticos da pretérita experiência de construção do Estado nacional, Octávio Tarquínio buscou falar do terreno movediço de sua contemporaneidade, visualizando na interpretação do passado algo esclarecedor sobre as impertinências e descontinuidades de suas vivências imediatas.

Nesse ponto, Octávio Tarquínio quis fazer de suas biografias um meio de expressão particular quanto à escrita da história, manifesto não só nos juízos e escolhas do biógrafo, mas, em especial, na estratégia narrativa que pudesse gerar nos leitores a impressão de que o biografado voltava a viver, na premissa de figurar a dinâmica e o movimento das experiências do protagonista.

Octávio Tarquínio quis também imprimir sobre seus textos um certo "valor literário", a partir da utilização de elementos da narrativa do romance – "a graça, a leveza, a maneira de apresentar o assunto". Na perspectiva de manter Sherazade viva, e nisso seguindo parcialmente a receita proposta por André Maurois, Octávio Tarquínio materializava, em suas narrativas biográficas, uma forma de escrever história que, no seu tempo, a muitos convenceu e encantou.

Ao firmar um estilo, o de autor de biografias históricas em diálogo com o que essas pudessem materializar de exemplos de uma reinvenção da história nacional e de atualização do próprio fazer biográfico, Octávio Tarquínio de Sousa veio a publicar *José Bonifácio*, em 1945, e *A vida de D. Pedro I*, em 1952, essa última, em três volumes, recebida entusiasticamente pela crítica literária da época.

Uma coleção para homens históricos

O projeto de reunir suas biografias históricas e outros textos de sua autoria na forma de uma coleção, em 1958, inegavelmente perenizou os trabalhos de Octávio Tarquínio de Sousa sob uma clave diferente daquela que o havia, nos anos de 1940, qualificado como o historiador das Regências. Com a *História dos fundadores*, novos sentidos foram imputados a cada uma de suas biografias de dirigentes políticos imperiais, em função do pertencimento a um conjunto particular – a coleção –, marcadamente comprometida com a análise de um tema e de uma época, qual seja: a emergência e a consolidação do Estado imperial brasileiro.

Se esse aspecto foi recorrente nos comentários dos que analisaram a coletânea lançada em 1958, cabe destacar o quanto, nesse momento, o autor explicitou referências a Wilhelm Dilthey nas suas perspectivas de relacionar narrativa biográfica e escrita da história.

Na introdução à *História dos fundadores do Império do Brasil*, Octávio Tarquínio declarou que, quando esteve em suas possibilidades, "sua tarefa biográfica inspirou-se em boa parte das lições de Dilthey"[24]. De fato, como pudemos constatar, suas possibilidades estiveram associadas à leitura de *El mundo historico*[25]. Na biblioteca de Octávio Tarquínio de Sousa, a primeira edição em espanhol do referido livro, datada de 1944, ainda guarda as anotações e os marcadores de páginas a denotar os vestígios de leitura do autor.

As apropriações de ideias de Dilthey permitiram a Octávio Tarquínio demarcar com mais clareza os conceitos que norteavam a relação indivíduo/sociedade na escrita da história pela mediação biográfica. A possibilidade de resolução dessas antinomias repousaria sobre a chave de que entre indivíduo e sociedade haveria uma reciprocidade constitutiva. A máxima de que "os homens se pareciam mais com o seu tempo do que com os seus pais" começava a ganhar significação. Nas palavras de Octávio Tarquínio:

> O homem representa a sociedade em que vive, reflete-lhe as aspirações e as necessidades; as épocas e os períodos históricos oferecem, através dos indivíduos que deles participam, semelhanças de costumes, hábitos, pensamentos e tendências; [...] mas na dimensão pessoal de cada homem subsistirá uma zona de maior ou menor hermetismo, segundo o vigor, o poder de criação e a riqueza íntima que dispuser. [...] Não escapam, entretanto, os homens originais ao espírito de seu tempo, às suas correntes dominantes, aos seus valores culturais, aos seus vínculos sociais e políticos, ao que Dilthey denominou de conexão estrutural de uma época ou de um período. Entre esses homens e o mundo em que vivem estabelecem-se laços, nexos, correspondências que vão desde os domínios da religião e da língua aos das instituições jurídicas no mais amplo significado, das relações econômicas, da literatura e da moda, e fazem do homem histórico um ser concreto, parcial, contingente, ambíguo[26].

A premissa de que uma vida individual trazia consigo as marcas do meio histórico no qual veio a ser protagonizada era enunciada entre os argumentos de Octávio Tarquínio. Havia, nesses termos, uma escrita da história em cada uma de suas biografias de dirigentes do Estado imperial brasileiro. Na passagem anteriormente citada, a relação entre biografia e história passava a estar ancorada em um dos conceitos do pensamento diltheyano, a saber, o de "conexão estrutural de uma época ou de um período".

Ao aplicar tal conceito, Tarquínio de Sousa dispôs-se a promover a descoberta do "nexo efetivo em virtude do qual as figuras estudadas foram determinadas pelo meio em que viveram e como sobre ele reagiram". Nas suas palavras,

> Um José Bonifácio, um D. Pedro I, um Bernardo de Vasconcelos, um Evaristo da Veiga, um Diogo Antônio Feijó foram vistos e capturados no mundo histórico, isto é, dentro das ideias e correntes políticas da época, delimitados por um sistema particular de vida, pelas concepções de Estado, de religião, de ciência ou de arte do tempo[27].

Para Tarquínio de Sousa, o trabalho do historiador teria, por um lado, caráter científico, estando esse relacionado à análise das provas e às pesquisas de documentos, por outro, sob vários aspectos, "a elaboração histórica participaria da obra de arte". O historiador, por vezes, procederia como o pintor, organizando valores segundo uma "hierarquia subjetivamente inspirada". Nas suas próprias palavras, "em nenhuma tarefa o historiador se aproximaria mais do artista do que na biografia". E, numa apropriação, mais uma vez, do conceito diltheyano de mundo histórico, se dispunha a categorizar o que deveria ser o mundo biográfico, esse:

> [...] não pode limitar-se a um meticuloso levantamento das ações e dos acontecimentos da vida de um homem e, em seguida, a uma narrativa em que se observe o mais possível a ordem cronológica: mister se faz que, socorrido pela imaginação, e de imaginação há necessidade até no âmbito das ciências naturais – o biógrafo saiba e possa o mais possível recriar a vida que se extinguiu e restaurar o tempo que passou. Só assim o trabalho biográfico deixará de ter o ranço de fastidiosos relatórios e logrará apresentar em perfeito sincronismo o indivíduo e o seu meio histórico, este em todos os seus aspectos relevantes e aquele no seu cunho mais autêntico[28].

A compreensão do mundo biográfico que Octávio Tarquínio pretendeu construir e categorizar nos levou às suas anotações de leitura, no seu exemplar de *El mundo historico* nos trechos onde Wilhelm Dilthey realizou análises sobre a biografia. Cabe relembrar que tais considerações de Dilthey foram escritas em 1910. O estatuto da escrita biográfica, traduzido na questão de ser ela ou não parte integrante da história, na sua dimensão de conhecimento científico, estava exatamente sendo posto em xeque, em face de transformações relacionadas à emergência de uma biografia moderna. Como filósofo empenhado na tarefa de realizar a crítica da razão histórica, Dilthey percebeu, de forma acurada, o alcance epistemológico e metodológico do debate em torno do estatuto da biografia, situando-o no campo das determinações da própria cientificidade do conhecimento histórico.

Como sua crítica da razão histórica não só visava a fundamentar as ditas ciências do espírito, com destaque entre elas para a história, como igualmente se desdobrava em uma filosofia da vida, com todas as suas implicações sobre os usos da psicologia e da hermenêutica, a discussão sobre o estatuto da biografia representou, nas formulações diltheyanas, a possibilidade de exemplificar o quanto suas ideias resolveriam certas antinomias, cuja existência, na avaliação do filósofo, se devia à impropriedade de querer conhecer a vida humana por intermédio de valores que serviriam unicamente às ditas ciências da natureza.

Pelo seu pertencimento ao campo da história, nesse aspecto, às ciências do espírito, por sua dimensão de narrativa de vida, por sua funcionalidade entre as obras que se prestavam a decifrar o mundo histórico, a biografia, segundo Dilthey, como resultado de certa metodologia de produção do conhecimento, poderia ser qualificada como "obra de arte", possuindo, todavia, um caráter científico, ditado pelas suas interfaces com o conhecimento histórico. O texto diltheyano, nessas argumentações, se desenvolveu sobre um jogo de oposições e complementaridades, onde ao fim a expressão "obra científica de arte" apontou para a ambiguidade intrínseca do fazer biográfico.

Nesse aspecto, talvez possamos compreender melhor o encontro entre o leitor Octávio Tarquínio e o filósofo alemão. A conclusão de Dilthey sobre o valor e o estatuto do texto biográfico se construiu a partir de sua concepção de história. O biógrafo Tarquínio de Sousa, cuja produção intelectual havia se baseado em rigorosa pesquisa e crítica documental, traduzidas em textos onde avultaram os cuidados com a forma literária, visualizou nas considerações diltheyanas sobre a biografia as lições que, talvez, havia muito, fossem procuradas.

Para Dilthey, a tarefa do biógrafo consistiria em compreender, sobre bases documentais, o nexo efetivo a partir do qual um indivíduo se acharia condicionado por seu meio e, ao mesmo tempo, reagiria sobre esse. Tanto a história como a biografia poderiam apreender esses nexos efetivos. Nas palavras de Dilthey,

> O historiador penetra mais intensamente na estrutura do mundo histórico ao distinguir seus diversos nexos e estudar sua vida. A religião, a arte, o Estado, as organizações políticas e religiosas formam tais nexos que atravessam toda a história. O nexo primordial é constituído pelo curso da vida de um indivíduo dentro do meio do qual recebe influências e sobre o qual reage. Na lembrança de cada indivíduo se apresenta essa relação: o curso de sua vida, as condições do mesmo e seus efeitos. Aqui teremos a célula principal da História. Porque as categorias históricas específicas surgem aqui[29].

Ao identificar no curso da vida de um indivíduo a célula principal da história, Dilthey dignificava o estudo sobre vidas individuais e aplicava o conceito de indivíduo como ponto de cruzamento onde se manifestariam os nexos efetivos configuradores das vivências de cada um no mundo histórico.

Nas formulações do filósofo alemão, toda vida poderia ser descrita, a dos mais modestos e a dos mais poderosos, a vida de todos os dias e as mais extraordinárias. Tudo o que dizia respeito ao homem poderia ser convertido em documento e viabilizar alguma atualização das infinitas possibilidades de existência humana. A biografia teria, por um lado, uma dimensão documental, ao reunir e relacionar vestígios das ações e percepções de um indivíduo. Por outro lado, em tudo complementar, a biografia, como expressão literária, como registro construído, como obra de arte, permitiria aos homens revividos em suas páginas "seguir vivendo". Wilhelm Dilthey fazia operar, de uma forma desdobrada, o conceito de revivência, tão caro ao funcionamento próprio do ato de compreender. "Viver de novo" ou "Continuar vivendo" poderiam ser materializados na expressão literária da narrativa biográfica.

Acreditamos que essas ideias tenham inspirado Octávio Tarquínio de Sousa a apropriar-se das proposições diltheyanas, auxiliando-o na afirmação de certos valores para a biografia. Essa, na sua dimensão artística, promoveria uma revivência que, ao sensibilizar leitores, os levaria à compreensão da vida humana como drama individual e histórico. Na apropriação de Octávio Tarquínio de Sousa, enunciada na sua introdução à *História dos fundadores*, "em nenhuma tarefa o historiador se aproximaria mais do artista do que na biografia". Assim, o historiador, o biógrafo e o poeta poderiam exercitar a interseção maior da função de suas obras, qual seja, compreender a vida.

A concepção diltheyana de biografia enxergava a singularização de cada vida individual, construída pela narrativa biográfica, como a singularização do mundo histórico. A relação metonímica entre a parte e o todo era aplicada na menção ao valor da biografia. Por todas essas implicações, a biografia como obra de arte, como produto de uma criação, como contribuição científica na decifração do mundo histórico, não poderia levar a cabo sua tarefa primeira, escrever a vida de um indivíduo, sem, ao mesmo tempo, recorrer à história da época em que o indivíduo em questão houvesse vivido. Essa condição tanto epistêmica quanto metodológica para a biografia levava Dilthey a concluir que somente as personalidades históricas forneceriam os materiais que consubstanciariam a tarefa maior da narrativa biográfica: compreender, sobre bases documentais, o nexo efetivo de um indivíduo com o mundo histórico.

Nesse ponto, encontramos uma das ideias diltheyanas, destacada por Eugenio Imaz no prólogo ao texto do filósofo alemão, qual seja: apenas as biografias de homens representativos cumpririam suas funções de compreender o mundo histórico. Nas ações, percepções e vivências desses últimos se materializariam os pontos comuns que, em conjunto, constituíram o espírito de uma época.

Como recurso investigativo e literário para a compreensão do mundo histórico, como possibilidade de decifração de uma vida individual, a biografia guardava em si o valor de sua pertinência à historiografia. Contudo, como alertava Dilthey, ao concluir suas ponderações, era importante atentar para algumas das limitações intrínsecas ao estudo de um homem singular:

> [...] os movimentos gerais atravessam o indivíduo, se entrecruzam nele, para compreendê-los teremos que buscar novos fundamentos que não se encontram nos indivíduos. [...] Teremos que recorrer a novas categorias, figuras e formas de vida que não surgem na vida singular. O indivíduo é o ponto de cruzamento de sistemas culturais, de organizações nas quais se tece sua existência, como seria possível compreendê-las partindo dele?[30]

A par dessas argumentações, talvez possamos compreender o encontro entre o leitor Octávio Tarquínio e o filósofo alemão. O biógrafo Tarquínio de Sousa, cuja produção intelectual havia se baseado em rigorosa pesquisa e crítica documental, traduzidas em textos onde avultaram os cuidados com a forma literária, visualizou nas considerações diltheyanas sobre a biografia as lições que, talvez, havia muito, fossem procuradas, e que, em certa medida, aprofundavam, em bases epistemológicas, valores decantados, de forma mais ligeira, nas formulações de Strachey e de seu divulgador maior, André Maurois.

Podemos então concluir que as digressões sobre a biografia e o mundo histórico formuladas por Dilthey complementaram, em larga medida, a formação e as escolhas intelectuais de um autor que pautou grande parte de sua produção no cruzamento entre identidades individuais e individualidades históricas.

Nas palavras do amigo Sérgio Buarque de Holanda, as biografias assinadas por Octávio Tarquínio configuraram uma espécie de hermenêutica, por meio da premissa, feita em narrativa, posta como interpretação, de "abordar a história a partir dos homens que fizeram a história"[31]. Era também, acrescentemos, a tentativa, em tempos incertos, de pôr em xeque as anulações do indivíduo, ao materializar em ideias e livros "homens de alma nua, homens particulares, homens diferentes uns dos outros... que a vida modela e destrói".

Notas

[1] SOUSA, O.T. Prefácio. In: REZENDE, F.P.F. *Minhas recordações*. Rio de Janeiro: José Olympio, 1944, p. 21 [Coleção Documentos Brasileiros, vol. 45].

[2] Sobre esta proliferação editorial cf., entre outros, PONTES, H. Retratos do Brasil: um estudo dos editores, das editoras e das coleções brasileiras nas décadas de 1930, 1940 e 1950. In: *BIB*, n. 26, 1988, p. 56-89. Rio de Janeiro.

[3] Sobre essas informações cf., entre outros, PECORARO, R. (org.). *Os filósofos*. Petrópolis/Rio de Janeiro: Vozes/PUC-Rio, 2008.

[4] PALTI, E. *Giro linguístico e história intelectual*. Bernal: Universidad Nacional de Quilmes, 2012.

[5] SARLO, B. *Tempo passado* – Cultura da memória e guinada subjetiva. São Paulo/Belo Horizonte: Cia das Letras/UFMG, 2007 [Trad. de Rosa Freire d'Aguiar].

[6] ARFUCH, L. *O espaço biográfico*: dilemas da subjetividade contemporânea. Rio de Janeiro: Eduerj, 2010 [Trad. de Paloma Vidal].

[7] Cf. ABREU, A.A. I Congresso Brasileiro de Escritores. In: *Dicionário Histórico-biográfico Brasileiro*, vol. II, 2001, p. 1.535-1536. Rio de Janeiro: FGV/CPDOC.

[8] Cf. HUGHES, S. *Consciousness and Society* – The reorientation of European Social Thought 1890-1930. Nova York: Vintage Books, 1977, p. 33-36.

[9] Cf. EVERDELL, W.R. *Os primeiros modernos* – As origens do pensamento do século XX. Rio de Janeiro/São Paulo: Record, 2000 [Trad. de Cynthia Cortes e Paulo Soares].

[10] Sobre as biografias modernas e o contexto intelectual relativo a esse debate cf. esp.: MADELÉNAT, D. *La biographie*. Paris: PUF, 1984, p. 63-74.

[11] Para a caracterização desses autores e suas respectivas relevâncias quanto à renovação do gênero biográfico cf. CAVALHEIRO, E. *Biografias e biógrafos*. Curitiba/São Paulo/Rio de Janeiro: Guaíra, 1943.

[12] Cf. MOMIGLIANO, A. *The development of Greek Biography*. Cambridge/Londres: Harvard University Press, 1993, p. 3.

[13] Cf. STRACHEY, L. *Rainha Vitória*. Rio de Janeiro/São Paulo: Record, 2001 [Trad. de Luciano Trigo].

[14] Cf. MAUROIS, A. *Aspects of Biography*. Nova York: D. Appleton & Company, 1929 [Trad. de Sydney Castle Roberts].

[15] LIMA, A.A. Biografias. In: *Estudos*. 4ª série. Rio de Janeiro: Centro Dom Vital, 1931, p. 165-177.

[16] CAVALHEIRO, E. *Biografias e biógrafos*. Op. cit., p. 12-13.

[17] Cf. SALIBA, E.T. Reinvenção da história. In: *Brasil-brasis: cousas notáveis e espantosas* – Olhares modernistas. Lisboa: Comissão Nacional para as Comemorações dos Descobrimentos Portugueses, 2000, p. 43-49.

[18] Cf. SOUSA, O.T. *Diogo Antônio Feijó*. Rio de Janeiro: José Olympio, 1942 [Coleção Documentos Brasileiros, vol. 35].

[19] Ibid., p. VIII-X.

[20] Ibid., p. IX-X.

[21] Ibid., p. X-XI.

[22] Ibid., p. XI-XIII.

[23] Utilizamos o conceito de fisiognomia a partir das considerações de BOLLE, W. *Fisiognomia da metrópole moderna*. São Paulo: Edusp, 1994.

[24] SOUSA, O.T. *José Bonifácio*. Vol. 1. Rio de Janeiro: José Olympio, 1960, p. 1-14 [História dos Fundadores do Império do Brasil, 10 vols.]. Na introdução à História dos Fundadores, Octávio Tarquínio, do mesmo modo que havia feito no prefácio à primeira edição de Diogo Antônio Feijó, explicitou os valores que informavam suas concepções sobre biografia e história. Naquele momento, 1958, conceitos das formulações historistas do pensador alemão Wilhelm Dilthey vieram compor o eixo de suas argumentações.

[25] DILTHEY, W. *El mundo historico*. México: Fondo de Cultura Económica, 1944 [Trad. de Eugenio Imaz]. Em nota bibliográfica, ao final do livro, o tradutor esclareceu que a edição em espanhol havia sido elaborada, com modificações, a partir do vol. VII das obras completas de Dilthey, editado por Groethuysen, em 1927, com o título "Der Aufbau der Geschichtlichen Welt in den Geisteswissenschaften". Ao esclarecer o que havia de diferente entre as duas edições, Eugenio Imaz destacou o fato de que ambas, contudo, na sua parte central, reproduziam texto do autor, datado de 1910, intitulado *A construção do mundo histórico nas ciências do espírito*. A publicação das obras completas do filósofo, em alemão, iniciada por alguns de seus discípulos, após sua morte em 1911, não seguiu um plano unitário, tendo sofrido interrupções, rearranjos e mudanças de editores, ao longo de uma temporalidade estendida entre as décadas de 1910 e 1980. Talvez isso nos permita compreender a relativa liberdade dos editores espanhóis em elaborar planos próprios para os volumes das obras completas de Wilhelm Dilthey que vieram a traduzir. Para uma descrição sintética da história da publicação das obras de Dilthey em alemão cf. AMARAL, M.N.C. *Dilthey*: um conceito de vida e uma pedagogia. São Paulo: Perspectiva/USP, 1987, p. XVII-XXVIII.

[26] Ibid., p. 12-13.

[27] Ibid., p. 14-15.

[28] Ibid., p. 16.

[29] Ibid., p. 271.

[30] Ibid., p. 276.

[31] Cf. HOLANDA, S.B. Octávio Tarquínio e Pedro I, a História a partir dos homens. In: SOUSA, O.T. *Bernardo Pereira de Vasconcelos*. Belo Horizonte/São Paulo: Itatiaia/USP, 1988, p. 11-14.

Referências

ABREU, A.A. I Congresso Brasileiro de Escritores. In: *Dicionário Histórico-biográfico Brasileiro*. Rio de Janeiro: FGV/CPDOC, 2001.

ARFUCH, L. *O espaço biográfico*: dilemas da subjetividade contemporânea. Rio de Janeiro: Eduerj, 2010 [Trad. Paloma Vidal].

BOLLE, W. *Fisiognomia da metrópole moderna*. São Paulo: Edusp, 1994.

CAVALHEIRO, E. *Biografias e biógrafos*. Curitiba/São Paulo/Rio de Janeiro: Guaíra, 1943.

DILTHEY, W. *El mundo historico*. México: Fondo de Cultura Economica, 1944 [Trad. Eugenio Imaz].

EVERDELL, W.R. *Os primeiros modernos* – As origens do pensamento do século XX. Rio de Janeiro/São Paulo: Record, 2000 [Trad. Cynthia Cortes e Paulo Soares].

GONÇALVES, M.A. *Em terreno movediço* – Biografia e história na obra de Octávio Tarquínio de Sousa. Rio de Janeiro: Eduerj, 2009.

HUGHES, S. *Consciousness and Society* – The reorientation of European Social Thought 1890-1930. Nova York: Vintage Books, 1977.

LIMA, A.A. Biografias. In: *Estudos*. 4ª série. Rio de Janeiro: Centro Dom Vital, 1931.

MADELÉNAT, D. *La biographie*. Paris: PUF, 1984.

MAUROIS, A. *Aspects of Biography*. Nova York: D. Appleton & Company, 1929 [Trad. de Sydney Castle Roberts].

MOMIGLIANO, A. *The development of Greek Biography*. Cambridge/Londres: Harvard University Press, 1993.

PALTI, E. *Giro linguístico e história intelectual*. Bernal: Universidad Nacional de Quilmes, 2012.

PECORARO, R. (org.). *Os filósofos*. Petrópolis/Rio de Janeiro: Vozes/PUC-Rio, 2008.

PONTES, H. Retratos do Brasil: um estudo dos editores, das editoras e das coleções brasilianas nas décadas de 1930, 1940 e 1950. In: *BIB*, 1988, n. 26. Rio de Janeiro.

SALIBA, E.T. Reinvenção da história. In: *Brasil-brasis: cousas notáveis e espantosas* – Olhares modernistas. Lisboa: Comissão Nacional para as Comemorações dos Descobrimentos Portugueses, 2000.

SARLO, B. *Tempo passado* – Cultura da memória e guinada subjetiva. São Paulo/Belo Horizonte: Cia. das Letras/UFMG, 2007 [Trad. Rosa Freire d'Aguiar].

SOUSA, O.T. *Bernardo Pereira de Vasconcelos*. Belo Horizonte/São Paulo: Itatiaia/USP, 1988.

_____. *José Bonifácio*. Vol. 1. Rio de Janeiro: José Olympio, 1960.

_____. Prefácio. In: REZENDE, F.P.F. *Minhas recordações*. Rio de Janeiro: José Olympio, 1944.

_____. *Diogo Antônio Feijó*. Rio de Janeiro: José Olympio, 1942 [Coleção Documentos Brasileiros, vol. 35].

STRACHEY, L. *Rainha Vitória*. Rio de Janeiro/São Paulo: Record, 2001 [Trad. Luciano Trigo].

12
Gilberto Freyre (1900-1987)

Daniel Pinha★

1 O historiador e sua época: vida, obra, formação e interlocução

Gilberto de Mello Freyre (1900-1987) nasceu e morreu no Recife, apesar de ter uma vida marcada por constantes viagens e experiências profissionais fora do Brasil. Desenhista, poeta, romancista, deputado, jornalista, sua maior notoriedade se reconhece em sua intensa atividade intelectual, atuando na fronteira da antropologia, sociologia e história. Durante toda a vida dedicou-se à imprensa cotidiana em periódicos como *O Diário de Pernambuco*, *A Província*, *Correio da Manhã*, o argentino *La Nación*, *O Cruzeiro* e o *Estado de S. Paulo*. Lecionou e proferiu conferências em diversas universidades, no Brasil e no exterior, dentre as quais: Stanford, na Faculdade de Direito do Recife, Universidades de Lisboa, Coimbra e Porto, Michigan (EUA), além de ser homenageado por instituições diversas, como as universidades Sorbonne, na França, Coimbra, em Portugal, Sussex, na Inglaterra, e Münster, na Alemanha. Contudo, não fixou carreira acadêmica em nenhuma. Cabe destacar sua atuação na Unesco em 1948 – investigando as "Tensões que afetam a compreensão internacional" – e na ONU, onde pesquisou e publicou análises sobre a situação racial na União Sul-Africana e a "Elimination des conflits et tensions entre les races" (Eliminação dos conflitos e tensões entre as raças), ambos em 1954, além de apresentar em 1966 um trabalho intitulado "Mistura racial e interpenetração cultural: o caso brasileiro"[1].

Filho de um Juiz de Direito e catedrático da cadeira de Economia Política da Faculdade de Direito do Recife, o Dr. Alfredo Freyre[2], curiosamente o menino Gilberto teve uma infância marcada por dificuldades na alfabetização. Criado na cidade, suas experiências rurais ocorriam ocasionalmente, quando visitava o Engenho São Severino do Ramo, propriedade de parentes seus. O contato com a cultura norte-americana iniciou-se já

★ Doutor em História Social da Cultura pela Pontifícia Universidade Católica do Rio de Janeiro (PUC-Rio). Professor-adjunto do Departamento de História da Universidade do Estado do Rio de Janeiro (Uerj).

no Colégio Gilreath, fundado por missionários batistas do sul dos Estados Unidos, onde Freyre prestou os cursos primário e secundário. Escolhido orador da turma de formandos do ano de 1917, profere discurso contundente em homenagem a Oliveira Lima, escolhido paraninfo, de quem se torna amigo. Citando William James, mostra ânimo com um modelo de filosofia que não se contente com a mera "contemplação dos velhos arquétipos da verdade, mas um pensamento dinâmico, observador da vida, temperado pelas necessidades de ação" (CHACON, 1993: 28). Concluído o Curso de Bacharel em Ciência e Letras, o jovem Gilberto segue para o Texas, para graduar-se no College of Liberal Arts da Universidade de Baylor, antes de realizar o mestrado em política e sociologia em Colúmbia, Nova York.

Nos Estados Unidos pós-Primeira Guerra Mundial, Gilberto Freyre encontrou um clima intelectual marcado por um profundo cosmopolitismo, favorável ao encontro de várias tradições intelectuais e em contato intenso com a Europa e com a América Latina. Nos anos de 1920, a Universidade do Texas passou a incentivar a presença de estudantes latino-americanos, por meio da concessão de bolsas de estudo e da formação de uma extensa biblioteca sobre o tema, além de iniciar a criação de uma Casa Pan-americana de estudos, destinada a realizar conferências para estudantes e professores latino-americanistas – embrião do Instituto de Estudos Latino-americanos instalado em 1940 (p. 90). Nesta mesma época, em carta a Oliveira Lima, a 17 de janeiro de 1921, Gilberto Freyre relevava o fascínio pela Nova York capital do mundo[3].

> Nova York está cheia de museus, bibliotecas, jardins, monumentos, casas velhas, de eras desfeitas, cantos cheios de cor e interesse, onde a gente imagina estar em terras distantes – como o bairro árabe, com seus bazares e suas cores estridentes, o chinês, com suas lanternas e os seus amarelos, o judaico e outros. Sempre há novas peças nos teatros de Square Times aos quais a afluência é enorme (FREYRE, apud CHACON, 1993: 93).

É neste universo que ele publica, em fevereiro de 1921, longo artigo sobre "A América Latina: sua nova situação internacional", reconhecendo, já ali, uma consciência comum entre as repúblicas ibero-americanas, embrião do conceito de iberismo que desenvolveria anos mais tarde. Defende, em 1922, tese intitulada "Vida social no Brasil em meados do século XIX", para obter o título de M.A. (Magister Artium ou Master of Arts), texto que viria a ser publicado no mesmo ano em Baltimore, pela *Hispanic American Historical Review*.

Maria Lucia Pallares-Burke (2005) sugere que foi necessário a Freyre um desvio pelos Estados Unidos e pela Europa, em leituras e viagens, para que ele pudesse enxergar e delinear o seu Brasil. Questionando o conceito de influência em sua obra, ela expõe as principais referências teóricas de Gilberto em seu período de formação: Spengler, Fustel de Coulanges e Herbert Spencer, ele cita nominalmente. Dos brasileiros, prefere o antirracista Roquette Pinto e, obviamente, Oliveira Lima. Pallares destaca, ainda, a importância de Ruediger Bilden, para as conclusões de Freyre acerca da importância econômica dos engenhos na sociedade brasileira (PALLARES-BURKE, 2005: 377). Franz Boas, entretanto, merecia sempre o maior reconhecimento, constituindo-se como uma espécie de interlocutor oculto, a quem ele recorria constantemente para defender o deslocamento da ênfase na ideia de raça para a ideia de cultura. É na condição de aluno e devedor que Gilberto Freyre afirma em *Casa-grande & senzala*.

> Foi o estudo da antropologia sob a orientação do professor Boas que primeiro me revelou o negro e o mulato no seu valor justo – separados dos traços de raça os efeitos do ambiente ou da experiência cultural. Aprendi a considerar fundamental a diferença entre *raça* e *cultura*; a discriminar entre os efeitos de relações puramente genéticas e os de influências sociais, de herança cultural e do meio. Neste critério de diferenciação fundamental entre raça e cultura assenta todo o plano deste ensaio. Também no da diferenciação entre hereditariedade de raça e hereditariedade de família (FREYRE, 2003: 32).

Franz Boas, judeu alemão emigrante nos Estados Unidos antes mesmo da Primeira Guerra Mundial, ensinava na Universidade de Colúmbia desde 1896. Desenvolveu ali o primeiro Departamento de Antropologia dos Estados Unidos, notabilizando-se mais em sua tarefa docente do que em sua obra teórica – terá participação decisiva na formação de um Adam Schaff, por exemplo. Sua perspectiva antropológica era voltada para a consideração decisiva dos dados da cultura a partir de evidências empíricas experimentadas *in loco*. Embrenhou-se em pesquisas em tribos indígenas do oeste estadunidense e de Porto Rico e México, de onde obteve material para alcançar análises linguísticas sobre a transcrição e assimilação das línguas autóctones, base prática para a sua escola antropológica. Sua perspectiva antirracista provocou reações no meio universitário norte-americano, que assistiu diversas polêmicas intelectuais conduzidas por Boas, e que ganharam ainda mais força no contexto da Segunda Guerra Mundial, quando o antirracismo se desdobrou em antifascismo.

Gilberto Freyre retorna ao Recife em 1924. Àquela altura, já circula por um ambiente que ultrapassa o circuito acadêmico. Além de José Lins do Rego, que vê nele potencial de romancista, faz amizade com Manuel Bandeira, Sérgio Buarque de Holanda, o compositor Villa-Lobos, Prudente de Morais Neto, dentre outros. Este último o apresenta a Pixinguinha, Donga e Sinhô, que o introduzem ao que existia de mais moderno e popular na música brasileira. Sempre que podia, Gilberto exaltava este seu trânsito por circuitos artísticos, musicais e literários, isto é, para além do ambiente acadêmico. A propósito, pode-se dizer que ele enxerga a universidade a certa distância[4]: recusa, em 1943, o convite que recebeu para ser catedrático em sociologia da Universidade do Brasil. Por intermédio do Itamaraty, recebe convite da Universidade de Harvard para ser seu professor, e também recusa. Sua inserção universitária se dá, preponderantemente, por meio de conferências e cursos livres, deixando a impressão de que entendia a universidade como um dos locais – não o exclusivo – de produção e circulação de ideias. É provável que a escrita fluente e ensaística de Freyre, criticada na época como sinal de imprecisão e falta de rigor científico, seja resultado, também, desta familiaridade com círculos culturais mais amplos e com um leitor comum não especialista, atingido por canais mais dilatados de comunicação, como os jornais e periódicos de grande circulação que ele estava acostumado a escrever.

É neste retorno que ele se apresenta como um dos entusiastas do Movimento Regionalista do Nordeste, fundado no mesmo ano de 1924, a partir do qual, dois anos depois, Gilberto publicará o seu Manifesto Regionalista[5]. O propósito do texto é apresentar um contraponto ao modernismo propagado a partir da Semana de Arte Paulista de 1922, valorizando as tradições regionais em detrimento do industrialismo e da urbanização vindas do Sul, o que lhe renderá a pecha de conservador. Anos depois, em 1946, Freyre dirá que, longe de querer apresentar-se como tradicionalista e antimoderno, o que estava em jogo no seu regionalismo era uma tentativa de superação de aparentes antagonismos existentes entre as regiões sul e norte, além da recusa à naturalização de alguns "ismos": "Ao chegar, em ano já remoto, ao Recife, não dos Estados Unidos, mas da Europa, a orientação que procurei opor aos 'ismos' então em voga em nosso País, foi a de valorizar ao mesmo tempo estes aparentes contrários: região, tradição e Modernidade" (FREYRE, apud CHACON, 1993: 187). Ele chega a apontar também possíveis coincidências entre o 22 paulista e o 26 nordestino, "quanto à técnica experimental", e "contra as convenções do classicismo, do academicismo e do purismo brasileiros" (p. 188).

Gilberto Freyre teve uma vida política marcada por opções contraditórias. Sofreu diversos tipos de perseguição política enquanto Getúlio Vargas esteve no poder entre os anos de 1930 e 1945. Assessor de Estácio Coimbra, governador de Pernambuco, opositor político de Vargas, foi obrigado a afastar-se do país logo após a Revolução de 1930. Em 1942, é preso no Recife por ter denunciado, em artigo publicado no Rio de Janeiro, atividades nazistas e racistas no Brasil, associando-as ao governo Vargas. Ficou preso apenas um dia, contando, para isso, com a ajuda de seu influente amigo General Góes Monteiro. Embora lutasse contra o Estado Novo no Brasil, aproximou-se da ditadura de Antonio de Oliveira Salazar em Portugal, por quem foi nomeado membro da Academia Portuguesa de História em 1938. Este contato o ajudou a forjar o conceito de lusotropicalismo – que defendia a centralidade portuguesa no processo de assimilação cultural dos valores ocidentais nos trópicos – mobilizado entre as décadas de 1940-1960 pelo governo português visando à manutenção das colônias lusas na África em meio a um momento de mobilização em torno da descolonização[6]. É eleito deputado federal pela UDN em 1946, vindo a participar da Assembleia Constituinte, permanecendo na casa legislativa por apenas um mandato, apesar da tentativa de reeleição em 1950. Em relação à Ditadura Militar, é questionado por críticos, não apenas por não ser muito "incomodado" pelos militares, mas também por receber honrarias em universidades brasileiras durante a vigência do regime, especialmente na década de 1970[7].

A despeito da amizade com Caio Prado Júnior e Astrojildo Pereira, mostrava-se claramente avesso à União Soviética e ao comunismo, o que lhe rendia profunda antipatia intelectual por parte dos marxistas. Na passagem abaixo, extraída de *Casa-grande & senzala*, Freyre demonstra o seu profundo distanciamento em relação aos pressupostos marxistas[8], ainda que reconhecesse a qualidade desta teoria na análise das estruturas econômicas da sociedade.

> Por menos inclinados que sejamos ao materialismo histórico, tantas vezes exagerado nas suas generalizações – principalmente em trabalhos de sectários e fanáticos –, temos que admitir influência considerável, embora nem sempre preponderante, da técnica da produção econômica sobre a estrutura das sociedades; na caracterização da sua fisionomia moral (FREYRE, 2003: 32).

De fato, o caminho percorrido por Gilberto Freyre em suas análises sobre a composição social brasileira é bem distinto dos pressupostos marxistas mais disseminados. Isto porque, enquanto os marxistas operam fundamentalmente com a lógica do conflito de classes como motor da história, Freyre realça como ideia-chave o equilíbrio de antagonismos constituinte da nossa formação – conforme veremos com mais detalhes linhas adiante. Ricardo Benzaquen assinala, oportunamente, que esta leitura da história, baseada na acomodação e no equilíbrio de antagonismos, revela a defesa de um projeto político para o presente, capaz de aproximar os "de cima com os de baixo" – afirmando o contato, as trocas culturais e a miscigenação entre portugueses, indígenas e africanos, sem, contudo, propor a inversão dos lugares sociais historicamente constituídos (BENZAQUEN, 1994: 174). Uma aproximação entre antagonismos que descreve as interferências e formas de acomodação entre as diferenças, sem supor a possibilidade de apagamento dessas hierarquias.

A ênfase neste equilíbrio de antagonismos, de algum modo, atravessa a chamada trilogia freyreana dedicada à interpretação do Brasil: *Casa-grande & senzala* (1933) *Sobrados e mucambos* (1936) e *Ordem e progresso* (1959) . Em *Sobrados e mucambos*, Freyre analisa a decadência do patriarcado rural no Brasil e sua adaptação à vida urbana, investigando como a sociedade patriarcal respondeu à influência europeizante trazida ao Brasil em 1808 por meio da transferência da corte de D. João VI. O contraste apresentado no livro é entre os sobrados, ocupados pelos setores urbanos mais abastados da sociedade, e os mucambos, mais pobres, reunidos em um mesmo espaço na cidade. Nele, o historiador mostrava o quanto o patriarcado, aparentemente uma estrutura monolítica e homogênea, gerava, em seu interior, algumas contradições e dissidências; ou seja, além das relações entre senhor e escravo, marcantes em *Casa-grande & senzala*, as antinomias estariam presentes também no seio da família patriarcal – e, para isso, ele utilizou romances de José de Alencar como fontes. Em *Ordem e progresso*, Freyre constrói sua análise a partir de depoimentos de políticos, empresários e intelectuais da geração que participou da formação e consolidação da República, destacando a dissolução de cânones culturais de funcionamento da sociedade brasileira. Neste sentido, o subtítulo do livro já parece autoexplicativo: "Processo de desintegração das sociedades patriarcal e semipatriarcal no Brasil sob o regime de trabalho livre; aspectos de quase meio século de transição do trabalho escravo para o trabalho livre e da monarquia para a república". Ou seja, nestes dois livros Gilberto Freyre aparece submetendo algumas categorias que, em uma leitura mais apressada de *Casa-grande & senzala*, pareceriam constantes e insolúveis, como se pudessem produzir um salto direto para a reflexão sobre a sua época: neles, o permanente equilíbrio entre os antagonismos sociais aparece como uma espécie de linha de continuidade que também se submete às mudanças e rupturas ocorridas ao longo do tempo na sociedade brasileira.

Considerando a exposição realizada até aqui, já é possível traçar, minimamente, um perfil biográfico e acadêmico para Gilberto Freyre. *Um autor cujo olhar é formado por uma experiência múltipla, moldada não apenas pela eclética formação acadêmica – marcada por um intenso traço interdisciplinar –, mas também por uma coleção de vivências, em viagens nacionais e internacionais e no trânsito por entre universos culturais dos mais diversos, o que lhe permitiu buscar sempre o alcance de um olhar cosmopolita – ainda que seu objeto de atenção fosse, prioritariamente, os temas brasileiros*. Na absorção de diferentes tendências teóricas submetidas a um procedimento de seleção crítica, traduzindo o que vinha de fora para entender o Brasil, Freyre fazia-se um modernista em diálogo com sua geração. Neste sentido, vale a pena destacar a apreciação de Gilberto Velho:

> Em termos de ciências sociais, certamente foi influenciado pelo evolucionismo, com a forte marca de Spencer, dialogou com o marxismo, usou fartamente a ecologia de inspiração de Chicago e, de modo intenso, o culturalismo de Franz Boas e de seus seguidores. Desde sempre aparece, como ficou evidente para vários dos autores aqui citados, a busca de um equilíbrio de antagonismos na análise da sociedade brasileira, com implicações para a teoria socioantropológica como um todo. Jamais apresentou o Brasil como um "paraíso tropical", nem isentou-o de conflitos de várias naturezas. Mas buscou compreendê-lo em termos de sua constituição histórico-cultural (VELHO, 2008: 16).

Um autor que se constrói a partir de uma obra: *Casa-grande & senzala*. Por meio deste livro, esta experiência autoral ganha forma de maneira mais acabada, tornando mais perceptíveis os traços que constituem uma ideia e uma escrita da história. Livro mais lido e comentado de Freyre, ao longo da vida e pós-morte, merecerá a nossa atenção mais detida a partir da próxima sessão.

2 Questões-chave para a escrita da história em Gilberto Freyre: ensaísmo, vida privada e miscigenação cultural brasileira

> Em outubro de 1930 ocorreu-me a *aventura do exílio*. Levou-me primeiro à Bahia; depois a Portugal, com escala pela África. O tipo de viagem ideal para os estudos e as preocupações que este ensaio reflete [Grifo meu].
> Em Portugal foi supreender-me em fevereiro de 1931 convite da Universidade de Stanford para ser um dos seus *visiting professors* na primavera do mesmo ano. Deixei com saudade Lisboa, onde desta vez pudera familiarizar-me, em alguns meses de lazer, com a Biblioteca Nacional, com as coleções do Museu Etnológico, com sabores novos do vinho do Porto, de bacalhau, de doces de freiras. [...]

> Igual oportunidade tivera na Bahia – minha velha conhecida, mas de visitas rápidas. Demorando-me em Salvador pude conhecer com todo vagar não só as coleções do Museu Afro-baiano Nina Rodrigues e a arte do trajo das negras quituteiras e a decoração dos seus bolos e tabuleiros como certos encantos mais íntimos da cozinha e da doçaria baiana que escapam aos simples turistas. Certos gostos mais finos da velha cozinha das casas-grandes que fez dos fornos, dos fogões e dos tabuleiros de bolo da Bahia seu último e Deus queira que invencível reduto (FREYRE, 2003: 29).

O trecho anterior é extraído do prefácio à primeira edição de *Casa-grande & senzala*, de 1933, primeiro livro de Gilberto Freyre e que já o alçaria à condição de intelectual brasileiro, em sua época e para além dela[9]. Destacarei aqui alguns aspectos centrais que enfatizam a dimensão historiográfica do livro, ainda que ele atravesse fronteiras disciplinares – e esta *travessia entre fronteiras* seja um dos traços mais marcantes do texto. Antonio Candido, em "O significado de Raízes do Brasil" (2006), põe *Casa-grande & senzala* ao lado de *Raízes do Brasil*, de Sérgio Buarque de Holanda, e *Formação do Brasil contemporâneo*, de Caio Prado Júnior, como a tríade de interpretações do Brasil, que se tornou uma base – espécie de repertório comum de ideias – para uma geração inteira de acadêmicos e leitores comuns, formados intelectualmente por volta da década de 1930 e interessados por temas amplos associados aos estudos brasileiros. Para Candido[10], no cerne da análise de Freyre está uma aversão a convencionalismos acadêmicos e um elogio à liberdade intelectual, o que lhe permite transitar por entre a história, a sociologia e a antropologia, alcançando grandes conclusões sobre a sociedade e a cultura brasileira a partir da análise arguta de miudezas do cotidiano e da esfera íntima. É bem isso que desperta a atenção do leitor desde as primeiras linhas: um livro que atravessa fronteiras disciplinares, resultado de uma experiência ampliada de pesquisa e de um variado repertório de vivências, como Freyre faz questão de evidenciar no trecho acima – escrito a partir do contato com a Biblioteca Nacional de Lisboa, com o Museu Nacional Afro-baiano, e também, ao sabor do vinho do Porto e dos tabuleiros da velha cozinha baiana[11]. Já no prefácio, observamos um investimento descritivo de Gilberto na composição de uma cena, isto é, o autor constrói uma série de imagens que convida o leitor a se pôr ao lado dele no acompanhamento de uma trajetória e de um processo de escrita. Um livro que se mostra ao leitor como resultado de um conjunto variado de vivências e leituras, admitindo pretensões de *escrita da história* com traços peculiares. Vejamos três desses traços que, de diversas maneiras, elucidam questões para pensarmos a história da historiografia brasileira.

a) O ensaio como forma adequada para um tipo de história

Uma interpretação do Brasil que se constrói a partir de uma *aventura no exílio*. Ainda no prefácio, Gilberto Freyre define seu texto como um ensaio de sociologia e de história social: uma abordagem interdisciplinar, escrita sob a forma de um gênero mais afeto ao tipo de aventura intelectual que ele pretendia empreender.

> Não devo estender este prefácio, que tanto se vai afastando do seu propósito de simplesmente dar uma ideia geral do plano e do método do ensaio que se segue, das condições em que foi escrito. Ensaio de sociologia genética e de história social, pretendendo fixar e às vezes interpretar alguns dos aspectos mais significativos da formação da família brasileira (FREYRE, 2003: 50).

Em "A aventura", o sociólogo alemão Georg Simmel (1858-1918) define a aventura como a experiência que extrapola ao sentido da vida, contraposto à tessitura da sua linha contínua. Distinta do simples acaso, a experiência aventureira constitui um corpo estranho ligado ao centro, mas que possui um centro em seu próprio sentido interno; supõe uma ausência de sistema e uma consciência da perecibilidade dos momentos da vida. A consciência da perecibilidade da vida torna possível ao aventureiro que cada minuto seja vivido como o último, esgotando em si toda a totalidade de apreensão da vida. Diferente de todas as partes da vida que se encaixam numa relação causal, a aventura não se adequa aos desígnios de um sentido unívoco, produzindo, ao contrário, uma necessidade nova e significativa a cada recomeço. Deste modo, o aventureiro coloca a totalidade da vida imediata diante das experiências específicas. Nas palavras de Simmel, "E assim, o aventureiro permite que o acaso, que se situa fora da linha da vida, que é dirigida por um sentido, seja todavia abrangido por esse sentido" (SIMMEL, 1998: 175).

Podemos dizer que é com certo espírito aventureiro que Gilberto Freyre delineia seu ensaio. Por isso, considera inválido dedicar tanto tempo de escrita – e de leitura – a uma apresentação programática de seu plano; são os atos da escrita e da leitura que formam, aos poucos, esse programa, admitindo, a cada página, uma dose de surpresa ao leitor. Por isso, o ar despretensioso do narrador, daquele que deseja, "às vezes", "interpretar alguns dos aspectos mais significativos da formação da família brasileira". Mais importa, para início de conversa, apresentar as condições em que o texto foi escrito, o que nos conduz novamente à afirmação inicial de Gilberto Freyre de que a viagem pela Bahia, Portugal e África foi a viagem ideal para "as preocupações que este ensaio reflete". Isto é, tratar-se-ia de pensar a experiência brasileira com o olhar analítico de quem vê de fora e em trânsito, assumindo certa modéstia.

Fernando Nicolazzi analisa esta dimensão ensaística da escrita da história freyreana[12] de *Casa-grande & senzala*, sugerindo que ele pratica certo tipo de heresia, lançando mão de um estilo que pendulava entre a historiografia e a prosa literária.

> Ele não estava nem plenamente lá, nem totalmente aqui; não assumia todos os requisitos demandados para a historiografia propriamente dita, tampouco se rendeu apenas às peripécias estetizantes da linguagem. Ao mesmo tempo, contestava o empirismo que culminava numa erudição pedante e inútil, e criticava a ornamentação retórica desvencilhada de qualquer contato com a realidade. [...] As virtudes do herege são, portanto, justamente expandir as possibilidades da escrita da história nacional, não apenas oferecendo um novo modelo interpretativo, mas também apresentando um outro estilo de história (NICOLAZZI, 2011: 278).

Um estilo que lhe permitia a aventura da leitura, sem, contudo, inibir traços protocolares da escrita da história. Para Nicolazzi, Gilberto Freyre não abre mão da elaboração de um sentido universal capaz de conectar na escrita da história o emaranhado de particularidades que constitui as experiências humanas, isto é, ele não prescinde da dimensão filosófica da história como nos quadros propostos pelas filosofias da história iluministas e, posteriormente, reapropriadas por historiadores oitocentistas. Quando Freyre afirma, por exemplo, que, "no Brasil, as relações entre os brancos e as raças de cor foram desde a metade do século XVI condicionadas, de um lado, pelo sistema de produção econômica – a monocultura latifundiária –, e, de outro lado, pela escassez de mulheres brancas entre as conquistadoras" (FREYRE, 2003: 32), observamos a força que o sistema de produção econômica possui em seu argumento. Ou seja, a narrativa da diversidade possui um eixo, a partir do qual ele sempre recorre.

Além disso, trata-se de um ensaísmo que não dispensa a pretensão ao alcance da verdade dos fatos, embasada por um método que supunha rigorosa pesquisa em documentação de época[13]. Ainda que revele certa modéstia na relação com o leitor, mostrando lacunas e análises provisórias, Gilberto Freyre faz questão de mostrar a quem o lê que a verdade de seu texto baseia-se em sólida pesquisa em arquivos.

> Freyre frequentava arquivos e reconhecia a importância do recurso às *primary sources* para a escrita da história. Isto é, em CG&S, erudição histórica e história filosófica parecem encontrar um terreno comum de existência, sem que um dos pares necessite ser elidido em proveito do outro. São muitas em seu diário as passagens que tocam num ponto que, sendo parte epistemológica do método dos historiadores, é sem dúvida um fundamento considerável de seu *métier*: aquilo que Arlette Farge já definiu como um "gosto pelos arquivos" [...]. A consulta de "papéis virgens" era, portanto, requisito incontornável na tarefa de representar o passado brasileiro (NICOLAZZI, 2011: 275-276).

Mantinha com os documentos, no entanto, uma relação de insubmissão, adequando-os à sua linguagem – repleta de aproximações com a oralidade e com um arco amplo de leitores não especialistas – e à sua necessidade de responder a indagações do contexto presente da escrita[14]. Inquietações estas que abrangem o âmbito intelectual, como o debate acerca da formação brasileira por meio do processo de miscigenação – nas palavras de Gilberto, "dos problemas brasileiros, nenhum que me inquietou tanto como o da miscigenação" (FREYRE, 2003: 31); ou um traço político persistente, de quem identifica naquele passado remoto e aparentemente distante da ordem social atual dos anos de 1930 – que se pretendia moderna, republicana, urbana e industrial – laços de uma (incômoda) continuidade – nas palavras de Freyre, a casa-grande é o lugar "até hoje onde melhor se exprimiu o caráter brasileiro; a nossa continuidade social" (p. 45).

Ainda assim, não conseguiria escapar da desconfiança de leitores acadêmicos, a lamentar os excessos literários presentes em *Casa-grande & senzala*. A história dos debates sobre o ensaio revela os embates entre aqueles que elogiavam os traços literários da obra e outros que lamentavam suas imprecisões científicas[15], traço evidente na análise do uspiano Fernando Henrique Cardoso – já ex-presidente da República no ano de 2003, data da publicação da edição comemorativa de 50 anos do ensaio de Freyre – em texto em que ele se propõe a analisar a atualidade e os motivos que o tornam um livro clássico. Ainda que reconhecendo que, "por trás das descrições, às vezes romanceadas e por vezes distorcidas, há muita pesquisa" (CARDOSO, 2003: 20), para Cardoso, o encanto propiciado pela narrativa funciona como uma espécie de compensação às distorções, imprecisões e idealizações freyreanas sobre o passado brasileiro; até mesmo para afirmar qualidades, ele apresenta um pé atrás, quando ele afirma que "correta ou não a minúcia descritiva e mesmo quando a junção dos personagens faz-se em uma estrutura imaginária e idealizada, brota algo que, independente do método de análise, e às vezes mesmo das conclusões parciais do autor, produz o encantamento, a iluminação que explica sem que se saiba a razão" (p. 21).

Entendidas por Fernando Henrique Cardoso de maneira negativa, como traços lacunares, evidências das brechas, imprecisões e argumentos soltos, as "conclusões parciais" de Gilberto Freyre podem ser entendidas como traços que ampliam o potencial ensaístico de seu texto, um recurso narrativo utilizado pelo autor para evidenciar a provisoriedade e o inacabamento de suas ideias. Para Ricardo Benzaquen, o tom inconclusivo do narrador de *Casa-grande & senzala* acentua a opção por uma escrita aberta, e que não conhece um fim definido. Nas palavras de Benzaquen, "trata-se de uma espécie de inacabamento essencial, que se instala na argumentação desde o seu princípio, como o seu princípio, impedindo que o ensaio possa aceitar uma forma definida, estável" (BENZAQUEN, 1994: 203). Desse modo, ele radicalizaria o potencial de inacabamento característico do gênero ensaio, naquilo que Luiz Costa Lima desenvolveu em sua análise sobre os *Ensaios* de Montaigne; nas palavras de Lima, "O inacabamento do ensaio o inclina para sua própria condição, isto é, com a forma; acentua o inacabado ou o que não pretende ser justificado por sistemas previamente armados" (COSTA LIMA, 2005: 99). Neste sentido, o ensaio se apresenta com a marca de um provisório que tem um fim em si mesmo, mas que não encerra as possibilidades de reflexão, ao contrário, amplia caminhos para um exercício crítico – bem próximo do que Simmel definiu como "experiência da aventura", uma aventura escrita. *Delineia-se, assim, uma primeira característica fundamental da escrita da história exercitada por Gilberto Freyre em* Casa-grande & senzala*: o investimento na possibilidade do ensaio como gênero capaz de dar conta da narrativa historiográfica, sem, no entanto, abandonar protocolos de verdade historiográfica desenvolvidos ao longo dos Oitocentos e até o momento em que escrevia a sua obra.*

b) Vida privada, intimidade e afetuosidade

Passemos agora para um segundo traço fundamental à escrita da história saliente em *Casa-grande & senzala*, envolvendo aquilo que historiadores afinados aos princípios da chamada Escola dos *Annales* francesa chamaram de ampliação dos objetos e de abordagens historiográficas, o que significa alargar o escopo de atuação dos historiadores em termos de objetos de investigação – para além do mundo público da política em âmbito do mundo do governo, do Estado e da nação. Em *Casa-grande & senzala*, Gilberto Freyre investe claramente na escrita de uma história social que considera a vida cotidiana, a intimidade e o universo dos afetos e sensibilidades – temas que contemporaneamente saltam aos interesses de investigação historiográfica brasileira ou internacional. É desse modo que ele define as bases de sua história social da família brasileira.

> A história social da casa-grande é a história íntima de quase todo brasileiro: da sua vida doméstica, conjugal, sob o patriarcalismo escravocrata e polígamo; da sua vida de menino; do seu cristianismo reduzido a religião de família e influenciado pelas crendices da senzala (FREYRE, 2003: 44).

Como livro que pretende explorar a esfera íntima da família brasileira, *Casa-grande & senzala* pretende mostrar ao leitor aquilo que, a princípio, lhe é vedado. Nesse sentido, trata-se de uma análise do que acontece da porta para dentro da casa, o que envolve, necessariamente, a poligamia do senhor de escravos, que desdobra o seu poder, publicamente notado, para o âmbito privado. A vida doméstica, portanto, admite novidades diversas, ainda que estas não sejam radicalmente surpreendentes em relação à estrutura socioeconômica que rege o sistema colonial. Afinal, a vida doméstica também é orientada pelo patriarcalismo escravocrata que se dava a ver em público. Trata-se de uma história que se escreve apesar dos muitos obstáculos que o pesquisador encontra no momento de reunir fontes primárias capazes de darem conta de objetos desta natureza – o que ressalta, mais uma vez, a preocupação de Freyre com a pesquisa documental. No trecho seguinte, observamos um autor ocupado, inclusive, em pensar especificamente o lugar da mulher na escrita da história colonial brasileira.

> Isto, é claro, quando se consegue penetrar na intimidade mesma do passado; surpreendê-lo nas suas verdadeiras tendências, no seu à vontade caseiro, nas suas expressões mais sinceras. O que não é fácil em países como o Brasil; aqui o confessionário absorveu os segredos pessoais e de família, estancando nos homens, e principalmente nas mulheres, essa vontade de se revelarem aos outros nos países protestantes prove o estudioso da história íntima de tantos diários, confidências, cartas, memórias, autobiografias, romances autobiográficos. Creio que não há no Brasil um só diário escrito por mulher. Nossas avós, tantas delas analfabetas, mesmo quando baronesas ou viscondessas, satisfaziam-se em contar os segredos ao padre confessor e à mucama de estimação; e a sua tagarelice dissolveu-se quase toda nas conversas com as pretas boceteiras, nas tardes de chuva ou nos dias meios-dias quentes, morosos (FREYRE, 2003: 45).

O historiador inglês Peter Burke, entusiasta e divulgador do enfoque francês dos *Annales* – voltado para a elaboração de uma história que abranja aspectos dos mais diversos da vida das sociedades, como a linguagem, as vestimentas, a culinária, os símbolos –, dedicou um artigo inteiramente à comparação destes aspectos da historiografia francesa aos temas e objetos de investigação trazidos por Gilberto Freyre em *Casa-grande & senzala*. Burke identifica diversas semelhanças entre a abordagem da chamada "nova história" francesa – para lembrar do termo consagrado pelos historiadores Jacques Le Goff e Pierre

Nora – a temas presentes nas linhas do ensaio de Freyre, desde a alimentação, a vestimenta e a habitação – associados à cultura material – até um interesse pelas mentalidades, infância, família, sexualidade e mulheres[16].

A novidade que se enxerga de dentro da casa, e por meio dessa história social, é que aquele sujeito inteiramente desumanizado por um sistema que o trata como coisa – o escravo – é capaz de ser agente cultural fundamental na composição da família e da cultura brasileiras. Este tipo de história do brasileiro nos mostra ambiguidades e processos de trocas culturais que, se não inibem a hierarquia senhor-escravo, evidenciam formas de intervenção cultural do escravo africano na vida da família patriarcal brasileira. "As crendices da senzala", como na passagem acima, também compõem este quadro cultural marcado, estruturalmente, pela condição de hierarquia entre senhores-escravos. Daí a necessidade de Gilberto Freyre afirmar, logo nas primeiras linhas do seu ensaio, que tipo de história brasileira aguardava o leitor: "uma aventura com escala pela África".

Tem sido bastante explorada no âmbito da historiografia sobre a escravidão negra brasileira uma abordagem que considere a presença do negro como agente capaz de superar as limitações impostas pelo sistema escravista – que lhe trata como coisa e propriedade privada de outro – sendo capaz não só de produzir resistência organizada por meio de revoltas e rebeliões escravas, mas também de reproduzir e ressignificar heranças culturais da cultura africana – como a religião, a culinária, as festas, dentre outros – em território brasileiro[17]. Nas palavras de Geraldo Antonio Soares, "no seu cotidiano o escravo se afirma como pessoa, e, no caso da obra de Freyre, para tanto ele não necessariamente precisa se afastar da casa-grande" (SOARES, 2002: 234). Neste sentido, em Freyre, a afirmação do negro e de sua cultura acontece de maneira decisiva por meio da sua contribuição na formação linguística, contribuindo à sua maneira na conformação de uma língua portuguesa que assimila sons africanos e é modificada pelos linguajares dos escravos. Uma influência iniciada na infância, quando o filho do senhor ouve o ninado da sua ama de leite, ou convive com filhos de escravos.

> Mas o ponto que pretendemos destacar não é o dessas fundas afeições, quase de mãe e filho, que no tempo da escravidão se formaram entre escravas amas de leite e nhonhôs brancos; mas retificar a ideia de que através da ama de leite o menino da casa-grande só fizesse receber da senzala influências ruins; absorvendo com o primeiro alimento os germes de todas as doenças e superstições africanas. Os germens de doenças, recebeu-os muitas vezes; e outras os transmitiu; mas também recebeu nos afagos da mucama a revelação de uma bondade porventura maior que a dos brancos; de uma ternura que não a conhecem igual aos europeus; o contágio de um misticismo quente, voluptuoso, de que se tem enriquecido a sensibilidade, a imaginação, a religiosidade dos brasileiros (FREYRE, 2003: 438).

Em outras palavras, a contribuição/interferência cultural africana no âmbito da casa-grande existe, revela a promiscuidade das relações cotidianas com a senzala; uma relação de intimidade, mas que não inibe a violência mais ampla. Ainda que em diferentes momentos do livro o colonizador português se apresente como alguém que possui traços de doçura na relação com seus escravos, tal peculiaridade não diminui a força da orientação mais ampla deste sistema que trata escravos de maneira violenta e desumana. *Em suma, a ênfase neste terreno da vida miúda do cotidiano e da intimidade define um segundo aspecto central à escrita da história de Gilberto Freyre, elevando ao primeiro plano não somente a promiscuidade das relações entre senhores e escravos em âmbito doméstico, mas também a ativa contribuição cultural dos negros para a cultura brasileira, mesmo em um sistema escravista que, insistentemente, lhes negasse as condições de humanidade.*

c) Miscigenação cultural e equilíbrio entre antagonismos

A opção de Gilberto pelo enfrentamento deste tipo de ambiguidade, acerca da vida e da cultura dos africanos no Brasil em sua condição escrava, o insere em um debate intelectual inevitável às circunstâncias de sua época, recorrente a contemporâneos seus: sobre a questão racial, ou melhor, sobre como a ideia de raça se constitui como mote e fio condutor da história da formação do brasileiro. Em diálogo bastante acentuado com a antropologia de Franz Boas, conforme assinalado linhas acima, Freyre propõe uma predominância da ideia de cultura sobre a ideia de raça como chave explicativa para a composição cultural do brasileiro – ainda que isso não suponha uma completa inversão em relação aos debates racialistas contemporâneos seus, tendo em vista o apego de Freyre a princípios biologizantes de sua época. Tal ênfase na ideia de cultura enfatiza uma dimensão historicizante e dinâmica da formação cultural brasileira, pondo em relevo o traço cambiante que determina o sentido da história brasileira, orientada por ações humanas, socialmente contextualizadas, não por características inatas e previamente determinadas.

Indígenas autóctones, negros africanos e brancos europeus compõem as matrizes raciais que constituem o povo brasileiro; eis uma conclusão a que já tinha chegado o debate letrado oitocentista, definidor dos contornos da identidade nacional brasileira – tanto o debate pós-independência quanto o da geração cientificista do último quarto do século XIX. Podemos considerar paradigmática, nesse sentido, a análise de Sílvio Romero, um dos principais sintetizadores dos princípios racialistas adequados ao âmbito dos estudos culturais[18], notável em seus estudos sobre a literatura e o folclore por encadear a história brasileira em torno do seu desenvolvimento racial e em seu caráter miscigenado. Com Sílvio Romero se inaugura uma interpretação que estará presente na análise de diversos pensadores sociais brasileiros da virada do século XIX para o XX, que considera a miscigenação racial – mais até do que a presença do negro e do africano – a causa principal dos males e do atraso brasileiro; é especificamente este debate que Gilberto Freyre enfrentará nos anos de 1930 com o seu *Casa-grande & senzala*.

Leiamos um trecho da *História da literatura brasileira* de Sílvio Romero, publicada em 1888, extraído do capítulo intitulado "Fatores da literatura brasileira":

> A história do Brasil, como deve hoje ser compreendida, não é, conforme se julgava antigamente e era repetido pelos entusiastas lusos, a história exclusiva dos portugueses na América. Não é também, como quis de passagem supor o romantismo, a história dos tupis, ou, segundo o sonho de alguns dos representantes do africanismo entre nós, a dos negros em um Novo Mundo.
> *É antes a história da formação de um tipo novo pela ação de cinco fatores*, formação sextitária *em que predomina a mestiçagem. Todo brasileiro é um mestiço, quando não no sangue, nas ideias.* Os operários deste fato inicial têm sido: o português, o negro, o índio, o meio físico e a imitação estrangeira.
> Tudo quanto há contribuído para a *diferenciação nacional* deve ser estudado, e a medida do mérito dos escritores é este *critério novo* [Grifo meu] (ROMERO, 1902: 4).

Para Sílvio Romero, o brasileiro é resultado da mistura de vários elementos, incluindo as três raças que carregam, cada qual, uma herança biológica imanente. Os outros fatores da definição do nacional seriam o meio físico e o contato com povos do exterior. A constituição do nacional passaria, necessariamente, pelo que o autor define por mestiçagem, do sangue ou das ideias. O sentido desta mestiçagem consiste na apreensão de que a soma das diversidades raciais, aliada às condições do ambiente natural local, resultaria no surgimento de um elemento distinto e uno, o brasileiro. Em outras palavras, o nacional, o brasileiro, seria produto homogêneo e íntegro da soma das diferenças, que distinguiriam um novo caráter. Fazia-se necessária a escrita de uma nova história, capaz de dar conta do novo padrão estabelecido naquele contexto presente.

A compreensão da mestiçagem por Sílvio Romero se pautava diretamente na adequação para o âmbito da história daquilo que era considerado mais avançado nos estudos biológicos da época, ou seja, a mestiçagem das ideias seria apenas um segmento da mestiçagem de sangue – lembremos das palavras do autor, citadas linhas acima: "a poderosa lei da concorrência vital por meio da seleção natural, a saber, da adaptação e da hereditariedade, é aplicável às literaturas". Neste sentido, a abordagem romeriana se alinhava inteiramente aos debates raciais estabelecidos na Europa e nos Estados Unidos. De acordo com Michael Banton, nos Oitocentos "houve uma forte tendência para ordenar todas as coisas do mundo – objetos materiais, vegetais e animais, dos mais baixos aos mais elevados – constituindo como que uma enorme cadeia do Ser"[19]. A apreensão ordenadora de todas as coisas do mundo, em Sílvio Romero, compreendia, por exemplo, que a lei da seleção natural – em que apenas os fortes sobrevivem às situações mais adversas – seria adequada para pensar diferentes esferas do conhecimento. Assim, a análise dos fenômenos humanos – das sociedades, das ideias ou dos costumes – relacionava-se aos mesmos padrões das ciências que observavam o ser humano biologicamente compreendido, como se ele estivesse completamente desnudado, fora da história ou de seus aspectos culturais[20].

No caso de Sílvio Romero, a leitura biológica das circunstâncias sócio-históricas partia de duas premissas: a mistura das raças que habitavam o território e as condições do meio natural e do clima do país levava à formação de um tipo distinto e homogêneo, o brasileiro; e, tal homogeneização caminharia para uma futura eliminação de diferenças raciais, por meio do predomínio da raça superior, a branca. Estes são pontos especialmente desenvolvidos no capítulo VI, do livro primeiro da *História da literatura brasileira*, intitulado "Raças que constituíram o povo brasileiro – o mestiço":

> O lugar de honra deve ser dado ao português; porque ele, sem ser o único, é o principal agente de nossa cultura (ROMERO, 1902: 57).

> As raças americanas são um produto do meio americano (ROMERO, 1902: 61).

> O negro é adaptável ao meio americano; é suscetível de aprender; não tem as desconfianças do índio; pode viver ao lado do branco, aliar-se a ele (ROMERO, 1902: 74).

> *O elemento branco tende em todo o caso a predominar com a internação e o desaparecimento progressivo do índio, com a extinção do tráfico de africanos e com a imigração europeia, que promete continuar* [Grifo meu] (ROMERO, 1902: 76).

As diferenças entre os povos eram vistas por Romero por meio de uma escala de valores bem definida, a partir do binômio inferioridade/superioridade. Os brancos possuíam uma marcante herança genética de seus ancestrais que, por terem tomado posse do território mais privilegiado, tornaram-se a raça mais avalizada para disseminar sua superioridade nos quatro cantos do mundo. Nesta linha de raciocínio, o português representaria a herança branca na formação do brasileiro, por isso o seu lugar de destaque. No futuro – concebido como progresso, uma espécie de "progresso das raças", termo não utilizado, mas plenamente adequado a Romero – a tendência seria o desaparecimento de raças consideradas inferiores como o negro e principalmente o índio; prevaleceria, pela seleção natural, apenas o branco, raça mais forte e capaz de lidar com as adversidades do clima e do solo brasileiros. Cabe lembrar que, para o autor, a natureza brasileira oferecia vários obstáculos para o desenvolvimento do homem. Dito de outro modo, o principal sinal da evolução do brasileiro seria o apagamento de toda e qualquer heterogeneidade em sua formação, com a consolidação do branco, puro e homogêneo. No caso de Sílvio Romero a identidade do brasileiro se afirma pela miscigenação, e isso nos mostra que o autor é capaz sim de encontrar heterogeneidades no interior da formação do nacional; porém, tais diversidades são apreendidas como sinal de atraso, inferioridade ou, para usar seus termos, mal necessário para a civilização. O passado não deixa de ser ressignificado pelas perspectivas do presente, com vistas à construção de um novo futuro; mas este futuro, ao cabo, redundará na afirmação de um princípio já conhecido no presente e cujo passado teria deixado de herança, a saber, a preponderância da origem branca. Com isso é possível afirmar que este ponto de vista monolítico de Sílvio Romero desautoriza uma completa independência do futuro em relação ao passado, o que nos leva a pensar que a experiência do devir é antecipada como uma inevitável determinação[21].

Será respondendo a este debate que Gilberto Freyre afirmará em 1933 que "dos problemas brasileiros, nenhum que inquietou tanto como o da miscigenação" (FREYRE, 2003: 31). Para Freyre, a miscigenação, ainda que marcada pela relação assimétrica que em âmbito privado reproduzia a violência cometida contra o escravo em âmbito público, é não apenas a marca distintiva da formação do brasileiro, mas reconhece uma dimensão positiva, capaz, por exemplo, de corrigir a distância social entre a casa-grande e a senzala.

> Sem deixarem de ser relações – as dos brancos com as mulheres de cor – de "superiores" com "inferiores" e, no maior número de casos, de senhores desabusados e sádicos com escravas passivas, adoçaram-se, entretanto, com a necessidade experimentada por muitos colonos de constituírem família dentro dessas circunstâncias e sobre essa base. A miscigenação que largamente se praticou aqui corrigiu a distância social que de outro modo se teria conservado enorme entre a casa-grande e a mata tropical; entre a casa-grande e a senzala (FREYRE, 2003: 33).

Nesse sentido, como já vimos aqui, Gilberto Freyre atribui a Franz Boas o mérito de tê-lo despertado para a compreensão das diferenças fundamentais entre raça e cultura, deslocando para a segunda a chave de análise do caso brasileiro – vale ressaltar, mais uma vez, a passagem de *Casa-grande & senzala* em que o autor diz: "Neste critério de diferenciação fundamental entre raça e cultura assenta todo o plano deste ensaio" (p. 32). A ênfase racialista empreendida por Sílvio Romero, seguida por Euclides da Cunha, Oliveira Vianna e outros dessa geração, tem em comum uma leitura evolucionista da sociologia de Herbert Spencer, a qual, segundo Vamireh Chacon[22], desde a juventude não chamara a atenção de Gilberto Freyre. Surpreendentemente, é o Spencer da ecologia – em seu destaque para a importância do meio natural, a quem Gilberto se dirá devedor em seus estudos sobre a ecologia nordestina – e o da autobiografia que despertará a atenção do jovem Freyre, sublinhando a importância dos trajes, da alimentação e do cotidiano.

Luiz Costa Lima em *A aguarrás do tempo* (1989) argumenta que, apesar do que propôs no prefácio de *Casa-grande & senzala*, Gilberto Freyre não conseguirá ao longo do livro desfazer o paradigma racialista que tenta superar. Para Lima, Freyre teria construído uma imagem idílica do legado deixado pelo colonizador português, atenuando a situação de conflito da experiência colonizadora, por meio de sua hipótese de proximidade, comunicação e possibilidade de trocas culturais entre as diferentes matrizes étnicas e culturais que habitaram o Brasil. Em tom irônico, Costa Lima indaga sobre a tese freyreana acerca da miscigenação: "Que confraternização seria essa cuja 'igualdade' se restringiria ao encontro com vistas ao coito?" (COSTA LIMA, 1989: 214). Ricardo Benzaquen, em *Guerra e paz*, dialoga com e desloca alguns desses pressupostos de Costa Lima. Para Benzaquen, Gilberto opera a partir de imprecisões conceituais que, ao invés de serem contraditórias a ponto de anularem-se, evidenciam uma forma ambígua na formulação de seus argumentos. Desse modo, a apropriação do racismo e do determinismo assumidas por Freyre são partes constituintes da sua análise sem, contudo, assumirem a mesma força e intensidade que em teorias raciais contemporâneas suas. Desse modo, ele apresentaria uma nova dimensão, intermediária, para a compreensão das relações entre raça e cultura.

> Na verdade, em vez de percebida como um terceiro elemento isolado, que poderia unicamente se somar aos anteriores, esta noção deve ser compreendida como uma espécie de intermediária entre os conceitos de raça e cultura, relativizando-os, modificando o seu sentido mais frequente e tornando-os relativamente mais incompatíveis entre si. Isto só é possível porque Gilberto trabalha com uma definição fundamentalmente neolamarckiana de raça, isto é, uma definição que, baseando-se na ilimitada aptidão dos seres humanos para se adaptar às mais diferentes condições ambientais, enfatiza acima de tudo a sua capacidade de incorporar, transmitir e herdar as características adquiridas da sua – variada, discreta e localizada – interação com o meio físico (BENZAQUEN, 1994: 37).

Para Benzaquen, as imprecisões conceituais de Gilberto – resultado de uma formação eclética e interdisciplinar conforme assinalamos aqui – fazem com que a sua mobilização do conceito de raça seja imprecisa a ponto de ficar à sombra de sua abordagem culturalista. Neste sentido, para Benzaquen, Freyre recusava ideais marcados pelo evolucionismo e por teorias que estabelecessem uma hierarquização racial para espécies humanas, ainda que não abandonasse por completo uma compreensão biologizante da ideia de cultura (BENZAQUEN, 1994: 38).

Nesse sentido, mais decisiva do que a miscigenação racial é a miscigenação cultural, conforme se evidencia na passagem a seguir.

> O negro no Brasil, nas suas relações com o tipo de cultura e com o tipo de sociedade que aqui se vem desenvolvendo, deve ser considerado principalmente sob o critério da História social e econômica. Da Antropologia cultural. Daí ser impossível – insistamos neste ponto – separá-lo da condição degradante de escravo, dentro da qual abafaram-se nele muitas das suas melhores tendências criadoras e normais para acentuarem-se outras, artificiais e até mórbidas. Tornou-se, assim, o africano um decidido agente patogênico no seio da sociedade brasileira. Por "inferioridade de raça", gritam então os sociólogos arianistas. Mas contra seus gritos se levantam as evidências históricas – as circunstâncias de cultura e principalmente econômicas – dentro das quais se deu o contato do negro com o branco no Brasil. O negro foi patogênico, mas a serviço do branco; como parte irresponsável de um sistema criado por outros (FREYRE, 2003: 404).

Gilberto Freyre opera a partir de dois procedimentos analíticos: 1) abandono do princípio da hierarquização das raças – bastante caro, como vimos, a Sílvio Romero – e, em detrimento deste, a conclusão de que a diversidade cultural só se compreende em sua inteira complexidade se analisada em função dos seus particularismos, sem uma escala de valores comparativa; 2) é possível que esta miscigenação gere qualidades virtuosas. A formação do brasileiro terá a marca desta justaposição de contrários, capazes de viver em situação de harmonia, sem dissolver-se em um elemento sintetizador das diferenças – o que, na fórmula de Sílvio Romero, se resolveria com o branqueamento, em um futuro capaz de promover uma solução apaziguadora. Em Freyre, a história brasileira parece que se move constantemente por esta ambiguidade, e a única certeza possível em relação ao futuro é que ele não será capaz de dissolver este equilíbrio entre antagonismos. No trecho abaixo, este ponto fica evidente.

> O que se sente em todo esse desadoro de antagonismos são as duas culturas, a europeia e a africana, a católica e a maometana, a dinâmica e a fatalista encontrando-se no português, fazendo dele, de sua vida, de sua moral, de sua economia, de sua arte, um regime de influências que se alternam, se equilibram ou se hostilizam. Tomando em conta tais antagonismos de cultura, a flexibilidade, a indecisão, o equilíbrio ou a desarmonia dele resultantes, é que bem se compreende o especialíssimo caráter que tomou a colonização do Brasil, a formação *sui generis* da sociedade brasileira, igualmente equilibrada nos seus começos e ainda hoje sobre antagonismos (FREYRE, 2003: 69).

Agora já é possível vislumbrar com um pouco mais de nitidez *um terceiro eixo fundamental* da proposta de escrita da história desenhada por Gilberto Freyre em *Casa-grande & senzala*. *O deslocamento da ideia de raça para a ideia de cultura como motor da história possibilita um tipo de leitura que entende os acontecimentos como resultado exclusivo das ações humanas, marcados, portanto, por uma indeterminação. A história, desse modo, se torna o reino das particularidades marcadas pelas diferenças temporais – ou seja, deixa de estar marcada por qualquer tipo de pureza, inclusive a racial.* Evidência máxima dessa perspectiva impura é a constatação de que a formação cultural brasileira é marcada pela miscigenação, capaz de gerar efeitos positivos. *Uma miscigenação positivamente impura – pois contaminada pela interferência de diferentes matrizes étnicas – e que é capaz de ensejar uma sociedade marcada por uma constância, a do equilíbrio entre antagonismos sociais.* Ou seja, além de miscigenada culturalmente, a sociedade brasileira é capaz de admitir um convívio equilibrado de tensões, como no caso da tensão senhor-escravo, central a *Casa-grande & senzala*. Neste sentido, *Freyre abre mão, inteiramente, da elaboração de uma proposta de dissolução desta tensão no futuro, isto é, do alcance de uma síntese.*

3 Considerações finais

O presente texto buscou analisar a formação de um autor que se delineia a nós como historiador, considerando algumas das suas experiências biográficas e por meio de seu principal livro. Inicialmente, tracei um perfil biográfico que enfatizou os deslocamentos de Gilberto Freyre por entre experiências culturais diversas, adquiridas em viagens e por sua circulação em um ambiente artístico e cultural amplo, o que lhe possibilitou forjar um olhar cosmopolita. Por outro lado, uma experiência acadêmica e de interlocução caracterizada pelo trânsito por entre fronteiras disciplinares, permitindo-nos identificá-lo por seu ecletismo.

Um autor que se constrói a partir de uma obra, *Casa-grande & senzala*. Dentre tantos caminhos possíveis, destaquei aqui três questões-chave que elucidam uma forma de escrita da história, capaz de indicar muitos traços da sua concepção de história. Primeiramente, a escolha deliberada pelo ensaio como gênero capaz de dar conta de suas pretensões aventureiras, propositalmente inacabadas, resultado de sua formação eclética, seu olhar cosmopolita, e também de sua escolha por não abrir mão de protocolos da escrita atribuída a historiadores – como, por exemplo, a apresentação de verdades argumentativas baseadas em pesquisa e fontes documentais. Em um segundo eixo ressaltei a ênfase dada por Gilberto à investigação da vida íntima e cotidiana, um modo peculiar e bastante original de entender a casa brasileira e todo o reino de afetos que a circunda. Com isso, Freyre assegurou uma ampliação do escopo de atuação do historiador, capaz agora de dar conta do âmbito das sensibilidades e das percepções afetuosas. Em um terceiro movimento, analisei o modo pelo qual Freyre enfrentou uma questão intelectual crucial para a sua época – o da questão racial como fio condutor para entender as características étnicas e sociais do brasileiro – deslocando para o centro do debate a ideia de cultura. Tal deslocamento acentuou uma forma e uma concepção de história capaz não apenas de ver traços positivos na miscigenação cultural brasileira, mas também a possibilidade de produzir uma leitura equilibrada dos antagonismos sociais brasileiros, recusando um futuro redentor, produtor de sínteses e dissoluções desses antagonismos.

Relacionado a este terceiro eixo, há, ainda, uma última questão importante a enfrentar ou, ao menos, anunciar.

> O patriarca de Gilberto Freyre poderia ter sido um déspota doméstico. Mas seria, ao mesmo tempo, lúdico, sensual, apaixonado. De novo, *no equilíbrio entre contrários, aparece uma espécie de racionalização que, em nome das características "plásticas", tolera o intolerável,* o aspecto arbitrário do comportamento senhorial se esfuma no clima geral da cultura patriarcal, *vista com simpatia pelo autor* (CARDOSO, 2003: 27).

No trecho acima, Fernando Henrique Cardoso nos oferece uma *leitura adequada e possível* de *Casa-grande & senzala*. Ressalto: adequada e possível – ainda que não seja exclusiva – na medida em que Gilberto Freyre, o autor, a tornou desta forma, apresentando-a a um leitor. Cardoso acentua uma marca do texto de Freyre que acompanhou a história da sua recepção: a impressão de que a narrativa de *Casa-grande & senzala* tolera o intolerável e é vista com certa simpatia por seu autor[23]. Entra em debate, nesse sentido, a circulação do texto entre leitores e seus possíveis efeitos ético-políticos, inclusive, o modo pelo qual o texto pôde ser apropriado em função de projetos políticos do presente da enunciação.

O afastamento do critério racialista e a recusa da hierarquização entre culturas não foram suficientes para que Gilberto Freyre estivesse livre de críticas que entendessem suas formulações como uma ode ao congraçamento racial e, por conseguinte, ao abrandamento da violência constituinte do processo de colonização brasileira. Principal livro de Freyre e escrito logo no início de sua trajetória intelectual, *Casa-grande & senzala* forma uma autoria que passa a responder publicamente como aquela que formula e difunde o mito da "democracia racial"[24]. Nos anos de 1930, impulsionado pelos princípios nacionalistas difundidos pelo governo varguista, o mestiço se torna ícone nacional e símbolo da brasilidade, o que tem por consequência a afirmação de alguns símbolos desta identidade como o samba, a capoeira e o futebol. Como nos lembra Lilia Schwarz "uma pretensa harmonia na convivência entre grupos oportunamente utilizada pelos propósitos de unidade nacionalista do Estado, como se a união das raças representasse a união da nação" (SCHWARZ, 2010: 11). Por outro lado, a afirmação desta dimensão positiva não diminui a discriminação racial contra negros na sociedade, ao contrário, a encobre, tornando-a ainda mais perversa: tal suposição faz com que movimentos civis negros identificassem nessa pretensa democracia racial a manifestação mais clara do cinismo colonizador; assim como movimentos organizados de mulheres entendessem essa descrição da intimidade e das relações senhores-escravas como abrandamento da violência cometida pelos primeiros.

Tanto uma conclusão quanto a outra atacam fundamentalmente uma noção cara a Gilberto, a do equilíbrio entre antagonismos, capaz de produzir uma narrativa harmônica do apaziguamento e acomodação de lugares; *tolerante ao intolerável*. Entra em cena, no jogo do texto, a ação do leitor e o debate acerca das implicações ético-políticas desta fórmula freyreana *equilibrada* de ler os antagonismos sociais brasileiros, presentes desde a experiência colonial. Este é, certamente, assunto para outras tantas linhas.

Notas

[1] Para a escrita desta primeira sessão foram consultadas as seguintes biografias: CHACON, V. *Gilberto Freyre*: uma biografia intelectual. Recife: Companhia Editora Nacional, 1993. • LARRETA, E.R. & GUCCI, G. *Gilberto Freyre*: uma biografia cultural. São Paulo: Civilização Brasileira, 2007.

[2] De acordo com Chacon, Alfredo Freyre era uma espécie de liberal conservador e foi um dos introdutores da obra de Keynes no Brasil. Militou a favor do anticlericalismo e do antijesuitismo, causas liberais importantes para a época, o que o teria aproximado do Colégio Americano Batista, fundado no Recife em princípios do século XX, onde Gilberto realizaria seus estudos primários e secundários. In: CHACON, V. *Gilberto Freyre*: uma biografia intelectual. Op. cit., p. 33.

[3] Nesta mesma carta, Freyre mostrava seu encantamento com o bairro boêmio intelectual de Greenwich Village: "Basta olhar-se na Universidade de Colúmbia para um John Bassett Moore, para um Giddings, para um Boas, para um Seligman, para um Dewey, cercado cada um não só de americanos dos Estados Unidos como de europeus, de asiáticos, de africanos, para sentir-se que aqui se concentra de fato alguma coisa de metropolitano e de cosmopolita, como se Colúmbia fosse uma superuniversidade" (Apud CHACON, V. *Gilberto Freyre*: uma biografia intelectual. Op. cit., p. 93).

[4] Gilberto Freyre manteria ao longo de sua trajetória intelectual certa distância com a universidade brasileira, após sua frustrada experiência na Universidade do Distrito Federal, reprimida pelo Estado Novo getulista. Com o grupo da USP, mantinha uma relação marcada, por vezes, por críticas mútuas, em geral em torno das "cientificistas" e "esquerdizantes" dos acadêmicos de São Paulo. A esse respeito, cf.: LEHMANN, D. Gilberto Freyre: a reavaliação prossegue. In: *Horizontes Antropológicos*, vol. 14, n. 29, 2008, p. 369-385.

[5] A este respeito, cf. OLIVEIRA, L.L. Gilberto Freyre e a valorização da província. In: *Sociedade e Estado*, vol. 26, n. 1, 2011, p. 118-149.

[6] A esse respeito, cf. SCHNEIDER, A.L. Iberismo e luso-tropicalismo na obra de Gilberto Freyre. *História da Historiografia*, vol. 1, 2012, p. 75-93.

[7] Nesse sentido vale destacar o título que recebeu em 1971 de *Doutor Honoris Causa* pela Universidade Federal de Pernambuco, e o decreto do então Presidente Emílio Garrastazu Médici, em que Freyre é reconduzido ao Conselho Federal de Cultura em 1974.

[8] Apesar do prestígio do trotskismo na Universidade de Colúmbia, à época em que Gilberto Freyre realizava seus estudos, o marxismo será conhecido pelo autor por intermédio de seu professor, Charles Beard, em seu estudo sobre a Constituição dos Estados Unidos lida segundo o critério de classe, e por Edwin Seligman, e sua interpretação econômica da história. Cf. CHACON, V. *Gilberto Freyre*: uma biografia intelectual. Op. cit., p. 100.

[9] O livro ganhou traduções em diversas línguas, como inglês, espanhol, alemão, francês, sendo lançado em países com pouco contato com a cultura brasileira, como Hungria, Romênia, Japão e Coreia do Sul. No Brasil, são aproximadamente 50 edições, em mais de 80 anos desde a primeira publicação.

[10] Nas palavras de Candido: "Era justamente um intuito anticonvencional que nos parecia animar a composição libérrima de *Casa-grande & senzala*, com sua franqueza no tratamento da vida sexual do patriarcado e a importância decisiva atribuída ao escravo na formação do nosso modo de ser mais íntimo" (CANDIDO, A. O significado de *Raízes do Brasil*. In: HOLANDA, S.B. *Raízes do Brasil*. São Paulo: Companhia das Letras, 2006, p. 9.

[11] A viagem, por mar, iniciara em 1930, na companhia de Estácio Coimbra. O itinerário começa na Bahia, de onde partem para Dacar, Senegal, e em seguida para Lisboa, cidade em que Gilberto escreve as primeiras páginas de *Casa-grande & senzala*.

[12] Cf. esp. NICOLAZZI, F. *Um estilo de história: a viagem, a memória, o ensaio* – Sobre *Casa-grande & senzala* e a representação do passado. São Paulo: Unesp, 2011. • NICOLAZZI, F. As virtudes do herege: ensaio, modernismo e escrita da história em *Casa-grande & senzala*. In: *Revista de Males*, vol. 31, 2011, p. 255-282.

[13] De acordo com Peter Burke, entre os historiadores a inspiração principal de Freyre era Jules Michelet, e sua proposta em produzir uma "ressurreição histórica", "para quem é notória a dificuldade em distinguir entre os eventos sua própria vida e os eventos históricos dos quais fazia a crônica" (BURKE, P. Gilberto Freyre e a nova história. In: *Tempo Social* – Revista de Sociologia da USP, 9 (2), 1997, p. 1-12, esp. p. 7).

[14] A crítica de Freyre a Varnhagen vai nesta direção: não bastava a erudição e o levantamento de fontes originais, era necessário conectá-las a um sentido, a uma interpretação. Em suas palavras. "Varnhagen é sempre de um simplismo infantil quando deixa a pura pesquisa histórica, pela philosophia da historia" (FREYRE, G. *Casa-grande & senzala*: formação da família brasileira sob o regime patriarcal. Recife: Fundação Gilberto Freyre/Global, 2003, p. 281).

[15] A esse respeito, cf. NICOLAZZI, F. *Um estilo de história: a viagem, a memória, o ensaio* – Sobre *Casa-grande e senzala* e a representação do passado. São Paulo: Unesp, 2011, esp. o cap. 1.

[16] Segundo Burke, as semelhanças de abordagem foram reconhecidas por Febvre e Braudel quando eles descobriram a obra de Freyre ainda no fim dos anos de 1930. Esta *nouvelle histoire* francesa destaca a importância dos chamados "novos objetos", como, p. ex., a cultura material presente nas análises de Braudel sobre o Mediterrâneo, a história da vida privada, do amor, da sexualidade, do corpo, presentes na coleção História da Vida Privada, organizada por Georges Duby e Philippe Áries. Cf. BURKE, P. Gilberto Freyre e a nova história. Op. cit., p. 7.

[17] Cf. esp. REIS, J.J. & SILVA, E. *Negociação e conflito*: a resistência negra no Brasil escravista. São Paulo: Companhia das Letras, 1989. Cf. tb. CHALHOUB, S. *Visões da liberdade*. São Paulo: Cia. das Letras, 1990. • MAMIGONIAN, B.G. África no Brasil: mapa de uma área em expansão. *Topoi*, vol. 5, n. 9, 2004, p. 35-53.

[18] Cf. VENTURA, R. *O estilo tropical*. São Paulo: Cia. das Letras, 1991.

[19] Cf. BANTON, M. *A ideia de raça*. São Paulo: Ed. 70/Martins Fontes, 1977.

[20] Para Banton, a palavra raça no século XIX adquire a posição de principal qualificadora das variedades da humanidade, ainda que não existisse sobre ela uma ideia clara e bem definida. Havia uma latente necessidade de explicar as diferenças raciais: "Seriam umas raças superioras às outras? Ou suceder-se-iam as raças na liderança da humanidade? Ou teria cada raça uma contribuição peculiar à humanidade? Em qualquer caso, tratava-se de descobrir a natureza da raça" (BANTON, M. *A ideia de raça*. Op. cit., p. 30). Segundo o mesmo autor, até o século XIX, o entendimento do termo envolvia a ideia de linhagem, de modo que as diferenças entre raças surgiam de circunstâncias próprias à história de cada povo e "embora [as raças] se mantivessem através das gerações, não eram fixas" (p. 29). No entendimento de Banton, o aumento dos contatos humanos entre diferentes regiões, possível graças aos melhoramentos nos meios de transporte e de comunicação, seria o principal fator responsável pela nova ideia de raça estabelecida a partir dos Oitocentos.

[21] Cf. PINHA, D. Sílvio Romero, a escrita da história e o papel do homem de letras na formação nacional. In: *Cadernos de História da Ciência*, vol. 9, 2015, p. 91-102.

[22] Nas palavras de Chacon: "Mesmo após o principal da sua obra, Gilberto Freyre volta a Spencer no livro metodológico que pretendeu escrever em 1945, *Sociologia* (Introdução ao estudo dos seus princípios), no qual predominam outras marcas, como não poderia deixar de ser. Mas lá vêm referências em geral favoráveis a Herbert Spencer: um dos iniciantes da Sociologia, ao lado de Comte; Spencer também com Walter Bagehot, tão querido de Joaquim Nabuco em *Minha formação*, e Sumner Maine, 'menos brilhantes, talvez e decerto menos afirmativos que os alemães e italianos e que os próprios franceses em suas obras de Filosofia ou de sistematização das ciências; porém, quase sempre, mais equilibrados'. Flutuantes, indecisos, esquivos às conclusões enfáticas, por gosto e tradição de equilíbrio intelectual. Qualidades capazes de redimi-los, pelo menos em parte, dos seus exageros, biologistas os de Herbert Spencer" (CHACON, V. *Gilberto Freyre*: uma biografia intelectual. Op. cit., p. 45).

[23] Vale destacar, esp., as críticas de Carlos Guilherme Mota, reunidas principalmente em MOTA, C.G. *Ideologia da cultura brasileira, 1933-1974*. São Paulo: Ática, 1994. Para Mota, o comportamento intelectual de Gilberto Freyre está relacionado a seus posicionamentos políticos, profundamente atrelados por suas origens sociais e econômicas (p. 54). A valorização da mestiçagem, rompendo com o quadro ideológico anterior, destacava um processo de democratização social do Brasil, em detrimento da análise das contradições de classe e de raça. Freyre é visto como um relativista, capaz de combinar diferentes abordagens, sem, contudo, chegar a uma conclusão. Além disso, *Casa-grande & senzala* esconderia os movimentos de resistência escrava contra a sua condição, preferindo a paz e a harmonia.

[24] Ainda que não utilizasse diretamente este termo, Freyre teve de responder frequentemente a seus críticos, que o "acusaram" de ter formulado e difundido esta expressão. Sobre os usos e as críticas a este termo, cf. LEHMAN, D. Gilberto Freyre: a reavaliação prossegue. Op. cit., p. 272. César Braga Pinto aponta que esta expressão mais aparece para o público estrangeiro, sendo citada, literalmente, na tradução inglesa da segunda edição de *Sobrados e mucambos*. Cf. PINTO, C.B. Os desvios de Gilberto Freyre. In: *Novos estudos Cebrap*, vol. 76, 2006, p. 281-289 [on line].

Referências

BANTON, M. *A ideia de raça*. São Paulo: Ed.70/Martins Fontes, 1977.

BENZAQUEN, R. *Guerra e paz – Casa-grande & senzala e a obra de Gilberto Freyre nos anos 30*. Rio de Janeiro: Ed. 34, 1994.

BURKE, P. Gilberto Freyre e a nova história. In: *Tempo Social – Revista de Sociologia da USP*, 9 (2), 1997, p. 1-12.

CANDIDO, A. O significado de *Raízes do Brasil*. In: HOLANDA, S.B. *Raízes do Brasil*. São Paulo: Companhia das Letras, 2006.

CARDOSO, F.H. Um livro perene. In: FREYRE, G. *Casa-grande & senzala*: formação da família brasileira sob o regime patriarcal. Recife: Fundação Gilberto Freyre/Global, 2003.

CHACON, V. *Gilberto Freyre*: uma biografia intelectual. Recife: Companhia Editora Nacional, 1993.

CHALHOUB, S. *Visões da liberdade*. São Paulo: Cia das Letras, 1990.

COSTA LIMA, L. *Limites da voz (Montaigne, Schelegel, Kafka)* Rio de Janeiro: Topbooks, 2005.

_____. *A aguarrás do tempo*. Rio de Janeiro: Rocco, 1989.

FREYRE, G. *Casa-grande & senzala*: formação da família brasileira sob o regime patriarcal. Recife: Fundação Gilberto Freyre/Global, 2003.

_____. *Sobrados e mucambos*: decadência do patriarcado rural no Brasil. Rio de Janeiro: Record, 1990.

_____. *Ordem e progresso*. Rio de Janeiro: Record, 1990.

LARRETA, E.R. & GUCCI, G. *Gilberto Freyre*: uma biografia cultural. São Paulo: Civilização Brasileira, 2007.

LEHMANN, D. Gilberto Freyre: a reavaliação prossegue. In: *Horizontes Antropológicos*, vol. 14, n. 29, 2008, p. 369-385.

MAMIGONIAN, B.G. África no Brasil: mapa de uma área em expansão. In: *Topoi*, vol. 5, n. 9, 2004, p. 35-53.

MOTA, C.G. *Ideologia da cultura brasileira, 1933-1974*. São Paulo: Ática, 1994.

NICOLAZZI, F. As virtudes do herege: ensaio, modernismo e escrita da história em *Casa-grande & senzala*. In: *Revista de Males*, vol. 31, 2011, p. 255-282.

_____. *Um estilo de história: a viagem, a memória, o ensaio – Sobre* Casa-grande e senzala *e a representação do passado*. São Paulo: Unesp, 2011.

OLIVEIRA, L.L. Gilberto Freyre e a valorização da província. In: *Sociedade e Estado*, vol. 26, n. 1, 2011, p. 118-149.

PALLARES-BURKE, M.L. *Gilberto Freyre*: um vitoriano nos trópicos. São Paulo: Unesp, 2005.

PINHA, D. Sílvio Romero, a escrita da história e o papel do homem de letras na formação nacional. *Cadernos de História da Ciência*, vol. 9, 2015, p. 91-102.

PINTO, C.B. Os desvios de Gilberto Freyre. In: *Novos estudos Cebrap*, vol. 76, 2006, p. 281-289.

REIS, J.J. & SILVA, E. *Negociação e conflito*: a resistência negra no Brasil escravista. São Paulo: Companhia das Letras, 1989.

ROMERO, S. *História da literatura brasileira*. 2 vols. Rio de Janeiro: Garnier, 1902.

SCHNEIDER, A.L. Iberismo e luso-tropicalismo na obra de Gilberto Freyre. In: *História da Historiografia*, vol. 1, 2012, p. 75-93.

SCHWARZ, L.M. Gilberto Freyre: adaptação, mestiçagem, trópicos e privacidade em *Novo Mundo nos trópicos*. In: *Mal-estar na Cultura*, abr.-nov./2010.

SIMMEL, G. A aventura. In: *Simmel e a Modernidade*. Brasília: UnB, 1998.

SOARES, G.A. Gilberto Freyre, historiador da cultura. In: *Afro-Ásia*, vol. 27, 2002, p. 223-248. Salvador: UFBA.

VELHO, G. Gilberto Freyre: trajetória e singularidade. *Sociologia, problemas e práticas*, n. 58, 2008, p. 11-21.

VENTURA, R. *Estilo tropical*: história cultural e polêmicas literárias no Brasil, 1870-1914. São Paulo: Cia das Letras, 1991.

13
Serafim Leite (1890-1969)

*Eunicia Barros Fernandes**

1 O historiador e seu tempo

Ao contarmos uma história, identificamos personagens e estabelecemos sentidos. De fato, na simples menção ao termo história somos invadidos por uma percepção de que um começo, meio e fim irão esclarecer uma ou várias trajetórias. Como mágica, o escritor tece um enredo e a sequência de informações ganha significado para o leitor. No caso da historiografia, a mágica tem um recurso valioso que são as citações e as referências aos documentos que, funcionando como provas, geram a sensação de uma verdade inequívoca daquilo que é apresentado.

Recordar que a história é uma narrativa construída dá suporte a dois importantes caminhos para apresentarmos Serafim Leite, quais sejam, a) o enredo que ele construiu de si mesmo, onde localizamos não apenas a biografia, mas também a leitura que ele fez de suas ações; e b) a perspectiva historiográfica compartilhada por ele, ou seja, o modo de fazer história que ele acreditava e que se insere em tradições que o ligam a outros historiadores.

Mas aqui é preciso um cuidado: com todo o envolvimento que um texto possa trazer, com todas as certezas que é capaz de sedimentar em nós, devemos recordar que a narrativa não é mágica, mas trabalho. Sem perder o fascínio do texto – porque esse trabalho é fascinante –, devemos nos aproximar da ideia de construção, revelando o encantamento que é próprio do lapidar de ideias, das escolhas e negociações que o historiador realiza em seu ofício. Devemos ter clareza que as narrativas históricas possuem uma autoria e, com isso, um certo modo de ver as coisas que, a despeito das provas que sejam apresentadas, não é o único possível. É isso: vamos investir na mágica que Serafim Leite realizou construindo a si mesmo através da construção de seu trabalho.

---

* Pós-doutora em Ensino de História pela Universidade Federal de Minas Gerais (UFMG). Doutora em História Social pela Universidade Federal Fluminense (UFF). Professora-adjunta do Departamento de História da Pontifícia Universidade Católica do Rio de Janeiro (PUC-Rio).

O enredo é um fio e assim Serafim desenrola o novelo de sua vida:

> Nasci em São João da Madeira, no dia 6 de abril de 1890, no lugar da Quintã, numa casa modesta [...], junto à Escola, quase em frente à Misericórdia. O meu pai, José Francisco Leite, sombreireiro, fabricava chapéus de lã, indústria manual, que era então a única. [...] A minha mãe, Leonor Emília Soares, era assedadeira e vendia as estrigas de linos assedado às raras fiandeiras que ainda tinham coragem de pegar na roca das nossas avós[1].

O texto de 8 páginas publicado em 1940 pela *Revista da Academia Brasileira de Letras* apresenta uma autobiografia do jesuíta que já era, a esse tempo, um historiador consagrado pela obra *História da Companhia de Jesus no Brasil*. De fato, devemos considerar a publicação na revista da ABL uma chancela dos homens das letras, mas, para nós aqui, importa menos o lugar que a comunidade literária destinava ao autor do que a representação que ele faz de si e de sua trajetória.

As palavras de Leite expõem uma família que o acolhe e direciona, pois, depois de dizer do afeto das irmãs e dos sobrinhos, escolhe a figura de dois tios maternos como guias daquilo que se tornou: um era padre, o outro fora para o Brasil numa alusão direta tanto ao noviciado com o qual se comprometeria como ao interesse histórico pelo país que o abrigara. A família como origem e como destino, pois as palavras que usa para descrever pai e mãe misturam a origem de sua vida ao apreço às coisas do passado, pois na sensibilidade com que apresenta ofícios perdidos no tempo constrói a si como historiador. Ali, em São João da Madeira, sua casa estava junto à Escola (publicada com maiúscula) e à Misericórdia, e o desenho espacial converge, na narrativa do autor, para o futuro de um religioso devotado às letras.

Escreve, portanto, como se cumprisse uma sina: "O tio padre encarreirou-me para a vida eclesiástica" e na vinda para o Brasil seguiu os passos do pai, que "embarcou para o Pará em busca de fortuna" quando Serafim Leite contava três anos. O pai morrera logo depois, e registra: "Quando treze anos mais tarde passei no Pará, a minha primeira visita foi ao cemitério da Soledade, onde o autor de meus dias repousa na vala comum, como que a unir o meu próprio ser, pela origem, à gleba americana"[2].

No texto autobiográfico, a família e a Providência divina o encaminham. Segundo Leite, a viagem para o Brasil fora um desgosto para os que ficaram, mas, já próximo dos 50 anos avalia:

> Hoje, refletidamente, bem digo a Providência, que leva os homens por vias desiguais, mas sempre para os seus fins. Tenho a firme convicção de que se não fosse este passo, nem eu teria escrito a minha pobre, mas principal obra, a *História da Companhia de Jesus no Brasil*, nem a teria escrito com o conhecimento de causa com que escrevi[3].

Porém, é interessante perceber que, junto ao sentido de predestinação, a escrita de Leite dá lugar à valorização da experiência, pois o assinalado "conhecimento de causa" sobre o Brasil é expressão daquilo que foi vivido, dos caminhos trilhados por ele e não os que teriam sido designados. O valor da experiência que foge a predestinações aparece também na avaliação das escolhas que realizou ao longo da adolescência, pois afirma que em lugar de seguir os colegas que cederam aos apelos de "saias feiticeiras" em que "se perderam", ele optou pelos livros, que o salvaram. "A minha insatisfação alimentava-se de livros", desenvolvendo-lhe um gosto pelos estudos. No meio da Amazônia do início do século XX, nas dificuldades de acesso que tal referência expressa, Serafim Leite se tornava um erudito, traduzindo Victor Hugo e lendo Lamartine, Chateaubriand, Camões, Herculano, José de Alencar, além de muitos outros. Afirma que lia tudo o que lhe caía nas mãos e ainda se atrevia a escrever: foi quando ensaiou os primeiros textos.

A escrita adolescente fora, segundo ele, impulso para uma reflexão sobre a vida, sobre o que faria dela. Afastou-se da ideia de casar e decidiu voltar para a Europa. Mas em lugar de seguir para Portugal, seguiu para a Holanda, onde estava o tio padre que se tornara jesuíta poucos anos antes. Ocorre, assim, uma mistura de circunstância e influência familiar: Serafim Leite, sob orientação do tio, segue para a casa de formação de jesuítas portugueses, caminho apresentado para poder investir nos estudos, o que tanto ansiava.

Na breve autobiografia, em lugar de simplesmente informar sobre o seu ingresso, cria uma espécie de intervalo para dizer de sua não acomodação imediata à Ordem. Expõe, com uma graça saudosista, que questionou os Exercícios Espirituais de Inácio de Loyola, um dos alicerces da Companhia de Jesus. Considerou, a princípio, os tais exercícios como um "método imoral" de fazer religiosos, pois, em sua interpretação, eles impunham que todas as pessoas do mundo assumissem a vida religiosa, o que não era uma realidade. A incorporação da ideia de vocação alterou sua perspectiva: mesmo que a vida religiosa fosse tida como ideal para todos, ela só seria exercida pelos vocacionados[4].

Imagino que a menção à lembrança de sua resistência enquanto noviço tenha lugar justo para enfatizar a ideia de vocação que titula o texto: com quase 50 anos via sua confirmação em si mesmo, já que fora a vocação para o estudo – para a leitura e escrita – que o teria movido a tornar-se religioso, e, através dessa função, pudera conquistar reconhecimento de seus estudos. No privilégio do depois, Serafim Leite ria de si mesmo.

A formação jesuítica do historiador aconteceu durante a Primeira Guerra Mundial, iniciada na Bélgica e encerrada na Espanha. Ao comentar sua formação, Leite corrobora com a interpretação que desenvolvo aqui do valor da palavra entre os inacianos: "No estudo de Letras, encantaram-me as Humanidades. A familiaridade com os clássicos latinos e gregos, conhecidos diretamente na sua própria língua, iam dar a minhas leituras variadas, mas inorgânicas, uma ordenação literária"[5].

No início desse período formativo, Serafim Leite sofreu um acidente que o levou a operar a tíbia. O processo de recuperação foi longo e ainda assim insuficiente, fazendo-o operar novamente, anos mais tarde. Para nós, importa o volume de leitura que a convalescença permitiu, expandindo seus estudos ao hebreu e no alargamento da literatura em português, notadamente em textos de religiosos como Antônio Vieira, resultando na erudição identificada em suas obras. Nessas leituras, afirmou ter preenchido cadernos e mais cadernos de anotações que, mesmo sem ter relido depois, considerou fecundos no processo de amadurecimento do escritor que se tornaria.

Formou-se em Filosofia em Granada e em Teologia na Bélgica, e, entre as duas, atuou como professor durante um ano no colégio jesuíta em La Guardia, Espanha. Na avaliação da trajetória, mais uma vez dá destaque à palavra como elemento central do que se tornava, pois o "desconhecimento da língua castelhana atava-me a língua", fazendo com que na filosofia o 1º teria sido um mau ano, o 2º regular e o 3º bom, ou seja, a palavra categorizaria sua *performance*.

Ordenou-se em 1926, na Universidade de Camillas, Espanha, celebrando sua primeira missa em Portugal no dia de Santo Inácio, 31 de julho do mesmo ano. No seguinte, prestou o exame *ad gradum*, coroando sua formação. Escreve ele:

> Admiro-me hoje de como, sem prejuízo dos meus estudos essenciais, me foi possível escrever tanto durante ela [carreira de estudos]. Grande parte das poesias impressas nos meus dois volumes de versos, escrevi-as durante o tempo de estudante. Compus também alguns contos e inúmeros artigos de ocasião, para o quinzenário da minha terra, "O Regional". [...]. Compus também o Hino Oficial de S. João da Madeira e ideei o seu escudo heráldico[6].

Leite acredita que sua capacidade de escrita fora o motivo para a indicação por superiores para que, ainda durante os estudos, trabalhasse na revista *O Mensageiro*. Atuou nesta até 1928 e em 1929 foi encaminhado à *Revista Brotéria*, em Lisboa, a Casa dos Escritores Jesuítas em Portugal. Sobre tais determinações afirma: "Estava fixado meu 'ofício' na Companhia. Seria 'escritor'".

Em 1932 Serafim Leite inicia a redação de *A Companhia de Jesus no Brasil*, que seria publicada em 10 volumes entre os anos de 1938 e 1950. Logo no ano de lançamento, o autor recebe em Portugal o Prêmio Alexandre Herculano, honraria digníssima por ter sido este um literato e político português que se destacara na produção da história portuguesa, sendo responsável pela localização e ordenação de significativo acervo documental, produzindo a *Portugaliae Monumenta Histórica*.

Antes deste, em 1935, Serafim Leite recebera no Brasil outro prêmio com o estudo "Os Jesuítas na Vila de S. Paulo (século XVI)". Tornou-se figura notória entre intelectuais mesmo antes da publicação de sua grande obra, pois entre o fim da década de 1920 e o fim da década de 1930 publicara outros ensaios históricos: "Alão de Morais" (1929), "Páginas da História do Brasil" (1937) e "Novas Cartas Jesuíticas de Nóbrega a Vieira" (1940). Reconhecimento que lhe garantiu a nomeação como sócio honorário da Academia Portuguesa de História, além do pertencimento à Academia Brasileira de Letras, à Academia de História do Equador e de sócio correspondente do Instituto Histórico e Geográfico do Rio de Janeiro, sócio benemérito do Centro D. Vital, do Rio de Janeiro, membro do grupo português da

Academia Internacional da História das Ciências, secção de Lisboa, fazendo também parte da direção do Instituto Português de Arqueologia, História e Etnografia[7].

Em 1949 passou a residir em Roma, continuando suas investigações sobre a Ordem na América portuguesa no Arquivo Geral da Companhia de Jesus e publicando documentos. Seus esforços pela Companhia foram celebrados através de uma publicação em Roma, em 1962 – *Bibliografia de Serafim Leite, S.J.* –, onde se registraram 277 trabalhos do autor. Ali estavam não apenas os trabalhos de história, mas também sua produção literária, algumas novelas e contos, poesia e estudos sociais, publicados em diversas revistas ou reunidos em volume, como *Iluminuras*, (1930), *Trajectórias* (1931), *Do homem e da terra* (1932), *A retribuição do trabalho* (1933 e 1937).

Serafim Leite faleceu em 1969 e se pode dizer que acertara quando quase 30 anos antes, ainda em 1940, vaticinara ao escrever o texto autobiográfico publicado pela Academia Brasileira de Letras: "O gosto dos livros trouxe-me à Companhia, a Companhia devolveu-me aos livros"[8].

2 Percursos

Serafim Leite não foi o primeiro nem o último, sequer o mais famoso historiador jesuíta entre os quais temos notícias. Esse é um ponto fundamental quando pensamos em avaliar os sentidos históricos construídos por ele, pois nos indica que a possibilidade de compreender seu trabalho não se esgota na avaliação do contexto de sua vida ou mesmo na comparação de suas obras com os cânones da historiografia. A informação expõe que Serafim Leite faz parte de um conjunto de autores jesuítas, fazendo-o pertencer, portanto, a uma tradição de escrita jesuítica, dentro da qual há a produção histórica.

Analisar o percurso intelectual de Serafim Leite, deste modo, exige-nos pensar a singularidade autoral dentro de um contexto social e necessariamente em diálogo com duas tradições que se tocam, mas que são distintas: a escrita historiográfica *stricto sensu* – os cânones acadêmicos – e a escrita da Ordem sobre si.

A escrita da Ordem sobre si

> O que está escrito permanece; sempre pode testemunhar e não se deixa corrigir ou explicar com tanta facilidade quanto a palavra (SANTO INÁCIO DE LOYOLA, 1542[9]).

Acredito que, sob diversos aspectos, a Companhia de Jesus foi fundada sob a palavra. A Palavra com maiúscula, divina, é o primeiro pilar, pois estabelece para os religiosos o seu sentido de ser, já que a ação missionária é exercida em prol de sua divulgação diante de hereges, infiéis, gentios, pagãos. Entretanto, como ordem religiosa que se dispõe a se misturar ao mundo terreno, estabelecendo uma ação social no tempo, as palavras mundanas se apresentam também como fundamentais. No caso, destaco a escrita de cartas prescrita pelo fundador Inácio de Loyola, que era uma ação regular e regulada, definida como um consciente instrumento de unidade e articulação entre aqueles homens espalhados no mundo: era através das cartas que os missionários davam conta do que ocorria aos superiores, assim como estes respondiam, orientando o modo de proceder que unificaria interpretações e práticas, reunindo a todos. Deste modo, portanto, a epistolografia afirmava-se simultaneamente como um procedimento de gestão, mas também de manutenção dos princípios da Companhia de Jesus.

A estas duas prerrogativas da palavra entre os jesuítas devemos somar, no mínimo, duas outras: a que se refere à formação de religiosos e aquela que resulta da sua produção. No caso da instituição de quadros, ou seja, na formação de jesuítas, o valor concedido à palavra pode ser identificado no rigor que distinguiu a Companhia de Jesus frente a outras ordens religiosas[10], pois ela prolongava o tempo para o acesso aos 4 votos que definiriam o jesuíta[11], amparando-se em larga exigência de conhecimento, exposta no método pedagógico *Ratio Studiorum*[12]. Em suma, para ser jesuíta era necessário estudar muito e os estudos de língua – especialmente Latim e Grego – tinham destaque. Esse destaque promovia a inserção dos noviços em certa tradição literária, o que apresentava um conjunto de tópicos para pensar o mundo, mas também ampliava suas capacidades linguísticas, fazendo-os observadores de semelhanças e diferenças entre línguas, competência necessária a evangelizadores dispersos pelo mundo. Tais características da educação jesuítica marcaram Serafim Leite. Em suas declarações, valoriza o papel do aprendizado das línguas na sua formação e concepção de mundo: segundo ele, o conhecimento das línguas foi o que lhe permitiu ordenar o extenso e disperso volume de leituras que havia feito ao longo da vida.

No caso da produção realizada por jesuítas, ou seja, dos textos escritos por eles, parte substantiva decorreu justamente da ação missionária, materializando-se no esforço de redação de dicionários, gramáticas e traduções que permitissem a comunicação com as gentes de África, América e Ásia nos séculos XVI e XVII. Mas a literatura inaciana não se restringiu a tais materiais, pois muitos foram os religiosos que escreveram peças de teatro – como José de Anchieta –, hagiografias, memórias e histórias.

Na verdade, desde os primórdios da Companhia, encontramos uma preocupação com a escrita da história e, mais especificamente, com a história da Ordem, havendo para tanto determinações pontuais sobre o como escrever. A preocupação resultou no desenvolvimento de diferentes modelos escriturários, mas que, mesmo quando concorrentes[13], comprovam a intenção de preservação da memória por parte da instituição. Mais do que agir no mundo com a educação e a catequese, era também importante o registro da ação. No caso dos estudos relativos ao atual Brasil destacam-se, por exemplo, a *Crônica da Companhia de Jesus do Estado do Brasil* (1663), escrita pelo Padre Simão de Vasconcelos, e a *Crônica da missão dos padres da Companhia de Jesus no Estado do Maranhão*, escrita pelo Padre João

Felipe Bettendorff (1698), obras que, devotadas à atuação da Companhia, avançam em dados sobre a experiência na colonização portuguesa. Estes exemplos expõem uma prática que ocorria em todas as partes do mundo onde os inacianos atuavam; portanto, encontramos materiais assemelhados sobre América, África e Ásia, além da própria Europa, e produzidos em diversos momentos, entre sua criação até a supressão da Ordem em 1773, ou no posterior momento de sua restauração em 1814 aos dias de hoje.

Entretanto, se podemos afirmar uma continuidade na prática de escrita de histórias e memórias atravessando os tempos, é importante ressaltar que essa prática não se manteve idêntica. Até o século XX, incluindo aqui Serafim Leite, o texto jesuítico preocupava-se com o registro dos feitos coletivos e da ação singular de seus participantes, construindo exemplaridades para os pares e num discurso de afirmação social diante daqueles que estavam fora da Companhia. Para além da já mencionada preocupação com a formação de seus membros, é importante dizer que a Companhia enfrentou muitos opositores dentro e fora da Igreja Católica, exigindo que jesuítas usassem desse refinamento intelectual para registrarem provas – no caso da América portuguesa, por exemplo, produziram um Livro de Tombo com documentos que comprovavam suas propriedades – e construírem narrativas de eventos, onde pudessem explanar sobre seu lugar no mundo e, por vezes, defender-se do antijesuitismo[14]. A indicação de seus feitos, num procedimento historiográfico, funcionava, portanto, em duas frentes muito importantes: a formação de novos religiosos e a apresentação e defesa da Ordem para aqueles que estavam fora dela.

A intensa e regular produção escrita ampliou condições para uma especialização entre os atributos dos religiosos e já entre os séculos XVI e XVII os jesuítas bolandistas[15] se organizaram com o intuito de recolher e submeter a exame crítico toda a literatura hagiográfica existente. Suporte para tal especialização foi a criação de "casas de escritores" e de editoras. A valorização da escrita de livros tidos como "úteis ao bem comum" aparece nas primeiras Constituições inacianas do século XVI e, no generalato de Francisco de Borja (1565-1572), vinga o projeto de reunir teólogos para escrever livros, tornando-se a base das "casas".

As casas acolhiam homens como Serafim Leite, que assumiam os encargos de produção, organização e publicação de livros e periódicos, numa especialização de seu compromisso religioso. As editoras serviram para amparar as publicações da Ordem, mas não apenas, investindo em autores e textos que pudessem consolidar uma forma de ver o mundo em sintonia com os princípios jesuítas[16]. Esse foi o caminho de nosso personagem que, antes mesmo de terminar sua formação, fora convidado a publicar no periódico jesuíta *O Mensageiro*, transferindo-se depois para a *Revista Brotéria*[17], sendo a sede em Lisboa uma casa de escritores.

As obras jesuíticas também eram publicadas por outras editoras, como foi o caso de *História da Companhia de Jesus no Brasil* produzida em coedição entre a Livraria Portugália, de Lisboa, e a Civilização Brasileira, do Rio de Janeiro. Mas o que se destaca aqui na informação sobre a casa dos escritores e as editoras jesuíticas é a marca de uma concepção de produção intelectual. Tal perspectiva tanto sublinhava a prioridade da Companhia em imprimir e disseminar livros católicos para a instrução da fé e da moral – além do cultivo das letras –, como um modo de fazê-lo. Porém, em fins do século XX, tal perspectiva é alterada, num esvaziamento das mesmas casas. Localiza-se assim uma mudança na política dessa produção: em lugar do isolamento entre seus iguais vê-se a participação cada vez maior de inacianos no meio acadêmico *stricto sensu*, ou seja, integrados às universidades e centros de pesquisa, como é o caso de notável historiador, Michel de Certeau[18].

Deste breve panorama é importante destacar o lugar de Serafim Leite. Sua escrita antecede as novas diretrizes de integração; portanto, é importante considerar a lógica de perpetuação de uma memória que atuasse internamente, formando religiosos, e externamente, consolidando um lugar social para a Ordem diante do mundo. No âmbito externo creio que seja necessário considerar, ao menos, duas informações: o avanço secularizador do século XIX e o interregno entre 1773 e 1814, intervalo entre a supressão da Ordem pelo Papa Clemente XIV e sua restauração pelo Papa Pio VI. Assim, seja pela concorrência de princípios não religiosos ou pela interrupção de sua trajetória, os jesuítas do século XIX e do XX conviviam com uma fragilização de seu anterior poderio, o que poderia, mesmo que não deliberadamente, influenciar a sensibilidade daqueles que se alinhavam à Companhia.

Tal esvaziamento do lugar social da Ordem, no caso específico de Portugal, convivia com um recrudescimento do antijesuitismo. Entre meados do século XIX e o início do século XX foram publicadas novas histórias da Companhia que recuperavam e atualizavam teses pombalinas contrárias à Ordem, como por exemplo *Des Jésuites* de Jules Michelet e Edgar Quinet (Paris, 1843), *El império del jesuitismo ó revelaciones acerca de la Asociación de Padres da Familia* de Carlos Gutiérrez de Ceballos y Cruzada (Madri, 1896), *História Geral da Companhia de Jesus, desde a Fundação até aos nossos Dias* de T. Lino d'Assumpção (Lisboa, 1901) e *El Império Jesuítico: Ensayo Histórico* de Leopoldo Lugones (Buenos Aires, 1907), como assinalado por José Eduardo Franco[19].

Intensificando esse movimento antijesuítico, em 1910 o governo republicano recém-instituído em Portugal expulsou os inacianos mais uma vez, fazendo-os migrar como exilados para o Brasil. E, em solo brasileiro, as tensões não se dissiparam – pois houve uma acirrada campanha pública sobre a Ordem, com o *Jornal de Notícias* como aliado dos jesuítas e o *Diário de Notícias* como contrário ao retorno de jesuítas ao Brasil –, mas se mantiveram[20]. Deste modo, há que considerar que além de um contexto geral negativo que impulsionava a escrita de Serafim Leite, o contexto específico do Brasil trazia também suas dificuldades.

Havia, portanto, motivação para a atuação das casas de escritores e para o estímulo que Serafim Leite recebeu de seus superiores. Havia propósito na escrita sobre a atuação centenária da Companhia, numa lembrança simultânea de sua tradição como ordem religiosa e de seu valor nas ações que configuraram o mundo moderno. A *História da Companhia de Jesus no Brasil* foi uma encomenda da Ordem, como parte de um projeto mais amplo de divulgar as ações da antiga Assistência de Portugal, envolvendo suas províncias (no Brasil, na

Ásia e em solo português). Lívia Pedro atesta que o projeto fora iniciado com a publicação da *História da Companhia de Jesus na Assistência de Portugal* pelo Padre Francisco Rodrigues em 1931, ou seja, a *História* de Serafim Leite não resultava de um desejo pessoal, mas de uma necessidade coletiva, a validação da Companhia em contexto desfavorável e se incorporava a outras iniciativas e outros autores. É, inclusive, digna de nota a capacidade de mobilização e articulação da Companhia, seja na sua habilidade de convidar Leite para a escrita – articulando sua necessidade ao singular conhecimento que aquele jesuíta possuía do Brasil[21] –, seja na facilitação para a coleta de documentos em arquivos e bibliotecas de diversos países e na promoção do sustento dos autores jesuítas durante décadas, enquanto escreviam obras monumentais[22].

Acredito que outras medidas da Companhia fora do âmbito de Portugal, tais como a publicação da *Monumenta jesuítica* – iniciada em Madri no fim do século XIX – e a criação do periódico *Archivum Historicum* em 1932, sejam mais exemplos desse esforço alargado na construção de um lugar para a Ordem no mundo moderno. Empenho que ultrapassa o historiador Serafim Leite, mas que o abraça e, simultaneamente, nos conduz a nova reflexão; afinal, ao mesmo tempo em que tais investimentos podem ser vistos como resultantes da tradição jesuítica, é necessário pontuar que o século XIX foi o século da consolidação da história como disciplina e da disseminação de práticas científicas que exaltavam o documento como fonte de toda a verdade. Deste modo, a ação jesuítica tanto poderia responder a um passado como dialogar com novas realidades.

Como nosso historiador lidou com os cânones em seus textos? Localizar motivações para a escrita histórica pela Companhia de Jesus coloca Serafim Leite numa longa duração, na chave contínua de um por que, mas não esclarece o como. Será que ele escrevia como o jesuíta Antônio Vieira que leu enquanto convalescia ou, escrevendo em plena organização da *Revista dos Annales*[23], seguia parâmetros historiográficos de fora da Ordem?

Tradições historiográficas

O que atualmente produzimos como história segue parâmetros relativamente recentes, pois, apesar do termo aparecer já na Grécia antiga e manter um nexo até hoje, o que a história representava e como era feita variou enormemente em tempo e espaço. Não cabe aqui um recontar exaustivo dessa variação, mas basta recordar que seu aparecimento como uma disciplina e seu reconhecimento como um saber científico é apenas do fim do século XVIII e que, sem computar todos os séculos anteriores, apenas nesses dois últimos séculos já se transitou da história metódica do século XIX ao paradigma indiciário no fim do XX[24], passando por transformações significativas como a identificação da subjetividade na produção historiográfica.

A lembrança sobre essa recente padronização do fazer historiográfico tem dois objetivos: o primeiro é o de destacar o que foi desenvolvido antes, ou seja, o fato dos jesuítas terem uma tradição de escrita sobre si – de textos memorialísticos e históricos – que antecedeu ao paradigma científico que formalizou a disciplina história, e o segundo é o de localizar que a mais substantiva produção de Serafim Leite ocorreu entre as décadas de 1930 e 1950, quando a École des Annales realizava uma revolução na historiografia[25]. Deste modo, vamos localizar algumas escolhas de Serafim Leite e identificar como as diferentes referências incidiram sobre seu trabalho.

No prefácio do primeiro livro da *História da Companhia de Jesus no Brasil*, portanto, de 1938, Serafim Leite expõe seguir o método positivo de trabalho, afirmando tanto o uso de fontes originais como a verificação da verdade dos fatos. Segundo ele: "A história científica é e há de ser sempre, as datas e os homens, com a sua multíplice atividade no tempo e no espaço. Mediante investigação rigorosa, procura desprender de tudo, com nitidez, a linha geral dos acontecimentos"[26].

Tal defesa da cientificidade do método assim como da verdade dos fatos articula Serafim Leite à escola metódica do século XIX e, apesar das transformações pelas quais a disciplina História passou ao longo do século XX, permaneceu como um bordão para sua produção muito tempo depois. Na nota preliminar de *Novas páginas de História do Brasil*, de 1965, ratifica o que fizera no passado: "Já desde o prefácio do I volume da *História* (1938) fomos dizendo, e repetindo, que o fato histórico estabelece-o o documento fidedigno, independente da vontade de qualquer homem de hoje [...]"[27]. Em sua compreensão, a celebração do documento como fonte da verdade era o que validava a elaboração daquele livro em 1965: "Novos documentos, inéditos uns, conhecidos outros, mas agora de leitura arquivística retificado, convidavam a estudar de mais perto esse fato de tamanhas consequências históricas [...]"[28].

O discurso científico, a verdade dos fatos e dos documentos era, no início do século XX, uma linguagem atualizada para validar a defesa da Companhia, mas, ao considerarmos a ideia de defesa, conectamos Leite a fios bem mais antigos, a narrativas e estratégias discursivas já há muito utilizadas pelos escritores jesuítas. De certa forma seria um modelo novo – científico – para um gesto antigo – a defesa diante do antijesuitismo.

Concordo com Paulo Rogério Oliveira quando afirma a existência de um *topos* comum à historiografia jesuítica[29], apesar de acreditar que tal *topos* – permanecendo como alicerce – dialoga com cada nova condição de produção de seus textos. No caso que observamos, portanto, a produção de Leite não responderia apenas aos parâmetros de escrita de história do início do século XX – a sua intenção de cientificidade ou ao reconhecimento de seu empenho arquivístico –, mas estava amparado por formas de ver e escrever que antecediam o método científico.

> A despeito das diferenças entre os historiadores, a escrita histórica jesuítica apresenta alguns traços em comum que conferem certa unidade à produção histórica da Companhia. Apesar de escreverem em épocas diferentes, e motivados por circunstâncias diferentes, os historiadores jesuítas constituem uma espécie

de linhagem. Ligados por laços institucionais e devocionais a um passado em comum, cultivam uma reverência pela memória escrita e pelos santos e heróis da Companhia. Resulta disso uma historiografia autolegitimadora e autorreferente, que combina a pesquisa histórica com a narrativa hagiográfica.

A hagiografia é uma pista interessante. O modelo de escrita da vida de santos expressa tanto a dimensão biográfica assim como o princípio do elogio e esse duplo parâmetro foi o escolhido pelos primeiros jesuítas para escreverem suas histórias: a exposição da vida de religiosos que, tidos como mártires ou santos, serviriam de exemplo aos noviços. São significativas, por exemplo, as biografias de José de Anchieta, realizadas pelos jesuítas Quirício Caxa e Pero Rodrigues: as duas foram encomendas dos então provinciais no Brasil e tinham como diretriz de enfatizar as virtudes para atrair missionários, mas também em divulgar as realizações da Ordem[30].

Mas o modelo hagiográfico poderia ser apropriado e transformado, deixando de expor a vida de uma pessoa para apresentar a biografia de uma instituição, num elenco também de virtudes, o que realizou Simão de Vasconcelos quando escreveu sua *Crônica da Companhia de Jesus do Estado do Brasil*: o discurso histórico do jesuíta procurava "vincular a consolidação e prosperidade da América Portuguesa à atuação missionária dos padres da Companhia e justificar e defender a política missionária praticada pela Ordem no Brasil desde meados do século XVI"[31].

Seria, portanto, interessante considerar a *História da Companhia de Jesus no Brasil*, de Leite, como uma biografia da Ordem, como o fez a pesquisadora Lívia Pedro[32]. Os 10 volumes são organizados por áreas de atuação, numa divisão espacializadora, mas o recorte primordial é o temporal: Serafim Leite atravessa os séculos somando ações que os religiosos teriam desenvolvido, numa narrativa crescente em número e importância, numa mimese da trajetória humana, com infância, adolescência e maturidade, rompida pela expulsão da Ordem da colônia, o que certamente alude à ideia de que mais tempo tivesse, mais e melhor faria.

Entretanto, não seria uma biografia qualquer; a sugestão de narrativa hagiográfica como *topos* jesuítico proposta por Oliveira exige a demonstração dos valores, do elogio, da pertinência e, no caso, o texto de Leite cumpriria um papel de defesa igual ao de Simão de Vasconcelos no século XVII e outros jesuítas portugueses nos séculos seguintes, que traçaram linhas sobre sua atuação no Brasil, mas agora sob as regras da história metódica. Deste modo, acredito que o porquê realizar a obra seria a espinha dorsal que permitiria a manutenção de uma mesma lógica e estratégia narrativa nos diferentes volumes, mesmo no longo tempo de sua produção.

> Obra tão vasta como a *História*, escrita ao longo de dezoito anos por um único indivíduo, nos levou a supor a existência de continuidades e rupturas durante a sua elaboração. Observamos, porém, que Serafim Leite redigiu os dez volumes do livro baseado nos mesmos pressupostos teóricos e metodológicos. As interpretações das fontes jesuíticas e antijesuíticas feitas pelo autor, sempre favoráveis à Companhia de Jesus do primeiro ao último tomo, transformaram a obra

inteira numa narrativa uniforme, mudando apenas os personagens, os fatos, as regiões e os séculos. O autor adotou igual critério político, moral e ideológico em todos os tomos, unificando-os em torno de um único objetivo: a defesa dos jesuítas portugueses[33].

Sérgio Buarque de Holanda chamou-o de militante[34] e Leite assumiu, dizendo-se não ser do grupo dos "partidários desinteressados" e considerando humana a transparência de sua ideologia: a adoção da luta em prol dos jesuítas definia uma linha contínua de pensamento. Entretanto, tal premissa não nos permite fechar os olhos para as condições de produção de cada um dos historiadores jesuítas, o que significa dizer que a ideia de linhagem apresentada por Oliveira deve ser matizada pelos contextos que marcariam a escrita de cada um deles. Em outras palavras, mesmo que existam elementos que possam unir a *História dos Colégios do Brasil*, de José de Anchieta (século XVI), à *História da Companhia de Jesus no Brasil*, de Serafim Leite (século XX), exibem-se diferenças significativas, iniciando pelas características individuais e chegando aos projetos que cada um abraçou: devemos considerá-los homens de seu tempo, o que, no caso, atingiria as concepções de história e os modos de fazê-la.

Este é um ponto importante na localização da produção de Serafim Leite, pois escrevendo no século XX, já com cânones científicos estabelecidos, a preocupação com a prova e a verdade do documento exibem-se de modo singular. Essa é uma das características de sua escrita e aqui há duas reflexões a seguir: a que pensa como o autor gerenciou tais verdades em meio ao questionamento delas pelo movimento da *Revista dos Anais* e a que descola Leite dos interlocutores exclusivamente jesuítas e o aloca em diálogo com a historiografia brasileira da época. Começo pela última, ou seja, pelos diálogos coetâneos locais. Assim, se no caso do lugar da Companhia...

> Serafim Leite tinha plena consciência da amplitude do contra-ataque que teria que fazer em defesa dos jesuítas portugueses. Além de rebater os opositores da Companhia no Brasil colonial, a exemplo de Gabriel Soares de Sousa e do Marquês de Pombal, o autor da *História* promoveu um confronto historiográfico com Francisco Varnhagen, Afonso Taunay, Capistrano de Abreu, Gilberto Freyre e outros escritores dos séculos XIX e XX[35].

... e, ao fazê-lo, ingressava em outras discussões historiográficas. Leite escreveu durante um intenso movimento intelectual que, no Brasil, procurava esquadrinhar a identidade nacional. Mais do que assinalar o movimento modernista da década de 1920, por exemplo, é importante lembrar o lançamento de obras como *Casa-grande & senzala* e *Raízes do Brasil* na década de 1930[36], assim como assinalar o crescimento editorial no Brasil, a criação de coleções Brasilianas[37], a criação das universidades no país e as reformas na educação: experiências que trazem à tona o fervilhar de projetos e ações que, ao pensarem a nação, referendavam a história.

Serafim Leite não se afastou desta discussão; ao contrário, antes mesmo do lançamento de sua *História*, escreveu o volume 93 da coleção Brasiliana: *Páginas de História do Brasil*.

Assim, sem alusão direta à Companhia e incorporado a um projeto amplo de construção da nacionalidade[38], reuniu no livro conferências, apresentação de documentos e parágrafos da *História da Companhia de Jesus no Brasil*, que ainda não havia sido lançada. No prefácio foi saudado por Afrânio Peixoto como mestre, e ficamos sabendo que a escolha de seu nome para o trabalho derivou de suas publicações no *Jornal do Commercio* e do prêmio que recebera sobre a história da fundação de São Paulo. Além dessas credenciais laicas e afastadas das intenções da Companhia, o próprio Leite deixa registro que o trabalho que realiza vai muito além de uma história da religião, sendo matéria necessária à compreensão do Brasil[39].

Exemplo concreto desse emaranhado entre tradição de defesa jesuítica e diálogo com um contexto específico – a construção de um nacional – pode ser visto na disputa de passado que o trabalho de Leite apresentava. Em 1933 Gilberto Freyre lançara uma das obras que se tornaria, de imediato e ainda hoje, uma das interpretações ícones da experiência colonial brasileira. Textualmente em *Casa-grande & senzala* desqualifica a atuação dos jesuítas, apresentando-a como um entrave à colonização: chamados de "donzelões intransigentes"[40], os jesuítas eram desprezados pelo sociólogo justo no ponto para eles mais importante, o cuidado dos índios, pontuando, por exemplo: "Que para os indígenas teria sido melhor o sistema franciscano que o dos jesuítas parece-nos evidente"[41].

Deste modo, ainda que pautada pela Companhia de Jesus e articulada à situação da província portuguesa em especial, a *História* de Serafim Leite ingressava em outros campos historiográficos, seja por trazer fontes e materiais antes desconhecidos e que passariam a ser consultados e utilizados por historiadores de fora da Ordem; seja por argumentar de modo diverso ou contrário às consolidadas interpretações sobre o Brasil, construindo uma outra visão da sociedade colonial; seja por seu autor escolher incorporar-se no debate brasileiro, ora citando pesquisadores – Capistrano de Abreu, Sérgio Buarque de Holanda – e instituições – Instituto Histórico e Geográfico Brasileiro –, ora argumentando sobre a centralidade da consulta à Companhia para a compreensão não da religião, mas do Brasil:

> O aparecimento da Companhia de Jesus na Europa é um episódio, relevante sem dúvida, mas enfim episódio, da civilização cristã, já feita; o estabelecimento dos Jesuítas no Brasil coincide com a própria formação da nacionalidade. Aqui está a diferença. O que na Europa se menosprezaria por minudência material, topográfica, econômica, semelhante a muitas outras, *assume no Brasil proporções de origem*[42].

3 Conceito-chave

Quanto às escolhas teórico-metodológicas de Serafim Leite, muitos pesquisadores já enfatizaram seu alinhamento com um modelo do século XIX. Nas palavras de Flavio Ruckstadter: "De acordo com os estudos já realizados sobre a *História da Companhia de Jesus no*

Brasil, por Lívia Pedro (2008) e Raquel Wrege (1993), sua visão de História deve ser compreendida a partir dos pressupostos da historiografia tradicional, dita positivista, de inspiração rankiana"[43]. O próprio Ruckstadter tem um capítulo em sua tese para confirmar tais perspectivas, desfiando desde as características do modelo rankiano às práticas formais e de conteúdo de Serafim Leite[44]; afinal, como indicou, "Serafim Leite não escreveu nenhum tratado sobre o método utilizado por ele em suas investigações. [...] Assim, é necessário buscar em seus textos indicações relativas ao método e ao entendimento que o autor dava para História"[45].

Concordando com os pesquisadores, entretanto, creio que devamos seguir de modo mais radical a advertência anunciada por Ruckstadter: "é sempre importante lembrar que jurar fidelidade a um determinado método de investigação nem sempre significa que o autor siga, efetivamente, este caminho em suas pesquisas"[46]. A radicalidade da qual falo é que, usando a mesma fonte, ou seja, os prefácios, encontro algo mais do que a firme convicção do modelo metódico. E isto de três maneiras: no acréscimo de outros prefácios, ou seja, de outras obras do autor que não apenas a *História*; na valorização diversa do que está escrito e na observação de quando os prefácios foram escritos.

Em 1965, quando publica *Novas páginas de História do Brasil*, que se apresenta como obra que complementa a de 1937, confirma que "o fato histórico estabelece-o o documento fidedigno, independente da vontade de qualquer homem de hoje", mas abre espaço para "a interpretação, que é a parte inevitável do escritor quando os fatos são suscetíveis de fundamentar conclusões gerais"[47]. Caso ficássemos na frase, poderíamos considerar que o autor deixa a interpretação e a subjetividade para o escritor, separando-o do historiador, mas, seguindo o texto, vemos que não é disso que trata.

> Assim é. *Não somos dos desinteressados*. O Diretor do Museu Paulista e Professor da Universidade de São Paulo, que fala a seguir do meritório impulso dado a estes estudos por Afrânio Peixoto, move-se num plano superior de realidades e bom-senso. Poderia talvez dar-se um passo mais, com a lanterna bem acesa, em busca de *um historiador tão abstratamente desinteressado que não deixe transparecer nas entrelinhas a apologia de fatos e ideias – religiosas, antirreligiosas, agnósticas ou indiferentes – segundo a sua própria ideologia. É humano*[48].

Vê-se, assim, uma defesa da subjetividade e da intervenção do historiador, a despeito da precisão concedida pelos documentos. Pode-se contra-argumentar que tais ideias são do historiador da década de 1960 e que, talvez, já tivesse incorporado certas alterações historiográficas como a subjetividade, mas... se voltarmos a 1940, pouco depois do lançamento do primeiro volume de sua *História* e antes de muitos dos outros volumes da mesma, veremos que a premissa já se apresentava. Na introdução de *Novas cartas Jesuíticas* dá várias indicações da atividade subjetiva do historiador.

Primário seria indicar as notas que Leite adiciona às cartas como um lugar efetivo de comentário e intervenção do historiador, pois ali não são alterados os documentos, mas o que dizer das observações que faz sobre tradução, sobre a seleção das cartas ou sobre a centralidade jesuítica na formação do Brasil, casada à centralidade da temática indígena na mesma formação? Específico.

A primeira brecha ao subjetivo aparece na dimensão técnica, pois ao assumir ter trabalhado em conjunto com outros copistas, indaga: "Quem nos garante, ainda assim, que se não tenha dissimulado, na leitura ou transcrição de tantos inéditos, alguma inadvertência?"[49] O parágrafo, porém, vai adiante e informa que ele fizera tradução de cartas que se apresentavam em latim ou espanhol, pois "Para um público de língua portuguesa não fazia sentido aparecerem em língua estranha"[50]. Mas a tradução não seria também uma questão apenas técnica? Acredito que não, se localizarmos o contexto de produção da obra, se sabemos que, junto à afirmação de que ele estava empenhado "[...] na coordenação, interpretação e redação destes assuntos do século XVII, para a continuação da história geral"[51], estava em pauta no mesmo momento a discussão sobre a nacionalidade brasileira, onde verter para a língua portuguesa o que estava em espanhol dialoga com a preocupação de literatos e eruditos à época, como Monteiro Lobato, que se empenhava em "ordenar literariamente" Hans Staden para um projeto de formar a nação[52].

Quanto à seleção das cartas:

> Perguntar-se-á porque incluímos aqui também as cartas de Vieira. Por dois motivos. Porque António Vieira *tem para o norte do Brasil*, de formação tardia, só no século XVII, *papel idêntico ao dos primeiros Jesuítas no centro e no sul. Quisemos conglobar na mesma obra documentos aparentados no espírito e no objetivo: defesa dos índios e crítica de costumes.* Manuel da Nóbrega e António Vieira são, efetivamente, os mais altos representantes, no Brasil, do criticismo colonial. Viam justo – e clamavam! E ainda quando o zelo lhes ampliava a visão, o próprio encarecimento era profícuo, em geral, para *contrabalançar abusos*[53].

Ao bom leitor não pode passar despercebido que no pequeno parágrafo se exibem argumentos construídos pelo autor e que revelam, na dimensão da escolha, a aceitação da subjetividade no trabalho do historiador. Primeiro na definição de um lugar para os jesuítas na formação do Brasil (Nóbrega e Vieira se equivalem num papel atribuído por ele, Serafim Leite, nesta formação). Depois numa organização das cartas que não é a da experiência, seja na reunião dos jesuítas de séculos e espaços de atuação diversos, seja na restrição temática.

As duas ações de escolha do autor anteriores se ancoram nos argumentos de centralidade – jesuítica e indígena – e que são também marcas de uma subjetividade consciente.

> Na época decisiva da formação das nações, os germes de civilização são como a vida: deixam herança. *Os dois polos onde gira a nacionalidade brasileira são índios e portugueses*. Outros elementos se lhes vieram conglutinar depois, em proporção maior ou menor, quer europeus, quer africanos, esta última contribuição valiosa com certeza, não tanto como se exagera modernamente. Aqueles, porém, tendo por si o tempo e o número, constituem a massa substancial da nação brasileira.

Isto quer dizer o seguinte: que *estas cartas pertencem pela origem e pelo assunto, em pleno, à história do Brasil*. Pertencem pela origem, porque são daqueles portugueses que fizeram essa história; pertencem pelo assunto, porque "o primeiro tópico de que havemos de tratar na história do Brasil é o dos Índios". A advertência é de Gonçalves Dias (*Obras Posthumas*. Maranhão, 1868: 206)[54].

Fazer a tradução ou selecionar o material que seria reunido em livro deriva da afirmação do valor da Companhia de Jesus para se fazer a história do Brasil – centralidade jesuítica – e das populações indígenas como germe dessa nacionalidade, ponto chave de discussão na historiografia na época e em iniciativas anteriores, como a do Instituto Histórico e Geográfico do Brasil no período imperial e a de Capistrano de Abreu – considerado por ele como o maior historiador brasileiro[55]. Há, portanto, uma manipulação justificada dos materiais a serem apresentados na obra, expondo, portanto, uma avalização de um comportamento historiográfico que não se enquadrava nos moldes rankianos.

Dois últimos comentários fortalecem a perspectiva de que, seguindo a história metódica, Serafim Leite soube fazer uso da avalização da história como construção que considera a subjetividade do historiador. A publicação da *Suma Histórica da Companhia de Jesus no Brasil (Assistência de Portugal, 1549-1760)*, em 1965, e os resultados de novas pesquisas.

Um leitor apressado poderia dizer que a publicação da *Suma Histórica*, obra de apenas um volume que concentra os mesmos conteúdos da *História* de 10 volumes, é simples repetição ou oportunidade editorial, mas um olhar atento vai revelar outras coisas. Novamente o prefácio é significativo.

Segundo Certeau, o texto "é uma prática social que confere ao leitor um lugar bem-determinado, redistribuindo o espaço das referências simbólicas e impondo, assim, uma lição: ela é didática e magisterial"[56]. Ou seja, o autor se adona de suportes compartilhados e elabora um discurso que amarra o leitor às premissas e conclusões que possui. Sob tal orientação, na Nota Preliminar que funciona como prefácio se pode localizar que Leite trabalha com duas ideias de início – o "ponto zero" estabelecido pelo autor, ou seja, o ponto que define um início em relação ao momento presente do leitor, criando sentido e orientação para ele[57]: o nascimento da Companhia de Jesus e a chegada dela em terras brasileiras. E apresenta estratégias distintas para apresentar esses inícios, pois, para dizer do nascedouro da Companhia, não registra em uma data específica, dizendo da Ordem como resultante da Reforma Protestante, ou seja, incorpora-a a algo maior do que ela mesma, fazendo-a parte da história da Igreja.

O outro início, a chegada da Companhia no Brasil, tem data, na verdade datas, pois apresenta a da chegada dos jesuítas no Brasil – 1549 – articulada ao presente em que escreve o livro – 1965. A estratégia de escrita estabelece um vínculo entre as datas e uma perspectiva na ação missionária vinculada à Assistência portuguesa, numa conquista que apaga impasses, dificuldades, perdas e coloca, via colonização, o globo terrestre na mão da Coroa lusa. Mais do que isso, embaralha os tempos e num passe de mágica – no uso desses apagamentos que incluem até a expulsão da Ordem – estabelece que a Companhia foi o "instrumento" que evangelizou o Brasil e transformou-o no que ele seria: a maior nação católica do mundo.

A conexão dos tempos serve, assim, para a declaração que acredito que dê sentido à publicação mesma: "Ainda está por fazer a história do Brasil católico, no seu conjunto, nem será fácil num plano coordenado e científico"[58]. A ideia dos textos construírem uma lição, como sugere Certeau, é aqui bastante adequada. Leite afirma na Nota Preliminar que o prefácio que escrevera em 1938 para a *História da Companhia de Jesus no Brasil* enfatizava a história da Ordem, porém aqui a mesma história, agora como *Suma*, passa a ser instrumento para outra coisa: não mais apresentar a Companhia de Jesus, mas o lugar do catolicismo no Brasil do século XX. Justificar a maior nação católica do mundo dá sentido ao livro de 1965; portanto, a publicação da *Suma* não vem ocupar o mesmo lugar da obra que lhe embasara, não é uma atualização para consulta rápida tendo em vista ser um volume e a outra ter dez[59].

O que isso pode significar? O que esse deslocamento representa? Interpreto como resposta de um historiador atento ao seu mundo. A demanda não era mais a de luta contra um antijesuitismo, mas uma luta em favor do catolicismo, considerando que o comunismo e o avanço de outras igrejas recaíam sob Roma nesta época como uma sombra anticatólica. Deste modo, em lugar de minimizar o lugar da Companhia na longa história da Igreja, como fizera num prefácio de 1940[60], inverte a situação e a adensa de sentido, quase que numa convocação de que os jesuítas recordem de que fazem parte de um todo maior, sacerdotes da Igreja de Deus que são. Devemos ponderar que o autor é o mesmo, o material é o mesmo, mas claramente a história é outra, o que nos permite perceber a dimensão subjetiva e de intervenção nas opções do historiador.

Além da necessária observação de que um mesmo gesto em diferente contexto possui diferente significado, que é o caso da publicação da *Suma*, cabe ainda observar que mais recentes pesquisas – sobre temas que tocam na produção do historiador – nos trazem uma perspectiva diversa sobre seus rigores metódicos.

"Serafim Leite afirma estar convicto de não ter omitido nada por ser desagradável à Companhia de Jesus, nem de ter modificado o conteúdo dos documentos de maneira proposital"[61]. Será? Em suas pesquisas no Arquivo Geral dos Jesuítas, Cristina Pompa encontrou diferenças e divergências entre documentos publicados por Serafim Leite e os originais[62] e Adriana Cerello, ao observar as práticas de Serafim Leite na construção de notas e traduções, exibe o oposto daquilo que ele declarara, pois...

> [...] fazendo supor que as notas seriam o local de fornecimento de provas de sua pesquisa e serviriam como suporte para a edição das cartas jesuíticas do século XVI, o organizador, no entanto, só faz esconder sua pesquisa historiográfica em prol da reafirmação da tradição de leitura estabelecida pela Companhia de Jesus sobre a transmissão de seus próprios documentos[63].

A mesma pesquisadora, ao mapear a organização e critérios editoriais da Comissão do IV Centenário da Cidade de São Paulo, expõe como interessada a adequação das notas das *Cartas* publicadas por Leite em tal contexto, exibindo o historiador compromissado com uma certa memória de São Paulo que tanto provia uma idealização dos índios como dos jesuítas[64].

Enfim, creio que efetivamente Serafim Leite estava atrelado à defesa da Ordem, à tradição jesuítica de escrita de história e ao modelo historiográfico dito científico no século XIX, porém essas linhas mestras para seu texto não o impediram de liberdades que a compreensão da história como construção poderia lhe conceder.

4 Considerações finais

Assim como Palavra, talvez devamos considerar Verdade um dos conceitos-chave deste historiador. Os dois termos carregam consigo forças de diferentes matrizes, qual sejam, a do compromisso religioso e a do compromisso historiográfico. Serafim Leite foi um homem que, no seu trabalho, congregou esses dois mundos: traduziu a imperativa condução da Palavra divina, a Verdade para o mundo terreno, própria dos missionários jesuítas através de seu serviço de escritor especializado, de historiador. Deste modo, através da história da ordem religiosa a que estava agregado e da história de alguns de seus ícones, divulgou fontes, construiu cronologias, teceu enredos, fez história.

Como dito no início, a sequência de informações ganha significado para o leitor através da proposta do escritor-historiador que a conecta. Para Serafim Leite, a verdade científica foi instrumento da Verdade divina assim como a palavra do escritor-historiador, instrumento da disseminação da Palavra divina. Essa foi a sua mágica

Notas

[1] LEITE, S. A minha vocação. In: *Revista da Academia Brasileira de Letras*, vol. 60, ano 39, 1940, p. 383. Rio de Janeiro.

[2] Ibid., p. 385.

[3] Ibid., p. 386.

[4] Ibid., p. 389.

[5] Ibid., p. 391.

[6] Ibid., p. 395.

[7] *Aveiro e seu Distrito*, n. 16, dez./1973 [Publicação semestral da Junta Distrital de Aveiro] [Disponível em http://www.prof2000.pt/users/avcultur/aveidistrito/boletim16/page29.htm].

[8] LEITE, S. A minha vocação. Op. cit., p. 396.

[9] Aproprio-me da epígrafe selecionada por Lívia Pedro em sua dissertação, onde faz uma "biografia" da obra *História da Companhia de Jesus no Brasil*, de Serafim Leite. Compartilho com ela a identificação matricial da palavra entre os jesuítas e, no caso, em especial, sobre o valor da palavra escrita como instrumento de perpetuação da Ordem.

[10] BOXER, C. *A Igreja e a expansão ibérica*. Lisboa: Ed. 70, 1989, p. 89.

[11] Além dos três votos de obediência tradicionais do clero – pobreza, castidade e obediência –, os jesuítas professam um quarto voto: obediência ao papa.

[12] A *Ratio* foi a elaboração de uma organização pedagógica da formação nos colégios jesuítas. Cf. FRANCA, L. *O método pedagógico dos jesuítas, a "Ratio Studiorum"*: introdução e tradução. Rio de Janeiro: Agir, 1952. • TOYSHIMA, A.M.S. et al. Algumas considerações sobre a *Ratio Studiorum* e a organização da educação nos colégios jesuítas. In: *Anais do XIV Simpósio Internacional Processos Civilizadores*. Universidade Estadual de Londrina, 2012 [Disponível em http://www.uel.br/grupo-estudo/processoscivilizadores/portugues/sitesanais/anais14/arquivos/textos/Comunicacao_Oral/Trabalhos_Completos/Ana_Toyshima_e_Gilmar_Montagnoli_e_Celio_Costa.pdf].

[13] PATUZZI, S. Projeto historiográfico de Claudio Acquaviva: *Acta* e *Monumenta* [Apresentação oral no ST *De Loyola a Certeau: a Companhia de Jesus e a(s) escrita(s) da História*, na Anpuh 2015].

[14] FRANCO, J.E. *O mito dos jesuítas em Portugal, no Brasil, no Oriente e na Europa*. 2 vols. 2. ed. Lisboa: Gradiva, 2006.

[15] Grupo de jesuítas que, no século XVI, seguiam o Padre Jean Bolland e se organizaram para recolher e fazer exame crítico da literatura hagiográfica existente.

[16] No caso do Brasil, há a Editora Loyola, mas a prática editorial jesuítica esteve presente em praticamente toda a América. Cf. VANNUCCI, S. Le complexe éditorial des jésuites et le contrôle de la lecture au Québec (1930-1960). In: *Mens – Revue d'histoire intellectuelle de l'Amérique Française*, vol. 5, n. 2, 2005, p. 431-463 [Disponível em http://www.erudit.org/revue/mensaf/2005/v5/n2/1024361ar.pdf].

[17] Iniciada em 1902 no Colégio Jesuíta de São Fidel como uma revista de ciências naturais, a *Brotéria* assume em 1932 outro perfil, uma revista de cultura em geral. Em 1928, no 2º andar da casa onde era produzida, foi criada uma Casa de Escritores Jesuítas, unindo, portanto, a revista à casa.

[18] Agradeço ao Prof.-Dr. Luiz Fernando Rodrigues pelas orientações sobre práticas editorias da Companhia.

[19] FRANCO, J.E. *O mito dos jesuítas em Portugal, no Brasil e no Oriente*. Op. cit. Vol. I, p. 42.

[20] PEDRO, L. *História da Companhia de Jesus no Brasil* – Biografia de uma obra. Universidade Federal da Bahia, 2008, p. 62 [Dissertação de mestrado].

[21] Ibid., p. 58.

[22] Ibid., p. 59.

[23] BURKE, P. *A revolução francesa da historiografia*: a *Escola dos Annales* (1929-1989). São Paulo: Unesp, 1991.

[24] Cf. BOURDÉ, G. & MARTIN, H. *As escolas históricas*. Mira-Sintra: Europa-América, 1983.

[25] Aproprio-me da expressão de Peter Burke para indicar a transformação que a *Revista dos Anais* promove e multiplica. Cf. BURKE, P. *A revolução francesa da historiografia...* Op. cit.

[26] LEITE, S. *História da Companhia de Jesus no Brasil*. 10 vols. Lisboa/Rio de Janeiro: Portugália/Civilização Brasileira, 1938-1950. tomo I, p. XVI.

[27] LEITE, S. *Novas páginas de História do Brasil*. São Paulo: Companhia Editora Nacional, 1965, p. X.

[28] Ibid., p. IX.

[29] OLIVEIRA, P.R. Um estilo jesuítico de escrita da história: notas sobre estilo e história na historiografia jesuítica. In: *História da historiografia*, n. 7, nov.-dez./2011, p. 266-278. Ouro Preto.

[30] FREITAS, C.C.S. Um santo jesuíta no Brasil – Uma análise política do processo de beatificação de José de Anchieta (século XVII). In: *Anais do XXVI Simpósio Nacional de História*, na Anpuh. São Paulo, jul./2011 [Disponível em http://www.snh2011.anpuh.org/resources/anais/14/1300880887_ARQUIVO_textoanpuh2011.pdf].

[31] FREITAS, C.C.S. A santidade no discurso: a construção de uma identidade missionária jesuíta no século XVII. In: *Antiguos jesuitas en Iberoamérica*, vol. 2, n. 1, 2014 [Córdoba: Conicet-UNC] [Disponível em http://ciecs-conicet.gob.ar/revistas/index.php/ihs/article/view/28].

[32] "Portanto, quando assumiu a função de biógrafo da Ordem em 1932, Serafim Leite tinha plena consciência da amplitude do contra-ataque que teria que fazer em defesa dos jesuítas portugueses" (PEDRO, L. *História da Companhia de Jesus no Brasil...* Op. cit., p. 62).

[33] Ibid., p. 57.

[34] HOLANDA, S.B. *Cobra de vidro*. São Paulo: Martins, 1944, p. 90.

[35] PEDRO, L. *História da Companhia de Jesus no Brasil...* Op. cit., p. 62.

[36] FREYRE, G. *Casa-grande & senzala*. Rio de Janeiro: José Olympio, 1987. • HOLANDA, S.B. *Raízes do Brasil*. Rio de Janeiro: Jose Olympio, 1992.

[37] "A primeira coleção, a Brasiliana, foi criada em 1931 pela Companhia Editora Nacional, então propriedade de Octalles Marcondes Ferreira. Essa coleção se tornou, ao longo dos anos em que foi publicada, entre 1931 e 1993, um privilegiado espaço de difusão da produção intelectual sobre o Brasil, constituindo-se em uma biblioteca real e metafórica sobre o país. O conjunto de livros organizou-se em duas fases distintas: uma primeira, na qual foi dirigida por Fernando de Azevedo, e uma segunda, a partir de 1956 (até 1993), quando foi publicada sob a coordenação de Américo Jacobina Lacombe" (VENÂNCIO, G.M. & FURTADO, A.C. Brasiliana & História Geral da Civilização Brasileira: escrita da História, disputas editoriais e processos de especialização acadêmica (1956-1972). In: *Revista Tempo e Argumento*, vol. 5, n. 9, jan.-jun./2013, p. 5-23. Florianópolis).

[38] "[...] a Brasiliana apresentava-se em seus anúncios publicitários como 'a mais vasta e a mais completa coleção e sistematização que se tentou até hoje de estudos brasileiros', reunindo 'ensaios sobre a formação histórica e social do Brasil, estudos de figuras e de problemas nacionais (geográficos, etnológicos, políticos, econômicos, militares etc.), reedições de obras raras de notório interesse e traduções de obras estrangeiras sobre assuntos brasileiros'. Em termos concretos, isto significava publicar autores conhecidos e novos, clássicos e contemporâneos, nacionais e estrangeiros, bem como trabalhos tanto originais quanto reeditados, numa atividade intensa a ponto de atingir a impactante marca de cem volumes lançados em pouco mais de cinco anos" (FRANZINI, F. Escrever textos, editar livros, fazer história: a coleção documentos brasileiros e as transformações da historiografia nacional (1936-1960). In: *Revista Tempo e Argumento*, vol. 5, n. 9, jan.-jun./2013, p. 24-45. Florianópolis).

[39] "[...] o âmbito das cartas ultrapassa a história de uma Instituição [...]" (LEITE, S. *Novas cartas jesuíticas*. São Paulo: Companhia Editora Nacional, 1940, p. 11); ou ainda "[...] estas 'páginas' não se redigiram só por motivos de história religiosa [...]" (LEITE, S. *Novas páginas de História do Brasil*. Op. cit., p. XI).

[40] FREYRE, G. *Casa-grande & senzala*: formação da família brasileira sob o regime da economia patriarcal. 51. ed. rev. São Paulo: Global, 2006, p. 531.

[41] Ibid., p. 216.

[42] LEITE, S. *Novas cartas jesuíticas*. Op. cit., p. 11 [grifo meu].

[43] RUCKSTADTER, F.M.M. *Padre Serafim Leite (S.J.)*: um intelectual entre o Brasil e Portugal no século XX. Maringá: Universidade Estadual de Maringá, 2012, p. 74 [Tese de doutorado].

[44] Cf. ibid., cap. III: "O historiador e a história", p. 66-93.

[45] Ibid., p. 77.

[46] Ibid.

[47] LEITE, S. *Novas páginas de História do Brasil*. Op. cit., p. X.

[48] Ibid., p. X-XI [grifo meu[.

[49] LEITE, S. *Novas cartas jesuíticas*. Op. cit., p. 12.

⁵⁰ Ibid.

⁵¹ Ibid.

⁵² SANTOS, D.M. Do IHGB a Monteiro Lobato, do científico ao literário: (re)significações do Diário de Hans Staden. In: *História, histórias*, vol. 1, n. 5, 2015. Brasília: UnB [Disponível em http://periodicos.unb.br/index.php/hh/article/view/15662].

⁵³ LEITE, S. *Novas cartas jesuíticas*. Op. cit., p. 12 [grifo meu].

⁵⁴ Ibid., p. 13-14 [grifo meu].

⁵⁵ RUCKSTADTER, F.M.M. *Padre Serafim Leite...* Op. cit., p. 79.

⁵⁶ CERTEAU, M. *A escrita da história*. Rio de Janeiro: Forense Universitária, 1985, p. 95.

⁵⁷ Ibid., 96-99.

⁵⁸ LEITE, S. *Suma histórica da Companhia de Jesus no Brasil*: assistência de Portugal, 1549-1760. Lisboa: Junta de Investigações do Ultramar, 1965.

⁵⁹ O argumento foi desenvolvido em FERNANDES, E.B.B. A escrita como vocação: Serafim Leite [Apresentação oral no ST *De Loyola a Certeau: a Companhia de Jesus e a(s) escrita(s) da História*, na Anpuh 2015, em Florianópolis].

⁶⁰ "O aparecimento da Companhia de Jesus na Europa é um episódio, relevante sem dúvida, mas enfim episódio, da civilização cristã, já feita; o estabelecimento dos jesuítas no Brasil coincide com a própria formação da nacionalidade. Aqui está a diferença. O que na Europa se menosprezaria por minudência material, topográfica, econômica, semelhante a muitas outras, assume no Brasil proporções de origem" (LEITE, S. *Novas cartas jesuíticas*. Op. cit., p. 11).

⁶¹ RUCKSTADTER, F.M.M. *Padre Serafim Leite...* Op. cit., p. 82.

⁶² Cf. POMPA, C. *Religião como tradução* – Missionários, Tupi e Tapuia no Brasil colonial. São Paulo: Edusc, 2003.

⁶³ CERELLO, A.G. *O livro nos textos jesuíticos do século XVI* – Indicações materiais da produção e circulação de livros nas cartas dos jesuítas na América Portuguesa (1549-1563). Faculdade de Filosofia, Letras e Ciências Humanas da USP, 2007, p. 22 [Dissertação de mestrado].

⁶⁴ Ibid., p. 25-26.

Referências

Aveiro e seu distrito, n. 16, dez./1973 [Publicação semestral da Junta Distrital de Aveiro] [Disponível em http://www.prof2000.pt/users/avcultur/aveidistrito/boletim16/page29.htm].

BOURDÉ, G. & MARTIN, H. *As escolas históricas*. Mira-Sintra: Europa-América, 1983.

BOXER, C. *A Igreja e a expansão ibérica*. Lisboa: Ed. 70, 1989.

BURKE, P. *A Revolução Francesa da historiografia: a Escola dos Annales* (1929-1989). São Paulo: Unesp, 1991.

CERELLO, A.G. *O livro nos textos jesuíticos do século XVI* – Indicações materiais da produção e circulação de livros nas cartas dos jesuítas na América Portuguesa (1549-1563). Faculdade de Filosofia, Letras e Ciências Humanas da USP, 2007 [Dissertação de mestrado].

CERTEAU, M. *A escrita da história*. Rio de Janeiro: Forense Universitária, 1985.

FERNANDES, E.B.B. A escrita como vocação: Serafim Leite [Apresentação oral no ST *De Loyola a Certeau: a Companhia de Jesus e a(s) escrita(s) da História*, na Anpuh 2015, em Florianópolis].

FRANCA, L. *O método pedagógico dos jesuítas:* o *"Ratio Studiorum"*: introdução e tradução. Rio de Janeiro: Agir, 1952.

FRANCO, J.E. *O mito dos jesuítas em Portugal, no Brasil, no Oriente e na Europa*. 2 vols. 2. ed. Lisboa: Gradiva, 2006.

FRANZINI, F. Escrever textos, editar livros, fazer história: a coleção documentos brasileiros e as transformações da historiografia nacional (1936-1960). In: *Revista Tempo e Argumento*, vol. 5, n. 9, jan.-jun./2013, p. 24-45. Florianópolis.

FREITAS, C.C.S. A santidade no discurso: a construção de uma identidade missionária jesuíta no século XVII. In: *Antiguos jesuitas en Iberoamérica*, vol. 2, n. 1, 2014 [Córdoba: Conicet-UNC] [Disponível em http://ciecs-conicet.gob.ar/revistas/index.php/ihs/article/view/28].

_____. Um santo jesuíta no Brasil – Uma análise política do processo de beatificação de José de Anchieta (século XVII). In: *Anais do XXVI Simpósio Nacional de História* na Anpuh. São Paulo, jul./2011 [Disponível em http://www.snh2011.anpuh.org/resources/anais/14/1300880887_ARQUIVO_textoanpuh2011.pdf].

FREYRE, G. *Casa-grande & senzala*: formação da família brasileira sob o regime da economia patriarcal. 51. ed. rev. São Paulo: Global, 2006.

HOLANDA, S.B. *Raízes do Brasil*. Rio de Janeiro: José Olympio, 1992.

_____. *Cobra de vidro*. São Paulo: Martins, 1944.

LEITE, S. *Novas páginas de História do Brasil*. São Paulo: Companhia Editora Nacional, 1965.

_____. *Suma histórica da Companhia de Jesus no Brasil*: assistência de Portugal, 1549-1760. Lisboa: Junta de Investigações do Ultramar, 1965.

_____. A minha vocação. In: *Revista da Academia Brasileira de Letras*, vol. 60, ano 39, 1940. Rio de Janeiro.

_____. *Novas cartas jesuíticas*. São Paulo: Companhia Editora Nacional, 1940.

_____. *História da Companhia de Jesus no Brasil*. 10 vols. Lisboa/Rio de Janeiro: Portugália/Civilização Brasileira, 1938-1950.

OLIVEIRA, P.R. Um estilo jesuítico de escrita da história: notas sobre estilo e história na historiografia jesuítica. In: *História da Historiografia*, n. 7, nov.-dez./2011, p. 266-278. Ouro Preto.

PATUZZI, S. Projeto historiográfico de Claudio Acquaviva: *Acta* e *Monumenta* [Apresentação oral no ST *De Loyola a Certeau: a Companhia de Jesus e a(s) escrita(s) da História* na Anpuh 2015. Florianópolis].

PEDRO, L. *História da Companhia de Jesus no Brasil* – Biografia de uma obra. Universidade Federal da Bahia, 2008 [Dissertação de mestrado].

POMPA, C. *Religião como tradução* – Missionários, Tupi e Tapuia no Brasil colonial. São Paulo: Edusc, 2003.

RUCKSTADTER, F.M.M. *Padre Serafim Leite (S. J.)*: um intelectual entre o Brasil e Portugal no século XX. Maringá: Universidade Estadual de Maringá, 2012 [Tese de doutorado].

SANTOS, D.M. Do IHGB a Monteiro Lobato, do científico ao literário: (re)significações do Diário de Hans Staden. In: *História, histórias*, vol. 1, n. 5, 2015. Brasília: UnB [Disponível em http://periodicos.unb.br/index.php/hh/article/view/15662].

TOYSHIMA, A.M.S. et al. Algumas considerações sobre a *ratio studiorum* e a organização da educação nos colégios jesuítas. In: *Anais do XIV Simpósio Internacional Processos Civilizadores*. Londrina: Universidade Estadual de Londrina, 2012 [Disponível em http://www.uel.br/grupo-estudo/processoscivilizadores/portugues/sitesanais/anais14/arquivos/textos/Comunicacao_Oral/Trabalhos_Completos/Ana_Toyshima_e_Gilmar_Montagnoli_e_Celio_Costa.pdf].

VANNUCCI, S. Le complexe éditorial des Jésuites et le contrôle de la lecture au Québec (1930-1960). In: *Mens* – Revue d'Histoire Intellectuelle de l'Amérique Française, vol. 5, n. 2, 2005, p. 431-463 [Disponível em http://www.erudit.org/revue/mensaf/2005/v5/n2/1024361ar.pdf].

VENÂNCIO, G.M. & FURTADO, A.C. Brasiliana & História Geral da civilização brasileira: escrita da História, disputas editoriais e processos de especialização acadêmica (1956-1972). In: *Revista Tempo e Argumento*, vol. 5, n. 9, jan.-jun./2013, p. 5-23. Florianópolis.

14
Sérgio Buarque de Holanda (1902-1982)

Thiago Lima Nicodemo *

No final da sua vida, Sérgio Buarque de Holanda era frequentemente perguntado sobre *Raízes do Brasil*. Suas respostas desconcertavam os entrevistadores, que não esperavam respostas tão negativas sobre o livro. Nas suas palavras, "o livro está superado e é plenamente datado"[1], disse em 1976, em entrevista publicada nas "páginas amarelas" da revista *Veja*; ou ainda: "É um livro com o qual eu não concordo muito, mas que tem tido grande visibilidade", como chegou a dizer em seu último depoimento conhecido, gravado em junho de 1981[2]. Fato é que o livro se tornava cada ano mais conhecido, popularidade que continuou crescendo mesmo após a morte do autor, em 1982. Até 1967, data da primeira versão do famoso prefácio de Antonio Candido, o livro havia tido apenas quatro edições. Com a publicação da edição crítica celebrando os 80 anos da obra serão agora 27 ou 28[3].

Estranho pensar que apesar dessa insatisfação demonstrada Sérgio Buarque reviu substancialmente a obra ao longo das suas duas edições subsequentes. Além disso, também deve-se levar em consideração a revisão que faz das suas posições ao longo das obras posteriores. Neste texto procuro mostrar como este duplo movimento de revisão se articula: ao mesmo tempo em que revisa *Raízes* internamente, Sérgio Buarque refletiu e reviu a obra na própria elaboração dos seus outros livros. Veremos então como as linhas gerais de interpretação do Brasil, esboçadas em 1936, se articulam com obras como *Monções* (1945), *Caminhos e fronteiras* (1957), *Visão do paraíso* (1958), e *Do Império à República*. Ambos movimentos, como veremos, caminham no sentido da criação de um senso de unidade e de coesão para a sua obra, além de confluírem também para uma leitura política dos impasses para o desenvolvimento de uma esfera pública e democrática no Brasil.

---

* Doutor em História Social pela Universidade de São Paulo (USP) e pós-doutor pelo Instituto de Estudos Brasileiros da USP (IEB-USP). É pesquisador do IEB-USP, professor-adjunto do Departamento de História da Universidade do Estado do Rio de Janeiro (Uerj) e professor do Programa de Pós-graduação em História da mesma instituição.

1 À guisa de introdução: a trajetória intelectual de Sérgio Buarque de Holanda

Nascido em São Paulo, no bairro da Liberdade em 1902, Sérgio Buarque de Holanda transferiu-se com a família para o Rio de Janeiro, em 1921. Logo que chegou, matriculou-se na Faculdade Nacional de Direito. Da nova sociabilidade nasceu a amizade com Prudente de Moraes, neto, Afonso Arinos, Rodrigo de Melo Franco e a aproximação com intelectuais já conhecidos na cena carioca como Ronald de Carvalho, Manuel Bandeira e Graça Aranha[4]. Apesar de não ter presenciado a Semana de 1922 por causa dos exames na faculdade, Sérgio foi um mediador fundamental entre os intelectuais "modernistas" radicados nas duas principais cidades do país, tendo colaborado com a revista *Klaxon* (1922-1923) e, posteriormente, sendo um dos editores da revista *Estética* (1924-1925).

Depois de alguns anos trabalhando na imprensa carioca no final da década de 1920, Sérgio Buarque foi correspondente do *O Jornal* na Alemanha, cobrindo também assuntos do Leste Europeu[5]. Os dois anos em que esteve em Berlim foram definitivos, pois desenvolveu seus conhecimentos em ciências sociais, assistindo aulas com Friedrich Meinecke, e se aprofundando em leituras de Max Weber. Neste período esboçou o seu primeiro livro com o título provisório de *Teoria da América*, que foi apenas publicado em 1936 sob o título *Raízes do Brasil*. No mesmo ano da publicação de *Raízes do Brasil*, Sérgio Buarque foi contratado como professor de História Moderna e Literatura Comparada na recém-criada Universidade do Distrito Federal, iniciando assim um longo histórico de cooperação com instituições públicas na área da cultura. Com a extinção da universidade em 1939, foi incorporado ao Instituto Nacional do Livro, trabalhando ao lado de Augusto Meyer, Mario de Andrade, José Honório Rodrigues, além de ter estreitado a colaboração com Rubens Borba de Moraes, então diretor da Biblioteca Municipal de São Paulo. No Rio de Janeiro, ainda trabalhou na Biblioteca Nacional entre 1944 e 1946 a convite do mesmo Rubens Borba, então encarregado de uma reestruturação na instituição[6]. Nesses anos militou contra a ditadura do Estado Novo, por meio da Associação Brasileira de Escritores, e da consequente fundação da Esquerda Democrática e do Partido Socialista.

Uma nova fase de sua produção intelectual se inaugura com a publicação de *Monções*, em 1945, e com a mudança para São Paulo, no ano seguinte. A bibliografia sobre Sérgio Buarque de Holanda defende a ideia dessa mutação, especialmente na maneira pela qual os modelos interpretativos duais de seu primeiro livro, "trabalhador e aventureiro", ou, o "ladrilhador e semeador", alteram-se desde *Monções*, seu segundo livro, e resulta no desenvolvimento de um método fluido, preocupado em escapar de generalizações e em captar as diversas temporalidades dos eventos[7]. Em adição, a abrangência tipicamente ensaísta de seu primeiro livro – a pretensão de abarcar como tema do livro a história de adaptação do europeu a um novo mundo – é substituída por recortes consideravelmente mais circunscritos, em grande consonância com a vanguarda da historiografia internacional do período, como veremos mais adiante. Em poucas palavras, Sérgio Buarque vai se transformando num historiador de ofício na medida em que as linhas abertas por *Raízes do Brasil* vão se aprofundando em estudos monográficos. Em 1946, voltou para São Paulo. Encarregado da direção do Museu Paulista, promoveu uma reforma estrutural na instituição, intensificando a cooperação com instituições internacionais de pesquisa, organizando os *Anais do Museu Paulista* e promovendo a aquisição de coleções e viagens de mapeamento etnológico.

Entre 1952 e 1954 morou na Itália, trabalhando como professor na recém-fundada cátedra de "estudos brasileiros" na *Università di Roma*. Pouco após o seu retorno, no final de 1956, se desligou definitivamente do Museu Paulista e passou a lecionar no departamento de História da Universidade de São Paulo. Tornou-se catedrático em 1958 com a defesa de *Visão do paraíso: os motivos edênicos no imaginário e colonização do Brasil*, um dos seus mais importantes livros. Ademais, como docente teve uma atuação fundamental na incorporação de acervos e instituições de preservação tais como os acervos do MAC – Museu de Arte Contemporânea e de várias coleções que hoje integram o MAE – Museu de Arqueologia e Etnologia e com a fundação do IEB – Instituto de Estudos Brasileiros. Também merece destaque o projeto da *História geral da civilização brasileira*, que talvez seja a última tentativa de síntese da história do Brasil em uma obra coletiva extensa e abrangente. A obra foi sendo publicada a partir do início da década de 1960, abrangendo desde os antecedentes da colonização até a transição para a República. Este último, o sétimo volume intitulado *Do Império à República*, foi inteiramente escrito por Sérgio Buarque e publicado em 1972[8]. Além de ser o lugar de publicação de seu último grande livro, a *História geral da civilização brasileira* foi importante para consolidação de um campo especializado de estudos acadêmicos na área de história, reunindo pesquisadores que despontavam com teses originais e também consolidando um certo repertório de temas-chave, como o processo de emancipação do Brasil, a nacionalização da burocracia e do aparato estatal no século XIX, e a crise que deflagrou a República (que inclui a Guerra do Paraguai, o liberalismo econômico e a ascensão dos militares no campo político).

2 *Raízes do Brasil*: um livro atual?

O leitor contemporâneo de *Raízes do Brasil* tem a sensação clara de vitalidade e atualidade da obra. Como veremos a seguir, esta sensação de vitalidade foi construída ao longo do tempo, seja nas diversas revisões, acréscimos e apagamentos que fez nas edições subsequentes, seja pela fortuna crítica que foi se acumulando sobre a obra ao longo do século XX. Ao mesmo tempo, não podemos deixar de reconhecer que as condições básicas para essa atualidade já estavam postas desde a primeira edição, afinal o fio condutor do ensaio é a análise dos entraves históricos para modernização do Brasil, enfatizando sobretudo o peso do passado agrário na formação de Estado e sociedade.

Antes de continuar vale ressaltar que o objeto central da discussão do livro não é o passado colonial do Brasil, mas sim como esse passado se dissolve no presente, no cenário da Primeira República de fim da escravidão, urbanização e modernização. O livro é, portanto, muito mais marcado por dúvidas e agonias do que este processo pode resultar no caso da experiência histórica brasileira e também da latino-americana. Mais especificamente, a obra trata da ruína da sociedade agrária e da família patriarcal no mundo moderno da cidade, apontando as contradições, impasses e possíveis saídas[9].

A ideia que está no centro deste debate é a de "cordialidade" (tema do capítulo cinco), justamente um dos resquícios da ordem patriarcal que teima em permanecer no mundo da cidade. Enquanto metáfora, a cordialidade sintetiza a natureza das relações sociais e políticas no Brasil, apontando para a instauração de uma ordem política nos tempos pós-Independência. Trata-se, portanto, de uma reminiscência do mundo agrário e patriarcal que permaneceu na autonomização das nossas instituições e também dos nossos hábitos. Enfim, o importante para Sérgio Buarque não era tanto a análise da família patriarcal e dos seus modos de produção agrícola e em larga escala, como havia feito Gilberto Freyre, mas sim o fato de que parte desses costumes migraram para as cidades junto com os filhos e netos desses senhores de engenho. A elite e as instituições criadas com o Estado brasileiro carregariam esses costumes personalistas e rurais para seu núcleo, criando assim um grande "desequilíbrio social, cujos efeitos permanecem vivos até hoje"[10]. O conjunto de relações sociais engendrados pela metáfora da cordialidade se apresentavam como um grande entrave para a modernização do Brasil: enquanto os brasileiros se comportassem na vida pública como se estivessem dentro dos seus núcleos familiares, beneficiando seus amigos, driblando as leis etc., não teríamos condições para o desenvolvimento de uma ordem pública, impessoal e democrática, no Brasil.

Para além dos laços familiares, a ideia que orienta o livro é de que a lógica da colonização e da formação do Brasil é arcaica, de certo modo, mais medieval do que moderna. A mentalidade dos nossos colonizadores, como mostra no primeiro capítulo, "Fronteiras da Europa", ainda era marcada por valores arcaicos que circulavam em torno de uma lógica de privilégios inatos e hereditários, como aqueles que separam suseranos de vassalos[11]. Também dependia de um sentido religioso da vida, que condiciona certos padrões de se organizar socialmente. Em suas palavras, "a hierarquia do pensamento subordinava-se a uma hierarquia cosmogônica. A coletividade de homens na terra espelhava palidamente a cidade de Deus"[12].

Como já foi apontado pela crítica, o livro foi originalmente estruturado por modelos analíticos duais. Segundo esclarecimento do próprio autor, tais conceitos não possuem existência real fora do mundo das ideias[13], eles foram elaborados a partir de um conjunto de situações historicamente concretas que juntas permitem a modelagem de um denominador comum abstrato – um tipo[14]. Chamo atenção para dois desses pares: o "trabalhador" e o "aventureiro", tema do capítulo II da obra, e o "ladrilhador" e do "semeador", desenvolvido no capítulo IV intitulado "O passado agrário (continuação), ou, a partir da edição de 1948, "O ladrilhador e o semeador".

Nos dois casos trata-se de investigar como o colonizador português foi movido por um certo "desleixo e certo abandono"[15] inato, uma espécie de senso prático que o impele à repetição das experiências e ensinamentos anteriores. Por isso, os portugueses haviam tentado recriar no Brasil "o seu meio de origem"[16], acentuando características de dispersão social e territorial, formando laços mais precários possíveis com a terra. Nesse sentido, muito do sistema de colonização português, ainda pautado pelo modelo das feitorias nas franjas litorâneas, poderia ser explicado pela figura do "aventureiro", que era um estereotipo que servia muito bem ao navegador português – um sujeito impermanente, sempre em movimento, procurando novas fronteiras a serem exploradas. Ao contrário do trabalhador que buscava estabilidade na terra, o impulso do aventureiro era pela busca de recompensas de retorno rápido, como as especiarias ou o ouro.

As características da colonização eram melhor vislumbradas em um exame detido do caso das cidades, já que o período colonial havia deixado marcas concretas no traçado e na organização das cidades atuais da América, nas suas "praças maiores" e no traçado regular de suas vias. No texto a análise remete ao caso do "ladrilhador" e do "semeador". A primeira figura remetia ao padrão de colonização na América espanhola caracterizada por "uma aplicação insistente em assegurar o predomínio militar, econômico e político da metrópole sobre as terras conquistadas, mediante a criação de núcleos de povoação estáveis, permanentes e bem-ordenados"[17]. O "semeador" por sua vez era o retrato do colonizador português pautado por um mimetismo com a natureza que denota o desleixo e falta de organização, com poucas exceções como a dos jesuítas[18].

Raízes não teve um grande impacto imediato na opinião pública da época, mas, apesar disso, foi no mesmo ano da publicação do livro que seu autor conseguiu um emprego como professor na recém-fundada Universidade do Distrito Federal. A universidade teve uma vida breve e se dissolveu poucos anos depois, em 1939. No ano de 1941, enquanto trabalhava no Instituto Nacional do Livro, Sérgio Buarque foi para os Estados Unidos, firmando contato com uma rede de intelectuais norte-americanos que ajudavam a estreitar a ponte entre os dois países sob a influência do presidente Roosevelt e da Segunda Guerra Mundial. Foi nesse contexto, que surgiu o livro *Monções*. Originalmente concebido para um concurso nos Estados Unidos (o livro chegou a obter menção honrosa), a obra explora a saga de expansão para oeste, ressaltando nas entrelinhas o paralelo entre as duas experiências colonizadoras[19].

3 O nacional como produto da adaptação nos trópicos: *Monções* e *Caminhos e fronteiras*

Monções e *Caminhos e fronteiras* são aprofundamentos de temas presentes em *Raízes do Brasil*. Trata-se de aprofundamento porque a obra de 1936 é, como já mencionei, multifocal, projetando-se retrospectivamente em diversos aspectos da vida na colônia e transição para a

República. Enquanto isso, as duas obras posteriores delimitam o recorte temporal e temático de forma mais específica, investigando exaustivamente o processo histórico de expansão fluvial para oeste a partir de São Paulo durante o século XVIII. Essas mudanças têm relação com o fato de Sérgio Buarque ter se animado com a produção do conhecimento universitário em história, seja por sua experiência na Universidade do Distrito Federal, seja pela expansão de sua rede de contato e de colaboração, como foi o caso da viagem aos Estados Unidos[20]. A disciplina histórica passava por um processo de especialização em escala global, com a sedimentação de correntes como a "escola" dos *Annales* na França. Graças aliás à publicação de *Monções* e dos textos que fariam parte de *Caminhos e fronteiras*, publicados na segunda metade da década de 1940, Sérgio Buarque ganha reconhecimento internacional, sendo convidado por Fernand Braudel e Lucien Febvre para ensinar na França e tendo um texto publicado na *Revista dos Annales* em 1949[21].

Essa mudança de objeto está relacionada com diferenças importantes nos métodos e ferramentas mobilizados, já que os modelos interpretativos duais de seu primeiro ensaio, como, por exemplo, o do "homem cordial", ou o do "ladrilhador" e do "semeador", progressivamente ganham outros contornos, resultando em um método fluido, preocupado em escapar de generalizações e em captar as diversas temporalidades dos eventos[22]. Portanto podemos dizer que *Monções* e *Caminhos e fronteiras* aprofundam um dos temas centrais de *Raízes* que é o de compreender o resultado da história de adaptação do europeu a um novo mundo. No entanto, diferentemente da primeira obra, nas outras o autor estuda apenas um processo histórico, que é aquele de expansão das fronteiras para além do Tratado de Tordesilhas. Não custa esclarecer de forma preliminar que as obras são complementares em termos cronológicos, mas regressivo, indo do evento mais recente para o mais antigo. Enquanto *Monções* trata do processo de expansão a partir do planalto paulista, sobretudo pelas vias fluviais, ocorrido principalmente no século XVIII (com algum lastro no século XVII e no XIX), *Caminhos e fronteiras* trata da expansão paulista por caminhos terrestres, das entradas e das bandeiras, concentradas, portanto, nos séculos XVI e XVII.

A escolha da experiência histórica de expansão das fronteiras a partir do planalto paulista é estratégica. Na visão de Sérgio Buarque a região sofreu menos efeitos imediatos do processo de colonização ibérico, se compararmos com as regiões afetadas ao longo do século XVI pelo cultivo da cana-de-açúcar. O "desleixo" identificado em *Raízes do Brasil* podia ser analisado então em estado quase essencial, já que a região de São Paulo sofria menos controle da coroa nas primeiras décadas (ou séculos) da colonização. Retomando um argumento de Robert Wegner presente de forma explícita apenas em *Caminhos e fronteiras*[23], a chave do processo de adaptação é a própria lentidão com que no planalto paulista as técnicas e tradições ibéricas são processadas. Em São Paulo o que é um imperativo de sobrevivência e, para isso, a necessidade de aprendizado das técnicas e estratégias nativas, "só muito aos poucos, embora com extraordinária consistência, consegue o europeu implantar, num país estranho, algumas formas de vida que já lhe eram familiares no velho mundo"[24].

O sentido da investigação se volta então para as resultantes materiais da trajetória de adaptação, atentando para as dificuldades e os entraves de um longo e complicado processo[25]. Se olharmos *Monções* através de uma das dualidades de *Raízes do Brasil*, a tensão entre a ética da aventura e a ética do trabalho (mediados no caso concreto brasileiro pela cordialidade) veremos que a obra de 1945 mostra como pouco a pouco esse aventureiro colonizador se assentou ("domesticou-se", nas palavras de Sérgio Buarque), criando formas menos precárias de assentamento na terra. Nas palavras do próprio Sérgio Buarque, em *Monções*, "é inevitável pensar que o rio, que as longas jornadas fluviais tiveram uma ação disciplinadora e de algum modo amortecedora sobre o ânimo tradicionalmente aventuroso daqueles homens"[26]. Era então preciso criar condições de segurança mínimas para a navegação fluvial, consequentemente colonizando a terra, criando paragens fixas nas jornadas fluviais por meio da fixação dos "moradores mais ou menos numerosos", "em todas as barras principais e junto aos sítios em que se fazia mais perigosa a navegação". Assim, "aventureiros audaciosos" vão habituando-se ao "trabalho construtivo"[27]. Essa "ação disciplinadora" vai ao longo das décadas moldando novos hábitos, que vão aos poucos tomando formas de uma agência colonizadora relativamente organizada tal qual a monção de povoado[28]. Como mostra Henrique Estrada Rodrigues, a expansão da fronteira é uma ilusão de liberdade, elas não deixavam de estar fora do escopo de um "otimismo ilustrado", imbuído de uma visão civilizacional, distante ainda de anseios concretamente democráticos[29].

Neste processo de adaptação, marcado pela escassez e pela impossibilidade da reprodução cômoda do mundo de origem, é inevitável que o recurso primordial seja o aprendizado com o indígena. Neste sentido *Caminhos e fronteiras* e *Monções* são um grande texto, ou capítulos diferentes de um mesmo livro. Em ambos este aprendizado começa no "recurso às rudes vias de comunicação, abertas pelos naturais do país"[30], já que muitos dos caminhos e rotas eram previamente utilizados pelos indígenas[31]. Isso também passa pelo domínio das técnicas de orientação na mata, e vai até ao recurso a técnicas de navegação e, sobretudo, às técnicas de construção dos próprios barcos. Estes barcos, canoas indígenas, cavadas em troncos de grandes árvores (peroba, normalmente), vão sendo progressivamente adaptados com pequenas melhorias de origem europeia como "remos à maneira de choupos de espontã, varas com juntas de ferro para subir os rios, cumeeiras e cobertas de lona para proteger das chuvas"[32]. Robert Wegner enxerga a canoa como uma metáfora do processo de adaptação que parte da dimensão material, mas marca as transformações na mentalidade e nos valores. Nas suas palavras, "pode-se dizer que nessa canoa estão sintetizados os três momentos da fronteira: adaptação ao nativo, recuperação do legado europeu e amálgama de tradições que resulta em algo novo"[33].

Caminhos e fronteiras estuda momentos-chave deste processo de adaptação dando grande ênfase ao universo da cultura material. A alimentação é um campo de análise estratégico, já que necessariamente conectado com a sobrevivência: o autor analisa a moldagem das técnicas de apicultura, por exemplo, mostrando como, de um lado, as técnicas europeias de cultivo com emprego de cortiços artificiais impactou a produção, mas, de outro, os nativos indígenas já se utilizavam de outras técnicas de coleta sem destruição da colmeia, como a da utilização de troncos já habitados[34]. Contam também no estudo da adaptação das técnicas de alimentação a importância do milho e da mandioca, ambos produtos americanos, mas beneficiados por técnicas europeias, tais como a extração de farinha pelos moinhos e monjolo (tema da parte II, capítulo 3 da obra). A parte conclusiva da obra nos conduz a uma reflexão sobre os primórdios da indústria de beneficiamento de lã, na virada do século XVIII para o século XIX, tanto para fins de produção de roupas quanto para fins de produção de redes, as "camas da terra". A indústria, evidentemente, marca de forma simbólica a dissolução do horizonte da "aventura", tal como posto no seu livro de estreia.

Apesar dessa perspectiva de continuidade nas obras, devemos atentar para uma diferença fundamental. *Raízes do Brasil* de 1936 é um diagnóstico dos resultados do processo de adaptação, pensando a resultante como um *valor em si* que é a nacionalidade brasileira. Não por acaso a primeira sentença da obra afirma que "todo estudo compreensivo da sociedade brasileira há de destacar o fato verdadeiramente fundamental de constituirmos o único esforço bem-sucedido, em larga escala, de transplantação da cultura europeia para uma zona de clima tropical e subtropical"[35]. Pesa, além disso, o fato de que a esse juízo é atribuído um valor positivo, já que a experiência brasileira é "bem-sucedida". Como já foi notado por João Cezar de Castro Rocha, essa avaliação aproxima Sérgio Buarque de Gilberto Freyre, que também tendia na sua obra *Casa-grande & senzala*, de 1933, a olhar a experiência histórica brasileira com olhar otimista[36]. Não por acaso, Freyre escreveu o prefácio à primeira edição da obra, assim como foi o responsável pela sua edição como diretor da série "Documentos Brasileiros" da editora José Olympio (*Raízes do Brasil* foi o primeiro volume da coleção).

Já foi mencionado neste texto que *Raízes do Brasil* não é uma obra uníssona, e que costuma fugir das definições rígidas ou taxativas. Mas não se pode perder de vista que o que está em jogo é a percepção do processo de adaptação do europeu e sua conversão em algo novo. Este novo é a nacionalidade, a cultura e a sociedade brasileira. *Raízes* não só tende para pensar este produto como positivo, mas, sobretudo, para encará-lo como *acabado*, no sentido em que a nacionalidade brasileira está relativamente construída, pronta. Se não pronta, determinada organicamente por suas forças e potencialidades históricas[37].

Em *Monções* e *Caminhos e fronteiras* este julgamento de valor tende a ser suspenso, digamos, posto em parênteses. Ao mesmo tempo, a dialética que já predominava na primeira obra, a do descompasso produtivo entre o local e o europeu, entre os novos tempos e as formas de vida arcaicas, se torna mais aberta e flexível. Não se trata mais de falar de uma nacionalidade pronta, construída pelas nossas condicionantes históricas, mas sim das "brechas"[38]: capítulos da trajetória de adaptação do europeu no novo mundo que criaram possibilidades ainda não alcançadas, de tendências que se melhor compreendidas criariam condições para um futuro mais igualitário e democrático[39]. Tratava-se também de reconhecer que o brasileiro não tinha uma "essência"; se algo caracterizava a brasilidade, este algo era justamente a *adaptação*, que em termos dialéticos aparecia na tensão entre o legado europeu e as formas originais que resultavam no "adventício". Henrique Estrada Rodrigues aponta para esses limites controlados de fixação do Estado.

4 A reescritura de *Raízes do Brasil*

Graças ao vasto material crítico que foi produzido nos últimos anos, hoje este é um dos temas mais importantes para compreender a obra de Sérgio Buarque de Holanda. Não só porque é difícil avaliar a obra sem levar em consideração as alterações feitas nas duas edições subsequentes à primeira, mas porque estas modificações provocaram um efeito dominó de produção de coesão em sua obra posterior. Quando reescreveu *Raízes do Brasil* para a publicação da segunda edição em 1948, Sérgio Buarque já havia publicado *Monções*, estava redigindo parte dos textos que foram publicados como *Caminhos e fronteiras*. Além disso, já havia começado a escrever sobre a literatura brasileira, textos que dariam origem à obra póstuma *Capítulos de literatura colonial* (1991). Graças a este trabalho, concluído apenas em meados da década de 1950, alguns dos principais argumentos de *Visão do paraíso* já apareciam. Neste caso, também teríamos que contar as modificações realizadas para a terceira edição de *Raízes*, publicada em 1956.

A primeira grande diferença da primeira edição para as outras é uma relativa diluição da matriz sociológica em detrimento de um adensamento do aparato de erudição histórica, em consonância com uma grande ampliação no aparato crítico e nas notas de rodapé[40]. Segundo João Kennedy Eugênio, foram inseridos 116 novos parágrafos, o que corresponde a um acréscimo da ordem de um terço do texto, que no geral podem se relacionar com uma insatisfação com generalidades e um desejo de se aproximar do discurso de um historiador profissional.

Um dos principais apagamentos é a da ideia que já foi trabalhada neste texto de que nos constituímos no "único" esforço "bem-sucedido" de transplantação da cultura europeia em zona de clima tropical. Castro Rocha mostra os diversos apagamentos das citações ou referências explícitas a Freyre e a positividade da empreitada colonial[41]. Sobretudo, há uma mudança de tom do livro, mudança que só se completa com a terceira edição, quando a primeira sentença é substituída permanentemente por esta: "a tentativa de implantação da cultura europeia em extenso território, dotado de condições naturais, se não adversas, largamente estranhas à sua tradição milenar, é, nas origens da sociedade brasileira, o fato dominante e mais rico em consequências". O trecho aponta para uma empreitada ainda não concluída, o que, como já observamos, aumenta o sentido de continuidade entre *Raízes*, *Monções* e *Caminhos e fronteiras*.

Admitir que a sociedade brasileira não era nem bem-sucedida e nem ainda havia bem se formado é uma posição prenhe de implicações políticas. Implicava abandonar qualquer forma de ufanismo e encarar mais abertamente nossos impasses sociais. *Raízes do Brasil* original fala do descompasso e do estranhamento produzido pela experiência urbana moderna na população ainda dominada por hábitos agrários. O impasse já está posto originalmente ali. Mas com a segunda edição ganha contornos mais dramáticos, já que ressalta que a população no alvorecer da República estava longe de compor uma nação; pelo contrário, escravos recém-libertos e população pobre em geral não seriam incluídos com a nova república, deixando a missão de um ajuste social incompleta. João Kennedy Eugênio chega a fazer um inventário de trechos onde a nacionalidade pronta e acabada é substituída por um *ainda não*, pela perspectiva de um processo inconcluso e problemático[42].

Evidentemente este horizonte político de natureza democrática, bem como dos perigos do nacionalismo ufanista, põe-se com muito mais clareza no contexto posterior à Segunda Guerra Mundial, contexto em que o autor reviu a sua obra. Um ótimo exemplo aparece no último capítulo da obra, "Nossa Revolução". Nas palavras de Sérgio, na primeira edição, a "grande revolução brasileira não *foi* um fato que se pudesse assinalar em um instante preciso; foi antes um processo demorado e que *durou* pelo menos três quartos de século"; transforma-se a partir da segunda edição em "A grande revolução brasileira não *é* um fato que se pudesse assinalar em um instante preciso; foi antes um processo demorado e que *vem durando* pelo menos três quartos de século" (grifos meus)[43].

Parece evidente que a revisão do tom político da obra tem relação com a conjuntura posta em seu presente, no contexto do pós-Segunda Guerra e pós-Estado Novo. Assim, Sérgio Buarque fez prevalecer os vieses democráticos e antifascistas do livro. Nada que não estivesse lá fora inventado, apenas alguns elementos presentes reforçados e outros silenciados. O conjunto ficou mais coerente, sem dúvida, mas, ao mesmo tempo, bem diferente do sentido original.

5 *Visão do paraíso*: um outro *Raízes do Brasil*

Seria injusto reduzir a pesquisa erudita de *Visão do paraíso* apenas às linhas mestras da interpretação do Brasil de Sérgio Buarque de Holanda. Este exercício pode acabar sufocando a especificidade da obra, caracterizada pela multiplicidade de vozes narrativas articuladas, insistentemente dedicadas a entrar em contato com um passado igualmente múltiplo, incerto e irredutível. *Visão do paraíso* vai além de *Raízes do Brasil* nesse sentido. Com essa ressalva, vamos neste item mostrar em que medida a obra da década de 1950 retoma e radicaliza ideias de *Raízes do Brasil*.

Várias semelhanças entre as obras que serão elencadas aqui, mas nunca se pode perder de vista que os livros discordam em essência – *Raízes do Brasil* acredita na modernização como um valor, por mais que saiba reconhecer seu potencial destrutivo. Enquanto isso, *Visão do paraíso* é um livro provocador e desiludido e aponta para a ilusão da ideologia da modernização em suas variantes mais conhecidas da década de 1950 como o desenvolvimentismo e tendo talvez em mente o episódio da então iminente construção de Brasília. Antes de falar das diferenças convém projetar o livro em perspectiva na própria obra do autor.

Como disposto em seu subtítulo, o foco de *Visão do paraíso* são "os motivos edênicos do descobrimento e colonização do Brasil". Estes "motivos" consistem em regularidades formais descritivas estabelecidas na cultura europeia desde a Idade Média, que podem ser identificadas nos primeiros relatos sobre o descobrimento da América. Ao identificá-los e analisá-los, o historiador pretendia compreender como se processou o pensamento e a visão de mundo destes homens, responsáveis pela estruturação de uma sociedade no Novo Mundo. Ao fazê-lo o historiador procurava dar conta das permanências culturais ibéricas estruturantes da sociedade brasileira, enfocando principalmente os aspectos mentais, as práticas sociais, os hábitos e as vivências dos sujeitos históricos.

Neste ponto as duas obras se aproximam muito. Das permanências mencionadas acima, a mais evidente é a que remete ao espírito de aventura, e mais especificamente ao desejo do colonizador em buscar riquezas e lucro fácil. Tanto na sua obra de estreia quanto nos estudos posteriores, o autor procura entender melhor a dinâmica da mentalidade do colonizador, mas em *Visão do paraíso* esta ferramenta se transforma em objeto em si da investigação. Mesmo diante da descoberta da América, diante daquelas imagens e experiências incomuns, o colonizador português tendia a uma "apatia da imaginação"[44]. Por isso fala de um "pedestre realismo" e de um princípio geral de "atenuação plausível" como marcas do descobrimento e do processo de colonização do Brasil. Diz o autor que são razões "menos especulativas" ou "fantásticas" e muito mais "pragmáticas" que dão o tom do processo de colonização[45]. A pragmática aqui é a sobrevivência: buscar o lucro rápido e sem apego à terra, adaptando-se à realidade e criando formas de, como definiu em *Raízes do Brasil*, "recriar aqui seu meio de origem"[46]. Este realismo é justamente o que permite aos portugueses "se adaptarem a climas, países e raças diferentes?"[47]

Cabe retomar a questão do espírito aventureiro apenas no aspecto em que melhor explica a continuidade entre as obras, na conexão entre o "realismo pedestre" e o jeito português de sobreviver se adaptando. A questão do realismo enquanto elemento que privilegia o resultado e o lucro certo já estava presente em *Raízes do Brasil* nas definições do espírito de aventura, nas suas próprias palavras, "e essa ânsia de prosperidade sem custo, de títulos honoríficos, de posições e riquezas fáceis, tão notoriamente característica da gente de nossa terra, não é bem uma das manifestações mais cruas do espírito de aventura?"[48] Quando realiza a revisão para a segunda edição da obra, este tema, ao invés de ser relativizado, se torna ainda mais claro e contundente, como se pode observar pelo trecho abaixo:

> O que o português vinha buscar era, sem dúvida, a riqueza, mas riqueza que custa ousadia, não riqueza que custa trabalho. A mesma, em suma, que se tinha acostumado a alcançar na Índia com as especiarias e os metais preciosos. Os lucros que proporcionou de início, o esforço de plantar a cana e fabricar o açúcar para mercados europeus, compensavam abundantemente esse esforço – efetua-

do, de resto, com as mãos e os pés dos negros –, mas era preciso que fosse muito simplificado, restringindo-se ao estrito necessário às diferentes operações[49].

Em conformidade com a revisão feita para a segunda edição da obra, Sérgio Buarque procura enfatizar as raízes desta atitude perante o mundo. Apesar das empreitadas das grandes navegações, Portugal não poderia se considerar moderno. Olhando para o processo de centralização do Estado, Sérgio Buarque avalia que os " valores sociais e espirituais" vinculados ao mundo medieval e à lógica da nobreza foram reproduzidos pela "burguesia em ascensão"[50]. O resultado, como explica em trecho de *Visão do paraíso* muito parecido com o da segunda edição de *Raízes*, "foi esse conluio de elementos tradicionais e expressões novas que irá distinguir Portugal em pleno Renascimento", e completa, "melhor se diria, forçando um pouco a comparação, que as formas modernas respeitaram ali, em grande parte, e resguardaram, um fundo eminentemente arcaico e conservador"[51].

Quando falamos das diferenças entre *Raízes* e *Visão do paraíso*, mencionamos que a obra da década de 1950 é mais pessimista e radical, refutando o nacionalismo exacerbado e também avaliando o processo histórico da Modernidade com distanciamento crítico e desconfiança. Este posicionamento aparece de maneira evidente no capítulo conclusivo da obra, quando Sérgio Buarque remete à ideia de "sentido da colonização", tal qual fora formulada por Caio Prado Jr. na obra *Formação do Brasil contemporâneo*, de 1942. Amparado sobre a discussão do realismo pedestre e do arcaísmo da mentalidade portuguesa, o autor diz que os colonizadores nada mais fazem do que reproduzir o seu meio de origem na terra colonizada. Mesmo a colonização por feitorias correspondia, de alguma forma, à desagregação das cidades na terra de origem, e arremata: "se vamos à essência de nossa formação", diz um historiador brasileiro, "veremos que na realidade nos constituímos para fornecer açúcar, tabaco e alguns outros gêneros; mais tarde ouro e diamantes; depois algodão, e em seguida café, para o comércio europeu. Nada mais do que isto. É com tal objetivo, objetivo exterior, voltado para fora do país e sem atenção a considerações que não fossem aquele comércio, que se organizarão a sociedade e a economia brasileira"[52].

Apesar de pouco explorada pela historiografia não se pode deixar de reconhecer o forte diálogo entre Caio Prado Jr. e Sérgio Buarque de Holanda[53]. Ambas as obras então confluíam para um diagnóstico parecido do peso que a colonização nos relegou: o sentido de nossa colonização é então a exploração inescrupulosa da terra e dos homens, visando o enriquecimento rápido através da venda de produtos agrícolas no mercado europeu. Esta visão de mundo não foi apanágio exclusivo da colonização do Brasil; em muitos aspectos, os portugueses apenas reproduziram a sociedade na qual viviam, seguindo, aliás, o mesmo impulso de conservação. *Visão do paraíso* tematiza a relação entre a mentalidade arcaizante dos colonizadores portugueses e o modo pelo qual realizaram a colonização de seu território na América, identificando uma constante que é a exploração "sem retribuição de benefícios".

Sobra pouco para ser considerado "bem-sucedido" na formação do Brasil, seja na estruturação de um Estado e uma cultura, seja na sua inserção periférica como produtor de bens agrícolas no sistema econômico mundial. Em *Visão do paraíso* as ideias de *Raízes do Brasil* são, portanto, profundamente revistas, quem sabe reescritas. O processo de adaptação que é produto da dialética entre o local e o europeu é puro desengano. Se olharmos para as conclusões mais imediatas da obra veremos que aquelas descrições paradisíacas nos séculos XVI, XVII e XVIII pouco a pouco coincidem com elementos que vão sintetizar o nosso mito fundador em pleno século XIX. Constituem-se em um mito de origem brando e apaziguador, cheio de otimismo em relação às potencialidades da terra – aqui o que se planta tudo dá –, nossa ausência de desastres naturais, a beleza de nosso povo, de nossa natureza, de nosso clima. Todas as variantes de um sistema cultural conservador, alienante e que torna a democracia inviável.

6 A reescritura quase definitiva: Sérgio Buarque e a crise do Império

Do Império à República é o último livro dirigido por Sérgio Buarque vinculado ao projeto editorial da *História geral da civilização brasileira*, além de ser um dos produtos mais importantes que realizou como titular da cadeira de História da Civilização Brasileira da USP. A obra é estruturada em cinco livros de quatro capítulos cada (com exceção do segundo livro que possui três capítulos). O primeiro livro, *Crise no regime*, se fixa na crise político-partidária de 1868, quando D. Pedro II agiu segundo as prerrogativas do Poder Moderador substituindo, sem a convocação de eleições gerais, o gabinete liberal de Zacarias de Goes e Vasconcelos pelo conservador do visconde de Itaboraí (tratado nos dois primeiros capítulos de *Crise no regime*). Este evento, no qual o poder pessoal do monarca aparece em estado puro, elemento caracterizado no segundo capítulo, *Um general na política*, enseja uma retrospecção que ilumina a dinâmica político-partidária do segundo reinado a partir dos últimos gabinetes de conciliação em fins da década de 1850, que permeia todo o livro segundo, *O pássaro e a sombra*, até uma volta aos eventos de 1868, aberta pelo terceiro e último capítulo do livro, *O fim do segundo quinquênio liberal* e desenvolvida ao longo do livro terceiro sobre *Reformas e paliativos*. Este livro avança no tempo abordando o contexto de aprovação da Lei do Ventre Livre, em 1871, até o conflituoso contexto de discussões sobre reformas constitucionais e eleitorais que marcaram o final da década de 1870 e início da década seguinte, que culminaram com a Lei Saraiva, de 1881. As circunstâncias de sua aprovação são, por sua vez, esmiuçadas no livro quarto, *Da "constituinte constituída" à lei saraiva* que progride até a solidificação do movimento republicano e de um clima de insatisfação geral nas províncias. Por fim, o livro quinto, *A caminho da República*, parte de uma breve análise sobre a incapacidade de adaptação do regime às novas bases sociais, ligadas à dinâmica da produção cafeeira (no primeiro capítulo, *Resistência às reformas*) até à solidificação do exército como protagonista (no terceiro capítulo, *A fronda pretoriana*), passando pela análise da emergência das novas bases ideológicas republicanas (no segundo capítulo, *Da maçonaria ao positivismo*).

Como se pode observar por meio do esquema acima, *Do Império à República* é executado sobre um plano que combina a exposição cronológica dos eventos com incursões retrospectivas em camadas. Este movimento de fluxo e refluxo temporal se ancora em certos eventos, momentos decisivos, que expõe os impasses e fraturas que estarão na base da derrocada do regime. *Grosso modo*, cada um dos livros se liga a um momento-chave que se sobrepõe em camadas e reproduz a sistemática descrita. Também deve ser notada a coesão do conjunto, já que as partes são meticulosamente subordinadas a um eixo argumentativo principal, que se apresenta na forma de impasse: a missão imperial de garantir a unidade dos territórios nacionais não só sedimenta, mas intensifica o abismo entre o Estado central e os grupos sociais por ele representados. O resultado é um processo crescente de concentração de poder discricionário, que tem na proclamação da República o seu ponto culminante.

Seguindo esta perspectiva, seus marcos principais são os "estelionatos" políticos cometidos em 1868, com a já mencionada ascensão do gabinete conservador, o de 1881, das reformas eleitorais da Lei Saraiva, e, finalmente, o próprio golpe militar de 1889 que pôs fim à Monarquia. Estes momentos são decisivos, pois neles o autoritarismo aparece de maneira clamorosa, expondo a falta de respaldo social e político, a fratura crescente entre Estado e sociedade na formação da nação. Em outras palavras, *Do Império à República* pode ser entendido como a história do paradoxo da fundação de uma nação por meio da governança autoritária, sem base social orgânica. Fica evidente que, como grande historiador, Sérgio Buarque falava do passado ao mesmo tempo em que se posicionava no presente já que o período de escrita da obra corresponde aos anos de chumbo da Ditadura Militar brasileira, entre finais da década de 1960 e início da década de 1970.

Em uma das últimas entrevistas que deu antes de morrer, Richard Morse pediu a Sérgio Buarque que nomeasse seu mais importante livro. A resposta sem rodeios foi: "aquele que estou escrevendo neste momento"[54]. Sérgio Buarque faleceu pouco depois em 1982 (a entrevista é de 1981) ainda trabalhando nesta obra que teria dois volumes. A ideia era ampliar o *Do Império à República*, aprofundando a pesquisa de partes que já eram fundamentais no plano original de modo a ganhar autonomia de dois volumes: *O pássaro e a sombra* e *A fronda pretoriana*. Juntas as obras comporiam uma espécie de história do autoritarismo brasileiro no século XIX, ou, em outras palavras, uma história do abismo entre Estado e sociedade na formação da nação. Enquanto *Do Império à República* abrange as últimas duas décadas do Império em dois ou três momentos decisivos, a obra inacabada abrangeria desde a independência até a República, incluindo mais momentos em que o autoritarismo é exposto visceralmente: a outorga da constituição em 1824, a ascensão do gabinete conservador de 1848, a Conciliação, A Liga Progressista, a crise de 1868 (em *O pássaro e a sombra*), e O Ventre Livre, a Lei Saraiva de 1881, e finalmente a eclosão da República em 1889.

311

Os rascunhos feitos para ampliação do texto foram recentemente publicados por Fernando Novaes sob o título de *Capítulos de história do Império*. A análise das diferenças entre as obras ajuda a entender melhor o projeto intelectual do autor. Mais especificamente, as diferenças e semelhanças com *Raízes do Brasil*. Ambas tratam do impasse gerado pelo recurso ao autoritarismo de matriz absolutista, traço fundamental da herança colonial, como ferramenta da unificação nacional; recurso que só tornava mais evidente e endêmico o descompasso entre o Estado recém-formado e os grupos sociais no anseio de representação. Na explicação para o afã de revisão que gerou os manuscritos que hoje conhecemos como *Capítulos de história do Império* se esconde um desejo de deixar um legado definitivo, produzindo um elo entre as duas extremidades de sua própria obra, da sua obra de estreia à sua obra derradeira. Ironicamente, o autor não viveu o suficiente para completar a missão.

7 Considerações finais

Raízes do Brasil é composto por uma sobreposição de planos interpretativos rivais ou contraditórios, de uma "metodologia dos contrários", como ressaltou Antonio Candido em seu conhecido prefácio à obra. No entanto, fica patente que nas revisões para as edições seguintes, especialmente na segunda, o autor atenua essa dialética, imprimindo uma coerência ao texto ausente no texto original. Estas escolhas são ordenadas por um desejo de impor maior coerência à sua própria obra, em um momento posterior, quando alguns de seus principais livros eram concebidos. Também se relaciona a uma leitura aguçada da conjuntura posta em seu presente, no contexto do pós-Segunda Guerra e pós-Estado Novo. Neste contexto que Sérgio Buarque faz prevalecer os vieses do livro em concordância com a democracia e contrários a qualquer forma de totalitarismos, incluindo o nacionalismo ufanista. Não é acurado dizer que algo foi inventado, ou que algo que não estivesse lá fora adicionado. O autor apenas reforçou a coerência do conjunto, atualizando o seu sentido, mas se afastando ao mesmo tempo do original. Nem de longe isso garantiu que o autor ficasse mais satisfeito com o seu livro. Ao longo de sua vida, Sérgio Buarque vai manifestando uma insatisfação crescente com a obra. Mas, ironicamente, a obra parecia cada vez mais atual e foi cada vez mais lida ao longo da segunda metade do século XX.

As densas camadas de leitura de *Raízes do Brasil* não dependem apenas dos esforços do seu autor em rever o livro. Elas também têm relação com o modo pelo qual o livro foi lido e compreendido ao longo dos anos. Neste sentido, a importância do prefácio de Antonio Candido ao livro, esboçado pela primeira vez em 1967 (4ª edição) e apresentado de forma acabada dois anos depois, é uma unanimidade. O próprio Sérgio Buarque em outra de suas últimas entrevistas, em 1981, brinca que, depois do prefácio escrito pelo amigo crítico literário, a obra "deu sorte", popularizando-se muito[55]. Também poderíamos dizer que este prefácio habilita o autor como pensador político "radical"; seu livro passa então a ganhar a dimensão de um libelo ao Brasil moderno, refletindo sobre os ajustes necessários para que o país se torne mais democrático e inclusivo. A isso se deve adicionar seu percurso político como militante contra o Estado Novo e contra a Ditadura Militar, militância que o levou a assinar a ata de fundação do Partido dos Trabalhadores.

O tema da construção de *Raízes do Brasil* como libelo político-radical pela sua fortuna crítica não cabe nos limites deste texto. Mas, além de uma apreciação geral das obras mais importantes do autor através da remissão às linhas de interpretação do Brasil esboçadas em *Raízes do Brasil*, espero ter mostrado que o principal responsável pela guinada política de sua obra foi o próprio Sérgio Buarque de Holanda. Principalmente por ter atualizado o sentido de sua obra de acordo com uma leitura aguçada do seu tempo presente, do contexto pós-Segunda Guerra Mundial e principalmente dos desafios que se colocavam ao Brasil. Podemos dizer então que graças a isso *Raízes do Brasil* foi se tornando cada vez mais atual, e a imagem do seu autor mais triunfante, um modelo de como se fazer as ciências sociais no Brasil.

Notas

[1] HOLANDA, S.B. A democracia é difícil – Entrevista a João Marcos Coelho. In: Revista *Veja*, ed. 386, 28/01/1976.

[2] HOLANDA, S.B. Corpo e alma do Brasil – Entrevista a Bolivar Lamounier, Ernani da Silva Bruno, Laura de Mello e Souza e Maria Tereza S. Petrone. In: *Novos Estudos*, n. 69, 2004, p. 10.

[3] O número varia se contarmos a edição de celebração dos 70 anos de publicação de 2006.

[4] HOLANDA, M.A.B. Apontamentos para a cronologia de Sérgio Buarque de Holanda. In: HOLANDA, S.B. *Raízes do Brasil*. São Paulo: Cia. das Letras, 2006, p. 425-427.

[5] Sobre o "período alemão" de Sérgio Buarque de Holanda, cf. CANDIDO, A. Sérgio em Berlim e depois. In: *Novos Estudos* (Cebrap), n. 3, jun./1982. São Paulo.

[6] Para uma análise de Sérgio Buarque de Holanda nas instituições de cultura do Rio de Janeiro, cf. CARVALHO, M.V.C. *Outros lados*: Sérgio Buarque de Holanda, crítica literária, história e política. Campinas: Unicamp, 2003, p. 177-230 [Tese de doutorado].

[7] As principais referências que embasam essa mudança, em geral endossadas pela fortuna crítica sobre o autor, são o texto de Maria Odila L.S. Dias, publicado no volume organizado sobre Sérgio Buarque de Holanda na série "Grandes Cientistas Sociais", da Editora Ática; além do posfácio de Evaldo Cabral de Mello a *Raízes do Brasil* (26. ed. São Paulo: Cia. das Letras, 1995, p. 189-193).

[8] Nos volumes subsequentes que tratam do período republicano a coleção passou a ser dirigida por Boris Fausto.

[9] A esse respeito cf. esp. o cap. 5 de MONTEIRO, P.M. *A queda do aventureiro*: aventura, cordialidade e os novos tempos em raízes do Brasil. Campinas: Unicamp, 1999, p. 227-286.

[10] "Toda estrutura administrativa, pouco a pouco elaborada durante o Império, e depois elaborada durante o Regime Republicano, comportava elementos estreitamente vinculados ao velho sistema doméstico, ainda em pleno viço, não só nas cidades como nas fazendas" (HOLANDA, S.B. *Raízes do Brasil*. 1. ed. Rio de Janeiro: José Olympio, 1936, p. 99).

[11] Ibid., p. 6.

[12] Ibid., p. 7.

[13] "Entre esses dois tipos não há, em verdade, tanto uma oposição radical. Ambos participam, em maior ou menor grau, de múltiplas combinações e é claro que, em estado puro, nem o aventureiro nem o trabalhador possuem existência real fora do mundo das ideias. Mas também não há dúvidas que esses conceitos nos ajudam a situar e a melhor ordenar nosso conhecimento dos homens e dos conjuntos sociais. E é precisamente nessa extensão superindividual que eles assumem importância inestimável para o estudo da formação de nossa sociedade" (HOLANDA, S.B. *Raízes do Brasil*. Ibid., p. 22 [p. 44-45]).

[14] Em muitos aspectos, esta forma de articular o pensamento se origina da sociologia alemã do início do século XX, os "tipos ideais" do sociólogo alemão Max Weber e do pensamento de Simmel. Para uma aproximação entre *Raízes do Brasil* e algumas concepções weberianas, cf. MONTEIRO, P.M. *A queda do aventureiro*. Op. cit., p. 47.

[15] HOLANDA, S.B. *Raízes do Brasil*. Op. cit., p. 20.

[16] Ibid., p. 25.

[17] Ibid., p. 60.

[18] Ibid., 62-67.

[19] WEGNER, R. *A conquista do oeste*: a fronteira na obra de Sérgio Buarque de Holanda. Belo Horizonte: UFMG, 2000.

[20] Sobre a experiência de Sérgio Buarque de Holanda na Universidade do Distrito Federal, cf. CARVALHO, M.V.C. *Outros lados*. Op. cit., p. 181-182. Na análise literária, Antonio Candido chama atenção pela mesma questão em *3º Colóquio Uerj*: Sérgio Buarque de Holanda. Rio de Janeiro: Imago, 1992, p. 126.

[21] Sérgio Buarque acabou recusando a ideia de um semestre letivo e proferiu uma conferência na Sorbonne. Foi esta fala que resultou na publicação na *Revista dos Annales* do artigo intitulado "Au Brésil colonial: les civilisations du miel", que aparece reescrito como o capítulo 3: "A cera e o mel", em *Caminhos e fronteiras*.

[22] DIAS, M.O.L.S. Sérgio Buarque de Holanda, historiador. In: HOLANDA, S.B. *Sérgio Buarque de Holanda*. São Paulo: Ática, 1985, p. 25-26. • MONTEIRO, P.M. *A queda do aventureiro* – Aventura, cordialidade e os novos tempos em *Raízes do Brasil*. Op. cit., p. 47.

[23] HOLANDA, S.B. *Caminhos e fronteiras*. São Paulo: Companhia das Letras, 1994, p. 9-10.

[24] HOLANDA, S.B. *Monções*. São Paulo: Brasiliense, 1990, p. 16.

[25] Nas palavras de João Kennedy Eugênio, "a meta a ser atingida pela cultura não é isto ou aquilo, mas o desenvolvimento das próprias potencialidades: chegar a ser o que é; atualizar a forma" por meio da adaptação. Cf. EUGÊNIO, J.K. *Ritmo espontâneo*: organicismo em *Raízes do Brasil* de Sérgio Buarque de Holanda. Teresina: Edufpi, p. 351-352.

[26] HOLANDA, S.B. *Monções*. Op. cit., p. 72.

[27] Ibid., p. 37.

[28] Ibid., p. 72.

[29] RODRIGUES, H.E. *As fronteiras da democracia na obra de Sérgio Buarque de Holanda*. São Paulo: FFLCH-USP, 2005, p. 78-81 [Tese de doutorado em Filosofia].

[30] HOLANDA, S.B. *Monções*. Op. cit., p. 16.

[31] Ibid., p. 17.

[32] Ibid., p. 31. Trecho discutido em WEGNER, R. *A conquista do oeste*... Op. cit., p. 161.

[33] WEGNER, R. Ibid., p. 161.

[34] HOLANDA, S.B. *Caminhos e fronteiras*. Op. cit., p. 46-48.

[35] HOLANDA, S.B. *Raízes do Brasil*. 1. ed. Rio de Janeiro: José Olympio, 1936, p. 3.

[36] ROCHA, J.C. O exílio como eixo: bem-sucedidos e desterrados. In: MONTEIRO, P.M. & EUGÊNIO, J.K. (orgs.). *Sérgio Buarque de Holanda*: perspectivas. Campinas/Rio de Janeiro. Unicamp/Uerj, 2008, p. 248-249. Questão também observada em EUGÊNIO, J.K. *Ritmo espontâneo...* Op. cit., p. 380-381.

[37] "Sérgio Buarque compreende a vida como constituída de oposições e deseja que a cultura Brasileira realize o acordo entre raízes e inovações, tradição e experimentação. A sua visão organicista supõe duas dimensões: uma totalidade dotada de forma (princípio interno de crescimento) – é o polo do organismo – e a ambiência que envolve o organismo – o polo da realidade. Isto implica que *não há autonomia sem limites* e que *a realidade é a condição de vida e crescimento*. Crescimento orgânico verdadeiro só ocorre quando o organismo se adapta às condições concretas, o que confere papel decisivo à plasticidade. Como os organismos vivos, que crescem segundo uma lei interna, mas adaptando-se à realidade envolvente, a cultura precisa se realizar segundo um padrão intrínseco, mas adaptando-se à realidade, às vezes adversa: há que se entrelaçar tradição cultural e Modernidade, *Volkgeist* e *Zeitgeist*, *physis* (caráter) e *nomos* (norma), *espírito e vida*, num acordo de antagonismos que seria, afinal, a lei da vida" (EUGÊNIO, J.K. *Ritmo espontâneo...* Op. cit., p. 359).

[38] O termo "brecha" foi utilizado em WEGNER, R. *A conquista do oeste...* Op. cit. A mesma ideia aparece na tese de Henrique Estrada Rodrigues. Nas palavras do autor, a "referência a esse modo de instituição do tecido social é particularmente importante, uma vez que ele se sustentaria ainda sobre a identidade problemática dos seus personagens: em alguns momentos, Sérgio Buarque reconhece os traços da espontaneidade e do conflito em sujeitos ainda fortemente atravessados pela tradição ibérica; em outros, busca desvendá-los nos personagens do mundo urbano da 'nossa revolução', permeáveis aos valores de uma sociedade mercantil em pleno desenvolvimento nos anos de 1930. Mas é nessa indefinição que se encontraria, justamente, as chances de uma cidade não autoritária, segundo a qual as coisas políticas caracterizam-se pela indeterminação e os seus atores, pela pluralidade de interesses e de visões de mundo" (RODRIGUES, H.E. *As fronteiras da democracia na obra de Sérgio Buarque de Holanda*. Op. cit., p. 58).

[39] WEGNER, R. *A conquista do oeste...* Op. cit., p. 128.

[40] EUGÊNIO, J.K. *Ritmo espontâneo...* Op. cit., p. 400-408.

[41] ROCHA, J.C. O exílio como eixo: bem-sucedidos e desterrados. Op. cit., p. 248-249.

[42] Tendo dito que "uma superação da doutrina democrática só será possível entre nós quando tenha sido vencida a antítese liberalismo-caudilhismo" (2. ed., p. 101) Sérgio adianta, de forma enfática, que "essa vitória nunca se consumará enquanto não se liquidem, por sua vez, os fundamentos personalistas e, por menos que o pareçam aristocráticos, onde ainda assenta nossa vida social (2. ed., p. 269). Ele acrescenta que, "se o *processo revolucionário* a que vamos assistindo [...] tem um significado claro, será *a dissolução lenta*, posto que irrevogável, das *sobrevivências arcaicas*, que o nosso estatuto de país independente *até hoje não conseguiu extirpar*" (2. ed., p. 269-270). De fato, "somente através de um processo semelhante teremos finalmente *revogada a velha ordem colonial e patriarcal*, com todas as suas *consequências morais, sociais e políticas que ela acarretou e continua a acarretar*" (grifos meus). EUGÊNIO, J.K. *Ritmo espontâneo...* Op. cit., p. 388.

[43] Desenvolvo uma reflexão sobre o paradigma do "ainda não" na obra de Sérgio Buarque de Holanda em NICODEMO, T.L. Os planos de historicidade na interpretação do Brasil de Sérgio Buarque de Holanda. In: *História da Historiografia*, 14, 2014, p. 44-61.

[44] Tema que também sofre acréscimo da primeira para a segunda edição de *Raízes do Brasil*, nas palavras do autor, "o que o português vinha buscar era, sem dúvida, a riqueza, mas riqueza que custa ousadia, não riqueza que custa trabalho. A mesma, em suma, que se tinha acostumado a alcançar na Índia com as especiarias e os metais preciosos. Os lucros que proporcionou de início, o esforço de plantar a cana e fabricar o açúcar para mercados europeus, compensavam abundantemente esse esforço – efetuado, de resto, com as mãos e os pés dos negros –, mas era preciso que fosse muito simplificado, restringindo-se ao estrito necessário às diferentes operações" (HOLANDA, S.B. *Raízes do Brasil*. 2. ed. Rio de Janeiro: José Olympio, 1948, p. 46 [1. ed., p. 49].

[45] HOLANDA, S.B. *Visão do paraíso, os motivos edênicos no descobrimento e colonização do Brasil*. São Paulo: Brasiliense, 1998, p. 315 [p. 346 do original, publicado em circulação restrita pela José Olympio em 1958].

[46] HOLANDA, S.B. *Raízes do Brasil*. 1. ed. Op. cit., p. 25. O mesmo tema se desenvolve em *Visão do paraíso*, "surgindo com relativo atraso no horizonte das navegações lusitanas, sem o engodo de tesouros e maravilhas que, bem ou mal, tinham sido causa de tantas outras expedições descobridoras, o Brasil não oferece campo nem mesmo a essas cintilantes associações. Ainda quando vindos por livre-vontade, seus antigos povoadores hão de habituar-se nele a uma natureza chã e aparentemente inerte, e aceitá-lo em tudo tal como é, sem a inquieta atração de outros céus ou de um mundo diverso. Portos, cabos, enseadas, vilas, logo se batizam segundo o calendário da Igreja, e é um primeiro passo para se batizar e domesticar a terra. São designações comparativas, como a significar que a lembrança e o costume devem prevalecer aqui sobre a esperança e a surpresa. As próprias plantas e os bichos receberão, muitas vezes, nomes inadequados, mas já familiares ao advertício, que assim parece mostrar sua vontade de ver prolongada apenas, no aquém-mar, sua longínqua e saudosa pátria ancestral. Cópia em tudo fiel do Reino, 'um novo Portugal': é o que querem ver no mundo novo, e é o elogio supremo que todo ele ou alguma de suas partes pode esperar destes reinóis" (HOLANDA, S.B. *Visão do paraíso...* Op. cit., p. 146 [p. 163 do original]).

[47] Ibid., p. 104 [p. 120 do original].

[48] HOLANDA, S.B. *Raízes do Brasil*. 1. ed. Rio de Janeiro: José Olympio, 1936, p. 24 [p. 46].

[49] HOLANDA, S.B. *Raízes do Brasil*. 2. ed. Rio de Janeiro: José Olympio, 1948, p. 46 (p. 49].

[50] "À medida que subiam na escala social, as camadas populares deixavam de ser portadoras de sua primitiva mentalidade de classe para aderirem à dos antigos grupos dominantes. Nenhuma das 'virtudes econômicas' tradicionalmente ligadas à burguesia pôde, por isso, conquistar bom crédito, e é característico dessa circunstância o sentido depreciativo que se associou em português a palavras tais como *traficante* e sobretudo *tratante*, que a princípio e ainda hoje em castelhano designam simplesmente qualquer labéu ou homem de negócios. Boas para genoveses, aquelas virtudes – diligência pertinaz, parcimônia, exatidão, pontualidade, solidariedade social... – nunca se acomodariam perfeitamente ao gosto da gente lusitana" (HOLANDA, S.B. *Raízes do Brasil*. 2. ed. Op. cit., p. 161-162 [p. 112]).

[51] *Visão do paraíso*. Op. cit., p. 133-134 [p. 151-152 do original].

[52] Trecho extraído de *Visão do paraíso*. Ibid., 333 [p. 366 do original]. As aspas se referem a PRADO JR., C. *Formação do Brasil contemporâneo*. São Paulo: Martins, 1942, p. 28.

[53] Desenvolvo esta questão no cap. 3 de *Urdidura do vivido* – Visão do paraíso e a obra de Sérgio Buarque de Holanda na década de 1950. São Paulo: Edusp, 2008.

[54] GRAHAM, R. An Interview with Sérgio Buarque de Holanda. In: *Hispanic American Historical Review*, vol. 62, n. 1, fev./1982, p. 8.

[55] Hoje a obra está na 28ª edição, levando em consideração a edição comemorativa de 2006, publicada pela Companhia das Letras, e a nova edição crítica comemorativa dos 80 anos, publicada em 2016.

Referências

CANDIDO, A. Sérgio em Berlim e depois. In: *Novos Estudos* (Cebrap), n. 3, jun./1982. São Paulo.

CARVALHO, M.V.C. *Outros lados*: Sérgio Buarque de Holanda, crítica literária, história e política. Campinas: Instituto de Filosofia e Ciências Humanas da Unicamp, 2003 [Tese de doutorado].

DIAS, M.O.L.S. Sérgio Buarque de Holanda, historiador. In: HOLANDA, S.B. *Sérgio Buarque de Holanda*. São Paulo: Ática, 1985.

EUGÊNIO, J.K. *Ritmo espontâneo*: organicismo em *Raízes do Brasil* de Sérgio Buarque de Holanda. Teresina: Edufpi.

GRAHAM, R. An Interview with Sérgio Buarque de Holanda. In: *Hispanic American Historical Review*, vol. 62, n. 1, fev./1982.

HOLANDA, S.B. *Raízes do Brasil*. São Paulo: Cia. das Letras, 2006.

_____. Corpo e alma do Brasil. In: *Novos Estudos*, n. 69, 2004 [Entrevista a Bolivar Lamounier, Ernani da Silva Bruno, Laura de Mello e Souza e Maria Tereza S. Petrone].

_____. *Visão do paraíso, os motivos edênicos no descobrimento e colonização do Brasil*. São Paulo: Brasiliense, 1998.

_____. *Raízes do Brasil*. 26. ed. São Paulo: Cia das Letras, 1995.

_____. *Caminhos e fronteiras*. São Paulo: Companhia das Letras, 1994.

_____. *Monções*. São Paulo: Brasiliense, 1990.

_____. A democracia é difícil. In: Revista *Veja*, ed. 386, 28/01/1976 [Entrevista a João Marcos Coelho].

_____. *Visão do paraíso, os motivos edênicos no descobrimento e colonização do Brasil*. Rio de Janeiro: José Olympio, 1958 [versão tese].

_____. Au Brésil colonial: les civilizacions du miel. In: *Annales*, ano 5, n. 1, jan.-mar./1950.

_____. *Raízes do Brasil*. 2. ed. Rio de Janeiro: José Olympio, 1948.

_____. *Raízes do Brasil*. 1. ed. Rio de Janeiro: José Olympio, 1936.

MONTEIRO, P.M. *A queda do aventureiro*: aventura, cordialidade e os novos tempos em Raízes do Brasil. Campinas: Unicamp, 1999.

NICODEMO, T.L. Os planos de historicidade na interpretação do Brasil de Sérgio Buarque de Holanda. In: *Historia da Historiografia*, 14, 2014, p. 44-61.

_____. *Urdidura do vivido* – Visão do paraíso e a obra de Sérgio Buarque de Holanda na década de 1950. São Paulo: Edusp, 2008.

PRADO, A.A. (org.). *3º Colóquio Uerj*: Sérgio Buarque de Holanda. Rio de Janeiro: Imago, 1992.

PRADO JR., C. *Formação do Brasil contemporâneo*. São Paulo: Martins, 1942.

ROCHA, J.C. O exílio como eixo: bem-sucedidos e desterrados. In: MONTEIRO, P.M. & EUGÊNIO, J.K. (orgs.). *Sérgio Buarque de Holanda*: perspectivas. Campinas/Rio de Janeiro. Unicamp/Uerj, 2008.

RODRIGUES, H.E. *As fronteiras da democracia na obra de Sérgio Buarque de Holanda*. São Paulo: FFLCH-USP, 2005 [Tese de doutorado em Filosofia].

# 15
Caio Prado Jr. (1907-1990)

*Lidiane Soares Rodrigues**

> *Os clássicos são livros que, quanto mais pensamos conhecer por ouvir dizer, quando são lidos de fato mais se revelam novos, inesperados, inéditos*
> (Italo Calvino[1]).

1 Um historiador sem história

São pouco numerosos os autores capazes de unificar o conjunto das referências autorais em meio a concepções pulverizadas, por vezes alheias umas às outras, tal como se observa na prática historiográfica nacional brasileira. Entrementes, Caio Prado Jr. é um deles. A discussão a respeito disso ultrapassaria os objetivos modestos do presente trabalho – a apresentação dos conceitos-chave da obra, de algumas controvérsias a que deram origem, e das linhas mestras da trajetória do autor. Apesar disso, pensamos valer a pena o esforço de realizá-la refletidamente. Este desiderato torna-se factível tão somente se o conjunto em questão – autor, obra, biografia e comentadores profissionais – forem tratados com algum discernimento[2].

A favor da posição ocupada pela obra de Caio Prado Jr. pesam alguns fatores: a) ter nascido e ter produzido sua obra no polo economicamente mais abastado da produção cultural nacional – o *sudeste*; b) ter escrito livros e artigos sobre um conjunto delimitado de *temas* (cidade de São Paulo, história econômica e política brasileira nos períodos colonial, imperial e republicano; estrutura fundiária e relações de trabalho no campo, lógica dialética, revolução), e de *ilimitado interesse disciplinar* (ensaísmo político, geografia, história, economia, filosofia),

---

* Doutora em História pela Universidade de São Paulo (USP). Professora-adjunta do Departamento de Ciências Sociais da Universidade Federal de São Carlos (UFSCar/SP). Pós-doutora em Sociologia pela Universidade de São Paulo (USP), com estágio na École des Hautes Études en Sciences Sociales (Ehess/Paris).

situando-se em dois volumosos conglomerados *supradisciplinares*: o "marxismo" e o "pensamento social brasileiro"[3]; c) ter uma sólida integração na historiografia acadêmica, apesar de ter sido membro do Partido Comunista Brasileiro (PCB) e de jamais ter sido docente em instituição universitária. A caudalosa bibliografia dedicada a ele tem tratado tais fatores com a candura correspondente à centralidade do autor e aos efeitos daqueles fatores. Dito de outro modo, aqueles fatores condicionam a longevidade da obra do autor na história intelectual brasileira do século XX, e ignorá-los é parte da naturalização dos atributos de grandeza e genialidade. Em razão do intento reflexivo, que aparta esta exposição das conveniências desta naturalidade, bem como dos limites da tarefa a que se presta, adotamos o seguinte plano. Em primeiro lugar, tratamos da fração de sua obra mais fortemente incorporada pela historiografia: *Evolução política do Brasil: ensaio de interpretação materialista da história brasileira* (1ª ed. 1933; doravante, *Evolução*); *Formação do Brasil contemporâneo – Colônia* (1ª ed. 1942; doravante, *Formação*); *História econômica do Brasil* (1ª ed. 1945). Em seguida, apresentamos as origens familiares, o percurso escolar, político e intelectual de Caio Prado Jr. – dando particular atenção *às posições que ocupou no espaço social, assim como para as dos interlocutores* eleitos por ele, nos espaços das suas "duas vocações": ciência e política[4]. Concomitantemente, vamos assinalando um ponto que permanece obliterado, e não formulado, no caudaloso volume de estudos dedicados ao autor: Caio Prado Jr., como Karl Marx, produziu *uma obra orientada pela esfera política*. Seus herdeiros, entretanto, produziram *um autor orientado para a esfera científica*. Por fim, propomos uma hipótese que auxilie a compreender esta rotação.

2 Conceito-chave, formulações centrais e controvérsias

Em 1942, Caio Prado Jr. publicou *Formação*, sua principal obra historiográfica, concebida inicialmente como o primeiro de outros volumes que alcançariam o presente do autor. Nele, formulou com clareza cardeal a noção de *sentido da colonização*. Sua *concepção de prática historiográfica* é indissociável desta noção e por este motivo começamos por ela. A recomendação que consta na abertura do livro de estreia do autor (*Evolução*, de 1933) exprime-a sem titubeios e em afinidade com o que asseveraria em *Formação*, quase uma década depois:

> Os historiadores, preocupados unicamente com a superfície dos acontecimentos – expedições sertanistas, entradas e bandeiras; substituições de governos e governantes; invasões ou guerras – esqueceram quase que por completo *o que se passa no íntimo da nossa história de que estes acontecimentos não são senão um reflexo exterior* (*Evolução*, 1933, p. 8) (Em todas as citações os trechos grifados foram feitos pela autora)[5].

Todo povo tem na sua evolução, vista à distância, um certo "sentido". Este se percebe *não nos pormenores de sua história, mas no conjunto dos fatos e acontecimentos essenciais que a constituem num largo período de tempo*. Quem observa aquele conjunto, desbastando-o do cipoal de incidentes secundários que o acompa-

> nham sempre e o fazem muitas vezes confuso e incompreensível, não deixará de perceber que ele se forma de uma linha mestra e ininterrupta de acontecimentos que se sucedem em ordem rigorosa [...]. *É isso que se deve, antes de mais nada, procurar quando se aborda a análise da história de um povo,* [...] porque todos os aspectos não são senão partes, por si sós incompletas, de um todo que deve ser sempre o objetivo último do historiador, por mais particularista que seja. [...] Os *pormenores e incidentes mais ou menos complexos, que constituem a trama de sua história e que ameaçam por vezes nublar o que verdadeiramente forma a linha mestra que a define,* passam para o segundo plano; e só então nos é dado alcançar o sentido daquela evolução, compreendê-la, explicá-la. É isso que precisamos começar por fazer com relação ao Brasil (*Formação*, 1942)[6].

O tom propositivo é inequívoco. Caio Prado Jr. encoraja a depuração de pormenores e minúcias que estorvariam a precisa caracterização da direção assumida pelos acontecimentos, como diretiva para a escrita da história. Distinguir o substancial do detalhe é o que pressupõe a caracterização do *sentido* e esta é, segundo ele, a tarefa do historiador. Ele se empenha em realizá-la, em *Evolução* e *Formação*, que passamos a apresentar.

Evolução pretende-se uma "interpretação materialista/dialética da história"[7]. O livro é dividido em quatro partes – a saber: "A colônia (I – descoberta até meados do século XVII)"; "A colônia (II – fim das guerras holandesas até vinda de D. João VI em 1808)"; "A Revolução (1808-1849)"; "O império". O recuo à colônia presta-se a embasar o que propõe como interpretação do início do XIX. É a conturbada história política compreendida no capítulo "A Revolução" que mais se dedica, com o propósito de que não seja a "glorificação das classes dirigentes", pois "os heróis e os grandes feitos não são heróis e grandes senão na medida em que acordam com os interesses das classes dirigentes, em cujo benefício se faz a história oficial"[8]. O autor realiza este programa, à luz daquela proposta de síntese em detrimento da minúcia, tratando das revoltas regenciais "não como fatos ocasionais e isolados, mas como fruto que são do desenvolvimento histórico da revolução da independência"[9]. A análise opera a partir de uma noção processual de revolução, jamais abandonada, mesmo ao tratar de outros períodos[10]. É por conta dela que o autor elabora esta periodização:

> Dividi a história colonial em dois períodos: o primeiro se estende da descoberta até o final das guerras holandesas (meados do século XVII); o segundo, daí até a vinda de D. João VI em 1808. [...] Quanto à revolução da Independência, dei-lhe uma amplitude maior que a geralmente adotada. Assim procedi porque quis abranger com ela todos os fatos que diretamente a ela se filiam. O período que vai da chegada de D. João à instituição do Império (1808-1822) é um período preparatório. O seguinte, até a revolta de 7 de abril de 1831, de transição: não há quem não reconheça no 7 de abril um complemento do 7 de setembro. A Menoridade é a fase da ebulição, em que as diferentes classes e grupos sociais se disputam a direção do novo Estado nacional brasileiro. *No primeiro decênio do Segundo Reinado declinam estas agitações e se define o caráter político oficial, a feição política definitiva do Império.* Como se vê, a nossa história política destes quarenta anos gira em torno da revolução da Independência e, assim, deve ser estudada sob esta mesma epígrafe geral[11].

Para alguns, em *Evolução*, "as classes emergem pela primeira vez nos horizontes de explicação da realidade social brasileira"[12]. Conhecedores de *O 18 brumário de Luis Bonaparte* de Karl Marx dispõem de elementos para reconhecer neste livro a inspiração da interpretação materialista/dialética proposta por Caio Prado Jr. para as revoltas populares regenciais. Tal qual a França da interpretação de Marx, na primeira metade de nosso século XIX, nem "as classes dominantes estavam maduras para uma reforma republicana", nem as "classes populares tinham condições de romper a nova estrutura"[13]. O autor identifica um *déficit* na maturidade da formação social, cujas características se evidenciam no modo como trata a derrota política das rebeliões. Transcreve-se uma passagem exemplar, em que examina o desfecho da Independência (em seu esquema: as revoltas que antecedem a abdicação de D. Pedro I em 7 de abril de 1831) e documenta o teor jurisprudente, no limiar do normativo. O tom da explicação é igualmente válido para a Revolta dos Cabanos, para a Revolta dos Balaios e para a Praieira, às quais faltou, em proporções diversas, seja direção política firme seja programa ideológico coerente, posto que resultavam de certas condições econômicas e sociais que, contraditoriamente, insuflaram-nas:

> [...] *nunca se vai além da tomada do poder local*. [...] Para esta vitória completa da reação concorre [...] principalmente a *atitude revolucionária inconsequente das camadas inferiores*. De um lado está a massa *escrava* que representava então cerca de 50% da população brasileira. Os escravos [...] muitas vezes nem ao menos falavam o mesmo idioma. Não foram por isso uma massa coesa [...]. Por isso também representam um papel político insignificante. *Privados* de todos os direitos, *isolados* nos grandes domínios rurais, onde viviam submetidos a uma disciplina cujo rigor não reconhecia limites, e cercados de um meio que lhes era estranho, faltavam aos escravos brasileiros todos os elementos para constituírem, apesar de seu considerável número, fatores de vulto no equilíbrio político nacional. Só com o decorrer do tempo poderia a pressão de idênticas condições de vida transformar esta massa escrava numa classe politicamente ponderável, em outras palavras, transformá-la de uma *classe em si noutra para si*. Quanto à *população livre das camadas médias e inferiores, não atuavam sobre ela fatores capazes de lhe dar coesão social e possibilidades de uma eficiente atuação política*. Havia nela a maior disparidade de interesses, e mais do que classes nitidamente constituídas, formavam antes simples *aglomerados de indivíduos*.
> [...]. Sem coesão, sem ideologia claramente definida – que, *dadas suas condições objetivas, não poderiam ter* – mesmo quando alcançam o poder, tornam-se nele completamente estéreis. [...] Congregam-se as massas em torno de individualidades mais ou menos salientes – caráter comum a todas as lutas políticas às quais falta sólidas bases ideológicas – e a ação revolucionária é dispendiosa em dissensões intestinas e hostilidades entre os chefes, que afinal não sabem ao certo o que fazer (*Evolução*, p. 67-68).

Dentre outras polêmicas estabelecidas por Caio Prado Jr. em *Evolução*, encontra-se a que diz respeito à existência ou não de "feudalismo no Brasil", tese defendida por alguns dirigentes do Partido Comunista, no qual havia ingressado dois anos antes da publicação deste livro, após ter rompido com o Partido Democrático:

> [...] no Brasil-Colônia, a simples propriedade da terra, independentemente dos meios de a explorar, do capital que a fecunda, nada significa. Nisto se distingue a nossa formação da Europa Medieval saída da invasão dos bárbaros. Lá encontraram os conquistadores descidos do Norte uma população relativamente densa e estável que já se dedicava à agricultura como único meio de subsistência. O predomínio econômico e político dos senhores feudais resultou assim *direta e unicamente* da apropriação do solo, o que automaticamente gerava em relação a eles os laços de dependência dos primitivos ocupantes. Aqui, não. A organização político-econômica brasileira não resultou da superposição de uma classe sobre uma estrutura social já constituída, superposição esta resultante da apropriação e monopolização do solo. Faltou-nos este caráter econômico fundamental do feudalismo europeu. Esta observação *destina-se principalmente aos que, fundados em certas analogias superficiais, se apressam em traçar paralelos que não têm assento algum na realidade.* Podemos falar num feudalismo brasileiro apenas como figura de retórica, mas absolutamente para exprimir um paralelismo, que não existe, entre nossa economia e a da Europa Medieval (*Evolução*, 1933, p. 17).

Evolução teve repercussão reduzida à época de sua primeira edição. Diferentemente de sua segunda edição, que vem a lume em 1947: cinco anos depois da primeira edição de *Formação* e dois anos depois da primeira edição de *História econômica do Brasil*[14]. Considerando-se que foi *Formação* que lhe angariou leitores num círculo mais ampliado que o da militância comunista, infere-se que a vigorosa incorporação acadêmica posterior de *Evolução*, seja efeito não apenas de seus méritos e de algumas modificações que o autor realiza no texto original, mas também do sucesso de *Formação*. Tudo se passará como se os dois livros produzissem e unificassem socialmente *um autor*. Passemos à apresentação de *Formação*.

Formação – diferentemente de *Evolução*, cujo travejamento é o da polêmica bibliográfica em detrimento do suporte documental[15] – embasa-se em fontes primárias coerentes, correspondência de autoridades, memórias, relatos de viajantes, entre outras. Com esteio em procedimentos historiográficos profissionalizados, o livro assinala uma orientação diversa de seus esforços iniciais. O escopo e a fatura dirigem-no ao leitor com critérios de apreciação e disposições cognitivas diferentes daqueles aos quais se endereçava *Evolução* – e a recepção oposta entre críticos de cultura, acadêmicos e camaradas documentou precisamente isso[16]. Há desdobramentos políticos em *Formação*: necessidade de constituição da nação (e de seu mercado interno) em oposição à colônia (destituída das condições de formação dele)[17] – e decerto dimensões políticas são passíveis de se imputar a qualquer obra, caso se queira. É na confecção dela que se evidencia a ambição de se dirigir não exclusiva e tampouco prioritariamente ao espaço político de interlocutores disponíveis. O livro não se orienta pelas regras do discurso intelectual no campo político – não é econômico, panfletário, polêmico, ou repetitivo – como *Evolução*, de 1933 ou *A revolução brasileira*, de 1966, por exemplo. Em apoio à exposição, transcrevemos abaixo excertos emblemáticos da afortunada ideia "*sentido da colonização*"[18].

> [...] todos os grandes acontecimentos desta era, que se convencionou com razão chamar dos "descobrimentos", articulam-se num conjunto que não é senão um capítulo da história do comércio europeu. Tudo que se passa são incidentes da imensa empresa comercial a que se dedicam os países da Europa a partir do século XV, e que lhes alargará o horizonte pelo oceano afora (*Formação*, 1942: 19).
>
> No seu conjunto, e vista no plano mundial e internacional, a colonização dos trópicos toma o aspecto de uma vasta empresa comercial, mais completa que a antiga feitoria, mas sempre com o mesmo caráter que ela, destinada a explorar os recursos naturais de um território virgem em proveito do comércio europeu. É esse o verdadeiro *sentido* da colonização tropical, de que o Brasil é uma das resultantes; e ele explicará os elementos fundamentais, tanto no econômico como no social, da formação e evolução históricas dos trópicos americanos. [...]
>
> Mas um tal caráter mais estável, permanente, orgânico, de uma sociedade própria e definida, só se revelará aos poucos, dominado e abafado que é pelo que o precede, e que continuará mantendo a primazia e ditando os traços essenciais da nossa evolução colonial. *Se vamos à essência de nossa formação, veremos que na realidade nos constituímos para fornecer açúcar, tabaco, alguns outros gêneros; mais tarde ouro e diamantes; depois, algodão, e em seguida café, para o comércio europeu. Nada mais que isso.* [...] O *sentido* da evolução brasileira, que é o que estamos aqui indagando, ainda se afirma por aquele caráter inicial da colonização. Tê-lo em vista é compreender o essencial deste quadro que se apresenta em princípios do século passado, e que passo agora a analisar (*Formação*, 1942: 28-29).

As dimensões da formação – isto é, "povoamento", "vida material", "vida social", as três partes em que se divide *Formação* –, simultaneamente, exprimem esta direção histórica e dela derivam. Já se observou que as considerações iniciais sobre o *sentido* voltam a cada capítulo, "podendo ser consideradas 'chaves' para a compreensão do conjunto". *Sentido* é a "essência do fenômeno, explica suas manifestações e ao mesmo tempo explica-se por elas"; o "procedimento dialético de apreensão do sentido", "ao atingir a essência dos fenômenos explica-nos seus segmentos, os quais, por sua vez, o explicam", "a apreensão da essência torna os segmentos inteligíveis ao captá-los, e aquela se explica por meio deles"[19].

Ademais, o *sentido* não se evidencia em qualquer ponto da curva temporal. Ele pressupõe acúmulo, requerendo um recorte cronológico alinhado ao propósito de caracterizá-lo. A advertência é do autor, ao justificar a periodização: "se escolhi um momento (da história da colônia), apenas sua última página, foi tão somente porque [...] aquele momento se apresenta como um termo final e a resultante de toda nossa evolução anterior. A sua síntese"[20]. Sublinhe-se que se trata de estabelecer os termos não de uma interpretação da história nacional – proposição anacrônica, pois toma como ponto de partida o que é resultado de um processo. Dificilmente alguém em sã consciência diria o contrário disso hodiernamente. Entrementes, o fundamental é transpor esta petição de princípio para a arquitetura da investigação, da análise e do argumento. Embora pareçam elementares, os passos do esquema não o são. Excertos relativamente ignorados e esquecidos de *Formação* auxiliam a exposição da *démarche* caiopradiana, voltada à história da colônia convertida em nação *inacabada* – isto é, ainda destituída das condições materiais de sua plena autonomia, em seu esquema, o mercado interno, que pressuporia certa inserção na geopolítica internacional[21]:

> O início do século XIX não se assinala para nós unicamente por estes acontecimentos relevantes que são a transferência da sede da monarquia portuguesa para o Brasil e os atos preparatórios da emancipação política do país. Ele marca uma etapa decisiva em nossa evolução e inicia em todos os terrenos, social, político e econômico, uma fase nova. *Debaixo* daqueles acontecimentos que se passam na *superfície*, elaboram-se processos complexos de que eles não foram senão o fermento propulsor, e, na maior parte dos casos, apenas a expressão externa. Para o historiador, bem como para qualquer um que procure compreender o Brasil, inclusive o de nossos dias, o momento é decisivo. O seu interesse decorre, sobretudo, de duas circunstâncias: de um lado, ele nos apresenta o que nela se encontra de mais característico e fundamental, eliminando do quadro ou, pelo menos, fazendo passar ao segundo plano o acidental e intercorrente daqueles trezentos anos de história. É uma síntese deles. [...] Nele se contém o passado que nos fez; alcança-se aí o instante em que os elementos constitutivos da nossa nacionalidade – instituições fundamentais e energias – *organizados e acumulados desde o início da colonização, desabrocham e se completam*. Entra-se então na fase propriamente do Brasil contemporâneo, erigido sobre aquela base (*Formação*, 1942: 7-8).

> Cada uma daquelas situações que aparecem à tona dos acontecimentos que podemos apalpar e acompanhar liga-se a *contradições gerais que vêm do âmago do sistema colonial*, que resultam daquilo que chamei os *"vícios"* do sistema, e que o processo da colonização foi pondo, um a um, em evidência. Em todos os casos citados, como em outros quaisquer da mesma natureza, os indivíduos em jogo não são senão criaturas daquele sistema, se sofrem-lhe as contingências: o proprietário endividado que não pode pagar, o comerciante credor que não recebe seu crédito, o pé-descalço que não encontra trabalho e meios de subsistência, e assim por diante. *Tudo isso provém, direta ou indiretamente, daquele sistema colonial*, e são todos estes pequenos conflitos, somados uns aos outros, que porão a sociedade colonial em ebulição, preparando o terreno para sua transformação. *O sentido desta será no [sic] de solucionar tais conflitos, pondo termo às contradições profundas do sistema donde provêm*; harmonizando-se com elementos novos que vão surgir no próprio processo das oposições em jogo, e tirando a estas a razão de ser (*Formação*, 1942: 388).

O encaminhamento, no plano político, destas contradições sociais e econômicas do sistema colonial consiste no processo de Independência. Se a este respeito o autor repete o que propôs em *Evolução*, o argumento é construído diferentemente na presente obra, o tom normativo se atenua em favor do analítico, sobressaindo-se com relevo as contradições[22]:

> Não haveria vantagem em continuar aqui nesta dissecação das contradições e fontes de atrito que laboram no seio da colônia e do sistema político e econômico que a constitui, o que aliás se encontra implícito em todas as páginas deste trabalho [...] A enumeração que fiz [...] é antes exemplificação. É *o sistema colo-*

nial em conjunto que aparece profundamente minado e corroído. Os aspectos com que tal desagregação aparece na superfície dos acontecimentos, desabrochando em choques e conflitos vários, são multiformes e complexos, e é *só por abstração e para facilitar a exposição que podemos reduzi-los aos esquemas simples que apresentei, e que são uma sombra da realidade integral*. As contradições do sistema colonial têm de comum unicamente isto: *o de refletirem a desagregação deste sistema e de brotarem dele*. No seu conteúdo, bem como nos aspectos cambiantes a cada momento e em cada lugar como que se apresentam, divergem consideravelmente. *Não é possível alinhá-los num dualismo rígido, em dois campos opostos nitidamente definidos*. Se os seus termos respectivos se opõem num caso, penetram-se e confundem-se noutro. Para *exemplificar* com os mesmos casos que empreguei acima, temos os proprietários e indivíduos das classes inferiores livres unindo-se contra os negociantes; mas juntando-se também com estes últimos contra os escravos; e vemos ainda aquelas classes inferiores congregando-se contra proprietários e comerciantes que estão por cima, e que para este feito, como possuidores, se aliam contra as não possuidoras [...]. Veremos brancos lutar com pretos e mulatos contra o preconceito de cor (Inconfidência Baiana); mulatos e pretos, com os brancos, a favor dele; portugueses contra a metrópole, e brasileiros a favor... Isto num momento para mudarem de posição respectiva logo em seguida, e de novo mais tarde [...]. É este aliás o espetáculo em todas as situações análogas, em qualquer época ou lugar; e cuja *aparente ilogicidade se procura explicar ingenuamente, generalizando casos muito particulares e no conjunto insignificantes*, em termos individuais e morais: incoerência, idealismo... *conforme o gosto e as preferências pessoais do julgador. Quando os homens, joguetes dos acontecimentos, são por eles levados e dispostos no tabuleiro da história, sem que no mais das vezes sequer se deem conta do que estão fazendo e do que se passa. Precisamos acrescentar que aquela aparência ilógica e incongruente dos fatos não só torna difícil sua interpretação, como constitui a razão da dubiedade e incerteza que apresentam todas as situações semelhantes a esta que analisamos. Dubiedade e incerteza que estão nos próprios fatos, e que nenhum artifício de explicação pode desfazer* (Formação, 1942: 392).

Retomem-se os passos do argumento. O *sentido* explica a vida material e social da colônia, constituída para fornecer os recursos materiais "para fora", eis o substrato do sistema colonial cuja desagregação encaminha-se com o processo de ruptura política com a metrópole. "Fora", então, diria respeito a um espaço *geográfico* que existe politicamente após a Independência[23]. E "sistema colonial" diria respeito ao conjunto estruturado de relações políticas, econômicas e sociais estabelecidas entre a metrópole e sua colônia que, postas em funcionamento, engendraram contradições entre estes dois polos interdependentes. Sem o alarde de reflexões teórico-metodológicas que entrariam posteriormente em voga, o autor retomava o problema do feudalismo. De modo diferenciado daquele encontrado em *Evolução* – não como afirmação de princípio, mas resultando da demonstração do *sentido* nos diversos segmentos em que dividiu o livro. Efetivamente, o feitio pré-moderno ou moderno da colonização portuguesa estava em questão. *Formação* não "preenchia lacuna", mas a abria: a colonização era simultaneamente moderna – pois resultante da expansão marítimo-comercial; e não moderna, pois ressuscitava instituições aparentadas ao feudalismo e formas de trabalho (escravismo) na contramão da tendência no centro do capitalismo em desenvolvimento[24]. Ademais, a engrenagem analítica possibilitava romper com os termos de uma "história nacional", pois a ideia de "sistema colonial" tornava possível entender a história do Brasil e de Portugal, da África, da América e da Europa, na fase de expansão mercantil assinalada a partir do século XV, como *uma só história*. Às gerações seguintes, leitoras críticas de Caio Prado Jr., e *mais orientadas para e pelo* espaço científico, caberia: a) a definição e articulação precisa daquelas orientações contraditórias da empresa colonial; b) a definição do que seja *"uma só história"*; c) a caracterização e análise de como as partes que a constituem se relacionam[25].

O trabalho de incorporação de *Formação* ao *corpus* bibliográfico da historiografia em vias de uma morosa profissionalização, tendo por epicentro o acanhado setor de geografia e história da Universidade de São Paulo, por onde o autor havia circulado como aluno pouco assíduo duas décadas antes, foi realizado por Fernando Novais[26]. Durante a concepção de sua tese de doutoramento, ele se baseia numa ideia constante em *Evolução* e *Formação* – a saber, a distinção entre colônias de povoamento e colônias de exploração[27], esforçando-se por extrair as consequências dela para uma análise sistêmica e dialética. Alicerçam sua sentença dos limites da formulação caiopradiana e embasam retificações à noção de interno/externo: a) a sua noção própria de sistema colonial (não redutível às relações entre Portugal e Brasil, nem à formulação caiopradiana); b) seu manejo dos polos da dialética (mundo colonial/mundo metropolitano até o XVIII – centro/periferia do capitalismo industrial, posteriormente); e c) o conceito de *crise* do Antigo Sistema Colonial[28]. Note-se que o avanço, ainda que vagaroso, da profissionalização da prática, tornava insatisfatória a mera assertiva "Brasil no contexto da expansão marítimo comercial europeia" – outrora inovadora, então vaga e desgastada. A despeito de ser devedor confesso de Caio Prado Jr., é factível supor que em 1967, quando Fernando Novais arquitetava seu esquema, esta vulgarização encorajasse-o a situar a discussão em outro patamar: "embora seja um lugar-comum afirmar que o Brasil é fruto da colonização europeia, nem sempre se levam na devida conta todas as implicações envolvidas nessa assertiva"[29].

> [há] possíveis limitações, que mesmo as obras mais penetrantes acabam por revelar. Se buscarmos uma integração crítica das contribuições de Caio Prado Jr. que assimile suas análises procurando ao mesmo tempo avançar no conhecimento de nossa história, temos que nos debruçar sobre esse núcleo [...] tentar ir além. [...] sua análise se deteve no meio do caminho. Trata-se de definir com precisão o que deve ser inserido, e em quê; e talvez o Brasil na expansão marítima europeia seja um recorte que apanhe apenas algumas dimensões da realidade, não levando o olhar além da linha do horizonte; "Brasil", é claro, não existia, senão como colônia, e é da colônia portuguesa (que se trata) [...] a questão é saber se não seria preciso a consideração do conjunto do mundo colonial. Expansão comercial europeia é, na realidade, a face mercantil de um processo mais profundo, *a formação do capitalismo moderno, a questão é saber se não seria preciso procurar as articulações da exploração colonial com esse processo de transição feudal-capitalista*. Desse modo, a análise, embora centrada numa região, seria

> sempre a análise do movimento em seu conjunto, buscando permanentemente articular o geral e o particular. A colonização não apareceria apenas na sua feição comercial, mas como um canal de acumulação primitiva do capital mercantil no centro do sistema. Ultrapassar-se-ia a visão da simples exploração da colônia pela metrópole, pois na metrópole há uma camada social específica que se beneficia do processo, a burguesia mercantil, a qual explora também seus compatriotas; bem como, na colônia, o senhoriato consegue descarregar o ônus sobre o trabalho compulsório de produtores servilizados ou escravizados [...] insistimos, esta é uma crítica que parte da análise de Caio Prado Jr. e a incorpora (NOVAIS, 2000: 289)³⁰.

> Tais as peças do Antigo Sistema Colonial: dominação política, comércio exclusivo, trabalho compulsório; assim se promovia a acumulação de capital no centro do sistema. Mas, ao promovê-la, ao mesmo tempo, se criam as condições para a emergência final do capitalismo, isto é, para a eclosão da Revolução Industrial. Dessa forma, o sistema de exploração colonial engendrava sua própria crise, pois o desenvolvimento do industrialismo se torna pouco a pouco incompatível com o comércio exclusivo, a escravidão, enfim com a dominação política, ou seja, com o Antigo Sistema Colonial. Tal o movimento contraditório do sistema: ao se desenvolver, desemboca em sua crise, encaminhando-se sua superação, a qual não ocorre sem a superação, *pari passu*, do absolutismo que lhe servia de base (NOVAIS, 1984: 187)³¹.

> Sentido da colonização é organizar a produção para fora; para o mercado externo. O que significa "para fora"? [...] É a acumulação externa do capital. Aí vieram os colegas dizer: "Como externa? Essa mania de externa?. Não é externo ao sistema. Aí seria China, ou na Lua. É externo à área produtiva (NOVAIS, 2011)³².

A consagração lenta e contínua da interpretação de Fernando Novais completaria a passagem lógica de *formação* do Brasil contemporâneo no (etéreo) "contexto" da expansão marítima europeia à *formação* do moderno capitalismo industrial engendrando o escravismo como forma de acumulação primitiva de capitais³³. Da publicação de *Formação* (1942) à elaboração, entre 1954 e 1973³⁴, de *Portugal e Brasil na crise do antigo sistema colonial (1777-1808)*, a historiografia se profissionalizou, tomando, ainda que cambaleantemente, alguma distância dos princípios de apreciação da esfera política³⁵. Da publicação de *Evolução* (1933) para cá, ela se segmentou intensamente (seja em torno de temas ou de períodos) – desdobramento tipicamente observado com o aumento do número de instituições de ensino e pesquisa³⁶. Paulatinamente, os historiadores estabeleceram normas uns aos outros, às quais seus antecessores não se submetiam. E, ainda que elas sejam precariamente compartilhadas entre os praticantes coevos, elas os distanciam em conjunto das gerações anteriores. Desse modo, se alguns ergueram sua obra a partir de *Formação*, outros se centraram em *Evolução*, elegendo a análise do livro, seja como ponto de partida para suas investigações, seja como paradigma a ser superado. Neste sentido, no que tange ao tema das revoltas populares do século XX, o autor sofreu sucessivas revisões críticas. Por um lado, estudos demonstraram o equívoco da ideia de que houve um "ciclo revolucionário" encerrado em 1849, com um subsequente apaziguamento político. Por outro, também se questionou fortemente a imputação de limitações objetivas às revoltas escravas, por meio da recuperação de rebeliões a que o historiador não havia atentado[37]. O teor normativo do livro de 1933 não escapou às gerações mais jovens, inspiradas em vertentes teóricas diversas do marxismo de Caio Prado Jr. (como Gramsci e Thompson).

Para elas, tratava-se não mais de investigar as condições objetivas de passagem da "classe em si" para a "classe para si" – isto é: consciente de sua exploração, organizada num partido revolucionário, e portadora de programa político coerente[38]. Importava então investigar a experiência política própria que os grupos lograram alcançar, enfatizando a autonomia da esfera política, sem que se estabelecessem *a priori* nexos de determinação entre ela e o domínio da vida material. Ademais, o avanço da segmentação e da especialização temática tornou inadmissível o menoscabo com os pormenores, assim como sínteses que dispensassem exame documental exaustivo. Adotados e defendidos por Caio Prado Jr., aquela concepção de tarefa historiográfica, que subordinava o procedimento da "síntese em detrimento da minúcia" que esboroa o *sentido*, tornaram-se pecados capitais para a historiografia que o sucedeu[39].

3 História social de um marxista nato

Aos 11 de fevereiro de 1907, nascia Caio Prado Jr., o terceiro dos quatro filhos de Caio da Silva Prado e Antonieta Penteado da Silva Prado, no bairro de Higienópolis, na cidade de São Paulo. Os passos previstos pelo ciclo de vida dos herdeiros dos fazendeiros do café em São Paulo são os seus. Como cabia aos rebentos da família afortunada, ele recebeu a educação dos homens de seu grupo, isto é, preparatória para o manejo dos negócios familiares e para o exercício do poder. Entrementes, o cenário cambiante dos anos compreendidos entre 1920 e 1945 caracterizou-se pelo impacto da crise econômica sucedida do descenso social, implicando a recomposição das elites dirigentes na afanosa disputa por oportunidades junto ao Estado e ao mercado de bens simbólicos em expansão. Este quadro imprimirá uma reorientação das competências e do capital social, que serão alocados nos postos disponíveis da nova divisão do trabalho de dominação. Sua trajetória consiste conspicuamente na construção social de uma "posição dominada, temporalmente, no campo do poder"[40]: a do intelectual. A reconstituição das sucessivas posições ocupadas por ele no espaço cultural demonstra-o.

Seus primeiros estudos foram conduzidos por professores particulares, domesticamente. O curso secundário foi realizado no Colégio São Luís, de orientação jesuítica, onde ingressou em 1918, no mesmo ano em que esta escola se deslocava de Itu, no interior do Estado de São Paulo, para instalar-se na capital, precisamente na Avenida Paulista. No ano de 1920, estudou um ano no colégio Chelmsford Hall, em Eastborn, na Inglaterra, enquanto seu irmão, Eduardo, fazia tratamento médico. Naturalmente, na Faculdade de Direito do

Largo São Francisco (1924-1928), deu continuidade à inculcação de disposições pressupostas pelo exercício do poder.

Na "pepineira da elite"[41], além de manter ativo o capital social familiar, adestra-se para a política por meio das atividades preparatórias dos homens jovens e abastados destinados a ela. Vai ao "I Congresso dos Estudantes de Direito" (em Belo Horizonte, 1926); envolve-se no movimento estudantil, que edita um periódico (*A chave*); arrisca suas primeiras publicações neste mesmo veículo ("A crise da democracia brasileira"). Nele, demonstra seu compromisso com os ideais liberais de crítica às instituições da Primeira República, com a moralização da vida política e com a elevação do nível cultural geral. Estes ideais cívicos circulavam entre setores dissidentes do tradicional Partido Republicano Paulista (PRP), agrupados no Partido Democrático (PD), desde 1925, contando com polos culturais situados no jornal *O Estado de S. Paulo*, próximos dos educadores da Escola Nova, que se articularão, para fundar, em 1934, a Universidade de São Paulo[42]. "A crise da democracia brasileira" consiste num ostensivo fiador público de sua identidade política liberal, comprometida com ideais cívicos.

Caio Prado Jr. tem 21 anos ao se tornar bacharel e ingressar, como não poderia deixar de ser, no Partido Democrático (PD), casar-se com Hermínia Ferreira Cerquinho, trabalhar, por pouquíssimo tempo, no escritório de advocacia de Abraão Ribeiro. No ano seguinte ao matrimônio, nasce sua filha Yolanda, e, em 1931, sua esposa dá à luz a seu filho Caio Graco.

Como membro do PD, sua participação na Revolução de 1930 consistiu em trabalhar na "Delegacia Revolucionária de Ribeirão Preto" (por 3 meses), apurando erros e desvios do regime anterior. Decepcionado, rompeu com o PD e aderiu ao Partido Comunista, em 1931. Do ponto de vista político, trata-se de um *grand tournant* – que embala comentaristas e biógrafos[43]. Um ângulo analítico mais objetivante observaria que, durante a República Velha, as pretensões dos estudantes dos cursos jurídicos estavam a salvo. Era certo que ingressariam em "carreiras ligadas ao trabalho político" ou "seriam convocados para os escalões superiores do serviço público, no âmbito das administrações estaduais", ou do governo central[44]. Entretanto, o "desemprego conjuntural" que alcançou os bacharéis, por conta da inflação dos diplomas naquela década, foi concomitante à desagregação do molde oligárquico do poder central. E deu ensejo, por consequência, à proliferação de intelectuais, concorrentes ideológicos, que aderiram aos empreendimentos de salvação política (não sem esperanças de substituir os velhos grupos dirigentes, apossando-se do Estado) – a saber: integralistas, católicos, comunistas[45]. Ora, "jovem esquerdista típico do período anterior à Primeira Guerra Mundial era o operário imigrante anarquista"; já o "do período subsequente foi o jovem intelectualizado de família tradicional decadente dos Estados pobres" e dos "ramos tradicionais em processo de readaptação à sociedade urbana capitalista"[46]. Portanto, o período entre 1928 e 1935, corresponde à fase de estreitamento do leque dos possíveis em sua trajetória[47], convertida em destino heroico, substrato da imagem corriqueira que se faz dele: o sofrido comunista refinado, que "rompeu com sua classe" e permaneceu sem prestígio no PCB. Entrementes, estas escolhas e renúncias – como as de tantos outros de sua condição, e como tantos de seus negócios e investimentos culturais futuros – resultavam da reação à ameaça fúnebre de desclassificação social, traduzida no aproveitamento das oportunidades que lhes restavam e na construção de outras, viabilizadas pela expansão do campo cultural (via mercado e Estado) e por seu capital prévio (econômico, cultural e social).

Eles não foram poupados por Caio Prado Jr. A partir de 1931, ele colocou-os a serviço de sua formação individual e de seu reconhecimento social como comunista[48]: inicia-se na literatura marxista, importa livros e periódicos, viaja à União das Repúblicas Socialistas Soviéticas (URSS). Não toma parte, como tantos entre os seus, na Revolução de 1932. Em 1933, funda o Clube dos Artistas Modernos (CAM) com seu irmão, onde dará palestras a respeito da URSS, posteriormente publicadas em livro[49], traduz o *Tratado do materialismo histórico*, de Nicolai Bukharin, e publica *Evolução*. Uma vez instituída a Faculdade de Filosofia, Ciências e Letras da Universidade de São Paulo (FFCL-USP), em 1934, ele, como outros membros grã-finos próximos aos mentores dela, passa a frequentar os cursos, particularmente os das "missões francesas" – oferecidos por professores importados para inaugurar as atividades da instituição[50]. Caio Prado Jr. associa-se a Pierre Deffontaines, Rubens Borba de Morais e Luís Flores de Moraes Rego, para criar a Associação de Geógrafos Brasileiros (AGB)[51]. Com eles, conhece a geografia lablachiana, faz viagens e as transforma novamente em publicação[52]. Seria preciso algum esforço para não observar o entrelaçamento entre os usos das viagens (à URSS e pelo território nacional com os franceses), o associativismo cultural (AGB, CAM, FFCL-USP) e as publicações do empenho por forjar, para a provinciana São Paulo dos anos de 1930, uma nova identidade social, cujo fundamento era o pertencimento político ao PCB e intelectual ao marxismo. É ao lado desses esforços que ganha inteligibilidade *Evolução*, livro apresentado anteriormente. Suas citações evidenciam não apenas um conjunto de leituras realizadas, como um círculo de sociabilidade que lhe era familiar. Expressam de modo público que ele se contrapunha politicamente a juristas, médicos, políticos paulistas, fossem quadros do Partido Republicano Paulista (PRP), do Partido Democrático (PD), da Faculdade de Direito do Largo São Francisco – agremiados, alguns deles, no Instituto Histórico e Geográfico de São Paulo – ou estivessem sob influência ideológica destas instituições. Como crítico do PRP, recém-egresso do PD (militância entre 1928-1931), ex-aluno desta faculdade (onde se formou em 1928), e recém-ingresso no PCB – a irretocável ironia dirigida às teses do tradicional historiador perrepista Alfredo Ellis Jr. ganha seu sentido[53]. Do mesmo modo, mas com outro peso, ganha sentido a divergência em relação à tese que seus camaradas sustentavam a respeito do "feudalismo brasileiro". A orientação da escritura deste livro era, portanto, duplamente política: contra interlocutores de seu passado (fossem eles do PRP, do PD ou estivessem no IHG-SP) e contra seus interlocutores futuros (PCB). Não surpreende que esta posição tão deslocada no espaço político angariasse tantos aliados que trabalhassem por sua consagração fora dele, no universitário.

E, ao que tudo indica, seus esforços foram bem-sucedidos. Já em 1935, ele se torna vice-presidente da seção paulista da Aliança Nacional Libertadora (ANL). Ela consistia na versão nacional das "frentes populares" – política de afrouxamento das rivalidades de esquerda em favor do enfrentamento do fascismo, estabelecida pelo movimento comunista internacional (no VII Congresso da Internacional, realizado em 1935). Em sua versão local, isso implicava a aliança das forças – comunistas ou não – que se opunham a Vargas. Este posto implicou atividades que serão características ao longo de seu percurso no partido: viaja, faz palestras, participa de comícios, organiza diretórios municipais, redige artigos sobre a experiência. Enquadrada pela "Lei de Segurança Nacional", a ANL é fechada. Ainda em 1935, o fracasso do Levante Comunista (em Natal, Recife e Rio de Janeiro) dá ensejo a uma forte repressão anticomunista. A exposição pública a que se submeteu, em suas atividades junto à ANL, tornou-o alvo de observação policial e, embora estivesse no Rio Grande do Sul, relativamente alheio ao Levante de 1935, foi preso por envolvimento nele, durante dois anos. Uma vez solto, por ter solicitado um *habeas corpus*, partiu para a Europa. Durante dois anos frequenta cursos na Sorbonne, redige relatos de viagem (Países Baixos e Escandinavos), apoia refugiados da Guerra Civil Espanhola, mantendo-se próximo do Partido Comunista Francês (PCF). Ao voltar para o Brasil, em 1939, absolvido pelo Tribunal de Segurança Nacional, o PCB estava sob coação varguista. Nesta fase, seu associativismo cultural e os investimentos intelectuais se sobrepõem aos políticos – até a 2ª Conferência Nacional do PCB em 1943. É este recolhimento que lança luz na concepção do seminal *Formação* – em oposição, como vimos demonstrando, ao entrelaçamento do autor nas polarizações da esfera partidária, que marcam a elaboração de *Evolução*. Senão, vejamos suas atividades entre o retorno do biênio europeu (1939) e a sua eleição para deputado estadual pelo PCB (1947).

Ele faz novas viagens pelo Brasil, constrói sua chácara em Campos do Jordão e contrai segundas núpcias em 1942 – no mesmo ano em que *Formação* vem a lume pela prestigiada Editora Martins, dedicado a Helena Maria Nioac, sua nova esposa. Colabora intensamente com empreendimentos editoriais: colabora com Pierre Monbeig; com Rubens Borba de Morais, novamente; com o Instituto Nacional do Livro; com a Editora Fondo de Cultura Económica; com a revista *Ilustração* (de São Paulo), na qual toma parte na fundação; com a revista *Rumo* (do Rio de Janeiro)[54]. Em 1943, tendo como sócio, entre outros, seu pai, e, posteriormente, Monteiro Lobato – cria a Gráfica Urupês e a Editora Brasiliense, na qual passa a publicar seus livros.

A vida política o absorverá inteiramente face à recomposição dos partidos políticos, engendrado pelo fim do Estado Novo varguista. Em 1943, na Segunda Conferência Nacional do PCB, realizada na serra da Mantiqueira, embora preso, Luiz Carlos Prestes foi eleito secretário-geral; formou-se a Comissão Nacional de Organização Partidária (Cnop), sediada no Rio de Janeiro, sob a diretriz do "Grupo Baiano", que defendeu a necessidade de apoiar Getúlio Vargas, em nome da "união nacional", e da luta contra o Eixo, dado o recente envolvimento do Brasil no conflito mundial, junto aos Aliados. Caio Prado Jr. e alguns camaradas se unem na "divergência paulista" a esta diretriz, nucleada em "Comitês de Ação", em oposição à conciliação com o Estado Novo. Esta disputa interna ao partido se resolve com a saída de Prestes da prisão e sua deliberação a favor da Cnop, em detrimento dos comitês[55].

O episódio encerra muito interesse. Como os membros de seu grupo social originário, ele tem aversão a Getúlio Vargas – o que concorre para se unir aos Comitês contra a política comunista de conciliação com ele. Daí também participar, com seus próximos, da fundação da União Democrática Nacional – antivarguista e não comunista. E, no entanto, a derrota interna no PCB e a debandada de alguns vencidos dos Comitês não o leva a romper com o Partido. Ora, tanto o envolvimento no contencioso quanto esta permanência favorece Caio Prado Jr., que ganha proeminência e circula entre críticos do Estado Novo – tanto comunistas quanto liberais. A plataforma partidária é objetivamente a fonte possível de acúmulo de capital político; sair dele era menos interessante do que se manter momentaneamente derrotado[56]. Assim, não surpreende que em 1945 – mesmo ano de nascimento do filho de seu segundo casamento, Roberto Nioac Prado – ele seja designado membro da Comissão Política do I Congresso Brasileiro de Escritores; candidate-se a deputado federal e eleja-se como terceiro suplente e, em 1947, candidate-se e seja eleito como deputado estadual pelo PCB. Já foi observada a relevância desta conquista que, vista do ângulo desta reconstituição, corresponde à realização de tarefa para a qual sempre se preparou – e só constituiria uma ruptura em sua trajetória se a considerarmos sob o signo permanente do bloqueio do exercício efetivo do poder político, para o qual sua educação primeva o preparara[57]. A dedicação a sua nova posição fica atestada pelo volume de emendas à Constituição estadual de 1947 e pelos projetos de lei apresentados[58]. No mesmo ano desta conquista, falece seu pai e ele assume a gestão dos recursos econômicos familiares.

A experiência foi brevíssima. O cancelamento do registro do PCB implicou a cassação de seu mandato e ele ficou preso por três meses. Uma vez solto, volta a viajar: faz uma excursão ao Triângulo Mineiro e a Goiás; em seguida, vai à Europa para participar do Congresso da Paz, do Partido Comunista, em Paris, aproveitando para ir à Polônia e à Tchecoslováquia – novamente, publica suas anotações de viagem. Entre 1950 e 1952, estuda intensamente filosofia e vem a público com *Dialética do conhecimento*, naturalmente, lançado pela Brasiliense. Em 1954, concorre à cátedra de Economia Política da Faculdade de Direito do Largo São Francisco, com a tese *Diretrizes para uma Política Econômica Brasileira*[59]. Dificilmente a instituição abrigaria um comunista como professor, ele não leva o cargo, mas ganha o título de livre-docente – o que atesta a proeminência que possuía como intelectual nos círculos comunistas e não comunistas.

No ano seguinte tem início um de seus empreendimentos mais duradouros e impactantes no cenário cultural: a *Revista Brasiliense*. Idealizador, gestor e colaborador assíduo (praticamente não há número da *Revista Brasiliense* sem colaboração sua) – transformou-a num círculo em que se encontravam as ideias e os intelectuais que se mantinham no raio de influência da cultura comunista, sem jamais esposar as teses oficiais do partido. Se Caio

Prado Jr. foi "diminuído" em querelas partidárias internas, certamente foi catapultado por esta posição entre os frequentadores do círculo que orquestrava com a *Revista Brasiliense* – militantes ou não, simpáticos às causas progressistas, nacionalistas, mas indispostos com a disciplina e o dirigismo comunista. Este círculo se constituía em larga medida pela presença de ilustres comunistas e de cientistas sociais profissionais, formados pelo experimento universitário que gradativamente roubava a cena, tornando-se o eixo gravitacional da opinião bem fundamentada e progressista[60]. A esta altura, a incipiente diferenciação disciplinar não era potente o bastante para instigar o perfil das escolhas (temáticas, lideranças etc.) desta comunidade acadêmica. Sobre ela ainda pairava o fascínio pelo modelo intelectual da geração anterior, da qual Caio Prado Jr. ia se tornando um representante conspícuo aos seus olhos – precisamente por ter características dela própria (como a rebeldia de opinião e o fiel deslocamento do PCB). Cenário típico de transições em que um novo modelo não se estabeleceu, ao passo que o anterior já não tem mais vigência: propício para figuras híbridas e critérios de apreciação instáveis, nem sempre refletidos. Por isso, pertencer ao círculo da *Revista Brasiliense* inscrevia-se nas "modalidades de participação política aceitáveis pela comunidade profissional emergente"[61].

Se filosofia e economia são os domínios que mais atraem Caio Prado Jr. nestes anos, ele mantém o diálogo com a geografia e, no que tange aos temas, o problema da reforma agrária e a estratégia revolucionária dos comunistas, decorrente do mau entendimento da estrutura fundiária brasileira, são os mais frequentes. Mantém o hábito das viagens pelos países socialistas, assim como da divulgação das mesmas, por meio das publicações: vai a Cuba em 1962 (com delegação brasileira, para o terceiro aniversário da Revolução) e publica *O mundo do socialismo*; em 1963, viaja à Alemanha Ocidental.

A perseguição política encampada pela ditadura civil-militar em 1964 encerra a experiência da *Revista Brasiliense*. Dando prosseguimento às divergências que possui com as teses do PCB, Caio Prado Jr. reúne suas tomadas de posição, em 1966, no livro *A revolução brasileira*. Por este livro, ganha o Prêmio Juca Pato de intelectual do ano[62]. Diferentemente do teor da obra que lhe rende a honraria – entendida, por alguns, como um chamado à luta armada –, em seu discurso de agradecimento a ele, sobreleva-se seu nacionalismo e certo moralismo que, naturalmente, trai sua inserção no círculo cultural comunista[63].

Viaja pela América em seguida: vai ao Canadá para um congresso de filosofia e à Argentina e ao Chile, para encontrar exilados brasileiros. Ao voltar, inscreve-se para um concurso de história na Universidade de São Paulo, que não chega a ser realizado[64]. Não se esgotaria a sucessão de viagens e prisões sem um novo ciclo delas. Em 1968, sofreu um Inquérito Policial-militar por ter incitado, em entrevista, à luta armada[65]. Ele foge do Brasil e obtém asilo no Chile. Retornará apenas em 1970, será julgado e condenado a quatro anos de prisão. Mas ficará preso apenas durante um, na Casa de Detenção Tiradentes, pois o segundo julgamento o absolve. O filho de seu segundo casamento, Roberto, falece e ele afasta-se da Brasiliense e da vida política. Em contrapartida, não suspende as publicações, ao contrário. O recolhimento, induzido pelo drama pessoal e pelo regime autoritário, ensejou o remanejamento de reflexões acumuladas, o que se observa no conteúdo dos livros editados até início dos anos de 1980, quando ele se retira inteiramente da vida pública – então, adoecido e vítima de mal de Alzheimer[66]. Em 1974, aos 67 anos, contrai suas terceiras e últimas núpcias, com Maria Cecília Naclério Homem. Tem reduzida participação no início das Diretas Já. Falece em 23 de novembro de 1990.

4 Considerações finais

O trabalho de gerenciamento da longevidade simbólica de uma obra e de um autor concorre fortemente no estabelecimento de uma *doxa* disciplinar. O caso de Caio Prado Jr. é exemplar a este respeito em numerosos sentidos – alguns dos quais nós nos esforçamos acima para apresentar e simultaneamente nos desvencilharmos. Aprende-se e apreende-se por meio dele uma certa imagem de historiador a respeitar, a imitar ou a superar. Daí a dificuldade de reconstituir sua biografia e sua obra. Ambas são destacadas do espaço que conferiu sentido à sua ação e moldadas por categorias classificatórias construídas *a posteriori* por seus herdeiros. Vale dizer que procuramos dividi-los em dois grupos, com tratamento distinto acima: aqueles que beberam na obra de Caio Prado Jr. para o desenvolvimento de suas próprias pesquisas e aqueles que fizeram de sua biografia e obra o assunto de sua pesquisa (inscrevendo-se, assim, na história das ideias políticas e na história da historiografia). Com pesos diferenciados nestas duas frações da bibliografia, um dos motes incontornáveis da abordagem consiste na afirmação da irredutibilidade de sua adesão ao comunismo às condicionantes de seu pertencimento de classe *pari passu* a tendência a "academizar" a obra e o autor. A recuperação dos deslocamentos no espaço social *de seu tempo* mostra, contudo, uma orientação da ação dirigida à esfera política – única talvez com força para moldar os agentes[67].

Entre os reflexos cognitivos automatizados e as classificações naturalizadas encontra-se o agrupamento de Caio Prado Jr., ao lado de Sérgio Buarque de Holanda e Gilberto Freyre – a trindade que se convencionou chamar de "geração de 1930", desde que Antonio Candido a construiu em 1967[68]. Ora, "o interesse na análise da trajetória intelectual dessa trindade 'brasiliana' se prende tanto ao conteúdo substantivo de suas obras quanto àquelas dimensões cambiantes com que se defrontava o mercado intelectual da época"[69]. A naturalização do princípio de leitura de *um* leitor tem sedado a imaginação histórica. Quando se atina que em 1932, ano da Revolução Constitucionalista de São Paulo contra Vargas, eles tinham 25, 30 e 32 anos – não ocorre pensar que "comparados aos seus homólogos europeus ou norte-americanos, seriam considerados jovens pesquisadores em início de carreira" e que dificilmente mereceriam por estas obras "o *status* e o tratamento de mestres do pensamento"? Estes autores fizeram "sua carreira intelectual valendo-se basicamente de seu patrimônio material e social, devendo quase nada a mentores políticos, partidários ou acadêmicos";

foram "empresários de suas obras na acepção literal do termo" e o exame que prime pela fidedignidade histórica na reconstituição do passado "torna inteligíveis as condições sociais, materiais e institucionais necessárias aos empreendimentos de intelectuais que operam segundo o modelo dos livre-atiradores, de resto padrão dominante de carreira intelectual em sucessivas gerações da classe dirigente brasileira"[70]. Aquele contraste com congêneres do centro – já ensinava Émile Durkheim, "só se explica comparando" – longe de diminuí-los na hierarquia que logramos construir para colocá-los no topo, pode chacoalhar nossos princípios de apreciação e classificação, redimensionando parâmetros da agenda de pesquisa em história intelectual das disciplinas. Eis o intento desta apresentação de Caio Prado Jr.

Notas

[1] CALVINO, I. *Por que ler os clássicos*. São Paulo: Penguin/Cia. das Letras, 2009, p. 21.

[2] Cf. ELIAS, N. *Envolvimento e alienação*. Rio de Janeiro: Bertrand Brasil, 1998.

[3] Durante o ano de 2014, um questionário *on line* foi respondido por 1.308 marxistas brasileiros trabalhando em universidades. Uma das perguntas era "Por quais autores/intérpretes do Brasil você tem mais interesse?" Caio Prado Jr. foi o segundo mais respondido. (Trabalhamos em equipe nesta pesquisa, desenvolvida com apoio do CNPq.) Somam-se a esta informação os dados disponíveis na "biblioteca virtual do pensamento social" (http://bvspensamentosocial.icict.fiocruz.br/vhl/interpretes/). O trabalho que realizamos com esses dois bancos de dados dá suporte ao que afirmamos acima e parcialmente ao argumento desenvolvido no presente capítulo.

[4] Aludimos, naturalmente, às difíceis articulações objetivas e práticas – e não às fáceis e imaginárias – que Max Weber formula no seminal "Ciência e política: duas vocações" (WEBER, M. *La science, profission & vocation*. Marseille: Agone, 2005 [Trad. de Isabelle Kalinowski].

[5] PRADO JR., C. *Evolução política do Brasil*: colônia e império. 21. ed. São Paulo: Brasiliense, 1994, p. 8 [Todas as citações de *Evolução* são extraídas desta edição].

[6] PRADO JR., C. *Formação do Brasil contemporâneo* – Colônia [1942]. São Paulo: Companhia das Letras, 2011, p. 15-16 [Todas as citações de *Formação* são extraídas desta edição].

[7] Vale chamar atenção para a mudança do subtítulo de *Evolução*. A 1ª edição, de 1933, traz no subtítulo "ensaio de interpretação *materialista da história do Brasil*"; a 2ª edição, de 1947, traz no subtítulo "ensaio de interpretação *dialética*". Posteriormente a obra foi editada, com variações na composição dos textos, como *Evolução política do Brasil e outros estudos* e *Evolução política do Brasil: colônia e império*.

[8] PRADO JR., C. *Evolução*... Op. cit., p. 8.

[9] Ibid., p. 10.

[10] SECCO, L. *Caio Prado Jr.: o sentido da revolução*. São Paulo: Boitempo, 2008, p. 163.

[11] PRADO JR., C. *Evolução*... Op. cit. p. 9.

[12] MOTA, C.G. *Ideologia da cultura brasileira*. São Paulo: Ática, 1977, p. 28.

[13] SECCO, L. *Caio Prado Jr.: o sentido da revolução*. Op. cit., p. 163. • MARTINEZ, P.H. *A dinâmica de um pensamento crítico* – Caio Prado Jr. (1928-1935). São Paulo: Edusp, 2008, p. 100-105. Paulo Iumatti chega a caracterizar a análise como "argumentos sociológicos inspirados diretamente na obra de Marx" (IUMATTI, P. *Caio Prado Jr.: uma trajetória intelectual*. São Paulo: Edusp, p. 115). Sublinhe-se que, para o ponto assinalado, não há grandes modificações entre a primeira e a segunda edições de *Evolução*... (1933 e 1947).

[14] *História econômica do Brasil*. 1. ed. São Paulo: Brasiliense, 1945, 1ª ed. [com introdução metodológica que foi retirada das edições posteriores]. Em 2012, este livro atingiu sua 43ª edição.

[15] São citados: Oliveira Viana, Joaquim Nabuco, Rocha Pombo, Capistrano de Abreu, Euclides da Cunha, Afonso d'Escragnolle Taunay, Alfredo Ellis Jr, Alcântara Machado, Washington Luís, Eduardo Prado, Rui Barbosa – entre outros. Efetivamente, como observou Paulo Iumatti, o autor esforçava-se por "se distanciar do enfoque desenvolvido pelos historiadores ligados a projetos políticos dos grupos dominantes regionais"; p. ex., "minimizava o fenômeno do bandeirismo paulista". Ademais, o mesmo autor observa: "nos dois itens relativos à 'colonização', as citações bibliográficas (sete) e de fontes primárias (oito, sendo quatro tiradas das obras de outros historiadores) apareciam de forma imprecisa. Algumas informações e afirmações não chegavam a ter referência alguma" (IUMATTI, P. "O percurso para o 'Sentido da colonização' e a dinâmica da historiografia brasileira nas primeiras décadas do século XX". In: IUMATTI, P.; SEABRA, M. & HEIDEMANN, H.D. *Caio Prado Jr. e a associação dos geógrafos brasileiros*. São Paulo: Edusp, 2008, p. 159-160). Em que pese o monumental levantamento de fontes primárias realizado por este biógrafo e sua indiscutível paixão pelo autor, tomaríamos distância do que conclui a partir desta observação: "as deficiências, assim como o uso de autores pouco rigorosos, estavam em nítido descompasso com rigor crescente exigido pela historiografia" – o que o levará a uma espécie de caminho contínuo rumo à sua própria profissionalização e "luta por campo autônomo". A historiografia estava longe de se defender à prática "profissionalizada" como pressupõe esta assertiva (cf. RODRIGUES, L.S. Armadilha à francesa. In: *História da Historiografia*, n. 11, 2013).

[16] Para a recepção entre os camaradas: SANTOS, R. *Caio Prado Jr. na cultura política brasileira*. Rio de Janeiro, Mauad, 2001, p. 91-95. Para a recepção entre acadêmicos e críticos: SECCO, L. *Caio Prado Jr.: o sentido da revolução*. Op. cit., p. 166. Não encontramos na bibliografia a análise da oposição dos critérios de apreciação dos dois espaços, e infelizmente não dispomos de espaço para realizá-la.

[17] Cf. IUMATTI, P. "O percurso para o 'Sentido da colonização' e a dinâmica da historiografia brasileira nas primeiras décadas do século XX". In. IUMATTI, P.; SEABRA, M. & HEIDEMANN, H.D. *Caio Prado Jr. e a associação dos geógrafos brasileiros*. Op. cit., p. 145-149.

[18] Não dispomos de espaço para demonstrá-lo. No entanto, sublinhe-se que o livro também não correspondia ao que se produzia na recém-instituída Universidade de São Paulo e tampouco no Instituto Histórico e Geográfico, guardando com o perfil da produção destas instituições tênue parentesco. É na ambiguidade de sua posição com relação às instituições de ciência e de política (pertencente por origem familiar ou convicção, mas distanciado, por não ser atiçado inteiramente pelos móveis competitivos delas) que se encontra a base objetiva dessa excepcionalidade – que tanto fascina os comentadores, cuja aprazibilidade em apagar as marcas do condicionamento dela torna evidente as demandas simbólicas endereçadas ao biografado e à sua obra. Voltamos ao ponto ao longo e no final deste trabalho (Pensamos nos marcos do que Norbert Elias propôs em *Mozart*: sociologia de um gênio. Rio de Janeiro: Zahar, 1995).

[19] NOVAIS, F. Sobre Caio Prado Jr. (2000). In: NOVAIS, F. *Aproximações* – Estudos de história e historiografia. São Paulo: Cosac Naify, 2005, p. 285-286.

[20] PRADO JR., Caio. *Formação...* Op. cit., p. 16.

[21] Uma dimensão condicionante das análises que o autor propõe a respeito do papel diminuto do Brasil no cenário internacional, assim como o tom nacionalista alinhado com certo "temos muito o que fazer" consiste na intensa circulação por países da Europa – que pontilham aqui e acolá os juízos emitidos sobre nossas elites. No mercado editorial há uma quantidade extraordinária de biografias "intelectuais", "políticas", análises de livros, conceitos e toda sorte de trabalhos que segmentam o homem e a obra – mas falta uma apreciação conjunta das determinações *posicionais* na substância das formulações, escolhas, renúncias – e apenas as esboçamos acima. Aproveitamos o ensejo para sublinhar que até a entrega deste trabalho o livro de Luiz Bernardo Pericás (*Caio Prado Jr.: uma biografia política*. São Paulo: Boitempo, 2016) ainda não nos tinha sido entregue e, por isso, está fora da nossa apreciação.

[22] Esta avaliação é de Florestan Fernandes: "[Em *Formação*, Caio Prado Jr.] é "mais depurado, como marxista e historiador, propõe-se uma ambição ciclópica" (FERNANDES, F. Obra de Caio Prado nasce da rebeldia moral. In: *Folha de S. Paulo*, 07/09/1991).

²³ Naturalmente, o autor não faz questão de sublinhar este ponto, posto que não imaginasse a controvérsia que se estabeleceria posteriormente. Na bibliografia consultada não encontramos menção a seu juízo no que tange à incorporação acadêmica de sua obra – os comentadores não se perguntam por esta reação. De todo modo, vale destacar a ambiguidade da passagem – se, rente a seu argumento, "externo" só existiria enquanto tal após a ruptura da colônia com a metrópole, em outras passagens, ele parece não se prender a esta distinção – pedra de toque para as controvérsias nutridas entre historiadores que se inspiram nele: "É com tal objetivo, objetivo *exterior*, voltado para *fora* do *país* e sem atenção a considerações que não fossem o interesse daquele comércio, que se organizarão a sociedade e a economia brasileiras". O autor refere-se, na passagem, não ao país, mas à colônia, e prossegue: "Tudo se disporá naquele sentido: a estrutura, bem como as atividades do país. Virá o branco europeu para especular, realizar um negócio; inverterá seus cabedais e recrutará a mão de obra de que precisa: indígenas ou negros importados. Com tais elementos, articulados numa organização puramente produtora, industrial, se constituirá a colônia brasileira. Esse início, cujo caráter se manterá dominante através dos três séculos que vão até o momento em que ora abordamos a história brasileira, se gravará profunda e totalmente nas feições e na vida do país. Haverá resultantes secundárias que tendem para algo de mais elevado; mas elas ainda mal se fazem notar" (PRADO JR., C. *Formação...* Op. cit., p. 28-29).

²⁴ Há uma bibliografia inesgotável e repetitiva a respeito desse assunto. Uma boa súmula do debate encontra-se na seção "O debate feudalismo e capitalismo" na coletânea de homenagem ao autor: D'INCAO, M.A. (org.). *História e ideal*. São Paulo: Brasiliense/Unesp, 1989.

²⁵ Há, obviamente, historiadores envolvidos no debate que viveram concomitantemente à publicação das obras de Caio Prado Jr. Emprego o termo geração na acepção de MANNHEIM, K. *Le problème des générations*. Paris: Nathan, 1990.

²⁶ Restringimos esta apresentação à incorporação realizada pelo principal agente dela, no âmbito da historiografia. Não deixamos, contudo, de registrar que ela se processou também por meio de sociólogos, que o convidavam para bancas de doutoramento, os quais eram convidados por ele para contribuir na *Revista Brasiliense*. Por meio destas, entre outras vias, eles estabeleceram um canal de intenso intercâmbio de ideias políticas e princípios de apreciação do trabalho intelectual (RODRIGUES, L.S. *A produção social do marxismo universitário em São Paulo*: mestres, discípulos e "Um seminário" (1958-1978). FFLCH-USP, 2011, cap. 3 [Tese de doutorado].

²⁷ NOVAIS, F. "Colonização e sistema colonial: discussão de conceitos e perspectiva histórica" (1967). In: NOVAIS, F. *Aproximações...* Op. cit., 2005, p. 34.

²⁸ O marxismo está no centro da construção desse elo simultaneamente contínuo e descontínuo. Acima, privilegiamos a apresentação das nuanças nas formulações, em detrimento do processo social que as estimulou. Registre-se sumariamente, entretanto: o marxismo de Fernando Novais constituiu-se junto ao grupo de estudos de *O capital*, organizado e conduzido pelo filósofo José Arthur Giannotti, fora dos quadros de discussão com o PCB, e refratário a ele; ao passo que o de Caio Prado Jr. constituiu-se, como sua formação – em oposição à direção comunista, sem tutela acadêmica e financiada por seus próprios recursos econômicos. Para a biografia coletiva deste grupo de leitores acadêmicos de *O Capital* e análise do impacto da ancoragem universitária no conteúdo de suas leituras: RODRIGUES, L.S. *A produção social do marxismo universitário em São Paulo...* Op. cit.

²⁹ NOVAIS, F. Colonização e sistema colonial: discussão de conceitos e perspectiva histórica [1967]. In: *Aproximações...* Op. cit., p. 23.

³⁰ NOVAIS, F. Sobre Caio Prado Jr. [2000]. In: *Aproximações...* Op. cit., p. 289.

³¹ NOVAIS, F. Passagens para o novo mundo [1984]. In: *Aproximações...* Op. cit., p. 187.

³² NOVAIS, F. Entrevista [2011]. In: PRADO JR., C. *Formação do Brasil contemporâneo* – Colônia. São Paulo: Companhia das Letras, 2011, p. 415. Surpreende-se o autor, propositalmente, em excertos que correspondem a fases distintas de sua carreira: durante a elaboração da tese e, posteriormente, gerenciando a recepção e distorção que ela vai sofrendo, em certa medida, conjuntamente à de Caio Prado Jr. – junto à qual passa a ser lido, por vezes sem distinção autoral.

³³ Também ela tornada etérea e destituída de bases empíricas (numéricas) com o avanço das exigências das novas gerações no que tange à história econômica. Considere-se "consagração" como a capacidade apresentada por um autor/obra de dar origem ao ponto mais agonístico da discussão no campo científico – uma controvérsia (cf. GINGRAS, Y. *Controverses* – Accords et désaccords en sciences humaines et sociales. Paris: CNRS, 2014). Aceitando esta ideia, o culminar da consagração da obra e do autor, sucedendo o acúmulo de polêmicas típicas do espaço científico, tem por baliza a divergência de FRAGOSO, J. & FLORENTINO, M. *O arcaísmo como projeto* – Mercado atlântico, sociedade agrária e elite mercantil em uma economia colonial tardia: Rio de Janeiro, c. 1790-1840. Rio de Janeiro: Civilização Brasileira, 2001 [Ed. revista] [1. ed., 1993]. Um balanço bibliográfico, elaborado com fins pragmáticos, sem compromisso com a sociologia da ciência ou com a história da historiografia, mas com a proposição de uma agenda de pesquisa, pode auxiliar o interessado no assunto: MARQUESE, R.B. As desventuras de um conceito: capitalismo histórico e historiografia sobre a escravidão brasileira. In: *Revista de História*, n. 169, dez./2013. São Paulo.

³⁴ Estamos nos baseando na tese de doutorado que defendemos: RODRIGUES, L.S. *A produção social do marxismo universitário em São Paulo...* Op. cit.

³⁵ Sublinhe-se que o mínimo de esmero teórico recomenda não afirmar que este distanciamento implique um "campo autônomo da historiografia" – não é raro que a fragmentação dos objetos se acompanhe de refluxos na autonomização, pois esta não é um processo linear e unívoco (cf. BOURDIEU, P. *As regras da arte*. Lisboa: Presença, 1996. • *Homo academicus*. Paris: Minuit, 1984). Vale esclarecer que, por este motivo, empregamos o termo *espaço* (político e científico), procurando acompanhar a bibliografia contemporânea, que, diante de objetos transnacionais e internacionais, optou por esta noção em detrimento do emprego do conceito de "campo", cujas implicações, no nível do procedimento metodológico e analítico, pareceram-lhe inadequadas a eles (SAPIRO, G. Le champ est-il national? In: *Actes de la Recherche en Sciences Sociales*, n. 200, p. 71). Entrementes, não fora por isso, hesitaríamos igualmente em adotar o conceito por entender que a experiência brasileira não foi modulada pela densidade da produção cultural, tampouco pela intensa diferenciação social, e estabilidade da estrutura do campo (capaz de inculcar disposições afinadas com ele) pressupostas pelo emprego do conceito. Parece-nos antes que a indiferenciação entre os espaços político e científico – e a consequente dependência dos artefatos culturais do cacife material e simbólico ofertado pela política, bem como o embaralhamento de critérios de apreciação dos produtos culturais – seja mais determinante do sentido da ação dos agentes (sentido na acepção de "significação" e de "orientação". Cf. SAPIRO, G. Le savant et le litttéraire. In: HEILBRON, J.; LENOIR, R. & SAPIRO, G. (dir.). *Pour une histoire des sciences sociales*: hommage à Pierre Bourdieu. Paris: Fayard, 2005, p. 91).

³⁶ Adotamos o esquema de Gérard Noiriel para o processo que entre nós ficou conhecido como "história em migalhas" (*Sur la crise de l'histoire*. Paris: Belin, 1996) – sublinhando que ela precisou de apelos políticos para se justificar (Atestam-no os artigos em VAINFAS, R. & CARDOSO, C.F. (orgs.). *Domínios da história*. Rio de Janeiro: Campus, 1997).

³⁷ Enquanto Maria de Lourdes Mônaco Janotti tributa aos artifícios de enfrentamento das rebeliões do século XIX, o estabelecimento da coesão social e política da classe dominante dos proprietários rurais – situando-se na esteira de Caio Prado Jr.; Hamilton de Mattos Monteiro critica-o, enfatizando que não se estancaram os conflitos em 1849. (Respectivamente: *A balaiada*. São Paulo: Brasiliense, 1998. • *Crise agrária e luta de classes*: o Nordeste brasileiro entre 1850-1889. Brasília: Horizonte, 1980). Os estudos a respeito das rebeliões dos escravos colocariam em dúvida as explicações sociológicas de Caio Prado Jr. (p. ex.: REIS, J.J. *Rebelião escrava no Brasil*: a história do levante dos malês em 1835. 3. ed. São Paulo: Cia das Letras, 2012).

³⁸ Naturalmente, as diversas correntes do marxismo não estão de acordo a respeito destes dois conceitos, que devemos simplificar para dar encadeamento à exposição.

³⁹ Cf. JANCSÓ, J. *Independência: história e historiografia*. São Paulo: Hucitec/Fapesp, 2005. Pudera: a atenção aos detalhes e a valorização dos pormenores são correlatos da expansão do número de praticantes, de acordo com NOIRIEL, G. *Sur la crise de l'histoire*. Op. cit.

⁴⁰ Cf. BOURDIEU, P. *As regras da arte*. Lisboa: Presença, 1996, p. 248. Para o enquadramento analítico do período, adotamos: MICELI, S. Intelectuais e classe dirigente. In: *Intelectuais à brasileira*. São

Paulo: Cia das Letras, 2000. Para a história da Família Prado: LEVI, D. *A família Prado*. São Paulo: Cultura 70, 1977.

[41] VENANCIO FILHO, A. *Das arcadas ao bacharelismo*. São Paulo: Perspectiva, 1977, p. 273. • ADORNO, S. *Os aprendizes do poder* – O bacharelismo liberal na política brasileira. Rio de Janeiro: Paz e Terra, 1988.

[42] PRADO, M.L.C. *A democracia ilustrada* – O Partido Democrático de São Paulo (1926-1934). São Paulo: Ática, 1986. • LIMONGI, F. Mentores e clientelas da Universidade de São Paulo. In: MICELI, S. (org.). *História das Ciências Sociais no Brasil*. Vol. 1. São Paulo: Sumaré, 2001, p. 185.

[43] "[...] éramos apenas três pessoas. Não tínhamos mais ninguém, nenhuma secretária, nada. Tínhamos de fazer tudo sozinhos, inclusive o serviço burocrático [...]. Chegávamos nas cidades e publicávamos uma espécie de convite a todas as pessoas, pedindo que viessem apresentar as suas queixas contra o regime anterior. Todas as declarações eram tomadas por escrito. [...] Ao fim daqueles três meses de trabalho em Ribeirão Preto, percebi que aquilo não daria em nada. E me afastei. Aliás o cargo que ocupava desapareceu logo depois. Foi a partir de então que tomei um outro rumo. Procurei aqui em São Paulo alguns livros de Marx [...]" (PRADO JR., C. É preciso deixar o povo falar [1978]. In: MOTA, L.D. (org.). *A história vivida*. Vol. 1. São Paulo: Oesp, 1981, p. 304-305). Há unanimidade entre biógrafos e comentadores a respeito desta passagem: a decepção com o PD o teria induzido a buscar o marxismo (já mencionados – SECCO, L. *Caio Prado Jr.: o sentido da revolução*. Op. cit. • MARTINEZ, P.H. *A dinâmica de um pensamento crítico*. Op. cit. • IUMATTI, P. *Caio Prado Jr...* Op. cit. Adicione-se: IGLESIAS, F. Introdução. In: *Caio Prado Jr.*: história. São Paulo: Ática, 1982. • RICUPERO, B. *Caio Prado Jr e a nacionalização do marxismo*. São Paulo: Ed. 34, 2000. • KAREPOVS, D. Caio Prado Jr.: um perfil biográfico. In: *Caio Prado Jr.*: parlamentar paulista. São Paulo: Alesp, 2003). Respeitando-se a qualidade destas pesquisas, a reconstituição proposta por nós confere mais atenção à declaração de Caio Prado Jr. Se a filiação ao PCB for explicada pela "frustração" – tudo indica que ela não fosse exclusivamente com o "liberalismo" do PD, mas que ele se ressentisse da falta de infraestrutura (sentia falta de uma secretária e aparatos afins) e de organização ("só três pessoas para tanto trabalho"). Quando se situa sua trajetória ao lado dos camaradas de partido, ela deixa de ser tão excepcional quanto parece aos observadores dela em isolado.

[44] MICELI, S. (org.). *História das Ciências Sociais no Brasil*. Op. cit., p. 118.

[45] Ibid.

[46] RODRIGUES, L.M. O PCB: os dirigentes e a organização. In: FAUSTO, B. (org.). *História geral da civilização brasileira*: o Brasil republicano. 6. ed. Rio de Janeiro: Bertrand Brasil, 1996, p. 385-386.

[47] Cf. BOURDIEU, P. *As regras da arte*. Op. cit., p. 43. Dito de modo simples, o "estreitamento do leque dos possíveis" consiste na passagem da fase de indeterminação social à de determinação – ideia também sintetizada na expressão "envelhecimento social".

[48] Não se dispõe de espaço para demonstrar, mas é factível afirmar que não apenas ele se empenha em corresponder ao que se supunha ser um comunista – tanto por membros do PCB quanto por não comunistas; como também concorre, voluntária ou involuntariamente, para redefinir esta identidade social. Para evitar mal-entendidos – a interpretação sugerida não ignora a penalidade social também implicada nesta orientação, de que são exemplos conspícuos os constrangimentos suscitados em familiares e amigos por ocasião de suas prisões.

[49] PRADO JR., C. *URSS*: um novo mundo. São Paulo: Nacional, 1934.

[50] Cf. LÉVI-STRAUSS, C. *Tristes trópicos*. São Paulo: Cia. das Letras, 2007 (1955).

[51] Cf. IUMATTI, P.; SEABRA, M. & HEIDEMANN, H.D. *Caio Prado Jr. e a associação dos geógrafos brasileiros*.

[52] PRADO JR., C. O fator geográfico no desenvolvimento da cidade de São Paulo. In: *Geografia*, ano I, n. 3, 1935.

[53] "Um autor que se esforçou notavelmente por apresentar São Paulo colonial como uma organização democrática, em que predominava a pequena propriedade, chega à conclusão de que 'toda a engrena-

gem agrícola (dos proprietários paulistas) era impulsionada por cerca de 50 a 100 índios forros (forro aqui quer dizer escravo, como adiante veremos) entre homens, mulheres e crianças, além de pouquíssimos índios escravos" (ELIS, A. Raça de gigantes, p. 266).

[54] Destes convites resultam os seguintes textos publicados – entendidos, em nosso esquema, como indicadores inequívocos de sua indiscutível integração nos círculos das elites ilustradas: "Nova contribuição para a geografia urbana da cidade de São Paulo". In: *Estudos Brasileiros*, ano III, vol. III, 1941. • Roteiro para historiografia do Segundo Reinado (1840-1889). In: BORBA DE MORAIS et al. *Manual bibliográfico de estudos brasileiros*. Rio de Janeiro: Souza, 1949. • Ayres de Casal: o pai da geografia brasileira e sua corografia brasílica. In: *Corografia brasílica*. Instituto Nacional do Livro, 1945. • História econômica do Brasil [encomenda da Fondo de Cultura Económica].

[55] Cf. KAREPOVS, D. Caio Prado Jr... Op. cit.

[56] Juntamente com a "conversão" do liberalismo do PD ao marxismo do PCB, sua permanência neste partido é geralmente narrada no modo dramático, em função de não ter adquirido posições de destaque nele, de ser disciplinado, seguindo praticamente os dirigentes e de ser rebelde no plano das "teses" que embasam "estratégias e táticas" do PCB. Tudo se passa como se a bibliografia não se indagasse: sair do PCB era socialmente possível? Vale lembrar que "existir socialmente é ocupar uma posição determinada na estrutura social e ser portador dessas marcas, nomeadamente sob a forma de automatismos verbais ou de mecanismos mentais, é também depender, sustentar e ser sustentado, em suma, *pertencer* a grupos [...] (BOURDIEU, P. *As regras da arte*. Op. cit., p. 49). Talvez por ter traços que o singularizem – e que os biógrafos não se cansam de incensar – sua trajetória permaneça opaca. No caso do partido comunista francês, a liberdade de se submeter aos quadros dirigentes pode ser apreendida não em um ou outro homem isolado, mas com mais densidade – renderia, portanto, um bom contraponto analítico (cf. MATONTI, F. *Intellectuels communistes* – Essai sur l'óbéissance politique: La Nouvelle Critique (1967-1980). Paris: La Découverte, 2005).

[57] Ideia que pode ser corroborada pelo fato de ele interromper a escritura dos diários políticos, iniciada na prisão de 1935-1937, precisamente nesta fase.

[58] Entre eles, o projeto de lei 248, que instituiria a Fundação de Pesquisas Científicas Paulista. Embora a Fundação de Amparo à Pesquisa do Estado de São Paulo seja criada apenas em 1960, a bibliografia o considera "mentor" simbólico dela.

[59] PRADO JR., C. *Diretrizes para uma política econômica brasileira*. São Paulo: Urupês, 1954.

[60] LIMONGI, F. Marxismo, nacionalismo e cultura: Caio Prado Jr. e a *Revista Brasiliense*. In: *Revista Brasileira de Ciências Sociais*, n. 5.

[61] MICELI, S. Condicionantes do desenvolvimento das Ciências Sociais. In: MICELI, S. (org.). *História das Ciências Sociais no Brasil*. Op. cit., p. 118-120.

[62] Na súmula de Jacob Gorender, Caio Prado "dirigiu um ataque cerrado à tese do PCB sobre a reforma agrária. Seja por causa da teoria sobre um feudalismo que nunca existiu no Brasil, seja também porque o autor da obra enfatizou a natureza capitalista da agricultura brasileira. Natureza capitalista originária do capitalismo mercantil precedente. Bastou o trabalhador assalariado substituir o trabalho escravo e o capitalismo agrícola se configurou na sua inteireza. Segundo a análise da obra, o campesinato era, em nosso país, residual, com peso insignificante. A parceria se identificava como forma de assalariamento. No campo e na cidade, a mesma contradição: patrões capitalistas e trabalhadores assalariados. Inexistia a questão da luta pela posse da terra, porque os trabalhadores rurais reivindicavam salários mais altos e melhores condições de trabalho, como o fazem os trabalhadores das fábricas e de quaisquer empreendimentos capitalistas" (GORENDER, J. Do pecado original ao desastre de 1964. In: D'INCAO, M.A. (org.). *História e ideal*. Op. cit., p. 262).

[63] "[...] uma sociedade impulsionada unicamente pelo interesse privado e pelo lucro nos negócios, e estruturada na base da riqueza e da habilidade no manejo dos mesmos negócios, não é conservando isso intacto que se transformará o Brasil" (PRADO JR., C. *Caio Prado Jr. e o "Juca Pato"*. São Paulo: Arquivo do Estado, 1983).

[64] Trata-se do concurso que deveria prover a Cátedra de História da Civilização Brasileira, vaga com a aposentadoria de Sérgio Buarque de Holanda em 1968. Elabora a tese *História e desenvolvimento – A contribuição da historiografia para a teoria e prática do desenvolvimento brasileiro*. Contudo, o concurso é cancelado.

[65] FAUSTO, R. A revolução brasileira de Caio Prado Jr. In: *Teoria e Prática*, n. 2, 1967.

[66] Sempre pela Brasiliense, em 1971, lança *O estruturalismo de Lévi-Strauss e o marxismo de Louis Althusser*. Em 1972, no ano seguinte, a tese que havia preparado para o concurso de 1968: *História e desenvolvimento – A contribuição da historiografia para a teoria e prática do desenvolvimento econômico*. Reúne artigos publicados na *Revista Brasiliense*, no livro *A questão agrária no Brasil* lançado, em 1979. Na coleção "Primeiros Passos", publicou: em 1980: *O que é a liberdade: capitalismo x socialismo*; em 1981: *O que é filosofia*, na "Tudo é história"; em 1983: *A cidade de São Paulo: geografia e história*, que reunia textos sobre São Paulo escritos nos anos de 1930 e 1940.

[67] Assinalamos que tanto a *doxa* disciplinar para a qual a representação do autor trabalha quanto esta "intelectualização" dele desenrolaram-se já em sua vida – tendo centralidade o intercâmbio entre comunistas e acadêmicos na *Revista Brasiliense*. Ademais, essa identidade atende a demandas simbólicas dos consumidores dela, e foi sendo conformada homenagens ao autor e concorreu para sedimentação da mesma, o peso simbólico dos que tomavam a palavra nestas cerimônias de deferência coletiva. Exemplar é o retrato, curiosamente antissociológico assinado pelo sociólogo Florestan Fernandes: "[Caio Prado Jr.] é expressão legítima da Faculdade de Filosofia, Ciências e Letras e das aspirações que ela suscitou de uma revolução científica [...] [dela] tornou-se um mestre sem ter sido um professor de carreira" (FERNANDES, F. Prefácio. In: *História e desenvolvimento*. Op. cit., p. 12.); assim como a afirmação reiterada de que a "ruptura de classe" não se explica pela socialização no Curso de Direito, nem pelo ambiente intelectualizado da família, nem pela frustração política, mas "procede de uma ruptura moral" (FERNANDES, F. Obra de Caio Prado nasce da rebeldia moral. In: Ibid.). Se para a sedimentação desta representação entra em jogo o peso do nome de quem a exprime, o conteúdo delas parece indissociável das posições dos comentadores em detrimento do comentado. Na bibliografia consultada, figura como notável exceção, chamando atenção para os interlocutores e as práticas políticas e intelectuais *no tempo e no espaço do autor:* JANOTTI, M.L.M. O diálogo convergente: políticos e historiadores nos inícios da República. In: FREITAS, M.C. *Historiografia brasileira em perspectiva*. São Paulo: Contexto, 1998. A modelagem cognitiva das posições objetivas dos comentadores *em relação ao autor comentado* ficam evidentes quando mesmo o pesquisador de mais fôlego entre os consultados afirma a respeito de um livro *político* como é o caso de *Evolução* que ele tem "muitas deficiências" – quando seria interessante indagar a quais princípios de apreciação estas deficiências ferem (neste caso, o juízo acadêmico se sobrepõe, parece, à lógica da elaboração da obra) (IUMATTI, P.; SEABRA, M. & HEIDEMANN, H.D. *Caio Prado Jr. e a associação dos geógrafos brasileiros*. Op. cit., p. 159). No outro polo do espaço, o partidário, outro comentador, igualmente comprometido, denomina o marxismo de Caio Prado Jr. de "marxismo estranho" – nesse caso, seria, de modo equivalente, mais interessante indagar a qual marxismo o dele parece estranho (SANTOS, R. *Caio Prado Jr. na cultura política brasileira*. op. cit.).

[68] CANDIDO, A. Prefácio (1967). In: *Raízes do Brasil*. 26. ed. São Paulo: Companhia das Letras, 1995.

[69] MICELI, S. Condicionantes do desenvolvimento das Ciências Sociais. Op. cit., p. 125.

[70] Ibid.

Referências

ADORNO, S. *Os aprendizes do poder – O bacharelismo liberal na política brasileira*. Rio de Janeiro: Paz e Terra, 1988.

BOURDIEU, P. *As regras da arte*. Lisboa: Presença, 1996.

_____. *Homo academicus*. Paris: Minuit, 1984.

CALVINO, I. *Por que ler os clássicos*. São Paulo: Penguin/Cia. das Letras, 2009.

CANDIDO, A. Prefácio (1967). In: *Raízes do Brasil*. 26. ed. São Paulo: Companhia das Letras, 1995.

D'INCAO, M.A. (org.). *História e ideal*. São Paulo: Brasiliense/Unesp, 1989.

ELIAS, N. *Envolvimento e alienação*. Rio de Janeiro: Bertrand Brasil, 1998.

_____. *Norbert Elias propôs em Mozart*: sociologia de um gênio. Rio de Janeiro: Zahar, 1995.

FAUSTO, R. A revolução brasileira de Caio Prado Jr. In: *Teoria e Prática*, n. 2, 1967.

FERNANDES, F. Obra de Caio Prado nasce da rebeldia moral. In: *Folha de S. Paulo*, 07/09/1991.

FRAGOSO, J. & FLORENTINO, M. *O arcaísmo como projeto* – Mercado atlântico, sociedade agrária e elite mercantil em uma economia colonial tardia: Rio de Janeiro, c. 1790-1840 [1993]. Rio de Janeiro: Civilização Brasileira, 2001.

GINGRAS, Y. *Controverses* – Accords et désaccords en sciences humaines et sociales. Paris: CNRS, 2014.

GORENDER, J. Do pecado original ao desastre de 1964. In: D'INCAO, M.A. (org.). *História e ideal*. São Paulo: Brasiliense/Unesp, 1989.

IGLESIAS, F. Introdução. In: *Caio Prado Jr.*: história. São Paulo: Ática, 1982.

IUMATTI, P.; SEABRA, M. & HEIDEMANN, H.D. *Caio Prado Jr. e a associação dos geógrafos brasileiros*. São Paulo: Edusp, 2008.

_____. *Caio Prado Jr.*: uma trajetória intelectual. São Paulo: Brasiliense, 2007.

JANCSÓ, J. *Independência*: história e historiografia. São Paulo: Hucitec/Fapesp, 2005.

JANOTTI, M.L.M. *A balaiada*. São Paulo: Brasiliense, 1998.

_____. O diálogo convergente: políticos e historiadores nos inícios da República. In: FREITAS, M.C. *Historiografia brasileira em perspectiva*. São Paulo: Contexto, 1998.

KAREPOVS, D. Caio Prado Jr.: um perfil biográfico. In: *Caio Prado Jr., parlamentar paulista*. São Paulo: Alesp, 2003.

LEVI, D. *A Família Prado*. São Paulo: Cultura 70, 1977.

LÉVI-STRAUSS, C. *Tristes trópicos* [1955]. São Paulo: Cia. das Letras, 2007.

LIMONGI, F. Mentores e clientelas da Universidade de São Paulo. In: MICELI, S. (org.). *História das Ciências Sociais no Brasil*. Vol. 1. São Paulo: Sumaré, 2001.

_____. Marxismo, nacionalismo e cultura: Caio Prado Jr. e a *Revista Brasiliense*. In: *Revista Brasileira de Ciências Sociais*, n. 5.

MANNHEIM, K. *Le problème des générations*. Paris: Nathan, 1990.

MARQUESE, R.B. As desventuras de um conceito: capitalismo histórico e historiografia sobre a escravidão brasileira. In: *Revista de História*, n. 169, dez./2013. São Paulo.

MARTINEZ, P.H. *A dinâmica de um pensamento crítico* – Caio Prado Jr. (1928-1935). São Paulo: Edusp, 2008.

MATONTI, F. *Intellectuels communistes* – Essai sur l'óbéissance politique: La Nouvelle Critique (1967-1980). Paris: La Découverte, 2005.

MICELI, S. Condicionantes do desenvolvimento das Ciências Sociais. In: MICELI, S. (org.). *História das Ciências Sociais no Brasil*. Vol. 1. São Paulo: Sumaré, 2001.

_____. Intelectuais e classe dirigente. In: *Intelectuais à brasileira*. São Paulo: Cia. das Letras, 2000.

MONTEIRO, M.H. *Crise agrária e luta de classes*: o Nordeste brasileiro entre 1850-1889. Brasília: Horizonte, 1980.

MOTA, C.G. *Ideologia da cultura brasileira*. São Paulo: Ática, 1977.

NOIRIEL, G. *Sur la crise de l'histoire*. Paris: Belin, 1996.

NOVAIS, F. Entrevista [2011]. In: PRADO JR., C. *Formação do Brasil contemporâneo* – Colônia. São Paulo: Companhia das Letras, 2011.

_____ *Aproximações* – Estudos de história e historiografia. São Paulo: Cosac Naify, 2005.

PRADO, M.L.C. *A democracia ilustrada* – O Partido Democrático de São Paulo (1926-1934). São Paulo: Ática, 1986.

PRADO JR., C. *Formação do Brasil contemporâneo* – Colônia [1942]. São Paulo: Companhia das Letras, 2011.

_____. *História e desenvolvimento* – A contribuição da historiografia para a teoria e prática do desenvolvimento brasileiro. 3. ed. São Paulo: Brasiliense, 1999.

_____. *Evolução política do Brasil*: colônia e império. 21. ed. São Paulo: Brasiliense, 1994.

_____. *A cidade de São Paulo*: geografia e história. São Paulo: Brasiliense, 1983.

_____. *Caio Prado Jr. e o "Juca Pato"*. São Paulo: Arquivo do Estado, 1983.

_____. É preciso deixar o povo falar [1978]. In: MOTA, L.D. (org.). *A história vivida*. Vol. 1. São Paulo: Oesp, 1981.

_____. *O que é filosofia*. São Paulo: Brasiliense, 1981.

_____. *O que é a liberdade*: capitalismo x socialismo. São Paulo: Brasiliense, 1980.

_____. *A questão agrária no Brasil*. São Paulo: Brasiliense, 1979.

_____. *O estruturalismo de Lévi-Strauss e o marxismo de Louis Althusser*. São Paulo: Brasiliense, 1971.

_____. *Diretrizes para uma política econômica brasileira*. São Paulo: Urupês, 1954.

_____. Roteiro para historiografia do Segundo Reinado (1840-1889). In: BORBA DE MORAIS et al. *Manual bibliográfico de estudos brasileiros*. Rio de Janeiro: Souza, 1949.

_____. *História econômica do Brasil*. 1. ed. São Paulo: Brasiliense, 1945 [com introdução metodológica que foi retirada nas edições posteriores].

_____. Ayres de Casal: o pai da geografia brasileira e sua corografia brasílica. In: *Corografia brasílica*. Instituto Nacional do Livro, 1945.

_____. Nova contribuição para a geografia urbana da cidade de São Paulo. In: *Estudos Brasileiros*, ano III, vol. III, 1941.

_____. O fator geográfico no desenvolvimento da cidade de São Paulo. In: *Geografia*, ano I, n. 3, 1935.

_____. *URSS*: um novo mundo. São Paulo: Nacional, 1934.

REIS, J.J. *Rebelião escrava no Brasil*: a história do levante dos malês em 1835. 3. ed. São Paulo: Cia. das Letras, 2012.

RICUPERO, B. *Caio Prado Jr. e a nacionalização do marxismo*. São Paulo: Ed. 34, 2000.

RODRIGUES, L.M. O PCB: os dirigentes e a organização. In: FAUSTO, B. (org.). *História geral da civilização brasileira*: o Brasil republicano. 6. ed. Rio de Janeiro: Bertrand Brasil, 1996.

RODRIGUES, L.S. *A produção social do marxismo universitário em São Paulo*: mestres, discípulos e "Um seminário" (1958-1978). FFLCH-USP, 2011 [Tese de doutorado].

SANTOS, R. *Caio Prado Jr. na cultura política brasileira*. Rio de Janeiro: Mauad, 2001.

SAPIRO, G. Le champ est-il national? In: *Actes de la Recherche en Sciences Sociales*, n. 200.

_____. Le savant et le litttéraire. In: HEILBRON, J.; LENOIR, R. & SAPIRO, G. (dir.). *Pour une histoire des sciences sociales*: hommage à Pierre Bourdieu. Paris: Fayard, 2005.

VAINFAS, R. & CARDOSO, C.F. (orgs.). *Domínios da história*. Rio de Janeiro: Campus, 1997.

VENANCIO FILHO, A. *Das arcadas ao bacharelismo*. São Paulo: Perspectiva, 1977.

WEBER, M. *La science, profission & vocation*. Marseille: Agone, 2005 [Trad. de Isabelle Kalinowski].

16
Nelson Werneck Sodré (1911-1999)

*Ana Paula Goulart Ribeiro**
*Maurício Parada ***

1 Tempo e trajetória

Nelson Werneck Sodré foi, sem dúvida, um dos mais importantes historiadores do século XX. A *História da imprensa no Brasil* é apenas um de seus mais de 50 trabalhos publicados, entre os quais se destacam também *História da literatura brasileira* (publicado em 1938, quando ele tinha apenas 27 anos), *Formação histórica do Brasil*, *História da burguesia brasileira* e *História militar do Brasil*. Escreveu também cerca de três mil artigos, publicados em diferentes jornais e revistas, como o *Correio Paulistano*, *Cultura Política* e *O Estado de S. Paulo*. Foi também revisor do *Jornal do Commercio*, diretor da *Revista da Escola Militar* e colaborador da *Folha da Manhã*, do *Diário de Notícias* e da *Última Hora*.

Nelson Werneck Sodré não era, entretanto, um historiador acadêmico. Autodidata, não estava ligado a nenhuma universidade ou instituição de ensino superior. Era um militar de esquerda, profundamente engajado nas questões do seu tempo e que usava o pensamento como sua principal arma de luta. Ficou 38 anos na ativa como oficial do Exército brasileiro, até 1961. Viveria mais outros 38 anos na reserva.

Werneck Sodré ingressou na Escola Militar de Realengo em 1931. Durante seu período de estudante dirigiu a *Revista de Escola Militar,* jornal acadêmico que até então priorizava temas militares. Sob sua influência, a crítica literária ganhou espaço e o jornal passou a ter alguma repercussão fora do ambiente da escola militar. Graduado oficial de artilharia foi servir no interior de São Paulo. Em 1934, iniciou sua colaboração como crítico literário do *Correio Paulistano*, que se estendeu até o final da década de 1950[1].

---

* Doutora em Comunicação e Cultura pela Universidade Federal do Rio de Janeiro (UFRJ). Professora-adjunta da Escola de Comunicação da Universidade Federal do Rio de Janeiro (UFRJ).

** Doutor em História Social pela Universidade Federal do Rio de Janeiro (UFRJ). Professor-adjunto do Departamento de História da Pontifícia Universidade Católica do Rio de Janeiro (PUC-Rio).

Como ajudante de ordens do General José Pessoa Cavalcanti de Albuquerque, chegou ao Rio de Janeiro no momento em que se deu o golpe que instaurou o Estado Novo, novembro de 1937. O retorno para a Capital Federal, com alguns anos de militância como crítico literário, fez com que Werneck Sodré começasse a frequentar o grupo de intelectuais que se reunia na livraria José Olympio. Nesses encontros conheceu José Lins do Rego, Oliveira Vianna, Azevedo Amaral e Graciliano Ramos. O diálogo intelectual o estimulou a escrever. No ano seguinte publicou seu primeiro livro, *História da literatura brasileira: seus fundamentos econômicos*, e em 1939 publicou o *Panorama do Segundo Império*[2].

È provável que nesse momento o marxismo tenha se tornado sua principal referência teórica. Foi influenciado, sobretudo, pela leitura de autores como Wladimir Lenin, Georgi Plekhanov, György Lukács e Antônio Gramsci. E, a partir deles, se propôs a produzir uma história engajada, partindo da ideia de que elementos do passado podem lançar luz sobre os dilemas contemporâneos.

A abordagem marxista e a aproximação com o Partido Comunista Brasileiro não o impediu de iniciar, em 1941, uma constante colaboração com a revista *Cultura Política*, publicação oficial do regime estadonovista e editada pelo Departamento de Imprensa e Propaganda. A revista, editada por Almir Andrade, se propunha a aceitar a colaboração de diferentes grupos ideológicos e reuniu colaboradores com várias posições políticas distintas, inclusive opositores ao regime. Werneck Sodré escreveu cerca de 10 artigos para a *Cultura Política*, entre 1941 e 1943, publicados em sua maioria na seção denominada de "O pensamento político do chefe do governo". Para compreender sua participação talvez seja preciso considerar o ambiente fortemente nacionalista que de certo modo circulava nas diversas correntes ideológicas brasileiras[3].

Em 1942, foi destacado para servir em Salvador e nessa ocasião começou a escrever no *Diário de Notícias*, publicação local vinculada ao grupo *Diários Associados* de propriedade de Assis Chateaubriand. Como homem de imprensa se aproximou de membros importantes de militantes do Partido Comunista Brasileiro como Alberto Passos Guimarães, Jorge Amado, Maurício Grabois, Jacob Gorender e Giocondo Dias que, como ele, procuravam ampliar as fronteiras da ação literária na direção de uma maior atividade política.

Dois anos depois ingressou na Escola de Comando e Estado-maior do Exército. Formado em 1946, foi designado instrutor de História Militar da escola. Até esse momento Nelson Werneck Sodré tinha publicado outros cinco livros: *Oeste: ensaio sobre a grande propriedade pastoril* (1941); *Orientações do pensamento brasileiro* (1942); *Síntese do desenvolvimento literário no Brasil* (1943); *Formação da sociedade brasileira* (1944) e *O que se deve ler para conhecer o Brasil* (1945).

Segundo Regina Hippolito, a partir do início da década de 1950, Nelson Werneck Sodré começou a percorrer um caminho para se converter em um militar militante ou, como denominou Paulo Cunha, em um intelectual revolucionário[4].

O momento de possível transformação pode ser encontrado nas crises políticas ocorridas nos setores militares na primeira metade da década de 1950, especialmente envolvendo dois grupos com propostas antagônicas que disputaram as eleições para a direção do Clube Militar. Essas eleições ganharam grandes repercussões, pois, desde o final do governo Dutra, os militares – organizados a partir do clube – estavam participando intensamente em um debate que associava o tema do monopólio sobre o petróleo com a neutralidade ou o alinhamento do Brasil na Guerra Fria ao lado dos Estados Unidos. Essa discussão gerou uma ruptura entre militares "nacionalistas", defensores do controle das reservas petrolíferas através de uma solução estatal e com uma posição neutra em relação aos conflitos internacionais, e um grupo "internacionalista", a favor da participação do capital estrangeiro na exploração do petróleo e alinhado politicamente às ações americanas na Guerra Fria.

Na eleição de 1950, Nelson Werneck Sodré participou da chapa vitoriosa encabeçada pelo general Newton Estillac Leal contra a chapa do general Cordeiro de Farias. Em 1951, pelas posições políticas que assumiu publicamente na luta pelo monopólio estatal da pesquisa e lavra do petróleo no Brasil, e pela publicação, sob pseudônimo, de um artigo na *Revista do Clube Militar*, claramente identificado com as posições sustentadas à época pelo PCB, em que combatia a participação do Brasil na Guerra da Coreia foi desligado da Escola de Estado-maior. Dois anos depois, com o grupo vitorioso desarticulado, a chapa "internacionalista" da Cruzada Democrática venceu e elegeu o general Alcides Etchegoyen para a presidência do Clube Militar.

Após um "exílio" em pequenas unidades militares, Sodré retornou ao Rio de Janeiro no ano das eleições presidenciais de 1955. A vitória da chapa PSD/PTB acirrou as disputas dentro das forças armadas criando uma crise institucional profunda. O movimento de 11 de novembro de 1950, em defesa da legalidade constitucional e da posse do presidente eleito, liderado pelo General Henrique Teixeira Lott, contou com o apoio de Sodré, que novamente estava no centro dos debates políticos.

Essa posição legalista não era uma idiossincrasia, desde 1954 ele estava se aproximando do grupo de intelectuais que trabalhava para a criação de um instituto que seria um local de reflexão sobre os problemas do desenvolvimento da sociedade brasileira. O principal contato de Nelson Werneck Sodré nesse grupo era o sociólogo Alberto Guerreiro Ramos. Assim, aos poucos, se integrou ao chamado grupo de Itatiaia, liderado por Hélio Jaguaribe, do qual se originou o Instituto Brasileiro de Economia, Sociologia e Política (Ibesp) e, depois, o Instituto Superior de Estudos Brasileiros (Iseb), criado em1955. Esse grupo reuniu intelectuais com trajetórias muito distintas, mas preocupados em fazer uma avaliação do atraso brasileiro. Como afirma Simon Schwartzman:

> A preocupação com o subdesenvolvimento brasileiro, a busca de uma posição internacional de não alinhamento e de uma terceira força, um nacionalismo em relação aos recursos naturais do país, uma racionalização da gestão pública, maior participação de setores populares na vida pública, eram valores que pareciam unificar a todos[5].

O Instituto Superior de Estudos Brasileiros, criado em 1955, congregava intelectuais importantes das mais diferentes tendências, como Roland Corbusier, Hélio Jaguaribe e Cândido Mendes, além do próprio Nelson Werneck – que inclusive participou da criação da entidade. O Iseb promovia cursos, palestras e encontros, além de lançar livros e publicações, a partir dos quais se difundia os princípios do nacional desenvolvimentismo. Com algumas variantes, suas propostas baseavam-se na industrialização autônoma (considerada a única forma capaz de levar o país a superar o subdesenvolvimento), apoiada politicamente numa frente composta pela burguesia nacional, pelo proletariado, por intelectuais e por grupos técnicos da administração. Os conceitos elaborados pelo Iseb difundiram-se por amplos setores da sociedade – ligados ao projeto de desenvolvimento nacional – e serviram de paradigma para a apreensão da realidade brasileira nos anos de 1950 e 1960.

Nelson Werneck participou do Iseb desde sua fundação e foi o momento de amadurecimento intelectual na sua interpretação marxista sobre desenvolvimento da sociedade brasileira que se consolidou; esse momento também assinalou o retorno à publicação de livros. Em 1957, foram lançados *As classes sociais no Brasil*, curso pronunciado no Ibesp em 1954, e *O Tratado de Methuen*. Em 1958, foi a vez da publicação da *Introdução à Revolução Brasileira*.

No ano seguinte, veio a público a terceira edição de *História da literatura brasileira*, uma obra nova que conservou apenas o título de seu livro de estreia, e a segunda edição de *O que se deve ler para conhecer o Brasil*, obra de referência que também guardou apenas o nome, quando comparada à edição original. Em 1961, Sodré publicou o ensaio *A ideologia do Colonialismo*. Em novembro desse mesmo ano, em meio a diversas desavenças políticas com a administração militar, Sodré solicitou a sua transferência para a reserva no posto de General de Brigada do Exército Brasileiro.

Desde a criação do Iseb, em 1956, até a sua extinção, com o Golpe de 1964, Sodré foi responsável pelo Curso de Formação Histórica do Brasil. Desse curso resultou, após diversas reformulações, o livro *Formação histórica do Brasil*, publicado em 1962. A interpretação apresentada nesse livro inspirou a produção de material paradidático destinado a professores do ensino médio, a *História Nova do Brasil*, elaborada com a colaboração dos estagiários do Departamento de História do Iseb[6].

Ainda em colaboração com os estagiários do Departamento de História do Iseb, que se encarregaram da pesquisa, Nelson Werneck Sodré escreveu em poucos dias o livro *Quem matou Kennedy*, lançado em dezembro de 1963, duas semanas após o assassinato do presidente dos Estados Unidos. Em 1964, Sodré publicou *História da burguesia no Brasil*, obra na qual reafirma sua interpretação marxista sobre a realidade brasileira.

O golpe militar de 1964, entretanto, teve consequências duras para Nelson Werneck Sodré. O Iseb foi fechado, e ele teve seus direitos políticos cassados por 10 anos. Foi preso no dia 26 de maio e ficou detido durante quase dois meses. Sem o direito de ensinar, dedicou-se exclusivamente às suas pesquisas e à redação de seus livros.

A partir da década de 1970, a obra de Sodré foi alvo de muitas críticas por parte de historiadores profissionais, que o acusavam de utilizar com excessiva rigidez alguns conceitos que permearam toda a sua obra, como classe social, imperialismo, revolução democrática. Por isso, durante muito tempo a obra do autor caiu num certo esquecimento no interior da historiografia nacional, apesar de ainda continuar como uma referência para os estudos sobre história da comunicação, especialmente da impressa.

Nos anos de 2000, no entanto, houve um visível movimento de um resgate da obra de Nelson Werneck Sodré. Diversos trabalhos acadêmicos – dissertações e teses – procuraram dialogar com o autor e sua obra. Alguns exemplos são a tese de André Gaio (*Uma teoria da dependência: história e revolução na obra de Nelson Werneck Sodré* – PUC-SP, 2000); a dissertação de Delson Ferreira (*Nacionalismo, política e democracia na obra de Nelson Werneck Sodré* – UFSCar, 2001); a dissertação de Ivan Ducatti (*Os "restos feudais" no Brasil como metáfora política: uma releitura de Nelson Werneck Sodré* – USP, 2003); a tese de João Alberto Pinto (*Os impasses da* intelligentsia *diante da Revolução Capitalista no Brasil (1930-1964); História e política em Gilberto Freyre, Caio Prado Júnior e Nelson Werneck Sodré* – UFF, 2005).

Merece atenção também a publicação de alguns livros, como o organizado por Paulo Cunha e Fátima Cabral (*Nelson Werneck Sodré: entre o sabre e a pena*), que saiu em 2006 pela Editora da Unesp, e o *Dicionário crítico Nelson Werneck Sodré*, organizado por Marcos Silva, que saiu em 2008 pela Editora da UFRJ. O primeiro livro foi resultado da VIII Jornada de Ciências Sociais da Unesp de Marília. O evento – do qual resultou a publicação – foi antecedido por outro, também dedicados à discussão da obra de Nelson Werneck Sodré, realizado em 2001, no Centro de Documentação e Memória (Cedem) da própria Unesp. Outra publicação é *Nelson Werneck na historiografia Brasileira*, coletânea organizada por Marcos Silva e publicada pela Edusc, que reúne textos de diferentes críticos da obra de Sodré. Seu marxismo, nacionalismo e análises políticas são alguns dos temas tratados.

Em 2011, no centenário do nascimento de Nelson Werneck Sodré, novas publicações surgiram. Merecem destaque os livros de José Paulo Netto (*Nelson Werneck Sodré: o general da história e da cultura*) e de Lincoln de Abreu Penna (*A República dos manifestos militares: Nelson Werneck Sodré, um intérprete republicano*). A edição dessas obras se deram junto com uma série de eventos comemorativos que ocorreram em espaços culturais, universidades e outras entidades acadêmicas.

É interessante observar que esse *boom* de estudos sobre Nelson Werneck aconteceu no campo da história e das ciências sociais e, nos trabalhos desenvolvidos, quase nada é dito sobre sua reflexão a respeito da imprensa. Apenas no *Dicionário* há um verbete sobre o livro *História da imprensa no Brasil*. Mas o texto ocupa apenas seis das 480 páginas da publicação. As partes dedicadas à sua contribuição à imprensa, como articulista do *Correio Paulistano*, da *Cultura Política* e do *Estado de S. Paulo*, se limitam a resenhar o conteúdo dos temas tratados – em geral sobre a realidade brasileira. Não se trata de comentários sobre a imprensa em si.

No campo da comunicação, uma discussão aprofundada e uma revisão da obra de Nelson Werneck Sodré ainda não aconteceram de forma sistemática. Um dos primeiros passos nesse sentido foi as duas sessões dedicadas ao assunto ocorridas nos encontros anuais da Intercom (Sociedade Brasileira de Estudos Interdisciplinares da Comunicação) de 2010 e de 2011, ocorridos respectivamente na Universidade de Caxias do Sul e na Universidade Católica de Pernambuco. Ambos os eventos também ocorreram associados à efeméride do centenário de nascimento do autor.

O esquecimento do Nelson Werneck Sodré nos debates da comunicação é, realmente, surpreendente. Isso porque, no caso específico dos estudos da imprensa, a sua obra tem um papel fundador. Apesar de outros livros de síntese sobre o assunto terem sido escritos antes do dele, é indiscutível o lugar singular que sua obra ocupa como referência para tudo o que se seguiu.

Entretanto, se, por um lado, somos devedores do trabalho pioneiro desse autor, por outro estamos presos aos limites da sua abordagem. Parece que, apesar de todos os avanços das pesquisas, ainda não superamos em termos teóricos e metodológicos, de forma concreta e radical, a sua perspectiva. Em alguns casos – é preciso dizer –, a pesquisa na área se encontra mesmo aquém do legado deixado pelo autor.

Nelson Werneck Sodré utilizou um extenso e diversificado conjunto de documentos para dar suporte à sua narrativa, desde textos literários e memorialísticos a coleções de leis, processos jurídicos e correspondência, além – é claro – dos próprios jornais, revistas, opúsculos, panfletos e pasquins. É impressionante o uso que o autor faz dessas variadas fontes e o esforço de reflexão teórica que, a partir delas, ele empreendeu.

2 Obras

Formação histórica do Brasil

Essa obra, como já foi dito, foi o resultado das aulas ministradas no Iseb nos cursos sobre história do Brasil e publicada originalmente em 1962. O texto é, antes de tudo, um ensaio no qual o autor apresenta algumas teses, já maduras, de sua interpretação da trajetória histórica na nação brasileira. Essas teses, que consolidam sua opção pelo paradigma marxista podem – numa sugestão de leitura –, ser alinhadas em um ciclo (um tríptico) que abrangeria a *História da burguesia no Brasil* (1964) e a *História militar do Brasil* (1965)[7].

Formação histórica do Brasil se tornou uma obra de referência para a discussão iniciada nos anos de 1950 e que prosseguiu na década seguinte sobre os caminhos que o país deveria seguir. O livro, portanto, não é um manual de história do Brasil, mas antes de tudo um ensaio sobre a história nacional, e segue a mesma tópica de diversos textos produzidos antes e depois de sua publicação. Segundo Ricupero:

> O livro, inicialmente, foi um sucesso, com várias edições esgotadas, nada menos que oito em dez anos. A partir daí, o ritmo da publicação diminuiu, tendo mais três edições até 1983 e outras duas até 1990, para só voltar a ser publicado em 2002. [...] de toda maneira, *Formação Histórica do Brasil* atingiu a marca de quatorze edições, demonstrando que seu autor ainda desempenha um papel no debate historiográfico [...][8].

Dentro desse debate, Werneck Sodré representou a interpretação hegemônica dentro do Partido Comunista Brasileiro (PCB), que defendia o projeto da aliança do proletariado, o campesinato e a burguesia nacional contra os interesses do imperialismo internacional e do velho latifúndio agrário. Para o Partido Comunista era preciso eliminar os obstáculos ao capitalismo nacional para realizar a revolução democrática burguesa, porta de acesso à revolução socialista. Essa concepção tinha como referência o modelo de história calcada nos "modos de produção" que, naquele momento, circulava como principal entendimento da esquerda sobre o desenvolvimento das nações com histórico de colonialismo e dependência econômica. Assim sendo, *Formação histórica do Brasil* não era um livro apenas sobre o passado brasileiro, mas sim um trabalho de engajamento com o presente e mesmo com o futuro do país.

Para enfatizar sua abordagem analítica e interpretativa, Sodré fugiu das descrições factuais, dos personagens e dos acontecimentos. Segundo Gaio:

> Não agradavam a Werneck Sodré as histórias gerais do Brasil publicadas até aquele momento, e podemos apontar resumidamente três ordens de questões para fundamentar esse desagrado: ausência de um método, o que resultava numa compilação de fatos sem qualquer preocupação interpretativa; ausência da percepção de que a história do Brasil não poderia ser desvinculada de transformações importantes operadas em nível internacional; e o fato de que tais obras se circunscreviam apenas ao período colonial, deixando de lado as mudanças ocorridas no quadro histórico do país, especialmente aquelas vinculadas a Revolução de 1930[9].

A obra está dividida em sete capítulos organizados cronologicamente, embora a narrativa use em certos momentos de recursos que avançam e recuam no tempo para fortalecer os argumentos desenvolvidos em cada seção. Assim, após uma longa introdução tratando da tradição colonial portuguesa, mas na verdade dedicada a explicitar o fundamento metodológico marxista da obra, temos os capítulos dedicados a Colonização, Expansão, Independência, Império, República e Revolução. Cada uma dessas partes tem uma tese que abre uma interpretação explicativa para o período. No âmbito desse texto vamos comentar duas delas que contribuíram para fazer a fortuna crítica da *Formação histórica do Brasil*.

A primeira delas está na seção dedicada à questão colonial. Trata-se da refutação da proposição de Caio Prado Jr. sobre a forma capitalista do colonialismo luso. Sodré se opôs ao argumento fazendo a distinção entre mercantilismo e capitalismo, afirmando que a economia colonial brasileira estava associada ao escravismo e ao monopólio metropolitano elementos distantes do modelo capitalista proposto por Caio Prado Jr.

Ainda quanto ao período colonial, uma questão polêmica acompanhou a trajetória intelectual deste livro: a caracterização deste período como um exemplo de modo de produção feudal. A tese do "feudalismo colonial" foi amplamente refutada pelos historiadores nas décadas seguintes e contribuiu em muito para diversas críticas à interpretação histórica proposta por Sodré.

Outro ponto que cabe ressaltar aqui é o tema da "Revolução Brasileira". Ao abordar a passagem do Império para a República o tema vai ganhando espaço na interpretação do autor; se a República significou o avanço das forças burguesas, essa se deu com perversa singularidade. O Brasil passou, segundo o autor, por uma transição para o capitalismo, que preservou sua estrutura de economia dependente, com profundas repercussões no exercício pleno da soberania política. O desenvolvimento do capitalismo no Brasil teria se realizado como uma adaptação ao modelo do capitalismo internacional que no momento republicano nacional correspondia à sua fase imperialista. O imperialismo internacional seria, portanto, um impedimento claro à independência da nação e a realização de um projeto soberano de nação.

Na última parte, denominada "Revolução", Sodré tratou do período após 1954, tempo contemporâneo à própria escrita da obra. Assim, afirma Ricupero:

> [...] não havia saída para o desenvolvimento com a política de compromisso com o imperialismo, base do que se convencionou chamar de "desenvolvimento". A contradição fundamental, nesse momento, era entre a nação e o imperialismo ou entre o povo brasileiro e o imperialismo [...][10].

Do ponto de vista historiográfico a obra de Sodré tem que ser observada como uma interpretação sobre a história nacional. Sua contribuição, contestada e revisada por muitos historiadores mais rigorosos no uso dos conceitos, no entanto, não pode impedir que vejamos na *Formação histórica do Brasil* um clássico ensaio que propôs perspectivas de análise para pensarmos o país.

História da imprensa no Brasil

História da imprensa no Brasil, de Nelson Werneck Sodré, foi publicado pela primeira vez em 1966 pela editora Civilização Brasileira e continua sendo, ainda hoje, quase 50 anos depois, o principal texto de referência e de consulta obrigatória para quem se aventura a estudar a história dos meios de comunicação no país. E não poderia ser diferente. O livro é um trabalho de fôlego. Traz informações detalhadas e preciosas da imprensa brasileira de 1808 até os anos de 1960. O texto não foi feito às pressas, com pouco cuidado, "em cima das pernas", como diria o próprio Nelson Werneck. Muito pelo contrário: o autor levou cerca de 30 anos na sua minuciosa pesquisa e redação.

Desde 1966, o livro teve outras quatro edições, que saíram respectivamente pela Graal (em 1977), Martins Fontes (em 1983), Mauad X (em 1999) e Intercom/Edipucrs (2011). As cinco edições diferem pouco umas das outras, com exceção das duas últimas, que trazem um capítulo inédito de cerca de 10 páginas com algumas considerações do autor sobre a imprensa e os meios de comunicação de massa no Brasil nos últimos anos. A edição de 2011 traz ainda uma apresentação, assinada por Olga Sodré, filha do autor, que faz considerações sobre a obra do pai e conta, como testemunha dos fatos, histórias dos bastidores de alguns episódios importantes narrados no livro.

História da imprensa no Brasil é um imenso registro de quase todos os jornais e revistas publicados no território nacional – dentro do seu período de abrangência. Ao todo, são mais de mil periódicos citados (mais exatamente 1.194, segundo o índice onomástico da última edição). O autor traz vários dados factuais sobre essas publicações, sobre seus fundadores e sobre outros profissionais que nelas trabalharam. Permeia as informações com análises de comentários e críticas, sobretudo no último capítulo em que ele trata do jornalismo que lhe era mais contemporâneo e no qual ele estava mais diretamente comprometido. Como sabemos, Nelson Werneck nunca se propôs neutro. Sua escrita é mesmo militante. O engajamento – com a questão nacional e com as causas populares – foi uma de suas principais características como intelectual marxista.

O livro é dividido em cinco partes. Na primeira, "A imprensa colonial", analisa comparativamente o desenvolvimento das instituições letradas e da cultura impressa no território colonial espanhol e no português, tentando explicar por que a imprensa chegou aqui tão tardiamente, apenas no século XIX, quase 300 anos depois de iniciado o processo de colonização. Analisa também os primórdios dessa imprensa – que ele chama de áulica –, não só a *Gazeta do Rio de Janeiro* e o *Correio Braziliense*, mas também outras publicações como *A Idade de Ouro do Brasil, Variedades e Ensaios sobre Literatura* e outros.

Na segunda parte, "A imprensa da independência", o autor tenta articular a evolução da imprensa às condições políticas que levaram ao rompimento do Brasil com Portugal. Acompanha a atuação de alguns periódicos em torno das disputas da constituinte, destacando a atuação de personagens como Joaquim Gonçalves Ledo e Januário Barbosa (redatores do *Revérbero Constitucional Fluminense*), Luís Augusto May (de *A Malagueta*), João Soares Lisboa (do *Correio do Rio de Janeiro*) e Cipriano Barata (com seus *Sentinelas da Liberdade*). A questão teórica de fundo era tentar explicar a crise do colonialismo por meio das contradições entre estruturas burguesas ascendentes e feudais em declínio. Esse ponto – que envolve um debate sobre a existência ou não de feudalismo no Brasil – é talvez um dos mais polêmicos (e também um dos mais datados) da obra de Nelson Werneck como um todo, mas essa discussão aparece de maneira secundária na *História da imprensa no Brasil*.

A terceira parte do livro, intitulada "O pasquim", é dedicada ao estudo da imprensa no período regencial. O autor enfatiza a importância dos pequenos jornais na conformação do ambiente político e social da época. O jornalismo tinha, então, características muito específicas: era profundamente ideológico, militante e panfletário. Seu objetivo era tomar posição, tendo em vista a mobilização dos leitores para diferentes causas. A imprensa era considerada um dos principais instrumentos da luta política e funcionava mesmo como uma tribuna ampliada. Os jornalistas eram, antes de tudo, publicistas e, algumas vezes, verdadeiros agitadores. Esse é o período em que figuraram nomes como Frei Caneca, Líbero Badaró, Borges da Fonseca, Evaristo da Veiga e tantos outros.

O objetivo de Nelson Werneck, nessa parte do livro, era lançar luz sobre esses personagens e os veículos da pequena imprensa que, segundo o autor, haviam sido, de forma preconceituosa e conservadora, esquecidos pela historiografia tradicional. E o que ele faz é justamente analisar esses periódicos de maneira detalhada, não apenas nos seus aspectos políticos, mas também técnicos e editoriais.

Na quarta e na quinta partes do livro – intituladas respectivamente "A imprensa do império" e "A grande imprensa" – o autor analisa o declínio do jornalismo político e a ascensão da chamada grande imprensa. Busca articular essas mudanças com as transformações na vida econômica, social e política da segunda metade do século XIX e no início do XX, como a expansão da agroindústria cafeeira, a abolição da escravidão e a proclamação da República. Nesse período, os pequenos jornais de estrutura simples começaram a ser substituídos por empresas jornalísticas com estrutura complexa, dotadas de equipamentos gráficos sofisticados. Novos processos de produção foram introduzidos e as tipografias perderam o seu espírito artesanal para conquistar a posição de indústria gráfica.

O jornalismo começou a adotar cada vez mais padrões estrangeiros, lançando mão de folhetins, caricaturas e grandes ilustrações. Houve uma proliferação de revistas ilustradas, críticas e de costume. A imprensa se diversificava, e publicações voltadas para públicos específicos, como as mulheres, por exemplo, ganhavam força. Além disso, os diários tenderam a ampliar a sua cobertura jornalística, descobrindo novas áreas para além da política e economia, como a literatura, o esporte, os casos policiais, o carnaval e outros eventos populares.

Claro que Nelson Werneck – como marxista que era – tentou o tempo todo articular essas mudanças culturais (e, no caso do jornalismo, inclusive os seus aspectos mais especificamente técnico-profissionais) às condições de vida material da sociedade brasileira. Nesse caso, ele associou as mudanças da imprensa à expansão e pluralização da atividade econômica, ao surgimento de novos interesses e de novos atores sociais. *Grosso modo*, trata-se da ascensão da burguesia e das relações capitalistas no país e tudo que lhe era correlato na especificidade histórica da sociedade brasileira. Werneck Sodré dá ênfase às contradições na sua análise do processo histórico. E, segundo ele, o desenvolvimento do capitalismo no Brasil foi um processo tortuoso, que nada teve de contínuo e harmônico. Suas contradições eram bastante visíveis na estrutura do poder que precisava se acomodar entre a burguesia (expressão do capitalismo ascendente) e o latifúndio pré-capitalista (resquício do longo passado colonial). No que diz respeito à imprensa, a grande contradição é justamente essa: o jornal era uma empresa capitalista que servia um poder que correspondia a relações predominantemente pré-capitalistas.

Finalmente, na última parte – "A crise da imprensa" – Nelson Werneck analisa a imprensa na metade do século XX (décadas de 1950 e 1960). E afirma que, nesse período, a passagem da imprensa artesanal à industrial, da pequena à grande imprensa, está plenamente realizada. Para ele, entretanto, trata-se de uma fase de crise, porque, apesar de os traços que caracterizam uma nova etapa no processo de desenvolvimento da imprensa sejam ostensivos, eles ainda não se definiram plenamente. Trata-se de um período de transição, que se realiza no contexto da "revolução brasileira". Afirma Nelson Werneck: "O Brasil vai rompendo velhas estruturas, velhas relações de produção, e é adequado, e já até consagrado, falar em Revolução Brasileira. No quadro de desenvolvimento da Revolução Brasileira, quadro de crise estrutural, situa-se a nova etapa da história da imprensa brasileira, iniciada como crise".

Esse é o capítulo menos denso do ponto de vista da pesquisa empírica e no qual há mais comentários e análises críticas, porque é o mais colado às disputas políticas nas quais o próprio Nelson Werneck estava inserido. Um dos pontos mais críticos é o que trata da crescente articulação das empresas de comunicação aos interesses do chamado imperialismo norte-americano, tema da pauta de discussão da esquerda no momento da publicação da primeira edição da obra.

No capítulo inédito, publicado nas duas últimas edições e escrito pouco antes da morte de Nelson Werneck em 1999, o autor busca atualizar a sua análise, acrescentando comentários sobre a expansão das mídias eletrônicas a partir da década de 1970 e a progressiva perda de peso dos grandes jornais. Aponta para a diminuição da diversidade nos diários e a impressionante uniformidade de posições dos diferentes periódicos – naquele momento, expresso no seu apoio incondicional do neoliberalismo. A imprensa – para Werneck Sodré –, mais do que nunca, se compatibilizava com o regime, com as classes e com as forças políticas dominantes. "Quando a imprensa, como aqui e agora, modula um coro repetitivo de louvação ao neoliberalismo, está claro e evidente que perdeu a sua característica antiga de refletir a realidade", afirma Sodré.

Mas o historiador sabia que a imprensa jamais poderia refletir a realidade sem refratá-la. E ao longo de todo o seu livro se esforça para mostrar isso. Para ele, a imprensa era uma força histórica ativa e uma das principais instituições que deram forma ao mundo capitalista. É clássica sua afirmação – enunciada já na primeira frase da Introdução do livro: "A história da imprensa é a própria história do desenvolvimento da sociedade capitalista".

3 Considerações finais

Resgatar a importância da obra de Nelson Werneck Sodré, valorizando suas contribuições (tanto em termo de pesquisa empírica quanto de esforço de teorização) deve implicar também o apontamento dos seus limites (igualmente de pesquisa empírica e de teorização). O olhar crítico sobre a obra desse autor não diminuiu a sua importância para formação do campo da história e, em especial, do campo da história da imprensa como um espaço de investigação. Importância, aliás, que extrapola os estudos da imprensa propriamente dita e se expande para o campo da história da mídia como um todo (porque possibilita reflexões sobre outros meios, como a rádio e a televisão, p. ex.).

Há alguns anos tem sido desenvolvida uma reflexão crítica sobre a produção da história da mídia no Brasil, sobretudo sobre aquela que é desenvolvida no campo da comunicação. Já foram escritos alguns textos e feitas diversas palestras sobre esse assunto em foros como a Alcar (Associação Brasileira de História da Mídia) e a Intercom (Sociedade Brasileira de Estudos Interdisciplinares da Comunicação)[11]. Em 2011 foi publicada a coletânea *Comunicação e História: partilhas teóricas*, tendo como objetivos justamente discutir a historicidade dos processos comunicacionais. A publicação reúne pesquisadores que partilhavam de uma mesma perspectiva teórico-metodológica.

É importante sublinhar – como já foi feito em outros momentos – que o significativo e louvável aumento do número de trabalhos de história da mídia que vem ocorrendo nos últimos anos não tem correspondido a um amadurecimento das reflexões sobre o tema. Nos encontros e congressos realizados, por exemplo, constata-se que as discussões teóricas e metodológicas ainda são escassas. Os debates se limitam muitas vezes às análises empíricas dos trabalhos apresentados. E esse, a partir da perspectiva crítica aqui adotada, é um problema grave. Parece faltar uma teoria da história para a história da imprensa e da mídia que se faz no Brasil.

Há um grande número de pesquisas dedicado aos meios de comunicação em diferentes estados e estas buscam dar conta das especificidades da configuração histórica da mídia local e regional. Esses trabalhos têm crescido bastante em número e espelham a articulação dos programas de pós-graduação em diferentes estados do país. O problema é que os estudos sobre as práticas de comunicação regionais – apesar dos importantes resultados gerados – não têm redundado em pesquisas ou análises comparativas. Isso provoca distorções graves, que impedem o amadurecimento das reflexões na área. É como se, por exemplo, as pesquisas sobre a imprensa do Piauí ou do Espírito Santo tivessem um interesse restrito apenas para a população e estudiosos desses estados.

Predominam as pesquisas monográficas, centradas em temas bastante específicos (um periódico, p. ex.) ou em determinados períodos de tempo (em geral, não muito extensos). Esses trabalhos são, obviamente, de grande relevância. Sem eles não seria possível conhecer em profundidade determinadas práticas, instituições ou conjunturas. Mas é necessário também haver trabalhos de síntese, que sistematizem teórica e didaticamente o conhecimento acumulado nas pesquisas específicas e que possam funcionar como subsídio para o desenvolvimento de novas investigações.

O clássico *História da imprensa no Brasil*, de Nelson Werneck Sodré, publicado há quase 50 anos, é ainda hoje o principal texto de síntese utilizado pelos estudiosos da história dos meios de comunicação no país. Além do livro de Juarez Bahia, de 1990, só recentemente –

no impulso das comemorações dos 200 anos de imprensa – saíram novas publicações gerais, como os livros de Richard Romancini e Cláudia Lago (2007) e a coletânea organizada por Ana Luiza Martins e Tania Regina de Luca (2008). Merecem destaque especial os livros de Marialva Barbosa (2007 e 2010), que também foram publicados nesse período. Mesmo sendo trabalhos genéricos e de síntese, significaram um avanço na construção de uma teoria da história da imprensa, assim como de uma metodologia de pesquisa dos meios de comunicação. A autora lembra que a história é sempre uma reconstrução que o pesquisador faz a partir dos vestígios do passado que, de alguma forma, chegam até ele. E é justamente no resgate desses vestígios memoráveis que a pesquisa histórica de Marialva Barbosa se realizou. A autora fez um trabalho de detetive e montou um verdadeiro quebra-cabeça a partir de "restos" significantes, presentes em diferentes relatos: nos próprios textos jornalísticos, nas memórias dos profissionais de imprensa, nos romances, nas crônicas literárias, na música popular, no cinema.

De qualquer forma, é sintomático que tão poucos trabalhos de síntese histórica tenham sido escritos depois da obra de Nelson Werneck Sodré. Isso reflete a falta de amadurecimento das pesquisas em história da imprensa – assim como na de outros meios de comunicação. É indicativo da ausência de uma teoria e de uma metodologia que permita aos pesquisadores comparar e articular as diferenças regionais e a problematizar questões mais gerais sobre nossa formação histórica.

Notas

[1] Cf. PAULO NETTO, J. *Nelson Werneck Sodré*: o general da história e da cultura. São Paulo: Expressão Popular, 2011.

[2] CUNHA, P. & CABRAL, F. *Nelson Werneck Sodré*: entre o sabre e a pena. São Paulo: Unesp, 2006.

[3] SILVA, M. *Dicionário Crítico Nelson Werneck Sodré*. Rio de Janeiro: UFRJ, 2008.

[4] CUNHA, P. & CABRAL, F. *Nelson Werneck Sodré*: entre o sabre e a pena. Op. cit.

[5] SCHWARTZMANN, S. *O pensamento nacionalista e os Cadernos do Nosso Tempo*. Brasília: UnB, 1979.

[6] SILVA, M. *Dicionário Crítico Nelson Werneck Sodré*. Op. cit.

[7] Cf. verbete de Rodrigo Ricupero. In: SILVA, M. *Dicionário Crítico Nelson Werneck Sodré*. Ibid.

[8] Cf. ibid.

[9] Cf. verbete de C.M. Gaio. In: SILVA, M. *Dicionário Crítico Nelson Werneck Sodré*. Op. cit.

[10] Cf. verbete de Rodrigo Ricupero. In: SILVA, M. *Dicionário Crítico Nelson Werneck Sodré*. Op. cit.

[11] Nesse contexto, podem-se citar os textos apresentados por Marialva Barbosa, e por nós, nos congressos da Intercom, de 2005 e 2009.

Referências

BAHIA, J. *Jornal, história e técnica*: história da imprensa brasileira. São Paulo: Ática, 1990.

BARBOSA, M. *História cultural da imprensa*: Brasil 1800-1900. Rio de Janeiro: Mauad X, 2010.

_____. *História cultural da imprensa*: Brasil 1900-2000. Rio de Janeiro: Mauad X, 2007.

BARBOSA, M. & RIBEIRO, A.P.G. *Comunicação e história*: partilhas teóricas. Florianópolis: Insular, 2011.

_____. Combates por uma história da mídia no Brasil. In: *Anais do XXXII Congresso Brasileiro de Ciências da Comunicação*. Vol. 1. [Curitiba, set./2009]. São Paulo: Intercom, 2009, p. 1-15 [CD-rom].

_____. Por uma história do jornalismo no Brasil. In: *Anais do XXVIII Congresso Brasileiro de Ciências da Comunicação*. Vol. 1. [Rio de Janeiro, set./2005]. São Paulo: Intercom, 2005, p. 1-12 [CD-rom].

CUNHA, P. & CABRAL, F. *Nelson Werneck Sodré*: entre o sabre e a pena. São Paulo: Unesp, 2006.

MARTINS, A.L. & LUCA, T.R. (orgs.). *História da imprensa no Brasil*. São Paulo: Contexto, 2008.

PAULO NETTO, J. *Nelson Werneck Sodré*: o general da história e da cultura. São Paulo: Expressão Popular, 2011.

PENNA, L.A. *A República dos manifestos militares*: Nelson Werneck Sodré, um intérprete republicano. Rio de Janeiro: E-Papers, 2011.

RIBEIRO, A.P.G. & HERSCHMANN, M. (orgs.). *Comunicação e história*: interfaces e novas abordagens. Rio de Janeiro: Mauad X, 2008.

ROMANCINI, R. & LAGO, C. *História do jornalismo no Brasil*. Florianópolis: Insular, 2007.

SILVA, M. *Dicionário Crítico Nelson Werneck Sodré*. Rio de Janeiro: UFRJ, 2008.

SILVA, M. (org.). *Nelson Werneck na historiografia brasileira*. Bauru: Edusc, 2000.

SCHWARTZMANN, S. *O pensamento nacionalista e os Cadernos do Nosso Tempo*. Brasília: UnB, 1979.

17
José Honório Rodrigues (1913-1987)[*]

Andre de Lemos Freixo[**]

1 Nota biográfica

José Honório Rodrigues (1913-1987) pertenceu a uma geração de autores bastante ativos e engajados na renovação e profissionalização dos estudos históricos no Brasil[1]. Sua trajetória intelectual se confunde com as próprias transformações da historiografia brasileira no século XX. Destino curioso o deste intelectual e historiador, dizia o amigo e admirador Carlos Guilherme Mota. Apesar de ser reconhecido como um dos mais importantes historiadores brasileiros por colegas e prestigiosas instituições nos Estados Unidos da América, Inglaterra, México e França[2], em sua própria terra, na qual escolheu viver, Rodrigues não gozou do mesmo prestígio de outros autores. No entanto, pode e deve figurar ao lado de Sérgio Buarque de Holanda, Gilberto Freyre, Caio Prado Jr., Nelson Werneck Sodré, Guerreiro Ramos, Vitor Nunes Leal, Raymundo Faoro, Florestan Fernandes, entre outros, poucos anos mais novos ou velhos que ele. Costuma-se denominar como a geração dos "redescobridores" ou dos "intérpretes" do Brasil, como bem analisou Paulo Alves Júnior[3]. Mas as razões que apresentarei aqui para lermos (e relermos) José Honório Rodrigues seguem para além disso.

A vida de José Honório Rodrigues se iniciou e terminou na cidade do Rio de Janeiro. Apesar de ter viajado incontáveis vezes para diferentes destinos nos Estados Unidos da América, na Europa, assim como pelos mais distantes rincões do Brasil, José Honório foi um carioca "da gema", como se costuma dizer, apesar de ter se identificado sempre com o Brasil: *ethos* nacionalista característico de sua postura política assim como a de um historiador que viveu no centro cultural e político do país, o então Distrito Federal, e que preferia ser chamado de historiador *brasileiro*[4].

---

[*] Para Ivan Norberto dos Santos, *in memoriam*.
[**] Doutor em História pela Universidade Federal do Rio de Janeiro (UFRJ). Professor do Departamento de História da Universidade Federal de Ouro Preto (Dehis/Ufop).

Nasceu no seio de uma família de classe média do Rio de Janeiro, muito católica. Não conheceu luxos e privilégios, tampouco passou dificuldades. Seu pai, Honório José Rodrigues, era comerciante e dono de uma confecção em Nova Friburgo, na região serrana do mesmo Estado. Sua mãe, Judith Pacheco Rodrigues, cuidava do lar e dos filhos[5]. José Honório cresceu no bairro do Catete, região da Zona Sul da capital fluminense próxima ao Centro da cidade. Localizava-se ali a sede do Governo Federal: o Palácio do Catete. Próximo ao Bairro do Flamengo, onde originalmente treinavam os nadadores e remadores do Clube de Regatas do Flamengo, José Honório se encantou com as atividades esportivas, especialmente a natação, que praticou com frequência em sua juventude. Com o passar do tempo, desligou-se dos esportes, mas o emergente esporte bretão, o *football*, arrebatou o jovem Honório Rodrigues em sua torcida pelo time do Flamengo[6].

Dois prestigiosos colégios cariocas de ordens religiosas católicas tiveram José Honório em suas carteiras. Ele, contudo, não se destacou muito nos estudos primários e secundários, e, após uma reprovação no Colégio Santo Antônio Maria Zaccaria (igualmente localizado no Catete), seu pai matriculou-o no rigoroso Colégio São Bento, onde se formou. De lá ingressou, em 1933, no concorrido Curso de Ciências Jurídicas e Sociais na tradicional Faculdade Livre de Direito do Rio de Janeiro, destino conhecido por grande parte dos jovens de sua classe e geração[7].

Honório Rodrigues obteve reconhecimento como erudito e estudioso da história do Brasil ainda aos 25 anos de idade, pelo ensaio histórico sobre o período de Maurício de Nassau em Pernambuco, premiado pela Academia Brasileira de Letras (ABL) e publicado em 1940. Depois disso trabalhou no Instituto Nacional do Livro (1939-1944), o qual representou como pesquisador nos arquivos e universidades dos Estados Unidos entre 1943-1944; foi bibliotecário do Instituto do Açúcar e do Álcool (1944-1945); foi Diretor da Divisão de Obras Raras e Publicações da Biblioteca Nacional (1946-1958); membro da Comissão de Estudo de Textos de História do Ministério das Relações Exteriores (1945-1956) e chefe da Seção de Pesquisas do Instituto Rio Branco (1948-1953), no qual atuou também como professor (1946-1951) e professor examinador (1953-1955); foi diretor do Arquivo Nacional (1958-1964); e eleito para a cadeira de número 35 da ABL, no dia 5 de dezembro de 1969. O discurso de recepção em sua honra foi proferido pelo acadêmico Barbosa Lima Sobrinho. Além disso, foi professor do Estado do Rio de Janeiro, na Faculdade de Ciências Econômicas do Estado da Guanabara (atual FCE da Universidade do Estado do Rio de Janeiro – Uerj), na Pontifícia Universidade Católica do Rio de Janeiro (PUC-Rio), e no Programa de Pós-graduação da Universidade Federal Fluminense (UFF). Lecionou também como *Visitant Scholar* na Universidade do Texas (EUA).

Rodrigues pertenceu à variada e distinta lista de instituições e comissões históricas no Brasil e fora. Podem-se destacar: o Instituto Histórico e Geográfico Brasileiro (1958); a extinta Sociedade Capistrano de Abreu (a qual presidiu); o Instituto do Ceará; o Instituto Arquelógico Histórico e Geográfico Pernambucano; o Instituto Histórico, Geográfico e Genealógico de Sorocaba; o Instituto Histórico de Igaraçu; a Academy of American Franciscan History (Washington, DC, EUA); a Nederlandsche Maatschapij voor Letterkunde (Utrecht, Holanda); Instituto Panamericano de Geografia e História (México); Royal Historical Society (Inglaterra); da Comissão Internacional para uma História do Desenvolvimento Cultural e Científico da Humanidade (Unesco); a Escola Superior de Guerra (ESG), entre outras.

Foi autor de quase 30 livros, inúmeros ensaios e artigos sobre temas variados. Os trabalhos mais conhecidos de Rodrigues são: *Historiografia e bibliografia do domínio holandês no Brasil* (1949), *Teoria da história do Brasil* (1949), *A pesquisa histórica no Brasil* (1952), *Brasil e África: outro horizonte* (1961), *Aspirações nacionais: interpretação histórico-política* (1963), *Conciliação e reforma no Brasil* (1965), *História e historiadores do Brasil* (1965), *Vida e história* (1966), *Independência: revolução e contrarrevolução* (5 vols., 1975-1976), *História e historiografia* (1970) e *História da história do Brasil* (1978, 1988)[8]. Dois desses livros foram traduzidos e publicados em inglês[9]. Também organizou edições e reedições, preparou índices anotados para catálogos, notas críticas e coleções de documentos, como, por exemplo, o *Catálogo da Coleção Visconde do Rio Branco* (2 vols., 1953); a segunda edição do *Catálogo da exposição de história do Brasil* (3 vols., 1981), originalmente publicado por Benjamin Franklin Ramiz Galvão em 1881; escreveu prefácios para variado conjunto de textos, em especial de João Capistrano Honório de Abreu (1853-1927). Este autor é largamente reconhecido como sendo um dos maiores historiadores brasileiros, senão "o maior", epíteto igualmente empregado por Rodrigues em suas figurações do "mestre". A obra do cearense foi objeto de profundo estudo e pesquisas e alvo de um verdadeiro trabalho de reconfiguração intelectual por José Honório Rodrigues[10]. Figuram em destaque, nesse sentido, os volumes, organizados pelo carioca, da *Correspondência de Capistrano de Abreu* (3 vols., 1954-1957; 2. ed., 1977); as revisões e notas da segunda edição das três primeiras *séries* de *Ensaios e estudos*; o preparo da *Quarta série*, até então inédita (1976); assim como as quartas edições de *Capítulos de História Colonial, Caminhos antigos e povoamento do Brasil* e a terceira de *O descobrimento do Brasil*, entre outros[11].

Aos 28 anos de idade José Honório se casou com Lêda Boechat (1917-) que, a partir de então, incorporou *Rodrigues* ao seu nome[12]. Lêda esteve ao seu lado desde então e até o final de seus dias, em 1987. Foi companheira e principal colaboradora, revisora e tradutora informal, principalmente de textos em alemão, para o marido. José Honório Rodrigues faleceu em abril de 1987, em decorrência de complicações do derrame que lhe acometeu enormemente a saúde em 1986. Lêda e ele jamais tiveram filhos[13].

2 Interlocuções: especialização e profissionalização da história no (e do) Brasil

Pode-se dizer que o interesse pela história do Brasil foi uma constante entre os homens e mulheres da política e das letras que cresceram nas primeiras décadas republicanas do

Brasil. O enfrentamento de questões como, por exemplo, os dilemas sociais da nossa tardia abolição da escravidão e sua herança foi tema constante. Críticas também às promessas, muitas delas não cumpridas pela geração que fez a República em 1889. Tudo isso impulsionou as reflexões não apenas sobre o presente, mas outros tempos também. E o interesse pela história do Brasil ingressou nesse rol de conhecimentos cada vez mais importantes para descortinar nosso futuro. Ela também se tornou espécie de "missão", para empregar a feliz metáfora de Nicolau Sevcenko[14]: compreender os "brasis" e seus problemas, seus muitos e desordenados tempos. Entre o avanço da modernidade (tanto a "de fato" quanto a imaginada) das capitais, velozmente acelerada em direção ao progresso de um lado, e, de outro, o "atraso" do Brasil profundo. Dos muitos sertões e suas veredas, dos arraiais e dos cortiços devastados pelo verbo e pelas forças (das armas) republicanas. O assombroso ímpeto de ajustar os ponteiros do relógio brasileiro, sincronizar seus tempos em uma única direção, cada vez mais orientada pelo fuso horário das grandes civilizações modernas, gerou o desajeitado acerto de contas com os "trezentos anos" que Euclides da Cunha (1902) dizia apartarem o Brasil da Europa. De certo modo, a missão era essa: contribuir com inteligência, letras e ciências para solucionar questões seculares.

As reflexões de Joaquim Nabuco, Alberto Torres, Euclides da Cunha, Sílvio Romero, Nina Rodrigues, Tobias Barreto, Graça Aranha, Aluísio Azevedo, Paulo Barreto ("João do Rio"), Oliveira Vianna, Gilberto Amado, entre outros, ditavam o tom das novas críticas. Com o clima de revisão de nosso passado e nossa história que se seguiu ao centenário da Independência do Brasil (1922), tal criticismo se voltou contra o "idealismo" constitucional de 1891; às reformas educacionais que não modificaram o perfil de uma nação de analfabetos; ao liberalismo excludente e ao federalismo que rendia o Brasil e a república aos mandos e desmandos das oligarquias rurais; ao chamado "messianismo" positivista da crença de que a "ordem" levaria inexoravelmente ao "progresso" do Brasil, e das mazelas que uma abolição feita "às pressas" legou à sociedade brasileira – como, por exemplo, o bacharelismo e o fisiologismo nos novos e multiplicados cargos em repartições públicas, distribuídos em redes de compadrio[15]. A geração de jovens pouco acima dos 20 (ou 30) anos de idade no início da década de 1930 também testemunhou, quando não protagonizou, eventos emblemáticos deste desconforto com a época: a "Revolução" de Outubro de 1930, que colocou Getúlio Vargas no poder; a Revolução Constitucionalista de 1932; o nascimento do Partido Integralista Brasileiro, a Ditadura do Estado Novo (1937), entre outras. Posturas, sem dúvida, muito diferentes em termos político-ideológicos, porém radicais em termos de suas propostas revolucionárias. Isso se deve ao fato de muitos terem bebido no desconforto e nas críticas acima referidas, a favor ou contra, além das ideias de autores italianos, alemães, franceses e ingleses em suas críticas ao mundo liberal burguês e suas promessas, especialmente no período posterior à Primeira Guerra Mundial: um esforço de "redescobrimento" do Brasil.

Não se pode esquecer do sentimento de "missão" já referido que recebia novo alento: de que a produção de cultura era impulsionada por uma consciência política de engajamento no mundo, um senso de potência individual: uma agência transformadora dos rumos da história e da realidade. Militância que repousava sobre a convicção de que a transformação da realidade por um pensamento científico e cidadão, que seria mudado, reciprocamente, por ela. Segundo Antonio Candido, este espírito manifestava traços de radicalidade e estava por toda parte: instrução pública, vida artística e literária, estudos históricos e sociais, meios de difusão cultural como o livro e o rádio. Tudo ligado a uma correlação entre, de um lado, o intelectual e o artista; do outro, a sociedade e o Estado devido às novas condições econômico-sociais. E também à surpreendente tomada de consciência ideológica de intelectuais e artistas, numa radicalização que, para Candido, antes era quase inexistente. A década de 1930 foi época de engajamento político, religioso e social no campo da cultura. Mesmo os que não se definiam explicitamente, e até os que não tinham consciência clara do fato, manifestaram em seus trabalhos posturas ético-políticas frente aos questionamentos de sua época[16].

Assim, para José Honório Rodrigues, como muitos de sua geração, o interesse pelos estudos brasileiros (entre eles: história, sociologia, geografia, psicologia, economia, antropologia, entre outros) era parte estruturante de sua compreensão da formação da sociedade brasileira, o que significava um redimensionamento dos problemas e dos projetos emergentes da nação e civilização brasileiras à luz do estudo do passado. A experiência no ensino superior, sua formação como Bacharel em Direito e as interlocuções com colegas de faculdade e com o professor Edgardo de Castro Rebello – dada sua imensa erudição humanista, sua formação como marxista de primeira hora no Brasil, grande admirador da obra historiográfica de Capistrano de Abreu e autor de uma referência importante sobre o Barão de Mauá – contribuíram para fortalecer o interesse e o engajamento intelectual de José Honório Rodrigues nos chamados "estudos históricos"[17].

Cabe lembrar que em fins da década de 1930, quando José Honório iniciou sua produção historiográfica, a escrita de textos históricos era labuta de intelectuais sem o tipo de formação profissional e especializada que países como os Estados Unidos ou mesmo a França e a Alemanha conheciam[18]. Os primeiros cursos universitários de História no Brasil datam de 1934, na Faculdade de Ciências e Letras da Universidade de São Paulo (USP) e 1935, na Universidade do Distrito Federal (UDF). Porém, somente em 1939, já durante o Estado Novo, que se inaugurou na Faculdade Nacional de Filosofia, da recentemente inaugurada Universidade do Brasil, um Curso de Geografia e História que serviu de modelo para os demais cursos no Brasil. Mesmo assim, estavam muito longe de oferecerem um curso que estimulasse maiores reflexões intelectuais ou mesmo pesquisas acadêmicas[19]. As interlocuções de José Honório não ficaram, contudo, restritas ao seu curso na Faculdade de Direito. Ainda em 1935, frequentou como ouvinte as aulas de Henri Hauser e as reuniões do "Clube de Sociologia" do então jovem, mas já reconhecidamente promissor, Gilberto Freyre na incipiente Universidade do Distrito Federal[20], projeto experimental de Anísio Teixeira e do então prefeito da cidade, Pedro Ernesto, de uma instituição de ensino superior no Rio de Janeiro na qual a renovação científica assumia imensa importância[21].

Em 1937, Rodrigues se formou em direito, porém jamais praticou a advocacia. Neste mesmo ano foram celebrados os 300 anos da chegada de Maurício de Nassau ao Recife. E em dezembro de 1937, a monografia "Introdução aos estudos do período de Maurício de Nassau", primeiro trabalho histórico de Rodrigues em parceria com Joaquim Ribeiro – filho de João Ribeiro –, foi laureado pela Academia Brasileira de Letras (ABL) com o primeiro prêmio de erudição. Como prêmio, a publicação em livro que recebeu o nome de *Civilização holandesa no Brasil*, sendo lançado na 5ª série da Biblioteca Pedagógica Brasileira (v. 180) da renomada *Coleção Brasiliana* em 1940[22].

Em geral, a recepção de *Civilização holandesa no Brasil* (CHB) foi muito boa[23]. O trabalho de "erudição", isto é, a lide com documentação histórica inédita, assim como a abordagem e a perspectiva no trato da experiência cultural e econômica no Recife foram elementos muito elogiados pela crítica. Assim como no conhecido ensaio de Gilberto Freyre, muito citado nas notas de rodapé de CHB, Rodrigues elaborou uma interpretação que redimensionava a importância de Pernambuco, e do pensamento acerca do norte brasileiro, no entendimento dos rumos do Brasil como civilização. Os resultados de Rodrigues foram distintos daqueles presentes no projeto de compreensão da estrutura patriarcal proposta por Freyre em seus estudos, apesar de fortemente inspirado pelo mesmo. Ao final de CHB, o autor explica as razões da derrocada do processo civilizador holandês, e da consequente vitória do modelo lusitano. Em meio à sociedade rural, agrária, resultado da poderosa estrutura dos engenhos de açúcar da região, Rodrigues analisou que a "cidade holandesa" inaugurara instituições demasiado "estranhas" ali: classes sociais distintas, diferentes religiões, policultura, trabalho livre, isto é: modalidades de uma "democracia urbana", algo bastante exótico à sociedade ali encontrada pelos holandeses. A "civilização holandesa" no Brasil, ou o complexo cultural da civilização que Nassau teria tentado instalar no Recife, teria sido vítima de seus próprios "méritos". Frente a uma sociedade rural, latifundiária, monocultora, escravista, católica e conservadora (na língua, na economia e nos costumes religiosos), o modelo holandês não vingou por ser "moderno" demais. Nestes termos, Rodrigues delimitou dois grupos de razões para o conflito que, eventualmente, terminou com a expulsão dos holandeses de Recife. O primeiro grupo contém a situação precária da economia colonial, agravada pela política de monopólios, pelos impostos e dízimos sobre os senhores de engenho, assim como suas dívidas cada vez maiores com a companhia holandesa. O segundo era composto pelo conflito de culturas e ideais, como o da "liberdade divina" (tolerância religiosa), trabalho e de comércio. Em função do desacordo de toda a "vida material e espiritual" (economia e cultura), já solidamente alicerçadas sobre a base de uma sociedade latifundiária, monocultora, escravista e patriarcal, a derrota dos holandeses significou o desacerto do moderno naquelas paragens. E com ele a derrocada das habitações salubres, da alimentação mais rica, dos transportes mais eficientes, das assembleias, das leis igualitárias, da liberdade de religião, das artes, da arquitetura, enfim, da opulência cultural de um projeto de civilização que, aos poucos, agonizou e morreu nas praias do Recife diante da estrutura estável, morosa e violenta da vida na colônia.

Maurício de Nassau foi, assim, retratado como um homem moldado por um meio burguês, urbano e liberal, que tentou erguer no Recife uma urbe inspirada pelos valores da sua civilização materna, mesmo quando a Companhia que ele representava desejava somente um entreposto comercial. O retrato de Rodrigues para o "príncipe flamengo", formado por ideais liberais, pela atitude capitalista e pelo rigor moral encerrava a figuração de um líder "ideal" e moderno: um "grande homem", no estilo de Carlyle, porque culto e firme, porém conciliador com a população, contemporizador e *transformador* da realidade. Ao deixar a região, tudo o que de mais civilizado ele implantara ali ruiu em pouco tempo e desapareceu por obra das forças de conservação dos colonos. Um modelo, talvez, inspirador para os "líderes" e homens públicos de seu próprio tempo, ainda profundamente marcado pelo conservadorismo e tradicionalismo lusotropicais: um homem moderno e modernizador.

Entre 1939 e 1944, Rodrigues trabalhou como auxiliar técnico de Sérgio Buarque de Holanda, então à frente da seção de publicações no Instituto Nacional do Livro (INL). Sob a direção do poeta gaúcho Augusto Meyer, o INL tinha por objetivo a elaboração de uma grande enciclopédia e de um dicionário para a cultura e a língua nacional brasileira. Mário de Andrade também foi um dos intelectuais engajados no INL que foi criado pelo Estado Novo para possibilitar a produção e o aprimoramento do livro no Brasil, assim como fomentar e orientar os trabalhos de melhoria e multiplicação de bibliotecas e serviços bibliotecários no Brasil. Vale ressaltar que, para o grupo de intelectuais encarregado de conduzir as atividades do instituto, estes objetivos se justificavam por serem as bibliotecas (e especialmente as bibliotecas públicas) consideradas centros de formação da personalidade, de compreensão do mundo, de autoeducação, enfim, centros de cultura[24].

Assim, enquanto Sérgio Buarque elaborava catálogos biográficos sobre temas variados, José Honório preparava uma bibliografia sistemática sobre o capítulo holandês na história do Brasil[25]. Nosso autor também reviu traduções, cotejou edições de documentos de época, criticou edições, revisitou estudos e estudiosos clássicos sobre a temática. Mas o que importa aqui é sua atuação ao lado de intelectuais profundamente engajados na produção de meios de cultura para o Brasil e sua modernização. Sua atuação em um órgão (público) que funcionava no interior do edifício da Biblioteca Nacional do Rio de Janeiro revela um universo mais amplo e multifacetado de possibilidades, relações sociais, intelectuais e de intercâmbios em prol de uma maior especialização dos "estudos brasileiros".

No centro destas relações estava Gilberto Freyre, que estudou nos Estados Unidos e firmou importantes redes intelectuais e de sociabilidade com instituições prestigiosas daquele país, como as universidades de Colúmbia e de Michigan. Entre julho e agosto de 1939 ocorreu uma grande Conferência Bibliográfica realizada pelo Instituto de Estudos Latino-americanos da Universidade de Michigan. Em uma mesa presidida por Robert C. Smith e Freyre, o debate em torno dos estudos brasileiros caminhou para o que William Berrien chamou de "desiderata"[26]. A solução proposta pelo Comitê de Estudos Latino-Americanos para esse problema foi a elaboração de uma obra de referência que fosse abrangente o suficiente para dar conta da "necessidade de um guia para o material básico do estudo de humanidades e ciências sociais, com relação às origens e ao desenvolvimento da cultura brasileira"[27]. Em dezembro do mesmo ano, Clarence H. Haring, professor da Universidade de Colúmbia, e então presidente do Comitê de Estudos Latino-Americanos, solicitou a Berrien que dirigisse a organização do volume. Em 1940, William Berrien convidou Rubens Borba de Moraes, então diretor da Biblioteca Municipal de São Paulo, para auxiliá-lo. O prazo estipulado para o lançamento do produto final, considerado já à época bastante otimista, foi de quatro anos, a partir de 1939, o que por uma série de razões não se concretizou como o previsto. A publicação do volume em português apenas foi lançada em 1949 sob o título *Manual bibliográfico de estudos brasileiros*. Rodrigues foi convidado para redigir a seção sobre os holandeses no Brasil[28].

Desde o seu ingresso no INL as publicações de nosso autor ganharam tom mais crítico quanto aos procedimentos técnicos envolvidos na análise de documentos de época, assim como a elaboração das edições críticas de textos raros[29]. Após um encontro com William Berrien no Rio de Janeiro, em 1943, para discutirem os rumos do já atrasado *Handbook*, José Honório recebeu um convite para pesquisar por aproximadamente um ano nos Estados Unidos da América[30]. Esse convite incluía a proposta de uma bolsa de estudos (*Research Fellowship*), concedida pela Fundação Rockefeller, uma das patrocinadoras do *Handbook*, para a estadia de Rodrigues nos Estados Unidos. Sua viagem tinha por fito a pesquisa em arquivos, universidades e bibliotecas estadunidenses em prol do levantamento de todas as referências lá existentes sobre a expansão holandesa nas Américas, especialmente no "Brasil" seiscentista, bem como a pesquisa de material lá existente sobre história do Brasil. Além destes objetivos, Rodrigues também aproveitou a oportunidade para o estudo e aprimoramento metodológico, na crítica de textos raros, especialmente no seu preparo para publicações críticas e anotadas. Também procurou firmar contatos com professores universitários e instituições (bibliotecas e arquivos) nos Estados Unidos. Ou seja, Rodrigues viajava também sob licença, na condição de funcionário e técnico do INL, para o aprimoramento dos seus conhecimentos nas atividades que já desenvolvia no Instituto.

Ainda em seus dias em Nova York, solicitou a Frank Tannenbaum, especialista em história da América Latina e professor na Universidade de Colúmbia, a permissão para assistir como ouvinte ao Curso de "Introdução aos estudos históricos", ministrado por Charles W. Cole e alguns outros colegas naquela instituição, concentrado sobre questões acerca da teoria da história, a metodologia histórica e a historiografia. Interessado no problema da metodologia histórica e considerando uma falha muito séria o fato de não existir no currículo das universidades brasileiras a cadeira de introdução à história, Rodrigues acompanhou parte do curso ministrado por Charles W. Cole e outros com enorme interesse[31]. Do pouco que pôde testemunhar, apreendeu e agregou elementos que balizaram ainda mais suas convicções e críticas ao ensino superior de história no Brasil e às instituições de acervos documentais, como a Biblioteca Nacional, por exemplo. A modernização metodológica na efetiva renovação nos estudos históricos e as instituições públicas funcionais, em sua leitura, se tornaram referências determinantes para uma agora necessária e a seu ver urgente especialização da pesquisa e escrita do passado brasileiro. Renovando as práticas de trabalho, através de procedimentos "modernos", se poderia renovar efetivamente os estudos históricos, concluiu Rodrigues[32].

De volta ao Brasil, em fins de 1944, tanto Rodrigues quanto Sérgio Buarque se desligaram do INL. Sérgio voltou para São Paulo, onde assumiu a direção do Museu Paulista. Após uma passagem de aproximadamente um ano como bibliotecário no Instituto do Açúcar e do Álcool, José Honório assumiu o cargo de diretor do Setor de Obras Raras e Publicações da Biblioteca Nacional em 1946. O cargo o colocava como um dos responsáveis pela publicação dos *Anais* e da *Série Documentos Históricos* da Biblioteca Nacional – veículos de divulgação e organização do acervo documental da Biblioteca. Além disso, se tornou uma figura de liderança dentro daquela instituição no que toca à pesquisa histórica, aquisição de acervo documental inédito, intercâmbios internacionais entre outras. Houve intensa disputa política na instituição e sua relação com Rubens Borba de Moraes se deteriorou muito no processo[33].

Ainda em 1946, Rodrigues foi convidado pelo Embaixador Hildebrando Accioly para assumir a cadeira de História do Brasil no Curso de Aperfeiçoamento do corpo diplomático brasileiro no recém-criado Instituto Rio Branco. Foi a primeira atuação como docente de Rodrigues em nível superior, e ele começou a organizar as lições de seu curso cuja temática envolveria teoria da história, metodologia e história da historiografia brasileira[34].

3 Teoria e pesquisa histórica no Brasil

Como visto anteriormente, José Honório Rodrigues e outros de sua geração tomaram para si um compromisso teórico, epistemológico, ético e político em sua atuação como intelectuais e agentes de cultura para reverter o quadro de "atraso" a que reputavam os estudos históricos no Brasil. Isso pode ser identificado no modo como Rodrigues relacionava história e historiografia: a realidade e a inteligência que se produz sobre essa realidade. Uma expressão como *historiografia brasileira* se tornou mais e mais recorrente em seus escritos, substituindo a outrora frequente expressão "estudos históricos". Isso permite identificar o seu intuito consciente de ver consolidada a profissionalização dos historiadores brasileiros – a sua modernização definitiva. A transformação conceitual é importante. A partir de seu retorno dos Estados Unidos, seus estudos até então voltados às metodologias históricas e à crítica documental se voltaram cada vez mais para a teoria da história e a "história da história". Seus cursos versavam sobre essas temáticas ao lado das considerações metodológicas, que refletiam sua experiência empírica nos trabalhos desenvolvidos na Biblioteca Nacional e no setor de pesquisas do Instituto Rio Branco.

Um dos primeiros frutos destes estudos foi *Teoria da história do Brasil: introdução metodológica*. Publicado originalmente em 1949, trata-se de um manual introdutório aos estudos históricos no qual o autor tentou sistematizar o que considerava as etapas e os cuidados para se produzir um texto de história que pudesse ser conhecido e reconhecido como plenamente científico, profissional e especializado, enfim: moderno. Rodrigues amealhou suas leituras em apropriações programáticas de autores como Wilhelm Dilthey, Ernst Troeltsch, Friedrich Meinecke, Heinrich Rickert, Leopold von Ranke, Charles-Victor Langlois e Charles Seignobos, Johann Huizinga, Max Weber, Benedetto Croce, Ernst Bernheim, Robin George Collingwood, além dos representantes da chamada *New History* estadunidense, como Carl Becker e Charles Beard, entre outros. Um esforço sistemático para justificar a necessidade de se fundar uma ciência da história no (e do) Brasil[35].

Sua proposta foi, sem dúvida, ousada e um tanto "ambiciosa", para dizer como Francisco Iglésias[36]: um texto de um autor que não era professor universitário, mas propunha estabelecer como se deveria formar uma nova historiografia no Brasil – lições que, inclusive, deveriam ser aprendidas (e ensinadas) nas (e pelas) faculdades de filosofia brasileiras. Como tal, apesar de elogiado por muitos, seu manual recebeu críticas bastante duras[37]. Cabe lembrar que essa publicação surgiu em um momento em que a formação em História no Brasil figurava nos cursos de Geografia e História (ainda ligadas organicamente em um mesmo curso) nas faculdades de filosofia, cujo direcionamento era factualista, conteudista e prioritariamente voltado à formação de professores para os ensinos primário e secundário, ainda segundo os moldes do Instituto Histórico e Geográfico Brasileiro – que serviram de inspiração para o Estado Novo e sua política de construção de uma identidade nacional[38]. *Teoria da história do Brasil* situa-se frente às transformações cada vez mais críticas do mundo após a Segunda Guerra Mundial e do fim da ditadura do Estado Novo no Brasil. A redemocratização de 1945, o retorno (e críticas) às ideologias liberais, socialistas, comunistas e da socialdemocracia, bem como seus respectivos projetos de nação e desenvolvimento para o Brasil operaram mudanças no campo de experiência contemporâneo. Assim, uma das questões centrais de *Teoria* é a proposta de institucionalização de um novo lugar para a história e os historiadores nesse "admirável mundo novo" no qual o moderno não apenas fazia sentido, mas era sentido como o caminho: e uma ciência nova deveria pavimentá-lo. Não aquela que reiterava as glórias do passado, mas a formadora de consciência histórica, mobilizada por agentes e intelectuais engajados nas questões e dilemas do Brasil e do mundo contemporâneo; uma história *viva*, como dizia José Honório.

Rodrigues seguiu de perto as linhas mestras do idealismo de Heinrich Rickert, no conceitualismo típico ideal de Max Weber e na função hermenêutica da ciência humana deste e de Wilhelm Dilthey[39]. Por um lado, o que estava em questão para Rodrigues era a definição da história como saber científico, se não autônomo, pelo menos em posição "capital" junto às demais ciências humanas. Para isso seria necessário formular abstrações conceituais (instrumentos heurísticos) que dessem conta da especificidade dos fenômenos históricos (conceito = individualidade histórica). Reivindicava uma história mais rigorosa e, portanto, dedicada à pesquisa documental especializada, às inovações factuais e metodológicas que julgava imprescindíveis para a renovação. Mas a empiria não bastava por si só. Havia necessidade, pensava ele, de validade ética que pudesse conduzir as interpretações históricas dos documentos e fatos do passado. Diferentemente dos positivistas, portanto, Rodrigues não se eximia da participação no mundo, não reivindicava a "imparcialidade" na produção de conhecimento sobre o passado brasileiro diante dos acontecimentos contemporâneos. Marca de sua apropriação de autores como Croce e Barraclough, além da historiografia estadunidense contemporânea. Especificamente por isso, a cientificidade da história, para Rodrigues, deveria advir da reflexão teórica e filosófica. Nesse sentido, a ciência da história elaboraria meios legítimos de atribuir *validade* às interpretações sobre o passado, julgando quais ideias corresponderiam com vigor e atualidade diante dos problemas do momento e quais estariam "ultrapassadas" ("mortas" – teorias interpretativas e valores que não encontrariam equivalente na realidade da experiência social presente; ou "viva"), de modo a fazer com que a compreensão dos fenômenos humanos estivesse sempre a serviço de valores historicamente positivos (pois, ética e epistemologicamente fundamentados) em prol da melhoria do presente, na arquitetura do futuro nacional brasileiro. Para nosso autor, a historiografia brasileira carecia de renovação, por terem caducado suas principais linhas interpretativas. Estas ainda estariam em vigor por inércia, tradicionalismo ou pressão ideológica. Estariam defasadas, pois oriundas de épocas passadas e visões de mundo "arcaicas", de valores ultrapassados e elitistas. Por isso fruto de uma historiografia "morta", mantida quase consensualmente pela norma que se produziu no Instituto Histórico e Geográfico Brasileiro (IHGB), cujas ideias, heróis, monumentos e sentidos não corresponderiam mais aos problemas e interesses contemporâneos. A realidade histórica superava o conhecimento que se produzia sobre nosso passado. A ciência da história de Rodrigues buscava reequilibrar essa equação através de uma história viva.

Não se trata de descaso com o Instituto e sua produção. José Honório reputava valiosa a contribuição do IHGB, do ponto de vista histórico, por ter inaugurado entre nós pesquisas críticas e uma historiografia que classificava como metódica (e nacional), porém julgava seu modelo historiográfico insuficiente, pois conservador e "passadista", que valorizava desmedidamente o período colonial (no qual o poder das elites agrárias e escravocratas prevalecia), por exemplo, e não o "nacional" (tempo do povo brasileiro), sendo incapaz de dar conta das novas demandas por passado, presente e futuro que se abriram a partir de meados da década de 1940.

Por outro lado, não era apenas a definição da ciência histórica, ou a especialização historiográfica, o que estava em jogo. Isso também, claro, mas o próprio valor, função e lugar social da história na inteligência e na realidade brasileira. Intelectual nacionalista, Rodrigues associava a produção de conhecimento social e histórico no país ao próprio destino do Brasil como grande nação moderna. O realismo, incorporado à ciência, poderia contribuir com a solução de seus muitos "problemas atuais". Novas pesquisas históricas e novas fontes possibilitariam novas interpretações e, esclarecidas por elas, novas ações transformadoras dos rumos desta mesma história poderiam ser ensejadas. Por isso uma ciência da história *do Brasil*.

O plano no qual *Teoria* foi organizado o dividiu originalmente em 18 capítulos, que podem ser separados em dois blocos: do primeiro ao oitavo capítulo, Rodrigues estabeleceu diversas reflexões de caráter teórico sobre a história: o desenvolvimento da ideia de história e seu estatuto científico (tal como identificado por ele nos Estados Unidos e produção historiográfica alemã recente), o problema das causas em história, a periodização, os diversos tipos de histórias, além de um capítulo sobre a "certeza histórica" (posteriormente excluído); e do nono ao décimo sétimo, expôs todo o seu entendimento acerca da metodologia da história, fontes e documentos, disciplinas auxiliares e as críticas exigidas ao trabalho do historiador.

O décimo oitavo capítulo, "A compreensão e síntese históricas", é o encerramento da obra. Rodrigues reafirma a ideia central de fazer da história no Brasil uma *ciência hermenêutica*[40]. Ali resumiu também o que ele julgava necessário se desenvolver para superar o "atraso historiográfico" no país: seguir o que de mais atual e inovador havia no país: Capistrano de Abreu, Paulo Prado, Sérgio Buarque de Holanda e Gilberto Freyre. Isto é, aqueles que tentaram, cada um ao seu modo, tematizar o povo brasileiro, colocando-o como agente de transformação histórica. Pautou-se sobre três traços fundamentais que definiriam o historiador "de fato", isto é, o especialista, o intérprete "responsável" da história: a reflexão teórica (formulação de conceitos/instrumentos heurísticos); novas metodologias desenvolvidas como resultado de pesquisas sobre novas fontes documentais; e a compreensão histórica (a interpretação sintética sob a forma narrativa).

A tomada de consciência acerca da "história da história" do Brasil, seus estágios precedentes e seu atual momento (e problemas), tornava-se, pois, parte central de suas argumentações e projetos. Rodrigues visou fornecer em *Teoria* um impulso decisivo para mobilizar a renovação da história no Brasil. Assim, para além da síntese entre reflexão teórica, lições metodológicas e compreensão (interpretação), cabe verificar também o fio condutor de sua narrativa, a partir do qual construiu o sentido para seus leitores. Pode-se identificar três movimentos no interior de *Teoria da história do Brasil*: 1) definição do que seria o novo e o velho em termos históricos no Brasil[41]; 2) definição dos métodos com que trabalham os historiadores, como se manejam as fontes e as críticas possíveis de se fazer às mesmas em novas pesquisas; 3) justificativa da necessidade dessa renovação em uma apresentação narrativa da urgência da mesma para a devida compreensão do Brasil e seus caminhos. Configurava-se ali, simultaneamente, uma narrativa na qual Rodrigues temporalizava a própria ação renovadora que ele propunha. Isso explica o título da obra: *Teoria da história do Brasil*. Não se trata de uma teoria da história brasileira. Rodrigues defendia que as reflexões de caráter teórico estavam ausentes da bibliografia histórica brasileira contemporânea. Salvas as exceções por ele destacadas, casos individuais importantes, mas não modelares, nossa bibliografia histórica ainda se realizava a partir de (pre)conceitos que conduziam nossa historiografia aos erros de doutrinas "mortas" ou do esforço de corajosos e solitários pesquisadores. Para superar tais deficiências criticamente as reflexões teóricas deveriam ser incorporadas ao arsenal dos historiadores brasileiros redefinindo horizontes, sistematizando revisões interpretativas, esforço que deveria ser encetado por um coletivo, ou um campo, de pesquisadores[42].

A sequência lógica deste trabalho foi publicada em 1952, e foi intitulada *A pesquisa histórica no Brasil: sua evolução e problemas atuais*. Seu texto foi apresentado no Colóquio Internacional de Estudos Luso-Brasileiros, promovido pela Biblioteca do Congresso de Washington, entre 18 a 22 de outubro de 1950. Na seção chamada "Preliminares", o autor definiu o que entendia por "pesquisa histórica", o valor do "documento" e o caráter público que reivindicava para seu projeto de renovação historiográfica. Publicado originalmente pelo Instituto Nacional do Livro[43], como o próprio título do livro já nos leva a entender, trata-se de um ensaio e um manifesto em prol daquilo que Rodrigues argumentava estar em franca decadência no Brasil: a pesquisa histórica *pública* (i. é, de interesse para o patrimônio e a cultura nacionais, segundo financiamento do Estado ou não, mas sempre organizada para fins de enriquecimento do bem coletivo).

O livro é altamente propositivo: "conhecer o que já se fez e propor o que se deve fazer [...]"[44]. Dividido em duas partes, além da seção "Preliminares", a primeira seção estabelece uma longa série de nomes que o autor valorizou como sendo os principais responsáveis (individuais) pelos desenvolvimentos e aprimoramentos da pesquisa histórica pública no Brasil: descobrimento de novos documentos, pesquisas realizadas dentro e fora do país, inventários de documentos, aquisição de cópias para arquivos nacionais, interpretação e crítica destes documentos, entre outras. Sua periodização se fixa entre a fundação do IHGB, em 1838, e o período contemporâneo a ele, com autores como Luiz Camillo de Oliveira Neto e Pedro Calmon. Em comparação com o período do Império, Rodrigues concluiu que houve, no período republicano, retrocesso no investimento do Estado brasileiro em missões de pesquisa fora do país e financiamento público de novas aquisições documentais ou de elaboração de instrumentos de pesquisa que possibilitassem novas descobertas. Assim, a situação da pesquisa histórica brasileira se mantinha presa à sorte das iniciativas e do esforço pessoal de cada estudioso, sem um investimento público de vulto nesse sentido. "Não há historiografia amadurecida sem pesquisa [...]. Portanto, para que uma historiografia cresça e se torne adulta é indispensável e urgente facilitar a pesquisa, favorecendo o estudioso com os instrumentos, que são essencialmente os catálogos, índices e bibliografias"[45].

Cabe destacar que a "evolução" da pesquisa histórica no Brasil não seguia em movimento linear, progressivo e inexorável, como o *crescendo* em uma sinfonia. Por um lado, a narrativa de Rodrigues visa evidenciar a possibilidade de uma tradição crítica de pesquisadores, à qual ele reivindicava um lugar como herdeiro[46], mas igualmente um sentido para o presente. Por outro, isso não significa que ele incorresse em anacronismo, ou na defesa "dos mortos sobre os vivos", como no positivismo. Se se trata de uma história da formação da pesquisa histórica brasileira, o movimento teórico de José Honório esforça-se para dar forma ao "estado atual" da pesquisa histórica no Brasil como empecilho *real* à renovação da historiografia brasileira. Ou seja, não considera a historiografia especializada, profissionalizada e científica como um dado ou pressuposto desta "evolução" – como se cada um dos pesquisadores arrolados projetassem um sentido unívoco e linear –, mas como experiências valiosas (passado) para o seu horizonte (futuro): uma historiografia especializada e confiável, pois apoiada em pesquisa profissional, possibilitada pela (futura) institucionalização de procedimentos modernos no seu fazer.

Assim, na segunda parte de *A pesquisa*, José Honório Rodrigues nos apresenta a sua "solução" para tais problemas: o projeto de um Instituto de Pesquisa Histórica (IPH). O órgão seguiria o modelo de uma escola de altos estudos. Nosso autor propunha fornecer ali a formação que os jovens estudiosos da história do Brasil não encontravam nos "cursos especializados"[47]. Tratava-se também de uma proposta institucional relacionada diretamente com o programa científico de Rodrigues para a renovação e especialização da história no e do Brasil. Isso se apresentava de modo particularmente claro na questão da formação de historiadores especializados, que estava entre as principais tarefas do IPH. Esse preparo se daria através de seminários e cursos de extensão, ministrados no próprio Instituto. Assim como ele presenciou na Europa e nos Estados Unidos, em instituições que lhe serviram de inspiração para o Instituto[48], esses cursos visavam à formação histórica dos jovens licenciados em história. Formá-los como pesquisadores modernos[49]. O programa de curso para essa formação seguiu o exposto em *Teoria da história do Brasil*. Rodrigues teve o cuidado de enfatizar que a formação de novos pesquisadores não era apenas uma exigência do IPH. Esse tipo de formação também seria o que faltava à capacitação de novos especialistas para todas as instituições de natureza patrimonial e cultural no país, segundo nosso autor. Por isso, o que estava em questão ali era articulado como uma defesa de uma tradição de cultura histórica. O IPH de José Honório visava centralizar num mesmo lugar todos os diferentes aspectos da produção de conhecimento histórico no país. Quais sejam: 1) reunir os meios para a pesquisa histórica; 2) a formação teórica e metodológica de pesquisadores e historiadores; 3) a assistência regional aos arquivos públicos e privados e às seções de manuscritos, obras raras e/ou publicações das bibliotecas brasileiras[50].

Assim, como Ana Luíza Marques analisou, Rodrigues buscava criticar a longa (e até então vitoriosa, pensava o autor) "tradição conservadora" do pensamento histórico brasileiro, enquanto conhecimento social e científico, oferecendo um conjunto de referenciais teóricos e metodológicos que contribuiriam para a revisão destas interpretações acerca da história do Brasil[51]. Seu Instituto representaria, pois, o início de uma renovação historiográfica sistemática[52]. Aqui é importante atentar que, apesar de se voltar para o passado, Rodrigues inscreveu suas críticas no presente, porém com vistas ao início de algo que ainda não havia se concretizado. Isto é, avaliava que o estado atual de descaso com as pesquisas históricas, arquivos e bibliotecas públicas, era sintoma de uma crise muito maior, e que poderia ter consequências bastante nocivas para a sociedade brasileira – na qual era ainda recente o fim do Estado Novo. A crise dizia respeito ao declínio da "consciência histórica" na sociedade brasileira; às posturas, por vezes movidas por interesses particulares, de tornar a história crítica algo dispensável, e o passado apenas um manancial para cultos nostálgicos. Rodrigues defendeu a arquitetura de uma casa na qual se salvariam não só documentos, mas se preservaria a própria cultura histórica, de interesse público, e com ela os horizontes da historiografia (crítica) brasileira. Se as faculdades de filosofia continuavam seu papel de "Escola Normal Superior", dizia ele, finalmente, precisava-se encontrar uma "solução fora dos seus quadros"[53].

Tratava-se, contudo, de uma iniciativa que nutria do mesmo tipo de ações e convicções modernizadoras acerca tanto da produção de conhecimento científico sobre o Brasil quanto para a solução de alguns dos seus principais problemas de ordem social, política e econômica. Esse tipo de convicção, porém em maior escala, pode ser identificado no movimento de criação, em 1955, do Instituto Superior de Estudos Brasileiros (Iseb). Este tinha como objetivos o estudo, o ensino e a divulgação das ciências sociais, cujos dados estatísticos e categorias fundamentais seriam aplicados como instrumentos de análise e compreensão crítica da realidade brasileira em prol do incentivo e a promoção do nacional-desenvolvimentismo. José Honório participou ocasionalmente do Iseb como membro do conselho consultivo[54]. Mas tanto para ele quanto para os intelectuais do Iseb, a política de desenvolvimento deveria ser uma política nacionalista, isto é, a única capaz de levar à plena emancipação e à soberania nacional do Brasil. Sua implementação introduziria mudanças no sistema político, determinando a substituição das antigas elites dirigentes do país, que deveria ser representada pela burguesia industrial nacional, com apoio do proletariado, dos grupos técnicos e administrativos e, evidentemente, da nova *intelligentzia*. Estavam engajados na questão do desenvolvimento nacional em diversos setores que, como veremos a seguir, tornou-se também problemática central em outros trabalhos de José Honório Rodrigues. Seu IPH tinha por fito realizar transformações no que toca à produção de conhecimento histórico[55], inserindo-se nesse clima de cientificidade para desvendar os problemas reais do Brasil e contribuir com inteligência para solucioná-los[56].

4 Conceitos-chave

Conciliação

Antes de analisarmos alguns conceitos-chave é imprescindível entendermos o que Rodrigues entendia por *conceito*. Esse entendimento estava, como já mencionado antes, atrelado à sua apropriação de representantes (ou intelectuais largamente influenciados) do (ou pelo) idealismo filosófico da chamada escola neokantiana do sudoeste alemão, como Heinrich Rickert, Wilhelm Dilthey e Max Weber. Segundo Sérgio da Mata, Rickert diferenciava a ciência de outras formas de conhecimento, em termos da percepção da realidade, a partir da ideia de que a ciência elabora e opera conceitos para definir o real. Para José Honório Rodrigues, da mesma maneira, o conceito torna-se instrumento fundamental, mas, em si mesmo, configura uma realidade dinâmica (pois histórica). Por essa razão, novas pesquisas e descobertas empíricas necessariamente levariam a reformulações conceituais e revisões interpretativas. Assim, diferentemente dos conceitos generalizantes (teorias) das ciências da natureza, os conceitos históricos referem-se a realidades investidas de *valor histórico*. O historiador, então, não buscaria um princípio geral de funcionamento, mas a reconstituição das individualidades. Apesar disso, para Rickert, um conceito não precisa ser uma formulação exclusivamente individual, também podendo ser considerado uma síntese obtida à custa de esforço sistemático. O que nos deixa diante da questão do juízo de valor (seleção)[57].

Em seus textos da década de 1960, Rodrigues seguiu bem de perto essas lições. Entre 1957 e 1964, José Honório compôs os quadros da Escola Superior de Guerra (ESG), inicialmente como estagiário, depois como membro efetivo (conferencista). Fundada em 1949, a ESG surgiu em um contexto de Guerra Fria, francamente inspirada pelas congêneres estadunidense e francesa, e fazia as vezes de um instituto voltado à produção, desenvolvimento e consolidação de conhecimentos para o planejamento da Defesa Nacional – segurança e desenvolvimento. A ESG aceitava a entrada de civis. A experiência intelectual de Rodrigues naquela casa foi determinante em sua trajetória. Recordava-se desta como sendo momento de guinada em sua produção[58]. Com o Golpe Civil-Militar de 1964, e ascensão meteórica da geopolítica de Golbery do Couto e Silva, e sua transformação na Doutrina de Segurança Nacional – baliza ideológica do regime autoritário que tomou de assalto o poder político no país em 1964 –, Rodrigues se desligou da Escola, tornando-se crítico ferrenho do Regime.

Frutos de suas conferências na ESG são dois importantes textos sintéticos e interpretativos de José Honório Rodrigues. O tema proposto para suas conferências, e desenvolvido nos livros publicados pouco tempo depois, foi o "caráter nacional". Rodrigues apresentou as primeiras realizações de sua ciência hermenêutica e nacionalista. Trata-se de *Aspirações nacionais: interpretação histórico-política* (1963) e *Conciliação e reforma no Brasil: um desafio histórico-cultural* (1965). São textos complementares, que o próprio autor advertia necessário serem lidos em conjunto. Em *Aspirações nacionais*, amparado por ampla documentação empírica, José Honório formulou suas teses para as razões do "atraso" nacional, em busca do caráter que definiria o povo brasileiro e, por conseguinte, quais seriam suas maiores e mais legítimas aspirações. Para Rodrigues, a integração de seu povo (fim da separação entre elites e os demais) e o desenvolvimento nacional seriam as maiores aspirações. No entanto, indagava: como realizar essas grandes aspirações se apenas a minoria seria a dirigente política, cultural e econômica do Brasil? Para compreender essa questão, José Honório montou uma interpretação complexa, aliando elementos de psicologia, ciência política, história, economia, demografia, entre outros saberes. Sua narrativa buscou identificar na longa configuração da sociedade brasileira, desde o período colonial até sua contemporaneidade, as razões do seu atraso. Rodrigues atribui o retardamento a fatores externos (inicialmente a dependência da metrópole e, depois da Independência, do capital estrangeiro) e internos (uma cultura de colonizados).

Assim, colonialismo e imperialismo marcaram os traços principais de nossa configuração histórica. José Honório argumentou que nossa história se construiu sobre continuidades muito mais do que rupturas; que não houve uma grande "Revolução Brasileira", apenas revoltas pontuais: as populares (Cabanagem, Balaiada, Praieira, revoltas de escravos, Canudos, o banditismo social – como o cangaço etc.) foram todas violentamente reprimidas; e as das elites (a Liberal de 1841 ou a dos Farrapos entre 1835-1845, p. ex.) levaram a concessões e acordos que trouxeram os revoltosos para dentro do *milieu* dos poderosos. Ou seja, nada que tenha perturbado ou mesmo invertido os ritmos de nosso processo histórico moroso e sustentado pelas estruturas sociais definidas desde nosso período colonial, como ele analisou. Para nosso autor, tais estruturas ainda prevaleciam como normas no século XX que produziram efeitos duradouros na nossa cultura e sociedade. Estamos diante de uma síntese interpretativa *conceitual*, como visto anteriormente.

Aprofunda ainda mais esta dimensão o modo como José Honório operou o conceito de *conciliação*. Em *Conciliação e reforma*, nosso autor adensou suas análises das *Aspirações*, porém agora em busca dos antagonismos que tornaram possíveis a sobrevivência de nossa sociedade. Como o Brasil conseguiu chegar tão longe e quais seus problemas atuais? Seu intuito foi demonstrar que a prática da "conciliação pelo alto" definiu os rumos do processo histórico brasileiro. Essa prática se caracteriza por uma postura política das elites dirigentes que as torna avessa a quaisquer reformas estruturais de interesse nacional, apenas reformas pontuais e pouco expressivas. Na conciliação brasileira não haveria partidos adversários ou posturas políticas divergentes, apenas um "círculo de ferro de poder" no qual as facções políticas se revezam e, através de acordos (lícitos ou não), fazem valer seus interesses imediatos sem que haja nenhum tipo de benefício nacional ou público. Não haveria representação política efetiva, pois os setores populares jamais seriam contemplados no legislativo, apenas grupos interessados em se utilizar do Estado como meio e instrumento para realização de seus interesses e agendas.

Mesmo após a Independência, durante todo o período monárquico e já na República, a estrutura conciliatória feita "pelo alto" prevaleceu no Brasil. O autor atribuiu essa permanência ao "colonialismo interno", já analisado em *Aspirações*, isto é, um traço cultural marcante em nossa formação social e política que estabeleceu o jogo de mútua ojeriza entre elite e povo e, com ele, uma postura de apatia e desinteresse pelas coisas públicas, pela atividade política, por interesses coletivos de ambas as partes. Assim, nossa formação se deu a partir da cultura patriarcal, patrimonialista e familiar, traço cultural colonial que marcou a fundação de uma sociedade conservadora e submissa aos interesses dos dominantes, pois deles dependentes, e desconfiada de maiores transformações e mudanças, algo que definiria, para José Honório, a relação violenta de exclusão e desprezo mútuos das lideranças e do povo no Brasil.

Revisionismo

Para Rodrigues, as interpretações do processo histórico brasileiro que prevaleceram no país foram elaboradas por e para as elites: comprometidas com a conservação dos seus valores e sua visão de mundo. Desta forma, o período colonial era sempre privilegiado. O nascimento do Brasil, as capitanias hereditárias, a economia, os latifúndios monocultores e escravistas ocupavam lugar de destaque, enquanto outros períodos, como as revoltas que explodiram no período regencial, por exemplo, tinham pouco destaque. A própria ideia de uma história pacífica, sem maiores reviravoltas, tornou-se, para nosso autor, regra a definir nosso senso comum sobre o passado brasileiro. A visão de que a nossa Independência pacífica foi um produto da política portuguesa era criticada por José Honório[59]: "essa é uma visão conservadora monarquista, defendida sobretudo por Domingos Andrade Figueira e João Camilo de Oliveira Torres [...]. Assim também nos liberais e radicais se defenderá a tese diametralmente oposta"[60]. O mesmo aconteceu com a Abdicação (1831) – lida pelos conservadores como processo legítimo, uma vez que todo movimento revolucionário é desprezível aos seus olhos. Como já visto, para José Honório, valendo-se de instrumentos como a conciliação e a reforma (por cima) houve manutenção política dos conservadores no poder mesmo quando a própria monarquia, em ato que afrontava diretamente um dos valores imutáveis do conservadorismo (o direito *sagrado* à propriedade), aboliu a escravidão.

Para nosso autor, contudo, a história do Brasil não foi pacífica, mas "cruenta", ou "cruentíssima" como no período das Regências. Essa é a essência da sua ideia de revisão histórica. O revisionismo proposto por Rodrigues era um movimento no sentido de redimensionar as interpretações do passado histórico em função de valores atuais, juízos de valorização elaborados no presente, um presente engajado na construção do novo, militante em prol da mudança em direção ao nacional, ou seja, à integração popular, enfim: ao fechamento da ordem liberal tal como se desenvolveu no Brasil após a Independência: liberalismo excludente, elitista, conservador, repressor e de violenta direção do processo histórico do país.

Como Raquel Glezer avaliou, para José Honório Rodrigues era fundamental que os historiadores conseguissem superar o maior problema da historiografia brasileira e realizassem a integração entre a historiografia e a história[61]. O movimento teórico de Rodrigues se balizava sobre este elemento: o passado se tornava mais objeto de análise crítica e problematizadora se e quando envolvido com a solução dos "problemas atuais" na arquitetura de um futuro novo, e melhor, para o Brasil, o que à época estava fundamentalmente associado ao nacionalismo. Diferentes horizontes lançavam novas questões sobre o passado, agora sobre outras bases e conceitos históricos como meio de amparar e consolidar suas pretensões de ações no mundo e, por conseguinte, as próprias interpretações que fundamentariam tais ações (ou iniciativas) nesse sentido. Tais interpretações traziam as demandas que se abriam neste presente em busca de caminhos próprios e plenamente nacionais. Para Rodrigues, novas pesquisas precisavam ser realizadas em conjunto às novas reflexões e horizontes compreensivos do seu presente, que se reconfigurava, como o tempo da ação transformadora, à luz do redimensionamento de suas relações com o passado e o futuro. Tratava-se de um jogo em que o que valia era a capacidade de produção da consciência do afastamento histórico entre o Brasil "arcaico", como ele o chamava, e o Brasil "nacional". Historiografia "velha" é fruto de um país arcaico. Modernizando-se a primeira, desenvolvendo nova consciência histórica (moderna, projetando futuro), o Brasil também se desenvolveria como nação moderna, libertando-se do jugo das presenças indesejáveis de elementos "anacrônicos" e vice-versa. Rodrigues acreditava plenamente nessa equação dialética, que encontra sua síntese na frase: "A historiografia é um espelho de sua própria história, na qual se refletem os problemas da nação e da própria humanidade"[62].

Em grande medida, boa parte de seus trabalhos dedicados à história da história do Brasil tinha por objetivo evidenciar os autores que, em sua leitura, contribuíram para sedimentar a interpretação elitista e fratricida de nossa história, na qual o povo não existe, ou é impotente, e para a qual seria impossível ao país superar o poder do mundo rural. A revisão das interpretações atenta, cuidadosa, prudente e minuciosa seria uma das tarefas que, para José Honório, contribuiriam para reconstrução da consciência nacional e do redimensionamento das nossas aspirações e mesmo de nossa identidade brasileira. Seu projeto de uma história da história do Brasil[63], que era de proporções monumentais, ficou inconcluso devido ao seu falecimento, em 1987. No primeiro volume (1979), Rodrigues dedicou-se ao que chamou de historiografia colonial – uma reunião atualizada e ampliada de dois volumes historiográficos publicados no México em 1957 e 1963. Os volumes seguintes, ambos póstumos, foram publicados por sua esposa, Lêda, em 1988. A crítica frontal ao pensamento ideologicamente conservador e reacionário (este uma exacerbação do anterior) faz-se presente no primeiro tomo do segundo volume de sua *História da história do Brasil: a historiografia conservadora*. Para Rodrigues, as principais características da corrente conservadora no Brasil são: a defesa da razão de Estado; a defesa das classes dominantes e a exaltação dos grandes estadistas; defesa da continuidade em detrimento da ruptura (enaltecimento da história colonial); defesa de uma visão resignada e conformista (dizer "amém aos poderosos"), portanto, acrítica, passiva, e que respeita o *status quo*, pois estes seriam sempre os "vencedores" do processo. Na esteira da característica anterior, as derrotas, os "vencidos" e os insucessos dos levantes e mobilizações populares são representados como acasos, "azar", erros humanos, ineficiência dos "despreparados". Em suas palavras, no Brasil, "o conservadorismo resiste às exigências populares, exalta sempre a vitória das forças conservadoras sobre as revolucionárias e defende as barreiras criadas contra o radicalismo. Em resumo: os conservadores não seguem ideias políticas, mas defendem interesses e soluções práticas"[64].

A corrente ultraconservadora, reacionária ou ainda contrarrevolucionária, seria ainda mais problemática. Ela exacerba a manutenção de quadros históricos sabidamente ultrapassados, como o direito natural (de origem divina, cada um recebe aquilo que é de sua natureza), a prudência maquiavélica (aprender com o passado significa copiá-lo; herança e tradição ensinam e valem mais do que a realidade social, que deve se adequar àquelas), a imperfectibilidade humana (sendo imperfeitos, os homens são incapazes de criar ordem perfeita, logo, prevalece a inércia, pois a utopia e a mudança levam ao caos e à desordem), entre outros valores. Oliveira Vianna representa o que Rodrigues chamava de ultrarreacionário, o pensamento reacionário radical mais extremado, pois liberticida. Ele poderia figurar como um quarto e último capítulo para o volume II, que analisa a linha reacionária e contrarrevolucionária no pensamento conservador histórico brasileiro, mas Rodrigues dedica tomo separado do segundo volume de sua *História da história do Brasil* a este pensador, dada sua importância como "mentor intelectual" de dois eventos decisivos na história do Brasil contemporâneo: a Revolução de 1930 e, posteriormente, a ditadura de 1937, e a "contrarrevolução de 1964-1985", na qual o pensamento histórico de Vianna foi associado ao de Golbery do Couto e Silva e sua Doutrina de Segurança Nacional.

5 Considerações finais

Rodrigues não se inseriu na universidade brasileira. Apesar disso, lecionou como convidado nos cursos de pós-graduação em História do Rio de Janeiro e de São Paulo. A geração de universitários, em especial da Universidade de São Paulo, Universidade Estadual de Campinas e da Faculdade de Filosofia, Ciências e Letras de Marília (atual Faculdade de Filosofia e Ciências da Universidade Estadual Paulista Júlio de Mesquita Filho, em Marília-SP) e da Universidade Federal da Paraíba[65], ainda na década de 1970, reconheceu José Honório Rodrigues como mestre e polemista, combativo e combatente, um revolucionário que os ensinara a ler história como textos interpretativos e marcados pela visão de mundo dos seus autores e a pensar a história do Brasil sob moldes críticos. Em tempos de regime autoritário, período de censuras, torturas, perseguições e de resistência da esquerda no mundo universitário, apesar de nunca ter sido marxista, Rodrigues deixou profundos impactos por sua postura progressista. Sem dúvida, a imagem que ainda hoje se faz de José Honório como um pioneiro da história da historiografia no país deve muito a estes jovens admiradores de seu trabalho, entre os quais se destacam Carlos Guilherme Mota, João Roberto do Amaral Lapa e Nilo Odália[66]. Em 1976, Raquel Glezer defendeu a primeira tese de doutorado no Brasil em história da historiografia (na USP), tendo a obra de José Honório Rodrigues como objeto e *corpus* documental eleito para seu trabalho. O próprio autor figurou na banca avaliadora na USP.

Alguns dos aspectos que julguei mais importantes a respeito da originalidade da contribuição de José Honório Rodrigues estão arrolados acima. Não são os únicos, mas auxiliam a entender por que esse autor merece, como outros, ser lido e relido. A sua apropriação do idealismo filosófico alemão e do historicismo, a valorização da pesquisa histórica, o engajamento ético e político da historiografia no mundo contemporâneo, importância decisiva que atribuía à teoria da história, seu cuidado com a metodologia e crítica das fontes documentais, sua atuação em órgãos de cultura e o modo como relacionava a escrita da história a *fazer história* (algo hoje considerado *démodé* por muitos profissionais da história), o seu projeto de uma ciência histórica (e de um Instituto para tal), sua inegável contribuição aos estudos de história da historiografia, entre outras que nos ajudam a pensar a escrita histórica como sendo atividade atravessada, de uma ponta a outra, pela historicidade.

Outro ponto que julgo valioso repousa no fato que Rodrigues apresentava aos brasileiros uma "história cruenta". A sua compreensão do Brasil procurou afastar-se de ufanismos patrióticos, porém sem se desfazer de um projeto coletivo de nação. Seu nacionalismo, sinal dos tempos, almejava ver o Brasil como uma das grandes potências modernas do mundo. Mas ao incorporar a *violência* ao processo histórico brasileiro, violência tradicionalmente apagada de nossos livros de história e de nossa identidade nacional, ao saber reconhecê-la como parte de uma formação social específica, ele acreditava fornecer um caminho para nos libertarmos de nossos próprios preconceitos. Saber das mazelas sentidas e sofridas por um povo "capado e recapado, sangrado e ressangrado", em palavras apropriadas por ele a partir de Capistrano de Abreu, seria o primeiro passo para se fundar um Brasil novo. Um povo solidário e sobrevivente, humano, trabalhador, e nada "coitadinho", tampouco "alegre por natureza". Para ele, até então, nossa história fora escrita e realizada por segmentos de lideranças absolutamente despreocupadas com os rumos do povo, suas aspirações legítimas e seus interesses. Com o senso de público totalmente moldado pelo contexto familiar, os jogos da conciliação "pelo alto" ditaram os rumos e interpretações do país. Essa elite minoritária, conservadora de valores patriarcais, escreveu e fez a história para si mesma, na qual a identidade nacional auxiliava na fabricação de um tipo nacional avesso à ideia de ruptura, de participação popular, e mesmo de povo (quase sempre visto como "a plebe", "a ralé", "a canalha", "os ignorantes").

Para José Honório, o liberalismo brasileiro seria fruto deste fenômeno conciliatório e excludente: elite branca e "educada", conservadora ou reacionária, neurótica, supersuspeitosa, superagressiva e inflamada. A marca de lideranças como as da União Democrática Nacional (UDN), encabeçada por Carlos Lacerda: quando derrotados democraticamente, não aceitavam, apelando para todas as formas de complôs, conspirações, intrigas sobre fraudes eleitorais, para fazer valer sua indignação frente ao sucesso de outros grupos[67]. Liberticidas e antidemocráticos, sua identidade se sustentava na violência e no ódio ao "outro": fosse o nordestino, o miserável, o desempregado, desabrigado, mendigo, o menino de rua ou trabalhador. Nosso liberalismo se mobilizou por uma atitude "paranoica" de autopreservação e defesa intolerante de seus próprios interesses, muitas vezes alimentando a violência da repressão militar ou policial às manifestações legítimas de trabalhadores e populares ("vândalos" ou "baderneiros"), reclamando maior participação na vida política nacional; violência tragicamente naturalizada como "normal" por estes mesmos atores.

A separação entre elite e povo figurava na base do que Rodrigues combatia. As ideias que a mantinham como regra também. E o fazia em defesa de um liberalismo totalmente diferente daquele que se estabelecera no país, pois profundamente inspirado no liberalismo estadunidense ou, ao menos, o liberalismo segundo Tavares Bastos ou Rui Barbosa:

progressista, libertador, animado pelo senso de interesse coletivo, de bem comum e de um espírito de bem público. No entanto, para José Honório, a conciliação nunca se fez *com* o povo, mas por cima do mesmo.

Uma historiografia *nova* era vista como parte necessária do "combate" contra os mandos e desmandos das "elites fratricidas". Sua função seria educadora e libertária, avaliando os juízos acerca de nosso passado, limpando-os dos excessos e atualizando-os segundo demandas e interesses nacionais. Significava, por um lado, a construção de um campo científico para a história do Brasil. Campo confiável, profissionalizado e conduzido por especialistas. Ou seja, com novas pesquisas, novas metodologias, e, acima de tudo, as reflexões teóricas, esta ciência moderna poderia ter meios concretos de se proteger contra os usos e abusos do passado por motivos levianos no presente. Epistemologicamente garantidas as suas verdades, ou dentro dos seus rigorosos limites de possibilidades, suas convicções nacionalistas (de realização dos interesses e aspirações nacionais legítimas) tornariam possível o redimensionamento do passado e a ação no presente à luz dos fatos e do processo histórico brasileiro. Por outro lado, essa historiografia científica não se arvoraria em objetivismo ou imparcialidade estéreis, mas em um engajamento intelectual na luta contra o conservadorismo e o dissídio entre poder e sociedade, entre brasileiros, caminhando em direção ao nacional, a democracia e cidadania plenas.

Para José Honório Rodrigues, compreender historicamente as ideias conservadoras e reacionárias que ensinaram ao brasileiro a temer a mudança ou as reformas estruturais e a acreditar que quanto mais tudo muda, mais as coisas permanecem como estão, o povo brasileiro poderia crer na sua capacidade para ação: do Brasil como o país da eterna promessa de futuro à ação transformadora de construção do futuro do país. Havia "militância", ou "combate", em sua atividade historiográfica, na qual o cientista e o cidadão convergiam. Dialeticamente, pensava ele, realidade e história deveriam se encontrar e se modificar reciprocamente. A ação de transformação da sociedade deveria ser racional e teoricamente orientada para que se possa efetivar sob meios democráticos, de modo a não se submeter diretamente à ação social. Esta realidade social se altera e alteram-se igualmente os sentidos e interpretações sobre o passado. Em que pesem as evidentes limitações de suas alternativas, projetos e mesmo do seu nacionalismo desenvolvimentista (típico da intelectualidade atuante na década de 1950), podemos dizer que suas questões e a natureza ética de suas reflexões sobre história e historiografia, sobre *vida* e história, parecem gozar de renovado interesse para a atualidade.

Notas

[1] Lourenço Dantas Mota ilustra o quadro que remonta a essa geração na introdução ao primeiro volume de *Um banquete no trópico*, organizado por ele. Cf. MOTA, L.D. Introdução. In: MOTA, L.D. (org.). *Um banquete no trópico*. 2. ed. São Paulo: Senac, 1999. p. 9-22.

² Rodrigues obteve reconhecimento e honrarias que não são facilmente conquistados e distribuídos. O historiador estadunidense Robert Conrad asseverou que, na história da historiografia brasileira, entre Varnhagen e José Honório Rodrigues existia apenas Capistrano de Abreu, e que Rodrigues, pela importância intelectual e vulto de sua obra, seria o maior dos três. José Honório foi o primeiro e único historiador brasileiro a ser membro eleito da hermética *Royal Historical Society*. Também recebeu o Prêmio Rafael Heliodoro Valle, no México, além de ter sido laureado (postumamente) com o título de *Doutor Honoris Causa* pela Universidade de Paris. Sobre isso, cf. RODRIGUES, L.B. Explicação. In: RODRIGUES, J.H. *Ensaios livres*. São Paulo: Imaginário, 1991, p. XIV [Org. de Lêda Boechat Rodrigues].

³ ALVES JÚNIOR, P. *Um intelectual na trincheira*: José Honório Rodrigues, um intérprete do Brasil. Marília: FCC/Universidade Estadual Paulista Júlio de Mesquita Filho, 2010 [Tese de doutorado em Sociologia].

⁴ MELLO, J.O.A. Um intelectual entre a história e a nacionalidade. *R.IHGB*, ano 174 (461), out.-dez./2013, p. 307-316. Rio de Janeiro.

⁵ O nome *Honório* era questão de direito histórico "familiar" para seu pai, Honório José Rodrigues, que acreditava ser descendente de Honório Hermeto Carneiro Leão, o Marquês do Paraná. Antes de José Honório nascer, seu pai registrara seu primogênito como *Honório José*, porém o menino morreu. Em uma segunda oportunidade, registrou mais um filho com esse nome, mas a criança caiu do segundo andar de um prédio e também morreu. Depois disso vieram mais duas filhas. Quando o casal concebeu outro menino, decidiram inverter a ordem dos dois nomes, diziam, "para evitar o azar". José Honório foi o terceiro filho homem da família, quinto no total, e nasceu dia 20 de setembro de 1913. Todas as informações de cunho biográfico foram extraídas de: RODRIGUES, L.B. & MELO, J.O.A. *José Honório Rodrigues*: um historiador na trincheira. Rio de Janeiro: Civilização Brasileira, 1994. • RODRIGUES, J.H. *Correspondência de José Honório Rodrigues*. Rio de Janeiro: ABL, 2000 [Organização, prefácio, notas e traduções de Lêda Boechat Rodrigues]. • IGLÉSIAS, F. José Honório Rodrigues e a historiografia brasileira. In: *Estudos Históricos*, 1, 1988, p. 55-78. Rio de Janeiro. • RODRIGUES, J.H. & WIRTH, J.D. An interview with José Honório Rodrigues. *Hispanic American Historical Review*, vol. 64, n. 2, mai./1984, p. 217-232.

⁶ Segundo Francisco Iglésias, o ferrenho torcedor do time de futebol do Flamengo, sempre que possível, acompanhava os jogos do seu time no Maracanã, hábito que cultivou ao longo de toda a vida. Do alto de sua paixão, dizia o amigo mineiro, Rodrigues revelava aspectos nem sempre louváveis de sua personalidade – traços que lhe renderam inúmeras desavenças ao longo de sua vida profissional (IGLÉSIAS. Op. cit., p. 56).

⁷ Nessa faculdade se formaram homens públicos e intelectuais tão diferentes como Afonso Arinos de Mello Franco, Sérgio Buarque de Holanda, Vitor Nunes Leal, Evaristo de Moraes Filho, Anísio Teixeira, Vinícius de Moraes, Francisco C. San Tiago Dantas, Carlos Lacerda, Pedro Calmon, Ledo Ivo, Cândido Mendes de Almeida, Mário Lago, Celso Furtado, Francisco de Assis Barbosa, Alberto Venâncio Filho, Marques Rebelo, entre muitos outros.

⁸ O mais completo levantamento acerca dos trabalhos de Rodrigues permanece a tese de doutorado de Raquel Glezer, cujo segundo volume dedica-se integralmente à produção de JHR entre 1936-1975. Cf. GLEZER, R. *O fazer e o saber na obra de José Honório Rodrigues*: um modelo de análise historiográfica. 2 vols. São Paulo: USP, vol. II, 1977 [Tese de doutorado].

⁹ RODRIGUES, J.H. *Brazil and Africa*. Berkeley/Los Angeles: University of California Press, 1965 [Trad. de Richard A. Mazzara e Sam Hileman; Introdução de Alan K. Manchester]. • RODRIGUES, J.H. *The Brazilians*: their caracter and aspirations. Austin, TX/Londres: University of Texas Press, 1967 [Trad. de Ralph E. Dimmick; Prefácio e notas adicionais de E. Bradford Burns].

¹⁰ SILVA, Í.B.M. Anotar e prefaciar a obra do "mestre": reflexões de José Honório Rodrigues sobre Capistrano de Abreu. In: *Revista de História da Historiografia*, n. 3, set./2009, p. 83-105. Ouro Preto.

¹¹ AMED, F. *As cartas de Capistrano de Abreu*: sociabilidade e vida literária na *belle époque* carioca. São Paulo: Alameda, 2006.

¹² Poliglota, intelectual, crítica arguta e igualmente formada em direito, Lêda trabalhou no Supremo Tribunal Federal de 1936 até sua aposentadoria e foi autora de traduções importantes, como de textos de John Dewey (*O pensamento vivo de Thomas Jefferson*, de 1954) e de Theodore Roosevelt (*A avaliação dos documentos públicos modernos*, 1959). Entre os seus livros se destacam *A Corte Suprema e o Direito Constitucional Americano* (1958) *e História do Supremo Tribunal* (4 vols., 1965). Estudante dedicadíssima, foi aluna da primeira turma do Curso de Geografia e História da Faculdade Nacional de Filosofia, em 1939, da Universidade do Brasil. Desistiu em 1941 do novo curso superior para se casar com José Honório. Ela falou pouco sobre as razões da desistência. Mas sabe-se que José Honório era pouco simpático, por um lado, à instituição em questão, ao curso e alguns dos seus docentes, e, por outro, parecia ter nutrido algum rancor quanto à sua nota no exame vestibular que prestara para lá em 1939. As notas dos exames vestibulares para o Curso de Geografia e História foram publicadas no *Jornal do Brasil*, na seção Educação e Ensino, numa quarta-feira, 17 de maio de 1939 (p. 14). Lêda obteve média de sessenta e um pontos, José Honório, cinquenta e um. Sobre Lêda Boechat Rodrigues, cf. FALCI, M.B. Uma companheira intelectual: Lêda Boechat Rodrigues. In: *IHGB*, ano 174 (461), out.-dez./2013, p. 317-322. Rio de Janeiro.

¹³ FALCI, M.B. Ibid.

¹⁴ Faço alusão a SEVCENKO, N. *Literatura como missão*: tensões sociais e criação cultural na Primeira República. 2. ed. São Paulo: Brasiliense, 1995.

¹⁵ Um levantamento dos problemas da experiência republicana no Brasil foi publicado em 1924, com análises de importantes intelectuais da época, quase todos "nascidos com a república", como dizia o organizador da coletânea, e inspirados por leituras como as de Euclides da Cunha, Sílvio Romero e Alberto Torres. Cf.: CARDOSO, V.L. (org.). *À margem da história da República*. Rio de Janeiro: Anuário do Brasil, 1924.

[16] CANDIDO, A. A Revolução de 1930 e a cultura. In: *Novos estudos*, 2 (4), abr./1984, p. 27-28. São Paulo.

[17] Entre os colegas do Centro Acadêmico Cândido de Oliveira (Caco), esp. Evaristo de Moraes Filho e José Bonifácio Rodrigues, nosso autor pôde aprofundar seus estudos em história, sociologia e antropologia. Publicaram alguns textos e estudos no órgão oficial do Caco: *A Época*. Após o golpe de 1937, que iniciou o Estado Novo (1937-1945), o Curso de Ciências Jurídicas e Sociais da faculdade foi fundido e incorporado à Faculdade Nacional de Direito da Universidade do Brasil (1937) – projeto universitário de Gustavo Capanema (Ministro da Educação) e Getúlio Vargas – e o órgão do Caco foi renomeado para *Idea*. As principais publicações de Rodrigues no pequeno órgão do Caco foram: Estrutura e aprendizagem. In: *A Época*, 30 (3), set.-out./1936, p. 34-36. Rio de Janeiro. • Significação existencial da casa. In: *A Época*, 31 (1), jul./1937, p. 62-63. Rio de Janeiro. • Porque os holandeses escolheram Pernambuco. In: *A Época*, 31 (2), ago./1937, p. 41-45. Rio de Janeiro. • Duas novas orientações em Sociologia (Franz Boas e Karl Mannheim). In: *Idea*, 2, set./1937, p. 29-30. Rio de Janeiro.

[18] Cabe lembrar que a inexistência de um campo historiográfico fazia da história um gênero de escrita relativamente "indisciplinado". Isto é, sem fronteiras disciplinares bem-delimitadas a história permanecia, sob muitos aspectos, submetida ou à primazia da literatura, forma tradicionalmente legítima de escrita (e representação) da cultura brasileira, ou à concepção de uma história "oficial" dos grandes fastos da nação ou mesmo da biografia de seus líderes políticos. Cf. GOMES, A.M.C. *História e historiadores*: a política cultural do Estado Novo. Rio de Janeiro: FGV, 1996, p. 75.

[19] FERREIRA, M.M. Notas sobre a institucionalização dos cursos universitários de História no Rio de Janeiro. In: GUIMARÃES, M.L.L.S. *Estudos sobre a escrita da história*. Rio de Janeiro: 7 Letras, 2007, p. 139-161.

[20] Hauser contribuiu muito para o interesse de Rodrigues pela dimensão social e econômica dos estudos históricos – marca bem clara nos primeiros trabalhos de Rodrigues sobre o impacto do açúcar na formação do norte brasileiro. Freyre, do qual se tornou também amigo, contribuiu com a abordagem metodológica e a perspectiva antropológica "culturalista", como se dizia à época, já conhecidas nacional e internacionalmente a partir do sucesso de *Casa-grande & senzala* (1933).

[21] Fundado em junho de 1937, o Clube de Sociologia foi uma agremiação intelectual organizada por Gilberto Freyre e José Bonifácio Rodrigues. Manteve, segundo Simone Meucci, atividades intermitentes, mas focava-se na discussão de ideias acerca de sociologia e da "cultura brasileira", com acento claramente "freireano" e, "[...] mesmo após o fechamento da UDF, a atividade do *Club* se manteve. Em 19 de novembro de 1939, sob os cuidados do *Club*, foi organizado um evento: uma conferência com Almir de Andrade, intelectual

do Estado Novo que tinha acabado de publicar Aspectos da Cultura Brasileira". Cf.: MEUCCI, S. *Gilberto Freyre e a Sociologia no Brasil: da sistematização à constituição do campo científico*. Campinas: Universidade Estadual de Campinas, 2006, p. 136 [Tese de doutorado]. Sobre o projeto da UDF, cf. MENDONÇA, A.W.P.C. *Anísio Teixeira e a Universidade de Educação*. Rio de Janeiro: Eduerj, 2002. Sobre a missão de Henri Hauser no Brasil, cf.: FERREIRA, M.M. A trajetória de Henri Hauser: um elo entre gerações. In: NEVES, L.M.P.B. et al. *Estudos de historiografia brasileira*. Rio de Janeiro: FGV, 2010, p. 237-259.

[22] Joaquim Ribeiro, que prefaciou a obra, reconheceu ser o livro mais fruto dos estudos de Rodrigues do que de seus próprios – que já o destacavam como folclorista (tendo recebido, igualmente no ano de 1937, outro prêmio da ABL por seus estudos nessa temática). Em comparação ao texto de 1937, foram feitas algumas alterações no conteúdo e no formato, agora segundo o gênero do ensaio histórico, para o lançamento em livro. Sobre o ensaio histórico, cf. PORTELLA, E. *O ensaio* [Conferência apresentada na ABL em 10 de outubro de 2000] [Disponível em http://www.academia.org.br/abl/cgi/cgilua.exe/sys/start.htm?infoid=4268&sid=531&tpl=printerview – Acesso em 11/01/2011].

[23] Sobre a recepção de CHB, cf. FREIXO, A.L. *A arquitetura do novo*: ciência e história da *História do Brasil* em José Honório Rodrigues. Rio de Janeiro: PPGHIS/UFRJ, 2012, esp. o primeiro capítulo [Tese de doutorado].

[24] A proposta do Instituto ia, pois, de encontro aos anseios dos jovens modernistas, que criticavam muito a administração de Vargas pela falta de uma política cultural específica, à época encampada pelo Ministério de Gustavo Capanema. O livro era ainda concebido como bem precioso e para poucos, além de um grande risco financeiro. Não havia um mercado gráfico e editorial no Brasil, uma vez que até o papel no qual seriam impressos os livros era item importado e caríssimo. Até a intervenção do Estado nos subsídios para a compra do papel, a maioria dos autores e mesmo donos de jornais tinham de fazer sacrifícios financeiros imensos para pagar as edições de suas obras ou manter a circulação dos seus periódicos. Além disso, o sistema de distribuição ficava restrito ao circuito Rio de Janeiro-São Paulo. A outra questão crucial era a da ampliação do público leitor brasileiro, uma vez que o país tinha problemas educacionais e culturais seculares e apresentava altíssimo percentual de analfabetismo.

[25] Os principais resultados desse trabalho bibliográfico podem ser identificados em RODRIGUES, J.H. *Historiografia e bibliografia do domínio holandês no Brasil*. Rio de Janeiro: Imprensa Nacional/INL, 1949 [Coleção B1, Bibliografia, VI]. • RODRIGUES, J.H. Os holandeses no Brasil. In: MORAES, R.B. & BERRIEN, W. *Manual bibliográfico de estudos brasileiros*. Vol. 2. 2. ed. Brasília: Senado Federal, 1998, p. 791-894.

[26] Aspas no original. Cf. BERRIEN, W. Prefácio. In: MORAES; BERRIEN, Manual... Op. cit. Vol. 1, 1998, p. 10-18, esp. p. 10.

[27] Ibid.

²⁸ A divisão estabelecida para a versão final (de 1949) foi a seguinte: Arte: Robert C. Smith; Direito: Sílvio Portugal; Educação: Raul Briquet (1500 a 1889) e Lourenço Filho (1889 a 1941); Etnologia: Herbert Baldus; Filologia: José Mattoso Câmara Júnior; Folclore: Mário de Andrade; Geografia: Pierre Monbeig; Zoogeografia: Paulo Sawaya; História: Rubens Borba de Morais e Alice Canabrava (obras gerais e bibliografia); Sérgio Buarque de Holanda (Período Colonial); Octávio Tarquínio de Souza (Independência, Primeiro Reinado, Regência); Caio Prado Júnior (Segundo Reinado); Gilberto Freyre (República); Alice Canabrava (Bandeiras); José Honório Rodrigues (Holandeses no Brasil); Rubens Borba de Moraes (Viagens); Caio Prado Jr. (Assuntos especiais); Literatura: William Berrien (Prefácio); Astrojildo Pereira (Pensadores, críticos e ensaístas); Francisco de Assis Barbosa (Romance, contos, novelas); Manuel Bandeira (Poesia); Música: Luís Heitor Correia de Azevedo; Sociologia: Donald Pierson; e Teatro: Leo Kirschenbaum.

²⁹ Tais posturas evidenciam-se nos seguintes artigos: RODRIGUES, J.H. A edição brasileira do Barleus: Autores e Livros. In: Suplemento literário de *A Manhã*. Rio de Janeiro, domingo, 10 de agosto de 1941. • RODRIGUES, J.H. Introdução. In: NIEUHOF, J. *Memorável viagem marítima e terrestre ao Brasil*. São Paulo: Martins, 1942, p. X.

³⁰ Três jovens pesquisadores foram indicados para pesquisar nos Estados Unidos: Rodrigues, Mattoso Câmara (filólogo) e José do Prado Valadares (especialista em museus). Cf. RODRIGUES, J.H. & WIRTH, J.D. An interview with... Op. cit., p. 219.

³¹ RODRIGUES, J.H. Uma viagem de pesquisas históricas. In: *RIHGB*, 134-135, jul.-set./1946 [1947], p. 14-29, esp. p. 16. Rio de Janeiro.

³² Para ele, a Biblioteca Nacional não se pautar pelos métodos modernos que conhecera nos Estados Unidos era um descalabro, configurando um atraso de, pelo menos, 50 anos em relação às instituições americanas. Exageros à parte, cabe ressaltar que suas críticas reconheciam que, apesar do acervo enorme da Biblioteca Nacional, ela não tinha meios modernos de organização. Isto é, os seus muitos volumes e documentos não estavam listados, catalogados e ao alcance dos consulentes, o que tornava a instituição mais um depósito de papéis velhos do que uma biblioteca.

³³ No que toca ao relacionamento pessoal e profissional de Moraes e Rodrigues, esp. no seu período na BN, pode-se dizer que este se deteriorou rapidamente e terminou de forma muito ruim. Em suas recordações, Borba de Moraes assevera que houve brigas e disputas que os apartaram no interior da instituição. Em livro de memórias, Borba de Moraes recorda briga como a causa para o seu desligamento da BN em 1947. Sobre isso, cf. MORAES, R.B. *Testemunha ocular*: recordações. Brasília: Briquet de Lemos, 2011, p. ix. • Agradeço a Agenor Briquet de Lemos, organizador e anotador do livro de recordações de Moraes, a gentileza do contato, do intercâmbio e por ter enviado uma cópia do livro para mim.

³⁴ José Honório não era um estranho no Ministério das Relações Exteriores. Ainda em 1945 foi convidado a integrar a Comissão de Estudos dos Textos de história do Brasil do Ministério, criada em 1943. Tratava-se de um grupo de pesquisadores encarregados de produzir balanços bibliográficos críticos acerca de tudo o que se produzisse no Brasil ou no exterior a respeito de história do Brasil. Os levantamentos e resenhas eram publicados em boletins semestrais. Rodrigues atuou nesta Comissão, entre 1945 e 1956, ao lado de Rodolfo Garcia (que faleceu em 1949), Hélio Vianna, Américo Jacobina Lacombe, entre outros. Em 1948, participou da criação de uma seção de pesquisas históricas no interior do Ministério, na qual coordenou, inicialmente, os trabalhos de organização do acervo para a publicação do *Catálogo da Coleção Visconde do Rio-Branco* e do volume *Cartas ao Amigo Ausente*, do Chanceler José Maria da Silva Paranhos, o Barão do Rio Branco.

³⁵ FREIXO, A.L. *A arquitetura do novo...* Op. cit., esp. o quarto capítulo.

³⁶ IGLÉSIAS, F. José Honório Rodrigues e a historiografia brasileira. In: *História e literatura*: ensaios para uma história das ideias no Brasil. São Paulo/Belo Horizonte: Perspectiva/Cedeplar-Face-UFMG, 2009, p. 169-204, esp. p. 176-178 [Seleção e org. de João Antônio de Paula].

³⁷ A principal crítica foi uma longa e ruidosa resenha publicada na *Revista de História da USP* (vol. III, n. 7, 1951, p. 111-141) por Eduardo d'Oliveira França: A Teoria Geral da História: considerações a propósito de um livro recente. Suas críticas, demasiadamente irônicas, reclamavam ausências como as de Lucien Fevre, Marc Bloch e dos historiadores marxistas no manual de Rodrigues, classificado como "clássico", ou seja, ultrapassado. Outra resenha crítica, na verdade destruidora, foi publicada pelo antigo colaborador de Rodrigues, Joaquim Ribeiro. Neste caso, a verborragia do resenhista voltava-se contra a ausência de cuidados do autor de *Teoria* quanto ao seu próprio trabalho, acintosamente omitido, e que gozaria de precedência às obras de autores como Rodolfo Garcia, elogiados em demasia por Rodrigues, assim como a falta de referências à obra de seu pai, João Ribeiro. Dizia Ribeiro, em síntese: "Falta-lhe clareza, é confuso, lacunoso, errado e propositalmente desonesto. [...] Se fosse às fontes ribeirianas não cairia nessa lacuna, que é um indício de suas informações rotas e esparsas". Evidentemente, essa resenha selou o fim das relações entre ambos. Cf.: RIBEIRO, J. Teoria errada da história do Brasil. *A Manhã* – Caderno Letras e Artes. Rio de Janeiro, domingo, 15 de janeiro de 1950, p. 12.

³⁸ GUIMARÃES, L.M.P. *Da escola palatina ao silogeu*: o Instituto Histórico e Geográfico Brasileiro (1889-1938). Rio de Janeiro: Museu da República, 2006, p. 237-238.

³⁹ Sobre Rickert, Max Weber e Wilhelm Dilthey, cf.: MATA, S. Heinrich Rickert e a fundamentação (axio)lógica do conhecimento histórico. In: *Varia História*, vol. 22, n. 36, jul.-dez./2006, p. 347-367, esp. p. 352-355. Belo Horizonte.

⁴⁰ Na esteira de Weber e Dilthey, p. ex., Rodrigues assevera: "como ciência hermenêutica, não limita a sua certeza à transcrição de uma informação dada por quem era tido como autoridade. Nem sequer ela se esgota na reprodução de um documento, de uma fonte. Ela

exige, tal como qualquer outra ciência, a prova que justifica a certeza da afirmação. A própria palavra prova não é passiva; é a demonstração de uma coisa duvidosa ou controvertida por meio de argumentos legítimos. Assim, o fundamento da certeza histórica é também a prova; mas a pura exibição de um documento não significa nada, como o testemunho não é prova, mas instrumento de prova. A prova convence, o testemunho pode trazer a dúvida, que é o início de toda a sabedoria. O historiador parte das fontes, dos testemunhos, que são apenas meios de prova, cujo ofício, na Casa de Clio, é essencialmente estimulador" (RODRIGUES, J.O. *Teoria da história do Brasil*: introdução metodológica. São Paulo: Progresso, 1949, p. 111-112).

[41] Ana Luíza Marques definiu bem que as perspectivas de Rodrigues sobre teoria e método eram expressões "de sua preocupação com a história contemporânea do Brasil" (MARQUES, A.L. *José Honório Rodrigues*: uma sistemática teórico-metodológica a serviço da história do Brasil. Rio de Janeiro: PUC-Rio, 2000, p. 6 [Dissertação de mestrado]). Mas isto nos coloca diante da questão de uma abertura da historiografia para os problemas da contemporaneidade, algo que José Honório acionava por uma via muito específica. Isso porque foi declaradamente tributário de historiadores da *New History* estadunidense (esp. Charles A. Beard), assim como de historiadores como Geoffrey Barraclough e, no cenário alemão, Eduard Meyer e Ernst Bernheim, p. ex., além de leitor de filósofos como Benedetto Croce, Robin George Collingwood e Jose Ortega y Gasset. Ou seja, para José Honório, se "toda história é história contemporânea", como defenderam Croce e Barraclough, p. ex., a historiografia deveria se orientar pelos problemas (reais) contemporâneos, não por teorias estanques, cristalizadas, ensinadas e reproduzidas *ad eternum*. Sua formulação de conceitos científicos para a compreensão do Brasil deveria ser pautada pela pesquisa nova, impulsionada por validades atuais. Essa orientação relativista histórica definia que o contemporâneo deveria pensar-se a partir da história que o constitui, que o define, para daí partir a compreensão dos seus problemas. Rever os limites e fronteiras entre passado, presente e futuro seria, pois, fundamental para redefinir valores e interpretações dos fatos passados, seu lugar e relação com a contemporaneidade, sempre engajada, pensava o autor, na arquitetura do novo ou na manutenção do estado de coisas, i. é: ou engajada na construção de uma nova sociedade, um "novo" diferente do que esta sociedade havia sido, se possível, para melhor; ou dedicada a manter as coisas como "sempre foram".

[42] Cabe destacar que *Teoria* traz em sua dimensão pedagógica (de formação profissional) uma deontologia: o *dever* de ser e se portar como um profissional da história brasileira. Talvez inspirada pelo imperativo categórico de Kant, para que a historiografia do Brasil se profissionalizasse e libertasse das amarras passadistas e conservadoras, a teoria (por vezes chamada de filosofia da história) deveria orientar as novas pesquisas e as interpretações *responsáveis* do passado brasileiro.

[43] Assim como *Teoria da história do Brasil* (1949, 1957, 1969, 1978), *A pesquisa histórica no Brasil* contou com várias edições, além de sua original (1952): 1969, 1978 e 1981. Todas sen-

sivelmente alteradas e ampliadas pelo autor frente não só aos seus estudos, como também do esforço em manter os textos atualizados e combativos frente aos problemas que identificava, antigos ou novos, em cada uma das ocasiões das reedições.

[44] RODRIGUES, J.H. *A pesquisa histórica no Brasil*: sua evolução e problemas atuais. Rio de Janeiro: Instituto Nacional do Livro, 1952, p. 11.

[45] Ibid., p. 156-157.

[46] GONTIJO, R. José Honório Rodrigues e a invenção de uma moderna tradição. In: NEVES, L.M.B.P. et al. (orgs.). *Estudos de historiografia brasileira*. Rio de Janeiro: FGV, 2011, p. 277-290.

[47] O projeto do IPH também previa organizar um Registro Nacional de Arquivos, responsável pelo mais exaustivo e completo levantamento de conteúdos dos acervos documentais em arquivos do Brasil, fossem eles particulares ou públicos. Rodrigues assevera que esse Registro precisava ter poderes legais de intervenção sobre todos os documentos brasileiros: para localizá-los, registrá-los e catalogá-los. O inquérito e o registro eram, portanto, meios de "codificar a informação e incorporá-la definitivamente ao patrimônio da nação". Esse procedimento deveria ser feito em todas as partes do país, fossem arquivos federais, regionais, municipais ou particulares. Campanhas locais e nacionais deveriam acionar os meios de comunicação, como a imprensa local, por exemplo, a convocação de seus concidadãos à cata dos documentos de valor histórico ou mesmo dos papéis aparentemente insignificantes, sendo instruídos sobre a importância da sua conservação. Cf. RODRIGUES, J.O. *A pesquisa...* Op. cit., p. 202-203, 205-206.

[48] José Honório Rodrigues viveu intensamente essa busca através da ampliação do acervo, funções e da própria situação da Biblioteca Nacional na sociedade brasileira: o seu papel intelectual e formativo e o seu compromisso ("missão") com a memória histórica brasileira. De tal modo que, em 1950, Rodrigues passou uma temporada na Inglaterra à procura de documentação referente à história do Brasil nos arquivos e bibliotecas inglesas. Viajou com o apoio (e patrocínio) do Conselho Britânico, do Ministério das Relações Exteriores (e do Instituto Rio Branco), do Ministério da Educação e Saúde e do Instituto do Açúcar e do Álcool. Estes auxílios permitiram que sua viagem se estendesse para além da Inglaterra. José Honório visitou também instituições portuguesas, holandesas, espanholas, italianas e francesas. Permaneceu por aproximadamente quatro meses na Europa, entre 25 de fevereiro e 23 de maio de 1950. Arquivos, universidades e bibliotecas destes países foram visitados com vistas a pesquisar o material "brasileiro" ali existente no esforço, como ele mesmo defendia, de uma "organização de inventários destes documentos, para de futuro microfilmá-los ou copiá-los fotostaticamente, enriquecendo enormemente a documentação sobre o Brasil em nosso poder; estabelecer o sistema de intercâmbio entre as instituições brasileiras e as europeias; conhecer os professores universitários e as instituições históricas". Este relatório foi posteriormente publicado sob o título *As fontes da história do Brasil na Europa* (1950). Ali consta uma listagem bastante volumosa da documentação que deveria

ser incorporada ao acervo da BN. O discurso de Rodrigues é direto e introduz as principais questões e problemas que identificava na pesquisa histórica brasileira, principalmente nos procedimentos e iniciativas em defesa não só da necessidade como também da importância de sua renovação. Sua exposição guiava-se, porém, sobre um problema central: ele avaliava que a pesquisa histórica realizada em arquivos do Brasil ainda dependia basicamente da "iniciativa individual, limitada à procura e reprodução de fontes de temas do interesse do estudioso" (RODRIGUES, J.H. *As fontes da história do Brasil na Europa*. Rio de Janeiro: Instituto Nacional do Livro, 1950, p. 9). Ou seja, a falta de políticas públicas eficientes destinadas ao sistemático trabalho com a documentação histórica, pensando-a como patrimônio cultural brasileiro. "Conhecê-las e copiá-las significa defendê-las, preservá-las, oferecê-las ao conhecimento de nossos estudiosos. Para conhecê-las integralmente, o primeiro passo consiste na elaboração de inventários e listas que as registrem. Toda a moderna metodologia histórica aconselha hoje como tarefa primordial a elaboração dos inventários dos arquivos e bibliotecas" (p. 7, 9-10).

[49] O temário destes seminários apresentava: Metodologia da História; A Pesquisa na História do Brasil; Historiografia Brasileira; Disciplinas Auxiliares da História; Iconografia; Cartografia; Paleografia e Diplomática; Crítica Histórica; Crítica de Textos; História e Historiografia Estadual, Regional e Local; História e Historiografia Diplomática do Brasil; História e Historiografia Econômica do Brasil; História e Historiografia Militar do Brasil; História e Historiografia Social do Brasil; História e Historiografia da Arte no Brasil; História e Historiografia da Educação no Brasil; História e Historiografia da Ciência no Brasil; História e Historiografia da Imprensa no Brasil; História e Historiografia Intelectual no Brasil; Biografia (técnica, métodos e pesquisa), entre outras. Cf. RODRIGUES, J.H. *A pesquisa histórica no Brasil...* 1952. Op. cit., p. 235-236.

[50] Ibid., p. 181-182.

[51] MARQUES, A.L. *José Honório Rodrigues...* Op. cit., 2000, p. 77.

[52] Ibid., p. 22.

[53] RODRIGUES, J.H. *A pesquisa histórica no Brasil...* 1952. Op. cit., p. 229.

[54] Muito influenciada pelas propostas da Comissão Econômica para a América Latina e o Caribe (Cepal), a política oficial do governo brasileiro se reorganizou a partir de metas de crescimento econômico, do consumo de bens e serviços, da produção industrial e da infraestrutura nacional. Do ponto de vista intelectual, esse direcionamento promoveu a criação do Instituto Superior de Estudos Brasileiros (Iseb). Esse processo de reestruturação da máquina estatal recrutou intelectuais que defendiam perspectivas mais pragmáticas para a produção de conhecimento científico no Brasil em prol de uma maior racionalização crítica das ações e políticas governamentais, orientadas por suas análises acerca dos problemas da nação e as razões do seu "atraso". Sobre isso, cf.: TOLEDO, C.N. (org.). *Intelectuais e política no Brasil*: a experiência do Iseb. Rio de Janeiro: Revan, 2005.

⁵⁵ Para mais informações sobre o IPH, cf.: FREIXO, A.L. Ousadia e redenção: o Instituto de Pesquisa Histórica de José Honório Rodrigues. In: *História da Historiografia*, n. 11, abr./2013, p. 140-161. Ouro Preto.

⁵⁶ Rodrigues desistiu da ideia de seu Instituto de Pesquisa Histórica, o que pode ser evidenciado em seus comentários (e desabafos) nas edições (aumentadas e revistas) de *A pesquisa histórica no Brasil* e publicadas em 1969, 1978 e 1982. Seu projeto intelectual era fechado sobre si mesmo, ousado, combativo e confrontava a estrutura poderosa das jovens, porém crescentes, universidades brasileiras. Um sonho utópico e redentor da historiografia brasileira, talvez irrealizável no Brasil da década de 1950 sem o amparo de uma universidade e um grupo de pesquisadores e estudantes ao seu lado. Pela dimensão da iniciativa e o caráter nacionalista da proposta houve quem, no interior da universidade, maldosamente, creditasse seu projeto como uma "historiobrás". Sobre isso, cf. FICO, C. & POLITO, R. *A história no Brasil (1980-1989)*. 2 vols. Ouro Preto: Universidade Federal de Ouro Preto, 1992-1994, vol. 1, p. 88.

⁵⁷ "Distinguem-se dois tipos de valoração: a *teórica* e a *prática*. A primeira permite ao historiador eleger o que, em meio à massa de objetos, épocas ou personalidades que tem diante de si, deve ser considerado efetivamente relevante. Claro está que se trata de um construto intersubjetivo, mas que não implica qualquer "tomada de posição". Um pesquisador pode considerar a Revolução Iraniana de 1979 um evento relevante, sem que nisso entre em momento algum sua posição pessoal a respeito da mesma. Sem valoração teórica não há conceituação histórica (nos termos explicitados acima: composição de uma exposição histórica a respeito de um evento, processo ou figura individual), uma vez que sem ela não saberíamos sequer eleger o que é relevante. O problema da atribuição de historicidade é para Rickert – como o será para Weber – uma questão de valores "universais", i. é, socialmente partilhados. A *valoração prática*, por seu turno, implica uma tomada de posição "contra" ou "a favor". Para ela não há, ao menos *idealmente*, lugar na ciência. A distinção entre estas duas modalidades pode ser ilustrada a partir de um exemplo dado por Rickert. Certamente concordaremos que há algo de errado com o historiador da arte caso ele só leve em conta em seus estudos aquilo que seu próprio gosto estabelece como "belo". Já o historiador científico "precisa se limitar ao que, contrariamente a uma valoração artística, podemos chamar de 'relação' teórica com o valor da arte" (cf. MATA, S. *Heinrich Rickert e a fundamentação (axio)lógica do conhecimento histórico*. Op. cit., p. 357).

⁵⁸ RODRIGUES, J.H. & WIRTH, J.D. An interview with... Op. cit., p. 217-232.

⁵⁹ José Honório defendeu sua tese sobre a Questão Nacional no monumental *Independência: revolução e contrarrevolução*, em cinco volumes.

⁶⁰ RODRIGUES, J.H. *História da história do Brasil*. Vol. II – Tomo 1: A historiografia conservadora. São Paulo/Brasília: Companhia Editora Nacional/INL, 1988, p. 7.

⁶¹ GLEZER, R. *O fazer e o saber na obra de José Honório Rodrigues...* Vol. I, 1976, p. 76.

⁶² RODRIGUES, J.H. *Teoria da história do Brasil*: introdução metodológica [2 vols. 2. ed. São Paulo: Companhia Editora Nacional, 1957; 1º vol., p. 2 e 9 [Coleção Brasiliana, Série Grande Formato, 11].

⁶³ Além dos vols. I e II (este com dois tomos separados), Rodrigues planejara publicar o terceiro volume, sobre a Historiografia Liberal; o quarto volume sobre a Historiografia Católica, Republicana e Positivista; o quinto sobre a Historiografia do Realismo ao Socialismo e, por fim, um volume dedicado à Historiografia Estrangeira sobre o Brasil (desde os viajantes do século XIX aos brasilianistas e estudiosos do Brasil no XX).

⁶⁴ RODRIGUES, J.H. *História da história do Brasil...* Op. cit. Vol. II, Tomo 1, 1988, p. 7.

⁶⁵ Na Universidade Federal da Paraíba fundou-se um grupo de jovens pesquisadores admiradores de Rodrigues, sob a liderança de José Octávio de Arruda Melo, amigo e discípulo de Rodrigues. O *Grupo José Honório Rodrigues*, ou os "Honorianos", como se identificam, dedica-se a honrar a postura combatente de seu patrono e divulgar seus trabalhos, assim como as principais teses e interpretações de um Brasil nada pacífico, ordeiro e cordial.

⁶⁶ Manoel Salgado Guimarães analisou que a geração de historiadores da história do Brasil da década de 1970 e 1980 – entre os quais destacou e analisou os textos de Carlos Guilherme Mota, José Roberto Amaral Lapa e Nilo Odália – desempenhou importante papel na definição de um lugar para Rodrigues na história da historiografia brasileira. Além disso, podem-se estabelecer relações entre essa recepção e a paulatina configuração de (e embates por) "memórias" para a história e a historiografia brasileira. Assim como a cristalização do nome de Rodrigues como "pioneiro" e referência central nesse sentido, o que atravessa as leituras de outras gerações de historiadores no país. A tese de Raquel Glezer, já citada, pode também ser pensada como indício significativo desta redefinição dos sentidos da obra do autor diante de uma nova recepção pelos estudantes universitários de história em meio à Ditadura Militar. Cf. GUIMARÃES, M.L.L.S. Historiografia e cultura histórica: notas para um debate. In: *Ágora*, vol. 11, n. 1, jan.-jun./2005, p. 31-47, esp. p. 32-35. Santa Cruz do Sul.

⁶⁷ Os adjetivos e a menção à UDN e seu líder (não mencionado nominalmente, mas indicado como tal) são do próprio autor, cf.: RODRIGUES, J.H. Prefácio à quarta edição. In: *Aspirações nacionais*: interpretação histórico-política. 4. ed. Rio de Janeiro: Civilização Brasileira, 1970, p. III e VII.

Referências

Principais livros de José Honório Rodrigues

RODRIGUES, J.H. *História e historiografia*. Petrópolis: Vozes, 1970 [2. ed. Petrópolis: Vozes, 2008].

_____. *Ensaios livres*. São Paulo: Imaginário, 1991 [Org. de Lêda Boechat Rodrigues].

_____. *História da história do Brasil*: a historiografia conservadora. São Paulo: Companhia Editora Nacional, 1988.

_____. *História da história do Brasil*: *a metafísica do latifúndio* – O ultrarreacionário Oliveira Vianna. São Paulo: Companhia Editora Nacional, 1988.

_____. *Filosofia e história*. Rio de Janeiro: Nova Fronteira, 1981.

_____. *História da história do Brasil*: a história colonial. São Paulo: Companhia Editora Nacional, 1979.

_____. *História, corpo do tempo*. São Paulo: Perspectiva, 1976.

_____. *Vida e história*. Rio de Janeiro: Civilização Brasileira, 1966.

_____. *História e historiadores do Brasil*. São Paulo: Fulgor, 1965.

_____. *Historiografia del Brasil* – Siglo XVII. México: Instituto Panamericano de Geografia e História, 1963 [Trad. de Antonio Alatorre] [Comisión de Historia].

_____. *Aspirações nacionais* – Interpretação histórico-política. São Paulo: Fulgor, 1963 [2. ed. São Paulo: Fulgor, 1965. • 3. ed. São Paulo: Fulgor, 1965. • 4. ed. Rio de Janeiro: Civilização Brasileira, 1969].

_____. *Brasil e África*: outro horizonte. Rio de Janeiro: Civilização Brasileira, 1961 [Coleção Retratos do Brasil, vol. 9].

_____. *A situação do Arquivo Nacional*. Rio de Janeiro: Ministério da Justiça e Negócios Interiores, 1958.

_____. *Historiografia del Brasil* – Siglo XVI. México: Instituto Panamericano de Geografia e História, 1957 [Trad. de Antonio Alatorre] [Comisión de Historia].

_____. *A pesquisa histórica no Brasil*: sua evolução e problemas atuais. Rio de Janeiro: Imprensa Nacional/INL, 1952 [2. ed. rev. e aum. São Paulo: Companhia Editora Nacional, 1969 [Coleção Brasiliana, Biblioteca Pedagógica Brasileira – Série Grande Formato, vol. 20]. • 3. ed. acrescida de um posfácio. São Paulo: Companhia Editora Nacional, 1978 [Coleção Brasiliana, Biblioteca Pedagógica Brasileira – Série Grande Formato, vol. 20]. • 4. ed. rev. e atual., acrescida de dois posfácios. São Paulo: Companhia Editora Nacional, 1982 [Coleção Brasiliana, Biblioteca Pedagógica Brasileira – Série Grande Formato, vol. 20]].

_____. *Notícia de vária história*. Rio de Janeiro: São José, 1951.

_____. *As fontes da história do Brasil na Europa*. Rio de Janeiro: Departamento de Imprensa Nacional, 1950.

_____. *Teoria da história do Brasil*: introdução metodológica. São Paulo: Instituto Progresso Editorial, 1949 [2. ed. rev. aum. e ilust. 2 vols. São Paulo: Companhia Editora Nacional, 1957. 2 vols. [Coleção Brasiliana, Biblioteca Pedagógica Brasileira, 5ª série – Grande Formato, vol. 11]. • 3. ed. rev., atual. e com dois capítulos novos. São Paulo: Companhia Editora Nacional, 1969 [Coleção Brasiliana, Biblioteca Pedagógica Brasileira, 5ª série – Grande Formato, vol. 11]. • 4. ed. atual. São Paulo: Companhia Editora Nacional, 1978 [Coleção Brasiliana, Biblioteca Pedagógica Brasileira, 5ª série – Grande Formato, vol. 11]. • 5. ed. acrescida de um posfácio. São Paulo: Companhia Editora Nacional, 1978 [Coleção Brasiliana, Biblioteca Pedagógica Brasileira, 5ª série – Grande Formato, vol. 11]].

_____. *Historiografia e bibliografia do domínio holandês no Brasil*. Rio de Janeiro: Imprensa Nacional/INL, 1949 [Coleção B1, Bibliografia, VI].

_____. *Civilização holandesa no Brasil*. São Paulo: Companhia Editora Nacional, 1940 [Biblioteca Pedagógica Brasileira, XXI. Brasiliana, 180].

Teoria e formação do historiador

José D'Assunção Barros

Este livro é proposto como um primeiro passo para o estudo da História como campo de saber científico. A obra apresenta-se como um convite para que os seus leitores, em especial os estudantes de História, aprofundem-se posteriormente em obras mais complexas – como é o caso da coleção *Teoria da História*, em cinco volumes, assinada pelo mesmo autor e também publicada pela Editora Vozes.

O texto é particularmente adequado para o ensino de Graduação em História, especialmente em disciplinas ligadas à área de Teoria e Metodologia da História. A obra também apresenta interesse para outros campos de saber, uma vez que discute, em sua parte inicial, o que é Teoria, o que é Metodologia, o que é Ciência, bem como a relatividade do conhecimento científico. Além disso, a sua leitura beneficiará o leitor não acadêmico que deseja compreender o que é realmente a História enquanto campo de saber científico, pois nela são refutadas perspectivas que, embora já superadas entre os historiadores, ainda rondam o imaginário popular sobre o que é História.

José D'Assunção Barros é historiador e professor-adjunto de História na Universidade Federal Rural do Rio de Janeiro (UFRRJ), além de professor-colaborador no Programa de Pós-Graduação em História Comparada da Universidade Federal do Rio de Janeiro (UFRJ). Doutor em História pela Universidade Federal Fluminense (UFF) e graduado em História pela Universidade Federal do Rio de Janeiro (UFRJ), possui ainda graduação em Música (UFRJ), área à qual também se dedica ao lado da pesquisa em História. Além de uma centena de artigos publicados, trinta dos quais em revistas internacionais, publicou diversos livros dedicados à pesquisa historiográfica, à teoria da história e aos grandes temas de interesse dos estudiosos da área.

Uma breve história da Ásia

Colin Mason

Seis de cada dez pessoas que existem hoje são asiáticas. A maioria é chinesa ou indiana – esses dois gigantes asiáticos constituem dois bilhões e meio da população, contrastando com o terceiro concorrente, os Estados Unidos, com 312 milhões, e em cerca de 700 milhões em toda Europa. A China está se tornando rapidamente a nação mais rica da Terra. Possui o maior e mais rápido crescimento de novas infraestruturas na história, sua classe média cresce em tamanho e afluência tão rápidos, que turistas chineses gastaram mais em viagens ao exterior em 2012 do que qualquer outra nação, enquanto os bancos centrais asiáticos detinham mais da metade das reservas mundiais de moeda estrangeira e ouro naquele ano.

Isso representa uma enorme mudança global da dominância econômica e política do Ocidente. Mas, apesar disso, bem como de seus prognósticos para o futuro, muitas pessoas, especialmente ocidentais, parecem em grande medida desinformadas sobre a história da Ásia, especialmente a de antes da era colonial, e, por vezes, possuem percepções vagas, mesmo nos níveis mais fundamentais; concepções ainda coloridas pelas opiniões dos anos do "império", com suposições sobre a supremacia branca, e conceitos vagos e chocantes como o poço em Kanpur e "o buraco negro de Calcutá". Para elas, os asiáticos muitas vezes dizem e fazem coisas que parecem sem sentido. Quais são exatamente as influências da religião sobre eles, com tanta frequência categorizada como violenta e fundamentalista? Muitos asiáticos parecem "ocidentalizados", mas realmente são? Os chineses, os islâmicos e os refugiados pretendem dominar o mundo? Por que os asiáticos não adotam a "democracia"? Tudo isso, como tudo o mais que não é compreendido propriamente, provoca inquietação e, infelizmente, ações muitas vezes imprudentes.

O mais inapropriado de tudo é visualizar a Ásia como uma entidade homogênea, quando é de fato uma região de culturas e povos muito diferentes, falando centenas de línguas, e com tradições e ideias amplamente diferenciadas. Contudo, mesmo assim, essa diversidade tem sido cada vez mais revestida por uma comunidade de ações e objetivos tão importantes que não pode ser ignorada.

Colin Mason foi correspondente-chefe da *Australian Broadcasting Corporation*, diplomata, senador e líder de seu partido no Senado.

CULTURAL
- Administração
- Antropologia
- Biografias
- Comunicação
- Dinâmicas e Jogos
- Ecologia e Meio Ambiente
- Educação e Pedagogia
- Filosofia
- História
- Letras e Literatura
- Obras de referência
- Política
- Psicologia
- Saúde e Nutrição
- Serviço Social e Trabalho
- Sociologia

CATEQUÉTICO PASTORAL
Catequese
- Geral
- Crisma
- Primeira Eucaristia

Pastoral
- Geral
- Sacramental
- Familiar
- Social
- Ensino Religioso Escolar

TEOLÓGICO ESPIRITUAL
- Biografias
- Devocionários
- Espiritualidade e Mística
- Espiritualidade Mariana
- Franciscanismo
- Autoconhecimento
- Liturgia
- Obras de referência
- Sagrada Escritura e Livros Apócrifos

Teologia
- Bíblica
- Histórica
- Prática
- Sistemática

REVISTAS
- Concilium
- Estudos Bíblicos
- Grande Sinal
- REB (Revista Eclesiástica Brasileira)
- SEDOC (Serviço de Documentação)

VOZES NOBILIS
Uma linha editorial especial, com importantes autores, alto valor agregado e qualidade superior.

VOZES DE BOLSO
Obras clássicas de Ciências Humanas em formato de bolso.

PRODUTOS SAZONAIS
- Folhinha do Sagrado Coração de Jesus
- Calendário de mesa do Sagrado Coração de Jesus
- Agenda do Sagrado Coração de Jesus
- Almanaque Santo Antônio
- Agendinha
- Diário Vozes
- Meditações para o dia a dia
- Encontro diário com Deus
- Guia Litúrgico

CADASTRE-SE
www.vozes.com.br

EDITORA VOZES LTDA.
Rua Frei Luís, 100 – Centro – Cep 25689-900 – Petrópolis, RJ
Tel.: (24) 2233-9000 – Fax: (24) 2231-4676 – E-mail: vendas@vozes.com.br

UNIDADES NO BRASIL: Belo Horizonte, MG – Brasília, DF – Campinas, SP – Cuiabá, MT
Curitiba, PR – Fortaleza, CE – Goiânia, GO – Juiz de Fora, MG
Manaus, AM – Petrópolis, RJ – Porto Alegre, RS – Recife, PE – Rio de Janeiro, RJ
Salvador, BA – São Paulo, SP